Druck von Metzger & Wittig in Leipzig

Entscheidungen

des

Reichsgerichts

in

Zivilsachen.

---

113. Band.

Mit Anhang: Entscheidung des Staatsgerichtshofs.

Berlin und Leipzig 1926

Walter de Gruyter & Co.

vormals G. J. Göschen'sche Verlagshandlung - J. Guttentag, Verlagsbuchhandlung - Georg Reimer - Karl J. Trübner - Veit & Comp.

Inhalt.

I. Bürgerliches Recht.

a. Reichsrecht.

b. Landesrecht.

II. Öffentliches Recht.

Anhang: Entscheidung des Staatsgerichtshofs.

III. Gerichtliches Verfahren.

1. Verstößt es gegen die guten Sitten, wenn der ordentliche Richter in einer vor ihm anhängigen, dann in das schiedsrichterliche Verfahren übergeleiteten Sache sich zum Schiedsrichter bestellen läßt?

BGB. § 138.

III. Zivilsenat. Urt. v. 29. Januar 1926 i. S. H. (Bekl.) w. M. Erben (Kl.). III 220/25.

I. Landgericht Elberfeld.
II. Oberlandesgericht Düsseldorf.

Der Erblasser der Kläger war Vorsitzender der Kammer für Handelssachen beim Landgericht B., vor der seinerzeit Rechtsstreitigkeiten zwischen dem Beklagten und der C. B. Co. G. m. b. H. in H. anhängig waren. Am 8. Juni 1921 einigten sich die Parteien vergleichsweise auf Einsetzung eines Schiedsgerichts, als dessen Obmann der Erblasser der Kläger bestellt wurde. Als Honorar sollte letzterer bei Zugrundelegung eines Mindeststreitwerts von 1 Million Mark den Betrag erhalten, der einem Rechtsanwalt als Prozeßbevollmächtigten einschließlich eines Teuerungszuschlags von 100 % zustand.

Gegenstand des Schiedsgerichtsverfahrens bildeten zunächst die unter den Parteien streitigen Lieferungen. Nachdem der Beklagte diese für beendet erklärt hatte, forderte die Gegnerin als Schadensersatz 1202983,20 GM und erhöhte später diesen Betrag noch, ermäßigte ihn schließlich aber auf 259000 GM. Durch Schiedsspruch vom 24. März 1924 wurden ihr als Schadensersatz 74802 GM zuerkannt und wurde sie verurteilt, an den Beklagten noch 20000 GM zu zahlen. Weiter hatte sie an ihn 12000 GM Kostenbeitrag zu zahlen, die übrigen Kosten wurden gegeneinander aufgehoben.

Nach einem Streitwert von 259000 GM berechnete der Erblasser der Kläger sein Honorar einschließlich Reisekosten, Stempel und Zustellungskosten und abzüglich einer geleisteten Zahlung auf 12460 GM. Da der Beklagte die Zahlung weigerte, erhob er Klage und forderte einen Teilbetrag von 5000 GM nebst 15% Zinsen vom 16. Mai 1924 bis 1. Juni 1924 und 18% von da ab.

Der Beklagte beantragte Abweisung der Klage und erhob Widerklage auf Feststellung, daß dem Erblasser der Kläger über den Betrag von 5000 GM eine weitere Honorarforderung nicht zustehe.

Das Landgericht hat der Klage stattgegeben und die Widerklage abgewiesen. Das Oberlandesgericht hat die Berufung des Beklagten zurückgewiesen und auf die Anschlußberufung des Erblassers der Kläger den Beklagten zur Zahlung von 12146,80 GM nebst Zinsen verurteilt.

Der ursprüngliche Kläger ist nach Einlegung der Revision verstorben, an seiner Stelle sind seine Erben in den Rechtsstreit eingetreten. Die Revision des Beklagten hatte Erfolg.

Gründe:

Das Berufungsgericht hat zunächst die vom Beklagten behauptete Nichtigkeit des Honorarversprechens aus § 138 BGB. verneint. Wucher liege nicht vor. Daß der Beklagte in mehrere Prozesse verwickelt gewesen sei, bedeute keine Notlage im Sinne des § 138 Abs. 2 BGB., Leichtsinn und Unerfahrenheit habe er selbst nicht vorgebracht. Die Bemessung der Gebühr in Höhe der einem Rechtsanwalt zustehenden stehe in keinem auffälligen Mißverhältnis zu der aufgewendeten Mühewaltung, sei auch allgemein üblich, ebendies gelte auch für den Zuschlag von 100%. Daran ändere sich nichts, wenn der Schiedsrichter ein in festem Gehalte stehender Beamter sei. Der Vertrag sei also nicht wegen der Höhe des Honorars nichtig.

Ob der Kläger die Überleitung des Verfahrens vor dem ordentlichen Gericht in ein schiedsrichterliches veranlaßt habe oder nicht, sei für die Nichtigkeit der Vereinbarung ohne Bedeutung. Ein Verstoß gegen die guten Sitten könne nur dann in Frage kommen, wenn er aus Eigennutz gehandelt habe. Hierfür habe aber der Beklagte nach seiner eigenen Erklärung einen Beweis nicht antreten können, auch einen Eid nicht zuschieben wollen. Für diese Annahme finde sich auch sonst kein Anhalt. Da zwischen dem Beklagten und der B.gesellschaft sechs oder sieben Prozesse geschwebt und weitere gedroht hätten, sei die Meinung berechtigt gewesen, daß den Interessen der Streitteile besser mit dem Schiedsgerichtsverfahren als mit langdauernden Prozessen in verschiedenen Instanzen gedient sei. Tatsächlich habe das Schiedsgericht auch streitverhütend gewirkt. Seine viel Mühe machende und über die regelmäßige Aufgabe eines Schiedsgerichts hinausgehende Tätigkeit komme auch für die Höhe des Honorars in Betracht. Und wenn der Kläger nach einer Äußerung seines Prozeßbevollmächtigten erster Instanz bei den Anwälten in B. als Schiedsrichter sehr gesucht sein sollte, so gehe daraus nur hervor, daß er sich für diese Tätigkeit besonders eigne, nicht aber, wie der Beklagte behaupte, daß er darauf ausgehe und im vorliegenden Falle darauf ausgegangen sei, sich durch diese Tätigkeit Nebeneinnahmen zu verschaffen. Im übrigen habe er die Genehmigung seiner vorgesetzten Behörde eingeholt.

Diese Ausführungen, die den Begriff des Verstoßes gegen die guten Sitten verkennen, kann das Revisionsgericht nicht billigen.

Es kann mit dem Berufungsgericht davon ausgegangen werden, daß der Übernahme der Tätigkeit eines Obmannes oder eines Schiedsrichters in einem Schiedsgerichtsverfahren durch einen Richter gegen angemessenes Entgelt dann kein Bedenken entgegensteht, wenn dabei die richterliche Unabhängigkeit und das Ansehen der Rechtspflege nicht in Frage gestellt sind. Es darf damit aber ein gewisses entgeltliches Abhängigkeitsverhältnis nicht begründet werden. Im allgemeinen werden diese Voraussetzungen vorhanden sein, wenn die Tätigkeit nur für den einzelnen Fall, nicht ständig für dieselben Parteien ausgeübt wird, und sowohl dem Richter als auch den Parteien jederzeit und unbedingt freie Annahme und Wahl gesichert ist. Selbstverständlich darf nicht der Richter voraussichtlich mit der Streitsache amtlich befaßt werden oder amtlich mit den Parteien in Beziehungen stehen.

Anders liegt die Sache dann, wenn er selbst als Richter mit einem Rechtsstreit befaßt ist und wenn die Parteien mit dem Ersuchen an ihn herantreten, in der vor ihm anhängigen Streitsache,

1*

die in einem schiedsgerichtlichen Verfahren erledigt werden soll, die Stelle eines Obmannes oder Schiedsrichters in diesem letzteren zu übernehmen und zwar gegen Entgelt. Mit der Annahme würde er seine richterliche Funktion, die ihn über die Parteien heraushebt, aufgeben und sich gegen Bezahlung ihnen zur Verfügung stellen. Ein solcher Wechsel der Rollen ist mit der Würde des Richteramtes und dem Ansehen der Rechtspflege schlechthin unvereinbar. Immerhin ist darin noch kein Verstoß gegen die guten Sitten zu erblicken. Denn solchenfalls beruht das Anerbieten auf der vollkommen freien Entschließung der Parteien und enthält den Ausdruck ihres Vertrauens, daß er das Verfahren unparteiisch und gerecht durchführen werde, gleichzeitig aber auch die Kundgebung der Auffassung, daß sie in der Annahme nichts Sittenwidriges erblicken. Es bleibt dann nur der eine in der Person des Richters liegende und von ihm allein zu vertretende Umstand, daß er mit der Annahme die ihm aus seinem Amte erwachsenen Standespflichten verletzt. Mag man darin eine Verfehlung gegen den ihm obliegenden Takt oder auch ein disziplinarisch zu ahndendes Verhalten sehen, ein Verstoß gegen die guten Sitten, gegen das allgemeine Anstandsgefühl aller billig und gerecht Denkenden ist es nicht.

Eine andere Beurteilung ergibt sich aber, wenn die im Tatbestand des angefochtenen Urteils wiedergegebene Behauptung des Beklagten richtig ist, daß der Erblasser der Kläger selbst die Überleitung der Sache aus dem ordentlichen in das schiedsgerichtliche Verfahren und seine Ernennung zum Obmann betrieben, überhaupt die Gepflogenheit gehabt habe, in Rechtsstreitigkeiten, die vor ihm anhängig waren, die Parteien zur schiedsgerichtlichen Austragung zu bewegen und sich als Obmann bestellen zu lassen.

Ist dies zutreffend, so hat der Erblasser der Kläger nicht nur seine Stellung über den Parteien aufgegeben und den Rechtsstreit dem ordentlichen Verfahren entzogen, er hat ihn auch gegen besondere Bezahlung, die ihm als ordentlichen Richter nicht zustand, zur Erledigung gebracht. Mag dies im Interesse der Parteien förderlich und zweckmäßig gewesen sein, mag auf seiner Seite Eigennutz im schlimmen Sinne nicht vorgelegen haben, die Tatsache, daß er die Überleitung veranlaßt hat, die zu seinem Vorteil ausschlagen mußte, da von Anfang an mit einer Bezahlung gerechnet wurde, läßt sich nicht aus der Welt schaffen. Darin liegt aber ein Mißbrauch des ihm anvertrauten Richteramts zum eigenen Vorteile, der nicht nur gegen das Anstandsgefühl und die Auffassung seiner Berufsgenossen, sondern auch gegen das weitester Volkskreise, mit anderen Worten gegen die guten Sitten verstößt.

Das Berufungsgericht durfte danach die Frage, ob das Schiedsgerichtsverfahren und die Bestellung des Erblassers der Kläger ohne oder auf seine Veranlassung erfolgte, nicht dahingestellt sein lassen, da sie für die Beurteilung des Rechtsstreits von entscheidender Bedeutung ist. Würde die Behauptung des Beklagten und damit ein Verstoß gegen die guten Sitten durch den Erblasser der Kläger dargetan, so käme in Frage, ob damit der hier streitige Vertrag, auf den sich die Honorarforderung gründet, nichtig ist oder nicht. Als objektiv unsittlich seinem Inhalte nach kann das hier streitige Rechtsverhältnis nicht angesehen werden. Anderseits wird aber auch der in der Rechtsprechung des Reichsgerichts ausgesprochene Satz, daß zur Nichtigkeit eines Vertrags ein sittenwidriges Handeln beider Vertragsteile erforderlich ist, keine Anwendung finden. Er gilt nicht, wenn das sittenwidrige Verhalten der einen Partei sich gegen die andere richtet und, wie z. B. bei Knebelverträgen, weitgehende Eingriffe in die wirtschaftliche und sonstige Freiheit des anderen Teiles stattfinden (Warn. 1917 Nr. 234, RGZ. Bd. 93 S. 30, Bd. 98 S. 78, Bd. 99 S. 108). Dann genügt zur Nichtigkeit des Vertrags bereits das einseitige unsittliche Handeln. Eine dieser ähnliche, mit ihr gleichzustellende Lage ergibt sich auch dann, wenn der mit der Sache befaßte Richter sein Amt mißbraucht, um den vor ihm streitenden Parteien die Austragung ihres Streites durch ein unter seiner Leitung als Obmann stehendes und ihm einen geldlichen Vorteil bringendes Schiedsgericht vorschlägt oder vorschlagen läßt. Hierdurch beschränkt er ihre freie Willensentschließung in unzulässiger Weise. Denn jede Partei wird von der Ablehnung des unter solchen Umständen gemachten Vorschlags eine ihr ungünstige Stellungnahme des zur Entscheidung ihrer Sache berufenen Richters befürchten. Sie wird sich in eine — zum mindesten vermeintliche — Zwangslage versetzt fühlen und glauben, die ihr aus dieser drohenden Nachteile nur durch Erklärung ihrer Zustimmung vermeiden zu können. Ein unter einem solchen, von dem einen Teile herbeigeführten Zwang abgeschlossenes Rechtsgeschäft kann aber keinen Bestand haben, es ist mit der Rechtsordnung nicht vereinbar und nichtig. . . .

---

2. 1. Sind die Vorschriften des Art. IV der zweiten Durchführungsverordnung vom 28. März 1924 zur Verordnung über Goldbilanzen vom 28. Dezember 1923, insbesondere diejenigen des § 28 rechtsgültig?

2. Ist vor der Umstellung des Aktienkapitals in Goldmark eine Umwandlung von Vorzugsaktien schuldverschreibungsähnlichen Charakters in Stammaktien unzulässig, wenn dadurch eine dem § 28 der zweiten DVO. zur GBVO. entsprechende Verteilung des Aktienkapitals bei der Umstellung vereitelt wird?

2. Unter welchen Voraussetzungen kann ein derartiges Vorgehen einen Verstoß gegen die guten Sitten enthalten, der die Nichtigkeit des Generalversammlungsbeschlusses begründet?

II. Zivilsenat. Urt. v. 29. Januar 1926 i. S. der Firma G. W., A.-G. (Bekl.) w. Bank f. Textil-Industrie, A.-G. (Kl.). II 188/25.

I. Landgericht Chemnitz, Kammer für Handelssachen.
II. Oberlandesgericht Dresden.

Die beklagte Aktiengesellschaft wurde im Jahre 1917 von Mitgliedern der Familie W. zur Fortführung der unter der Firma G. W. betriebenen offenen Handelsgesellschaft gegründet mit einem Grundkapital von 1200000 *M*. Von den Aktien, die sich im übrigen noch im Besitz von Angehörigen der Familie W. befinden, hat im Januar 1918 J. B. in B. 300000 *M* zum Kurse von 118% erworben, die später auf die Klägerin übergegangen sind. Durch Generalversammlungsbeschluß vom 15. Juni 1921 wurde das Grundkapital um 900000 *M* erhöht und zwar durch Schaffung von Vorzugsaktien, die am Gewinn nur mit einer Vorzugsdividende von 6% teilnehmen und deren Anteil am Erlös einer etwaigen Liquidation und im Fall einer Einziehung nach § 227 HGB. auf 110% beschränkt wurde; ein Bezugsrecht wurde nur den Mitgliedern der Familie W. nach Maßgabe ihres Aktienbesitzes eingeräumt.

Am 1. August 1924 fand eine außerordentliche Generalversammlung statt mit der öffentlich bekanntgemachten Tagesordnung: „Umwandlung der Vorzugsaktien in Stammaktien; entsprechende Änderung der Satzung". In ihr wurde gegen die Stimmen der Klägerin folgender Beschluß gefaßt:

„Die durch den Generalversammlungsbeschluß vom 15. Juni 1921 geschaffenen 900000 *M* Vorzugsaktien Nr. 1201/2100 werden mit Wirkung vom 1. Januar 1924 in Stammaktien umgewandelt. Sie lauten auf die Inhaber und über je 1000 *M*, gelten aber nur als zu 50% eingezahlt und erhalten demnach bis auf weiteres nur 50% der auf die übrigen Aktien zu verteilenden Dividende. Zuzahlungen erfolgen auf Grund von Beschlüssen der Generalversammlung."

Weiter wurden die entsprechenden Änderungen der Satzung beschlossen. Der Vertreter der Klägerin hat gegen diese Beschlüsse zu Protokoll Widerspruch erhoben.

Mit der Klage greift die Klägerin die Generalversammlungsbeschlüsse vom 1. August 1924 als nichtig oder doch unwirksam an und macht zur Begründung folgendes geltend:

Die Bekanntmachung der Satzungsänderung entspreche nicht dem § 274 Abs. 2 HGB. Die gefaßten Beschlüsse widersprächen früheren Vereinbarungen der Klägerin mit der Beklagten und einzelnen Aktionären und enthielten eine Umgehung des § 28 der zweiten DVO. zur GBVO. und einen Verstoß gegen die guten Sitten, weil sie der Mehrheit der Aktionäre, die allein Inhaberin der Vorzugsaktien sei, auf Kosten der Klägerin erhebliche einseitige Vorteile verschafften.

Die Beklagte behauptet, die Ankündigung der Satzungsänderung sei ordnungsmäßig erfolgt, und bestreitet die von der Klägerin behaupteten Vereinbarungen und die Sittenwidrigkeit der angefochtenen Beschlüsse. Eine Benachteiligung der Klägerin trete nicht ein, da die bisherigen Vorzugsaktionäre Nachzahlungen leisten müßten und durch diese, sowie durch den Verzicht auf die Vorzugsrechte die Vorteile aus der Umwandlung ausgeglichen würden. Die Maßnahmen verfolgten das Interesse der Gesellschaft, um ihr zu Neuanschaffungen Kapital zur Verfügung zu stellen, und seien außerdem zur Abwehr der auf Erweiterung ihres Einflusses in der Gesellschaft gerichteten Bestrebungen der Klägerin und des hinter ihr stehenden J. B. sowie zum Schutz der Beklagten als Familiengründung gerechtfertigt.

Das Landgericht hat der Klage entsprochen, weil die Beschlüsse gegen § 28 der zweiten DVO. zur GBVO. und gegen die guten Sitten verstießen. Das Oberlandesgericht hat die Berufung zurückgewiesen. Auch die Revision hatte keinen Erfolg.

Gründe:

Die Vorinstanzen halten die in der außerordentlichen Generalversammlung vom 1. August 1924 gefaßten Beschlüsse, welche die Umwandlung der 900000 M Vorzugsaktien in Stammaktien betreffen, für nichtig, weil diese vor der Umstellung des Aktienkapitals der Beklagten auf Goldmark erfolgten Maßnahmen auf eine Umgehung des § 28 der zweiten DVO. zur GBVO. hinausliefen und einen Verstoß gegen die guten Sitten enthielten; die Mehrheit der Aktionäre suche sich dadurch auf Kosten der Klägerin unberechtigte einseitige Vorteile zu verschaffen.

Die Revision macht unter Berufung auf das Gutachten von Triepel „Goldbilanzen-Verordnung und Vorzugsaktien" in erster Reihe geltend, daß der § 28 der zweiten DVO. zur GBVO. rechtsungültig sei. Diese Frage, die in den Urteilen der Vorinstanzen keine Erörterung gefunden hat, weil bisher Bedenken nach dieser Richtung nicht erhoben worden waren, ist von wesentlicher Bedeutung für die Entscheidung des Rechtsstreits. Wird die Rechtsungültigkeit bejaht, so kann von einem Verstoß gegen die guten Sitten keine Rede sein; denn die Sittenwidrigkeit wird gerade darauf gegründet, daß die Mehrheit eine Regelung der Beteiligung der Vorzugsaktionäre an dem umzustellenden Goldmarkaktienkapital im Sinne des § 28 der zweiten DVO. zur GBVO. habe vereiteln und sich so auf Kosten der Klägerin eigene unberechtigte Vorteile habe verschaffen wollen. Erst wenn die Rechtswirksamkeit des § 28 a. a. O. feststeht, kann in Frage kommen, ob das Vorgehen der Mehrheit einen Verstoß gegen die guten Sitten enthält. Die Gültigkeit des § 28 wird zunächst aus dem formellen Grunde bezweifelt, weil die Reichsregierung nach Ablauf der ihr nur bis zum 15. Februar 1924 erteilten Ermächtigung nicht mehr befugt gewesen sei, eine Rechtsverordnung zu erlassen, durch die in Abweichung von dem allgemeinen Grundsatz des § 8 GBVO. für die sog. schuldverschreibungsähnlichen Vorzugsaktien eine Ausnahmevorschrift hinsichtlich des Umfangs ihrer Beteiligung am Goldmarkaktienkapital geschaffen wurde. Die Ermächtigung, welche die Reichsregierung sich selbst in § 20 GBVO. auch für die spätere Zeit erteilt habe, entbehre der Rechtswirksamkeit; nur zu ergänzenden und erläuternden Vorschriften, nicht aber zu Abweichungen von der Regelung in der GBVO. sei die Reichsregierung befugt gewesen.

Die GBVO. vom 28. Dezember 1923 — RGBl. I S. 1253 — ist auf Grund des Gesetzes vom 8. Dezember 1923 — RGBl. I S. 1179 — erlassen worden, durch das die Reichsregierung unter zeitlicher Beschränkung bis zum 15. Februar 1924 ermächtigt wurde, die Maßnahmen zu treffen, die sie im Hinblick auf die Not von Volk und Reich für erforderlich und dringend erachtet. Die zweite DVO. zur GBVO. vom 28. März 1924 — RGBl. I S. 385 — stützt sich auf die §§ 8 und 20 der GBVO. Im § 8 wird gesagt: „Das Verhältnis der mit den Aktien verbundenen Rechte zueinander wird vorbehaltlich näherer Regelung in den Durchführungsbestimmungen durch die Umstellung nicht berührt.“ Der § 20 enthält eine Ermächtigung der Reichsregierung, die zur Durchführung der Verordnung erforderlichen Rechtsverordnungen und allgemeinen Verwaltungsvorschriften zu erlassen, auch für besondere Fälle, soweit es sich als notwendig erweisen sollte, allgemeine Anordnungen ergänzenden und abweichenden Inhalts zu treffen.

Da die allgemeine Ermächtigung der Reichsregierung durch das Gesetz vom 8. Dezember 1923 eine zeitlich (bis zum 15. Februar 1924) beschränkte war, kann auf sie die erst am 28. März 1924 erlassene zweite DVO. nicht mehr unmittelbar gestützt werden. Es fragt sich daher, ob sie eine genügende rechtliche Grundlage in den §§ 8 und 20 GBVO. findet. Wenn in dem Gesetz vom 8. Dezember 1923 die Reichsregierung ermächtigt wird, alle Maßnahmen zu treffen, die sie im Hinblick auf die Not von Volk und Reich für erforderlich und dringend erachtet, so war sie dabei weiteren Schranken, als daß von den Vorschriften der Verfassung nicht abgewichen werden durfte, nicht unterworfen, und es war deshalb auch ihrem Ermessen überlassen, wie sie ihre Maßnahmen gestalten wollte. Eine Nachprüfung, ob die getroffenen Maßnahmen zweckentsprechend waren, steht den

Gerichten nicht zu (RGZ. Bd. 107 S. 374/375). Hiernach war es auch nicht ausgeschlossen, daß die Reichsregierung ihre Anordnungen in Form eines sog. Rahmengesetzes ergehen ließ und sich zunächst darauf beschränkte, für eine bestimmte Regelung allgemeine Grundzüge aufzustellen und die weitere Ausgestaltung dann besonderen Durchführungsbestimmungen zu überlassen. Die für die ordentliche Gesetzgebung anerkannte Zulässigkeit eines sog. Rahmengesetzes kann auch für Rechtsverordnungen auf Grund einer allgemeinen Ermächtigung nicht bezweifelt werden. Sie konnte gerade für Verhältnisse, wie sie zur Zeit der Erlassung des Ermächtigungsgesetzes in Deutschland herrschten, nicht entbehrt werden. Die Unübersehbarkeit der damaligen Verhältnisse, insbesondere in wirtschaftlicher Hinsicht, ließ es vielfach angebracht erscheinen, nicht sofort eine abgeschlossene Regelung im einzelnen zu geben, sondern nur die Richtung vorzuschreiben, die Einzelvorschriften aber später der weiteren Entwicklung anzupassen. Die Ausfüllung des durch die Grundverordnung vorgezeichneten Rahmens konnte dann auch noch zu einem Zeitpunkt erfolgen, in dem die allgemeine Ermächtigung bereits erloschen war. Denn der gesetzliche Rahmen für die Durchführungsbestimmungen war rechtswirksam durch die Grundverordnung geschaffen; und diese Maßnahme blieb bestehen, auch nachdem die allgemeine Ermächtigung ihr Ende erreicht hatte. Diese vom III. Zivilsenat in RGZ. Bd. 107 S. 315 für die VO. über die Erweiterung des Abgeltungsverfahrens vom 24. Oktober 1923 und für das Ermächtigungsgesetz vom 13. Oktober 1923 ausgesprochenen Grundsätze, die in der Entscheidung der Vereinigten Zivilsenate vom 22. Februar 1924 (RGZ. Bd. 107 S. 320) gebilligt worden sind, greifen auch Platz für die auf Grund des Ermächtigungsgesetzes vom 8. Dezember 1923 erlassene Goldbilanzverordnung.

Voraussetzung für die Rechtsgültigkeit der Durchführungsbestimmungen ist allerdings, daß sie sich innerhalb des Rahmens der rechtswirksam vor dem 15. Februar 1924 erlassenen GBVO. halten. Wegen Fehlens dieser Voraussetzung hat der VI. Zivilsenat in RGZ. Bd. 109 S. 216 die Rechtsgültigkeit der 4. Verordnung zur Durchführung des Art. I der 3. Steuernotverordnung beanstandet, soweit in ihr die Gleichstellung von Ansprüchen aus Unfallversicherungsverträgen mit solchen aus Lebensversicherungsverträgen in gewisser Beziehung angeordnet wurde. Die 3. Steuernotverordnung stützt sich ebenfalls auf das Ermächtigungsgesetz vom 8. Dezember 1923 und enthält in § 64 eine gleiche Ermächtigung der Reichsregierung, wie der § 20 der GBVO. Hier aber kann es nicht zweifelhaft sein, daß die Regelung des Verhältnisses der mit den Aktien verbundenen Rechte zueinander in den durch die GBVO. gesteckten Rahmen fällt. Der § 8 GBVO. stellt für diese Regelung zwar den leitenden Grundsatz auf, daß das Verhältnis durch die Umstellung nicht berührt werden soll, behält jedoch seine weitere Ausgestaltung den Durchführungsbestimmungen vor. Zur Ausgestaltung gehört aber nicht nur die nähere Erläuterung seines Inhalts, sondern auch die Bestimmung seiner Tragweite. Sie umfaßt auch die Möglichkeit, für besondere Arten von Aktien Ausnahmen von der Regel zuzulassen und diese Fälle besonders zu ordnen. Deshalb kann, jedenfalls für die hier in Betracht kommenden Vorschriften des Art. IV der zweiten DVO. und insbesondere für den § 28, die Rechtsgültigkeit nicht aus dem Grunde beanstandet werden, weil der Reichsregierung oder dem Justizministerium, von dem allein die zweite DVO. erlassen wurde, die Befugnis zu einer solchen Regelung durch Rechtsverordnung nicht mehr zugestanden habe.

Die Ungültigkeit des § 28 wird aber noch weiter daraus hergeleitet, daß die Regelung mit den verfassungsmäßigen Grundsätzen in Art. 153 und 109 Abs. 1 der Reichsverfassung in Widerspruch stehe. Nach § 1 Abs. 1 Satz 2 des Ermächtigungsgesetzes ist allerdings eine Abweichung von den Vorschriften der Verfassung nicht zugelassen. Der behauptete Widerspruch liegt jedoch nicht vor.

Nach der Auffassung des von der Revision herangezogenen T r i e p e l'schen Gutachtens ermöglicht der § 28 der zweiten DVO. eine entschädigungslose Enteignung von Vermögenswerten, wie sie nach Art. 153 Abs. 2 der RV. nur unter besonderen, im vorliegenden Fall nicht erfüllten Voraussetzungen gestattet sei. Schon die Annahme, daß die Regelung, welche § 28 hinsichtlich des Anteils der sog. schuldverschreibungsähnlichen Vorzugsaktien an dem auf Goldmark umgestellten Grundkapital trifft, eine Enteignung, d. h. eine zwangsweise Entziehung von Vermögenswerten darstelle, begegnet durchgreifenden Bedenken. In Wirklichkeit handelt es sich dabei um eine gesetzliche Ordnung des Beteiligungsverhältnisses der verschiedenen

Gattungen von Aktien an dem in Gold umgestellten Grundkapital, wie sie durch Einführung der Goldbilanzrechnung für das kaufmännische Geschäftsleben nötig wurde. Erst durch die GBVO. und die dazu ergangenen Durchführungsbestimmungen wurden die Beteiligungsrechte und ihr Maßstab näher umgrenzt. Daß schon nach allgemeinen aktienrechtlichen Grundsätzen jeder Aktionär einen Anspruch hätte, an dem in Goldmark umgerechneten Vermögen der Aktiengesellschaft gerade nach dem Nennbetrage seiner Aktien beteiligt zu sein, und daß den Vorzugsaktionären diese wohlerworbenen Rechte durch die besondere Regelung des § 28 der zweiten DVO. zugunsten der Stammaktionäre wieder entzogen würden, kann nicht ohne weiteres gesagt werden. An sich hätte an Stelle des Grundsatzes der Beteiligung nach dem Nennwerte, wie er jetzt als Regel bestimmt ist, als regelmäßiger Ausgangspunkt auch eine Beteiligung nach dem Goldmarkwert der auf die Aktien geleisteten Einzahlungen anerkannt werden können. Dieser Gesichtspunkt hat jetzt nur für gewisse besondere Gattungen und Gruppen von Aktien als Ausnahmevorschrift aus wirtschaftlichen Gründen Geltung erlangt. Dadurch erst wurde für solche Aktien das Maß ihrer Beteiligung endgültig festgesetzt, so daß von einer Beschränkung oder Entziehung bereits vorhandener Rechte nicht gesprochen werden kann.

Aber selbst wenn in der Regelung des § 28 hinsichtlich der Beteiligung der schuldverschreibungsähnlichen Vorzugsaktien am Goldmarkgrundkapital eine entschädigungslose Enteignung zu erblicken wäre, so wäre eine solche nicht unzulässig, da die Voraussetzungen des Art. 153 Abs. 2 RV. als erfüllt anzusehen sind. Es greifen hier die gleichen Erwägungen Platz, wie sie in RGZ. Bd. 107 S. 375 gegenüber dem gleichen Einwand bei der Regelung der Hypothekenaufwertung maßgebend waren (vgl. auch RGZ. Bd. 111 S. 325). Auch die Ordnung der Beteiligung der Aktionäre am Goldmarkvermögen der Aktiengesellschaften sollte der Erhaltung und Gesundung der deutschen Volkswirtschaft, also dem Wohle der Allgemeinheit dienen. Diese Maßnahme beruht auf gesetzlicher Grundlage. Dazu genügt eine auf Grund eines Ermächtigungs- oder Rahmengesetzes erlassene Rechtsverordnung, die auch bestimmen kann, daß eine Entschädigung für die Entziehung nicht gewährt werden soll.

Ebensowenig verletzt die Regelung des § 28 den verfassungsmäßigen Grundsatz von der Gleichheit vor dem Gesetz (Art. 109 Abs. 1 RV.). Wenn hierin überhaupt eine Schranke auch für die Gesetzgebung und nicht vielmehr lediglich eine Richtschnur für den das Gesetz handhabenden Richter und Verwaltungsbeamten (so Reichswirtschaftsgericht Bd. 1 S. 290) zu erblicken ist, so kann dem Grundsatz doch für den vorliegenden Fall nicht die weitgehende Bedeutung beigelegt werden, wie dies im Triepel'schen Gutachten geschieht. Jedenfalls ist der Gesetzgeber durch jenen Grundsatz nicht gehindert, für besondere Verhältnisse von einer allgemeinen Rechtsregel Ausnahmen festzusetzen, die dann für alle Personen gelten, bei denen die Ausnahmen zutreffen. So aber liegt die Sache hier, wenn § 28 vorschreibt, daß bei Aktien, bei denen sich der Anteil am Liquidationserlös und im Fall der Einziehung nach § 227 HGB. der Rückzahlungsbetrag auf einen Hundertsatz des Nennbetrags beschränkt, in Abweichung von der allgemeinen Regel, wonach der Nennwert maßgebend ist, der auf die betreffende Aktiengattung entfallende Teil des Goldmarkkapitals den Goldmarkwert der Einlagen nicht übersteigen darf. Keinesfalls kann gesagt werden, daß es sich bei der Regelung des § 28 um eine willkürliche Maßnahme handle und daß die verschiedene Behandlung der Stammaktien und der sog. schuldverschreibungsähnlichen Aktien nicht auf vernünftigen wirtschaftlichen Erwägungen beruhe (RGZ. Bd. 111 S. 329).

Hiernach ist die Rechtsgültigkeit der Regelung der zweiten DVO. hinsichtlich der schuldverschreibungsähnlichen Vorzugsaktien nicht zu beanstanden. Das ist, mit wenigen Ausnahmen, die überwiegende Meinung des Schrifttums zur GBVO. Mit ihr stimmt überein das in JW. 1924 S. 1175 abgedruckte Gutachten des Kammergerichts vom 1. Mai 1924. Auch der Reichsrat und der Reichstag haben bisher keine Veranlassung genommen, die Rechtsgültigkeit des § 20 der GBVO. und der sich auf ihn stützenden Durchführungsverordnungen anzuzweifeln und die Aufhebung dieser Vorschriften zu verlangen.

Im gegenwärtigen Falle kommt noch nicht die Umgestaltung selbst und die dabei vorzunehmende Verteilung des in Goldmark umzustellenden Grundkapitals in Frage, es handelt sich vielmehr bei den angefochtenen Generalversammlungsbeschlüssen um Maßnahmen der Aktiengesellschaft, welche noch vor der Umstellung eine Gleichstellung der Vorzugsaktien mit den Stammaktien herbeiführen sollen, um, wie das Berufungsgericht feststellt, der Klägerin die Möglichkeit zu nehmen, demnächst bei der Umstellung eine Verteilung des Aktienkapitals nach Maßgabe des § 28 der zweiten DVO. zu erreichen. Der Revision ist zwar zuzugeben, daß eine Umwandlung der Vorzugsaktien in Stammaktien vor der Umstellung durch § 28 a. a. O. nicht schlechthin verboten ist. Der § 60 Abs. 2 DVO. betrifft vor dem Inkrafttreten der zweiten DVO. gefaßte Beschlüsse über Umstellung in Goldmark, findet hier also keine Anwendung. Ebensowenig greift § 34 der zweiten DOV. Platz, da er nur das Bezugsrecht im Falle einer Kapitalerhöhung regelt; aus ihm kann jedoch entnommen werden, daß Beschlüsse über eine andere Ausgestaltung des Aktienkapitals in Papiermark vor der Umstellung an sich nicht ausgeschlossen sind. Aber trotzdem ist in einem derartigen Vorgehen unter Umständen ein Verstoß gegen die guten Sitten zu erblicken, dann nämlich, wenn die Mehrheit der Aktionäre ihr Recht dazu mißbraucht, um gegen den Widerspruch der Minderheit die Umstellung nach Vorschrift des § 28 zu vereiteln und sich als Inhaber der schuldverschreibungsähnlichen Vorzugsaktien auf Kosten der Minderheit ungerechtfertigt Vorteile zu verschaffen. Für die Frage der Sittenwidrigkeit kommt es nicht sowohl auf den äußeren Inhalt und die formale Rechtsbeständigkeit an, als auf die aus dem Zusammenhang sich ergebende Wirkung für die Gesellschaft selbst und die Aktionäre der Minderheit, auf die Beweggründe und den Zweck des Vorgehens der Mehrheit; vgl. RGZ. Bd. 107 S. 72 und Bd. 112 S. 14. Daß aber hier die angefochtenen Beschlüsse ein gegen die guten Sitten verstoßendes Vorgehen der Mehrheit darstellen, hat das Berufungsgericht ohne Rechtsirrtum angenommen.

Die beklagte Aktiengesellschaft ist eine Familiengründung; ihre Stammaktien befinden sich, abgesehen von den 300000 *M* der Klägerin, im Besitze von Mitgliedern der Familie W. Ein Bezugsrecht auf die im Jahre 1921 geschaffenen 900000 *M* Vorzugsaktien stand nur den Mitgliedern der Familie zu, die auch jetzt noch allein Inhaber dieser Aktien sind. Die Vorzugsaktien sind unstreitig solche, bei denen der Anteil am Liquidationserlös und im Falle der Einzahlung der Rückzahlungsbetrag auf 110% beschränkt ist; es würde also im Falle der Umstellung der § 28 Abs. 1 a. a. O. auf sie anzuwenden sein. Diese Vorschrift enthält eine Ausnahme von dem nach § 8 GBVO. und § 27 der zweiten DVO. für die schuldverschreibungsähnlichen Vorzugsaktien im allgemeinen maßgebenden Grundsatz der Umstellung nach dem Nennbetrag; der auf diese Aktiengattung entfallende Teil des auf Goldmark umgestellten Grundkapitals soll den Goldmarkwert der auf sie geleisteten Einlagen nicht übersteigen, und wenn der auf die Vorzugsaktien entfallende Teil des Grundkapitals hinter dem aus § 27 a. a. O. sich ergebenden Betrage zurückbleibt, soll nach § 28 Abs. 6 der zweiten DVO. der überschießende Betrag dem auf die Stammaktien entfallenden Teile des Grundkapitals hinzugerechnet werden. Diese Regelung führt also unter gewissen Voraussetzungen zu einer Besserstellung der Stammaktionäre gegenüber den Vorzugsaktionären. Ob hierin schon für die Zeit vor der Umstellung ein Sonderrecht der Stammaktionäre oder erst eine bloße Anwartschaft zu erblicken ist, braucht nicht entschieden zu werden. Jedenfalls kann die Vereitelung der dem § 28 entsprechenden Verteilung des Grundkapitals zu einer vermögensrechtlichen Schädigung der Stammaktionäre führen, wenn dadurch ihr gesetzmäßiger Anteil am Grundkapital bei der Umstellung vermindert wird. Daß hier eine solche Benachteiligung der Klägerin eintreten würde, ist im angefochtenen Urteil einwandfrei festgestellt. Der Goldmarkwert der auf die Vorzugsaktien geleisteten Einlagen beträgt nur rund 50000 GM. Ein höherer Betrag würde also bei Anwendung des § 28 Abs. 1 auf die Vorzugsaktien nicht entfallen. Bei dem günstigen Vermögensstande der beklagten Aktiengesellschaft ist nach der Feststellung des Berufungsgerichts mit einer Umstellung des Grundkapitals im Verhältnis von 10:3 oder höchstens 10:2 zu rechnen, so daß bei einer Gleichstellung der Vorzugsaktien mit den Stammaktien, wie sie mit den angefochtenen Beschlüssen beabsichtigt wird, auf die ersteren 270000 oder 180000 GM zuzuteilen wären. Den Stammaktionären fielen also 220000 oder 130000 GM weniger zu, was für die Klägerin einen Verlust in Höhe von $^1/_4$ dieser Beträge bedeuten würde. Die Vorteile aus der Gleichstellung der Vorzugsaktien kämen ausschließlich den Aktionären der Mehrheit zugute, da nur sie Inhaber von Vorzugsaktien sind und demgemäß für die geringere Beteiligung am Goldkapital einen Ausgleich erhalten würden.

(Es folgen Ausführungen, wodurch Angriffe der Revision gegen die Annahme einer Benachteiligung der Stammaktionäre zurückgewiesen werden. Dann wird fortgefahren:)

Mit Recht nimmt endlich das Berufungsgericht an, es komme für die Frage, ob durch die beabsichtigte Umwandlung der Vorzugsaktien in Stammaktien eine Beeinträchtigung des Anspruchs der Klägerin auf Umstellung nach § 28 Abs. 1 der zweiten DVO. eintrete, nur darauf an, wie sich die Lage ohne Umwandlung bei Anwendung des § 28 Abs. 1 gestalten würde. Ob auf Grund des § 28 Abs. 4 Satz 2 aus Billigkeitsgründen eine abweichende Festsetzung des auf die Vorzugsaktien entfallenden Anteils am Goldmarkkapital angebracht erscheint, kann nur im Umstellungsverfahren selbst geprüft werden, wenn auf Grund der Goldmarkbilanz die entsprechenden Beschlüsse gefaßt und Anträge auf abweichende Festsetzung gestellt worden sind. Mit Grund hat daher die Vorinstanz ein Eingehen auf die nach dieser Richtung vorgebrachten Umstände abgelehnt.

Daß die Aktionäre der Mehrheit von keinem anderen Beweggrund geleitet wurden und keinen anderen Zweck verfolgten, als das Aktienrecht der Klägerin zu ihrem eigenen Vorteil zu verkürzen, und daß die beabsichtigten Maßnahmen nicht durch die Interessen der Gesellschaft geboten waren, stellt das angefochtene Urteil ausdrücklich fest. Insbesondere wird auch als widerlegt angesehen die Behauptung der Beklagten, daß es ihr darum zu tun gewesen sei, durch die auf die Vorzugsaktien zu leistenden Nachzahlungen Betriebskapital zu erhalten. Dem Berufungsgericht kann auch darin nicht entgegengetreten werden, daß der an sich nicht unberechtigte Wunsch der Mehrheit, der Aktiengesellschaft ihre Eigenschaft als Familiengründung nach Möglichkeit zu bewahren und die von ihr für unheilvoll gehaltenen Bestrebungen der Klägerin und des hinter ihr stehenden J. B. abzuwehren, doch ein Vorgehen nicht rechtfertigen könne, das einseitig nur den vermögensrechtlichen Interessen der Mehrheit diente und die Beteiligungsrechte der Klägerin beeinträchtigte. Den Vorzugsaktien bleibt trotz der Herabsetzung ihrer Beteiligung an dem in Goldmark umgestellten Grundkapital ihr Stimmrecht in vollem Umfang erhalten, so daß der Einfluß der Mitglieder der Familie W. als Inhaber dieser Aktien keine Einbuße erleidet. Inwiefern im übrigen die über das Maß des § 28 der zweiten DVO. hinausgehende Beteiligung der Vorzugsaktionäre an dem auf Goldmark umgestellten Grundkapital ein geeignetes Mittel sein soll, um den Bestrebungen der Klägerin und des J. B. auf Erweiterung ihres Einflusses entgegenzuarbeiten, ist nicht einzusehen.

Hiernach haben die Vorinstanzen die angefochtenen Beschlüsse mit Recht wegen Verstoßes gegen die guten Sitten für nichtig erklärt.

---

3. Zur Frage der Beweisführung im Urkundenprozeß.
ZPO. § 592.

IV. Zivilsenat. Urt. v. 1. Februar 1926 i. S. Gr. G. m. b. H. (Bekl.) w. D.-J. Handelsaktiengesellschaft (Kl.). IV 501/25.

I. Landgericht Elberfeld.
II. Oberlandesgericht Düsseldorf.

Die Klägerin behauptet, daß die Beklagte ihrem Mitgesellschafter G. die Auszahlung von 16000 ℳ auf seinen Geschäftsanteil zugesagt habe, womit eine Schuld des G. an die Klägerin aus dem Verkauf von Aktien habe getilgt werden sollen. Sie hat ein Schreiben der Beklagten an G. vom 9. Mai 1924 vorgelegt, das folgendermaßen lautet: Wir stellten Ihnen in persönlicher Unterhaltung per 25. Juni, Juli, August und September d. Js. je ℳ 4000 zur Verfügung, was wir Ihnen bestätigen. Vorher, am 19. April 1924, hatte die Beklagte an G. geschrieben, daß sie zu ihrem Bedauern nicht in der Lage sei, augenblicklich die gewünschte Summe für ihn freimachen zu können. In einem späteren Schreiben vom 25. August 1924 ist von der Beklagten selbst die Zurverfügungstellung der Gelder als eine Zusage bezeichnet worden. Durch Urkunde vom 28. Mai 1924 hat G. seine Ansprüche gegen die Beklagte an die Klägerin abgetreten und bekannt, die Gegenwerte erhalten zu haben.

Die Klägerin klagt im Urkundenprozeß einen Teilbetrag von 2000 ℳ nebst Zinsen ein. Das Landgericht hat nach Antrag erkannt; das Oberlandesgericht hat die Berufung der Beklagten zurückgewiesen und ihr die Ausführung ihrer Rechte im ordentlichen Verfahren vorbehalten. Die Revision wurde zurückgewiesen.

Gründe:

Der Berufungsrichter führt aus: In zweiter Instanz habe die Klägerin den Schuldgrund für die in der Urkunde vom 9. Mai 1924 enthaltene Verpflichtungserklärung der Beklagten genau dargelegt. Es handle sich nach der Behauptung der Klägerin darum, daß die Beklagte ihrem Mitgesellschafter G. auf seinen Geschäftsanteil die Auszahlung von 16000 ℳ versprochen habe, die zur Tilgung einer Kaufpreisschuld des G. an die Klägerin bestimmt gewesen seien. Dieser Schuldgrund werde durch die vorgelegten Urkunden bewiesen; es bedürfe deshalb keines Eingehens auf die Frage, ob ein abstraktes Schuldversprechen vorliege. Würdige man den Inhalt der Schreiben vom 19. April, 9. Mai und 25. August 1924, so erscheine die Behauptung der Klägerin über das Bestehen des Schuldgrunds in höchstem Grade glaubhaft. Wenn die Erklärung der Beklagten vom 9. Mai 1924 einen anderen Rechtsgrund gehabt haben sollte, so wäre es ihre Sache gewesen, diesen aufzuklären. Das habe sie geflissentlich vermieden; sie habe, um die Sache unklar zu lassen, absichtlich einen Grund für jene Erklärung nicht angegeben. Hiernach bestehe kein Bedenken, den von der Klägerin vorgetragenen Schuldgrund als durch die Urkunden bewiesen anzusehen.

Mit Unrecht rügt die Revision Verletzung des § 592 ZPO., insofern der Berufungsrichter als Beweismittel nicht lediglich die Urkunden, sondern entscheidend das Verhalten der Beklagten im Rechtsstreit verwertet habe. In diesem Sinne sind die Gründe des Berufungsurteils nicht zu verstehen. Der Berufungsrichter hält in freier Würdigung des Inhalts der Urkunden den Beweis für die Behauptung der Klägerin in dem Maße für erbracht, daß zur Erschütterung seiner Überzeugung nunmehr die Beklagte den Gegenbeweis zu führen habe. Eine solche Umkehrung der Beweislast ist, wenn sich wie hier die richterliche Überzeugung zunächst auf die Klageurkunden gründet, auch im Urkundenprozeß zulässig (Stein, Anm. IV zu § 592 ZPO.). Wie der Berufungsrichter weiter feststellt, hat die Beklagte ihrer Gegenbeweispflicht nicht nur nicht genügt, sondern es überhaupt an einer näheren Darlegung ihres Standpunktes fehlen lassen. Unter diesen Umständen konnte der Berufungsrichter den Urkundenbeweis im Sinne des § 592 ZPO. als geführt ansehen.

Aber selbst wenn die Begründung des Urteils nicht in dem

dargelegten Sinn aufzufassen wäre, würde der Berufungsrichter nicht gehindert gewesen sein, das Verhalten der Beklagten im Rechtsstreit neben dem Ergebnis des Urkundenbeweises selbständig zu verwerten. Anerkanntermaßen bedürfen auch im Urkundenprozeß offenkundige Tatsachen nicht des Beweises, sondern können jederzeit und ohne weiteres berücksichtigt werden. Weshalb das nicht auch von der Würdigung des Verhaltens einer Partei im Rechtsstreit gelten soll, ist nicht abzusehen. So wie sich dieses Verhalten dem Richter darstellt, darf er es ebenso wie eine offenkundige Tatsache zur Bildung seiner richterlichen Überzeugung verwenden und den Urkundenbeweis, sofern er nicht vollständig geführt sein sollte, auf diesem Wege ergänzen.

---

4. 1. Wann liegen bei Beschlagnahme und Veräußerung von Waren wegen Verdachts des Preiswuchers Amtspflichtverletzungen von Justizbeamten vor?

2. Ist der Staat zur Aufwertung des an die Stelle beschlagnahmter Sachen getretenen Erlöses nach Freisprechung von der Anklage des Preiswuchers verpflichtet? Kann er dazu im ordentlichen Rechtswege angehalten werden?

Bekanntmachung, betr. Einziehung und Veräußerung beschlagnahmter Gegenstände, vom 22. März 1917 Art. II. Mantelverordnung vom 13. Juli 1923 Art. III. BGB. §§ 242, 839. RVerf. Art. 131.

III. Zivilsenat. Urt. v. 2. Februar 1926 i. S. K. (Kl.) w. Preuß. Staat (Bekl.). III 627/24.

I. Landgericht I Berlin.
II. Kammergericht daselbst.

Bei dem Kläger wurden wegen Verdachts des Preiswuchers am 27. September 1923 8 Kisten Schmalz beschlagnahmt; das Schmalz wurde auf richterliche Anordnung verkauft. Der Kläger wurde durch Urteil vom 10. November 1923 von der Anklage wegen Preiswuchers freigesprochen. Am 22. November 1923 verfügte die Staatsanwaltschaft die Auszahlung des Verkaufserlöses an den

Kläger, die aber unterblieb, weil der Betrag inzwischen fast völlig entwertet war. Der Kläger, der gegen die bei der Beschlagnahme, der Veräußerung und der Verwaltung des Erlöses beteiligten Beamten den Vorwurf der Amtspflichtverletzung erhebt, auch behauptet, daß der Beklagte seit der Beschlagnahme mit der Herausgabe des Erlöses in Verzug sei, verfolgt den Anspruch auf Schadensersatz sowie auf Aufwertung. Die Vorinstanzen haben die Klage abgewiesen. Die Revision des Klägers hatte Erfolg.

Gründe:

1. Der Kläger hat die auf Amtspflichtverletzung von Beamten gestützte Klage gegen den Preußischen Staat („Justizfiskus"), vertreten durch den Generalstaatsanwalt bei dem Kammergericht, gerichtet. Damit scheidet für die Klagebegründung von vornherein ein Verschulden von Polizeibeamten aus, da diese nicht dem Generalstaatsanwalt, sondern dem Polizeipräsidenten von Berlin unterstehen und es insoweit an einer wirksamen Klageerhebung fehlt. Die Tätigkeit von Polizeibeamten kann nur insofern in Betracht kommen, als geltend gemacht werden soll, daß ihnen gegenüber die Justizbeamten es an den ihnen zustehenden und im gegebenen Fall erforderlichen Weisungen hätten fehlen lassen.

Soweit Amtshandlungen von Justizbeamten in Frage stehen, ist für die sachliche Entscheidung davon auszugehen, daß über Erforderlichkeit und Zweckmäßigkeit der Beschlagnahme und der Anordnung des Verkaufs der beschlagnahmten Ware die beteiligten Beamten nach freiem Ermessen zu befinden hatten. Bei solchen Maßnahmen ist die Annahme eines Verschuldens der Beamten, das nach § 839 BGB. verbunden mit Art. 131 Abs. 1 Satz 1 RVerf. die Voraussetzung für die staatliche Haftung bildet, nur unter besonderen Umständen, beispielsweise dann gerechtfertigt, wenn das Vorgehen der Beamten sich als Mißbrauch des Ermessens oder bare Willkür darstellt (RGZ. Bd. 99 S. 256). Eine solche besondere Sachlage ist für den vorliegenden Fall zwar vom Kläger behauptet, aber nicht ausreichend dargelegt worden. Nach den Ausführungen des Berufungsgerichts hat der Kläger am 27. September 1923 Schmalz zum Preise von 27 Millionen Mark für das Pfund verkauft, während der amtlich festgesetzte Richtpreis an jenem Tage nur 25,8 bis 26,3 Millionen Mark betrug. Eine solche Überschreitung des amtlich bestimmten Preises legte den Verdacht des Preiswuchers nahe. Jedenfalls reicht die Tatsache, daß die Überschreitung keine sehr erhebliche war, nicht als Unterlage für die Annahme aus, daß der Beamte bei der Prüfung der Voraussetzungen der Beschlagnahme ohne die erforderliche Sorgfalt zu Werke gegangen sei.

Die Veräußerung ist gemäß Art. III der Mantelverordnung vom 13. Juli 1923 (RGBl. I S. 699) verbunden mit Art. II der Bekanntmachung vom 22. März 1917 (RGBl. I S. 255) durch den Richter angeordnet worden. Der Beklagte macht geltend, daß die Anordnung nach Art. II Nr. 1 Satz 1 der bezeichneten Bekanntmachung gerechtfertigt gewesen sei, weil der Verkauf aus Gründen der Volksversorgung notwendig erschienen sei. Der Kläger bestreitet dies und führt aus, daß die Entbehrlichkeit des Verkaufs unter diesem Gesichtspunkt auf der Hand gelegen habe; denn gerade gegen Ende September 1923 habe ein Überangebot von Schmalz vorgelegen, was vom Richter leicht habe festgestellt werden können. Der Berufungsrichter unterstellt die Richtigkeit dieser Behauptung, meint aber, daß die behauptete Tatsache noch nicht die Annahme eines fahrlässigen Verhaltens des Amtsrichters begründe; bei den besonderen Verhältnissen der damaligen Zeit habe damit gerechnet werden müssen, daß sich das Überangebot von einem Tage zum anderen in einen Mangel von Angebot verwandle, wie denn damals mehrfach Bedarfsgegenstände plötzlich vom Markte verschwunden seien. Die Revision hält diese Begründung für unschlüssig und meint, die vom Vorderrichter verwertete Erfahrung würde die Veräußerung erst beim Verschwinden der Ware vom Markt gerechtfertigt haben. Wäre dies auch richtig, so würde das Verhalten des Richters lediglich als der Ausfluß einer zu großen Vorsicht, aber keineswegs als eine fahrlässige Ausübung des ihm zustehenden Ermessens anzusehen sein.

Der angebliche Verkauf des Schmalzes zu einem zu niedrigen Preise kommt nach dem oben Dargelegten bei der Prüfung des Klageanspruchs nur insoweit in Betracht, als zu erörtern ist, ob er gegen den mit der Sache befaßt gewesenen Staatsanwalt den Vorwurf einer nicht genügenden Anweisung an die Polizeibeamten begründet, welche die Veräußerung als Hilfsbeamte der Staatsanwaltschaft durchgeführt haben. Nach Art. II Nr. 3 Satz 1 der Bekanntmachung vom 22. März 1917 war der freihändige Verkauf zu angemessenem

Preise vorzunehmen. Wenn es sich aber auch um eine keineswegs unzweideutige Vorschrift handelte, so durfte sich die Staatsanwaltschaft mit Rücksicht auf den Anhalt, den die amtlich festgesetzten Richtpreise der Polizeibehörde boten, einer Weisung und Kontrolle der Polizeibeamten für enthoben erachten....

Art. II Nr. 3 Satz 2 der bezeichneten Bekanntmachung schreibt zwar vor, daß der freihändige Verkauf erst nach Anhörung eines Sachverständigen erfolgen dürfe, und einen solchen hat die Polizeibehörde nicht vernommen. In dieser Hinsicht war jedoch eine Anweisung der Polizeibeamten durch die Staatsanwaltschaft bei dem klaren Wortlaut der Vorschrift erst recht nicht geboten. Überdies hebt das Berufungsgericht bereits zutreffend hervor, daß bei sinngemäßer Auslegung der Bestimmung die Zuziehung eines Sachverständigen für entbehrlich erachtet werden durfte, weil Richtpreise festgesetzt waren und deren Festsetzung nach vorheriger Anhörung von Sachverständigen zu erfolgen pflege. Die Vorschrift der Zuziehung Sachkundiger soll eine sachgemäße Ermittlung des angemessenen Preises ermöglichen. Im Hinblick auf diesen Zweck würde es eine leere Formalität sein, wenn der Sachverständige auch in Fällen gehört werden müßte, wo Richtpreise, also unter der Mitwirkung sachkundiger Personen ermittelte Preise, festgesetzt waren. Eine solche Handlungsweise kann der Gesetzgeber den mit der Veräußerung beschlagnahmter Gegenstände befaßten Beamten nicht haben zur Pflicht machen wollen.

Auch das Unterlassen einer Anordnung der Hinterlegung in wertbeständigem Gelde ist den beteiligten Beamten nicht zum Vorwurf zu machen. Eine wertbeständige Anlegung war zu der hier in Betracht kommenden Zeit sehr schwierig, jedenfalls durchaus noch nicht allgemein üblich. Wenn überhaupt daran zu denken war, so lag der Gedanke dem Kläger als Großkaufmann sicherlich näher als den Beamten. Er konnte sich zum Umtausch des Verkaufserlöses in wertbeständige Zahlungsmittel erbieten. Seine Untätigkeit in dieser Richtung bedeutet ein überwiegendes Verschulden, demgegenüber es nicht ins Gewicht fiele, wenn etwa die beteiligten Beamten in ihren Maßnahmen der Geldentwertung nicht nach Möglichkeit Rechnung getragen haben sollten.

Was die unterbliebene Benachrichtigung des Klägers anlangt,

so hat der Vorderrichter zutreffend ausgeführt, daß es sich hier um eine innere Verwaltungsmaßnahme handelt, daß aber keinesfalls die Unterlassung der Nachricht ursächlich für einen Schaden des Klägers geworden ist.

Endlich liegt auch ein Verzug des Beklagten, der den Kläger zur Geltendmachung von Ersatzansprüchen berechtigte, nicht vor. (Wird ausgeführt).

2. Erweist sich hiernach die Klage als durchweg unbegründet, soweit sie auf Amtspflichtverletzungen von Beamten des Beklagten gestützt wird, so ist doch, wie die Revision mit Recht rügt, das Berufungsurteil insofern von Rechtsirrtum beherrscht, als es dem Aufwertungsanspruch des Klägers jede Beachtung versagt.

Gegen die Zulässigkeit des Rechtswegs bestehen hinsichtlich dieses Anspruchs, mit dem der Kläger nur die aufzuwertende Forderung in veränderter Gestalt geltend macht, keine Bedenken. Entsprechend dem vom Senat am 14. November 1924 entschiedenen Falle (RGZ. Bd. 109 S. 188), in dem es sich um Ansprüche aus einer unrechtmäßigen Verfallerklärung im Sinne der Verordnung über die Regelung der Einfuhr vom 16. Januar 1917/22. März 1920 (RGBl. 1917 S. 41; 1920 S. 334) handelte, kann auch hier dahingestellt bleiben, ob der vom Kläger geltend gemachte Anspruch privatrechtlicher Natur ist oder auf dem Gebiet des öffentlichen Rechts liegt. Der Anspruch geht auf Auszahlung des Verkaufserlöses. Wenn es in Art. II der Bekanntmachung vom 22. März 1917 heißt, daß der Erlös an die Stelle der veräußerten Gegenstände tritt, so ist damit zum Ausdruck gebracht nicht nur, daß der von der Beschlagnahme Betroffene einen Anspruch auf Auszahlung des Erlöses habe, sondern auch, daß er diesen Anspruch auf dem sonst üblichen Wege, nämlich vor den ordentlichen Gerichten, geltend machen könne.

In der Sache selbst ist, was die rechtliche Natur des Auszahlungsanspruchs anlangt, hervorzuheben, daß der Kläger nicht etwa als Hinterleger vom Staat als Hinterlegungsstelle die Auszahlung hinterlegten Geldes verlangt; es ist von den Parteien nicht einmal klar zum Ausdruck gebracht, ob der Beklagte überhaupt von der nach § 17 der Ausführungsvorschriften zur preußischen Hinterlegungsordnung bestehenden Möglichkeit förmlicher Hinterlegung Gebrauch gemacht hat. Deshalb braucht auch zu der in der Rechtsprechung streitigen und vom VI. Zivilsenat des Reichsgerichts am 11. Dezember 1925 (RGZ. Bd. 112 S. 221) im verneinenden Sinne entschiedenen Frage, ob die Hinterlegungsstelle zur Aufwertung hinterlegter Gelder verpflichtet sei, hier nicht Stellung genommen zu werden.

Der vom Kläger erhobene Anspruch geht vielmehr hervor aus der Beschlagnahme, die der Beklagte als Hoheitsträger durch seine Beamten hat vornehmen lassen. Aus solcher Beschlagnahme erwächst dem Betroffenen in dem besonderen, hier vorliegenden Falle der Veräußerung der beschlagnahmten Ware nach dem oben bereits erwähnten Grundsatz, daß der Erlös an die Stelle der Sache tritt, ein Anspruch auf Auszahlung des Erlöses für den Fall der Aufhebung der Beschlagnahme.

Die Zahlungspflicht des Staates aber ist unter dem Gesichtspunkt von Treu und Glauben zu beurteilen, der im § 242 BGB. für bürgerlichrechtliche Schuldverhältnisse ausdrücklich gesetzlich anerkannt worden ist, aber auch unabhängig von solcher gesetzlichen Formulierung im gesamten Rechtsleben gilt. Besondere gesetzliche Bestimmungen, wie sie der VI. Zivilsenat in seiner oben erwähnten Entscheidung der preußischen Hinterlegungsordnung entnehmen zu müssen meint, stehen hier der Anwendung des allgemeinen Rechtsgedankens nicht entgegen. Hiernach ist auf der einen Seite zu berücksichtigen, daß dem Beklagten der Erlös alsbald nach der Veräußerung der Ware in höherwertigem Gelde zugeflossen ist und zur Bestreitung seiner laufenden Ausgaben gedient hat. Anderseits sollte nach positiver Gesetzesvorschrift für den Kläger der Erlös an die Stelle der Ware treten und damit grundsätzlich erreicht werden, daß ihm statt der Ware ihr Wert erhalten blieb. Unter diesen Umständen erscheint es unbillig und nicht vereinbar mit Treu und Glauben, dem Kläger, wie es im Berufungsurteil geschieht, die Aufwertung des Erlöses durch den Beklagten zu versagen und damit praktisch jede Entschädigung für den nach seiner Freisprechung nicht mehr gerechtfertigten Vermögenseingriff des Beklagten abzusprechen. Der Senat hat schon in einem gleich liegenden, am 10. Februar 1925 entschiedenen Falle III 964/23, in dem die Reichsgetreidestelle wegen des ihr zugeflossenen Erlöses beschlagnahmten Hafers in Anspruch genommen war, eine Aufwertungspflicht der damaligen Beklagten angenommen. Ebenso ist auch im vorliegenden Falle der Beklagte gehalten, den Erlös aufzuwerten.

Das angefochtene Urteil mußte demnach aufgehoben werden. Das Berufungsgericht wird unter Berücksichtigung der beiderseitigen Interessen eine angemessene Aufwertung vorzunehmen und dabei auszugehen haben von dem Zeitpunkte, in dem mit der Veräußerung der Ware ihr Erlös dem Beklagten zufloß. Für die Höhe des Aufwertungsanspruchs sei bemerkt, daß die besonderen Verhältnisse, die sich aus einer etwa vorgenommenen förmlichen Hinterlegung ergeben könnten, wiederum deshalb unberücksichtigt bleiben müssen, weil der Zahlungs- und damit auch der Aufwertungsanspruch des Klägers nicht auf der Hinterlegung, sondern auf der Beschlagnahme und Veräußerung beruht.

---

5. Wie gestaltet sich nach der 3. Steuernotverordnung und dem Aufwertungsgesetz die Haftung der Reichsbahngesellschaft für Pensionsansprüche, die ein Bediensteter einer später vom Staat übernommenen Privatbahn gegen deren Betriebskasse erworben hatte?

Aufwertungsgesetz vom 16. Juli 1925 Abschnitt VIII und IX.

III. Zivilsenat. Urt. v. 2. Februar 1926 i. S. P. (Kl.) w. Deutsche Reichsbahngesellschaft (Bekl.). III 452/25.

I. Landgericht Altona.
II. Oberlandesgericht Kiel.

Der Ehemann der Klägerin ist am 2. Mai 1876 als Arbeiter in den Dienst der ehemaligen Berlin-Hamburger Eisenbahngesellschaft eingetreten und am 1. Dezember 1883 als Nachtwächter angestellt worden. Seit diesem Tage gehörte er der Pensionskasse der Gesellschaft an und leistete an sie die vorgeschriebenen Beiträge. Im Jahre 1884 ist das Unternehmen auf den preußischen Staat übergegangen. Am 28. Oktober 1915 ist der Ehemann der Klägerin verstorben. Seit 1. Februar 1916 erhielt seine Witwe gemäß § 20 des Kassenstatuts die Hälfte der Pension, die der verstorbene Ehemann erhalten hätte, wenn er zur Zeit seines Todes pensioniert worden wäre, nämlich jährlich 703,20 *M* in monatlichen Raten. Diese Summe wurde auch in der Zeit des Verfalls der Währung in Form von Teuerungszuschlägen mit erhöhten Beträgen gezahlt. Seit 1. Januar 1924 weigerte die damalige Inhaberin des Unternehmens, die Reichsbahn, die Weiterzahlung. Mit der Klage fordert die Klägerin die volle Aufwertung des ihr zustehenden Betrags und seine Weiterzahlung. Das Landgericht hat der Klage stattgegeben, das Oberlandesgericht hat sie abgewiesen. Die Revision der Klägerin hatte Erfolg.

Aus den Gründen:

Das Berufungsgericht stellt fest, es sei unter den Parteien nur die Höhe der Aufwertung streitig. Es handle sich hier um eine Witwenversicherung, die nach Art. I § 8 Satz 3 der 3. Steuernotverordnung als Lebensversicherung und danach auf Grund des § 1 Nr. 10 a. a. O. als Vermögensanlage zu gelten habe. Für die Aufwertung seien also nicht die ordentlichen Gerichte, sondern die Aufwertungsstelle zuständig.

Der Versicherungsschutz der Witwe sei ursprünglich auf ein privatrechtliches Verhältnis gegründet gewesen, an dessen Natur durch den Übergang des Eisenbahnunternehmens auf den preußischen Staat nichts geändert worden sei. Denn auch Lebensversicherungsverträge mit Korporationen und Anstalten des öffentlichen Rechts und mehr noch solche, in die eine derartige Korporation oder Anstalt später eingetreten sei, fielen unter Art. I § 1 Nr. 10 und § 8 a. a. O. Ausgeschlossen seien nur Versicherungen, die kraft Gesetzes einträten. Es sei auch ein Versicherungsunternehmen vorhanden; gleichgültig sei dabei, ob die Pensions- und Unterstützungskasse ein selbständiges Rechtssubjekt oder eine unselbständige Einrichtung der Berlin-Hamburger Eisenbahn gewesen sei. Ebenso sei der preußische Staat durch die Übernahme Versicherungsunternehmer geworden. Daß er die Kasse nicht dauernd habe bestehen lassen, sondern sie vom 1. April 1889 ab beseitigt, ihr Vermögen mit dem aller übrigen im Bereiche der Staatseisenbahnverwaltung bestehenden Pensions- und Unterstützungskassen zusammengeworfen und die Leistungen dieser Kassen aus dem Betriebsfonds der Eisenbahnverwaltung bestritten habe, sei unerheblich. Eine Versicherungsgesellschaft, die Lebensversicherungen im Sinne des Art. I § 8 a. a. O. betreibe, sei auch dann eine

Lebensversicherungsunternehmung, wenn sie daneben andere Unternehmungen betreibe und der Lebensversicherungsbetrieb neben diesen nur geringfügig sei. Ob die zur Durchführung des Art. I a. a. O. erlassenen Verordnungen der Reichsregierung bereits Bestimmungen getroffen hätten, die auch für Fälle der vorliegenden Art geeignet und ausreichend seien, sei gleichgültig; es müsse den Parteien oder der Aufwertungsstelle überlassen bleiben, sich deshalb an die Reichsregierung zu wenden. Daß der Pensionsfonds aufgezehrt sei, hindere die Anwendung des Art. I § 8 nicht, die Reichsregierung werde den dem Treuhänder zu überweisenden Betrag aus dem sonstigen Vermögen der Beklagten zu bestimmen haben. (Folgt die Darlegung der Entwicklung der Kasse.)

Die Zuständigkeit der ordentlichen Gerichte beurteilt sich jetzt nach dem inzwischen in Kraft getretenen Aufwertungsgesetz vom 16. Juli 1925.

Soweit es sich um prozeßrechtliche Bestimmungen über die Zuständigkeit der Gerichte und der Aufwertungsstelle handelt, sind seine Vorschriften mit dem Inkrafttreten — 15. Juli 1925 — maßgebend geworden und auch in der Revisionsinstanz zu beachten. Danach ist zu prüfen, ob dieses Gesetz für den vorliegenden Fall Anwendung zu finden hat.

Abschnitt VIII behandelt die Aufwertung von Versicherungsansprüchen und stellt ebenso, wie die 3. Steuernotverordnung, für die Anwendung seiner Bestimmungen das Erfordernis auf, daß ein Vermögen der Versicherungsunternehmung vorhanden ist, das aufgewertet werden kann. Und die zu dem Gesetz erlassene Durchführungsverordnung vom 29. November 1925 bezeichnet in Art. 95 als Voraussetzung seiner Anwendung das Vorhandensein eines Prämienreservefonds und das Abzielen des Vertrags auf die Zahlung einer bestimmten in Mark oder einer anderen nicht mehr geltenden inländischen Währung ausgedrückten Geldsumme.

An alledem fehlt es hier. Ein Vermögen der Kasse ist seit dem 1. April 1889 nicht vorhanden; es ist mit diesem Tage in den vom Staate Preußen geschaffenen allgemeinen Pensionsfonds übergegangen dergestalt, daß eine besondere Vermögensverwaltung gänzlich aufhörte, die Einnahmen in den allgemeinen Betriebsfonds der Staatseisenbahnverwaltung flossen und aus diesem auch die bereits festgesetzten und später noch festzusetzenden Leistungen der Kasse zu bestreiten waren. Seit dem Jahre 1900 ist der allgemeine Pensionsfonds aufgebraucht.

Es fehlt aber weiter auch daran, daß der Vertrag eine die Zahlung einer bestimmten in Reichswährung ausgedrückten Geldsumme zum Gegenstand hat. Wie hoch die aus der Kasse zu leistende Unterstützung sich stellte, war unbestimmt. Sie richtete sich nach der Pension des verstorbenen Ehemanns, die ihrerseits erst wieder nach dessen Tode aus seinem Diensteinkommen und seiner Dienstzeit zu errechnen war.

In § 63 Abs. 2 Nr. 6 behandelt das Gesetz die Guthaben bei Fabrik- und Werksparkassen, sowie die Ansprüche an Betriebspensionskassen. An sich sollen sie nicht als Vermögensanlagen gelten, nur dann und insoweit, als die Mittel der Kasse aus freiwilligen Zuwendungen des Arbeitgebers herrühren, und sofern das Vermögen der Kasse gesondert vom Betriebsvermögen des Arbeitgebers zu verwalten und anzulegen war und verwaltet und angelegt worden ist, sind sie als Vermögensanlagen zu behandeln. Auf alle Fälle hat gemäß §§ 64, 70 Nr. 5 über ihre Aufwertung die Aufwertungsstelle zu entscheiden. Wenn es sich danach im vorliegenden Fall um einen Anspruch an eine Betriebspensionskasse handelte, wäre die Entscheidung des Berufungsgerichts im Endergebnis zutreffend.

Was das Gesetz unter einer Betriebspensionskasse verstanden haben will, sagt es selbst nicht; es überläßt die nähere Bestimmung des Begriffs der Reichsregierung. Bisher ist eine solche nicht erfolgt. Die Frage, die sich aufwirft, geht also dahin, ob eine Kasse, wie sie für den vorliegenden Fall in Betracht kommt, unter den Begriff fallen könnte. Sie ist zu verneinen. Zunächst ist auch hier die Voraussetzung der Aufwertung, nämlich ein Vermögen der Kasse, das aufgewertet werden könnte, nicht mehr vorhanden; es ist seit dem Jahre 1900 aufgebraucht. Dann aber müßte die Kasse, wenn sie eine solche im Sinne der §§ 63, 64, 70 a. a. O. sein wollte, noch bestehen. Seit dem 1. April 1889 ist dies aber nicht mehr der Fall. Damals ist ihr Vermögen, die Vermögensverwaltung und Rechnungsführung, sowie jede Selbständigkeit zugunsten der Staatseisenbahnverwaltung genommen worden. Neue Mitglieder konnten schon nach dem zweiten Nachtrag zum Statut vom 13. März

1886 nicht mehr eintreten, nur die noch vorhandenen behielten ihre Ansprüche nach dem Kassenstatut, aber auch sie richteten sich nach dem III. Nachtrage nicht mehr gegen die Kasse, sondern gegen den Staat, der die Einnahmen seinem allgemeinen Betriebsfonds zuführte, dafür aber auch die Ausgaben zu leisten hatte. An die Stelle der Kasse ist also nach jeder Richtung hin der Staat getreten, die Kasse selbst hat zu bestehen aufgehört. Danach bedarf es auch keiner Untersuchung, ob die Kasse ursprünglich eine Betriebspensionskasse gewesen ist.

Schließlich ist der Revision auch darin beizutreten, daß die Ansprüche der Klägerin als solche aus einem Dienstvertrag anzusehen sind, da sie in dem beamtenrechtlichen Verhältnis keine Grundlage finden.

Durch Vertrag vom 29. März 1884, bestätigt durch das Gesetz vom 15. Juli 1884, waren die Beamten der Berlin-Hamburger Eisenbahn in den Dienst des preußischen Staates übergeführt worden. Schon damals war auch eine Verschmelzung der Kasse mit anderen Kassen vorgesehen, und auch für diesen Fall war der Staat in alle rücksichtlich der Kasse von der Berlin-Hamburger Eisenbahn übernommenen Verbindlichkeiten eingetreten. Wenn danach zunächst die Stellung der Mitglieder gegenüber der Kasse dieselbe blieb und ihre Ansprüche sich nach wie vor gegen diese richteten, so änderte sich dies doch grundlegend, als der Staat mit dem 1. April 1889 die Kasse aufhob und sich selbst an ihre Stelle setzte. Von nun ab standen den Beamten keine Ansprüche mehr an die Kasse, sondern nur noch an den Staat zu, und sie beruhten nicht mehr auf den ihnen aus der Satzung der nicht mehr bestehenden Kasse erwachsenen Rechten, sondern auf dem mit dem Staate bei der Übernahme der Bahn geschlossenen Dienstvertrag, durch den er die Erfüllung der Verpflichtungen der Kasse übernommen hatte. Damit stellen sich diese Ansprüche aber als solche aus einem gegenseitigen Vertrag dar, die nach § 63 Abs. 3 AufwG. dessen Bestimmungen nicht unterliegen.

6. In welcher Weise hat die Aufwertung einer abgetretenen Forderung nach allgemeinen Grundsätzen zu erfolgen?
BGB. § 242.

V. Zivilsenat. Urt. v. 6. Februar 1926 i. S. R. (Kl.) w. F. (Bekl.). V 166/25.

I. Landgericht Konstanz.
II. Oberlandesgericht Karlsruhe.

Am 14. August 1920 hat der Landwirt W. durch notariellen Vertrag sein Gut W. für 400000 ℳ und durch privatschriftlichen Vertrag Vieh und Vorräte für 150000 ℳ an den Beklagten verkauft, und nachdem er auf den letzteren Preis 100000 ℳ erhalten hatte, die Restforderung von 50000 ℳ am 27. April 1922 gegen Zahlung eines gleich hohen Papiermarkbetrags an den Kläger abgetreten. Am 23. August 1923 hat der Beklagte an den Kläger 50000 Papiermark bezahlt, die dieser unter Vorbehalt weiterer aus der Geldentwertung herzuleitender Ansprüche angenommen hat. Mit der im April 1924 erhobenen Klage hat der Kläger wegen der Geldentwertung noch Zahlung von 4200 Goldmark nebst Zinsen verlangt. Das Landgericht hat den Beklagten unter Abweisung des weitergehenden Anspruchs zur Zahlung von 1000 Goldmark nebst Zinsen verurteilt. Dieses Urteil hat das Oberlandesgericht dahin abgeändert, daß es den Beklagten zur Zahlung von 700 Reichsmark nebst Zinsen verurteilt, im übrigen die Klage abgewiesen hat.

Mit der Revision hat der Kläger beantragt, den Beklagten zu verurteilen, an ihn außer den ihm zuerkannten 700 Reichsmark nebst Zinsen noch weitere 3000 Reichsmark nebst Zinsen zu zahlen. Seine Revision führte zur Aufhebung und Zurückverweisung.

Gründe:

Das Berufungsgericht geht mit zutreffender Begründung zugunsten des Klägers davon aus, daß die eingeklagte Forderung zufolge § 12 Abs. 2 der dritten Steuernotverordnung nicht als Vermögensanlage im Sinne dieser Verordnung zu betrachten sei und daß daher ihre Aufwertung nach den allgemeinen Vorschriften zu erfolgen habe. An der Anwendbarkeit dieser allgemeinen Vorschriften hat das nach Einlegung der Revision in Kraft getretene Aufwertungsgesetz vom 16. Juli 1925 nichts geändert. Dagegen hat auch der Beklagte nichts erinnert.

Des weiteren hat das Berufungsgericht gleichfalls ohne Rechtsirrtum zugunsten des Klägers festgestellt, daß er die Forderung in vollem Umfange durch Abtretung erworben habe, und es hat daraus gefolgert, daß damit auch das ihr innewohnende Recht, Aufwertung zu verlangen, auf ihn übergegangen sei, und daß mithin der seit der Begründung der Forderung eingetretene Währungsverfall, auch soweit er vor der Abtretung erfolgt sei, nicht, wie das Landgericht angenommen hatte, ohne weiteres außer Betracht bleiben dürfe. In allen diesen Beziehungen ist den rechtlichen Erwägungen des Berufungsrichters lediglich beizutreten.

Mit Recht beanstandet dagegen die Revision seine weitere Annahme, daß im Falle entgeltlicher Abtretung die Aufwertung den — unter Zugrundelegung des Zeitpunktes der Abtretung aufzuwertenden — Betrag des Erwerbspreises der Forderung nicht übersteigen dürfe. Diese Einschränkung der Aufwertung wird allerdings im Schrifttum sowohl von Oertmann, Die Aufwertungsfrage bei Geldforderungen, Hypotheken und Anleihen § 14 Nr. 1, als auch — wenigstens grundsätzlich — von Roth, Die Aufwertung Bd. 1 S. 60, vertreten, und das Aufwertungsgesetz (§§ 2, 3) legt für die Mehrzahl der von ihm betroffenen Ansprüche in der Regel den Tag des Erwerbs der Forderung durch den derzeitigen Gläubiger und den von diesem bezahlten Erwerbspreis der Aufwertung zugrunde. Auch ist in der Begründung dieser Vorschriften diese Regelung als die Treu und Glauben entsprechende bezeichnet. Für die Aufwertung nach den allgemeinen Vorschriften läßt sich aber diese Rechtsauffassung jedenfalls in dieser Allgemeinheit nicht als richtig anerkennen. Allerdings ist der Revision nicht beizutreten, wenn sie ausführt, daß die Frage, ob und inwieweit für die Abtretung ein Gegenwert zu entrichten sei, bei der Aufwertung schlechthin außer Betracht bleiben müsse, da das Abtretungsentgelt nur das Verhältnis zwischen dem Abtretenden und dem Abtretungsempfänger berühre, den Schuldner aber nichts angehe. Denn bei der Aufwertung sind im Rahmen des § 242 BGB. alle Umstände zu berücksichtigen, deren Berücksichtigung die Billigkeit erfordert, und daß zu ihnen auch der Erwerbspreis der Forderung gehören kann, unterliegt keinem Bedenken. Zu weit aber geht die Bedeutung, die das Berufungsgericht diesem Erwerbspreis beilegt. Daß der von ihm aufgestellte Rechtsgrundsatz keine ausnahmslose Geltung beanspruchen kann, erkennt auch Roth (a. a. O. S. 61) an, indem er unter besonderen Verhältnissen auch ein Hinausgehen über den Goldwert des Erwerbspreises bei der Errechnung der Entwertung zulassen will. Aber nicht einmal als Regel läßt sich der erwähnte Grundsatz rechtfertigen. Allerdings wird durch die Aufstellung dieses Grundsatzes der Möglichkeit vorgebeugt, daß der Erwerber der Forderung durch die Aufwertung einen Vorteil erlangt, der zu dem von ihm gezahlten Erwerbspreis außer jedem Verhältnis steht und deshalb nach den Umständen des Falles unbillig erscheinen kann. Auf der anderen Seite ist aber nicht außer acht zu lassen, daß dadurch dem Schuldner ein mindestens ebenso ungerechtfertigter Vorteil zuteil wird, wenn der Erwerber die Forderung gegen ein geringes Entgelt erworben hat. Das Aufwertungsgesetz hat diese Unbilligkeit dadurch bis zu einem gewissen Grade zu vermeiden gesucht, daß es den früheren Gläubiger ungeachtet der Abtretung noch in dem aus § 17 ersichtlichen Umfang an der Aufwertung beteiligt. Allein für die Aufwertung nach den allgemeinen Vorschriften kommt diese Gesetzesbestimmung nicht in Betracht, da sie sich nach ihrem Inhalt zu einer entsprechenden Anwendung nicht eignet. Im vorliegenden Falle können, da die eingeklagte Forderung uneingeschränkt abgetreten worden ist, Aufwertungsansprüche gegenüber dem Beklagten auch nur vom Kläger geltend gemacht werden. Bei der Bemessung der Höhe dieser Aufwertung ist aber zu berücksichtigen, daß der der Aufwertung zugrunde liegende Gedanke nicht nur dahin geht, vom Gläubiger Schaden abzuwenden, sondern in Abkehr von dem Grundsatze Mark gleich Mark dem Inhalt der von dem Währungsverfall betroffenen Forderung unter Anpassung an die veränderten Verhältnisse eine der Billigkeit nach allen Seiten entsprechende Gestaltung zu geben. Diesem Gedanken würde aber der vom Berufungsrichter aufgestellte Grundsatz nicht Rechnung tragen, und zwar erst recht dann nicht, wenn — was hier allerdings nach dem vom Berufungsrichter wiedergegebenen Parteivorbringen nicht der Fall zu sein scheint, aber bisher nicht näher erörtert ist — aus dem zwischen dem früheren Gläubiger und dem Kläger bestehenden Rechtsverhältnis nach Treu und Glauben (§§ 157, 242 BGB.) zu entnehmen wäre, daß der Kläger den früheren Gläubiger im Innenverhältnis noch in gewissem Umfang am Aufwertungsbetrag zu beteiligen habe. Schließlich ist zu beachten, daß, wer zur Zeit der Inflation eine Markforderung sich abtreten ließ, die Gefahr der weiteren Entwicklung der Markwährung übernahm. Wenn nun in der Folge die Mark dergestalt weiter fiel, daß schließlich die Rechtsprechung den Satz Mark gleich Mark aufgeben mußte, so erscheint es nicht unbillig, wenn der aus der rückwirkenden Kraft des Aufwertungsgedankens sich ergebende Vorteil auch über den Goldwert des Erwerbspreises hinaus wenigstens teilweise dem neuen Gläubiger zugute kommt. Nach alledem kann der Erwerbspreis der Forderung zwar als ein nicht unwesentlicher Umstand bei der Bemessung der Höhe der Aufwertung mit in Betracht gezogen werden; als Höchstbetrag der Aufwertung ist aber sein nach dem Zeitpunkt der Abtretung zu berechnender Wert nicht anzusehen (ebenso im Ergebnis Michaelis Aufwertungsrecht, 2. Auflage S. 335).

---

7. Inwiefern kann darin, daß ein Arbeitgeber seine Angestellten unter Zuwiderhandlung gegen Art. 159 der Reichsverfassung veranlaßt, aus einer Berufsvereinigung auszutreten, eine unerlaubte Handlung liegen, die einen Unterlassungsanspruch für die Berufsvereinigung begründet?

Reichsverfassung Art. 159, 165. BGB. §§ 823, 826.

IV. Zivilsenat. Urt. v. 11. Februar 1926 i. S. Gewerkschaftsbund d. A. (Kl.) w. Frh. v. M.-R. (Bekl.). IV 402/25.

I. Landgericht Bamberg.
II. Oberlandesgericht daselbst.

Zu den Mitgliedern des klagenden Gewerkschaftsbundes, dessen Rechtsfähigkeit auf § 5 Abs. 1 Hamburg. AG. z. BGB. beruht, zählte eine Reihe von Angestellten im Betriebe des Beklagten. Von ihnen trat eine größere Anzahl im Jahre 1924 aus. Der Kläger behauptet: In einem Ende 1923 oder Anfang 1924 an den Vorsitzenden des

Betriebsrats seiner Angestellten gesandten Briefe habe der Beklagte nicht nur seine Angestellten aufgefordert, aus dem klagenden Gewerkschaftsbund auszutreten, weil dieser nach links gerichtet sei, und in den — angeblich deutsch-national eingestellten — DHV. einzutreten, sondern zugleich angedroht, er werde diejenigen seiner Angestellten, die seiner Aufforderung nicht nachkämen, im Falle einer Arbeitseinschränkung zuerst entlassen, werde ferner den auf die Angestellten entfallenden Anteil der Krankenkassenbeiträge an die Krankenkasse des Gewerkschaftsbundes nicht weiter aus eigenen Mitteln zahlen, ja sogar die Zahlung des Arbeitgeberdrittels einstellen, und er werde ihnen endlich die bisher über den Tarif hinaus gewährten fünf Monatsgehälter nicht mehr bezahlen. Auf diesen Brief sei der Austritt der Angestellten aus dem Gewerkschaftsbund zurückzuführen. Mit der Klage begehrte der Kläger Verurteilung des Beklagten, sich jeden Eingriffs in die Vereinigungsfreiheit seiner Arbeiter und Angestellten zu enthalten, insbesondere es zu unterlassen, den in dem klagenden Verbande zusammengeschlossenen Angestellten mittelbar oder unmittelbar den Austritt aus dem Verbande nahezulegen und die Zahlung der Krankenkassenbeiträge und der in seinem Betrieb üblichen Entlohnung von dem Austritt abhängig zu machen, sowie für jeden Fall der Zuwiderhandlung eine vom Gericht festzusetzende Strafe zu bezahlen.

Der Beklagte beantragte Klagabweisung, indem er eine unzulässige Einwirkung auf seine Angestellten bestritt.

Das Landgericht wies die Klage ab. Die Berufung des Klägers blieb ohne Erfolg. Seine Revision wurde zurückgewiesen.

Gründe:

Soweit der Kläger vom Beklagten ganz allgemein verlangt, daß dieser sich jedes Eingriffs in die Vereinigungsfreiheit seiner Arbeiter und Angestellten enthalte, fehlt ihm die Sachbefugnis. Ihm kann ein Unterlassungsanspruch nur insoweit zustehen, als der Beklagte durch sein Verhalten in den Kreis der Rechte und Belange des Klägers selbst eingegriffen hat. Für die Begründung des erhobenen Unterlassungsanspruchs kommt daher bloß die — für diesen Rechtszug als wahr zu unterstellende — Behauptung des Klägers in Betracht, der Beklagte habe eine Anzahl seiner Angestellten durch Androhung wirtschaftlicher Nachteile, insbesondere der Kündigung, dazu bewogen, ihre Mitgliedschaft bei dem klagenden Gewerkschaftsbund aufzugeben, und es kann sich allein fragen, ob der Kläger beanspruchen kann, daß der Beklagte derartige, die Belange des Klägers schädigende Einwirkungen auf die Angestellten künftig unterlasse.

Die Klage ist gestützt auf Art. 159 der Verfassung des Deutschen Reichs in Verbindung mit §§ 823 Abs. 1 und 2, 826 BGB. Liegt eine in den Rechtskreis des Klägers eingreifende unerlaubte Handlung vor, so ist eine Unterlassungsklage nach den in der Rechtsprechung des Reichsgerichts ausgebildeten Grundsätzen gegeben, sofern der unerlaubte Eingriff in seinen Folgen in der Weise fortwirkt, daß die Fortsetzung der Beschädigung durch Wiederholung von Handlungen derselben Art ernstlich zu befürchten steht (vgl. Komm. v. RGR. Vorbem. 6 II vor § 823 BGB.).

Durch Art. 159 RV. ist „die Vereinigungsfreiheit zur Wahrung und Förderung der Arbeits- und Wirtschaftsbedingungen für jedermann und für alle Berufe gewährleistet. Alle Abreden und Maßnahmen, die diese Freiheit einzuschränken oder zu behindern suchen, sind rechtswidrig". Der 8. Ausschuß der verfassunggebenden deutschen Nationalversammlung vertrat den Standpunkt, daß dadurch eine Schadensersatzpflicht des Zuwiderhandelnden begründet sei (Prot. S. 389, Drucks. S. 391). Über die rechtliche Natur dieser Schadensersatzpflicht gehen im Schrifttum die Meinungen auseinander. Giese (Verf. d. DR. 1926 Anm. II 2) zieht zur Begründung § 823 Abs. 2 BGB. heran. Groh (Koalitionsrecht S. 36/38) und Oertmann (Arbeitsvertragsrecht 1923 S. 272) sehen in Art. 159 ebenfalls ein Schutzgesetz für Arbeitnehmer und Arbeitgeber, verweisen aber auch auf § 826 BGB. für den Fall, daß dessen engere Bedingungen erfüllt sind. Kaskel (Arbeitsrecht 1925 S. 234) erkennt einen Schadensersatzanspruch an, sofern ein Verstoß gegen § 823 Abs. 1 — schuldhafte Verletzung der als Persönlichkeitsrecht geschützten körperlichen Freiheit — oder gegen § 826 vorliegt und dadurch ein Vermögensschaden entstanden ist. Anschütz (Verf. d. DR. 1926 Anm. 5) bejaht die Schadensersatzpflicht des der Vorschrift des Art. 159 Zuwiderhandelnden, ohne eine nähere Begründung zu geben. Der VI. Zivilsenat des Reichsgerichts hat Beschränkungen der Vereinigungsfreiheit des einzelnen unter den Gesichtspunkt des § 826 BGB. gestellt, indem er unentschieden läßt, ob auch § 823 in Betracht kommen könne (RGZ. Bd. 104 S. 327). Es kann auch hier dahingestellt bleiben, ob bei rechtswidrigen Eingriffen in die Vereinigungsfreiheit des einzelnen für diesen ein Schadensersatzanspruch aus § 823 Abs. 1 oder 2 BGB. herzuleiten ist. Für den vorliegenden Fall kommt es darauf an, ob der Beklagte, indem er nach der Behauptung des Klägers in das Vereinigungsrecht seiner Angestellten widerrechtlich eingriff, dadurch zugleich eine den Kläger verletzende unerlaubte Handlung begangen hat; und hier versagen jedenfalls die Bestimmungen in § 823.

Da der Kläger keine natürliche Persönlichkeit ist, kann von einer Verletzung der körperlichen Freiheit im Sinne des § 823 Abs. 1 nicht gesprochen werden. Auch ein „sonstiges Recht" des Klägers steht nicht in Frage, da Art. 159 RV., wie das Berufungsgericht zutreffend annimmt, die Vereinigungsfreiheit des einzelnen Staatsbürgers gewährleistet, aber nichts über die Rechte der Berufsvereinigungen bestimmt, zu denen sich die einzelnen zusammenschließen. In dem oben nachgewiesenen Schrifttum ist die Frage eines Schadensersatzanspruchs dieser Vereinigungen bezeichnenderweise überhaupt nicht aufgeworfen worden. Nur vereinzelt wird Art. 159 RV. als eine Vorschrift im Sinne des § 823 Abs. 2 BGB. aufgefaßt, durch die nicht nur die einzelnen, sondern auch die „Verbände" dem Staat oder sozialen Gewalten gegenüber geschützt werden sollen (Marcuse in Kaskels Koalitionen und Koalitionskampfmittel 1925 S. 73). Diese Auffassung geht nach Ansicht des Senats zu weit, da Art. 159 — was auch die Revision nicht verkennt — seiner ganzen Fassung nach eben nur die Vereinigungsfreiheit des einzelnen im Auge hat. Allerdings hat das Wesen der Koalitionsfreiheit in Art. 159 noch nicht seinen erschöpfenden Ausdruck gefunden; er wird in der Richtung auf die Berufsvereinigungen ergänzt durch Art. 165 Abs. 1 S. 2, wo die „Organisationen" der Arbeiter und Angestellten einerseits und der Unternehmer anderseits „anerkannt" werden. Aber auch die Heranziehung dieser Vorschrift kann zu keiner anderen Beurteilung führen. Die Bedeutung beider Vorschriften in ihrem Zusammenhang besteht — wie im Urteil des erkennenden Senats RGZ. Bd. 111 S. 199 ausgeführt — darin, daß das den Organisationen als solchen gewährleistete Freiheitsrecht sie berechtigt, ihren Mitgliedern gegenüber die zur Durchführung des Koalitionszwecks erforderlichen Maßnahmen und Abmachungen zu treffen, und daß ihnen insoweit zivilrechtlicher Schutz gewährt wird. Die Frage, ob die erwähnten Verfassungsvorschriften als ein den Schutz der Organisationen gegen Dritte bezweckendes Gesetz im Sinne des § 823 Abs. 2 BGB. anzusehen seien, bedurfte dort nicht der Entscheidung und ist auch nicht entschieden worden. Bedenken gegen die Annahme eines solchen Schutzgesetzes ergeben sich auch daraus, daß zwar Art. 159 RV., insbesondere Satz 2, objektives Gesetzesrecht, nicht einen bloßen Richtsatz enthält (vgl. das angeführte Urteil RGZ. Bd. 111 S. 201), daß aber nicht das gleiche für die Bestimmungen des Art. 165 gelten kann, diese vielmehr nur programmatische Bedeutung haben (vgl. RGZ. Bd. 107 S. 245; Giese a. a. O. Anm. II 1; Anschütz a. a. O. Anm. 1 Abs. 2). Eine Vorschrift, die in dieser allgemeinen Weise die Berufsvereinigungen anerkennt, kann noch nicht als Schutzgesetz im Sinne des § 823 Abs. 2 BGB. angesehen werden. Die gegenteilige Auffassung würde zu nicht annehmbaren Ergebnissen führen, wie aus folgendem Beispiel erhellt: Die Arbeiter eines Betriebs bestimmen den Arbeitgeber durch Androhung der Arbeitseinstellung dazu, aus einem der Arbeiterschaft mißliebigen Unternehmerverband auszuscheiden. Dann würde, wenn man Art. 159 in Verbindung mit Art. 165 RV. als Schutzgesetz für die Verbände auffaßt, ohne weiteres ein Schadensersatzanspruch des Unternehmerverbandes gegen die Arbeiter und gegebenenfalls gegen die hinter ihnen stehenden Organisationen gegeben sein. Dieses Ergebnis wird auch der Kläger ablehnen.

Danach ist der Ansicht des Berufungsgerichts beizutreten, daß sich ein Schadensersatzanspruch des Klägers nur aus § 826 BGB. begründen ließe. Die Revision meint nun, das Vorgehen des Beklagten gegen seine Angestellten verstoße schon deshalb gegen die guten Sitten, weil es nach Art. 159 RV. rechtswidrig sei. Allein eine rechtswidrige Handlung ist noch nicht schlechthin sittenwidrig (vgl. RGZ. Bd. 77 S. 220, Bd. 100 S. 158; Groh a. a. O. S. 36); und selbst wenn ein sittenwidriges Verhalten des Beklagten gegenüber seinen Angestellten vorgelegen hätte, so würde daraus noch nicht folgen, daß es auch dem Kläger gegenüber gegen die guten Sitten verstieß. Es ist zu billigen, daß das Berufungsgericht selbständig geprüft hat, ob das Vorgehen des Beklagten im Verhältnis zum Kläger als sittenwidrig zu beanstanden war. Ebensowenig sind rechtliche Bedenken dagegen zu erheben, daß das Berufungsgericht bei dieser Prüfung von den Grundsätzen ausgeht, die das Reichsgericht für die Anwendung des § 826 auf dem Gebiete des Lohnkampfes und des Kampfes um die Arbeitsbedingungen ausgebildet hat. Wenn sich frühere Entscheidungen des Reichsgerichts auf Streitigkeiten zwischen Organisierten und Nichtorganisierten oder Arbeitgebern und Arbeitnehmern bezogen haben, so ist das nicht entscheidend. Die Machtprobe des Arbeitgebers gegen seine Angestellten, die zugleich die Belange der Organisation der letzteren berührt, ist auch im Verhältnis zur Organisation eine Auswirkung gegensätzlicher sozialer Kräfte und Anschauungen, und es ist nicht einzusehen, weshalb hier eine andere Beurteilung als in jenen Fällen Platz greifen sollte. Daß der Begriff der guten Sitten, für den das Anstandsgefühl aller billig und gerecht Denkenden bestimmend ist, in der neuesten Zeit kein anderer geworden ist, hat das Urteil RGZ. Bd. 104 S. 330 zutreffend angenommen. Das Berufungsgericht hat hiernach mit Recht seine Prüfung darauf erstreckt, ob die vom Beklagten zur Erreichung seiner Zwecke angewendeten Mittel an sich unsittlich sind, ob der dem Kläger zugefügte Nachteil so erheblich ist, daß dadurch seine wirtschaftliche Vernichtung herbeigeführt werden würde, und ob dieser Nachteil zu dem vom Beklagten erstrebten Vorteil außer Verhältnis steht. Diese Fragen sind vom Berufungsgericht verneint worden, ohne daß dabei ein Rechtsirrtum zutage träte.

---

8. 1. **Über die Zuständigkeit der deutschen Gerichte zur Ehescheidung und das von ihnen anzuwendende Recht, wenn der aus einem früher russischen, jetzt zur Republik Litauen gehörigen Kreise stammende Ehemann im Laufe des Rechtsstreits staatenlos geworden ist.**

2. **Entbehrt der Scheidungsspruch eines deutschen Rabbinatskollegiums der bürgerlichen Wirksamkeit auch gegenüber Ausländern, deren Heimatrecht die Ehescheidungen einer Religionsgesellschaft überläßt?**

ZPO. § 606. EGBGB. Art. 17, 29. Personenstandsgesetz § 76. GVG. § 15.

IV. Zivilsenat. Urt. v. 15. Februar 1926 i. S. Ehemann K. (Kl.) w. Ehefrau K. (Bekl.). IV 445/25.

I. Landgericht I Berlin.
II. Kammergericht daselbst.

Der aus dem vormals russischen Kreis Kowno gebürtige, jüdische Kläger und die jüdische Beklagte haben im Jahre 1902 in London vor einem Standesamt sowie nach mosaischem Ritus in einer Synagoge die Ehe miteinander geschlossen. Im Jahre 1907 wurde die Ehe von einem Rabbinatskollegium in Berlin „nach den Vorschriften des mosaischen Ritus wieder gelöst". Im Jahre 1908 erhob der Ehemann vor dem Landgericht I in Berlin, in dessen Bezirk er seinen Wohnsitz hatte, Klage auf Ehescheidung wegen Ehebruchs der Frau. Diese erhob Widerklage auf Ehescheidung wegen Ehebruchs des Mannes. Nachdem das Verfahren mehr als 10 Jahre geruht hatte, wurde im zweiten Rechtszug am 10. Juni 1925 auf einen Eid für die Beklagte erkannt und von dessen Leistung oder Verweigerung abhängig gemacht, ob die Ehe nur auf die Widerklage oder auch auf die Klage geschieden würde.

Die vom Manne zur Entscheidung auf die Klage eingelegte Revision hatte keinen Erfolg.

Aus den Gründen:

Über die Staatsangehörigkeit des Klägers stellt das Berufungsgericht fest, daß er zur Zeit der Klagerhebung wie zur Zeit der Eheschließung russischer Staatsangehöriger gewesen und seit 1924 staatenlos ist. Aus diesen Feststellungen folgt, daß auch die Beklagte, die bis zur Eheschließung die deutsche Reichsangehörigkeit gehabt zu haben scheint, durch die Eheschließung die russische Staatsangehörigkeit erworben hat. Denn die Gültigkeit der Eheschließung ist nicht nur vom Standpunkt des deutschen Rechts anzunehmen, dies wegen ihrer Vollziehung vor dem englischen Standesbeamten (Art. 11 Abs. 1 Satz 2 EGBGB.; RGZ. Bd. 88 S. 191; JW. 1926 S. 375 Nr. 7), sondern auch, wodurch der Erwerb der russischen Staatsangehörigkeit bedingt ist, vom Standpunkt des damaligen russischen Rechts, dies wegen der außerdem erfolgten Vollziehung nach mosaischem Ritus (RGZ. Bd. 70 S. 140, Bd. 105 S. 364). Ob die Beklagte, wie sie behauptet, im Jahre 1922 die deutsche Reichsangehörigkeit wiedererlangt hat, hat das Berufungsgericht dahingestellt gelassen und dahingestellt lassen können, weil weder die Zuständigkeit des angerufenen deutschen Gerichts noch die Bestimmung des sachlich anzuwendenden Rechts noch sonst die Entscheidung davon abhängt.

a) Die Zuständigkeit des Landgerichts I in Berlin ergibt sich, bei Unanwendbarkeit des § 606 Abs. 4, aus dem § 606 Abs. 1 ZPO. Die Anwendung des § 606 Abs. 4 aber ist im Berufungsurteil mit Recht deshalb abgelehnt, weil die dort aufgestellte Voraussetzung, daß beide Ehegatten Ausländer sind, nicht zutrifft. Die in der Vorschrift vorausgesetzte Ausländereigenschaft ist nicht in dem negativen Sinne des Fehlens der deutschen Reichsangehörigkeit, sondern in dem positiven Sinne des Vorhandenseins einer fremden Staatsangehörigkeit zu verstehen. Das folgt sowohl aus dem Wortlaut des Gesetzes, das im Fall der Ausländereigenschaft beider Ehegatten die Erhebung der Scheidungsklage im Inland nur zuläßt, wenn das inländische Gericht auch nach den Gesetzen des Staates zuständig ist, dem der Ehemann angehört, als auch aus seinem Zweck, die Erlassung eines deutschen Scheidungsurteils zu vermeiden, das im Heimatstaate des Mannes nicht anerkannt wird (RGZ. Bd. 105 S. 365). Das deutsche Gericht, in dessen Bezirk der Mann seinen Wohnsitz und damit nach § 13 ZPO. seinen allgemeinen Gerichtsstand hat, ist deshalb gemäß der Regel des § 606 Abs. 1 ZPO. für den Scheidungsstreit auch dann zuständig, wenn der Mann keinen Heimatstaat mehr hat, also staatenlos ist. Dabei genügt es, wenn die für die Zuständigkeit des deutschen Gerichts erhebliche Staatenlosigkeit, wie hier beim Kläger, erst nach der Klagerhebung, aber noch vor der letzten mündlichen Verhandlung eingetreten ist (vgl. über die nachträgliche Heilung der örtlichen Unzuständigkeit im allgemeinen RGZ. Bd. 52 S. 136; Warn. 1918 Nr. 81 und für die Ehesachen insbesondere Warn. 1913 Nr. 37, 1914 Nr. 2; JW. 1926 S. 375 Nr. 7).

Das Berufungsgericht erwägt ferner: Selbst wenn die polizeilichen Ermittlungen unzutreffend und beide Eheleute noch Ausländer sein sollten, würde gemäß § 606 Abs. 4 ZPO. die Zuständigkeit des deutschen Gerichts gegeben sein. Denn das Sowjet-Recht erkenne im Gegensatz zum früheren russischen Recht jede im Ausland nach örtlichem Recht vollzogene Scheidung an, es sei denn, daß die Scheidung gegen den Willen beider Ehegatten aus formellen Gründen ausgesprochen sei. Diese Erwägung ist nicht schlüssig. Denn da der Kläger aus dem jetzt zur Republik Litauen gehörigen Kreis Kowno stammt, erhellt nicht, aus welchem Grund als sein Heimatstaat im Sinne des § 606 Abs. 4 ZPO. Sowjet-Rußland und nicht Litauen angesehen ist. Die Bedenklichkeit dieses Entscheidungsgrundes ist aber unschädlich, da er eine bloße Hilfserwägung darstellt. In erster Reihe sagt das Berufungsgericht, daß es an der Richtigkeit der polizeilichen Auskunft, wonach der Kläger 1924 staatenlos geworden ist, keinen Zweifel hat.

b) Vorbedingung dafür, daß in diesem Verfahren ein Scheidungsurteil erlassen werden kann, ist, daß die Ehe der Parteien vom Standpunkt des deutschen Rechts noch nicht als geschieden zu betrachten ist. In dieser Hinsicht kommt die im Jahre 1907, also zu einer Zeit, als beide Parteien noch die russische Staatsangehörigkeit hatten, von einem Rabbinatskollegium in Berlin ausgesprochene Ehescheidung in Betracht. Es handelt sich dabei um einen Akt geistlicher Gerichtsbarkeit. Im Jahre 1907 konnte aber in Deutschland gemäß § 76 des Personenstandsgesetzes, § 15 Abs. 3 GVG. eine geistliche Gerichtsbarkeit in Ehesachen mit bürgerlicher Wirkung nicht mehr ausgeübt werden; vielmehr konnte ein Scheidungsspruch mit solcher Wirkung nur durch das ordentliche staatliche Gericht gefällt werden. Dies galt, bei dem uneingeschränkten Inhalt der angezogenen Vorschriften, auch gegenüber Ausländern, deren Heimatrecht, wie nach der Feststellung des Berufungsgerichts das damalige russische Recht, die Ehescheidungen einer Religionsgesellschaft überließ (RGZ. Bd. 102 S. 126; Warn. 1925 Nr. 133). Aus diesem formellen Grund ist dem Scheidungsspruch des Rabbinatskollegiums die Anerkennung zu versagen, so daß es auf den vom Berufungsgericht aus dem Inhalt des jüdisch-talmudischen Ehescheidungsrechts hergeleiteten Versagungsgrund nicht ankommt.

c) Für die weitere Frage nach der sachlichen Zulässigkeit (Begründetheit) des Scheidungsanspruchs des Klägers sind nach Art. 17 Abs. 1 EGBGB. grundsätzlich die Gesetze des Staates maßgebend, dem der Kläger zur Zeit der Erhebung der Klage angehört hat, und zwar auch dann, wenn er im Laufe des Rechtsstreits staatenlos geworden ist (Art. 29 das.). Gemäß Art. 17 Abs. 4 kann jedoch auf Scheidung nur erkannt werden, wenn die Scheidung auch nach den deutschen Gesetzen zulässig sein würde. Als das nach Art. 17 Abs. 1 maßgebende Recht sieht das Berufungsgericht das Recht Sowjet-Rußlands an, nach dem, wie es feststellt, der Wille eines der Ehegatten genügt, um die Scheidung zu erlangen. Die Annahme der Anwendbarkeit des Sowjetrechts ist aus dem oben (unter a) angegebenen Grund rechtlich bedenklich. In dem jetzt litauischen Kreis Kowno, aus dem der Kläger stammt, galt bis zur mündlichen Verhandlung vor dem Berufungsgericht auf dem Gebiet der Ehescheidung noch das alte russische Reichsrecht (vgl. v. Büchler in Niemeyers Zeitschr. f. Internationales Recht Bd. 34 S. 232flg., insbes. 243). Das alte russische Recht aber verweist, wie das Berufungsgericht in anderem Zusammenhang, nämlich bei der Prüfung der Gültigkeit des Scheidungsspruchs des Berliner Rabbinatskollegiums feststellt für die Scheidung der Ehen von Juden auf das talmudische Recht; und nach diesem Recht erfolgt die Scheidung, so entscheidet das Berufungsgericht, auch insoweit in einer für das Revisionsgericht bindenden Weise (§ 562 ZPO.), durch einseitigen Willensakt des Mannes. Welches der beiden in Betracht kommenden ausländischen Rechte daher gemäß Art. 17 Abs. 1 a. a. O. auch anzuwenden sein mag, nach dem einen wie nach dem anderen Rechte ist der Scheidungsanspruch des Mannes schon deshalb begründet, weil der Mann die Scheidung verlangt. Dem Berufungsgericht ist darum im Ergebnis darin beizutreten, daß die Entscheidung über die Klage gemäß Art. 17 Abs. 4 nur davon abhängt, ob die Scheidung nach deutschem Recht zulässig ist. ...

---

9. Findet § 12 Abs. 1 der 3. Steuernotverordnung (jetzt § 63 Abs. 1 des Aufwertungsgesetzes) auf ein Darlehen Anwendung, das im Inland einem im Ausland wohnenden Ausländer gegeben wurde?

IV. Zivilsenat. Urt. v. 18. Februar 1926 i. S. L. (Bekl.) w. M. (Kl.). IV 455/25.

I. Landgericht I Berlin.
II. Kammergericht daselbst.

Der Kläger hat dem Beklagten, einem Angehörigen des italienischen Staates, am 23. Mai 1922 in Berlin, wo sich der Beklagte damals vorübergehend aufhielt, gegen zehnprozentige Verzinsung und beiderseitige vierwöchentliche Kündigung 1500000 ℳ in fünfeinhalbprozentigen, bis 24. Juni 1922 laufenden Reichsschatzwechseln geliehen. Er fordert die Rückzahlung des aufgewerteten Betrags. Der Beklagte hat sich auf § 12 Abs. 1 der 3. Steuernotverordnung berufen. Das Berufungsgericht hat ihn damit nicht gehört, weil er Ausländer sei und im Ausland wohne. Diese Auffassung des Berufungsgerichts wurde mißbilligt.

Aus den Gründen:

... Die Anwendung des § 12 Abs. 1 der 3. Steuernotverordnung vom 14. Februar 1924, an dessen Stelle inzwischen § 63 Abs. 1 des Aufwertungsgesetzes vom 16. Juli 1925 getreten ist (RGBl. I 1925 S. 29, 92, 117), hat das Berufungsgericht mit der Begründung abgelehnt, daß diese Bestimmung nicht in Betracht komme, wenn der Schuldner Ausländer sei. Das angefochtene Urteil meint: Die 3. Steuernotverordnung wolle einen billigen Ausgleich zwischen den Interessen der von der Aufwertung betroffenen Markgläubiger und Markschuldner schaffen. Der Markgläubiger solle zwar gegen völligen Substanzverlust geschützt werden, aber es sei eine obere Grenze der Aufwertung in Berücksichtigung der Tatsache bestimmt, daß der Markschuldner regelmäßig nicht in der Lage gewesen sei, das vom Gläubiger erhaltene Geld wie überhaupt sein Vermögen zu schützen. Das gelte sowohl von den Hypotheken-Aufwertungsbestimmungen, als auch insbesondere von dem § 12. Es widerspräche daher dem Sinne der 3. Steuernotverordnung, wolle man die besondere Wohltat der beschränkten Aufwertung, die eigentlich eine Abwertung darstelle, auch solchen Papiermarkschuldnern zugute kommen lassen, die kraft der anderen wirtschaftlichen Bedingungen, unter denen sie leben, ganz allgemein in der Lage gewesen seien, jederzeit Papiermarkbeträge vor Entwertung zu schützen. Das gelte in erster Reihe von den Ausländern. Der Ausländer sei stets in der Lage gewesen, erhaltene Papiermarkbeträge durch Umtausch in seine einheimischen Zahlungsmittel oder andere Valuten vor Entwertung zu schützen. Wolle man dem Ausländer die Wohltat des § 12 zugute kommen lassen, so würde dies einen durch nichts gerechtfertigten Vermögensvorteil des

Ausländers und eine Unbilligkeit gegen die inländischen Markgläubiger bedeuten.

Diese Ausführungen werden von der Revision mit Recht als verfehlt bezeichnet. Einen billigen Ausgleich der Interessen der Markgläubiger und der Markschuldner herbeizuführen, war seit dem Wanken der Mark Ziel und Zweck des unablässigen Ringens der Rechtsprechung mit der Währungsgesetzgebung vom 4. August 1914 (RGBl. S. 326, 347). Aber die 3. Steuernotverordnung hatte bei ihrer Aufwertung der Papiermarkforderungen auf nur fünfzehn vom Hundert ihres Goldbetrags viel weiter gehende Ziele — die Beseitigung der Unordnung und Unsicherheit im Schuldenwesen, die Wiederherstellung zuverlässiger Kreditunterlagen, die sog. Ankurbelung der Wirtschaft und das Interesse des Steuerfiskus — im Auge (vgl. Referentenentwurf einer Denkschrift über die Aufwertung, Beilage zu Heft 4 der DJZ. 1925 S. 4 Nr. 2 und S. 17). Aus der Unrichtigkeit des Ausgangspunktes ergibt sich die Unhaltbarkeit der Folgerungen, die der Vorderrichter daraus für die Aufwertungspflicht des ausländischen Schuldners nach der 3. Steuernotverordnung gezogen hat. Sollten für diesen besondere Vorschriften gelten, dann hätte das im Gesetz zum Ausdruck gebracht und besonders geregelt werden müssen. Es hätte unterschieden werden müssen zwischen Hypotheken, Vermögensanlagen usw., bei denen als Gläubiger oder Schuldner von Anfang an oder später infolge von Übertragung oder Schuldübernahme Inländer oder Ausländer in Betracht kommen. Dadurch wäre wieder viel Unsicherheit geschaffen und insoweit der oberste Zweck der Aufwertungsgesetze vereitelt worden. Soweit der Gesetzgeber auf das Ausland und das internationale Privatrecht zu achten hatte, ist das in §§ 86, 87 AufwG. geschehen. Diese Regelung ist als erschöpfend anzusehen. In Übereinstimmung damit wird auch im Schrifttum anerkannt, daß sich Ausländer als Schuldner in der gleichen Weise wie Inländer auf die durch das Aufwertungsgesetz angeordnete Aufwertung berufen können (Michaelis, AufwG. 2. Aufl. S. 242). . . . (Im übrigen wurde die Sache zur anderweiten Prüfung der Frage, ob eine Vermögensanlage vorliegt, an das Berufungsgericht zurückverwiesen).

10. 1. Wann beginnt für einen gemäß § 2306 BGB. beschränkten oder beschwerten Pflichtteilserben die Ausschlagungsfrist insbesondere dann, wenn bei der Berechnung des Pflichtteils Anrechnungs- oder Ausgleichungspflichten in Betracht kommen?

2. Können Vorerben und Nacherben gleichzeitig mit dem Pflichtteilsanspruch belangt werden?

BGB. §§ 2306, 2315, 2316, 2100, 2139.

IV. Zivilsenat. Urt. v. 18. Februar 1926 i. S. K. (Kl.) w. K. u. Gen. (Bekl.). IV 336/25.

I. Landgericht III Berlin.
II. Kammergericht daselbst.

Der Kläger und die Beklagten zu 1—5 sind die Kinder, die Beklagten zu 6—13 die Kindeskinder der Eheleute K. Diese Eheleute, von denen der Mann im Jahre 1915, die Frau am 27. November 1923 gestorben ist, haben ein gemeinschaftliches Testament vom 29. Mai 1913 hinterlassen, das nach dem Tode der Frau Anfang Dezember 1923 eröffnet wurde. In dem Testament haben die Eheleute sich gegenseitig als Erben eingesetzt und auf den Nachlaß des Letztlebenden von ihnen in näher geregelter Weise ihre Kinder und deren Abkömmlinge berufen. Der Kläger behauptet, durch das Testament in dem ihm am Nachlasse seiner Mutter zustehenden Pflichtteil verletzt zu sein. Nachdem er im Juni 1924 die Erbschaft ausgeschlagen hatte, hat er die Beklagten als Gesamtschuldner auf Zahlung eines Teilbetrags von 2000 GM in Anspruch genommen. Beide Vorinstanzen haben die Klage abgewiesen. Die Revision des Klägers hatte Erfolg.

Aus den Gründen:

In ihrem gemeinschaftlichen Testamente vom 29. Mai 1913 haben die Eheleute K. sich gegenseitig als Vollerben eingesetzt und gemäß § 2269 Abs. 1 BGB. die Erbfolge nach dem letztlebenden von ihnen geregelt, und zwar nach der rechtlich nicht zu beanstandenden Auslegung des Testaments durch das Berufungsgericht in der Weise, daß ihre 6 Kinder Vorerben (der zuletzt verstorbenen Ehefrau) zu gleichen Teilen und die Abkömmlinge der Kinder Nacherben sein sollten. Die als Erben ihrer Mutter berufenen pflichtteilsberechtigten Kinder sind danach durch die Einsetzung von Nacherben beschränkt, außerdem aber auch durch die Ernennung von Testamentsvollstreckern und durch Teilungsanordnungen. Eine Teilungsanordnung liegt nicht nur in der Bestimmung, daß ein zum Nachlaß gehöriges Grundstück erst 10 Jahre nach dem Tode der Erblasserin verkauft werden und bis dahin von der Erbteilung ausgeschlossen sein soll, sondern vor allem auch in der Bestimmung, daß die Kinder bei der Erbauseinandersetzung gewisse Zuwendungen unter Lebenden zur Ausgleichung bringen sollen.

Bei solchem Inhalte des Testaments hängt die Rechtsstellung des Klägers als eines pflichtteilsberechtigten Sohnes davon ab, ob der im Testament hinterlassene Erbteil a) die Hälfte des gesetzlichen Erbteils nicht übersteigt oder b) größer ist als die Hälfte des gesetzlichen Erbteils. Im Falle a gelten die Beschränkungen nach § 2306 Abs. 1 Satz 1 BGB. als nicht angeordnet; der Kläger hat seinen Erbteil, wenn er ihn nicht in wirksamer Weise ausgeschlagen hat, unbelastet und er kann, sofern der Erbteil noch geringer ist als die Hälfte des gesetzlichen Erbteils, von den Miterben nach § 2305 den Fehlbetrag verlangen. Im Falle b kann der Kläger nach § 2306 Abs. 1 Satz 2 von den Erben den (vollen) Pflichtteil verlangen, wenn er seinen Erbteil in wirksamer Weise ausgeschlagen hat.

Der Kläger stellt sich in erster Reihe auf den Standpunkt, daß die von ihm im Juni 1924 erklärte Erbschaftsausschlagung rechtswirksam und sein Anspruch aus § 2306 Abs. 1 Satz 2 begründet sei. Das Berufungsgericht hat diesem Klagegrunde die Anerkennung versagt, weil der Kläger die sechswöchige Ausschlagungsfrist nicht gewahrt habe und die von ihm erklärte Erbschaftsausschlagung deshalb unwirksam sei. Die Annahme, daß die Ausschlagungserklärung verspätet sei, ist folgendermaßen begründet: Die Ausschlagungsfrist habe begonnen, als der Kläger von der durch die Einsetzung von Nacherben und die Ernennung von Testamentsvollstreckern erfolgten Beschränkung seines Erbteils Kenntnis erlangt habe (§ 2306 Abs. 1 Satz 2), frühestens aber mit der Testamentsverkündung (§ 1944 Abs. 2 Satz 2). Das Testament sei Anfang Dezember 1923 verkündet worden und damals hätten der Kläger und seine Geschwister auch die Beschränkungen kennengelernt. Wenn der Kläger der Meinung sei, er habe die Kenntnis, die das Gesetz im Auge habe, frühestens Ende Mai 1924 durch eine Besprechung erlangt, die zwischen den Erben und den Testamentsvollstreckern stattgefunden habe, nachdem er von November 1923 bis Mitte Mai 1924 schwer krank gewesen und erst Ende Mai von einem Kuraufenthalt an der Riviera zurückgekehrt sei, so sei diese Meinung irrig. Denn die Kenntnis beziehe sich nach den §§ 1944, 2306 nur auf den Anfall und den Grund der Berufung sowie auf die Tatsache der Beschränkung, nicht auf die wirtschaftlichen Folgen der letztwilligen Anordnungen. Der Kläger wolle vor dem Mai 1924 nicht haben übersehen können, ob es vorteilhafter für ihn sei, anzunehmen oder auszuschlagen. Dieser Zweifel habe aber mit der Kenntnis im Sinne der §§ 1944, 2306 nichts zu tun. Auch die Krankheit des Klägers habe den Beginn und den Lauf der Ausschlagungsfrist nicht aufgehalten; denn sie habe ihm weder die Kenntnis der Beschränkung noch die Ausschlagung unmöglich gemacht (vgl. § 1944 Abs. 2 Satz 3).

Diese Ausführung ist (auch abgesehen davon, daß in ihr nur die Beschränkung des Klägers durch Nacherbfolge und Testamentsvollstreckung, nicht auch die durch Teilungsanordnungen in Betracht gezogen ist) durch Rechtsirrtum beeinflußt. Hält man sich streng an den Wortlaut der §§ 1944, 2306, so beginnt die Ausschlagungsfrist gegen den durch die Einsetzung eines Nacherben, die Ernennung eines Testamentvollstreckers oder eine Teilungsanordnung beschränkten (oder mit einem Vermächtnis oder einer Auflage beschwerten) Pflichtteilserben allerdings zu laufen, sobald die seine Erbeinsetzung und seine Beschränkung (oder Beschwerung) enthaltende Verfügung von Todes wegen verkündet worden ist und er von dem Erbanfall und dem Grunde der Berufung sowie von der Beschränkung (oder Beschwerung) Kenntnis erlangt hat. Daraus, daß ihm der § 2306 zwei verschiedenartige Rechtsbehelfe an die Hand gibt, je nachdem der ihm hinterlassene Erbteil die Hälfte des gesetzlichen Erbteils übersteigt oder nicht, und ihn dabei vor die Wahl zwischen der Ausschlagung der Erbschaft und dem endgültigen Erbschaftserwerb stellt, ergibt sich aber als weiteres Erfordernis für den Beginn der Ausschlagungsfrist die Kenntnis des Pflichtteilserben davon, ob der ihm hinterlassene Erbteil die Hälfte des gesetzlichen Erbteils übersteigt. Vorher kann er keine sachgemäße Entscheidung treffen. Denn schlägt er aus und es stellt sich nachträglich heraus, daß der ihm hinterlassene Erbteil der Hälfte des gesetzlichen Erbteils gleichkommt, so erhält er gar nichts. Stellt sich nachträglich heraus, daß der ihm hinterlassene Erbteil die Hälfte des gesetzlichen Erbteils nicht erreicht, so hat er zwar den Anspruch auf den Pflichtteilsrest aus § 2305; aber insoweit, als der ausgeschlagene Erbteil den Pflichtteil deckt, erhält er auch in diesem Falle nichts (RGZ. Bd. 93 S. 9). Das dargelegte Erfordernis führt zunächst dazu, daß, wenn der Pflichtteilsberechtigte zwar als Miterbe, aber mit ungenauem Ausdruck auf eine Summe oder einzelne Gegenstände eingesetzt ist (§ 2087 BGB.; Warn. 1913 Nr. 240; KGJ. Bd. 52 S. 65), die Frist erst beginnt, wenn er das Wertverhältnis der Zuwendung zum ganzen Nachlaß und damit den auf ihn entfallenden Bruchteil der Erbschaft zu übersehen vermag (Komm. v. RGR. BGB. § 2306 Anm. 5). Ist der Pflichtteilserbe unmittelbar auf einen Bruchteil eingesetzt, so ist mit der Kenntnis dieses Bruchteils in der Regel auch die Kenntnis davon gegeben, ob der hinterlassene Erbteil die Hälfte des gesetzlichen Erbteils übersteigt; auf die Kenntnis vom Bestande des Nachlasses kommt es dann nicht an. Von dieser Regel ist aber für die Fälle eine Ausnahme zu machen, in denen bei der Berechnung des Pflichtteils Anrechnungs- oder Ausgleichungspflichten zu berücksichtigen sind. Während nämlich für den Regelfall des § 2303 Abs. 1 Satz 2, daß der Pflichtteil der Hälfte des gesetzlichen Erbteils gleichkommt, die in § 2306 Abs. 1 gebrauchten Ausdrücke des hinterlassenen Erbteils und der Hälfte des gesetzlichen Erbteils auf die Erbschaftsquote und nicht auf das Quantum zu beziehen sind (RGZ. Bd. 93 S. 8; Seuff. Arch. Bd. 74 Nr. 107; JW. 1925 S. 359 Nr. 12), trifft dies dann nicht zu, wenn der Pflichtteil, weil eine Anrechnung gemäß § 2315 oder eine Ausgleichung gemäß § 2316 oder beides stattzufinden hat, größer oder geringer ist als die Hälfte des gesetzlichen Erbteils. In diesen Fällen ist das Verhältnis des rechnerischen Betrags des Pflichtteils zu dem (ohne Abzug der Beschränkungen oder Beschwerungen des § 2316 zu berechnenden) Betrage des hinterlassenen Erbteils dafür maßgebend, ob der Pflichtteilserbe zur Wahrung seines Pflichtteilsrechts nach § 2306 ausschlagen muß oder nicht. Das ist in RGZ. Bd. 93 S. 3 flg. aus dem Zusammenhang und der Entstehungsgeschichte des Gesetzes mit eingehender Begründung dargelegt. An der dort entwickelten Auffassung ist auch gegenüber dem Widerspruch von Maenner (Recht 1919 Sp. 369) festzuhalten. Sie hat auch im Schrifttum Zustimmung gefunden (Komm. v. RGR. § 2306 Anm. 2; Kipp, Erbrecht 1923 § 132 I 3; Pringsheim, JW. 1925 S. 359 Anm. zu 12). Kipp knüpft daran (a. a. O. Anm. 6) die Schlußfolgerung, daß die Ausschlagungsfrist erst dann beginnt, wenn der Pflichtteilserbe weiß, wie sich der Pflichtteil stellt. Dem ist, wie der Senat schon in seinem Urteile vom 12. Januar 1925 IV 480/24 zu erkennen gegeben hat, in dem Sinne beizutreten, daß der Pflichtteilserbe wissen muß, ob sein Erbteil den ihm bei Berücksichtigung der gesetzlichen Anrechnungs- und Ausgleichungspflichten zukommenden Pflichtteilsbetrag übersteigt.

Unter diesem rechtlichen Gesichtspunkt hat das Berufungsgericht den Beginn der Ausschlagungsfrist gegen den Kläger nicht geprüft. Die Annahme, daß der Kläger die Ausschlagungsfrist versäumt habe, und die daraus hergeleitete Ablehnung der Anwendung des § 2306 Abs. 1 Satz 2 entbehren danach einer rechtlich zutreffenden Begründung. Der Mangel wäre unschädlich, wenn die erste Voraussetzung für die Anwendung jener Vorschrift, daß der dem Kläger hinterlassene Erbteil größer ist als der ihm zukommende Pflichtteilsbetrag, nicht gegeben wäre. Das Berufungsgericht hat aber eine solche negative Feststellung nicht, vielmehr bei der Prüfung der Anwendbarkeit des § 2306 Abs. 1 Satz 1 die entgegengesetzte positive Feststellung getroffen. . . .

Es fragt sich noch, ob die Vorentscheidung, wenngleich die gegenüber sämtlichen Beklagten aus der Sache selbst entnommenen Klagabweisungsgründe in bezug auf den Klagegrund aus § 2306 Abs. 1 Satz 2 BGB. rechtlich unzureichend sind, gemäß § 563 ZPO. gegenüber einem Teile der Beklagten deshalb aufrechtzuerhalten ist, weil diese nicht die richtigen Beklagten sind. Die Prüfung, welche Personen die richtigen Beklagten sind, wird nicht dadurch entbehrlich, daß die Beklagten vor dem Berufungsgericht erklärt haben, ihre Passivlegitimation nicht bestreiten zu wollen. Denn ein Mangel der Passivlegitimation ist als ein Mangel der Klagebegründung von Amts wegen zu berücksichtigen (RGZ. Bd. 60 S. 181). Der Pflichtteilsanspruch aus § 2306 Abs. 1 Satz 2 richtet sich, wie der aus § 2303, trotz des Vorhandenseins von verwaltenden Testamentsvollstreckern gegen die Erben (§ 2213 Abs. 1 Satz 3). Bis zum Eintritte des Nacherbfalls sind die Vorerben wahre Erben (§§ 2100, 2139). Nur sie, nicht auch gleichzeitig die Nacherben, können mit dem Pflichtteilsanspruch belangt werden. Wer danach passiv legitimiert ist, ist noch ungeklärt. Es ist unstreitig, daß gleich dem Kläger auch seine Geschwister, die Beklagten zu 1—5, im Anschluß an die Ende Mai 1924 stattgehabte Besprechung im Juni 1924 die Erbschaft ausgeschlagen haben. Das Berufungsgericht erklärt auch diese Ausschlagung für verspätet. Da es aber mit Bezug auf den Beginn der Ausschlagungsfrist von einer unrichtigen Rechtsauffassung ausgegangen ist, bedarf auch dieser Punkt erneuter Erörterung. Der Kläger, der diese Beklagten trotz ihrer Ausschlagungserklärung als Erben in Anspruch nimmt, müßte darlegen, daß die Erklärung verspätet, nämlich länger als 6 Wochen nach der Kenntnis von den für den Beginn der Ausschlagungsfrist erheblichen Umständen abgegeben sei. An einer solchen Darlegung fehlt es bisher. Sollte die Ausschlagungserklärung der Beklagten zu 1—5 in der Tat verspätet, sie mithin Erben geblieben sein, so würden nur sie die richtigen Beklagten sein. Die Klage gegen die anderen Beklagten müßte dann wegen Mangels ihrer Sachbefugnis abgewiesen werden. Sollte dagegen die Rechtzeitigkeit der Ausschlagungserklärung der Beklagten zu 1—5 anzunehmen sein, so würden sie gemäß § 1953 ihre Erbeneigenschaft verloren haben, und die Klage gegen sie müßte wegen Fehlens ihrer Sachbefugnis abgewiesen werden. In diesem Falle würden die Beklagten zu 6—13 die richtigen Beklagten sein. Denn dies sind die Abkömmlinge der Kinder der Erblasser; und die Abkömmlinge sind in § 4 des Testaments für den Fall des Vorversterbens eines Kindes, also für den Fall, daß ein Kind nicht Erbe sein kann, und demgemäß nach der Auslegungsregel des § 2097 auch für den Fall, daß ein Kind nicht Erbe sein will, als Ersatzerben berufen. Ihre Eigenschaft als Ersatzerben folgt auch aus der Auslegungsregel des § 2102 Abs. 1, daß die Einsetzung als Nacherbe im Zweifel auch die Einsetzung als Ersatzerbe enthält.

Da somit zurzeit nur feststeht, daß eine der beiden Gruppen der Beklagten zu Unrecht verklagt ist, aber nicht, welche der beiden Gruppen dies ist, so ist die aus § 563 ZPO. aufgeworfene Frage zu verneinen.

---

11. Kann gegenüber einer beim Landgericht erhobenen Räumungsklage die Einrede der sachlichen Unzuständigkeit darauf gestützt werden, daß der Vertrag der Parteien kein Pacht-, sondern ein Mietvertrag sei?

Mieterschutzgesetz vom 1. Juni 1923 §§ 1, 7, 15.
ZPO. §§ 274, 275.

III. Zivilsenat. Urt. v. 23. Februar 1926 i. S. P. (Bekl.) w. L.-Brauerei Akt.-Ges. (Kl.). III 266/25.

I. Landgericht I Berlin.
II. Kammergericht daselbst.

Die Klägerin ist Mieterin der in Berlin-Charlottenburg, B.-Straße 1 belegenen Restaurationsräumlichkeiten, die sie durch Vertrag vom 2. Juni 1920 an den Beklagten für die Zeit vom 1. Mai 1920 bis zum 30. September 1928 verpachtete. Sie wirft dem Beklagten erhebliche Vertragsverletzungen vor und hat deshalb gegen ihn Klage erhoben auf Räumung der ihm verpachteten Restauration, auf Rückgabe des ihm übergebenen Inventars und auf Feststellung, daß die nach dem Vertrag von ihm bestellte Sicherheit zu ihren Gunsten verfallen sei.

Der Beklagte hat Klagabweisung beantragt, indem er die Einrede der sachlichen Unzuständigkeit des von der Klägerin angerufenen Landgerichts erhebt. Der zwischen den Parteien geschlossene Vertrag sei kein Pacht-, sondern ein Mietvertrag, da er, Beklagter, das sog. kleine Inventar (Eß-, Trink- und Küchengeschirr), ohne das ein Wirtschaftsbetrieb nicht möglich sei, selbst beschafft habe. Für die Klage sei deshalb das Amtsgericht (Mietschöffengericht) ausschließlich zuständig.

Das Landgericht hat durch ein gemäß § 275 ZPO. erlassenes Urteil die Einrede der Unzuständigkeit als unbegründet verworfen. Das Kammergericht hat die Berufung des Beklagten zurückgewiesen. Seine Revision blieb erfolglos.

Gründe:

Das Kammergericht hat seine Annahme, daß der zwischen den Parteien geschlossene Vertrag kein Miet-, sondern ein Pachtvertrag sei, damit begründet, daß die Klägerin dem Beklagten ein nach Anlage und Bauart zum Betrieb einer Gastwirtschaft geeignetes Lokal mit einem großen Mobiliarbestand überlassen habe; allerdings habe der Beklagte das Eß-, Trink- und Küchengeschirr, ohne das der Gastwirtschaftsbetrieb nicht zu führen gewesen sei, angeschafft; die mit dem sog. großen Inventar bereits ausgestatteten, nach baulicher Eigenart und innerer Einrichtung für eine Gastwirtschaft bestimmten Räume überwögen aber nach ihrer Bedeutung so sehr gegenüber dem vom Beklagten eingebrachten kleinen Inventar, daß mit letzterem nur noch eine Ergänzung und Vervollständigung der Ausstattung des Lokals vorgenommen sei, durch die der Charakter des Vertrags als Pachtvertrag nicht berührt werde.

Diese Ausführungen stehen mit der einschlägigen Rechtsprechung des Reichsgerichts im Einklang, es kommt aber auf sie hier nicht an. Denn auf die Behauptung, der Vertrag der Parteien sei ein Miet-, kein Pachtvertrag, kann der Beklagte die von ihm erhobene Einrede der sachlichen Unzuständigkeit überhaupt nicht gründen. Wenn die Auffassung des Beklagten richtig, der Vertrag ein Mietvertrag wäre, so würde für die Klage nicht etwa an Stelle des Landgerichts das Amtsgericht zuständig sein. Sie wäre dann vielmehr sachlich unbegründet.

Die Klägerin stützt sich auf das in § 15 des Vertrags ihr eingeräumte Recht, bei Vertragsverletzungen des Beklagten sofortige Räumung zu verlangen, d. h. den Vertrag durch einseitige Erklärung aufzulösen, ihn zu kündigen. Dieses Recht steht der Klägerin nicht zu, wenn der Vertrag kein Pacht-, sondern ein Mietvertrag ist. Dann kann er nicht durch Erklärung der Verpächterin aus den in seinem § 15 aufgezählten Gründen beendigt, vielmehr nur durch gerichtliches Urteil aus den in §§ 2—4 des Mieterschutzgesetzes bezeichneten Gründen aufgehoben werden (§ 1 Abs. 1 MSchG.). Die die Folgen einer sofortigen Kündigung geltend machende Klage ist also unbegründet, wenn der Vertrag ein Mietvertrag ist, da er solchenfalls noch fortbesteht, weil keine Aufhebung erfolgt ist, die allein durch das Gericht — gemäß § 7 Abs. 1 Satz 1 MSchG. durch das Amtsgericht unter Zuziehung von Beisitzern — geschehen kann.

Daß durch den Einwand des Beklagten nicht die Zuständigkeit des Landgerichts, sondern die sachliche Begründetheit der Klage in Frage gestellt wird, tritt zweifelsfrei zutage, soweit mit ihr die

Rückgabe des Pachtinventars und die Feststellung des Verfalls der Sicherheit verlangt wird. Beide Ansprüche gehen nicht auf Aufhebung des Vertrags, sondern machen Einzelfolgen seiner Beendigung geltend. Sie sind keinesfalls unter den Begriff der Aufhebungsklage im Sinne von § 7 Abs. 1 Satz 1 MSchG. zu bringen, sondern gehören zu den Ansprüchen, die der Vermieter nach § 15 Abs. 1 MSchG. neben dem Aufhebungsanspruch vor dem für diesen zuständigen Amtsgericht erheben darf. Für den Räumungsanspruch ist das Ergebnis kein anderes. Er ist nicht, wie der im Mieterschutzgesetz geregelte Aufhebungsanspruch, auf ein rechtsgestaltendes Urteil gerichtet. Vielmehr setzt er die durch Parteierklärung bereits erfolgte Vertragsauflösung voraus, von der sein Bestehen abhängt. Der Aufhebungsanspruch — beim Mietvertrag — und der Räumungsanspruch — beim Pachtvertrag — sind also rechtlich völlig voneinander verschieden. Sie berühren sich nur insofern, als das wirtschaftlich gleiche Ziel, das der Verpächter mit der Räumungsklage verfolgt, vom Vermieter nur mit der Aufhebungsklage erreicht werden kann. Dieser Umstand ändert aber nichts daran, daß die Klage, die hier erhoben ist, nicht die Aufhebungsklage des Mieterschutzgesetzes, sondern die Räumungsklage des bürgerlichen Rechts ist, für die sich die gerichtliche Zuständigkeit nach den allgemeinen Regeln richtet.

Die Behauptungen des Beklagten sind also nicht geeignet, die auf § 7 Abs. 1 Satz 1 MSchG. gestützte Einrede der sachlichen Unzuständigkeit zu rechtfertigen. Die Frage, ob der Vertrag der Parteien ein Pacht- oder Mietvertrag ist, ist erst bei der sachlichen Prüfung der Klage zu entscheiden.

---

12. 1. Kann nach Erlaß eines rechtskräftig gewordenen Papiermarkurteils eine Klage auf Schadensersatz wegen einer vor dem Urteil liegenden Geldentwertung in der Weise begründet werden, daß lediglich auf die Rechtskraft des Papiermarkurteils Bezug genommen und außerdem Verzug für die dem Urteil vorausgegangene Zeit behauptet wird?

2. Wird durch Verhängung der Geschäftsaufsicht ein Verzug des Aufsichtsschuldners dadurch ausgeschlossen, daß die Aufsichtsperson ihre Zustimmung zur Bezahlung der Schuld verweigert?

BGB. §§ 286 Abs. 1, 249. ZPO. § 322 Abs. 1. VO. über die Geschäftsaufsicht zur Abwendung des Konkurses vom 14. Dezember 1916 § 3 Abs. 2.

I. Zivilsenat. Urt. v. 6. März 1926 i. S. G. u. Gen. (Bekl.) w. P. & H. (Kl.). I 74/25.

I. Landgericht Elberfeld, Kammer für Handelssachen.
II. Oberlandesgericht Düsseldorf.

Der Klägerin stehen gegen die Drittbeklagte, offene Handelsgesellschaft G. & L., deren damalige Gesellschafter die Erst- und Zweitbeklagten G. und L. waren, zwei ihr rechtskräftig durch Urteile vom 26. Januar 1921 und 27. Juni 1922 zuerkannte Forderungen zu. Mit der gegenwärtigen, im Mai 1923 erhobenen Klage fordert sie Ersatz des Schadens dafür, daß die Beklagten die Urteilssummen nicht bei Fälligkeit gezahlt hätten, d. h. Ersatz des Geldentwertungsschadens. Sie berechnete den Verzugsschaden auf 6021 $, wovon sie vorläufig 4500 $ nebst 5% Zinsen seit dem 5. November 1915 geltend machen zu wollen erklärte, und beantragte demgemäß Verurteilung der Beklagten zur Zahlung des diesem Betrag entsprechenden Markwerts.

Nach Klagerhebung, am 15. Juni 1923, zahlten die Beklagten der Klägerin den Papiermarkbetrag der Urteilsforderungen.

Das Landgericht verurteilte die Beklagten, unter Abweisung der Klage wegen des Mehrbetrags, zur Zahlung des Markwerts von 2500 $ nebst 5% Zinsen seit dem 5. November 1915.

Die Beklagten legten Berufung ein. Sie beriefen sich darauf, daß die Gesellschafter nach ihrer Einberufung zum Heere unter Geschäftsaufsicht gestellt worden seien, und machten in dieser Beziehung geltend: Im § 3 der Verordnung über die Geschäftsaufsicht sei bestimmt, daß der Schuldner ohne Zustimmung der Aufsichtsperson keine Zahlung leisten solle; diese Zustimmung sei vorliegend versagt worden. Ein Verzug, falls er vorliege, sei deshalb durch die Verhängung der Geschäftsaufsicht bis auf weiteres unterbrochen worden.

Das Oberlandesgericht wies die Berufung zurück. Aus den

Akten des Vorprozesses entnimmt es, daß die Beklagten sich seit dem 15. Januar 1915 und dem 5. November 1915 im Verzug befanden. Dieser Verzug, so wird unter Bezugnahme auf die reichsgerichtliche Rechtsprechung ausgeführt, werde nicht dadurch in Frage gestellt, daß damals Begriff und Möglichkeit der Aufwertung noch unbekannt gewesen seien. Ein Verzicht der Klägerin auf Aufwertung liege nicht vor. Wegen der Höhe der Aufwertung müsse dem Vorderrichter beigetreten werden, der dabei insbesondere auch die beiderseitigen Belange nach Gebühr in Rechnung gezogen habe.

Die Revision der Beklagten führte zur Aufhebung und Zurückverweisung.

Gründe:

Rechtsgrundlage der Klage sind die beiden rechtskräftigen Urteile des Vorprozesses im Zusammenhalt mit der Behauptung, daß die Urteilsschuldner seit November 1915 im Verzug seien. Eine solche Klagebegründung wäre zwar im allgemeinen, theoretisch, denkbar und zulässig (RGZ. Bd. 50 S. 418, 419; RG. in JW. 1910 S. 393 Nr. 13). Sie ist es aber nicht für das rechtskräftige Papiermarkurteil im Gold- (Reichs-) Markprozeß, auch dann nicht, wenn es sich wie hier nicht um reine Aufwertung nach § 242 BGB., sondern um Schadensersatz wegen Geldentwertung auf Verzugsgrundlage handelt. Die Tragweite der Rechtskraft des Papiermarkurteils ist nach der Sachlage zur Zeit der ihm vorausgehenden letzten mündlichen Verhandlung zu beurteilen (RGZ. Bd. 110 S. 390) oder anders ausgedrückt: Die Papiermarksummen, zu deren Zahlung hier die Urteilsschuldner durch die Vorprozeßurteile in den Jahren 1921 und 1922 verurteilt wurden, sind nicht gleichwertig der gleichziffrigen Papiermarksumme vom Jahre 1915, die im gegenwärtigen Rechtsstreit den Ausgangspunkt der Klage bildet (RG. in JW. 1926 S. 158 Nr. 2). Das ist der springende Punkt, der sofort und ohne weiteres die Unzulänglichkeit der bisherigen Klagegrundlagen erkennen läßt. Da es indessen nicht ausgeschlossen ist, daß die erforderliche Klagebegründung demnächst durch Zurückgehen auf das dem Vorprozeß zugrunde liegende Sachverhältnis nachgeholt (§ 527 ZPO.) oder nur noch eine Aufwertung der Judikatsumme für die darauffolgende Zeit verlangt wird, so ist die Sache in die Vorinstanz zurückverwiesen worden.

Zu dem vom Oberlandesgericht nicht weiter erörterten, von der Revision jetzt erneut vorgebrachten Einwand der Beklagten aus § 3 Abs. 2 der Verordnung über die Geschäftsaufsicht zur Abwendung des Konkurses vom 14. Dezember 1916 sei noch bemerkt: Diese schon in § 7 Abs. 2 der früheren Verordnung vom 8. August 1914 (RGBl. S. 363) enthaltene Bestimmung, die durch die späteren Änderungen nicht berührt worden ist, besagt u. a., der Schuldner „soll" ohne Zustimmung der Aufsichtsperson keine Ansprüche befriedigen. Daraus wurde von den Beklagten hergeleitet, und die Revision macht sich dies zu eigen, daß seit Verhängung der Geschäftsaufsicht der Verzug aufgehört habe. Das ist jedoch offensichtlich unrichtig. Es handelt sich hier lediglich um eine Anweisung an den Schuldner über das von ihm der Aufsichtsperson gegenüber zu beobachtende Verhalten. Das ergibt sich aus dem Wortlaut der Bestimmung, dem Aufbau und den Zielen der Verordnung, folgt auch aus der amtlichen Begründung (abgedr. in Weißlers Preuß. Archiv 1917 S. 55) und ist längst von Rechtsprechung und Rechtslehre — nahezu einhellig — anerkannt. (Zu vgl. Klimmer, Kommentar, Anm. II 1 zu § 3; Jaeger in JW. 1917 S. 138; Cahn, Kommentar, S. 71, Bem. B a zu § 3 mit weiteren Nachweisen, RGZ. Bd. 89 S. 200 und besonders S. 225 (227) mit Nachweisen in Anm. 1 und 2). Nirgends ist dagegen in der Verordnung bestimmt, daß die Eröffnung des Verfahrens eine allgemeine Stundung bewirke. Nur Arreste und Zwangsvollstreckungen sind unzulässig, solange das Verfahren schwebt. Die Verzugsfolgen an sich gehen auch während Schwebens des Verfahrens weiter (vgl. Klimmer Bem. II 1 c zu § 6). Zu Unrecht beruft sich die Revision auf das Urteil des Reichsgerichts in RGZ. Bd. 100 S. 65. Dort ist zwar, nachdem als Wirkung der Geschäftsaufsicht angegeben worden war, daß der Schuldner zur Bezahlung der von der Geschäftsaufsicht betroffenen Forderung nicht mehr gezwungen werden könne, ausgeführt worden:

„Es läuft das zwar nicht dem Wortlaut, aber der Tatsache nach auf eine Stundung der Forderungen hinaus ...".

Aber diese Bemerkung darf nur in dem Zusammenhang, in dem sie gemacht ist, verstanden werden. Es handelte sich damals um die Frage, welches die für die Anfechtung von Rechtshandlungen eines

Gemeinschuldners nach § 30 KO. maßgebende Zahlungseinstellung ist, wenn der Konkurseröffnung eine Geschäftsaufsicht und dieser eine Zahlungseinstellung vorausgegangen war. Das Reichsgericht legte in jener Entscheidung dar, daß eine frühere Zahlungseinstellung nicht die Zahlungseinstellung im Sinne des § 30 KO. sei, und dies wurde u. a. damit begründet, daß mit der Verhängung der Geschäftsaufsicht der Grund einer vorangegangenen Zahlungseinstellung sich geändert habe. Vorher seien die Zahlungen eingestellt worden wegen eines nicht nur vorübergehenden Mangels an Zahlungsmitteln, jetzt dagegen, nach Verhängung der Geschäftsaufsicht über den Schuldner, „weil ihm die Zahlung verboten ist". Die Geschäftsaufsicht wird also mit einer Stundung ihrer Wirkung nach und nur aus dem Gesichtspunkt der Zahlungseinstellung verglichen. Daß aber die Verhängung der Geschäftsaufsicht grundsätzlich und allgemein eine Stundung zur Folge habe, ist dort nicht ausgesprochen worden.

---

13. Zur Frage der Gültigkeit einer Sicherungsübereignung von Warenlagern.

BGB. §§ 929 flg.

VI. Zivilsenat. Urt. v. 9. März 1926 i. S. H. H. Konkursmasse (Kl.) w. Frankf. Allg. Versich. A.-G. (Bekl.). VI 508/25.

I. Landgericht Frankfurt a. M.
II. Oberlandesgericht daselbst.

Durch Vertrag vom 28./31. Dezember 1923 hat die Firma H. H. der Beklagten „zur Sicherung für die Erfüllung aller Verbindlichkeiten, die der Versicherten (Firma H.) gegenüber der Frankfurter (Bekl.) auf Grund der Kautions- und Garantieverträge oder auf Grund der von der Frankfurter übernommenen Bürgschaften obliegen oder noch erwachsen werden", sämtliche Mehl- und Getreidevorräte, die sich in den im Vertrag bezeichneten Lagern „befinden und im freien Eigentum der Versicherten stehen", übereignet.

Im Vertrag heißt es weiter: „Die Parteien sind darüber einig, daß das Eigentum an den bezeichneten Beständen am 18. Dezember 1923 auf die Frankfurter übergeht. Die Übergabe wird dadurch ersetzt, daß die Versicherte ihre Ansprüche auf Herausgabe an die bezeichneten Lagerhalter an die Frankfurter abtritt. Die Parteien sind ferner darüber einig, daß sämtliche in Zukunft in die genannten Lagerräume eingelagerten Getreide- und Mehlbestände der Versicherten ohne weiteres in das Eigentum der Frankfurter übergehen, und daß die Herausgabeansprüche der Versicherten an die Lagerhalter auch hinsichtlich dieser Getreide- und Mehlmengen als an die Frankfurter abgetreten gelten. ... Der in den Lagern vorhandene Bestand muß stets mindestens 3500 Sack betragen. Die Frankfurter gestattet der Versicherten, unter Aufsicht eines Treuhänders und mit dessen Zustimmung, von den eingelagerten Mehl- und Getreidemengen, soweit sie den Bestand von 3500 Sack überschreiten, so viel zu veräußern, als dies im ordnungsmäßigen Geschäftsgang notwendig ist. — Der Treuhänder haftet der Frankfurter dafür, daß der im Eigentum der Frankfurter befindliche Bestand an Mehl oder Getreide niemals weniger als 3500 Sack beträgt."

Der Treuhänder ist bestellt worden. Mit Schreiben vom 17. April 1924 hat die Beklagte die Vereinbarung bestätigt, daß nur 2000 Sack Mehl oder Getreide in den Lagern bereitzuhalten sind.

In die Lager sind später eine größere Menge von Säcken Mehl eingelagert worden, an denen sich die Verkäufer das Eigentum vorbehalten hatten. Der Eigentumsvorbehalt bestand auch noch zur Zeit der Konkurseröffnung.

Am 4. August 1924 wurde über das Vermögen des Kaufmanns H. H. das Konkursverfahren eröffnet. Gemäß Übereinkunft zwischen dem Konkursverwalter, der im Rechtsstreit als Kläger auftritt, und der Beklagten sind die vorhandenen Mehlvorräte mit Ausnahme derjenigen, an welchen die Verkäufer Eigentumsvorbehalt geltend machen und die vom Kläger freigegeben worden sind, verkauft und der Erlös ist hinterlegt worden.

Der Kläger beantragt, die Beklagte zur Auszahlung eines Teilbetrags von 5000 RM aus der hinterlegten Streitsumme an ihn zu verurteilen. Er gründet den Klaganspruch darauf, daß die übereigneten Bestände, weil sich in den Lagern auch Mengen befunden hätten, die nicht in das Eigentum der Firma H. H. übergegangen seien, der erforderlichen Bestimmtheit ermangelten, der

Vertrag daher nichtig sei. Nichtig sei er aber auch deshalb, weil die wirtschaftliche Bindung des Gemeinschuldners durch den Vertrag das erlaubte Maß überschritten habe, er zudem eine Kredittäuschung der anderen Gläubiger enthalte und deshalb gegen die guten Sitten verstoße. Das Landgericht hat antragsgemäß verurteilt, das Oberlandesgericht dagegen die Klage abgewiesen. Die Revision hatte Erfolg.

Gründe:

Beide Vorinstanzen haben die vom Kläger behauptete Nichtigkeit der Sicherungsübereignung vom 28./31. Dezember 1923 wegen Verstoßes gegen die guten Sitten verneint. Die Revision bittet um Nachprüfung. Die vom Berufungsgericht festgestellte Sachlage, daß nämlich der Gemeinschuldner durch die Sicherungsübereignung nicht gehindert worden ist, über die übereigneten Vorräte im Rahmen eines ordnungsmäßigen Geschäftsganges für eigene Rechnung zu verfügen, soweit nicht die Bereithaltungsgrenze (ursprünglich 3500 Sack, später weniger) überschritten wurde, daß der Gemeinschuldner ferner außer den Warenlagern noch beträchtliches anderweites Vermögen besaß, läßt den Vorwurf der unsittlichen Kredittäuschung ebenso ungerechtfertigt erscheinen, wie die Annahme des Klägers, daß es sich um einen sog. Knebelungsvertrag handle. Insoweit ist die Begründung des Vorderrichters rechtlich nicht zu beanstanden.

Für die Revisionsinstanz kommt daher nur der zweite Klagegrund in Betracht, ob nämlich die Sicherungsübereignung mangels Bestimmtheit der übereigneten Gegenstände wirkungslos ist.

Die Gültigkeit der Sicherungsübereignung würde rechtlichen Bedenken unterliegen, wenn, wie der Kläger den Vertrag aufgefaßt wissen will, vereinbart wäre, daß die im freien Eigentum des Gemeinschuldners stehenden Bestandteile des Warenlagers übereignet sein sollten, oder wenn gar aus der Gesamtmenge der eingelagerten Waren immer nur 3500 Sack (oder später weniger), also eine zahlenmäßig bestimmte Menge, als übereignet gelten sollte. Die Sicherungsübereignung würde dann allerdings der Bestimmtheit des Gegenstandes, der erforderlichen Konkretisierung, entbehren und deshalb ungültig sein (RGZ. Bd. 52 S. 385, 394; Seuff. Bl. f. RA. Bd. 73 S. 621). Das hat auch der Vorderrichter nicht verkannt. Er legt aber den Vertrag anders aus, und zwar dahin, daß die Worte des

Vertrags „und im freien Eigentum der Versicherten stehen“ lediglich deklarative Bedeutung hatten, also die Versicherung des Gemeinschuldners beurkunden sollten, daß die sämtlichen eingelagerten Bestände sein freies Eigentum seien. Ferner legt das Berufungsgericht das Schreiben der Beklagten vom 17. April 1924 dahin aus, daß es sich nur auf die sog. Bereithaltungsgrenze beziehe, wonach der Gemeinschuldner immer eine bestimmte Mindestanzahl von Säcken in den Lagern belassen mußte, daß aber dadurch der Gegenstand der Übereignung nicht auf eine bestimmte Menge eingeschränkt werden sollte. Diese Auslegung ist tatsächlicher Natur und daher für die Revision bindend; rechtliche Bedenken gegen sie bestehen nicht.

Nun steht weiterhin fest, daß zur Zeit des Vertragsabschlusses die sämtlichen eingelagerten Bestände in der Tat im freien Eigentum des Gemeinschuldners standen. Wäre der ursprüngliche Bestand der Warenlager bis zur Konkurseröffnung unverändert geblieben, so würde daher an der Bestimmtheit des Übereignungsgegenstandes und somit an der Gültigkeit der Sicherungsübereignung kein Zweifel obwalten können. Ebensowenig auch dann, wenn später neue Bestände ohne Eigentumsvorbehalt der Verkäufer in die Warenlager eingebracht worden wären; denn nach der Rechtsprechung des Reichsgerichts (Gruchot Bd. 57, S. 434; JW. 1911 S. 762 Nr. 21, 1912 S. 144 Nr. 21) kann eine Sicherungsübereignung auch auf künftig einzubringende Waren gültig erstreckt werden, wie es im Vertrage der Parteien geschehen ist. Es fragt sich nur, wie es mit der Bestimmtheit des Gegenstandes der Übereignung steht, wenn nachträglich Warenbestände eingelagert werden, an denen sich die Verkäufer das Eigentum vorbehalten haben. Daß nachträglich größere Bestände unter Eigentumsvorbehalt in die Lager aufgenommen worden sind, steht im vorliegenden Falle fest.

Der Eigentumsvorbehalt hindert den Übergang des Eigentums auf den Gemeinschuldner. Dieser konnte daher auch nicht als Eigentümer auf die Beklagte Eigentum an den Vorbehaltswaren übertragen. Ein Eigentumserwerb an diesen Waren war für die Beklagte nur im Wege des gutgläubigen Erwerbs (§ 934 BGB.) möglich. Der Gemeinschuldner wurde mit der Einlagerung der unter Eigentumsvorbehalt gelieferten Waren mittelbarer Besitzer dieser Waren. Er hatte gegen die unmittelbar besitzenden Lagerhalter den Herausgabeanspruch. Dieser Anspruch ging laut Vertrag mit seiner Entstehung, also im Zeitpunkt der Einlagerung der Waren, auf die Beklagte über. War sie in diesem Zeitpunkte des guten Glaubens, daß die Waren in das freie Eigentum des Gemeinschuldners gelangt seien, so erwarb sie an ihnen Eigentum. Der Eigentumsvorbehalt mußte dem Sicherungseigentum der Beklagten weichen. Hätte also die Beklagte an allen nachträglich unter Eigentumsvorbehalt gelieferten und in die betreffenden Warenlager aufgenommenen Waren gutgläubig Eigentum erworben, so würde nach wie vor der gesamte Lagerbestand den Gegenstand der Sicherungsübereignung gebildet haben und damit seine Bestimmtheit gewahrt geblieben sein.

Nun meint aber das Berufungsgericht, es komme auf die Frage des gutgläubigen Erwerbs der Beklagten an den nachträglich unter Eigentumsvorbehalt eingebrachten Waren um deswillen nicht an, weil die vom Kläger veräußerten Bestände, über deren Erlös allein gestritten werde, unstreitig im freien Eigentum des Gemeinschuldners gewesen wären. Selbst wenn die Beklagte bei Einlagerung der mit Eigentumsvorbehalt belasteten Warenmengen in bezug auf diese nicht in gutem Glauben gewesen wäre, könnte der böse Glaube doch nicht das von der Beklagten an den übrigen unbelasteten Mengen bereits erworbene oder noch zu erwerbende Eigentum zerstören oder in Frage stellen. Diese Rechtsauffassung des Vorderrichters wird von der Revision mit Recht angegriffen. Maßgebend für die Frage, was den Gegenstand einer Sicherungsübereignung des nachmaligen Gemeinschuldners bildet, ist der Zeitpunkt der Konkurseröffnung. Ist ein einzelner bestimmter Gegenstand zur Sicherung übereignet worden, so ist auch zur Zeit der Konkurseröffnung dieser bestimmte Gegenstand derjenige, an dem der Gläubiger abgesonderte Befriedigung geltend machen kann. Anders wenn eine stets wechselnde, veränderliche Sachgesamtheit, ein Warenlager, in der Art zur Sicherung übereignet wird, daß sowohl die gegenwärtigen als auch die zukünftigen Bestände in das Eigentum des Gläubigers fallen sollen und dem Schuldner gestattet ist, fortlaufend bis zu einer gewissen Grenze Waren aus den Beständen frei zu veräußern. Dann ist die Bestimmtheit des Gegenstandes der Sicherungsübereignung, folgeweise des Absonderungsrechts, nicht notwendig auch im Zeitpunkte der Konkurseröffnung gesichert. So dann nicht, wenn dem Lager Warenmengen zugeführt worden sind, an denen der Gläubiger wegen Eigentumsvorbehalts der Verkäufer kein Eigentum erlangt hat. Es fehlt dann an der Konkretisierung der Waren, die der Sicherungsübereignung unterliegen. Nicht mehr der gesamte Bestand der Warenlager, wie der Vertrag bestimmte, ist zur Zeit der Konkurseröffnung der Beklagten zur Sicherung übereignet gewesen, sondern nur ein Teil des vorhandenen Bestandes, wenn gutgläubiger Erwerb des Eigentums an dem unter Eigentumsvorbehalt hinzugetretenen Teilbestand nicht erfolgt ist, und jener Teil war unbestimmt hinsichtlich der dazu gehörigen einzelnen Säcke.

Wenn das Berufungsgericht meint, der böse Glaube der Beklagten hinsichtlich der unter Eigentumsvorbehalt nachträglich in die Warenlager eingebrachten Bestände könne das von ihr an den übrigen unbelasteten Mengen bereits erworbene oder noch zu erwerbende Eigentum nicht zerstören oder verhindern, so ist demgegenüber zu fragen, ob die Beklagte an den unbelasteten Mengen überhaupt Eigentum erworben hat und erwerben konnte. Das ist eben zu verneinen, weil diese Mengen der erforderlichen Bestimmtheit in bezug auf die einzelnen dazu gehörigen Sachen entbehrten. Daß die Mengen möglicherweise bestimmbar sind, kann für den Fall des Eigentumserwerbs nach § 931 BGB. ebensowenig genügen, wie beim Eigentumserwerb nach § 929 BGB. (vgl. hierzu RG. in LZ. 1917 Sp. 867). Sonst würde auch eine Sicherungsübereignung des Inhalts gültig und wirksam sein, daß aus einem Warenlager die im freien Eigentum des Schuldners stehenden Waren dem Gläubiger zu Eigentum übertragen werden, ohne daß diese im einzelnen bezeichnet sind. Das will aber das Berufungsgericht selbst nicht gelten lassen. Hatte hiernach die Beklagte, falls sie nicht an den gesamten Beständen der Warenlager Eigentum erworben hat, überhaupt kein Eigentum erlangt, so ist es ohne Belang, daß die vom Kläger veräußerten Waren, über deren Erlös gestritten wird, unstreitig nur solche waren, an denen der Gemeinschuldner freies Eigentum erlangt hatte.

Es kommt daher für die Entscheidung darauf an, ob die Beklagte auch an sämtlichen unter Eigentumsvorbehalt dem Gemeinschuldner in die Warenlager gelieferten Waren gutgläubig Eigentum erworben hat. Nur wenn diese Feststellung vom Berufungsrichter getroffen werden kann, war auch zur Zeit der Konkurseröffnung der Gegenstand der Sicherungsübereignung bestimmt, weil er dann die gesamten Bestände der Warenlager umfaßte. . . .

---

14. Fallen unter § 10 Abs. 2 des Gerichtskostengesetzes in der Fassung vom 21. Dezember 1922 auch die Rentenansprüche aus unerlaubter Handlung und aus dem Haftpflichtgesetz?

VI. Zivilsenat. Beschl. v. 5. März 1926 i. S. K. C. Eisenbahngesellschaft (Bekl.) w. D. (Kl.). VI 411/25.

Die Frage ist bejaht worden aus nachstehenden

Gründen:

Der Streit der Parteien hat sich um die Frage gedreht, ob die Klägerin eine ihr wegen eines Eisenbahnunfalls zustehende Haftpflichtrente, deren Betrag vergleichsweise auf 160 ℳ monatlich festgesetzt worden war, zu einem Goldmarkbetrag in dieser Höhe von der Beklagten verlangen kann.

Der Gerichtsschreiber hat für die Gerichtskosten gemäß § 9 ZPO. das $12^1/_2$fache des Jahresbetrags der Rente als Streitwert zugrunde gelegt, wogegen die Beklagte Erinnerung erhoben hat.

Die Erinnerung ist begründet, weil der Wert des Rechtes auf die wiederkehrenden Rentenleistungen nach § 10 Abs. 2 GKG. nur auf den Betrag des einjährigen Bezugs zu berechnen war.

Zwar hat der frühere VI. Zivilsenat in einem Beschluß vom 26. März 1923 (RGZ. Bd. 106 S. 411) diese Vorschrift auf Ansprüche aus dem Haftpflichtgesetz nicht für anwendbar gehalten. Dieser Standpunkt, der sich mit der Rechtsprechung einer großen Anzahl von Oberlandesgerichten im Widerspruch befindet, kann jedoch nicht aufrechterhalten werden.

Der bezeichnete Beschluß erkennt selbst an, daß der Entwurf zur Änderung des Gerichtskostengesetzes, auf dem das Gerichtskostengesetz vom 21. Dezember 1922 beruht, auch bei Ansprüchen aus unerlaubter Handlung und aus dem Haftpflichtgesetz den einjährigen Betrag der Rente als Streitwert hat gelten lassen wollen. Die in der Entscheidung mitgeteilte Begründung des Entwurfs läßt darüber auch keinen Zweifel. Der frühere Beschluß nimmt jedoch an, daß die Absicht des Entwurfs im Gesetze selbst nicht zum Ausdruck gelangt sei, weil dieses in § 10 Abs. 2 nur von Ansprüchen auf Erfüllung einer gesetzlichen Unterhaltspflicht spreche und darunter die sich auf unerlaubte Handlung oder Unfallhaftung gründenden Rentenansprüche nicht fielen. Diese Auslegung ist aber zu eng.

Richtig mag sein, daß unter der gesetzlichen Unterhaltspflicht die durch unerlaubte Handlung oder Unfallhaftung begründete Verpflichtung nicht notwendig begriffen werden muß. Aber sie kann darin einbezogen werden, denn mittelbar führt auch die Rente aus diesen Verpflichtungen auf eine gesetzliche Vorschrift zurück, und daß das eine Mal die Verwandtschaft, das andere Mal die unerlaubte Handlung oder die Unfallhaftung den Entstehungsgrund für die gesetzliche Rentenpflicht schafft, kann keinen wesentlichen Unterschied begründen.

Jedenfalls war der Verfasser des Regierungsentwurfs, wie eine Vergleichung des Gesetzestextes in Art. I Nummer 4 des Entwurfs mit der Begründung ergibt, der Ansicht, daß unter den Ansprüchen auf Erfüllung einer auf gesetzlicher Vorschrift beruhenden Unterhaltspflicht die auf unerlaubte Handlung oder Unfallhaftung gegründeten Rentenansprüche ohne weiteres mitverstanden seien, und darum hat er den Satz 2 des früheren § 9a GKG., welchem gegenüber in der fraglichen Beziehung keine Änderung beabsichtigt war, offenbar der Kürze halber fortgelassen. Daß sich der Rechtsausschuß und das Plenum des Reichstags diese Auffassung nicht zu eigen gemacht hätten, lassen die Verhandlungen nicht erkennen. Abweichende Meinungen über diesen Punkt sind dort nicht laut geworden (Verhandlungen des Reichstags, I. Wahlperiode 1920, stenogr. Berichte S. 9252, 9394 flg.). Daraus darf aber geschlossen werden, daß man den § 10 Abs. 2 auch im Ausschuß und Plenum entsprechend der Begründung des Entwurfs verstanden hat. Der Umfang, in dem der Entwurf die Renten als Unterhaltsrenten angesehen hat, entspricht auch dem Sprachgebrauch.

Hiernach hat die Kostenberechnung nicht nach § 9 ZPO., sondern nach § 10 Abs. 2 GKG. zu erfolgen. Der Jahresbetrag der geforderten Rente beläuft sich aber auf 1920 RM.

Daß die Rente in einem Vergleich festgesetzt ist, steht der Anwendung des § 10 Abs. 2 GKG. nicht entgegen. Der Vergleich nahm ihr nicht die Natur einer Unfallrente. Er berührte den Grund des Anspruchs überhaupt nicht, sondern nur die Höhe. Eine auf Vertrag beruhende Rentenverpflichtung, die die Anwendung des § 10 Abs. 2 ausgeschlossen hätte, lag deshalb nicht vor. Denn dazu müßte die Rentenpflicht als solche auf einem Vertragsverhältnis beruhen.

---

15. Muß die Entscheidung des auf Festsetzung eines Hilfslohnes angegangenen Strandamtes auch dann binnen 14 Tagen mittels gerichtlicher Klage angefochten werden, wenn sich das Strandamt für unzuständig erklärt hat?

Strandungsordnung §§ 36 bis 38.

I. Zivilsenat. Urt. v. 3. Februar 1926 i. S. F. (Kl.) w. Reederei des Dampfers Chr. S. (Bekl.). I 175/25.

I. Landgericht Hamburg, Kammer für Handelssachen.
II. Oberlandesgericht daselbst.

Der der Beklagten gehörige Dampfer Chr. S., mit einer zum Teil auf Deck verstauten Ladung Holz auf einer Reise von Trangsund nach Gent begriffen, geriet am 23. August 1922 in der Nordsee auf der Höhe von Borkum in einen schweren Sturm, der mehrere Tage anhielt. Das Schiff mußte zeitweise beidrehen, erhielt starke Schlagseite und mußte einen Teil der Decklabung werfen. Am 24. August vormittags $2^1/_2$ Uhr wurde der Kapitän von einer Sturzsee über Bord gerissen und ertrank; der Steuermann trug eine stark blutende Kopfwunde davon, konnte aber die Schiffsführung übernehmen. Er beschloß nun, einen Nothafen anzulaufen, und steuerte die Elbmündung an. Am 25. August 1922 vormittags $9^1/_2$ Uhr wurde das Feuerschiff „Elbe 1" gesichtet. Die Chr. S. steuerte auf das Feuerschiff zu und setzte das Lotsensignal. Der in der Nähe des genannten Feuerschiffs kreuzende Lotsenschoner „Elbe 1" hatte einen Cuxhavener Seelotsen nicht an Bord, doch befand sich auf ihm der Kläger, ein Hamburger Elblotse, der an sich in dem dortigen Revier für das Lotsen elbaufgehender Schiffe nicht zuständig war; er entschloß sich aber, zur Hilfeleistung an Bord des Dampfers Chr. S. zu gehen. Er wurde durch ein Boot des Lotsenschoners unter Schwierigkeiten und Gefahren an Bord des Dampfers gebracht. Der durch ununterbrochenen mehrtägigen Dienst ermüdete Steuermann übergab ihm die Führung des Dampfers. Der Kläger führte das Schiff elbaufwärts, bis es beim Feuerschiff „Elbe 3" einen Cuxhavener Lotsen an Bord nahm, der es gegen 1 Uhr nachmittags auf der Cuxhavener Reede vor Anker brachte.

Der Kläger verlangt für die dem Dampfer geleistete Hilfe eine angemessene Entschädigung. Er behauptet, daß sich das Schiff in Seenot befunden habe, und hat Ansprüche auf Hilfslohn geltend gemacht. Er hat sich hierwegen zunächst an das örtlich zuständige Strandamt Ritzebüttel gewandt. Dieses hat am 30. Dezember 1922 einen Bescheid dahin erlassen: „Der Antrag auf Festsetzung eines Hilfslohns wird wegen Unzuständigkeit des Strandamtes abgewiesen". In den Gründen des Bescheides ist ausgeführt, daß eine Seenot im Sinne von §§ 740 flg. HGB. nicht vorgelegen habe und daher das Strandamt sachlich unzuständig sei. Eine Anfechtung dieses Bescheides innerhalb der in § 39 Abs. 2 der Strandungsordnung vorgesehenen 14tägigen Ausschlußfrist ist nicht erfolgt. Dagegen hat der Kläger innerhalb der in § 901 Nr. 2 HGB. vorgesehenen zweijährigen Verjährungsfrist die gegenwärtige Klage erhoben. Er meint, der Bescheid des Strandamtes vom 30. Dezember 1922 unterliege nicht einer Anfechtung nach § 39 Abs. 2 StrandO., mache aber unabhängig vom strandamtlichen Verfahren den Weg zur gerichtlichen Geltendmachung seines Entschädigungsanspruchs frei. Demgemäß hat er auf Zahlung von 5000 G*M* nebst Zinsen geklagt.

Die Vorinstanzen haben die Klage abgewiesen. Sie haben angenommen, daß der Kläger den Bescheid des Strandamtes Ritzebüttel innerhalb der in § 39 Abs. 2 StrandO. vorgesehenen Frist hätte anfechten müssen, und daß seine jetzige Klage verspätet und daher unzulässig sei.

Die Revision des Klägers hatte Erfolg.

Gründe:

Die Strandungsordnung für das Deutsche Reich vom 17. Mai 1874 (in wiederholt abgeänderter Fassung) bestimmt iu den §§ 36 bis 38, daß das um Festsetzung eines Hilfslohnes angegangene Strandamt eine Berechnung der aufgestellten Forderungen zu entwerfen und mit seinen gutachtlichen Bemerkungen der Aufsichtsbehörde einzureichen hat. Diese — an deren Stelle für Hamburg das Strandamt tritt, vgl. Ewald, Strandungsordnung § 40 Anm. 1 — hat die angemeldeten Ansprüche nach den Bestimmungen des Handelsgesetzbuchs, Buch IV, 8. Abschnitt (§§ 740 flg.) zu prüfen und durch Bescheid festzusetzen. Hiervon ausgehend ist vom Reichsgericht in dem Urteil RGZ. Bd. 69 S. 212 — unter ausdrücklicher Ablehnung einer im Urteil vom 14. Februar 1891 (Hanseat.GZ. 1891 Hauptbl. Nr. 54 S. 147 flg.) vertretenen, abweichenden Ansicht — folgendes ausgeführt:

Der Bescheid, von dem in § 39 Abs. 1 der Strandungsordnung gesagt werde, daß gegen ihn nur der Rechtsweg stattfinde, sei der in § 38 ebenda näher bezeichnete Bescheid, der die angemeldeten Ansprüche prüfe und festsetze, d. h. entweder zuspreche oder aberkenne. Lehne das Strandamt die Einleitung des Verfahrens überhaupt ab, so könne nunmehr der Bergungs- oder Hilfslohnanspruch ohne weiteres im Rechtsweg verfolgt werden, da die Angehung der Verwaltungsinstanz vergeblich gewesen sei. Dies gelte auch für den Fall, daß das Strandamt in seinem Bescheide lediglich ausgesprochen habe, daß es sich nicht für zuständig erachte, über den Antrag auf Festsetzung eines Berge- oder Hilfslohns zu entscheiden. Auch wenn diesem Anspruch eine Begründung beigegeben sei, aus der man entnehmen könne, daß das Strandamt damals angenommen habe, dem Antragsteller stehe überhaupt kein Anspruch auf Berge- oder Hilfslohn zu, so ändere dies doch nichts daran, daß das Strandamt den Anspruch nicht aberkannt, sondern sich für unzuständig erklärt habe. Eine Notwendigkeit, diesen Bescheid binnen der Ausschlußfrist des § 39 durch Klage bei dem für den Ort des Strandamtes zuständigen Gericht anzufechten, liege für den Antragsteller nicht vor. Er könne nunmehr seinen Anspruch innerhalb der gesetzlichen Verjährungsfrist bei jedem für die Klage zuständigen Gericht erheben.

An diesen Rechtsgrundsätzen ist festzuhalten.

Die Vorschriften in §§ 36 bis 38 StrandO. ergeben, daß ein Bescheid gemeint ist, der die angemeldeten Ansprüche prüft und in sachlicher Beziehung über sie entscheidet. Nur wenn eine solche sachliche Entscheidung erfolgt ist, liegt ein Bescheid vor, gegen den gemäß § 39 Abs. 2 StrandO. die dort vorgesehene Klage binnen einer vierzehntägigen Ausschlußfrist zu erheben ist. Der vorliegende Bescheid des Strandamtes Ritzebüttel vom 30. Dezember 1922 hat eine sachliche Entscheidung in diesem Sinne nicht getroffen. Allerdings hat das Strandamt in der Begründung seiner Entscheidung geprüft, ob eine einen Hilfslohnanspruch begründende Seenot vorgelegen hat, und hat diese Frage verneint. Diese materielle Prüfung des Anspruchs hat aber in der Entscheidung selbst keinen Ausdruck gefunden. Denn das Strandamt lehnt im entscheidenden Teile seines Bescheids nicht etwa den geforderten Hilfslohn ab, sondern erklärt nur: „Der Antrag auf Festsetzung eines Hilfslohns wird wegen Unzuständigkeit des Strandamtes abgelehnt". Damit ist zum Ausdruck gebracht, daß die in den Gründen des Bescheids ausgesprochene Verneinung eines Seenotfalles nur die Unterlage für die ausgesprochene Unzuständigkeitserklärung bildet und daß eine sachliche Entscheidung über den Hilfslohnanspruch bewußtermaßen vermieden ist.

Ein solches Verfahren ist nicht nur rechtlich zulässig, sondern in Fällen der fraglichen Art durchaus sachgemäß. Das Strandamt (oder die Aufsichtsbehörde) ist nur in besonderen, gesetzlich geregelten Fällen berufen, über Ansprüche auf Berge- oder Hilfslohn oder auf Erstattung sonstiger Bergungs- und Hilfskosten zu befinden (vgl. §§ 36 flg., §§ 4, 5, 9, 10, §§ 20 flg. StrandO.; §§ 746 flg. HGB.). Fallen die bei der Verwaltungsbehörde angemeldeten Ansprüche zwar nicht in den Kreis jener Forderungen, betreffen aber Dienst-, Werk- oder Hilfsleistungen, für die aus anderen Gründen, z. B. gemäß §§ 612, 632, 683, 315, 316 BGB., eine Vergütung vom Antragsteller verlangt werden kann, so gehört die Entscheidung über diese Ansprüche ausschließlich zur Zuständigkeit der ordentlichen Gerichte (RGZ. Bd. 38 S. 85, Bd. 47 S. 193; Schaps, Seerecht 2. Auflage § 740 Anm. 2, 3, 17; Ewald, Strandungsordnung § 36 Anm. 13; Burchard, Bergung und Hilfeleistung in Seenot § 38 S. 224 flg.). Ist das Strandamt oder die Aufsichtsbehörde der Ansicht, daß ein solcher Fall vorliegt, so ist es zum mindesten zweckmäßig, von einer sachlichen Entscheidung Abstand zu nehmen und die Unzuständigkeit auszusprechen.

Im vorliegenden Falle hat die Antragsgegnerin und jetzige Beklagte sich selbst auf den Standpunkt gestellt, daß der Antragsteller und jetzige Kläger einen Anspruch auf Vergütung für seine Hilfsleistung habe. Sie hat demgemäß damals beim Strandamt den Antrag gestellt: „Den Hilfslohnantrag wegen Unzuständigkeit des Strandamtes abzulehnen, hilfsweise eine Vergütung auf Grundlage der für die Cuxhavener Seelotsen maßgeblichen Taxe festzustellen". Es ist unverkennbar, daß das Strandamt Ritzebüttel von ähnlichen Gesichtspunkten ausgegangen ist und, wie oben näher dargelegt, ohne sachliche Entscheidung seine Unzuständigkeit erklärt hat.

Dieser Sach- und Rechtslage entsprechend ist auch von vornherein die gegenwärtige Klage begründet worden. Schon in der Klageschrift wird klar zum Ausdruck gebracht, daß nicht eine Anfechtung des Bescheids des Strandamtes Ritzebüttel bezweckt ist, sondern eine selbständige Klage auf Vergütung für die Hilfs- und Dienstleistungen des Klägers. So wird unter anderem ausgeführt, daß der Bescheid des Strandamtes, da er nur eine Unzuständigkeitserklärung bedeute, nicht mit einem Rechtsmittel anfechtbar sei, aber den Weg zur gerichtlichen Geltendmachung des Klaganspruchs unabhängig vom strandamtlichen Verfahren freigemacht habe. Dementsprechend ist weiter darauf hingewiesen, daß die Zuständigkeit der hamburgischen Gerichte zwischen den Parteien vereinbart sei, was überflüssig gewesen wäre, wenn es sich um eine Anfechtung des strandamtlichen Bescheids im Sinne von § 39 Abs. 2 StrandO. handelte. Denn für eine solche Klage waren die hamburgischen Gerichte ohnehin kraft gesetzlicher Vorschrift nach § 39 zuständig.

Der Tatrichter war und ist nicht an die vom Strandamt Ritzebüttel ausgesprochene Ansicht über das Nichtvorliegen einer Seenot nach §§ 740 flg. HGB. gebunden. Auch wird er gegebenenfalls zu prüfen haben, ob nicht das tatsächliche Vorbringen des Klägers genügende Anhaltspunkte für eine Begründung des Klaganspruchs von allgemeinrechtlichen Gesichtspunkten aus bietet.

16. 1. Wesen des zwischen dem Verleger und dem Herausgeber eines Werkes geschlossenen Vertrags.

2. Ist der Herausgeber kraft Nachwirkung des erfüllten Vertrags grundsätzlich verpflichtet, Wettbewerb gegen den Verleger zu unterlassen? Welche Gründe befreien ihn davon?

Gesetz über den Verlagsvertrag §§ 1 flg. BGB. §§ 242, 611 flg.

I. Zivilsenat. Urt. v. 3. Februar 1926 i. S. B. (Bekl.) w. F. (Kl.). I 192/25.

I. Landgericht Bielefeld.
II. Oberlandesgericht Hamm.

Am 23. August 1907 schloß der Kläger als Vertreter der Erben des ihm Jahre 1880 verstorbenen französischen Dichters Flaubert mit der Beklagten einen Vertrag, durch den er ihr das ausschließliche Recht übertrug, von bestimmten einzeln aufgeführten Werken Flauberts deutsche Übersetzungen für die Länder deutscher Zunge zu veranstalten und als autorisierte zu bezeichnen. Die Übertragung erfolgte „für alle Auflagen, für Einzel- und Gesamtausgaben, und zwar zunächst für die Dauer von 15 Jahren vom 1. Januar 1908 an gerechnet". Der Beklagten wurde ferner ein Vorkaufsrecht auf alle noch weiterhin erscheinenden Bücher über und von Flaubert, soweit sie im Verfügungsrechte seiner Erben lägen, eingeräumt. Der Vereinbarung entsprechend veranstaltete die Beklagte alsbald nach dem Abschluß jenes Vertrags eine zehnbändige Gesamtausgabe von Flauberts Werken. Dabei zog sie den Kläger als Übersetzer einzelner Werke und Verfasser von Vorworten zu. Er besorgte außerdem die dem Herausgeber der Gesamtausgabe obliegenden Arbeiten und zeichnete als solcher. Im Laufe der Zeit entspannen sich, namentlich wegen der von der Beklagten an Neuerscheinungen in Anspruch genommenen Vorkaufsrechte, Streitigkeiten zwischen den Beteiligten, die zu gerichtlichem Austrage kamen. Im gegenwärtigen Rechtsstreit beantragt der Kläger festzustellen, daß er berechtigt sei, vom 1. Januar 1923 ab Gesamtausgaben von Flauberts Werken, die in anderem Verlag als dem der Beklagten erscheinen, als verantwortlicher Herausgeber zu zeichnen. Er nimmt diese Befugnis in Anspruch, weil er nur bis zum Ablauf des am 23. August 1907 geschlossenen Vertrags an die

Beklagte gebunden gewesen sei. Ferner weil die Beklagte die in ihrem Verlage von ihm herausgegebene Gesamtausgabe verstümmelt habe. Sodann weil sie durch Veranstaltung einer neueren, ohne seine Beteiligung hergerichteten, Säkularausgabe auf seinen Herausgebertitel verzichtet habe. Schließlich weil ihm aus verschiedenen Gründen nicht zuzumuten sei, mit der Beklagten noch zusammenzuarbeiten, weil aber Untersagung der Herausgabe in anderem Verlag eine den guten Sitten zuwiderlaufende Beeinträchtigung für ihn bedeute, namentlich da der Stand der Forschung, an der er wesentlichen Anteil habe, dringend eine neue Gesamtausgabe fordere.

Das Landgericht gab der Klage statt. Die von der Beklagten eingelegte Berufung wurde vom Oberlandesgericht zurückgewiesen. Ihre Revision hatte keinen Erfolg.

Aus den Gründen:

1. ... Die Beklagte hat, so stellt das Berufungsgericht fest, als sie an die Verwertung des ihr übertragenen Verlagsrechtes (VerlG. §§ 1 flg.) ging, aus freien Stücken, ohne durch den Vertrag dazu verpflichtet zu sein, den Kläger als Übersetzer einzelner Werke, als Verfasser von Vorworten und als Herausgeber zugezogen.

2. Ohne Rechtsirrtum nimmt das Berufungsgericht an: Dadurch, daß der Kläger bei der Veranstaltung der Gesamtausgabe von Flauberts Werken im Verlage der Beklagten die dem Herausgeber obliegende Tätigkeit besorgt und als Herausgeber des Ganzen auch gezeichnet habe, sei ein besonderer Herausgebervertrag unter den Parteien zustande gekommen. Zwar sei es ohne Belang, ob der Kläger für seine Tätigkeit als Herausgeber eine Vergütung empfangen habe; tatsächlich aber könne kein Zweifel daran bestehen, daß die von der Beklagten im Frühjahr 1908 dem Kläger gezahlten 200 ℳ das Honorar für seine Herausgebertätigkeit sein sollten. Die Beurteilung der Schriftstücke und der sie begleitenden Umstände, woraus diese Überzeugung gewonnen worden ist, liegt durchweg im Bereiche der Tatsachenwürdigung (§ 286 ZPO.); ein Verstoß gegen Auslegungsgrundsätze oder sonstige Rechtsregeln ist in ihr nicht zu finden. ...

a) Dieser Herausgebervertrag, der dem Verlagsvertrag vom 23. August 1907 folgte, übertrug der Beklagten nach dem festgestellten Sachverhalt keine urheberrechtlichen Befugnisse. ... Die Tätigkeit des Klägers als Herausgeber des Gesamtwerks kann, mangels abweichender Feststellung im angefochtenen Urteil, nur in der Einteilung und Anordnung des Stoffes, allenfalls im Meinungsaustausch mit den Übersetzern und den Verfassern von Einleitungen einzelner Werke über die zur Vorbereitung des Erscheinens nötigen Maßnahmen, in der Überwachung des Drucks als Gewähr äußerer Einheitlichkeit bestanden haben. Eine besondere formgebende Tätigkeit des Klägers, aus der ihm urheberrechtliche Befugnisse erwachsen sein könnten, die alsdann vertraglich auf die Beklagte übergegangen wären, ist nicht ersichtlich. Allerdings heißt es in den Gründen des Berufungsurteils: Das Recht der Beklagten bestehe „wesentlich darin, daß sie das Urheberrecht, das der Kläger durch die in der Herausgebertätigkeit liegende Formgebung erworben habe, zu nutzen befugt sei, so lange sich die Ausgabe im Buchhandel befinde". Diese Bemerkung kann jedoch nach ihrem Zusammenhang und verglichen mit dem Tatbestande nicht als Tatsachenfeststellung angesehen und als rechtliche Beurteilung nicht gebilligt werden. Vielmehr kennzeichnet sich die aus den Feststellungen ersichtliche Herausgeberarbeit des Klägers an der Gesamtausgabe inhaltlich als Geschäftsbesorgung (§ 675 BGB.), der sie bezweckende Vertrag der Parteien als Dienstvertrag (§§ 611 flg. BGB.; Kohler, Urheberrecht an Schriftwerken S. 256 flg., 340; de Boor, Urheberrecht und Verlagsrecht S. 107 flg.; Hoffmann, Reichsges. über das Verlagsrecht S. 16 Anm. 5b zu § 1; Dernburg, Bürgerl. Recht VI S. 120 flg.).

b) Dieser Vertrag ist beiderseits erfüllt worden: vom Kläger durch die geleistete Herausgebertätigkeit, von der Beklagten durch Vervielfältigung der Gesamtausgabe, auf die jene Arbeit verwendet worden war, und durch Zahlung der 200 ℳ Herausgeberhonorar.

3. Allein auch nach der Erfüllung können aus dem Dienstverhältnis nach der von Treu und Glauben beherrschten Verkehrssitte (§ 242 BGB.) und der dem Wesen des Dienstvertrags eignenden Treupflicht weiterhin Verbindlichkeiten bestehen bleiben (v. Gierke, Deutsches Privatrecht III S. 610; Dernburg, Bürgerl. Recht II 2 § 306 Nr. II). Zu ihnen gehört, wie das Berufungsgericht im Anschluß an das Gutachten des Schriftleiters D. hervorhebt, beim Herausgebervertrag regelmäßig die Verpflichtung des Herausgebers, daß er dem Verleger keinen Wettbewerb mache. Wenngleich der Begründung durch urheberrechtliche Erwägungen, wie sie das angefochtene Urteil

anstellt, im vorliegenden Falle nicht beizustimmen ist, so muß doch das Ergebnis gebilligt werden: daß der Kläger grundsätzlich, solange sich die unter seinem Namen im Verlage der Beklagten erschienene Gesamtausgabe der Flaubertschen Werke im Buchhandel befindet, keine neue Gesamtausgabe dieser Werke in einem andern Verlage veranstalten darf.

Mit Recht verneint jedoch das Berufungsgericht unter den besonderen Umständen des vorliegenden Falles eine solche Verpflichtung des Klägers für die Zeit nach dem Schluß des Jahres 1922. ... Die Gründe, aus denen es der Beklagten das von ihr beanspruchte Untersagungsrecht aberkennt und die Feststellung nach dem Antrage des Klägers trifft, sind zu billigen. Die dawider unternommenen Revisionsangriffe können keinen Erfolg haben.

a) Das Landgericht hatte angenommen: Mit dem Ablaufe des Verlagsvertrags vom 23. August 1907 sei das ganze durch ihn begründete Rechtsverhältnis unter den Parteien, auch die Herausgebereigenschaft des Klägers an der in Ausführung jenes Vertrags veranstalteten Gesamtausgabe der Werke Flauberts, beendigt. Beide Teile hätten fortan freie Hand. Vom 1. Januar 1923 an sei der Kläger befugt, auch bevor die bei der Beklagten erschienene Gesamtausgabe vergriffen oder sonst aus dem Buchhandel verschwunden sei, unter seinem Herausgebernamen in einem anderen Verlag als dem der Beklagten eine neue Gesamtausgabe der Werke Flauberts erscheinen zu lassen. Das Oberlandesgericht lehnt diese Auffassung ab, indem es feststellt, daß die Parteien nach jenem Verlagsvertrag einen besonderen Herausgebervertrag eingegangen seien. Gleichwohl ist es für die wechselseitigen Beziehungen von tatsächlicher Bedeutung, daß das Rechtsverhältnis aus dem Verlagsvertrag nach fünfzehnjähriger Dauer, also mit dem Schluß des Jahres 1922, ablief. Die als möglich in Aussicht genommene Verlängerung war schon deshalb nicht in Frage gekommen, weil die Erwartung, in der man den Vertrag geschlossen hatte — die einer gesetzlichen Erstreckung der Schutzfrist von 30 auf 50 Jahre —, sich nicht erfüllt hatte. Unterdessen war die Schutzfrist für Flauberts Werke verstrichen. (§§ 29, 34 LitUG.). Dadurch, daß sie frei geworden waren, hatte sich die geschäftliche Lage, mit der beiderseits beim Abschluß des Verlags- wie des Herausgebervertrags gerechnet worden war, sehr geändert. Der Verlagsvertrag bestimmte in § 4: keiner der beiden Teile solle ohne die förmliche Zustimmung des anderen irgendeine Konkurrenzausgabe Flaubertscher Schriften autorisieren dürfen, mit Ausnahme der im § 3 erwähnten Luxusausgaben. Diese Beschränkung war seit dem Schluß des Jahres 1922 weggefallen. Berührt diese Tatsache den Herausgebervertrag auch nicht unmittelbar, so darf sie doch bei der Beantwortung der Frage, ob der Beklagten aus diesem Vertrag über jenen Zeitpunkt hinaus das von ihr beanspruchte Untersagungsrecht verblieben sei, nicht außer Betracht gelassen werden.

b) Zu beachten ist ferner, daß der Kläger von der Beklagten durch Zahlung von 200 ℳ für seine Herausgebertätigkeit ein verhältnismäßig bescheidenes Entgelt empfangen hat. Wohl begegnet solche Tätigkeit auch als unentgeltliche. Mit Recht bemerkt deshalb im Anschluß an Darlegungen des Sachverständigen hierüber das Berufungsgericht, es sei ohne Belang für die Frage des Herausgebervertrags, ob der Kläger für die Arbeit als Herausgeber überhaupt ein Honorar erhalten habe. Für die andere Frage jedoch, ob eine Bindung des Klägers, solange die alte Gesamtausgabe der Beklagten sich noch im Buchhandel befindet, — und demgemäß das von der Beklagten beanspruchte Untersagungsrecht für unbestimmt lange Zeit — der Billigkeit entspreche, ist die Höhe des Entgelts wichtig. Denn eine Unterlassungspflicht für unbegrenzt lange, vielleicht für Lebenszeit, wäre mit dem Grundsatze von Treu und Glauben im Verkehr und mit der grundsätzlich zu erstrebenden freien Betätigung der Persönlichkeit im Geistes- und Erwerbsleben in der Regel unvereinbar, sofern nicht ein entsprechender Gegenwert für die Beschränkung gerechten Ausgleich bietet und sie dadurch erträglich macht. Fehl geht deshalb die Revisionsrüge, daß der Gesichtspunkt zu geringer Entlohnung überhaupt ausgeschieden werden müsse.

c) Noch andere Erwägungen rechtfertigen die vom Berufungsgericht vertretene Auffassung und, zum mindesten in Verbindung miteinander, die Annahme, daß das Wettbewerbsverbot der Beklagten wider den Kläger nicht Platz greifen könne, weil unter den gegebenen Umständen seine Anwendung gegen Treu und Glauben im Verkehr verstieße (§§ 157, 242 BGB.). Mit Recht betont es — übereinstimmend mit dem D.schen Gutachten — die seit dem Erscheinen der alten Flaubert-Gesamtausgabe der Beklagten verflossene geraume Zeit. Seit dem Jahre 1907 sei für Flauberts Beurteilung und Würdigung aus neuen Forschungen und neu eröffneten Gesichtspunkten viel Umwertendes hervorgetreten. Ein in diesem Gedanken- und Betrachtungskreise lebender und arbeitender Forscher wie der Kläger müsse den inneren Zwang fühlen, der verwandelten literarischen Lage durch eine Neuauflage Rechnung zu tragen; und zwar durch eine Ausgabe, die sowohl dem Namen und Andenken Flauberts gerecht werde, wie auch gegenüber der alten, zurückgebliebenen, nie durchgesehenen oder verbesserten Ausgabe der Beklagten seinen eigenen wissenschaftlichen Ruf besser zu Ehren bringe, als es die vor mehr denn anderthalb Jahrzehnten erschienene erste Gesamtausgabe vermocht habe.

Die Einwendungen der Revision gegen diesen Erwägungsgrund des Oberlandesgerichts greifen nicht durch.

Die Beklagte bemängelt, daß die Ansicht des Berufungsgerichts auf ein vermeintliches „öffentliches Interesse" an einer Neuausgabe Flauberts hinauskomme. Sie meint, eine solche Betrachtungsweise könne nicht anerkannt werden; jedenfalls brauche das „berechtigte eigene Vermögensinteresse der Beklagten" sich jener Rücksicht auf angebliche Wünsche und Bestrebungen der Allgemeinheit nicht kurzweg unterzuordnen. Wider diesen Einwand ist mit dem Oberlandesgericht daran festzuhalten, daß die Zuwendung eines großen Leserkreises zu Flaubert, die verbreitete und vielfältige Beschäftigung mit ihm und seinen Schriften, die auf sein Leben und Wirken gerichtete wissenschaftliche Forschung, die geschichtliche und vergleichende Würdigung dieses Begründers einer naturalistischen Dichtung und eigenartigen künstlerischen Wirklichkeitsschilderung als gegebene Tatsachen berücksichtigt werden müssen. Es ist eine von der Rechtspflege zu beachtende Forderung des geistigen Lebens, daß sich diese seine mannigfaltigen Bestrebungen und bisherigen Errungenschaften, auch in ihrer buchhändlerischen Verwertung, weiter entfalten können. Sie zu hemmen, liefe den Bedürfnissen zuwider, die sich im weiten Gebiete der Unterhaltung wie im engeren der Forschung deutlich kundgetan haben. Ihr Anspruch, befriedigt zu werden, darf um so sicherer auf Beachtung rechnen, als die Schutzfrist für Flauberts Werke seit Jahren abgelaufen ist. Die Beklagte selbst erkennt denn auch, wie das Berufungsurteil hervorhebt, die Notwendigkeit einer neuen Gesamtausgabe von Flauberts Werken an und gesteht, es sei ihr bewußt, daß eine Durchsicht und

Bearbeitung der nun beinahe zwanzig Jahre zurückliegenden Flaubert-Ausgabe ihres Verlags auf Grund der neuen Forschungsergebnisse sehr zu begrüßen wäre.

Verhält es sich aber so, dann fordern Billigkeit und redliche Verkehrsgewohnheit, daß ein als Flaubertforscher Bekannter, wie es der Kläger unbestritten ist, vor der Öffentlichkeit mit seinem Arbeitsergebnis so zur Geltung komme, wie es dessen Inhalt und Umfang entspricht. Unbillig wäre es, ihn, wie die Beklagte will, darauf zu verweisen, daß ihm freistehe, eine neue Flaubertausgabe in einem anderen Verlage zu „autorisieren, selbst zu übersetzen, nach seinem Plane anzuordnen, mit Einleitungen, Nachworten und Anmerkungen zu versehen", ihm aber zu versagen, daß er eine solche Ausgabe als verantwortlicher Herausgeber zeichne. Zutreffend hält das Berufungsgericht dem entgegen: Der Kläger müsse, wenn er die gesamte dem Herausgeber zufallende Tätigkeit leiste, auch das Recht haben, als solcher zu zeichnen. Es wäre mit Treu und Glauben im Verkehr nicht vereinbar, wenn er, der ein gut Teil seiner Lebensarbeit der Erforschung und literarischen Verarbeitung von Flauberts Werken gewidmet habe, zwar die gesamte für eine Neuausgabe dieser Werke nötige Tätigkeit in einem beliebigen Verlage leisten dürfe, den Herausgebernamen aber einem andern überlassen müßte, der an dieser Arbeit keinen Anteil habe. Ist ein Flaubertforscher tatsächlich der Herausgeber, weil er alle wesentliche diesem obliegende Arbeit verrichtet hat, dann will die Öffentlichkeit auch wissen, wer es ist; man empfindet es in den beteiligten Kreisen als einen Billigkeitsanspruch, daß man seinen Namen an der dafür üblichen Stelle finde, und daß er ihn dort nenne. Diesem auf gerechter Würdigung geistiger Arbeit und des durch sie erworbenen Rufes beruhenden allgemeinen Empfinden gegenüber kann die Beklagte nicht geltend machen: „dem öffentlichen Interesse wie dem Namen und Andenken Flauberts würde auch durch eine Neuausgabe ohne den Namen gerade des Klägers als Herausgebers durchaus gedient sein". Denn es handelt sich nicht bloß, wie die Beklagte es hinstellt, um Namen und Andenken Flauberts und um eine gewisse Verbindung weiter Kreise mit ihm durch das Band geistiger Anteilnahme, sondern zugleich um das billige Verlangen, Arbeit, Leistung und Namen an der Öffentlichkeit nach Gebühr gewürdigt zu sehen.

d) Mit schlüssiger Begründung nimmt das Berufungsgericht an, daß dem Kläger billigerweise nicht zuzumuten sei, eine Neuausgabe der Werke Flauberts im Verlage der Beklagten zu veranstalten, weil sich die Beziehungen der Parteien im Laufe der Zeit nicht ohne Schuld der Beklagten derart verschlechtert hätten, daß ein gedeihliches Zusammenarbeiten ausgeschlossen erscheine. Dies ist im angefochtenen Urteil aus eingehend dargelegten tatsächlichen Umständen ohne Verstoß gegen Rechtsgrundsätze begründet, namentlich aus dem Briefwechsel der Parteien aufgezeigt.

Dabei hat das Berufungsgericht keineswegs, wie die Revision ihm vorwirft, unterlassen, zu prüfen, in welchem Maße jeder Teil an dem Zerwürfnis Schuld trage. (Wird näher ausgeführt.)

Bei der Frage, was dem Kläger billigerweise zuzumuten sei, läßt das angefochtene Urteil auch nicht, wie die Revision weiterhin rügt, die gegenseitige Abwägung der Belange beider Teile vermissen. Das Berufungsgericht betont in diesem Zusammenhang, die Beklagte selbst habe sich der Einsicht nicht verschlossen, daß ihr kein ersprießliches Zusammenarbeiten mit dem Kläger mehr möglich sei. Wenn die Beklagte auf das Maß von Aufwendungen hinweist, welche sie für die alte Gesamtausgabe gemacht, und auf den Gewinn, den sie künftig, nach langer Absatzhemmung durch Kriegs- und Nachkriegszeit, davon noch erhoffen könne, anderseits auf den Schaden, den ein Wettbewerb des Klägers als Herausgeber in anderem Verlage befürchten lasse, so enthält in allen diesen Punkten das angegriffene Urteil gleichfalls keinen rechtlichen Fehler und keine Lücke. Denn zutreffend wird darin angedeutet, welcher beträchtliche Schaden dem Kläger droht, sofern ihm die Beklagte den Gebrauch des Herausgebernamens für eine Flaubert-Gesamtausgabe in jedem andern Verlag untersagen darf. Er würde nach der Feststellung des Berufungsgerichts dadurch nicht nur, wie die Beklagte behauptet, unwesentlich in seiner literarischen Tätigkeit beeinträchtigt werden. Nachdem er ein gut Teil seiner Lebensarbeit der Erforschung und wissenschaftlichen Verarbeitung von Flauberts Werken gewidmet hat, würde ihm verwehrt, nunmehr daraus die Früchte zu ziehen, die nach solcher Vorbereitung den Gewohnheiten und berechtigten Erwartungen des Verkehrs entsprechen. Der Sinn der Darlegungen des Berufungsgerichts ist, daß die Einschränkung, wider die der Kläger ankämpft, für ihn verhältnismäßig viel größere Bedeutung hätte, als der am ganzen Verlagsbetrieb der Beklagten gemessene Wettbewerb, den diese durch ihre Untersagung abwenden will. In diesem Zusammenhang ist wiederum zu betonen und vom Berufungsgericht ebenfalls schon angedeutet, daß ein Herausgeberhonorar von 200 ℳ kein angemessenes Gegengewicht wäre; weder für eine so eingreifende Beschränkung, wie sie dem Kläger angesonnen wird, noch für den großen Vermögenswert, den die Beklagte für sich selbst in dem von ihr beanspruchten Verbotsrecht findet.

Nicht durchgreifen kann die Ausführung der Beklagten, daß sie dem Kläger die Ausübung seines etwaigen Rechtes nicht unmöglich mache, weil sie gar nicht verpflichtet sei, die von ihm etwa angebotene Neubearbeitung der Werke Flauberts in Verlag zu nehmen. Denn der Kläger beansprucht ja nur, daß ihm die Möglichkeit gesichert werde, die Ergebnisse seiner Forschung und Arbeit in einer unter seinem Namen erscheinenden Gesamtausgabe der Werke Flauberts niederzulegen und nutzbar zu machen. Scheidet für ihn aus den dargelegten triftigen Gründen der Verlag der Beklagten aus, dann verlangt er, daß ihm freistehe, die Gesamtausgabe anderswo unter seinem Namen erscheinen zu lassen, und daß er nicht durch Untersagung der Beklagten daran gehindert werde....

Ohne Rechtsirrtum hat hiernach das Berufungsgericht das Ergebnis gewonnen, die Anwendung des von der Beklagten beanspruchten Wettbewerbsverbots würde gegen Treu und Glauben verstoßen, und hat die Feststellungsklage für begründet erachtet.

---

17. 1. Ist der Anspruch der pensionierten Kolonialbeamten auf Tropenzulage durch die Personal-Abbau-Verordnung beseitigt worden?
2. Besteht ein klagbarer Anspruch auf Aufwertung der Tropenzulage?

Kolonialbeamtengesetz vom 8. Juni 1910 § 25. Gesetz zur Abänderung des Reichsversorgungsgesetzes und anderer Versorgungsgesetze vom 22. Juni 1923 Art. VI Abs. 1. Personal-Abbau-Verordnung vom 27. Oktober 1923 Art. 21 II.

III. Zivilsenat. Urt. v. 30. April 1926 i. S. M. (Kl.) w. Deutsches Reich (Bekl.). III 604/25.

I. Landgericht I Berlin.
II. Kammergericht daselbst.

Der Kläger war Kolonialbeamter. Nach mehr als 9jähriger Tropendienstzeit wurde er zum 1. November 1913 als dauernd kolonialdienstunfähig und in der Erwerbsfähigkeit dauernd völlig beschränkt in den Ruhestand versetzt. Neben seiner Pension wurde ihm eine Tropenzulage von monatlich 150 *M* gezahlt. Mit Ende des Jahres 1923 wurde die Zahlung dieser Zulage eingestellt; wie der Kläger behauptet, zu Unrecht. Er verlangt deshalb ihre Weitergewährung in aufgewertetem Zustande. Dem früheren Markbetrage setzt er den heutigen Reichsmarkbetrag gleich. Mit der Klage verlangt er demgemäß für den Monat Dezember 1924 150 Reichsmark nebst Zinsen.

Der Beklagte hat Klagabweisung beantragt. Er beruft sich auf Art. 21 II der Personal-Abbau-VO. vom 27. Oktober 1923 (RGBl. I S. 999) in Verbindung mit Art. VI Absatz 1 des Gesetzes zur Abänderung des Reichsversorgungsgesetzes und anderer Versorgungsgesetze vom 22. Juni 1923 (RGBl. I S. 513) und auf Art. 8 der Verordnung über die 12. Ergänzung des Besoldungsgesetzes vom 12. Dezember 1923 (RGBl. I S. 1181).

Das Landgericht hat den Beklagten antragsgemäß verurteilt, das Kammergericht dagegen die Klage abgewiesen. Die Revision des Klägers blieb erfolglos.

Gründe:

1. Die Tropenzulage, die dem Kläger zunächst neben seiner Pension ausgezahlt worden ist und deren weitere Entrichtung er mit der Klage fordert, findet ihre Rechtsgrundlage in § 25 des Kolonialbeamtengesetzes vom 8. Juni 1910. Dort ist bestimmt, daß Kolonialbeamte, die entweder infolge außerordentlicher Einflüsse des Klimas während eines dienstlichen Aufenthalts in den Schutzgebieten oder infolge der besonderen Fährlichkeiten des Dienstes in den Schutzgebieten pensionsberechtigt geworden sind, für die Dauer des Pensionsbezugs Anspruch auf eine Tropenzulage haben. Unter den gleichen Voraussetzungen hatten auch die Offiziere und Mannschaften der Schutztruppen in den afrikanischen Schutzgebieten Anspruch auf eine solche Zulage (§ 66 OffizierpensionsG. v. 31. Mai 1906, § 67 Mann-

schaftsversorgungsG. v. 31. Mai 1906). Der Beklagte ist der Auffassung, daß die Tropenzulage ganz allgemein beseitigt worden sei durch Art. 21 II Personal-Abbau-VO., wo es heißt, daß die Zahlung der in Art. VI des Ges. v. 22. Juni 1923 aufgeführten Versorgungsgebührnisse eingestellt werde. Dieser Art. VI bestimmt, daß die Empfänger einer Kriegszulage, Tropenzulage, Luftdienstzulage, eines Pensionszuschlags für Kampfteilnehmer, einer Dienstzulage, einer Anstellungsentschädigung, einer Zulage für Nichtbenutzung des Zivilversorgungsscheins und einer Zivilversorgungsentschädigung auf Antrag an Stelle dieser laufenden Bezüge eine einmalige Abfindung erhalten sollen. Das Berufungsgericht hat jedoch bereits zutreffend ausgeführt, daß Art. VI des Ges. v. 22. Juni 1923 und daher auch Art. 21 II der Personal-Abbau-VO. nur die Tropenzulage der früheren Angehörigen der Schutztruppe, nicht auch die der pensionierten Kolonialbeamten betrifft.

Diese engere Auslegung des Art. VI ergibt sich zwingend daraus, daß sich das Gesetz vom 22. Juni 1923 überhaupt nur mit der Versorgung der Militärpersonen (einschließlich der Offiziere und der Beamten der Wehrmacht) und ihrer Hinterbliebenen und der ihnen durch das Personenschädengesetz vom 15. Juli 1922 hinsichtlich der Versorgung gleichgestellten, im Kriege verletzten Zivilpersonen befaßt. Dagegen greift es nirgends in die Pensionsansprüche von Zivilbeamten ein. Es ist ausgeschlossen, daß allein mit Art. VI diese klar erkennbare Begrenzung des Gesetzes in einem Einzelpunkte hat überschritten werden sollen, zumal alle sonst noch dort genannten Gebührnisse lediglich solche von Militärpersonen sind.

Dieses aus dem Wortlaut des Gesetzes vom 22. Juni 1923 unmittelbar gewonnene Ergebnis wird bestätigt durch die Entstehungsgeschichte des Art. VI. Er fand sich im Gesetzentwurf noch nicht, auch nicht in der Fassung, die der Entwurf in der Reichstagskommission erhalten hatte. Zu der 2. Beratung des Entwurfs in der Vollversammlung des Reichstags wurden dann Änderungsanträge von den Abgeordneten Meier und Gen. eingebracht (Reichstagsaktenstücke 1923 Nr. 5922). Erst in ihnen ist als Art. IVb der jetzige Art. VI enthalten. Die Anträge — Kompromißanträge der Mehrheitsparteien — sind nicht weiter begründet und in der Vollversammlung, wenigstens in dem hier interessierenden Punkte, ohne erhebliche Erörterungen angenommen worden. Hervorzuheben ist aber die Bemerkung des Abgeordneten Hofmann, eines der Mitunterzeichner der Anträge, daß eine Abfindung vorgesehen sei für die Empfänger der Kriegszulage, der Pensionszulage, der Tropenzulage und anderer kleiner Beträge, die früher Offizieren oder Kriegsteilnehmern gereicht worden seien (Sitzung v. 15. Juni 1923, Sten. Ber. S. 11384). Ist schon von vornherein anzunehmen, daß die Anträge kein Übergreifen des Gesetzes auf die Verhältnisse der Beamten bezweckt haben, die der Entwurf gar nicht berührte, so wird durch diese Bemerkung völlig außer Zweifel gestellt, daß mit Art. IVb nur den Militärpersonen eine Abfindung für gewisse Zulagen, darunter für die Tropenzulage, hat gewährt werden sollen. Dementsprechend hat denn auch die Verwaltungsübung weder den Art. VI des Ges. v. 22. Juni 1923 noch den Art. 21 II der Personal-Abbau-VO. auf die Tropenzulage der Kolonialbeamten bezogen.

Der Versuch des Beklagten, die Nichtzahlung der Tropenzulage an den Kläger mit den genannten Vorschriften zu rechtfertigen, geht also fehl.

2. Trotzdem kann die Revision keinen Erfolg haben. Denn dem Berufungsgericht ist weiter darin beizustimmen, daß der Kläger keinen im Rechtswege verfolgbaren Anspruch auf Aufwertung einer ihm etwa noch zustehenden Tropenzulage hat. Wenn auch der in § 242 BGB. ausgesprochene Grundsatz der Berücksichtigung von Treu und Glauben, aus dem die Rechtsprechung die Verpflichtung des Schuldners zur Aufwertung hergeleitet hat, das ganze Rechtsleben durchzieht, so kann doch die Anwendung, die er im bürgerlichen Recht gefunden hat, nicht ohne Einschränkungen auf das öffentliche Recht übertragen werden. Vielmehr müssen seine Auswirkungen auf diesem Rechtsgebiet der Eigenart der öffentlichen Rechtsbeziehungen angepaßt werden. Eine solche besondere, die Anwendung jenes Grundsatzes durch die Gerichte begrenzende Gestaltung haben nun gerade die öffentlich-rechtlichen Besoldungs- und Ruhegehaltsansprüche der Reichsbeamten, zu denen besoldungsrechtlich auch die früheren Kolonialbeamten gehören (vgl. Vorbemerkung A 1 zu den Ausführungsbestimmungen zum Pensionsergänzungsgesetz vom 9. Juli 1921 RGBl. S. 886), durch die Reichsgesetzgebung gefunden. Diese hat sich, wie die aufeinander folgenden Besoldungsgesetze zeigen, selbst der Aufgabe unter-

zogen, die Gehälter der Beamten in einem mit den Finanzen des Reichs verträglichen Maße der Geldentwertung anzupassen. Damit ist diese Angleichung der richterlichen Beurteilung entzogen. Die Gerichte sind nicht befugt, darüber zu entscheiden, ob die vom Gesetz gerade mit Rücksicht auf den Verfall der alten und die Schaffung einer neuen Reichswährung getroffene Regelung der Beamtenbesoldung den Grundsätzen von Treu und Glauben entspricht. Dies gilt auch, insoweit das Gesetz bei gewissen Nebenbezügen, wie bei der hier streitigen Tropenzulage, es überhaupt unterlassen hat, sie anderweit festzusetzen. Es muß dahingestellt bleiben, ob das Reich mit der — tatsächlich nicht einmal mehr ausführbaren — Weitergewährung solcher unaufgewerteter Bezüge seine Verpflichtung den beteiligten Beamten gegenüber erfüllen würde. Auf alle Fälle ist es nach der Rechtsentwicklung, wie sie im Reiche stattgefunden hat, nicht Sache des Richters, sondern des Gesetzgebers, den Betrag zu bestimmen, den das Reich an Stelle der ursprünglichen, wertlos gewordenen Summe zahlen soll. Einen klagbaren Anspruch auf eine anderweite Bemessung der immer noch in Mark (Papiermark) festgesetzten Tropenzulage besitzt der Kläger demnach nicht.

Die vorstehend entwickelte Rechtsanschauung liegt schon der bisherigen Rechtsprechung des Senats (RGZ. Bd. 109 S. 127; Urt. vom 8. Mai 1925 III 277/24) zugrunde. Ihr hat sich der VI. Zivilsenat des Reichsgerichts in seinem nach Art. 13 Abs. 2 RVerf. erlassenen Beschluß vom 21. November 1925 VI B 5/24 angeschlossen. Die vom Landgericht vertretene gegenteilige Ansicht beruht auf einer irrtümlichen Auffassung der bisherigen Entscheidungen des Senats. Nur die Aufwertung rückständiger Beamtenbezüge hat er in zahlreichen Urteilen als Aufgabe der Gerichte bezeichnet. Dabei hat die Erwägung den Ausschlag gegeben, daß, wenn zwischen Fälligkeit und Auszahlung einer Besoldung eine wesentliche Geldentwertung eingetreten ist, der dem Beamten zum Nennwerte gezahlte Betrag nicht mehr der ist, der ihm nach den gesetzlichen Bestimmungen bei Fälligkeit hätte ausgezahlt werden müssen. Die Ausgleichung der bis zur Fälligkeit eingetretenen Geldentwertung dagegen hat der Senat hinsichtlich der Beamtenbezüge stets dem Gesetzgeber zugewiesen. Um sie handelt es sich aber im vorliegenden Falle allein. Denn bei ihrer Fälligkeit am 1. Dezember 1924 war die auf diesen Monat entfallende, den Gegenstand des Rechtsstreits bildende Tropenzulage zu ihrem gesetzlich nur in Mark (Papiermark) bestimmten Betrage völlig wertlos. Nach ihrer Fälligkeit ist sie keiner weiteren, vom Gericht durch Aufwertung auszugleichenden Geldentwertung mehr anheimgefallen.

Zahlung der Tropenzulage in Mark (Papiermark) oder Feststellung einer Verpflichtung des Reichs, sie in unaufgewertetem Zustande zu entrichten, fordert der Kläger nicht. Es bedarf also keiner Erörterung, ob einem solchen Verlangen Art. 8 der 12. Ergänzung zum Besoldungsgesetz entgegenstehen würde, ob sich diese Bestimmung überhaupt auf die Tropenzulage bezieht und ob ihr, wenn diese Frage zu bejahen wäre, mit Rücksicht auf Art. 129 Abs. 1 Satz 3 RVerf. die Beachtung versagt werden müßte. Selbst wenn das Reich den Markbetrag (Papiermarkbetrag) der Tropenzulage weiterhin noch schuldig sein sollte, so würde der Kläger doch aus den dargelegten Gründen den von ihm eingeklagten entsprechenden Reichsmarkbetrag nicht verlangen können.

---

18. Gegen wen können die früheren Angestellten des Oberschlesischen Knappschaftsvereins, nachdem er durch das deutsch-polnische Abkommen vom 26. August 1922 in einen deutschen und einen polnischen Knappschaftsverein geteilt worden ist, ihre Pensionsansprüche geltend machen?

III. Zivilsenat. Urt. v. 5. Februar 1926 i. S. Reichsknappschaftsverein (Bekl.) w. S. (Kl.). III 495/25.

I. Landgericht Breslau.
II. Oberlandesgericht daselbst.

Der Kläger stand als Lazarettverwalter im Dienste des Oberschlesischen Knappschaftsvereins. Dieser Knappschaftsverein wurde durch das deutsch-polnische Abkommen über die Teilung des Oberschlesischen Knappschaftsvereins vom 26. August 1922 (RGBl. 1923 II S. 132) vom 1. Juli 1922 ab in einen deutschen Knappschaftsverein mit dem Sitz in Gleiwitz und einen polnischen Knappschaftsverein mit dem Sitz in Tarnowitz geteilt. Nach der Teilung Oberschlesiens mußte der Kläger, dessen Dienstort an Polen gefallen war, seine Stellung aufgeben. Auf Grund eines noch vom Vorstande des Oberschlesischen Knappschaftsvereins für diesen Fall gefaßten Beschlusses vom 20. Juli 1921 bewilligte ihm der Vorstand des deutschen Knappschaftsvereins durch Beschluß vom 2. Januar 1923 Ruhegehalt, jedoch nur zu 1/4 des satzungsmäßigen Betrags. Wegen der übrigen 3/4 gab er dem Kläger anheim, gegen den polnischen Knappschaftsverein zu klagen. Der Kläger ist der Auffassung, daß der deutsche Knappschaftsverein zur Zahlung des vollen Ruhegehalts an ihn verpflichtet sei und ihn nicht an den polnischen Knappschaftsverein verweisen dürfe. Nachdem die Rechte und Verbindlichkeiten des deutschen Knappschaftsvereins gemäß Art. 8 des Einführungsgesetzes zum Reichsknappschaftsgesetz vom 23. Juni 1923 (RGBl. I S. 454) mit dem 31. Dezember 1923 auf den Reichsknappschaftsverein übergegangen waren, hat der Kläger gegen diesen Klage auf Feststellung dahin erhoben, daß der Beklagte verpflichtet sei, ihm nicht nur 1/4, sondern auch die restlichen 3/4 seines Ruhegehalts zu zahlen. Die Vorinstanzen haben der Klage stattgegeben. Die Revision des Beklagten wurde zurückgewiesen.

Gründe:

Die Parteien streiten nur über die Frage, ob der Beklagte das nach Grund und Betrag feststehende Ruhegehalt des Klägers zum vollen Betrage zu zahlen oder ob er bloß 1/4, der polnische Knappschaftsverein dagegen 3/4 zu tragen hat. Für ihre Entscheidung ist das deutsch-polnische Abkommen vom 26. August 1922, dem der Reichstag durch Gesetz vom 22. Februar 1923 (RGBl. II S. 132) zugestimmt hat, maßgebend. Denn, wie der Revision zuzugeben ist, ist die vom Kläger behauptete Verpflichtung des Beklagten nur dann begründet, wenn sie zu den Verbindlichkeiten gehört, die dem deutschen Knappschaftsverein durch das Abkommen auferlegt worden sind. Das ist aber der Fall. Art. 1 Abs. 2 des Abkommens bestimmt, daß die beiden Knappschaftsvereine, der deutsche und der polnische, Rechtsnachfolger des Oberschlesischen Knappschaftsvereines sind, soweit nicht in diesem oder einem späteren Abkommen Ausnahmen bestimmt werden. Als Rechtsnachfolger des Oberschlesischen Knappschaftsvereins sind die beiden neuen Knappschaftsvereine Träger seiner Verbindlichkeiten, also auch der Pensionsverbindlichkeit gegenüber dem Kläger, die in seinem Dienstverhältnis zum alten Verein ihre Rechtsgrundlage hat.

Eine auf den Klaganspruch anwendbare Ausnahmebestimmung, wie sie in Art. 1 Abs. 2 vorbehalten ist, findet sich in dem Abkommen nicht, insbesondere nicht in Art. 34, der folgenden Wortlaut hat:

„Soweit die Frage des Vertragsverhältnisses (Anstellungs- und Pensionsansprüche) von Knappschaftsangestellten nicht geklärt ist, sind die beiden Regierungen darüber einig, daß diese Frage zurückzustellen und späteren Verhandlungen zu überlassen ist, zumal zweckmäßig noch Vorstandsbeschlüsse und etwaige gerichtliche Entscheidungen abgewartet werden."

Er kann nicht etwa dahin ausgelegt werden, daß das Abkommen für die Rechtsverhältnisse der Knappschaftsangestellten überhaupt ausscheide, so daß sie sich für ihre Vertragsansprüche auch nicht auf Art. 1 Abs. 2 berufen könnten. Denn dann würde, da der Oberschlesische Knappschaftsverein mit der Teilung in zwei neue Vereine zu bestehen aufgehört hat, den Rechtsansprüchen der Knappschaftsangestellten kein Verpflichteter mehr gegenüberstehen. Die Ansprüche wären erloschen. Daß eine derartige Folge des Abkommens nicht beabsichtigt gewesen sein kann, bedarf keiner Ausführung. So enthält Art. 34 nur die Feststellung, daß für die dort bezeichneten Ansprüche zunächst keine besonderen Abmachungen getroffen werden sollen. Eine Ausnahmebestimmung im Sinne des Art. 1 Abs. 2 stellt er nicht dar.

Eine allgemeine und daher auch für den Klaganspruch geltende Teilung der Verbindlichkeiten des Oberschlesischen Knappschaftsvereins zwischen seinen beiden Rechtsnachfolgern ist in dem Abkommen nicht enthalten. Unbegründet ist die Ansicht des Beklagten, er hafte dem Kläger nur zu $^1/_4$, der polnische Knappschaftsverein dagegen zu $^3/_4$. Dieses Verhältnis entspricht ungefähr dem Verhältnis der Mitgliederzahl der beiden Knappschaftsvereine, wie sich aus Art. 29 II ergibt, wo die Anwendung dieses Maßstabes für die Teilung des vorhandenen Barvermögens oder eines Fehlbetrags bei der vorläufigen Vermögensauseinandersetzung vorgeschrieben ist. Art. 43 bestimmt dann, daß nach demselben Abrechnungsverhältnis Forderungen Dritter, die nach dem 1. Juli 1922 geltend gemacht und beiderseits anerkannt würden, von den beiden Knappschaftsvereinen zunächst vorbehaltlich späterer Verrechnung zu übernehmen seien. Diese Vorschrift regelt aber nur das Innenverhältnis, das vorläufige Abrechnungsverhältnis der beiden Vereine untereinander. Für ihre Ausdehnung auf die Rechtsbeziehungen der Knappschaftsvereine nach außen, den Gläubigern gegenüber, fehlt es an einer Grundlage. Ebensowenig läßt sich die in der Berufungsbegründung vom Beklagten aufgestellte Behauptung begründen, die zwischen den beiden neuen Vereinen vorgenommene Teilung beruhe auf dem Gedanken, daß jeder von ihnen die Beamten, Arbeiter und Angestellten seines Bezirks selbst zu versorgen habe. Der Natur der Dinge entsprechend wird zwar in Art. 29 I 1 angeordnet, daß jeder Verein die in seinem Verwaltungsbezirk belegenen Grundstücke des Oberschlesischen Knappschaftsvereins übernehme. Daraus läßt sich aber kein auf das Verhältnis zu den Knappschaftsangestellten anwendbarer Grundsatz ableiten, kein Grundsatz also etwa des Inhalts, daß zur Versorgung eines Angestellten des Oberschlesischen Knappschaftsvereins der neue Knappschaftsverein verpflichtet sei, in dessen Verwaltungsbezirk der Dienstort des Angestellten liege. Eher schon könnte man aus Art. 35 folgern, daß es bei Pensionsansprüchen auf den Wohnsitz des Berechtigten ankomme, daß die in Deutschland wohnhaften Pensionäre — zu ihnen gehört der Kläger — sich an den deutschen Knappschaftsverein zu halten hätten. Zwingend ist jedoch auch dieser Schluß nicht, da Art. 35 sich darauf beschränkt, die Auszahlung der bis zum 30. Juni 1922, also vor der Teilung, festgesetzten Ruhegehälter zu regeln.

Beim Fehlen eines in dem Abkommen festgelegten Teilungsmaßstabs bleibt nichts übrig, als die Gesamthaftung der beiden Rechtsnachfolger des Oberschlesischen Knappschaftsvereins seinen Gläubigern gegenüber anzunehmen. Jeder der beiden neuen Knappschaftsvereine kann von den Gläubigern des Oberschlesischen Knappschaftsvereins zum vollen Betrag in Anspruch genommen werden. Daß eine derartige Rechtsgestaltung dem Abkommen nicht grundsätzlich fremd ist, beweist Art. 32 Abs. 2 Satz 2. Nach ihm sind Zahlungen für die vor dem 1. Juli 1922, vor der Trennung, erfolgten Lieferungen und fällig gewesenen Leistungen von dem Knappschaftsverein zu leisten, bei welchem der Anspruch geltend gemacht wird. Die

Gläubiger der in Art. 32 genannten Ansprüche können sich also an jeden der beiden neuen Vereine halten.

Das Verhältnis der beiden Knappschaftsvereine zueinander wird, wie zur Vermeidung von Zweifeln bemerkt werden soll, durch ihre Gesamthaftung nach außen nicht berührt. Die Zahlungen, die ein Verein zur Befriedigung von Pensionsansprüchen eines früheren Angestellten des Oberschlesischen Knappschaftsvereins leistet, müssen bei der im Abkommen (Art. 28, 30) vorbehaltenen endgültigen Vermögensauseinandersetzung berücksichtigt werden.

---

19. Zum Begriffe der Stillegung eines Betriebs im Sinne des § 96 Abs. 2 Nr. 2 des Betriebsrätegesetzes vom 4. Februar 1920.

III. Zivilsenat. Urt. v. 16. Februar 1926 i. S. de H. (Bekl.) w. H. (Kl.). III 428/25.

I. Landgericht Hannover.
II. Oberlandesgericht Celle.

Der Kläger war vom Februar 1921 bis zum 30. Juni 1924 bei der Beklagten zuerst als Laborant im chemischen Laboratorium, zuletzt als Verwalter des dazu gehörigen Gerätelagers tätig. Mitte Mai 1924 wurde ihm ebenso wie dem größten Teile der Angestellten und Arbeiter unter Einhaltung der vertraglichen Kündigungsfrist zum 30. Juni mit der Begründung gekündigt, daß dann eine Stillegung des Betriebs erfolgen werde. Der Kläger war Mitglied des Angestellten- und des Betriebsrats; deren Zustimmung zur Kündigung wurde nicht eingeholt und nicht erteilt. Deshalb und weil eine Stillegung des Betriebs im Rechtssinne nie beabsichtigt worden sei und auch nicht stattgefunden habe, begehrt der Kläger die Fortzahlung seines Gehalts für die Zeit vom 1. Juli 1924 an bis zur Erlangung einer neuen Beschäftigung. Die Beklagte behauptet dagegen, daß der Betrieb vom 1.—7. Juli völlig geruht habe und erst von da an allmählich und in beschränktem Umfange wieder aufgenommen worden sei.

Das Landgericht gab der Klage statt. Die Berufung der Beklagten hatte nur so weit Erfolg, als sie zu noch nicht fälligen Gehaltszahlungen, d. h. zu solchen für die Zeit nach dem 1. Juli 1925, verurteilt war. Mit seinen über diesen Tag hinausgehenden Ansprüchen wies das Oberlandesgericht den Kläger ab. Die Beklagte legte Revision, der Kläger Anschlußrevision ein. Erstere wurde zurückgewiesen, auf die letztere jedoch das erstinstanzliche Urteil wiederhergestellt.

Gründe:

Die Parteien streiten darüber, ob der von ihnen im Jahre 1921 geschlossene Dienstvertrag noch zu Recht bestehe oder infolge der Kündigung der Beklagten am 30. Juni 1924 sein Ende erreicht habe. Grundsätzlich darf der Arbeitgeber einem Mitgliede der Betriebsvertretung nur mit deren — im gegebenen Fall unstreitig fehlenden — Zustimmung kündigen (§ 96 Abs. 1 BRG.). Ohne sie entbehrt die Kündigung der Wirksamkeit. Die Beklagte beruft sich jedoch auf die Ausnahmevorschrift des § 96 Abs. 2 Nr. 2 a. a. O., welche den Arbeitgeber unter zwei Voraussetzungen, nämlich dann von der Verpflichtung, die Zustimmung der Betriebsvertretung einzuholen, entbindet, wenn er

1. seinen Betrieb stillegt und
2. infolgedessen Betriebsratsmitglieder entläßt und entlassen muß.

Ob im gegebenen Falle diese beiden Voraussetzungen vorliegen, darauf hatte sich also die Prüfung des Tatrichters zu erstrecken, aber auch zu beschränken. Dagegen war es nicht seine Aufgabe, in eine Erörterung der Notwendigkeit und Zweckmäßigkeit der Stillegungsmaßnahme einzutreten. Denn vom Boden des Betriebsrätegesetzes aus steht grundsätzlich jedem Unternehmer das Recht zu, nach freiem Ermessen darüber zu befinden, ob er seinen Betrieb aufrecht erhalten oder stillegen will. Nur insoweit Betriebsstillegungen das Interesse der Allgemeinheit zu gefährden geeignet sind, hat der Gesetzgeber in der StillVO. vom 8. November 1920 — abgeändert durch die VO. vom 13./15. Oktober 1923 — dem Ermessen der Unternehmer eine Schranke gezogen, welche für das Anwendungsgebiet des Betriebsrätegesetzes jedoch nicht in Betracht kommt.

Für dieses ist es auch ohne Bedeutung, in welcher Weise die Stillegungsverordnung den Stillegungsbegriff bestimmt und erläutert, da sie und das Betriebsrätegesetz ganz verschiedene Ziele verfolgen.

Das letztere will Organe der Arbeitnehmerschaft eines Betriebs zu ihrer Vertretung dem Arbeitgeber gegenüber und zur Förderung der Betriebszwecke schaffen, sowie das Mitbestimmungsrecht der Arbeitnehmerschaft in den für sie lebenswichtigen Fragen sichern und regeln, während die Stillegungsverordnung Schädigungen der Volkswirtschaft durch „Abbruch oder Nichtbenutzung von Fabrikanlagen" zu verhüten beabsichtigt. Die Tatbestandsmerkmale einer Betriebsstillegung im Sinne des Betriebsrätegesetzes können daher nur diesem selbst, seinem Geiste und Zweck entnommen werden. Die Materialien geben über sie keinen Aufschluß.

Von der Betriebsstillegung und ihrem Einfluß auf Arbeiterentlassungen handeln die §§ 85 u. 96 und auch § 74 BRG. mit der Maßgabe, daß im § 85 von einer „gänzlichen oder teilweisen Stillegung", in den beiden anderen Paragraphen aber nur von Stillegung schlechthin die Rede ist. Diese Abweichung bedeutet aber nicht die absichtliche Betonung eines sachlichen Unterschieds, der auch der inneren Berechtigung entbehren würde, sondern erklärt sich leicht daraus, daß die Worte „gänzliche oder teilweise Stillegung" auf Grund eines erst in der Nationalversammlung selbst gestellten Antrags in den § 85 a. a. O. eingefügt sind, und daß dann übersehen worden ist, die §§ 74 und 96 mit ihm in Einklang zu bringen.

Unter Betrieb im Sinne des Betriebsrätegesetzes ist nicht das Geschäftsunternehmen in seinem äußeren Bestande, nicht die Betriebsanlage, sind auch nicht die in Tätigkeit befindlichen Maschinen oder die Gesamtheit der Betriebsmittel zu verstehen. Er ist vielmehr ein lebendiger Organismus, innerhalb dessen Unternehmer und Arbeiter zu einer Produktionsgemeinschaft zusammengeschlossen sind und in gemeinsamer Tätigkeit demselben Ziele, der Erreichung eines möglichst hohen Standes und möglichster Wirtschaftlichkeit der Betriebsleistungen zustreben (§§ 1 und 66 Nr. 1 BRG. vgl. RGZ. Bd. 106 S. 275). Von diesem Ausgangspunkt aus läßt sich die Betriebsstillegung als eine Auflösung der Arbeits- und Produktionsgemeinschaft bezeichnen, die ihren Grund und ihre Rechtfertigung darin findet, daß der Unternehmer die Erzeugung von Sachwerten für eine wirtschaftlich nicht unerhebliche Zeitspanne einstellt und damit die Erreichung des Betriebs- und Gemeinschaftszwecks unmöglich macht. Das Wesen der Betriebsstillegung erschöpft sich also nicht in einer Handlung, nicht in der Schaffung einer Tatsache, sondern besteht in der Herbeiführung eines Zustandes von gewisser Dauer. Das folgt aus dem gesetzgeberischen Zwecke der §§ 84flg. und des § 96 Abs. 1 BRG. Diese lassen den Arbeitnehmern und erst recht den von ihnen gewählten Betriebsvertretern aus sozialen Gründen einen weitgehenden Kündigungsschutz angedeihen. Wenn der Gesetzgeber ihn in den Fällen des § 85 Abs. 2 Nr. 2 und des § 96 Abs. 2 Nr. 2 BRG. wieder beseitigt, so ging er davon aus, daß Arbeitgeber und Arbeitnehmer, wie sie vorher die Vorteile der Betriebsleistungen gemeinsam genossen hatten, nunmehr auch die Nachteile einer Betriebsstillegung gemeinsam auf sich nehmen müssen. Das würde aber nicht geschehen, wenn es dem Arbeitgeber schlechthin gestattet wäre, unter Berufung auf den § 85 Abs. 2 Nr. 2 und den § 96 Abs. 2 Nr. 2 BRG. sämtliche Arbeitnehmer zu entlassen, um nach wenigen Tagen den Betrieb mit einem Teile seiner bisherigen Arbeiter oder mit fremden Arbeitern wieder aufzunehmen. Würde auch ein solcher Fall unter die angezogenen Ausnahmevorschriften fallen, dann wäre der Umgehung des Gesetzes Tür und Tor geöffnet und in den rechts- und sozialpolitischen Schutz der Arbeitnehmer gegen willkürliche Kündigungen eine sachlich nicht gerechtfertigte Bresche geschlagen. Eine derartige Bevorzugung des Arbeitgebers und Hintanstellung der Interessen der wirtschaftlich schwächeren Arbeitnehmer hat der Gesetzgeber sicher nicht gewollt. Bei Schaffung der Ausnahmebestimmungen des § 85 Abs. 2 Nr. 2 und des § 96 Abs. 2 Nr. 2 a. a. O. hatte er dem ganzen Charakter des Gesetzes entsprechend vielmehr nur solche Stillegungen im Auge, deren Dauer eine Verpflichtung der Unternehmer zur Fortzahlung der Löhne und Gehälter ohne gleichzeitige Erzeugung von Werten, aus denen sie nach dem Betriebszwecke genommen werden sollen, auch unter Berücksichtigung der berechtigten Interessen der Arbeitnehmer als unbillige Härte erscheinen lassen würde.

Aus dem Gesagten erhellt, daß nicht nur eine endgültige, sondern auch eine zeitweilige Stillegung, welche diese Voraussetzung erfüllt, die Rechtsfolge des § 85 Abs. 2 Nr. 2 und des § 96 Abs. 2 Nr. 2 BRG. auszulösen vermag. Einer Stillegung des Betriebs aber, an die sich eine Wiedereröffnung so rasch und in einer Weise anschließt, daß sie zeitlich und wirtschaftlich nur als eine Fortsetzung des bisherigen Betriebs, wenn auch vielleicht in beschränkterem Umfang erscheint, kommt nicht die Bedeutung einer solchen im Rechtssinne, sondern nur die einer Betriebsunterbrechung, einer die Aufhebung des Kündigungsschutzes nicht rechtfertigenden Arbeitspause zu, es sei denn, daß eine Stillegung von längerer oder unbestimmter Dauer beabsichtigt war und die vorzeitige schnelle Wiedereröffnung des Betriebs auf eine nicht vorhergesehene plötzliche Änderung der Verhältnisse zurückzuführen ist. Die Auflösung der Produktions- und Arbeitsgemeinschaft darf nicht lediglich ein Mittel zur Erleichterung ihrer Um- oder Neubildung sein, wenn der Arbeitgeber die Befreiung von den Kündigungsbeschränkungen des Betriebsrätegesetzes für sich in Anspruch nehmen will. Macht, wie es häufig der Fall sein wird, die Umstellung oder Einschränkung des Betriebs Massenkündigungen erforderlich, dann kann der Unternehmer nur nach Maßgabe des § 74 BRG. und, soweit es sich um die Entlassung von Betriebsratsmitgliedern handelt, auf dem durch die §§ 96 Abs. 1, 97 BRG. gewiesenen Wege vorgehen.

Im gegebenen Falle ist nun der Berufungsrichter zu der Überzeugung gelangt, daß nach Lage der Umstände in den geschäftlichen Maßnahmen der Beklagten eine Betriebsstillegung im Rechtssinne nicht zu erblicken sei. So weit er freilich darzulegen sucht, daß eine solche zur Erreichung der wirtschaftlichen Zwecke der Beklagten nicht erforderlich gewesen sei und ihre Interessen geschädigt haben würde, hat er die Grenzen des richterlichen Prüfungsrechts überschritten und Fragen erörtert, deren Beurteilung und Entscheidung, wie schon oben erwähnt, lediglich Sache des Unternehmers war. Der Revision ist zuzugeben, daß dieser Teil seiner Ausführungen keinen Schluß auf die rechtliche Bedeutung der Vorgänge vom 1. bis 7. Juli 1924 gestattet und bei Prüfung der Rechtslage außer Betracht zu bleiben hat. Aber auch wenn man ihn ausscheidet, wird das angefochtene Urteil durch die übrigen Feststellungen des Berufungsrichters getragen. Er geht auf Grund der eigenen Angaben der Beklagten davon aus, daß sie von vornherein nur eine vorübergehende Schließung der Fabrik beabsichtigt habe, legt im Anschluß hieran entscheidendes Gewicht darauf, daß der Betrieb tatsächlich auch nur eine Woche geruht habe und daß eine unvorhersehbare oder wenigstens unvorhergesehene Änderung der Verhältnisse, welche die plötzliche Wiedereröffnung des Betriebs zu rechtfertigen geeignet wäre, weder von der Beklagten behauptet noch sonst erkennbar zutage getreten sei. Im übrigen verweist er auf das Ergebnis der Beweisaufnahme, nach der, wie die Beklagte auch nicht bestreitet, in der kritischen Zeit vom 1. bis 7. Juli 1924 die nicht unerhebliche Zahl von 69 Arbeitern und 78 Angestellten beschäftigt und die Schwefelsäureerzeugung zur Vermeidung einer Erkaltung der Öfen überhaupt nicht eingestellt worden ist. Wenn der Berufungsrichter von dieser Grundlage aus folgert, daß — so sind seine Ausführungen zu verstehen — die Beklagte bereits vor der Entlassung des Klägers nur eine kurzfristige Unterbrechung des Betriebs zum Zwecke seiner Umstellung und von vornherein dessen Wiederaufnahme nach einer Ruhepause von wenigen Tagen geplant, die Umstellungsmaßnahmen aber zur Vermeidung aller, insbesondere der aus dem Betriebsrätegesetz sich ergebenden Schwierigkeiten und zur Wahrung völliger Handlungsfreiheit in das Gewand einer „Stillegung" zu kleiden versucht habe, so ist ihm der Vorwurf einer Rechtsverletzung nicht zu machen. Er verneint also die Absicht der Beklagten auf Herbeiführung eines der Stillegung im Rechtssinne entsprechenden, wenn auch nur vorübergehenden Dauerzustandes und damit dessen Herbeiführung selbst, so daß seine Sachentscheidung mit der oben gegebenen Erläuterung des Stillegungsbegriffs völlig im Einklange steht. Da die Beklagte, wie der Berufungsrichter gleichfalls einwandfrei feststellt, auch denjenigen Teil des Fabrikbetriebs, in dem der Kläger bis zum 30. Juni 1924 beschäftigt war, im Rechtssinne weder stillegen wollte noch stillgelegt hat, also auch eine teilweise Stillegung des Betriebs nicht erfolgt ist, war die Kündigung nach § 96 Abs. 1 BRG. unwirksam. Das Vertragsverhältnis der Parteien dauert fort, und die Beklagte ist zur Weiterzahlung des Gehalts verpflichtet, bis der Kläger eine neue Anstellung gefunden hat. Die Beklagte ist daher durch die Entscheidung des Oberlandesgerichts, die dem Kläger nur die bereits fälligen Gehaltsrückstände zubilligt, nicht beschwert, so daß ihre Revision zurückzuweisen war ...

(Im folgenden wird ausgeführt, daß die vom Berufungsgerichte vermißten Voraussetzungen des § 259 ZPO. vorliegen.)

20. 1. Wie erfolgt die Aufwertung von Erbpachtzinsen (Kanon), solange landesgesetzliche Vorschriften darüber nicht erlassen sind?

2. Finden die Vorschriften des § 31 AufwG. nur auf Reallasten des Bürgerlichen Gesetzbuchs oder auch auf landesgesetzliche Reallasten Anwendung?

3. Hat eine Erbpachtzinsforderung die Zahlung einer bestimmten, vom Währungsverfall betroffenen Geldsumme im Sinne des § 1 AufwG. zum Gegenstande, wenn der Erbpachtzins (Kanon) eines mecklenburgischen Erbpachtvertrags nach dem Durchschnittsroggenpreis einer bestimmten Roggenmenge während eines bestimmten Zeitraums errechnet wird und dann für einen bestimmten Zeitraum Geltung haben soll?

4. Wertbeständigkeitsklausel oder Münzklausel in einem Erbpachtvertrag?

5. Über die Aufwertung einer persönlichen Forderung, zu deren Sicherung eine Reallast bestellt ist.

Aufwertungsgesetz vom 16. Juli 1925 §§ 1, 31, 63.
EGBGB. Art. 63, 184. BGB. §§ 157, 1105.

V. Zivilsenat. Urt. v. 20. Februar 1926 i. S. Stadt Fr. (Kl.) w. Sch. (Bekl.). V 157/25.

I. Landgericht Schwerin.
II. Oberlandesgericht Rostock.

Der Beklagte ist Nutzeigentümer einer Erbpachthufe in Schw., über die ein Erbpachtvertrag vom 13. Juli 1882 geschlossen worden ist. Über den zu zahlenden Kanon enthält § 12 folgende Bestimmung: „Für die Überlassung des nutzbaren Eigentums an den Erbpachtländereien . . . hat Erbpächter kein Erbstandsgeld zu entrichten, sondern lediglich einen nach dem jüngsten Bonitierungsergebnis zu bemessenden Kanon, welcher der neuen, durch die Bonitierung gewonnenen Zeitpacht für die Hofstelle im Betrage von 598 ℳ gleichkommt. Dieser Kanon wird zu einer für alle Zeiten feststehenden Roggenabgabe in der Weise umgerechnet, daß hierbei die Durchschnittspreise der letzten 30 Jahre, wie sie zu Neubrandenburg von Martini 1851 bis dahin 1880 inkl. in Geltung gewesen, zugrunde gelegt werden. Die hiernach festgestellten Roggenquanta werden in Geld gezahlt und zwar zunächst auf die ersten 10 Jahre, mithin von Johannis 1882 bis dahin 1892 unter Zugrundelegung der Durchschnittspreise der letzten 30 Jahre, wie sie zu Neubrandenburg von Martini 1851 bis dahin 1880 inkl. in Geltung gewesen sind und zwar mit 6,71 ℳ pro 80 Pfund Roggen. Von Johannis 1892 ab werden die Durchschnittspreise des Roggens für den folgenden Zeitraum von 10 Jahren in derselben Weise nach dem Durchschnittspreise des Roggens in dem Zeitraum Martini 1882—1892 festgestellt und so fort für jedes folgende Dezennium unter steter Zugrundelegung der Neubrandenburger Martinipreise. Die Zahlung des Kanons geschieht halbjährlich postnumerando je zu Weihnachten und zu Johannis. Bei Veränderung in der Münzsorte hat sich die Gutsherrschaft in der neuen Münzsorte die Zahlung gefallen zu lassen, muß jedoch immer den Wert des nach der jetzigen Währung berechneten Geldkanons empfangen. Als Minimum des von dem Erbpächter zu erlegenden Geldwertes pro 80 Pfund Roggen wird die Summe von 4 ℳ festgestellt, welches Minimum Erbpächter unter allen Umständen einzuhalten hat. Gleicherweise wird als Maximum des von dem Erbpächter zu erlegenden Geldwerts pro 80 Pfund Roggen die Summe von 9 ℳ festgesetzt und hat der Erbpächter dieses Maximum auch dann zu leisten, wenn der Roggenpreis über die Summe von 9 ℳ pro 80 Pfund hinausgeht."

Die Klägerin hat im ersten Rechtszuge schließlich die Verurteilung des Beklagten zur sofortigen Zahlung von 329,74 Gℳ nebst 10 v. H. Zinsen seit dem 27. Dezember 1923 und zur weiteren Zahlung des gleichen Betrags zu Johannis 1924 begehrt. Der Beklagte hat Abweisung der Klage beantragt und widerklagend die Feststellung begehrt, daß die Klägerin für die Jahre Weihnachten 1923/33 aufgewertete Kanonbeträge nicht zu fordern habe. Das Landgericht hat nach dem Klagantrag erkannt und die Widerklage abgewiesen. Das Berufungsgericht hat die Klage abgewiesen und auf die Widerklage festgestellt, daß der Beklagte zu Johannis und Weihnachten 1925 je 19,78 Rℳ, zu Johannis und Weihnachten 1926 je 29,67 Rℳ, zu Johannis und Weihnachten 1927 je 39,56 Rℳ und von da ab bis zu Weihnachten 1932 einschließlich zu Johannis und Weihnachten jedes Jahres je 49,46 Rℳ an Kanon an die Klägerin zu zahlen hat.

Die Revision der Klägerin hatte Erfolg.

Gründe:

Nach der Verkündung des angefochtenen Urteils ist das Aufwertungsgesetz vom 16. Juli 1925 in Kraft getreten, das nach der ständigen Rechtsprechung des erkennenden Senats auf die vor seinem Inkrafttreten ergangenen Berufungsurteile anzuwenden ist. Es ermächtigt durch § 63 Abs. 5 die Länder, im Wege der Gesetzgebung Vorschriften über die Aufwertung von Erbpachtzinsen (Kanon) zu erlassen. Das Mecklenburg-Strelitzsche Ministerium hat jedoch nach einer amtlichen Mitteilung vom 4. Dezember 1925 noch nicht abschließend zu der Frage Stellung genommen, ob dem Landtag ein Gesetzentwurf über die Aufwertung von Erbpachtzinsen auf Grund der genannten Ermächtigung vorgelegt werden soll. Der Ansicht der Revision, daß gleichwohl die Vorschriften des Aufwertungsgesetzes auf die Mecklenburg-Strelitzschen Erbpachtzinsen nicht anzuwenden seien, weil der Gesetzgeber durch die Vorschrift des Abs. 5 des § 63 AufwG. die Aufwertung des Kanons überhaupt der Regelung durch das Aufwertungsgesetz habe entziehen wollen, kann nicht beigepflichtet werden. Gegen eine solche Absicht des Gesetzgebers spricht zunächst schon die Fassung dieser Bestimmung. Wird durch ein Reichsgesetz die Landesgesetzgebung ermächtigt, Vorschriften über eine an sich der Regelung durch das Reichsgesetz unterliegende Materie zu erlassen, so ist eine solche Bestimmung nach dem allgemeinen Sprachgebrauch nicht dahin zu verstehen, daß jene Materie der Anwendung des Reichsgesetzes unter allen Umständen und auch dann entzogen sein soll, wenn die Landesgesetzgebung keine Vorschriften im Rahmen jener Ermächtigung erläßt, vielmehr wird durch solche Fassung klargestellt, daß das Reichsgesetz angewendet werden soll, falls die Landesgesetzgebung eine Regelung der ihr vorbehaltenen Materie unterläßt. Aber auch die Entstehungsgeschichte des Gesetzes erweist die Unrichtigkeit der von der Revision vertretenen Ansicht. Bei der Beratung des Aufwertungsgesetzes war die Frage, ob der Kanon des mecklenburgischen Landesrechts aus dem Rechte der Vermögensanlagen herausgenommen, der Ausnahme der Ziff. 5 des § 63 (früher § 12) unterstellt und dem Erbbauzins gleichgestellt, oder ob die Regelung der Kanonaufwertung dem Landesrecht überlassen werden sollte, Gegenstand längerer Erörterungen. Die sozialdemokratischen Ausschußmitglieder und der Abgeordnete Dr. Best beantragten, den Kanon unter die Ausnahme des § 63

(§ 12) aufzunehmen, um dadurch von Reichs wegen seine Aufwertung der Beschränkung auf 25 v. H. zu entziehen und damit für ihn eine höhere Aufwertung nach den allgemeinen Vorschriften außerhalb des Aufwertungsgesetzes zu ermöglichen. Demgegenüber beantragten die Kompromißparteien die Verweisung der Aufwertung für den Kanon an die Landesgesetzgebung. Dieser Antrag wurde angenommen und der Antrag der Sozialdemokraten und des Abgeordneten Dr. Best abgelehnt. Dabei führte der Vertreter des Reichsjustizministeriums aus, es lasse sich nicht mit Sicherheit sagen, ob der vom Bürgerlichen Gesetzbuche bei der Erbpacht zugunsten der Landesgesetzgebung gemachte Vorbehalt so weit gehe, daß er auch die Aufwertungsfrage den Ländern überlasse. Man könne sehr wohl den Standpunkt vertreten, und diese Auffassung erscheine richtig, daß die Aufwertungsfrage als allgemeine Frage des bürgerlichen Rechts nur dem Reiche zufalle. Da eine Klarstellung erwünscht sei, so sei eine besondere Vorschrift im Aufwertungsgesetz notwendig (Bericht des 18. Ausschusses Nr. 1125 der Reichstagsdrucks. III. Wahlperiode 1924/25 S. 23, 24, 39 und Stenographische Berichte über die 93. Sitzung, zweite Lesung des AufwG. S. 3092—3094). Auch diese Ausführungen und die Tatsache, daß der erwähnte Antrag der Sozialdemokraten und des Abgeordneten Dr. Best abgelehnt wurde, ergeben, daß das Aufwertungsgesetz die Landesgesetzgebung zur Regelung der Kanonaufwertung lediglich ermächtigen wollte, und daß die Anwendung des Aufwertungsgesetzes auf die Erbpachtzinsen nur dann ausgeschlossen sein sollte, wenn die Landesgesetzgebung von der ihr erteilten Ermächtigung Gebrauch machen würde. Hiernach läßt sich dem Berufungsurteil nicht entgegenhalten, daß das Aufwertungsgesetz schon nach § 63 Abs. 5 auf den Mecklenburg-Strelitzschen Kanon keine Anwendung finde.

Das Berufungsgericht ist der Ansicht, daß der Kanon im vorliegenden Falle sich als eine Reallast darstelle. Diese Rechtsauffassung beruht auf der Auslegung des Mecklenburg-Strelitzschen Landesrechts, dessen Vorschriften über das Erbpachtrecht nach Art. 63 EGBGB. unberührt geblieben sind, so daß ihre Nachprüfung dem Revisionsgericht verschlossen ist.

Nach § 31 AufwG. finden die Vorschriften der §§ 4 bis 8 und der §§ 14 bis 24 auf Reallasten entsprechende Anwendung. Daß diese Vorschrift auf Reallasten nur dann anzuwenden sei, wenn die Belastung des Grundstücks mit einer dem § 1105 BGB. entsprechenden Verpflichtung nach dem Inkrafttreten des Bürgerlichen Gesetzbuchs erfolgt sei, es sich also um eine Reallast des Bürgerlichen Gesetzbuchs handle und demnach Reallasten des Landesrechts der Vorschrift des § 31 AufwG. überhaupt nicht unterständen (Mügel, Komm. z. DurchfVO. II. Teil, Nachtrag zu § 63 AufwG. Anm. 5), ist nicht anzuerkennen. Weder aus dem Wortlaute jener Vorschrift noch aus ihrer Entstehungsgeschichte läßt sich etwas dafür entnehmen, daß der Gesetzgeber in § 31 AufwG. lediglich die Reallasten des Bürgerlichen Gesetzbuchs und nicht die landesgesetzlich begründeten und nach Art. 184 EGBGB. unberührt gebliebenen Reallasten im Auge gehabt habe. Dies ist von vornherein um so weniger anzunehmen, als das Bürgerliche Gesetzbuch über einzelne Reallasten überhaupt keine Bestimmungen enthält und seine Vorschriften nur den allgemeinen Rahmen geben, dessen Ergänzung und innere Ausgestaltung im weiteren Umfange gerade der Landesgesetzgebung vorbehalten worden ist (Motive Bd. 3 S. 578 flg.; Planck, Vorbem. 8 zu § 1105 BGB.; Staudinger, Vorbem. 2 zu § 1105 BGB.). Gegen eine Beschränkung auf reichsgesetzliche Reallasten spricht aber gerade die Vorschrift des § 31 Abs. 1 Satz 2 AufwG. Danach soll die Eintragung der Aufwertung einer Reallast im Grundbuch dann nicht verlangt werden dürfen, wenn die Eintragung der Reallast unterblieben ist. Hieraus folgt, daß auch nicht eingetragene Reallasten nach §§ 31, 4 bis 8, 14 bis 24 AufwG. aufgewertet werden sollen, nur die Eintragung der Aufwertung kann bei ihnen nicht verlangt werden. Nach dem Rechte des Bürgerlichen Gesetzbuchs gibt es aber grundsätzlich keine nicht eingetragenen Reallasten. Eine Ausnahme machen lediglich — wenn man von der für die Aufwertung nicht in Betracht kommenden Unterhaltungspflicht aus §§ 1021, 1022 BGB. absieht — die Überbau- und Notwegrenten (§§ 912 flg. BGB.), auf welche die Vorschriften Anwendung finden sollen, die für eine zugunsten des jeweiligen Eigentümers eines Grundstücks bestehende Reallast gelten. Wäre die Ansicht zutreffend, daß die Vorschrift des § 31 AufwG. nur auf Reallasten des Bürgerlichen Gesetzbuchs anzuwenden sei, so würde die Bestimmung des § 31 Abs. 1 Satz 2 sich lediglich auf die Überbau- und Notwegrenten der

§§ 912 flg. BGB. beschränken. Für solche beschränkte Anwendung fehlt es an jedem Anhalt. Auch der IV. Zivilsenat des Reichsgerichts hat in seinem Urteil vom 7. Mai 1925 IV 581/24 (Jur. Rdsch. 1925 Nr. 1033) ausgesprochen, daß es für die Anwendung des § 1 Abs. 2 Nr. 2 der 3. SteuerNVO. keinen Unterschied mache, ob es sich um eine Reallast nach Reichsrecht oder nach Landesrecht handle. Der Rechtsbegriff der Reallast in § 1 Abs. 2 Nr. 2 der 3. StNVO. ist aber kein anderer, als der in § 31 AufwG. Hiernach sind unter den in § 31 erwähnten Reallasten und wiederkehrenden Leistungen, die auf Grund einer Reallast geschuldet werden, sowohl die reichsrechtlichen, als auch die landesrechtlichen Reallasten und die wiederkehrenden Leistungen aus solchen zu verstehen. Eine Anwendung des § 31 AufwG. auf landesrechtliche Reallasten kommt allerdings nach dem vorher Dargelegten dann nicht in Frage, wenn sie gleichzeitig dem Vorbehalt des § 63 Abs. 5 AufwG. unterstehen und wenn die Länder auf Grund der dort erteilten Ermächtigung die ihnen vorbehaltene Regelung vorgenommen haben. Das letztere trifft aber hier nicht zu.

Unter den Begriff der Reallasten und wiederkehrenden Leistungen aus Reallasten im Sinne des § 31 AufwG. fallen jedoch Reallasten und wiederkehrende Leistungen aus solchen nur dann, wenn sie die Zahlung einer bestimmten in Mark oder einer anderen nicht mehr geltenden inländischen Währung ausgedrückten Geldsumme zum Gegenstande haben. Dies ergibt sich aus § 1 AufwG., wonach nur Ansprüche dieser Art nach Maßgabe des Aufwertungsgesetzes aufgewertet werden, wenn sie durch den Währungsverfall betroffen sind. Danach scheiden alle Ansprüche aus, welche Leistungen anderer Art als Geld zum Inhalte haben, und ferner alle wertbeständigen Leistungen (vgl. wegen letzterer z. B. Ges. über wertbeständige Hypotheken vom 23. Juni 1923; Ges. über die Ausgabe wertbeständiger Schuldverschreibungen auf den Inhaber vom 23. Juni 1923; Ges. über Bilanzierung wertbeständiger Schulden vom 17. Dezember 1923; Mügel, AufwG. Anm. 3 zu § 1 S. 189/190; Schlegelberger-Harmening, AufwG. 4. Aufl. Anm. 4c zu § 1 S. 83; Lehmann-Boesebeck, Teil I Anm. 7 zu § 1 S. 58; Abraham-Loebinger, AufwG. Anm. 4 zu § 1 S. 73). Das Berufungsgericht ist der Ansicht, daß die hier streitigen Forderungen die Zahlung einer bestimmten in Reichswährung ausgedrückten Geldsumme zum Gegenstand hätten. Es führt dazu aus: Diese Voraussetzung treffe dann nicht zu, wenn nach Ablauf der hierfür festgesetzten Periode auf Grund gewisser wertbeständiger Faktoren die Höhe des Kanons von neuem zu bestimmen sei. Sei aber der Kanon für die im Erbpachtvertrag festgesetzte Periode in der vorgeschriebenen Weise in Geld festgesetzt, so liege während dieses Zeitraums eine in Reichswährung ausgedrückte Reallast vor, die der 3. StNVO. unterfalle. Um einen solchen Fall handle es sich aber im gegenwärtigen Rechtsstreit. Zwar sei für die Zeit von Johannis 1922 bis Johannis 1932 durch die Klägerin vor Beginn der neuen zehnjährigen Periode eine Festsetzung des Kanons in Geld nicht erfolgt. Aber die Klägerin habe diesem Mangel nachträglich abgeholfen, indem sie am 24. Dezember 1924 einen Feststellungsbescheid für jenen Zeitraum erlassen habe. Da der Beklagte an der Unterlassung der Bestimmung des Kanons für jene Zeit keine Schuld trage und er, wenn die Klägerin ihre Pflicht zum Erlaß des Feststellungsbescheids nicht rechtzeitig erfüllt habe, nicht schlechter gestellt werden könne, als wenn bereits vor Beginn der neuen Periode der Kanon in Geld bestimmt sei, so sei diesem nachträglichen Feststellungsbescheid dieselbe Wirkung beizumessen, wie wenn bereits vor dem Beginn der neuen Periode der Kanon vorschriftsmäßig festgelegt worden sei. Man müsse deshalb auch für die jetzt eingeklagten Raten des Kanons, obwohl sie zeitlich vor dem Erlaß des Feststellungsbescheids zu entrichten gewesen seien, davon ausgehen, daß es sich um eine in Reichswährung ausgedrückte Reallast im Sinne der 3. StNVO. handle. Diese Ausführungen unterliegen zwar, da es sich nicht um Auslegung des nicht revisiblen Landesrechts oder um eine Auslegung des Erbpachtvertrags handelt, sondern um die Anwendung der reichsgesetzlichen Aufwertungsvorschriften, der Nachprüfung durch das Revisionsgericht; sie lassen aber keinen Rechtsirrtum erkennen. Sie haben ebenso für die fast gleichlautende Vorschrift des § 1 AufwG. zu gelten. Nach der oben angeführten Bestimmung in § 12 des Erbpachtvertrags wird der Kanon zu einer Roggenabgabe in der dort angegebenen Weise umgerechnet und sodann in Geld gezahlt. Wenn das Berufungsgericht auf Grund dieses Sachverhalts zu dem Ergebnis gelangt ist, daß es sich im vorliegenden Falle für jede Periode um einen Anspruch handelt, der die Zahlung einer bestimmten in Reichswährung ausgedrückten Geldsumme zum Gegenstande hat, so ist dies nicht zu beanstanden.

Allerdings kann die Zahlung einer Geldsumme wertbeständig in der Weise versprochen werden, daß ihre Höhe nach dem Preise einer bestimmten Roggenmenge bestimmt wird. Dann bildet der als beständig angenommene Sachwert den Gegenstand der später in Geld berechneten Leistung. Gegenstand der Leistung im vorliegenden Falle ist jedoch auf Grund der jedesmaligen Feststellung für die zehnjährige Periode nicht der Sachwert des Roggens selbst, der Wert einer bestimmten Roggenmenge als solcher, vielmehr eine feste und bestimmte Geldsumme. Daß bei der Feststellung des Preises für die zehnjährigen Perioden der Durchschnittsroggenpreis des vorangegangenen Dezenniums zugrunde gelegt wird, hat also nur die Bedeutung eines Hilfsmittels für die Berechnung der Barleistung, die ebensogut nach anderen Faktoren hätte berechnet werden können. Von gleicher Erwägung ist auch der IV. Zivilsenat des Reichsgerichts in seinem oben angeführten Urteil vom 7. Mai 1925 ausgegangen, das in einer Allodialitätsrekognition des Mecklenburg-Schwerinschen Landesrechts, deren Geldbetrag für einen zwanzigjährigen Zeitraum nach dem Durchschnittspreis des Roggens in dem jeweils vorausgegangenen zwanzigjährigen Zeitraum berechnet werden sollte, für den laufenden zwanzigjährigen Zeitraum eine in Mark fest bestimmte Geldsumme und nicht den Preis einer bestimmten Roggenmenge erblickt hat (vgl. auch Gutachten von Giesecke: Die Aufwertung des Erbpachtkanons usw. in der Denkschrift des Ausschusses der mecklenburgischen Erbpächter über die Aufwertung des Erbpachtkanons unter 1 c Abs. 2).

Das Berufungsgericht hat weiter ausgeführt: Eine Wertbeständigkeit des Kanons ergebe sich nicht aus der Vorschrift in § 12 des Erbpachtvertrags, nach der die Klägerin bei einer Veränderung der Münzsorte immer den Wert des nach der jetzigen Währung — d. h. der des Jahres 1882 — berechneten Geldkanons empfangen solle. Denn diese Vorschrift beziehe sich lediglich auf eine Veränderung der Münzsorte und wolle für diesen Fall nur vorschreiben, daß die Klägerin in der neuen Münze mindestens den Betrag erhalten müsse, der sich aus dem Wertverhältnis der alten Münze zu der neuen Münze ergebe. Dagegen sei durch jene Bestimmung nicht der Fall getroffen worden, daß bei gleichbleibendem Münzfuß eine Geldentwertung eintrete, und es habe ihr völlig ferngelegen, für diesen Fall eine Wertbeständigkeit des Kanons vorzuschreiben. Deshalb könne auch, wenn eine Geldentwertung und eine Münzänderung zu gleicher Zeit einträten, die Klägerin auf Grund der Geldentwertung allein eine Aufwertung nicht beanspruchen, sondern nur verlangen, daß ihr in der neuen Münzsorte der Wert gezahlt werde, der nach dem Markverhältnis der beiden Währungen zueinander dem früher festgesetzten Betrag entspreche. Bei dieser Sachlage könne deshalb ununtersucht bleiben, ob im vorliegenden Falle eine Münzänderung eingetreten sei. Denn die Klägerin erstrebe mit der Klage nicht etwa eine Ausgleichung wegen des veränderten Münzfußes, sondern einzig und allein eine Aufwertung wegen des Verfalls der früheren Währung.

Demgegenüber macht die Revision geltend: Das Berufungsgericht habe unter Verletzung des § 157 BGB. den § 12 des Erbpachtvertrags entgegen seinem klaren Wortlaut ausgelegt. Dort sei ausdrücklich bestimmt, daß bei Veränderung in der Münzsorte die Gutsherrschaft immer den Wert des nach der jetzigen Währung — des Jahres 1882 — berechneten Geldkanons empfangen müsse. Es verletze deshalb den § 157 BGB., wenn das Urteil die Wertbeständigkeit des Geldkanons nur für den Fall der Münzänderung für anwendbar erkläre und zwar offenbar im Sinne des Wechsels des Münzsystems. Im übrigen aber liege eine Veränderung der Münzsorte unzweifelhaft auch schon dann vor, wenn die bisherigen Geldsorten (1882) wegen völliger Wertlosigkeit nicht mehr im Umlauf seien. Dies sei unzweifelhaft im Dezember 1923 und erst recht zur Zeit des Erlasses des Berufungsurteils der Fall gewesen. Der Vorderrichter übersehe die gerichtsbekannte Tatsache, daß zur Zeit des Erlasses des Berufungsurteils tatsächlich eine neue Münzsorte eingeführt gewesen sei, nämlich die Rentenmark und die Reichsmark. Es sei deshalb die Wertbeständigkeit des Kanons zu bejahen, was die Anwendung sowohl der 3. StNVO. als auch des Aufwertungsgesetzes ausschließe. Übrigens habe sich die Klägerin auf § 12 des Erbpachtvertrags schon in der Klageschrift ausdrücklich berufen und auch Ausgleichung wegen des veränderten Münzfußes begehrt.

Der Revision ist zuzugeben, daß die Annahme des Berufungsgerichts, die Klägerin erstrebe mit der Klage nicht etwa einen

Ausgleich wegen des veränderten Münzfußes, sondern ausschließlich Aufwertung wegen des Verfalls der früheren Währung, Bedenken unterliegt; denn die Klägerin hat sich bereits in der Klageschrift ausdrücklich auf den § 12 des Erbpachtvertrags berufen und hervorgehoben, daß nach dieser Bestimmung ihr immer, d. h. unter allen und jeden wirtschaftlichen Verhältnissen, auch bei Änderuug der Münzsorte, der innere Wert des im Jahre 1882 festgesetzten Kanons erhalten bleiben müsse, und daß daher der Kanon zum Goldwert seines Betrags in Vorkriegswährung gezahlt werden müsse. Das Berufungsgericht hätte hiernach prüfen müssen, ob seit dem Abschluß des Erbpachtvertrags im Jahre 1882 eine „Änderung der Münzsorte“ im Sinne des § 12 des Erbpachtvertrags eingetreten ist. Dabei wäre die Entwicklung unserer Währungsverhältnisse seit dieser Zeit — wie sie eingehend bei Mügel, Komm. z. AufwG. S. 33 bis 41, dargestellt ist —, bei der es sich nicht um einen bloßen tatsächlichen Verfall der Währung, sondern um einschneidende gesetzliche Eingriffe handelt, zu betrachten gewesen (Erhebung der Reichsbanknoten zu gesetzlichen Zahlungsmitteln seit dem 1. Januar 1910, Aufhebung der Einlösungspflicht für Banknoten und Änderung der Deckungsvorschriften zu Beginn des Kriegs, zugleich Erhebung der Reichskassenscheine zu gesetzlichen Zahlungsmitteln usw., schließlich Einführung der neuen Reichsmarkwährung und Festsetzung eines Umrechnungssatzes für die alten Reichsbanknoten nach dem Verhältnis von 1 Billion Mark zu einer Reichsmark). Weiter wäre zu prüfen gewesen, ob nicht auch dann, wenn das Vorliegen einer „Änderung der Münzsorte“ im Sinne des § 12 des Erbpachtvertrags zu verneinen wäre, nach dem zu erforschenden Willen der Vertragschließenden die Bedeutung des § 12 etwa dahin ging, daß eine solche Entwicklung der Währungsverhältnisse der im Vertrag genannten „Änderung der Münzsorte“ gleichzustellen sei, und ob nicht überhaupt jene Bestimmung die Bedeutung haben sollte, es müsse dem Kanon immer der Goldwert erhalten bleiben, der schon im Jahre 1882 bestand.

Die Revision führt weiter aus: Selbst wenn man das Vorliegen einer Reallast bejahen könnte, so übersehe das Berufungsgericht weiter, daß nur der dingliche Anspruch aus der Reallast unter die 3. StNVO. und ebenso unter § 31 AufwG. falle, daß im übrigen aber der Pachtzinsanspruch aus § 12 des Erbpachtvertrags ein Anspruch aus einem gegenseitigen Vertrag im Sinne des § 12 Abs. 2 der 3. StNVO. und des § 63 Abs. 3 AufwG. sei, für den die allgemeinen gesetzlichen und insbesondere auch die Vertragsbestimmungen Geltung hätten. Dazu ist zu bemerken, daß allerdings auch Reallasten zur Sicherung persönlicher Forderungen verwendet werden können (vgl. hierzu Mügel, Anm. 3 § 31 AufwG. S. 338/339 und Anm. 6 zu § 63 S. 404; auch Quassowski, AufwG. zu § 31 und S. 372 (insbesondere für Grundschulden); Lehmann-Boesebeck, AufwG. zu § 31 S. 204; Drucks. des Reichstagsausschusses a. a. O. S. 39 und Stenogr. Berichte a. a. O. S. 3030 und 3033 für mecklenburgische Grundschulden). Ist dies der Fall, so sind Reallast und Forderung selbständige Rechte. Die durch eine Reallast gesicherten Forderungen sind nicht nach § 31, sondern nach § 62 AufwG. aufzuwerten. Das Berufungsgericht hätte daher ferner prüfen müssen, ob nicht im vorliegenden Fall ganz unabhängig von den Vorschriften des § 1108 BGB. neben der Reallast eine persönliche Verbindlichkeit aus dem Erbpachtvertrag — oder aus der Anerkennung des Erbpachtvertrags bei einem etwaigen Wechsel des Erbpächters — besteht, zu deren Sicherung die Reallast dient. Die Prüfung hätte sich auch darauf erstrecken müssen, ob es sich um eine Forderung aus einem gegenseitigen Vertrag handelt, die schon nach § 12 Abs. 2 der 3. StNVO. und nunmehr auch nach § 63 Abs. 3 AufwG. nicht als eine Vermögensanlage im Sinne dieser Gesetze gilt und daher nach allgemeinen Vorschriften außerhalb des Aufwertungsgesetzes aufzuwerten ist. Diese Prüfung wäre um so mehr geboten gewesen, als der IV. Zivilsenat des Berufungsgerichts in einem Beschluß vom 23. März 1907 (in der Mecklenburgischen Zeitschrift Bd. 25 S. 327) darauf hingewiesen hat, daß das Erbpachtrecht auf vertraglicher Grundlage beruhe und daß regelmäßig ein Grundbrief zugrunde liege, der für beide Teile nicht nur Rechte, sondern auch Pflichten vertragsmäßig festlege, weshalb auch ein einseitiger Verzicht nicht zulässig sei.

21. 1. Liegt der Staatsanwaltschaft die Amtspflicht ob, die Richtigkeit der von ihr erlassenen öffentlichen Bekanntmachungen nachzuprüfen und für Beseitigung etwa darin vorkommender Fehler zu sorgen?

2. Erstreckt sich die Haftung des Staates für Amtspflichtverletzungen von Beamten auch auf Schaden, der kein Vermögensschaden ist?

RVerf. Art. 131. BGB. §§ 839, 847.

III. Zivilsenat. Urt. v. 1. März 1926 i. S. Preußischer Staat (Bekl.) w. G. (Kl.). III 538/25.

I. Landgericht Lüneburg.
II. Oberlandesgericht Celle.

Im Sommer 1923 geriet der Kläger infolge einer bei der Staatsanwaltschaft in H. erstatteten Anzeige in den Verdacht des Diebstahls. Da sein Aufenthalt nicht zu ermitteln war, verfügte der Oberstaatsanwalt am 23. August 1923 die Einstellung des Verfahrens wegen Abwesenheit des Beschuldigten, zugleich aber die Veröffentlichung eines Ersuchens um Aufenthaltsermittlung im Regierungsamtsblatt. Diese Bekanntmachung erschien in der Sonderbeilage zum Öffentlichen Anzeiger des Regierungsamtsblatts in H. am 8. September 1923, jedoch irrtümlich in der Abteilung III „Strafvollstreckungsersuchen". Das der Staatsanwaltschaft übersandte Belegblatt wurde von dem Sachbearbeiter, ohne daß er das Versehen bemerkte, am 13. September 1923 zu den Akten geschrieben. Die Polizeidirektion in B., die der Bekanntmachung entnommen hatte, daß der Kläger steckbrieflich verfolgt werde, nahm ihn am 2. Mai 1924 fest. Am 3. Mai wurde er vom Amtsgericht in B. vernommen und in die Untersuchungshaft abgeführt. Die hiervon benachrichtigte Staatsanwaltschaft in H. richtete am 6. Mai an das genannte Amtsgericht den Antrag auf Erlaß eines Haftbefehls gegen den Kläger mit dem Bemerken, daß er nicht steckbrieflich verfolgt werde, sondern daß nur eine Aufenthaltsermittlung nach ihm erlassen worden sei. Am 8. Mai lehnte das Amtsgericht den Antrag ab und entließ den Kläger mangels Tatverdachts. Das Strafverfahren gegen ihn ist dann, nachdem sich seine Unschuld ergeben hatte, eingestellt worden.

Der Kläger, dem die preußische Justizverwaltung als Ersatz für den ihm durch seine Festnahme erwachsenen Schaden aus Billigkeitsgründen 200 RM gezahlt hat, macht mit der gegenwärtigen Klage weitere Ersatzansprüche geltend. Er behauptet, seine ungerechtfertigte Festnahme sei von der Staatsanwaltschaft in H. verschuldet worden, die bei der Prüfung des Belegblatts fahrlässigerweise die Unrichtigkeit der Bekanntmachung übersehen und ihre sofortige Berichtigung verabsäumt habe. Infolge dieses Versehens sei er als steckbrieflich Verfolgter in Haft genommen worden. Nach seiner Entlassung habe ihn die Firma Z. in B., bei der er sich in fester Stellung befunden habe, nicht wieder in Dienst genommen. Seitdem habe er nur vorübergehend Arbeit gefunden. Für seine Erwerbseinbuße, die er für die Zeit bis zum 15. März 1925 bereits auf 1259 RM berechnet, müsse ihm der Beklagte aufkommen, ihm auch Schmerzensgeld zahlen. Eingeklagt hat der Kläger zunächst 575 RM nebst Zinsen und hat zugleich die Feststellung der weiteren Ersatzpflicht des Beklagten verlangt.

Der Beklagte hat Klagabweisung beantragt. Er wendet sich besonders dagegen, daß zwischen dem angeblichen Versehen der Staatsanwaltschaft und dem Schaden, den der Kläger noch nach seiner Haftentlassung erlitten haben wollte, ein ursächlicher Zusammenhang bestehe.

Die Vorinstanzen haben unter Abweisung eines nicht mehr in Betracht kommenden Nebenanspruchs des Klägers seinen Zahlungsanspruch dem Grunde nach für gerechtfertigt erklärt und die beantragte Feststellung getroffen. Die Revision des Beklagten wurde zurückgewiesen.

Gründe:

Die Voraussetzungen des Art. 131 Abs. 1 RVerf. in Verbindung mit § 839 Abs. 1 BGB. hat das Berufungsgericht mit Recht als gegeben erachtet. Es trifft nicht zu, wenn die Revision meint, die im Öffentlichen Anzeiger des Regierungsamtsblatts erfolgte Bekanntmachung sei nicht unrichtig gewesen, sondern sei nur in eine unrichtige Rubrik geraten. Die gleichartigen Bekanntmachungen in Strafsachen werden in Preußen (Allg. Verf. v. 30. November 1912 JMBl. S. 388) unter gemeinsamen Überschriften zusammengefaßt. Die Überschrift lautet, soweit sie im vorliegenden Fall in Betracht kommt, bei Strafvollstreckungsersuchen folgendermaßen: „Folgende Personen sind rechtskräftig verurteilt. Es wird ersucht, die Strafen zu vollstrecken. Mitteilung — auch des Aktenzeichens — an die ersuchende Behörde ...". Die unter dieser Überschrift wegen des Klägers erfolgte Bekanntmachung: „G., Karl, Kontorist, geb. 2. November 1885 zu H.", erhielt durch sie also den Sinn, daß ersucht werde, eine gegen den Kläger rechtskräftig erkannte Strafe zu vollstrecken. Wenn auch Art und Dauer der zu vollstreckenden Strafe nicht angegeben waren, so war doch für Polizeibehörden und Gerichte die Annahme, wenn nicht überhaupt geboten, so doch jedenfalls die nächstliegende, daß um eine die Festnahme des Gesuchten erforderlich machende Vollstreckung einer Freiheitsstrafe ersucht werde. Die danach bestehende Möglichkeit, daß die unzutreffende Bekanntmachung zur Festnahme des Klägers führe, begründete für den Sachbearbeiter bei der Staatsanwaltschaft — von seiner allgemeinen Pflicht, für genaue Ausführung der von ihm erlassenen Verfügungen zu sorgen, ganz abgesehen — eine besondere, ihm auch dem Kläger gegenüber obliegende Amtspflicht, die Berichtigung des Fehlers zu veranlassen. Diese im Rahmen der ihm anvertrauten öffentlichen Gewalt liegende Pflicht hat er nicht erfüllt, und zwar fahrlässigerweise, sei es, daß er bei Prüfung des Belegblattes die Unrichtigkeit der Bekanntmachung völlig übersehen, sei es, daß er mangels genügender Überlegung ihre Tragweite nicht erkannt hat. Darauf, daß dem Kläger ein Schaden entstehen werde, brauchte sich die Fahrlässigkeit des Beamten nicht zu erstrecken. Eine dahingehende Feststellung des Berufungsrichters vermißt die Revision also ohne Grund.

Das Oberlandesgericht hat weiter als dargetan erachtet, daß dem Kläger infolge seiner auf die schuldhafte Amtspflichtverletzung des staatsanwaltschaftlichen Beamten zurückzuführenden Festnahme ein Schaden entstanden sei. Diese Annahme der Vorinstanz wird durch § 287 ZPO. gedeckt. Seine Verletzung kann zurzeit mit dem Rechtsmittel der Revision nicht gerügt werden ... Da es sich um die Folgen einer Freiheitsentziehung handelt, ist gemäß §§ 839, 847 Abs. 1 BGB. dem Kläger für den Schaden, der nicht Vermögensschaden ist, eine billige Entschädigung in Geld zu gewähren.

22. Verstößt es gegen das Gesetz, wenn die adeligen Namen bei weiblichen Personen in der weiblichen Form (Gräfin, Freiin, Freifrau usw.) gebraucht und wenn sie bei Männern dekliniert werden?
Reichsverfassung Art. 109 Abs. 3 Satz 2.

IV. Zivilsenat. Beschl. v. 10. März 1926. Standesregistersache des Amtsgerichts Breslau. IV B 7/26.

I. Landgericht Breslau.
II. Kammergericht Berlin.

Die Frage ist verneint worden aus folgenden

Gründen:

Im Sterberegister des Standesamts Breslau IV ist am 2. Juni 1924 eingetragen worden, daß „Thekla Gräfin von Matuschka, Freifrau von Toppolczan und Spaetgen ... wohnhaft in Breslau, verwitwet von dem Oberst Balthasar Graf von Matuschka, Freiherrn von Toppolczan und Spaetgen zu Breslau ... am 1. Juni 1924 ... verstorben ist." Der Regierungspräsident in Breslau hat in seiner Eigenschaft als Aufsichtsbehörde beim Amtsgericht in Breslau den Antrag gestellt, das Sterberegister dahin zu berichtigen, daß es heißen muß „Thekla Graf von Matuschka, Freiherr von Toppolczan und Spaetgen" ..., ferner „verwitwet von dem Oberst Balthasar Graf von Matuschka, Freiherr von Toppolczan und Spaetgen". Begründet ist der Antrag damit, daß die früheren Adelsbezeichnungen „Graf" und „Freiherr" nach Art. 109 Abs. 3 Satz 2 RV. jetzt lediglich Bestandteile des Familiennamens seien und deshalb bei Frauen nicht in der weiblichen Form gebraucht und bei Männern nicht dekliniert werden dürften.

Das Amtsgericht hat den Antrag abgelehnt. Die Beschwerde ist durch Beschluß des Landgerichts zurückgewiesen worden; gegen diesen Beschluß hat der Regierungspräsident weitere Beschwerde eingelegt. Das Kammergericht erachtet die Beschwerde für begründet, sieht sich aber gehindert, in diesem Sinne zu entscheiden, durch den Beschluß des Bayerischen Obersten Landesgerichts vom 9. Oktober 1925 III 93/25, in dem die gegenteilige Ansicht vertreten ist. Es hat deshalb durch Beschluß vom 15. Januar 1926 die Sache gemäß § 28 RFGG. dem Reichsgerichte zur Entscheidung vorgelegt.

Der Fall des § 28 RFGG. ist gegeben, die Befugnis des Regierungspräsidenten zur Einlegung der Beschwerde unbedenklich

(RGZ. Bd. 102 S. 118, 123). In der Sache selbst muß der Ansicht des Bayerischen Obersten Landesgerichts beigetreten werden.

Nach Art. 109 Abs. 3 Satz 2 Halbsatz 1 RV. gelten Adelsbezeichnungen nur als Teil des Namens. In der Rechtsprechung des Reichsgerichts ist anerkannt, daß diese Vorschrift nicht etwa nur eine Richtschnur für die künftige Gesetzgebung, sondern ein Gesetz ist, das mit sofortiger Wirkung in Kraft getreten ist (RGZ. Bd. 103 S. 190, 194, Bd. 109 S. 244, 253). Auf diesem Standpunkt stehen sowohl das Kammergericht als das Bayerische Oberste Landesgericht. Die in den erwähnten Entscheidungen behandelte Frage der Rückwirkung des Art. 109 Abs. 3 Satz 2 RV. spielt im vorliegenden Falle keine Rolle. Wenn also das Kammergericht Recht hätte, dann hätte sich die Verstorbene seit Inkrafttreten der Reichsverfassung „Thekla Graf von Matuschka, Freiherr von Toppolczan und Spaetgen" nennen müssen.

Das Kammergericht begründet seine Ansicht wie folgt: Es geht von dem in der Entscheidung des Reichsgerichts Bd. 109 S. 253 ausgesprochenen Satze aus, die Absicht des Reichsgesetzgebers sei es gewesen, bisher adelige Namen den bürgerlichen Namen in jeder Beziehung gleichzustellen, das bisherige Adelszeichen nicht anders als eine Silbe im Namen zu behandeln. Daraus folgert es, daß die allgemeinen Vorschriften des bürgerlichen und öffentlichen Rechts über die Familiennamen auf die Adelsbezeichnungen unbeschränkte Anwendung fänden, daß also die weiblichen Mitglieder der ehemaligen Adelsfamilien seit dem Tage des Inkrafttretens der Reichsverfassung das frühere Adelsprädikat in der Form zu führen hätten, die nach dem Recht des Bürgerlichen Gesetzbuchs für die Führung von Namen durch Frauen gelte, also wenn sie verheiratet oder verwitwet seien, in der Form des bisherigen Adelsprädikats ihres Ehemannes („Fürst", „Graf", „Freiherr", nicht „Fürstin", „Gräfin", „Freifrau"). Denn der Name sei unveränderlich und gleichlautend für Mann und Frau. Eine rechtliche Möglichkeit, die Vorschrift des § 1355 BGB. mit dem Landgericht dahin aufzufassen, daß die Frau entsprechend dem in früher adeligen Kreisen herrschend gewesenen Gebrauche den jetzigen Namensteil „Fürst", „Graf", „Freiherr" in der ihrem Geschlecht entsprechenden weiblichen Form („Fürstin" usw.) zu führen habe oder führen dürfe, sei nicht gegeben. Die Erwägung, daß es dem Sprachgefühl und der grammatikalischen Vernunft widerspreche, eine Frau als „Fürst“ usw. zu bezeichnen, gehe fehl, da ein solcher Widerspruch zu dem Sprachgefühle nur bestehe, wenn man in den Worten „Fürst“ usw. auch heute noch Standesbezeichnungen sehe, was aber rechtlich nicht mehr möglich sei. Auch von der Fortgeltung eines „Sprachgebrauchs“ — worauf das Landgericht wesentliches Gewicht lege — könne gegenüber der positiven gesetzlichen Regelung nicht gesprochen werden. Denn ein für die früheren Standesbezeichnungen in Geltung gewesener Sprachgebrauch habe naturgemäß die Standesbezeichnungen nicht überdauern, und für den Namen hätte sich ein entsprechender Sprachgebrauch überhaupt erst seit dem Inkrafttreten der Reichsverfassung zu entwickeln beginnen können. Von einem jetzt bereits hinsichtlich der Namen bestehenden Sprachgebrauch könne jedenfalls (ganz abgesehen von der Frage, ob er rechtlich beachtlich wäre) keine Rede sein. Die Annahme des Landgerichts endlich, Art. 109 Abs. 3 S. 2 RV. habe dadurch, daß er die früheren Standesbezeichnungen nicht einfach gestrichen habe, sondern sie als Namensteile habe fortbestehen lassen, zu erkennen gegeben, daß er an der sprachlich üblichen und hergebrachten Form habe festhalten wollen, ohne daß dieselben Worte jetzt noch eine besondere Standesangehörigkeit bezeichnen sollten, scheitere daran, daß eine solche Absicht im Gesetze nicht nur nicht zum Ausdruck gekommen sei, sondern ganz offenbar dem Zwecke des Gesetzes, auch den bei Weiterführung der weiblichen Form entstehenden S c h e i n des Fortbestehens eines adeligen Geburtsnamens zu verhindern, gerade zuwiderlaufen würde.

Diese Ausführungen werden der sich aus der Entstehungsgeschichte ergebenden Bedeutung des Art. 109 Abs. 3 Satz 2 RV. nicht gerecht. Über letztere geben insbesondere die Ausführungen des Abgeordneten Dr. H e i n z e und des Regierungsvertreters, Geheimrats H u b e r, im Verfassungsausschuß Aufschluß (Bd. 336 S. 496). Der Abgeordnete Dr. H e i n z e wandte sich gegen die Bestrebungen, die Adelsprädikate überhaupt zu beseitigen. Er sagte: „Wollen Sie, wenn Sie den Adel abschaffen, den Fürsten von Loewenstein oder den Herren von Kleist verbieten, sich so zu nennen, wie sie wirklich heißen? Das hat doch keinen Sinn. Aber ich frage weiter: was schadet es denn, wenn jemand sich von Kleist nennt? Mir ist noch kein durchschlagender Grund vorgelegt worden, warum die Leute ihren Namen ändern sollen. Es wäre doch ein staatlicher Zwang allerschlimmster

Art, wenn man die Leute zwingen würde, ihre Individualrechte abzustreifen und sich anders zu nennen, als sie heißen. Sie werden doch auch nicht die sämtlichen Schulze zwingen, sich künftig Müller zu nennen. Die Gründe, die für die Abschaffung des Adels vorgebracht sind, kann ich absolut nicht verstehen. Man greift damit in wohlerworbene Rechte, in Namensrechte ein, und das kann man unter keinen Umständen gutheißen."

Der genannte Regierungsvertreter billigte diesen Standpunkt und führte aus: „Wenn man sagt: »öffentlich-rechtliche Vorrechte (Art. 109 Abs. 3 Satz 1) usw. bestehen nicht«, so ist damit eben betont, daß der Adel keine Vorrechte mehr hat, daß nur sein Name noch bleibt. Das Adelsprädikat ist regelmäßig ein Bestandteil des Familiennamens. Wie bereits hervorgehoben worden ist, würde deshalb die Abschaffung des Adels in dem Sinne, daß das Adelsprädikat nicht fortgeführt werden kann, einen Eingriff in ein privates Recht bedeuten, der in keiner Weise gerechtfertigt ist. Ich will noch auf einige Konsequenzen hinweisen, die die Annahme dieses Antrags (auf Abschaffung des Adelsprädikats) herbeiführen würde ... Das Ergebnis wäre, daß der Bürgerliche das »von« weiterführen könnte (nämlich in dem Falle, daß das »von« kein Adelsprädikat ist) und damit in den Augen des Volks als Adeliger dastehen würde, während der Adelige bürgerlich würde ..." (vgl. ferner die Ausführungen desselben Regierungsvertreters S. 372 und des Abgeordneten Ablaß S. 496). Der vom Verfassungsausschuß vorgeschlagene Entwurf erhielt bei der Abstimmung im Art. 108 eine dem jetzigen Art. 109 Abs. 3 entsprechende Fassung.

In der Nationalversammlung selbst erklärte der Berichterstatter Dr. Düringer (S. 1497): „Das Recht der Führung des Familiennamens als ein individuelles, intimes, persönliches Privatrecht sollte nach der Ansicht der Mehrheit des Ausschusses nicht angetastet werden." In gleichem Sinne äußerte sich u. a. der Abgeordnete Dr. Graf von Posadowsky-Wehner (S. 1562).

Der Art. 109 Abs. 3 Satz 2 sollte danach den Sinn haben, daß das Recht des bisherigen Adeligen, seine bisherigen adeligen Namen weiterzuführen, nicht beeinträchtigt werden sollte. Nicht aber war gemeint, daß ein bisher nicht zum Namen gehöriges Adelsprädikat nunmehr Bestandteil des adeligen Namens werden sollte. Nur soweit

Adelsprädikate früher schon Teil des adeligen Namens waren, sollten sie weitergeführt werden dürfen.

In diesem Sinne ist Art. 109 Abs. 3 Satz 2 auch im § 22 des Preußischen Gesetzes über die Aufhebung der Standesvorrechte des Adels und die Auflösung der Hausvermögen vom 23. Juni 1920 (GS. S. 367) verstanden worden, dessen Rechtsgültigkeit in der Entscheidung des Staatsgerichtshofs vom 10. Mai 1924 (RGZ. Bd. 111, Anhang S. 1) anerkannt ist.

Der § 22 bestimmt: „Als Namen der bisherigen Adelsfamilien und ihrer Angehörigen gilt die Bezeichnung, die sich auch bisher auf die nicht besonders berechtigten Familienmitglieder als eigentliche Familienbezeichnung vererbte. Stand zur Zeit des Inkrafttretens der Reichsverfassung einem Familienangehörigen vor den anderen Familienangehörigen eine besondere Bezeichnung zu, so darf er diese Bezeichnung für seine Person auf die Dauer der bisherigen Berechtigung beibehalten, sofern sie nicht dem Ausdrucke der durch die Ereignisse des November 1918 beseitigten Landeshoheit diente."

In der Begründung des Entwurfs (Drucksache 2247 der verfassunggebenden Preußischen Landesversammlung) ist ausgeführt: „Nach Abs. 3 Satz 2 des Art. 109 RV. haben die bisherigen Adelsbezeichnungen nur als Teil des Namens zu gelten. Sie haben damit die Eigenschaft als Ausdruck der Zugehörigkeit zu einem besonderen Stand — der nicht mehr anerkannt wird — verloren. Dagegen sind sie, soweit sie Namensbezeichnungen waren, durch die Reichsverfassung dem demokratischen Grundsatz der gleichen Behandlung aller entsprechend aufrechterhalten worden, da der Namensschutz gleichmäßig allen Deutschen zusteht. Dies ist der Sinn und Zweck jener Vorschrift der Reichsverfassung, wie ihre Entstehungsgeschichte ergibt". Dann wird ausgeführt, bei der Anwendung dieses Grundsatzes hätten sich Zweifel ergeben. Beim Adel stehe oft einzelnen Familienangehörigen, namentlich dem Familienoberhaupt, das Recht zu, eine ihn vor den übrigen Familienangehörigen auszeichnende Bezeichnung, z. B. als Fürst oder Graf, zu führen. Derartige Bezeichnungen könnten nicht als Teil des Familiennamens gelten, weil der Familienname nach den Regeln des bürgerlichen Rechts, das nunmehr auch für die bisher adeligen Namen zu gelten habe, sich auf alle Abkömmlinge des Namensträgers vererbe. Dieser Sachlage solle § 22 Abs. 1 Satz 2 Rechnung tragen.

Wollte man nach alledem den adeligen Namen in seiner bisherigen Gestalt aufrechterhalten, so besteht kein Grund für die Annahme, daß man die Form, in der er nach dem bisherigen Sprachgebrauch geführt wurde, beseitigen, insbesondere aber verbieten wollte, daß die Frau des Grafen sich nach wie vor Gräfin und die Frau des Freiherrn sich Freifrau nenne. Allerdings mag die Anwendung der weiblichen Form ursprünglich darauf zurückzuführen sein, daß es sich um eine Standesbezeichnung handelte. Aber sie war eben schließlich auch Namensbezeichnung geworden und die mitgeteilten Äußerungen in den gesetzgebenden Körperschaften ergeben, daß man insoweit an dem bisherigen Zustande nichts ändern wollte.

Es kann sich also nur noch fragen, ob etwa die §§ 1355, 1616 BGB. dem Gebrauch einer weiblichen Namensform entgegenstehen. Die Frage ist zu verneinen. Das Gesetz bestimmt lediglich, daß die Frau den Familiennamen des Mannes erhält, aber nicht, in welcher Form der Name zu führen ist. Diese Frage ist keine Rechtsfrage, sondern eine Frage des Sprachgebrauchs. Da aber nach dem Gesagten die Bezeichnungen Graf, Freiherr usw. nach Art. 109 Abs. 3 Satz 2 RV. nur dann Bestandteil des Namens geworden sind, wenn sie es früher waren, und da diese Bezeichnungen früher, obwohl sie auch damals schon zum Namen gehörten, in weiblicher Form geführt wurden, so besteht kein Bedenken, diesem Sprachgebrauch gemäß auch jetzt zu verfahren. Denn objektiv kann kein Zweifel darüber bestehen, daß es sich lediglich um eine Namensbezeichnung, nicht um eine Standesbezeichnung handelt. Die letztere kann eben nicht mehr in Frage kommen, weil der Adel abgeschafft ist. Wenn das Kammergericht meint, durch den Gebrauch der weiblichen Form „Gräfin" usw. könne der Schein des Fortbestehens eines adeligen Geburtsnamens hervorgerufen werden, so mag das für Nichtwissende richtig sein. Das würde aber auch durch Gebrauch der vom Kammergericht für richtig gehaltenen Form „Frau Graf" usw. nicht zu vermeiden sein. Die Möglichkeit eines solchen Irrtums ist eben dadurch gegeben, daß der adelige Name aufrechterhalten ist.

Mit Recht beruft sich das Bayerische Oberste Landesgericht zur Unterstützung seiner Ansicht auf die Verhandlungen der Reichstagskommission zur Beratung des Bürgerlichen Gesetzbuchs und diejenigen des Reichstags vom 4. Februar 1901, in denen die Frage erörtert wurde, ob der § 1594 des Entwurfs (§ 1616 BGB.) es verhindere, daß die Endsilben der polnischen Namen bei Frauen in der üblichen Weise geändert werden dürften. In der Reichstagskommission wurde die Frage einstimmig verneint und in der Sitzung des Reichstags vom 4. Februar 1901 hat der Staatssekretär des Reichsjustizamts Nieberding den von der preußischen Verwaltung aufgestellten Grundsatz gebilligt, daß in allen denjenigen Fällen, in denen es hergebracht war, in den betreffenden Familien den Namen der Frau auf „ka" endigen zu lassen, der Standesbeamte diese Übung zu respektieren habe (vgl. das Nähere in Johow und Ring, Jahrbuch, Bd. 23 A S. 63).

Wenn dabei, wie das Kammergericht einwendet, auf seiten der Preußischen Verwaltung der Gesichtspunkt eine Rolle gespielt hat, daß man alles vermeiden wollte, was nach einer Germanisierung aussehen könnte, so bleibt doch bestehen, daß die maßgebenden Instanzen der Auffassung gewesen sind, daß das Gesetz den Gebrauch des Namens des Mannes in weiblicher Form durch die Frau nicht verbietet. Hiervon abgesehen, meint das Kammergericht, dürfe nicht außer acht gelassen werden, daß in jenen Fällen von vornherein die sprachgebräuchliche Form des Namens in Frage gekommen sei. Der Fall läge also nur dann — wie das Bayerische Oberste Landesgericht sage — „ganz gleich", wenn auch die Adelsbezeichnungen schon immer lediglich Namensteile gewesen wären. Nun ist es zwar nach dem früher Ausgeführten richtig, daß die jetzt als adelige Namen in Betracht kommenden Adelsbezeichnungen früher nicht nur Namensbezeichnungen, sondern auch Standesbezeichnungen gewesen sind. Das ändert aber an der Tatsache nichts, daß es hergebracht war, auch die bisherigen adeligen Namen bei Frauen in der weiblichen Form zu gebrauchen.

Das Bayerische Oberste Landesgericht macht für seine Auffassung noch geltend, daß, wenn die von ihm bekämpfte Ansicht richtig wäre, uneheliche oder angenommene männliche Abkömmlinge einer früheren Adeligen, die ihre Adelsbezeichnung in weiblicher Form in ihrem Namen habe, sich „Freifrau", „Gräfin" usw. nennen müßten. (So schon Opet in der Anmerkung zum Urteil des Reichsgerichts vom 27. November 1924 in JW. 1925 S. 2115 Nr. 7 unter 9). Diese Beweisführung trifft allerdings, wie das Kammergericht mit Recht ausführt, für den Fall nicht zu, daß die weibliche Adelige zur Zeit des Inkrafttretens der Reichsverfassung noch lebte und nachher ein uneheliches Kind geboren oder ein Kind angenommen hat. Denn wenn die vom Kammergericht vertretene Ansicht richtig wäre, hätte die Kindesmutter selbst zur Zeit der Geburt oder Annahme den Namen „Graf“ oder „Freiherr“ führen müssen. In denjenigen Fällen aber, in denen die Geburt oder die Annahme eines Kindes vor dem Inkrafttreten der Reichsverfassung erfolgt ist, tritt, wie das Reichsgericht in der zuletzt erwähnten Entscheidung vom 27. November 1924 unter Nr. 3b (Bd. 109 S. 251) in Übereinstimmung mit der früheren vom 17. November 1921 zu 2 (Bd. 103 S. 194) dargelegt hat, eine nachträgliche Änderung des Kindesnamens nach Reichsrecht überhaupt nicht ein. Möglich war eine solche nur auf Grund der inzwischen aufgehobenen Preußischen Verordnung vom 3. November 1919 (GS. S. 179).

Ist es nach alldem rechtlich nicht zu beanstanden, wenn die weiblichen Angehörigen einer vormals adeligen Familie ihr Geschlecht in der Adelsbezeichnung zum Ausdruck bringen, so kann es aus denselben Gründen auch keinem Bedenken unterliegen, wenn die männlichen Mitglieder die Adelsbezeichnungen Graf, Freiherr usw. wie früher deklinieren. Für den Sprachgebrauch in diesem Punkte ist es bezeichnend, daß in den vom Reiche mit anderen Staaten abgeschlossenen Staatsverträgen aus letzter Zeit die Bevollmächtigten des Reichs, die einen adeligen Namen führen, in der vor dem Inkrafttreten der Reichsverfassung üblichen Form bezeichnet sind. So heißt es in dem deutsch-polnischen Vertrag über den Rechtsverkehr vom 19. März 1925 (RGBl. II S. 139), daß die Deutsche Regierung den Wirklichen Geheimen Legationsrat, Ministerialdirektor im Auswärtigen Amt, Herrn Edlen von Stockhammern zum Bevollmächtigten ernannt habe, in dem Handelsabkommen zwischen dem Deutschen Reich und Guatemala vom 4. Oktober 1924 (RGBl. 1925 II S. 155), daß der Präsident des Deutschen Reichs den Geschäftsträger bei dem Freistaat Guatemala Grafen Franz von Tattenbach beauftragt habe, und in dem Abkommen zwischen dem Deutschen Reich und Italien zur Vermeidung der Doppelbesteuerung vom 31. Oktober 1925 (RGBl. II S. 1146), daß der Deutsche Reichspräsident den Deutschen Botschafter bei Seiner Majestät dem König von Italien Constantin Freiherrn von Neurath zum Bevollmächtigten ernannt habe.

Dabei ist aber zu bemerken, daß die Wortfolge „Grafen Franz von Tattenbach“ unrichtig ist. Denn der Vorname ist vor den Familiennamen zu setzen.

---

23. 1. Kann das Angebot angemessener Vergütung und Sicherheitsleistung noch nach Erhebung der Klage auf Erteilung der Zwangslizenz nachgeholt oder ergänzt werden?

2. Wann ist die Erteilung der Erlaubnis zur Erfindungsbenutzung (Zwangslizenz) im öffentlichen Interesse geboten?

Pat.G. § 11 Abs. 1.

I. Zivilsenat. Zwischenurt. v. 11. März 1926 i. S. K.=R. A.=G. (Kl.) w. V. G. F. A.=G. (Bekl.). I 243. 244/25.

I. Reichspatentamt.

Die Klägerin stellte bis zum Ende des Krieges in großem Umfange Schießpulver und Schießwolle her. Als dieser Bedarf wegfiel, war sie genötigt, sich überwiegend auf andere Fabrikation einzurichten. Sie macht geltend, sie habe sich auf Anregung der Reichsregierung der Herstellung von Kunstseide, namentlich Stapelfaser (zerschnittenen Seidenfäden, gemischt mit Wolle oder Baumwolle) zugewandt. Um den veränderten Betrieb aufrechthalten zu können, verlangt sie Erteilung von Zwangslizenzen an den Patenten 187947 und 287955 der Beklagten. Das Patent 187947 gibt die technische Anweisung, daß aus Viskose künstliche Seide mit Erfolg hergestellt werden kann, wenn in dem Schwefelsäurebad, in das die Viskoselösung hineingesponnen wird, ein Salz aufgelöst ist. Das Patent 287955 fügt die Anweisung hinzu, daß besonders günstig und wirtschaftlich gearbeitet wird, wenn ein bestimmtes Mischungsverhältnis zwischen Schwefelsäure und Salz innegehalten wird.

Die Beklagte hat Klagabweisung beantragt. Sie vermißt ein der Klagerhebung vorausgehendes summenmäßig bestimmtes Vergütungsangebot der Klägerin. Namentlich aber führt sie aus, daß es sich nur um eigenen Vorteil der Klägerin, aber nicht um gemeinen Nutzen handle, mithin kein „öffentliches Interesse“ im Sinne der Gesetzesvorschrift (PatG. § 11 Abs. 1) gegeben sei.

Das Reichspatentamt hat die Zwangslizenz erteilt und zwar für eine Gesamtmenge von täglich höchstens 4000 kg gegen eine Abgabe von jährlich 8% des Verkaufspreises der Ware ab Fabrik (2% für das ältere, 6% für das jüngere Patent); der Klägerin hat es ferner auferlegt, vor Beginn der Benutzung 50000 RM Sicherheit zu leisten.

Beide Parteien haben Berufung eingelegt.

Das Reichsgericht hat den Anspruch der Klägerin für ein nunmehr von beiden Teilen übereinstimmend nach gewissen Merkmalen bezeichnetes Verfahren dem Grunde nach für gerechtfertigt erklärt.

Daß die Voraussetzungen der Zwangslizenz gegeben sind, namentlich ihre Erteilung im öffentlichen Interesse geboten ist, hat das Reichsgericht angenommen aus folgenden

Gründen:

1. Nicht beizustimmen ist der Auffassung der Beklagten, daß die Klägerin schon deshalb mit der Klage abgewiesen werden müsse, weil sie es an einem Versuche gütlicher Erledigung habe fehlen lassen. Allerdings verlangt das Gesetz (§ 11 Abs. 1 Satz 1 PatG.) von dem, der auf Erteilung der Zwangslizenz klagt, daß er vorher beim Patentinhaber die Gewährung der Nutzungserlaubnis nachgesucht und ihm angemessene Vergütung und Sicherheitsleistung angeboten habe. Diese Voraussetzungen können aber, wenn sie zur Zeit der Klagerhebung noch nicht erfüllt sind, im Laufe des Verfahrens nachgeholt werden. Und ein summenmäßig bestimmtes Angebot der Vergütung ist, wenn es auch die Regel bilden mag, nicht ausnahmslos nötig. Das Maß der Gegenleistung kann auch mittelbar durch Bezugnahme auf andere zahlenmäßig feststehende Beispiele bestimmt werden; die Möglichkeit, daß der Lizenzsucher sich zu „angemessenem" Entgelt bereit erklärt und dem Patentinhaber überläßt, eine gewisse Summe oder Leistung als seiner Meinung nach angemessen zu fordern, wird ebenfalls nicht grundsätzlich auszuschließen sein. Im vorliegenden Fall ist unstreitig, daß die Parteien im Dezember 1924 miteinander über die entgeltliche Lizenzerteilung verhandelt haben. Die Klägerin hat damals für ihren Betrieb um solche Lizenzgewährung nachgesucht. Die Beklagte hat beansprucht, daß die Klägerin, um die gewünschte Nutzungserlaubnis zu erhalten, neben der Leistung einer Geldabgabe auch den inzwischen (im März 1923) klagweise

wider sie erhobenen Vorwurf der Patentverletzung als begründet anerkenne. Insofern ging das Verlangen der Beklagten nach der bisher unwiderlegten Meinung der Klägerin über die Grenzen angemessener Entschädigung hinaus. Jedenfalls hat, auch wenn die Frage der Patentverletzung völlig außer Betracht gelassen wird, die Klägerin den Prozeßvoraussetzungen, die im vorliegenden Verfahren bestehen, doch nachträglich genügt. Sie hat sich in der Klage erboten, „dieselben Lizenzen zu bezahlen, wie die ... anderen Lizenznehmer der Beklagten", z. B. ...; und ihre späteren Anträge haben den Sinn, daß sie die für angemessen zu erachtende Vergütung leisten wolle. Auch hat sie sich in der Klage zu „jeder vom Patentamt für angemessen gehaltenen Sicherheit" bereit erklärt.

Damit ist der Mangel, der in dieser Hinsicht am Anfange des Verfahrens etwa vorlag, behoben.

2. Die Entscheidung des Reichspatentamts kommt zu dem Ergebnis, daß die Erteilung der Erlaubnis an die Klägerin, die durch DRP. 187947 und 287955 geschützten Erfindungen zu benutzen, im öffentlichen Interesse geboten sei (§ 11 Abs. 1 Satz 1 PatG.). Dieser Meinung und den dafür dargelegten Gründen ist durchaus beizustimmen. Mit Recht führt die angefochtene Entscheidung aus: Es sei ohne maßgebliche Bedeutung, ob etwa eine Stelle der Reichsregierung der Klägerin bei der Umstellung ihres Fabrikationsbetriebs auf die Herstellung von Stapelfaser und Kunstseide bindende Zusicherungen gemacht habe, namentlich des Inhalts, ihr nötigenfalls zu bestätigen, daß die Erteilung der begehrten Lizenz aus Rücksichten auf die Allgemeinheit nötig sei. Der Klägerin ist zuzugeben, daß sie es als unbillig empfinden müßte, wenn solche Zusagen uneingelöst blieben. Dies vornehmlich dann, wenn sie von der Reichsregierung geradezu veranlaßt worden wäre, sich der Herstellung von Kunstseide zuzuwenden und im Vertrauen auf die erforderliche Beihilfe die Einrichtungen ihres Unternehmens entsprechend umzuwandeln. Einen Anspruch aber, jenen Zusagen gemäß die gewünschte Nutzungserlaubnis an den Erfindungspatenten der Beklagten zu erhalten, könnte sie auf dergleichen Anregungen und Versprechen nicht gründen. Ein Fall, in dem die Erfindung „nach Bestimmung der Reichsregierung im Interesse der öffentlichen Wohlfahrt benutzt werden soll" (§ 5 Abs. 2 PatG.), liegt nicht vor.

Anderseits müssen, wie das Patentamt weiter betont, die Lizenzen erteilt werden selbst ohne besondere darauf bezügliche Zusagen von Regierungsstellen, sofern die Erteilung „im öffentlichen Interesse geboten ist" (§ 11 PatG.). Das ist der Fall.

a) Wie das angefochtene Urteil ausdrücklich als amtskundig feststellt und wie nebst anderen Begleiterscheinungen des Kriegsausgangs auch allgemein bekannt ist, geriet die Klägerin nicht nur selbst in große Schwierigkeiten, als plötzlich die Kriegshandlungen, auf die sie sich völlig eingerichtet hatte, aufhörten. Dadurch, daß die zahllosen ins Land zurückströmenden Arbeitskräfte untergebracht werden, die bis dahin in der Heimat beschäftigten weiterhin Erwerbsgelegenheit erhalten mußten, die Industrie der Versorgung mit Rohstoffen für billige Volksbekleidung dringend bedurfte, entstand eine Notlage für die Allgemeinheit. Die Reichsregierung, der wider so außergewöhnliche Verhältnisse Abhilfe und Fürsorge oblagen, wirkte, wie das Patentamt aus dem vorgetragenen Schriftwechsel entnimmt, auf die anfangs widerstrebende Klägerin ein, um sie zu möglichst schleuniger Umstellung ihres gesamten Betriebs auf die Verarbeitung von Viskose zu Webstoff zu bestimmen; auch suchte sie die Bedenken zu zerstreuen, die die Klägerin wegen vorher etwa nötiger Erwerbung von Patentlizenzen hegte. Die von der Regierung angeregte, ja geforderte, Betriebsumwandlung der Klägerin war eine Maßnahme, welche von großen Teilen des Volkes drohenden Schaden abwenden und zugleich dringenden Bedürfnissen der Gemeinschaft dienen sollte. Ihre Bestimmung für das allgemeine Beste unterliegt also keinem Bedenken. Es handelte sich nicht bloß (was allein schon genügen würde) darum, die bei der Klägerin tätigen Angestellten und Arbeiter weiter zu beschäftigen. Auch für sonstige Arbeitskräfte, namentlich für die aus dem Felde Heimkehrenden, sollte vorgesorgt werden. Und zugleich sollte der umgestaltete Fabrikbetrieb dringenden Rohstoffbedarf für die Volksbekleidung decken helfen.

Mochten die Regierungsstellen, von denen die Anregung ausging, zunächst hauptsächlich an die Herstellung von Stapelfaser gedacht haben, so entnimmt doch schon das Patentamt aus den vorgelegten Schriftstücken mit Recht, daß die Klägerin von Anfang an (in Übereinstimmung mit den Reichsbehörden) ihre Betriebsumwandlung nicht nur auf Stapelfaser, sondern auch auf die Erzeugung von Kunstseide in anderen Formen anlegte. Das erhellt aus dem Vertrage der Klägerin vom 2. Dezember 1919 mit dem Reiche (Reichsschatzministerium) in Verbindung mit der Niederschrift vom 16. Juni 1919 über Besprechungen der Klägerin mit dem Reichswirtschaftsministerium. Unter Nr. 1 dieser Niederschrift heißt es: „K.-R. wird unverzüglich alle Einrichtungen für die Herstellung von Kunstseide, Stapelfaser und verwandten Erzeugnissen ... treffen". Und weiterhin wird bemerkt: „Unter »Stapelfaser« sind im Nachstehenden stets Kunstseide und verwandte Erzeugnisse mitverstanden". Zutreffend bemerkt übrigens die angefochtene Entscheidung: Selbst wenn der Übergang zur Herstellung von Kunstseide nicht von Anfang an in den Kreis der Erwägungen gezogen und die Klägerin erst später zur Herstellung dieser Ware übergegangen sein sollte, so habe der Übergang doch durchaus im Rahmen der notwendigen Entwicklung gelegen. Nachdem es möglich geworden, andere Rohstoffe für billige Volksbekleidung wieder zu beschaffen, habe der Bedarf an Stapelfaser schnell und stark zurückgehen müssen. Deshalb sei es ganz von selbst geboten gewesen, die zur Erzeugung von Kunstseide ebensowohl wie zur Herstellung von Stapelfaser geeignete, einmal geschaffene Einrichtung nunmehr zu der allein noch lohnenden Kunstseidenfabrikation zu benutzen; denn so habe man Betriebsgerät und geschulte Arbeiterschaft mit Vorteil weiter verwenden können.

Nicht nur zur Abwendung erheblichen Schadens von der Klägerin, sondern auch um der Allgemeinheit willen war es ferner geboten, die Fabrikanlagen, die vormals der Erzeugung von Kriegsbedarf gedient hatten, in möglichst weitem Umfang vor der ihnen nach dem Versailler Vertrage drohenden Zerstörung (Versailler Vertrag Art. 168, 169, 203, 204, 206) zu retten. Wie der Reichswehrminister unterm 14. Januar 1926 bescheinigt, gehörte der allergrößte Teil der Fabriken der Klägerin zu den Anlagen, die der Zerstörung anheimgefallen wären. Doch sah die „Interalliierte Kontroll-Kommission" von der Zerstörunng solcher Anlagen ab, deren Umstellung auf Friedensproduktion glaubhaft gemacht werden konnte. Diese Umwandlung mußte möglichst beschleunigt werden. Daher blieb auch zu Ermittlungen, Erwägungen und Verhandlungen wenig Zeit. Das Kriegsministerium (Kriegsrohstoff-Abteilung) hielt bei der Klägerin die Einrichtung auf die Herstellung von Stapelfaser und Kunstseide für tunlich und aus volkswirtschaftlichen Rücksichten für geboten. In diesem Sinne wurde auf die Klägerin eingewirkt. Die Kontroll-Kommission genehmigte den Umstellungsplan, bestand aber ausdrücklich darauf, daß er durchgeführt werde. Müßte die Klägerin jetzt die Erzeugung von Kunstseide einstellen und ihre Anlagen wiederum auf eine andere Fabrikation einrichten, so wäre zu befürchten, daß die Mächte, deren Geheiß der deutschen Volkswirtschaft ohnehin schon durch weitgehende Vernichtung von Gebäuden, Werkstätten, Geräten und Erzeugnissen ungeheuren Schaden zugefügt hat, noch nachträglich auf der Zerstörung der Häuser und Maschinen bestünden. Dieser Möglichkeit muß vorgebeugt werden, sowohl wegen der Einbuße großer Werte, die dem Volksvermögen dadurch genommen würden, als wegen der Rückwirkung auf Güterumlauf und Arbeitsmarkt.

b) Gleich der anfänglichen Umstellung des Betriebs auf die Erzeugung von Gespinstfasern anderer Art lag die späterhin allein wirtschaftlich mögliche Erhaltung und Fortsetzung, die sich auf die Herstellung von Kunstseide erstreckte, im „öffentlichen Interesse". Sie diente dem allgemeinen Nutzen. Eine neue langwierige, kostspielige Einrichtung der umfänglichen Fabrikbetriebe auf eine ganz andere Betriebsart war der Klägerin nicht zuzumuten. Sie hätte — abgesehen von der schon erwähnten Gefahr der Zerstörung auf Grund des Versailler Vertrags — außerordentlich große Geldopfer erfordert, wiederum einen langen Übergangszustand mit sich gebracht und von neuem dem Zweifel Raum gelassen, ob das Ergebnis lohne. Sah die Klägerin aber von der Ausdehnung auf Kunstseidenfabrikation ab, so war sie zur zeitweiligen Betriebseinstellung, mindestens für große Teile des Unternehmens, und zu beträchtlichen Arbeiterentlassungen genötigt. Solche Maßregeln mußten, wie die Entscheidung des Patentamts betont, aus Rücksichten auf das Gemeinwohl unbedingt vermieden werden. Denn ein weiteres Anwachsen der ohnehin verbreiteten Arbeitslosigkeit hätte große Volkskreise in Not gebracht. Ausgeschlossen war es, daß die ganze Arbeiterschaft der Klägerin oder auch nur ihr größerer Teil in anderen Betrieben sogleich oder ohne lange Brotlosigkeit hätte lohnend weiter beschäftigt werden können; bei der Klägerin gewiß nicht und in anderen Unternehmungen sicherlich nur zu einem geringen Teile.

Angesichts dieser Wechselbeziehung zwischen der allgemeinen Lage der Wirtschaft und des Arbeitsmarkts und den besonderen Betriebsverhältnissen der Klägerin folgert die Entscheidung des Patentamts mit Recht: Wie die Umwandlung des Unternehmens der Klägerin dem allgemeinen Besten diente, so ist die fortdauernde Weiterführung der einmal neu eingerichteten Betriebe auch für heute und für die absehbare nächste Zukunft um der Allgemeinheit willen nötig. Sie ist also ebenfalls „im öffentlichen Interesse geboten".

Gegen diese Beurteilung kann nicht, wie die Beklagte will, eingewendet werden: Die Klägerin würde, wenn sie wirklich mit so geringem Nutzen arbeite, wie sie angibt, dem Vorteil der Allgemeinheit und der Volkswirtschaft besser dienen, indem sie sich einer andern Fabrikation widmete. Es mag dahinstehen, ob der hohe Betrag der Unkosten und der mäßige Reingewinn sich allein oder vornehmlich aus den mannigfaltigen Schwierigkeiten der Übergangszeit erklären, also nur eine vorübergehende Erscheinung sind, deren allmähliches Verschwinden sich erwarten läßt. Jedenfalls darf aus ihnen bis auf weiteres kein Anlaß entnommen werden, neue Betriebsumstellung auf andere Zweige für nötig zu erachten und die Förderung des Gemeinwohls durch die vollzogene Neueinrichtung in Abrede zu stellen. Denn eine aus durchgreifenden künftigen Veränderungen folgende Verminderung der Arbeiter- und Angestelltenzahl müßte volkswirtschaftlich bei der mißlichen Lage des Arbeitsmarkts äußerst nachteilig wirken; sie kann einstweilen schwerer ertragen werden, als eine unter verhältnismäßig ungünstigen Bedingungen und mit geringem Gewinnüberschuß erfolgende Aufrechthaltung des Betriebs, die im wesentlichen die bisherigen Arbeitskräfte weiter beschäftigt und ihrer Brotlosigkeit vorbeugen hilft.

c) „Im öffentlichen Interesse" geboten ist unter solchen Umständen auch die Erteilung der Zwangslizenzen, welche die Klägerin verlangt. Die angefochtene Entscheidung erwägt: Das Verfahren zur Herstellung von Kunstseide (d. h. glänzenden Fäden, Bändern usw.) aus Viskose, mit dem die Klägerin den dazu eingerichteten

Betrieb aufrechthalte, lasse sich nicht ohne weiteres durch ein anderes in kennzeichnenden Merkmalen abweichendes Verfahren ersetzen; es müsse demnach beibehalten werden.

Daß der Klägerin zweckmäßigerweise nicht angesonnen werden kann, etwa Kunstseide, statt aus Viskose (Zellulose-Xanthogenat-Lösung) künftig nach dem Nitrozelluloseverfahren oder nach dem Glanzstoffverfahren (aus Kupferoxydammoniak-Lösung) herzustellen, bedarf keiner Ausführung. Denn solche Veränderung wäre gleichbedeutend mit eingreifender Umgestaltung des Betriebes. Außerdem ist in bezug auf die Herstellung der Spinnlösung das Viskoseverfahren den beiden anderen wirtschaftlich überlegen, weil es zur Herstellung der Zelluloselösung außer dem billigen Zellstoff nur noch des Ätznatrons und des Schwefelkohlenstoffs bedarf, die gleichfalls nicht kostspielig sind. Aber auch innerhalb des Viskoseverfahrens bringt der Stand der Technik die Gefahr mit sich, daß das angewandte Verfahren in irgendein anderes, durch Patent geschütztes, eingreife. Die Beklagte behauptet, das Verfahren der Klägerin verstoße gegen die Patente 187947 und 287955. Und die Klägerin darf sich, wenngleich sie solche Verletzung bestreitet und der Verletzungsprozeß noch schwebt, für die Lage der Dinge doch mit genügendem Grund auf die in diesem Verletzungsstreit aufgestellte, bisher nicht widerrufene Behauptung der Beklagten beziehen: „Fabrikation von Kunstseide nach dem Viskoseverfahren sei in lohnender Weise nicht ohne Verletzung des DRP. 187947 möglich". Das DRP. 287955 aber schützt eine weitere Ausgestaltung des in jenem älteren Patente beschriebenen Verfahrens (im wesentlichen hinauslaufend auf Verminderung der Säure). Mit Recht also folgert das Reichspatentamt: Jenes von der Klägerin angewandte, für ihren Betrieb erforderliche Verfahren greife möglicherweise in die genannten Patente der Beklagten ein und es lasse sich nicht ohne weiteres durch ein anderes Verfahren ersetzen, das von diesen Patenten sicher unabhängig sei. Muß hiernach ein Verfahren, das von den Patenten 187947 und 287955 (oder einem der beiden) möglicherweise zum mindesten abhängig ist, für ein notwendiges Mittel des um der Allgemeinheit willen aufrecht zu erhaltenden Kunstseidenfabrikationsbetriebs der Klägerin erachtet werden, so ist die Erlaubnis, die in jenen beiden Patenten geschützte Erfindung zu benutzen, „im öffentlichen Interesse geboten" (RGZ. Bd. 83 S. 9flg., 274flg., Bd. 93 S. 50flg.).

Dem steht die nach der Darstellung beider Parteien in neuester Zeit eingetretene Verschlechterung der Fabrikations- und Absatzverhältnisse für Kunstseide nicht entgegen, wie die Beklagte auszuführen sucht. Aus ihr ist nicht zu folgern, daß der auf Herstellung von Kunstseide gerichtete Betrieb der Klägerin keine Förderung der Allgemeinheit bedeute oder daß er jedenfalls das allgemein Beste, wenn er ihm früher gedient haben sollte, doch jetzt nicht mehr zu fördern vermöge. Die Beklagte weist, um dies zu begründen, namentlich auf die Steigerung des unter günstigen Bedingungen arbeitenden ausländischen Wettbewerbs hin. Angesichts dieser Gestaltung der Lage sei, so meint sie, vorläufig nur Einschränkung der deutschen Produktion angezeigt; besonders ein Betrieb wie der der Klägerin, mit verhältnismäßig hohen Kosten belastet und geringen Nutzen abwerfend, könne sich, anderweit gedeckter Nachfrage gegenüber, nicht darauf berufen, daß seine Fortsetzung oder gar Erweiterung von allgemeinem Vorteil sei. Die Ausführung der Beklagten überzeugt nicht. Wider ihr vermeintliches Ergebnis, die deutsche Wirtschaft ermangle jedes von der Klägerin zu deckenden Bedarfs, ist darauf hinzuweisen, daß sie selbst durch ihre Verbindung mit der englischen Firma C. einem Unternehmen nahe steht, welches in nächster Zeit große Mengen Kunstseide herstellen und auf den deutschen Markt bringen soll. Das geschähe nicht, wenn es an jedem Bedarf gebräche.

Dient also, wie dargelegt, die von der Klägerin beanspruchte Zwangslizenz dem allgemeinen Besten, so steht dem Klagverlangen nicht entgegen, daß es zugleich — wie regelmäßig in derartigen Fällen — den eigenen Vermögensvorteil der Lizenzwerberin bezweckt. Auch ist es nach der zutreffenden Ausführung des Patentamts keine unverhältnismäßige und unerträgliche Härte, daß mit der Einräumung der Zwangslizenz die Beklagte belastet wird, indem sie ein Stück der ihr durch die Patente gesicherten Monopolstellung aufgeben muß. Dieses Opfer wird, wie die angefochtene Entscheidung ausführt, schon dadurch gerechtfertigt, daß es sich darum handelt, die durch den unglücklichen Ausgang des Krieges gezeitigte Notlage zu überwinden; ein Zweck, zu dem auch sonst alle Stände und Berufe des Volkes tiefe Eingriffe in ihre Vermögensrechte haben dulden müssen, zum Teil viel empfindlichere als der, welcher hier wider die Beklagte beansprucht wird.

3. Der bisherige Streit darüber, ob die Klägerin — sofern ihr die Zwangslizenz zukomme — auf die Nutzungserlaubnis an einem ganz bestimmten, von ihr zur Zeit ausgeübten Verfahren zu beschränken sei, erledigt sich durch die jetzigen Anträge beider Parteien. Denn die Klägerin beantragt nur noch, ihr die Erlaubnis zu erteilen, „daß sie 1. die Patente 187947 und 287955 für ein Verfahren zur Herstellung von Kunstseide aus Viskose benutze, bei dem als Fällbad Schwefelsäure diene, die sich erst während des Spinnprozesses infolge des Natriumgehalts der Viskose mit Salz anreichere, und 2. die nach diesem Verfahren hergestellte Ware in Verkehr bringe . . .". Die Beklagte aber entgegnet, sofern ihrem Hauptantrag auf völlige Klagabweisung nicht stattgegeben werden sollte, hilfsweise mit einem Antrage, welcher die Art des Verfahrens ganz ebenso wie jener der Klägerin bestimmt.

Die Klägerin bedarf, wie dargelegt, der Erlaubnis zur Benutzung der Patente 187947 und 287955 für ein von ihr und der Beklagten nach übereinstimmenden Merkmalen bezeichnetes Verfahren, Kunstseide aus Viskose herzustellen, aus Rücksichten auf die Allgemeinheit. Die Erteilung der von ihr beanspruchten Zwangslizenz ist demnach „im öffentlichen Interesse geboten" (§ 11 Abs. 1 PatG.). Ist ihr aber die Herstellung von Kunstseide aus Viskose in dem angegebenen Verfahren unter Benutzung jener beiden Patente gestattet, so darf sie die so hergestellte Ware auch (wie sie weiter in ihrem Antrage verlangt) in Verkehr bringen. Der Klaganspruch auf die begehrte Zwangslizenz ist somit dem Grunde nach gerechtfertigt. Das war durch Vorabentscheidung auszusprechen (§ 304 ZPO.). Mit diesem Zwischenurteil ist zugleich entschieden, daß dem Hauptantrag der Beklagten auf Abweisung nicht stattgegeben wird.

---

24. 1. Über die Eigenschaft einer preußischen Provinz des Franziskanerordens als eines nicht rechtsfähigen Vereins.

2. Ist der Rechtsweg zulässig für den Anspruch eines aus einem katholischen Orden ausgeschlossenen Mitgliedes auf Feststellung der Fortdauer seiner Mitgliedschaft und der sich daraus ergebenden Rechte?

3. Umschließt die feierliche Profeßleistung des eintretenden Ordensmitgliedes einen bürgerlichrechtlichen Vertrag?

4. Zur Frage der Klagänderung mit Bezug auf einen Schadensersatzanspruch wegen unrechtmäßiger Gewalt, der erst im zweiten Rechtszug an die Vollziehung einer einstweiligen Verfügung geknüpft wird.

5. Hat ein ausgeschiedenes Ordensmitglied gegen den Ordensverband Anspruch auf Zahlung des Wertes eines Anteils am Ordensvermögen?

GVG. § 13. ZPO. §§ 50, 527, 945. BGB. §§ 54, 738.
Pr. ALR. II 11 §§ 56, 137, 939 flg., 949, 1057, 1061.
Preuß. Verfassungsurkunde vom 31. Januar 1850 Art. 13, 15, 16.
Preuß. Gesetz über die Grenzen des Rechts zum Gebrauche kirchlicher Straf- und Zuchtmittel vom 13. Mai 1873 (GS. S. 205).
Preuß. Gesetz, betr. die geistlichen Orden und ordensähnlichen Kongregationen der katholischen Kirche, vom 31. Mai 1875 (GS. S. 217).
Preuß. Gesetz, betr. Abänderungen der kirchenpolitischen Gesetze, vom 29. April 1887 (GS. S. 127) Art. 5.

IV. Zivilsenat. Urt. v. 15. März 1926 i. S. B. (Kl.) w. Schlesische Franziskanerprovinz (Bekl.). IV 604/24.

I. Landgericht Breslau.
II. Oberlandesgericht daselbst.

Der Kläger war seit 1878 Mitglied des Franziskanerordens, und zwar zunächst der Rheinisch-westfälischen Provinz, seit 1902 der damals von dieser abgezweigten Beklagten. Durch ein „Endurteil“ des minister generalis seines Ordens und dessen Generaldefinitoriums vom 25. April 1910 ist er unter Bezugnahme auf Vollmachten, die von der Congregatio de religiosis am 24. Januar 1910 erteilt seien, wegen vielfachen, wahren, schweren äußeren und öffentlichen Verschuldens, wie auch seiner Unverbesserlichkeit aus dem Orden ausgestoßen worden. Da er trotzdem und ungeachtet der Mißerfolge wiederholter „Rekurse" behauptete, dem Orden noch anzugehören, wurde in einem aus dem Sekretariat der Kongregation an das Fürstbischöfliche Ordinariat in Breslau gerichteten, vom Präfekten der Kongregation unterzeichneten Schreiben vom 24. März 1914 der Ausschluß bestätigt und unter Berufung auf besondere päpstliche Vollmachten wiederholt.

Der Kläger erkennt die Ausschließung nicht als zu Recht erfolgt an. Mit der vorliegenden Klage verfolgt er die Feststellung ihrer Unwirksamkeit im Rechtsweg, indem er namentlich geltend macht, daß gegen ihn weder ein ordnungsmäßiges, wenn auch nur summarisches Verfahren erster Instanz stattgefunden habe, noch auf seine bei dem Ordensgeneral frist- und formgerecht eingelegte Berufung von der zuständigen Stelle, nämlich dem Kardinalskollegium der Congregatio de religiosis als Gericht zweiter Instanz entschieden worden sei. In den Vorinstanzen abgewiesen, hat er Revision eingelegt. Mit dem Rechtsmittel verfolgt er die von ihm vor dem Berufungsgericht gestellten Anträge,

I. festzustellen, daß er Mitglied der Beklagten, des nicht rechtsfähigen Vereins der Schlesischen Franziskanerprovinz, sowie des Josefsklosters in N. sei, im besonderen:

1. daß er durch den Akt des Ordensgenerals vom 25. April 1910 seiner Zugehörigkeit zu der Schlesischen Franziskanerprovinz nicht verlustig gegangen sei,

2. daß er auch durch den Akt des Beamtenausschusses der Congregatio de religiosis vom 24. März 1914 seine Mitgliedschaft zur Schlesischen Franziskanerprovinz nicht verloren habe,

3. daß er Mitbesitzer an den der Schlesischen Franziskanerprovinz gehörigen Klöstern und allen ihren beweglichen und unbeweglichen Vermögensobjekten sei und ihm der Besitz seines Wohnzimmers und der gemeinsamen Räumlichkeiten im Josefskloster in N. zustehe;

II. festzustellen, daß der bürgerlichrechtliche, zwischen ihm und der Beklagten für seine Lebenszeit eingegangene Vertrag auf gemeinsamen Erwerb und gemeinsamen Besitz und Genuß des Erworbenen nicht aufgelöst sei, sondern auch heute noch zu Recht bestehe;

III. die Beklagte zu verurteilen, ihm 5000 ℳ nebst Zinsen zu zahlen;

VI. falls er aber nicht mehr Mitglied der Franziskanerprovinz sei, festzustellen, daß die Beklagte verpflichtet sei, ihm den zur Zeit seines Ausscheidens auf ihn entfallenden Teil ihres Vermögens samt Zinsen zu zahlen.

Die Revision hatte keinen Erfolg.

Gründe:

1. Die Parteifähigkeit der verklagten Schlesischen Franziskanerprovinz haben Landgericht und Oberlandesgericht gemäß § 50 Abs. 2 ZPO. dadurch stillschweigend bejaht, daß sie die Beklagte im Urteilseingang als einen nichtrechtsfähigen Verein bezeichnet haben. Der negative Teil dieser Kennzeichnung, die Absprechung dieser Rechtsfähigkeit, hat im Berufungsurteil in anderem Zusammenhang, nämlich bei der Erörterung der Zulässigkeit des Rechtswegs, eine zutreffende, der Rechtsprechung des Reichsgerichts — RGZ. Bd. 41 S. 303; RGE. vom 28. Juni 1912 III 493/11 (Recht 1912 Sp. 602) — entsprechende Begründung gefunden. Nachdem der Franziskanerorden durch das preußische Gesetz vom 31. Mai 1875 (GS. S. 217) vom preußischen Staatsgebiet ausgeschlossen worden war, konnten seine Provinzen auch nach der im Art. 5 des preußischen Gesetzes vom 29. April 1887 (GS. S. 127) ausgesprochenen Wiederzulassung die Korporationsrechte gemäß Art. 13 der preußischen Verfassungsurkunde vom 31. Januar 1850 nur durch ein besonderes Gesetz erlangen. Ein solches Gesetz ist zugunsten der Beklagten nicht ergangen. Der im Jahre 1920 in das Vereinsregister des Amtsgerichts in Breslau eingetragene „Kirchliche Verein der Schlesischen Franziskanerprovinz" ist mit der verklagten Ordensprovinz nicht identisch, da er nach der Feststellung des Berufungsgerichts nur aus einer beschränkten Anzahl ihrer Mitglieder besteht.

Die positive Kennzeichnung der unter der Herrschaft des Bürgerlichen Gesetzbuchs gegründeten Beklagten als eines Vereins im Sinne des § 54 BGB. rechtfertigt sich durch ihren körperschaftlichen Aufbau, der mit ihrem Gesamtnamen, der Möglichkeit eines wechselnden Mitgliederbestandes und der Bestellung des Provinzials, des Provinzialdefinitoriums und des Provinzialkapitels zu ihren Organen gegeben ist (RGZ. Bd. 97 S. 123).

2. Mit dem Antrag I 1—3 begehrt der Kläger die Feststellung, daß er noch Mitglied der Beklagten sowie des Josefsklosters in N. sei, insbesondere die Mitgliedschaft bei der Beklagten weder durch den Akt des Ordensgenerals (und seines Generaldefinitoriums) vom 25. April 1910 noch durch den (vom Präfekten der Congregatio de religiosis unterzeichneten) Akt vom 24. März 1914 verloren habe und infolgedessen noch Mitbesitzer der Klöster der Beklagten und aller ihrer beweglichen und unbeweglichen Vermögensgegenstände sei, ihm auch der Besitz seines Wohnzimmers und der gemeinsamen Räumlichkeiten im Josefskloster zustehe. Das Berufungsgericht hat mit Bezug auf diesen Feststellungsanspruch die Zulässigkeit des Rechtswegs verneint. Es befindet sich auch hierbei in Übereinstimmung mit der Rechtsprechung des Reichsgerichts. Schon in RGZ. Bd. 26 S. 281 flg. ist dargelegt, daß § 56 II 11 Pr. ALR., der die Entscheidung eines Streites über die Rechtmäßigkeit der Ausschließung aus einer Kirchengesellschaft dem Staate zuwies, durch Art. 15 der preußischen Verfassungsurkunde vom 31. Januar 1850 außer Kraft und durch die Aufhebung dieser Verfassungsbestimmung im Jahre 1875 (GS. S. 259) nicht wieder in Kraft gesetzt worden ist, daß vielmehr das preußische Gesetz vom 13. Mai 1873 (GS. S. 205) die Befugnis zur Entziehung eines innerhalb einer Kirche oder Religionsgesellschaft wirkenden Rechtes oder zur Ausschließung aus der Kirchen- oder Religionsgesellschaft als ein autonomes Recht dieser Gesellschaft anerkannt und der Nachprüfung im ordentlichen Rechtsweg entzogen hat. Im Anschluß hieran ist in RGZ. Bd. 62 S. 254 weiter dargelegt, daß nach § 949 II 11 Pr. ALR. der Staat gegenüber den geistlichen Gesellschaften (§§ 12, 939 das.) grundsätzlich dieselbe Rechtsstellung hat wie gegenüber den Kirchengesellschaften (§ 11 das.), und daß daher auch über die Entziehung eines innerhalb einer geistlichen Gesellschaft wirkenden Rechtes oder über die Ausschließung aus einer solchen Gesellschaft der Rechtsweg nicht mehr offensteht. Zu den von dieser Schlußfolgerung unmittelbar betroffenen geistlichen Gesellschaften gehört freilich die verklagte Ordensprovinz um deswillen nicht, weil sie nicht im Sinne des § 939 a. a. O. vom Staat aufgenommen,

d. h. mit Korporationsrechten ausgestattet ist (§§ 940, 1057 a. a. O.; RGZ. Bd. 41 S. 299 und S. 313, 317). Indessen stellt sich auch die Ausschließung aus einem nicht mit Korporationsrechten versehenen Ordensverband als die Entziehung eines innerhalb der katholischen Kirche wirkenden Rechtes dar, nämlich des Rechtes der Mitgliedschaft bei der kirchlichen Genossenschaft, und demgemäß als eine nach dem angeführten Gesetz über die Grenzen des Rechtes zum Gebrauche kirchlicher Straf- und Zuchtmittel vom 13. Mai 1873 erlaubte, im ordentlichen Rechtswege nicht angreifbare kirchliche Strafe. Auf Grund einer ähnlichen Erwägung ist in RGZ. Bd. 62 S. 254 selbst über die Frage, ob dem Mitglied einer kirchlichen Bruderschaft mit Recht Mitgliedschaftsrechte entzogen sind, der Rechtsweg für unzulässig erklärt. Die Bruderschaften bilden unter den katholisch-kirchlichen Genossenschaften neben den Orden und Kongregationen den losesten Verband. Was für sie in dieser Beziehung Rechtens ist, muß erst recht für die am straffsten organisierten Orden gelten. Bei allen solchen Vereinigungen würde die staatliche Entscheidung über das Fortbestehen von Mitgliedschaftsrechten einen Eingriff in die der Kirche eigentümlichen dogmatischen und sittlichen Auffassungen und eine Einmischung in die inneren Angelegenheiten nicht nur dieser Gesellschaften, sondern der Kirche selbst bedeuten, eine Einmischung, wie sie nach der gekennzeichneten Entwicklung des preußischen Staatskirchenrechts nicht mehr stattfinden darf.

Der Streit über das Fortbestehen der Zugehörigkeit des Klägers zu der verklagten Ordensprovinz und zu einem bestimmten Kloster dieser Provinz ist danach kein bürgerlicher Rechtsstreit im Sinne des § 13 GVG. Von dem ordentlichen Gerichte kann weder die sachliche Berechtigung der Ausschließung des Klägers aus dem Franziskanerorden und damit auch aus der verklagten Ordensprovinz und ihren Klöstern, noch die kirchenrechtliche Ordnungsmäßigkeit des gegen ihn angewendeten Verfahrens nachgeprüft werden. Auch der Angriff des Klägers, daß das kirchliche Verfahren gegen ihn nach staatlichem Recht unzulässig gewesen sei, weil nach den §§ 137, 1061 II 11 Pr. ALR. auswärtige geistliche Obere keine Gerichtsbarkeit über preußische, auch geistliche Staatsangehörige ausüben dürften, ist im Berufungsurteil mit Recht zurückgewiesen. Das Berufungsgericht sagt: Jene Bestimmung des Allgemeinen Landrechts sei durch die spätere Gesetzgebung zwar nicht ausdrücklich aufgehoben, wie dies bezeichnenderweise bei dem entsprechenden § 1 des preußischen Gesetzes über die kirchliche Disziplinargewalt vom 12. Mai 1873 (GS. S. 198) durch Art. 6 des preußischen Gesetzes vom 21. Mai 1886 (GS. S. 147) geschehen sei; jedoch ergebe sich ihr Wegfall aus der der Kirche später, auch in ihrer Disziplinargewalt, eingeräumten Selbständigkeit. Dem ist in dem Sinne beizutreten, daß jene landrechtliche Beschränkung der kirchlichen Gerichtsbarkeit schon durch die Art. 15, 16 der preußischen Verfassungsurkunde vom 31. Januar 1850 aufgehoben ist. Denn wenn dort bestimmt ist, daß die römisch-katholische Kirche ihre Angelegenheiten selbständig ordne und verwalte, und daß der Verkehr der Religionsgesellschaften mit ihren Oberen ungehindert sei, so folgt daraus bei dem hierarchischen, die Landesgrenzen überschreitenden Organismus, den die katholische Kirche bildet und bildete, auch die Anerkennung der Möglichkeit einer kirchlichen Gerichtsbarkeit auswärtiger Oberer. Die spätere Aufhebung der Art. 15, 16 hatte, wie schon erwähnt, keine rückwirkende Kraft; soweit die Verfassungsartikel frühere Vorschriften beseitigt hatten, sind diese durch die Aufhebung der Artikel nicht wieder in Kraft getreten. Übrigens enthält jetzt die Reichsverfassung vom 11. August 1919 in ihrem Art. 137 Abs. 3 S. 1 wieder eine dem Art. 15 (Halbs. 1) a. a. O. entsprechende Bestimmung.

Die Revision versucht, den vom Kläger behaupteten, im Antrag II erwähnten sog. bürgerlichrechtlichen Vertrag auch mit dem Antrag I in Verbindung zu bringen, und unterstellt diesem Antrage, daß der Kläger auch durch ihn ausschließlich seine Rechte wirtschaftlichen Inhalts festgestellt wissen wolle. Beides erscheint verfehlt. Denn der Antrag I richtet sich schlechthin auf die Feststellung der Mitgliedschaft. Unter I 3 werden nur gewisse, sich nach der Meinung des Klägers aus der fortbestehenden Mitgliedschaft ergebende Folgerungen gezogen, die als solche ebensowenig wie das Fortbestehen der Mitgliedschaft selbst in einem bürgerlichen Rechtsstreit zur Entscheidung gestellt werden können. Inwiefern der in der schriftlichen Revisionsbegründung angezogene Art. 136 Abs. 1 der Reichsverfassung vom 11. August 1919 für die Zulässigkeit des Rechtswegs sprechen soll, ist nicht erkennbar.

3. Mit dem Antrage II betreibt der Kläger die Feststellung, daß der „bürgerlichrechtliche“, zwischen ihm und der Beklagten für

seine Lebenszeit auf gemeinsamen Erwerb und auf gemeinsamen Besitz und Genuß des Erworbenen eingegangene Vertrag nicht aufgelöst sei, sondern auch heute noch zu Recht bestehe. Das Berufungsgericht sieht den Rechtsweg für diesen Feststellungsanspruch als zulässig an, weist den Anspruch aber als unbegründet ab. In Wahrheit ist der Rechtsweg auch insoweit unzulässig. Für die Zulassung des Rechtswegs kommt es grundsätzlich auf die materiellrechtliche Natur des Rechtsverhältnisses an, aus dem der Kläger Ansprüche herleitet. Ist dieses Rechtsverhältnis öffentlichrechtlicher Natur, so ist der Rechtsweg verschlossen; gehört es dem Privatrecht an, so wird der Rechtsschutz durch die ordentlichen Gerichte gewährt; beides unbeschadet der sich aus besonderen Gesetzen oder aus der geschichtlichen Entwicklung (RGZ. Bd. 111 S. 213) ergebenden Abweichungen. Ist ein Streit hiernach infolge seines Rechtsstoffs der Entscheidung durch die ordentlichen Gerichte entzogen, so wird der Rechtsweg auch nicht dadurch zulässig, daß der Kläger den seinem Anspruche zugrunde gelegten Rechtsvorgang einen bürgerlichrechtlichen Vertrag nennt. Der Kläger muß vielmehr einen Tatbestand behaupten, aus dem sich die privatrechtliche Natur des angeblichen Vertragsverhältnisses ergibt (RGZ. Bd. 83 S. 306, Bd. 105 S. 39). Im vorliegenden Falle will der Kläger angenommen wissen, daß gleichzeitig mit seinem durch die Profeßleistung erfolgten Eintritt in den Franziskanerorden zwischen ihm und der Rheinisch-westfälischen Ordensprovinz ein bürgerlichrechtlicher, von ihm als Gesellschaftsvertrag bezeichneter Vertrag geschlossen worden sei; dieser Vertrag habe für jene Ordensprovinz bürgerlichrechtliche Verpflichtungen begründet, in welche die verklagte Ordensprovinz bei ihrer Neugründung eingetreten sei. Der Kläger hat aber keinen Tatbestand behauptet, in dem die Abschließung eines solchen Vertrags gefunden werden könnte. Seine Ausführungen kommen darauf hinaus: In der Ablegung der Gelübde liege, abgesehen von anderem, der Abschluß eines zweiseitigen Rechtsgeschäfts zwischen dem Orden als dem einen und dem Professen als dem anderen Vertragsteile. Dieses Rechtsgeschäft gewähre beiden Teilen Rechte und Pflichten. Der Orden sei berechtigt, über die Dienste des Mitglieds für seine Zwecke zu verfügen, übernehme dagegen die Verpflichtung, den Professen zum Mitbesitz und zum Mitgenuß des durch gemeinsame Arbeit aller Mitglieder Erworbenen zuzulassen und ihm auf diese Weise Unterhalt zu gewähren. Auf diese Gegenseitigkeit der Rechte und Pflichten würden die Novizen vor der Profeßleistung besonders hingewiesen. Hierfür hat sich der Kläger auf Zeugnisse aus dem kirchenrechtlichen Schrifttum berufen. Von den angeführten Schriftstellern sagt v. Hobe-Gelting (Die Rechtsfähigkeit der Mitglieder religiöser Orden 1903 S. 8):

„Das Gelübde erscheint dem kanonischen Recht an und für sich als ein einseitiges Rechtsgeschäft ... Es liegt aber in der Profeß außerdem auch der Abschluß eines zweiseitigen Rechtsgeschäfts zwischen dem Orden als dem einen, dem Professen als dem anderen Kontrahenten und dieses Rechtsgeschäft wird von dem kanonischen Recht in einen fast unbemerkbaren Zusammenhang mit dem Gelübde gebracht. Es verpflichtet sich der Eintretende zur Ablegung seiner ganzen vermögensrechtlichen Persönlichkeit und ihrer Übertragung auf den Orden, der Orden dagegen zur Aufnahme des Gelobenden in seine Gemeinschaft mit allen Rechten und Pflichten, welche die Regeln derselben ihren Mitgliedern geben bzw. auferlegen. Der Orden übernimmt als Gegenleistung für die Vermögensübergabe die Pflicht, für den Unterhalt des Religiosen zu sorgen."

Ähnlich A. F. August Mayer (Die Professio religiosa 1895 S. 3):

„Daß ... bei der Professio eine beiderseits bindende Übereinkunft zwischen dem Professen und dem Orden ... unterfließt, läßt sich nicht leugnen, aber daß die Professio selbst diese Übereinkunft sein soll, muß bestritten werden. Der Vertrag mit dem Orden ist vielmehr ein Mittel zum Zwecke der Professio."

Ferner Ritter von Scherer (Handbuch des Kirchenrechtes Bd. II 1908 S. 800):

„Da die Profeß nicht nur den Regularen verpflichtet, sondern auch dem Orden gegenüber berechtigt und derart für den letzteren lästige Rechtsfolgen entstehen läßt, so kann die Profeß weniger als eine der Annahme bedürfende Schenkung der Person des Profitenten denn vielmehr als zweiseitiges Rechtsgeschäft angesehen werden, worin der eine Teil sich dem Orden tradiert und von dem Orden als zweiten Kontrahenten als Mitglied akzeptiert wird und zwar beiderseits regelmäßig in bleibender, unwiderruflicher Weise."

Diese Schriftsteller, die ein in der Profeß liegendes oder bei ihr

„unterfließendes“ zweiseitiges Rechtsgeschäft annehmen, vertreten diese Meinung nur auf dem Boden des kanonischen Rechtes. Ob nach kanonischem Recht ein vertragsmäßiger Anspruch des Klägers auf Mitbesitz und Mitgenuß oder auf Unterhalt entstanden ist und trotz der Ausschließungsvorgänge fortbesteht, ist aber keine Frage, die in einem bürgerlichen Rechtsstreite zum Austrage gebracht werden könnte. Daß bei oder anläßlich der Profeßleistung des Klägers etwas vorgenommen worden sei, was außerhalb des Rahmens des kirchenrechtlich Gebotenen oder Üblichen läge und den Tatbestand eines bürgerlichrechtlichen Vertragsschlusses enthielte, hat der Kläger nicht dargelegt. So, wie der Feststellungsantrag II begründet ist, muß auch er wegen Unzulässigkeit des Rechtswegs abgewiesen werden, ohne daß zu der Frage Stellung zu nehmen ist, ob nach katholischem Kirchenrecht bei der Profeßleistung ein Vertrag über gemeinsamen Erwerb und gemeinsamen Besitz oder auf Unterhaltsgewährung abgeschlossen wird, oder ob ein Anspruch hierauf, wie es der herrschenden Lehre entspricht, nur als eine der vom kanonischen Gesetze bestimmten Folgen der Profeßleistung in Betracht kommt.

4. Der Antrag III auf Zahlung von 5000 ℳ als einem Teilbetrag der für die Zeit vor der Klagerhebung rückständigen Unterhaltssumme nebst Zinsen wird in erster Reihe auf den schon im vorigen Abschnitt (Nr. 3) behandelten Vertrag, in zweiter Reihe auf die Satzung, in dritter Reihe auf unerlaubte Handlung gegründet. Daß es sich bei dem ersten dieser drei Klagegründe um ein Rechtsverhältnis kirchenrechtlicher, also öffentlichrechtlicher Natur handelt, ist im vorigen Abschnitt dargelegt. Um ein Rechtsverhältnis derselben rechtlichen Natur handelt es sich aber auch bei dem zweiten Klagegrunde, mag dabei an die für den ganzen Orden geltende Satzung, die Regula et Constitutiones Generales Fratrum Minorum, oder an besondere Gesetze der verklagten Ordensprovinz gedacht sein. In demselben Sinne hat auch bereits der Oberste Gerichtshof in Wien am 17. März 1908 (Arch. für kath. Kirchenrecht Bd. 88 S. 493) auf die Unterhaltsklage eines ausgeschlossenen Ordensmitglieds gegen seine Ordenskorporation entschieden, daß sich ein privatrechtlicher Unterhaltsanspruch weder aus der feierlichen Profeß noch aus den Ordensregeln erschließen lasse. Mit Bezug auf die beiden ersten Klagegründe des Anspruchs III ist daher auch dieser Anspruch nicht, wie es im Berufungsurteil ge-

schehen ist, als unbegründet, sondern wegen Unzulässigkeit des Rechtswegs abzuweisen.

Den Klagegrund der unerlaubten Handlung hat der Kläger in doppelter Weise geltend gemacht.

a) Schon im ersten Rechtszuge hat er ausgeführt: Die Beklagte habe ihn am 15. Mai 1914 unrechtmäßigerweise und mit Gewalt aus seinem Kloster, in dem er seinen rechtmäßigen Mitbesitz und Lebensunterhalt gehabt habe, entfernt und ihn damit seines Mitbesitzes und seines Lebensunterhalts beraubt. Dies Verhalten verpflichte sie, ihm Schadensersatz zu leisten, also nach § 249 BGB. ihm Unterhalt zu gewähren. Diese Begründung des Anspruchs auf Unterhaltszahlung stellt sich als ein vom Reichsgericht in ständiger Rechtsprechung (so RGZ. Bd. 70 S. 398, Bd. 87 S. 119) als unzulässig zurückgewiesener Versuch dar, den aus einem öffentlichrechtlichen Verhältnis hergeleiteten und deshalb dem ordentlichen Rechtsweg entzogenen Anspruch durch seine Einkleidung in eine Schadensersatzforderung vor den ordentlichen Richter zu bringen.

b) Im zweiten Rechtszuge hat der Kläger den Zahlungsanspruch auch auf § 945 ZPO. gestützt. Er hat geltend gemacht: Der Vorsteher (Guardian) des Klosters in N. habe gegen ihn im Auftrage des Vorstehers (Provinzials) der verklagten Ordensprovinz eine einstweilige Verfügung vom 4. Mai 1914 auf seine Entfernung aus dem Kloster erwirkt. Diese am 15. Mai 1914 durch den Gerichtsvollzieher vollstreckte einstweilige Verfügung sei durch Urteil des Oberlandesgerichts vom 6. Januar 1917 aufgehoben worden; sie sei von Anfang an ungerechtfertigt gewesen. Das Berufungsgericht hat diese Begründung des Anspruchs als eine nach § 527 ZPO. infolge des Widerspruchs der Beklagten unzulässige Klagänderung zurückgewiesen. Das ist rechtlich nicht zu beanstanden. Auch der Schadensersatzanspruch aus § 945 ZPO. ist freilich als Anspruch aus unerlaubter Handlung im weiteren Sinne zu betrachten (RGZ. Bd. 74 S. 249, Bd. 104 S. 250, Bd. 106 S. 291). Es handelt sich um einen eigenartigen Fall von Gefährdungshaftung: Wer von dem außerordentlichen Rechtsbehelf der einstweiligen Verfügung Gebrauch macht, tut dies, auch wenn ihm bei der Erwirkung der Maßregel kein Verschulden zur Last fällt, auf eigene Gefahr. Er haftet auf Schadensersatz, wenn sich die einstweilige Verfügung als von Anfang an ungerechtfertigt erweist. Zur Begründung eines Schadensersatzanspruchs aus § 945 ZPO. gehört hiernach notwendigerweise seine Anknüpfung an eine einstweilige Verfügung. So hat der Kläger seinen Zahlungsanspruch aber im ersten Rechtszuge nicht begründet, in dem er zwar von der gegen ihn am 15. Mai 1914 angewendeten Gewalt, aber nicht davon gesprochen hat, daß damals gegen ihn eine einstweilige Verfügung vollzogen worden sei.

5. In dem Hilfsantrag IV stellt sich der Kläger auf den von der Beklagten vertretenen Standpunkt, daß er nicht mehr ihr Mitglied sei. Er begehrt für diesen Fall die Feststellung, daß die Beklagte verpflichtet sei, an ihn den zur Zeit seines Ausscheidens auf ihn entfallenden Teil ihres Vermögens zu zahlen. Der Kläger denkt dabei an den in § 738 Abs. 1 Satz 2, Abs. 2 BGB. einem ausscheidenden Gesellschafter gegebenen Anspruch auf Zahlung eines Betrags, der dem Werte dessen entspricht, was er bei der Auseinandersetzung über das Gesellschaftsvermögen erhalten hätte, wenn die Auseinandersetzung zur Zeit seines Ausscheidens aus der Gesellschaft erfolgt wäre. Diese Bestimmung des in § 54 Satz 1 BGB. in Bezug genommenen Gesellschaftsrechts ist indessen nachgiebiger Natur. Sie kann, falls sie für einen Verein nicht paßt, durch dessen Verfassung auch stillschweigend ausgeschlossen werden; und diese Ausschließung ist bei einem Verein als die Regel anzusehen, da sein Vermögen dem Vereinszwecke dauernd erhalten bleiben soll (vgl. Planck, BGB. 4. Aufl. § 54 Anm. 3 unter 1 Abs. 3; Komm. von RGRäten 5. Aufl. § 54 Anm. 1 S. 68). Eine Abweichung von dieser Regel kann aus dem Wesen der Ordensgemeinschaft nicht entnommen werden. Wenn der Kläger darauf hinweist, daß er, im Gegensatze zu den Mitgliedern anderer Vereine, seine ganze Arbeitskraft Jahrzehnte lang dem Ordensverbande gewidmet und auf die Schaffung eines eigenen Vermögens verzichtet habe, so ist dem entgegenzuhalten, daß alle Verpflichtungen und Beschränkungen, die ein Ordensmitglied bei der Profeßleistung auf sich nimmt, als aus religiöser Überzeugung frei gewollt und nicht als in der Absicht auf eine privatrechtliche Gegenleistung oder Entschädigung übernommen erscheinen (so auch der Oberste Gerichtshof in Wien a. a. O. S. 494).

Der Antrag IV ist danach vom Berufungsgericht mit Recht als unbegründet abgelehnt worden. Alle übrigen Anträge unterliegen, wie gezeigt, einer Prozeßabweisung.

25. War die Mark bis Mitte 1922 in Deutschland als Wertmesser noch allgemein anerkannt? Ist bei der Berechnung des Schadensersatzes wegen Nichterfüllung schon für die Zeit vor Mitte August 1922 der Kaufpreis und der Eindeckungspreis auf einen einheitlichen Wertmesser (in Gold oder in ausländischer fester Währung) zurückzuführen, oder kommt Aufwertung vor Mitte August 1922 überhaupt nicht in Frage?

BGB. §§ 242, 326.

II. Zivilsenat. Urt. v. 30. April 1926 i. S. Eisen- u. Stahlwerk H. Akt.-Ges. (Kl.) w. Firma Sch. & N. u. Gen. (Bekl.). II 206/25.

I. Landgericht Dortmund.
II. Oberlandesgericht Hamm.

Die Klägerin (Käuferin) fordert von den Beklagten Schadensersatz wegen Nichterfüllung eines Abschlusses vom 22. August 1919 über 500 Tonnen Schrott zum Preise von 310 ℳ die Tonne, lieferbar bis Ende September 1919. Nach wiederholter Mahnung zur Lieferung des Rückstandes und nach Ablauf einer den Beklagten gesetzten dreiwöchigen Nachfrist deckte sich die Klägerin am 30. Dezember 1919 zum Preise von 1395 ℳ für die Tonne ein und verlangte im Wege der Klage wegen der rückständigen 135,950 kg Schadensersatz wegen Nichterfüllung in Höhe von 147505,75 Pℳ. Nachdem durch rechtskräftig gewordenes Urteil des Oberlandesgerichts der Klaganspruch dem Grunde nach für gerechtfertigt erklärt worden war, forderte die Klägerin im Verfahren über die Höhe 12792,15 Gℳ nebst 5% Zinsen seit dem 31. Dezember 1919. Die Beklagten bemängelten die Zulässigkeit der Erhöhung, griffen die Berechnungsweise der Klägerin an und rechneten mit dem von der Klägerin zurückgehaltenen restlichen Forderungsbetrag aus ihren Lieferungen an sie auf. Das Landgericht gab der Klage nur in Höhe von 6000 Gℳ nebst Zinsen statt. Hiergegen legten beide Teile Berufung ein. Das Oberlandesgericht wies durch Teilurteil die Berufung der Klägerin ganz, die der Beklagten insoweit zurück, als diese verurteilt waren, an die Klägerin unter Gesamthaftung 2912 Gℳ nebst 5% Zinsen seit dem 10. Februar 1925 zu zahlen; bezüglich des weiter geforderten Betrags an Hauptsumme und Zinsen wurde auf die Berufung der Beklagten die Klage abgewiesen. Auf die Revision der Klägerin wurde durch Versäumnisurteil das oberlandesgerichtliche Urteil aufgehoben und die Sache an die Vorinstanz zurückverwiesen.

Aus den Gründen:

Bei der Berechnung des von der Klägerin geforderten Schadensersatzes wegen Nichterfüllung rechnet der Berufungsrichter den Abschlußpreis nach dem Stande der Mark am 22. August 1919 in Goldmark um und zieht ihn von dem in gleicher Weise nach dem Eindeckungstag (30. Dezember 1919) in Goldmark umgerechneten Eindeckungspreis ab mit der Begründung, daß der gegenteilige Standpunkt der Klägerin, die lediglich die Papiermarkzahlen des Eindeckungspreises und des Abschlußpreises berücksichtigt und den Unterschied zwischen beiden in Gold voll aufgewertet wissen wolle, zu einer durch nichts gerechtfertigten Bereicherung der Klägerin führe und der neuerlichen, richtigen Rechtsansicht widerspreche, wonach eine gleiche Anzahl Papiermark bei gesunkenem Markwerte nicht mehr der ursprünglich vereinbarten Leistung entspreche; diese jetzt als richtig erkannte Rechtsansicht müsse für die Vergangenheit auch insoweit angewendet werden, als sie sich in ihr noch nicht durchgesetzt gehabt habe.

Diese Auffassung kann nicht geteilt werden, soweit bei der konkreten Schadensersatzberechnung für den Deckungskauf und bei der abstrakten Berechnung für den Marktpreis die Zeit vor August 1922 in Frage kommt; denn bis dahin galt der Satz „Mark ist gleich Mark" oder, was dasselbe bedeutet: im Rechts- und Wirtschaftsleben hatte die Papiermark, obgleich sie in ihrer Kaufkraft in Deutschland wie auch in ihrem Werte im Vergleich zu ausländischen festen Währungen dauernd zurückging, bis zum August 1922 noch immer die Funktion eines Wertmessers. Daraus ergibt sich für die genannte Zeit, daß der Verkäufer für die verkaufte Ware nur den vereinbarten Kaufpreis beanspruchen kann, mag auch der Wert der Papiermark inzwischen noch so sehr gesunken sein. Bestand noch am Tage des vorgenommenen Deckungskaufs oder — bei der abstrakten Berechnung — am Stichtage die Verpflichtung des Verkäufers, zum vereinbarten Preise zu liefern, so kommen überhaupt nicht verschiedene Tage für die Berechnung des Wertes der Papiermark in Frage. Denn dann besteht der Schaden des Käufers eben darin, daß er sich am Eindeckungs- oder Stichtage zum damaligen Preise die Ware verschaffen mußte, für die er, wenn der Verkäufer vertragstreu gewesen wäre, auch am Eindeckungstag nur den vereinbarten Papiermarkpreis zu zahlen gehabt hätte. Von einer ungerechtfertigten Bereicherung des Käufers auf Kosten des Verkäufers kann hiernach nicht die Rede sein. Denn damals mußte sich, wer eine Forderung hatte, in Papiermark befriedigen lassen, auch wenn diese, am Dollar gemessen, weniger wert war als zur Zeit des Vertragsabschlusses. Wer also vor August 1922 beim Deckungskauf in Papiermark mehr bezahlt hat als den Vertragspreis, hat wirklich mehr bezahlt und daher Schaden erlitten; diesen kann er jetzt in angemessener Aufwertung ersetzt verlangen. Anders gestaltete sich die Sachlage erst, als nach dem Rathenau-Morde die Papiermark zufolge ihres damaligen katastrophalen Sturzes den Charakter eines Wertmessers allgemein einbüßte. Seitdem brach sich mehr und mehr die Überzeugung Bahn, daß dem Verkäufer ein Recht auf Aufwertung zuzuerkennen sei, da der Satz „Mark ist gleich Mark" zu Folgerungen führe, die mit dem Grundsatze des § 242 BGB. nicht vereinbar seien, und deshalb fernerhin nicht mehr aufrechterhalten werden könne. Diese Rechtsprechung setzte erst in der zweiten Hälfte des Jahres 1923 ein; bis dahin wurde dem vom Währungsverfall betroffenen Leistungspflichtigen gegen allzu große Unbilligkeiten die clausula rebus sic stantibus gewährt, freilich ein unvollkommener Behelf, da er zur Aufhebung des Vertrags führte.

Später ging die Rechtsprechung einen Schritt weiter, indem sie dem Verkäufer für die seit Mitte 1922 (später noch bestimmter: seit Mitte August 1922) zu erfüllenden Verträge ein Recht auf Aufwertung zusprach. Hatten sich doch damals die Folgen des Rathenau-Mordes wirtschaftlich dahin ausgewirkt, daß nach dem plötzlichen hemmungslosen Sinken der Papiermark das Vertrauen auf künftige Besserung unserer Währung in weitesten Volkskreisen völlig erschüttert war, so daß die Papiermark den Charakter eines allgemein gültigen Wertmessers einbüßte und durch auswärtige wertbeständige Währungen oder, zum Teil im Widerspruch mit der Reichsgesetzgebung, im Verkehr durch eine mit Hilfe namentlich des Dollars errechnete Goldmark ersetzt wurde. Wenn das Reichsgericht bisher ständig daran festhielt, daß nur für die seit Mitte 1922 zu erfüllenden Verträge Aufwertung beansprucht werden könne, so fiel hierbei entscheidend ins Gewicht, daß bis dahin die Papiermark im deutschen Verkehr tatsächlich als

Wertmesser gegolten hat. Hierauf hat die Gesetzgebung des Reichs, namentlich die Wucher- und Preistreibereigesetzgebung, wesentlich eingewirkt; man suchte der Übelstände, die sich aus dem dauernden Sinken der Papiermark ergaben, im Handel und Verkehr dadurch Herr zu werden, daß vielfach zu gleitenden Preisen oder zu Richtzahlen mit Teuerungsmultiplikator abgeschlossen wurde. Aus welchen Gründen man bis Mitte 1922 die Papiermark noch allgemein als Wertmesser ansah und ob man etwa allgemein irrigerweise annahm, es handle sich nicht so sehr um eine Entwertung der Papiermark als vielmehr um eine wirkliche Warenteuerung, darauf kann es ebensowenig entscheidend ankommen wie auf die heutige Erkenntnis, daß es vom wirtschaftlichen Standpunkt aus vielleicht verfehlt war, wenn die Gesetzgebung, die Rechtsprechung und die überwiegende Mehrzahl der Volksgenossen an dem Satze „Mark ist gleich Mark" allzu lange festgehalten haben. Denn die Tatsache als solche ist und bleibt maßgebend für die rechtliche Beurteilung der damaligen Verhältnisse und läßt sich nicht ohne weiteres durch die jetzige, auf geläuterter Erkenntnis der Verhältnisse beruhende Auffassung beseitigen, daß man die Papiermark der Funktion eines allgemeinen Wertmessers für Deutschland viel früher hätte entkleiden sollen. Wenngleich damals entstandene Rechtsverhältnisse nach der heutigen, geläuterten Rechtsauffassung zu beurteilen sind, so müssen doch die tatsächlichen Verhältnisse dabei auch heute noch so bewertet werden, wie es damals allgemein geschah. Die Rechtsprechung darf daher den Umstand, daß die Mark damals tatsächlich noch allgemein anerkannter Wertmesser in Deutschland war, nicht unberücksichtigt lassen.

Daß die Rechtsprechung über die Aufwertung an § 242 BGB. anknüpfte und hierin seit der allmählichen Geldentwertung keine Änderung eintrat, ist gleichfalls ohne Bedeutung. Denn es handelt sich hierbei um eine Rechtsentwicklung, die sich nur langsam und schrittweise vollzogen hat. Den mit der Beibehaltung der Papiermark als Wertmesser tatsächlich verbundenen offenbaren Unbilligkeiten suchte man zunächst mit der clausula rebus sic stantibus beizukommen; dadurch ermöglichte man dem Verkäufer die Verweigerung der Vertragserfüllung. Soweit aber die Voraussetzung der clausula (ein trotz größter Sorgfalt nicht vorauszusehendes, ganz ungewöhnliches Sinken der Papiermark) nicht in Frage kam, verblieb es bei der

Verpflichtung des Verkäufers, zum Vertragspreis zu liefern. Erst als die Papiermark aufhörte, Wertmesser zu sein, entschloß sich die Rechtsprechung, dem Verkäufer ein Recht auf Aufwertung des Kaufpreises zu gewähren, selbst wenn er mit der Lieferung im Verzuge war. Erst von da an wurde es erforderlich, den Kaufpreis und den Eindeckungspreis auf einen einzigen Wertmesser zurückzuführen und dann durch Vergleichung beider Preise festzustellen, ob ein Schaden entstanden war. Die Auffassung, daß der Verkäufer für die vor Mitte 1922 zu erfüllenden Verträge keine Aufwertung zu beanspruchen habe und daß bei Schadensersatzansprüchen wegen Nichterfüllung bis zu dieser Zeit der Papiermarkkaufpreis vom Papiermarkdeckungskaufpreis einfach abzuziehen sei, entspricht der ständigen Rechtsprechung des Reichsgerichts; vgl. vom IV. Zivilsenat: Urteil vom 23. April 1925 IV 626/24 (Warn. 1925 Nr. 156); vom V. Zivilsenat: Urteil vom 14. Dezember 1925 V 223/25; vom VI. Zivilsenat: Urteil vom 9. Januar 1925 VI 242/24 (JW. 1925 S. 599 Nr. 1); ferner Urteil vom 13. März 1925 VI 463/24; Urteil vom 17. März 1925 VI 442/24 (JW. 1925 S. 1480 Nr. 5); Urteil vom 18. Dezember 1925 VI 313/25; Urteil vom 19. Februar 1926 VI 430/25; vom II. Zivilsenat, nachdem er im Urteil vom 2. Juli 1925 (Warn. 1925 Nr. 194) vorübergehend einen abweichenden Standpunkt eingenommen hatte: Urteil vom 30. September 1924 II 657/23 (RGZ. Bd. 109 S. 38); Urteil vom 26. Juni 1925 II 312/24 (RGZ. Bd. 111 S. 156); Urteil vom 8. Dezember 1925 II 441/25 (RGZ. Bd. 112 S. 194); Urteil vom 23. Oktober 1925 II 24/25; Urteil vom 26. Januar 1926 II 170/25; Urteil vom 30. März 1926 II 377/25; vom I. Zivilsenat: Urteil vom 16. März 1925 I 335/24; Urteil vom 7. Oktober 1925 I 506/24 (RGZ. Bd. 111 S. 342).

In allerneuester Zeit hat allerdings der I. Zivilsenat in den Entscheidungen vom 16. Januar 1926 I 159/25 (RGZ. Bd. 112 S. 324) und vom 23. Januar 1926 I 210/25 (Warn. 1926 S. 84) diese Ansicht verlassen. Wenn der erkennende Senat an seiner bisherigen Rechtsprechung festhält, so zwingt seine Stellungnahme gegenüber diesen letzterwähnten Erkenntnissen nicht zur Herbeiführung einer Entscheidung der Vereinigten Zivilsenate. Aus der Nichtanrufung der Vereinigten Zivilsenate durch den I. Zivilsenat ergibt sich, daß es nicht in dessen Absicht lag, in einer zur Anwendung des § 136 GVG.

nötigenden Weise von den hier gebilligten Entscheidungen abzuweichen. Sollte dies aber gleichwohl der Fall gewesen sein, so besteht für den II. Zivilsenat keine Notwendigkeit, die Vereinigten Zivilsenate anzurufen, weil der I. Zivilsenat, von dessen Rechtsauffassung abgewichen werden soll, bei seinen Entscheidungen selbst von der Rechtsauffassung anderer Zivilsenate (des II., IV., V. und VI.) abgewichen ist, ohne die Herbeiführung einer Entscheidung der Vereinigten Zivilsenate für erforderlich zu halten. In diesem Sinne haben auch die Strafsenate mehrfach den § 136 GVG. ausgelegt; vgl. RGSt. Bd. 45 S. 88; Bd. 55 S. 44, S. 183; Bd. 57 S. 134, S. 302.

Was im besonderen den Zeitpunkt anbetrifft, von dem an Aufwertung verlangt werden kann, so liegt es in der Natur der Sache und ist unvermeidlich, daß jede Festlegung im einzelnen Falle zu Härten führen kann. Wenn das Gesetz für die Aufwertung von Hypotheken im § 18 vorschreibt, daß vor dem 15. Juni 1922 vorbehaltlos angenommene Zahlungen zum Nennbetrag auf den Nennbetrag anzurechnen sind, so liegt dem wohl die Absicht zugrunde, die Aufwertungsgrundsätze möglichst schon auf die mit dem Fälligkeitstermin vom 1. Juli 1922 zurückgezahlten Hypotheken anzuwenden. Das könnte den Gedanken nahelegen, entgegen der bisherigen Praxis des erkennenden Senats, den Aufwertungszeitpunkt schon etwas früher als mit dem 15. August 1922 eintreten zu lassen, zumal dann, wenn der Ursprung der aufzuwertenden Forderung zeitlich sehr weit zurückliegt (vgl. auch Urteil vom 19. Februar 1926 VI 430/25, wo für Mitte Juli 1922 die Aufwertung versagt wird). Nachdem der erkennende Senat vorübergehend schon für Ende Juli 1922 die Aufwertung zuerkannt hatte, hat er später ständig am 15. August 1922 als frühestem für die Aufwertung in Betracht kommenden Zeitpunkt festgehalten und für die frühere Zeit nur noch mit der clausula rebus sic stantibus und dem auf sie zu stützenden Rücktrittsrecht helfen zu dürfen geglaubt. Trotz der unverkennbaren Härten, die sich hieraus für manche Rechtsverhältnisse ergeben können, muß im Interesse der Sicherheit des Rechtsverkehrs hieran festgehalten werden. Für den vorliegenden Fall spielt aber diese Frage überhaupt keine Rolle, da es sich hier um das Jahr 1919 handelt. Wenn auch schon während des Kriegs die Kaufkraft der Mark zu sinken angefangen hatte und sich diese Entwicklung im Jahre 1919 und Anfang 1920 weiter fortsetzte, so ist doch das damals und namentlich im Jahre 1919 in die Erscheinung getretene sprunghafte und teilweise sehr erhebliche Emporschnellen der Warenpreise nur in sehr beschränktem Maße auf eine Entwertung der Mark und ein Sinken ihrer Kaufkraft im Inlande zurückzuführen, deren Ursache in dem verlorenen Krieg und der durch die Not der Zeit gebotenen Vermehrung der Reichsbanknoten ohne hinreichende Golddeckung zu suchen ist. Überwiegend beruht es vielmehr auf wirklicher Warenteuerung, die durch die wirtschaftlichen Folgen der Einführung des achtstündigen Arbeitstags, die sprunghaften, zum Teil auf politischen Gründen beruhenden gewaltigen Steigerungen der Löhne, den großen Warenhunger nach der mehrjährigen Blockade, die vielen Streike, die Steigerung der Kohlenpreise und ähnliches mehr hervorgerufen wurde. Das zeigt sich deutlich, wenn man die einzelnen Zahlen vom 22. August 1919 (Vertragsabschuß) und vom 30. Dezember 1919 (Deckungskauf) miteinander vergleicht. Die Tonne Schrott war in dieser Zeit von 310 auf 1395 *M*, also auf das $4^1/_2$fache gestiegen, die Teuerungszahlen nach der Leipziger Teuerungstabelle dagegen nur von 352 *M* auf 474,50 *M*, also noch nicht einmal um $^1/_3$; nach der Umwertungstabelle der Aufwertungsbestimmungen waren 10 P*M* am 22. August 1919 = 2,29 G*M*, am 30. Dezember = 1,04 G*M*. Der Dollar stieg in dieser Zeit von 21,46 auf 48,68 P*M*, das englische Pfund von 88,97 auf 186,20 P*M* und 100 holländische Gulden von 817,25 auf 1844,50 P*M*. Angesichts solcher Zahlen spielt für das Jahr 1919 und den Anfang 1920 die Geldverschlechterung gegenüber der fortschreitenden Warenteuerung eine so untergeordnete Rolle, daß damals die Mark im Verhältnis zur späteren Zeit ziemlich wertbeständig blieb und daß schon deshalb, selbst wenn man die damaligen Verhältnisse mit den jetzigen Augen ansieht, für die Anwendung des § 242 BGB. kein Raum ist....

Hiernach war das angefochtene Urteil aufzuheben und die Sache zur anderweiten Verhandlung und Entscheidung an die Vorinstanz zurückzuverweisen. Dabei mag zur Frage der Aufwertung bereits jetzt bemerkt werden, daß in den Jahren 1919 und 1920 in Deutschland im allgemeinen noch nicht nach Dollars gerechnet wurde und es deshalb nicht angängig ist, für jene Zeit den Goldmarkwert über den Dollarkurs zu berechnen. Die Kaufkraft der deutschen Papiermark war damals bei weitem größer, als dies im Dollarkurse zum

Ausdrucke kam, dessen Schwankungen wesentlich durch außenpolitische Gründe bestimmt wurden....

---

26. 1. Wird die unerlaubte Entfernung eines Beamten vom Amt dadurch allein zu einer erlaubten, daß seine vorläufige Amtsenthebung angeordnet wird?

2. Hat der vom Dienst vorläufig enthobene, im Ungehorsam beharrende Beamte Anspruch auf die Hälfte seines zuletzt bezogenen Diensteinkommens?

RBeamtenG. §§ 14 Abs. 3, 128 Abs. 1.

III. Zivilsenat. Urt. v. 16. März 1926 i. S. Deutsche Reichsbahn-Gesellschaft (Bekl.) w. Th. (Kl.). III 174/25.

I. Landgericht I Berlin.
II. Kammergericht daselbst.

Der Kläger, der als Eisenbahnassistent in Diensten der Beklagten steht, war von dieser zu dem Vorstand der Reichsgewerkschaft Deutscher Eisenbahnbeamten und -Anwärter für die Zeit bis zum 31. März 1922 unter Vorbehalt jederzeitigen Widerrufs gehaltlos beurlaubt.

Durch Erlaß des Reichsverkehrsministers vom 5. Februar 1922 wurde gegen den Kläger das förmliche Dienststrafverfahren eröffnet und er gleichzeitig vorläufig vom Dienst enthoben mit der Begründung, er habe einer Ende Januar 1922 an ihn gerichteten Aufforderung zum Wiederantritt seines Dienstes keine Folge geleistet und habe gelegentlich der zu jener Zeit vorhandenen Streikbewegung der Eisenbahner lebhaft für den Streik gewirkt. In dem Dienststrafverfahren verteidigte sich der Kläger damit, daß ihm eine Aufforderung zur Wiederaufnahme des Dienstes nicht zugegangen sei, auch bestritt er, für den Streik tätig gewesen zu sein. Das Dienststrafverfahren endigte mit der Einstellung, jedoch wurde gegen den Kläger wegen der ihm zur Last gelegten Verfehlungen eine Ordnungsstrafe verhängt. Bis zu seiner Wiedereinstellung in den Dienst zu Beginn des Jahres 1924 ist dem Kläger kein Gehalt gezahlt, ein Antrag auf Zahlung des halben Gehalts vom 1. März 1922 an ist vom Reichsverkehrsminister durch Erlaß vom 19. Mai 1923 abgelehnt worden.

Mit der Klage verlangt der Kläger unter Berufung auf § 128 Abs. 1 RBG. Nachzahlung der Hälfte seines Diensteinkommens seit dem 1. März 1922. Das Landgericht hat die Beklagte dem Klagantrag entsprechend zur Zahlung eines Papiermarkbetrags verurteilt, das Kammergericht hat die Berufung der Beklagten zurückgewiesen, auf die Anschlußberufung des Klägers die Beklagte zur Zahlung von 195 RM verurteilt und die weitergehenden Ansprüche des Klägers abgewiesen.

Die Revision der Beklagten führte zur Aufhebung des Berufungsurteils und zur Zurückverweisung der Sache.

Gründe:

Da das Berufungsgericht zu Eingang der Entscheidungsgründe seines Urteils erklärt, es trete den Ausführungen des Landgerichts in allen Punkten bei und mache sie zu den seinigen, so ist auf die Entscheidungsgründe der beiden Vorinstanzen einzugehen. Diese sind nicht geeignet, das angefochtene Urteil zu tragen. Zwar vermag der Senat den auch von der Revision vertretenen Standpunkt der Beklagten nicht zu teilen, daß die Voraussetzungen des § 128 Abs. 1 RBG. schon um deswillen nicht gegeben seien, weil der Kläger zur Zeit der vorläufigen Dienstenthebung infolge seiner gehaltlosen Beurlaubung überhaupt kein Gehalt bezogen habe, also auch von einer Einbehaltung der Hälfte seines Diensteinkommens keine Rede sein könne. Denn die Beurlaubung ohne Gehalt ist ein nur vorübergehender Zustand, der von der Beklagten jederzeit durch Ausübung ihres Widerrufsrechts beendet werden konnte und der den Rechtsanspruch des Klägers auf Gehaltszahlung im Fall der Dienstleistung nicht berührt. Hätte der Kläger nach dem Widerruf seiner Beurlaubung seine Dienste der zuständigen Behörde sofort wieder zur Verfügung gestellt, so wäre sein Gehaltsanspruch — wie die Vorinstanzen annehmen — allerdings in der durch § 128 Abs. 1 RBG. bestimmten Höhe wieder aufgelebt.

Dagegen ist die von der Revision behauptete Verletzung des § 14 RBG. in folgendem zu finden:

Die Vorinstanzen nehmen übereinstimmend an, daß mit dem Zeitpunkt der vorläufigen Dienstenthebung des Klägers von einer „unerlaubten“ Entfernung im Sinne des § 14 Abs. 3 RBG. nicht mehr die Rede sein könne, da diese gesetzliche Bestimmung nur Platz greife, wenn die Nichtleistung der Dienste auf dem Willen des Beamten beruhe, daß sie also nicht Anwendung finde, wenn die dienstberechtigte Behörde — wie im vorliegenden Fall — durch die Amtsenthebung des Beamten es ihm „unmöglich mache", Dienste zu leisten. Das landgerichtliche Urteil spricht noch besonders aus, auf Grund der Vorschrift des § 14 Abs. 3 RBG. würde der Kläger im Fall einer unentschuldigten Urlaubsüberschreitung lediglich seines Gehalts zwischen der Beendigung des Urlaubs — Ende Januar 1922 — und dem Beginn der vorläufigen Amtsenthebung — dem 5. Februar 1922 — verlustig gehen können, da mit dieser Enthebung seine Entfernung nicht mehr unerlaubt, sondern durch seine vorgesetzte Behörde geboten gewesen sei.

In dieser Allgemeinheit und uneingeschränkt ausgesprochen ist diese Ansicht rechtsirrig. Sie geht schon um deswillen fehl, weil auch der enthobene Beamte, wenn er ohne Urlaub seinen Dienst verläßt, für die Dauer der unerlaubten Entfernung seines ganzen Diensteinkommens verlustig geht, da die Residenzpflicht trotz der vorläufigen Dienstenthebung bestehen bleibt. Die Unhaltbarkeit der von den Vorinstanzen vertretenen Rechtsansicht ergibt sich aber vor allem aus folgenden Erwägungen: Überschreitet ein Beamter den erteilten Urlaub, weil er anderwärts eine gewinnbringende Tätigkeit gefunden hat, und kehrt er auf Widerruf des Urlaubs und Aufforderung zum Wiederantritt des Dienstes nicht zurück in der Absicht, sich die gefundene Einnahmequelle zu erhalten, und sieht anderseits die vorgesetzte Dienstbehörde von einer vorläufigen Amtsenthebung ab, so kann es keinem Zweifel unterliegen, daß § 14 Abs. 3 RBG. Anwendung zu finden hat, der Beamte also für die Zeit der unerlaubten Entfernung sein gesamtes Diensteinkommen verliert. Diese Rechtslage kann — bei sonst gleichen Umständen — unmöglich dadurch eine andere werden, daß die oberste Reichsbehörde die dienstliche Verfehlung als so schwer ansieht, daß sie die vorläufige Amtsenthebung für geboten erachtet. Die unerlaubte Entfernung des Beamten verwandelt sich durch die Verhängung dieser Maßnahme niemals in eine erlaubte, von der dienstberechtigten Behörde gebotene. Wollte man anders entscheiden, so würde die Verhängung der vorläufigen Dienstenthebung für den im Ungehorsam beharrenden Beamten geradezu eine Besserstellung bedeuten, das Reich müßte ihm zu dem erheblichen Verdienst, den er außerhalb seines

Amts gesucht und gefunden hat, gemäß § 128 Abs. 1 noch die Hälfte seines Diensteinkommens bezahlen, nur weil die Suspension verhängt worden ist. Das kann aber der Gesetzgeber unmöglich gewollt haben. Während der vorläufigen Amtsenthebung soll dem Beamten, der sein volles Gehalt bezieht, die eine Hälfte einbehalten werden, nicht aber soll dem Beamten, der seines Gehalts gemäß § 14 Abs. 3 verlustig ist, die Hälfte der zuletzt erhaltenen Bezüge zugewendet werden. Zu beachten ist ferner, daß § 14 unter den allgemeinen Bestimmungen des Gesetzes steht und im Gegensatz zu der Verfahrensvorschrift des § 128 einen materiellen Rechtssatz enthält. Auch die Erwägung des Landgerichts, daß der Fortfall des Diensteinkommens nach § 14 Abs. 3 RBG. auch für die Dauer des Dienststrafverfahrens schon deshalb nicht eintreten könne, weil dann eine Urlaubsüberschreitung einer strengeren Behandlung unterläge als jede andere dienstliche Verfehlung, also auch eine solche strafrechtlicher Art, kann keinen Anlaß zu einer anderen rechtlichen Beurteilung geben. Denn der Einkommensverlust nach § 14 Abs. 3 RBG. hat keinen strafrechtlichen Charakter, sondern ist eine vermögensrechtliche Folge der Nichterfüllung der Amtspflicht und des dadurch dem Reich zugefügten Schadens (RGZ. Bd. 52 S. 22/23).

Es kommt daher auf die Umstände des Falles an, ob eine Urlaubsüberschreitung als unerlaubte Entfernung vom Amt anzusehen ist und ob dem Beamten besondere Entschuldigungsgründe zur Seite stehen, was vom Gericht nachzuprüfen ist (RGUrt. vom 27. November 1925 III 252/25). Im vorliegenden Fall behauptet nun die Beklagte, wie sich schon aus dem Schreiben des Reichsverkehrsministers vom 19. Mai 1923, aus ihren Schriftsätzen und namentlich aus der Berufungsbegründung ergibt, der Kläger habe der Aufforderung, seinen Dienst wieder anzutreten, nicht Folge geleistet und habe diesen Willen auch über die Zeit des ihm ursprünglich bewilligten Urlaubs, den 31. März 1922, hinaus gehabt und durch sein Verhalten bekundet. Umgekehrt macht der Kläger geltend, er habe das Aufforderungsschreiben zur Rückkehr in den Eisenbahndienst nicht erhalten und er habe in dem Disziplinarverfahren alsbald dem die Untersuchung führenden Beamten erklärt, daß er einer Aufforderung zur Rückkehr in den Dienst sofort Folge geleistet haben würde und daß er auch zur Zeit der Vernehmung noch bereit sei, den Dienst wieder aufzunehmen. Das Berufungsgericht durfte sich daher der Stellungnahme zu diesem widersprechenden und für die Entscheidung der Rechtsfrage erheblichen Parteivorbringen nicht entziehen. Das angefochtene Urteil läßt jedoch die erforderlichen Feststellungen vermissen. Im Tatbestand des landgerichtlichen Urteils ist allerdings die Feststellung enthalten, der Kläger habe dem die Untersuchung führenden Beamten gegenüber geäußert, er hätte den Dienst wieder aufgenommen, wenn ihm das Aufforderungsschreiben zugegangen wäre. Da jedoch die Feststellung fehlt, ob letzteres der Fall ist oder nicht, so läßt sich eine Dienstbereitschaft des Klägers aus dieser Äußerung allein nicht herleiten. Denn wenn ihm, wie die Beklagte behauptet, das Rückberufungsschreiben tatsächlich zugegangen ist, so stellt die Äußerung eine völlig unbeachtliche Ausrede dar. Eine Feststellung, daß der Kläger sich auch zur Zeit seiner Vernehmung noch ernstlich bereit erklärt hätte, den Dienst wieder aufzunehmen, wodurch die Annahme einer unerlaubten Entfernung für die Folgezeit unter Umständen hätte entkräftet werden können, ist gleichfalls nicht getroffen. Dabei ist aber zu berücksichtigen, daß — wie schon oben angedeutet — die Erklärung der Dienstbereitschaft ausdrücklich oder stillschweigend an die zuständige Behörde gerichtet gewesen sein muß. Unter Umständen wird auch die Erklärung, die der Kläger dem die Dienststrafuntersuchung führenden Beamten gegenüber abgegeben haben will, dazu ausreichen können. Um dies anzunehmen, müssen aber vorher Form und Inhalt der Erklärung und die Umstände, unter denen sie erfolgt ist, festgestellt werden.

---

27. Zur Anwendung der §§ 2 und 15 Abs. 4 des Gesetzes betreffend die Gesellschaften mit beschränkter Haftung.

II. Zivilsenat. Urt. v. 19. März 1926 i. S. A.-F.-Co. (Kl.) w. M. (Bekl.). II 236/25.

I. Landgericht I Berlin, Kammer für Handelssachen.
II. Kammergericht daselbst.

Durch notariell beurkundeten Vertrag vom 2. Juli 1923 errichteten die Parteien eine Gesellschaft mit beschränkter Haftung. Das Stammkapital von 150 Millionen Mark wurde von der Klägerin in Höhe von 120 Millionen Mark, vom Beklagten in Höhe von 30 Millionen Mark übernommen. Im Vertrag wurde bestimmt:

§ 6: Jeder Gesellschafter kann die Gesellschaft bis zum 31. Dezember 1924 mit zweimonatiger Kündigungsfrist zum ersten eines Monats aufkündigen.

§ 12 Abs. 2: Erfolgt eine Kündigung seitens der Gesellschafterin A.-F.-Co. gemäß § 6 ..., so ist der Gesellschafter M. berechtigt, den Geschäftsanteil von der Mitgesellschafterin zu erwerben, um die Gesellschaft fortzusetzen.

Abs. 3: In diesem Falle ist der Gesellschafter M. verpflichtet, der Mitgesellschafterin A.-F.-Co. für den 120 Millionen-Anteil die Summe von ... (mindestens 1000) Dollars zu zahlen.

Abs. 6: ... Der Gesellschafter M. ist verpflichtet, binnen eines Monats nach Empfang der Kündigungserklärung seinerseits zu erklären, ob er den Geschäftsanteil der Mitgesellschafterin übernimmt. ...

Nachdem die Gesellschaft in das Handelsregister eingetragen worden und in Tätigkeit getreten war, erklärte die Klägerin durch einen am 22. Juli 1924 dem Beklagten zugegangenen Einschreibebrief, sie spreche ihm gemäß §§ 6 und 12 des Gesellschaftsvertrags die Kündigung aus. Am 6. August 1924 antwortete der Beklagte telegraphisch und mittels Einschreibebriefs, er übernehme nach § 12 des Vertrags den Geschäftsanteil der Klägerin. Später verweigerte der Beklagte unter Berufung auf § 15 Abs. 4 GmbHG. die Übernahme dieses Geschäftsanteils und die Bezahlung des Übernahmepreises.

Die auf Verurteilung des Beklagten zur Zahlung von 1000 Dollars gerichtete Klage wurde vom Landgericht mit der Begründung abgewiesen, daß der Beklagte im notariellen Gesellschaftsvertrag eine — auch nur bedingte — Verpflichtung zur Übernahme des Geschäftsanteils der Klägerin nicht eingegangen sei und daß seine Verpflichtungserklärungen vom 6. August 1924 der Form des § 15 Abs. 4 GmbHG. ermangelten. Die Berufung der Klägerin wurde zurückgewiesen. Ihre Revision hatte Erfolg.

Aus den Gründen:

... Die Revision macht dem Kammergericht mit Grund den Vorwurf, daß es die rechtliche Bedeutung der erwähnten Bestimmungen des Gesellschaftsvertrags verkannt habe. Es handelt sich bei jenen Bestimmungen nicht um eine selbständige, neben der Errichtung der Gesellschaft getroffene Abmachung des Inhalts, daß die Klägerin dem Beklagten für einen gewissen Fall die käufliche Überlassung ihres Geschäftsanteils anbiete, und daß es im Belieben des Beklagten stehe, binnen Monatsfrist nach Eintritt des Falles dieses Verkaufsangebot anzunehmen, sondern lediglich um die innere Ausgestaltung des zwischen den Vertragschließenden herzustellenden Gesellschaftsverhältnisses. Die Klägerin sollte, ebenso wie der Beklagte, die zu errichtende Gesellschaft m. b. H. bis zum 31. Dezember 1924 mit zweimonatiger, am ersten eines Monats endigender Frist aufkündigen, also die Gesellschaft mit Fristablauf zur Auflösung bringen können; der Beklagte sollte jedoch befugt sein, binnen eines Monats nach einer von der Klägerin ausgehenden Kündigung deren auflösende Wirkung durch die gegenüber der Klägerin abzugebende Erklärung zu vereiteln, daß er den Geschäftsanteil der Klägerin (zu dem im Gesellschaftsvertrag festgesetzten Preis) übernehme. Dies ist durch die Fassung des § 12 des Gesellschaftsvertrags, insbesondere durch die Schlußworte des § 12 Abs. 2: „um die Gesellschaft fortzusetzen", mit aller Deutlichkeit zum Ausdruck gelangt. Die Abmachung unterlag daher nicht der Formvorschrift des § 15 Abs. 4 GmbHG., sondern als unlöslicher Bestandteil des Gesellschaftsvertrags ausschließlich der des § 2 das., und die letztere erstreckte sich weder auf die am 22. Juli 1924 dem Beklagten zugegangene Kündigungserklärung der Klägerin, noch auf die am 6. August 1924 telegraphisch und brieflich an die Klägerin abgesandte und, wie feststeht, ihr vor Ablauf des 22. August 1924 zugegangene Übernahmeerklärung des Beklagten.

Wollte man indes selbst annehmen, daß auch die Vorschrift des § 15 Abs. 4 GmbHG. Anwendung zu finden habe, so würde die Formbedürftigkeit dieser Übernahmeerklärung gleichfalls zu verneinen sein. Denn in dem Gesellschaftsvertrag vom 2. Juli 1923 sind die Verpflichtungen beider Teile, die der Klägerin zur Abtretung ihres Geschäftsanteils und die des Beklagten zu dessen Übernahme, bereits notariell beurkundet, beide Verpflichtungen als bedingt durch die Erklärung der Klägerin, daß sie das Gesellschaftsverhältnis aufkündige, und durch die Erklärung des Beklagten, daß er, behufs Fortsetzung der Gesellschaft, den Geschäftsanteil der Klägerin übernehme. Diese Erklärung des Beklagten ist in ihrem Endzweck darauf gerichtet, die auflösende Wirkung der von der Klägerin ausgesprochenen Kündigung zu vereiteln, und deshalb der Form des § 15 Abs. 4 GmbHG. ebensowenig unterworfen, wie die Kündigung selbst. Durch diese Vorschrift soll nur der Handel mit Geschäftsanteilen an einer Gesellschaft m. b. H., nicht aber die Aufkündigung einer solchen Gesellschaft oder anderseits die Verhinderung ihrer Auflösung erschwert werden. ...

---

28. Findet, wenn der Versicherer vorläufige Deckung zusagt, für die erste Prämienzahlung § 39 oder § 38 des Gesetzes über den Versicherungsvertrag Anwendung?

VI. Zivilsenat. Urt. v. 19. März 1926 i. S. J. (Kl.) w. Hamb.-Brem. F. V. G. (Bekl.). VI 376/25.

I. Landgericht Hamburg.
II. Oberlandesgericht daselbst.

Der Kläger hatte im Februar 1924 den Makler M. mit seiner Deckung gegen Feuersgefahr beauftragt. Am 24. oder 25. Februar 1924 teilte M. dem Kläger durch Fernsprecher mit, daß er an der Börse vom 1. März 1924 ab gegen Feuerschaden versichert worden sei, und bestätigte dies durch Schreiben vom 25. Februar 1924. Am 5. März 1924 erhielt der Kläger den Versicherungsschein der Beklagten mit dem Ersuchen um Übersendung der Prämie von 557,25 G*M*. Der Kläger erhob sowohl gegen die Person des Versicherers, als auch gegen die Höhe des Prämiensatzes ($7^1/_2$ ‰) Einwendungen. Dem letzteren Einwand trug die Beklagte dadurch Rechnung, daß sie den Prämiensatz auf 5 ‰ ermäßigte und dem Kläger einen neuen Versicherungsschein vom 15. April 1924 zustellte. Trotzdem hielt der Kläger seinen Protest gegen die Person des Versicherers aufrecht, weil er die Versicherung bei der Basler Versicherungsgesellschaft, bei der er vorher versichert war, genommen wissen wollte. Da er die Prämie nicht zahlte, erwirkte die Beklagte ein Urteil auf Zahlung der Prämie, das rechtskräftig geworden ist. Die Prämie ist dann zwar auf das Konto M. überwiesen worden, aber erst am 3. Oktober 1924, nachdem in der Nacht vom 2./3. Oktober ein Brandschaden eingetreten war. Die Beklagte verweigerte nunmehr den Ersatz des Schadens unter Bezugnahme auf § 38 VVG. und § 5 ihrer allgemeinen Versicherungsbedingungen. Der mit der Klage unter Vorbehalt weiterer Ansprüche geltend gemachte Anspruch auf Zahlung der Entschädigung in Höhe von 20500 RM ist in beiden Vorinstanzen abgewiesen worden. Die Revision hatte keinen Erfolg.

Gründe:

(Es wird zunächst ausgeführt, daß der Versicherungsvertrag am 5. März 1924 gültig abgeschlossen worden ist, und dann fortgefahren:) Nun hat der Kläger unstreitig die erste Prämie erst gezahlt, nachdem bereits der Versicherungsfall eingetreten war. Nimmt man mit dem Berufungsgericht an, daß die erste Prämienzahlung im Sinne des § 38 VVG. eine solche war, die bei Beginn der Versicherung zu erfolgen hatte, so würde die Beklagte von der Verpflichtung zur Entschädigung des Klägers frei sein. Die Revision bekämpft aber diese Ansicht namentlich deswegen, weil die Versicherung an der Börse genommen worden sei. Sie meint, bei einem an der Börse abgeschlossenen Versicherungsgeschäft bedürfe es, wenn das Datum des Beginns der Versicherung festgesetzt sei, einer vorherigen Anforderung der Prämie, falls die Versicherungsgesellschaft zum Ausdruck bringen wolle, daß entgegen der Üblichkeit in diesem Falle der festgesetzte Beginn der Versicherung noch von der vorherigen Prämienzahlung abhängig sein solle; einer besonderen Stundungsabrede bedürfe es nicht. Es komme daher § 39 VVG. in Betracht. Die Revision hat es aber an der Begründung fehlen lassen, weshalb für Versicherungen, die an der Börse abgeschlossen werden, andere Rechtsgrundsätze gelten sollen, als für die außerhalb der Börse abgeschlossenen. Daß für börsenmäßige Versicherungsabschlüsse eine besondere abweichende Übung bestehe, ist ein neues Vorbringen, mit dem die Revision in dieser Instanz nicht gehört werden kann. Es bleibt also die streitige Rechtsfrage zu entscheiden, ob, wenn der Versicherer vorläufige Deckung zusagt, für die erste Prämienzahlung § 39 oder § 38 VVG. Anwendung findet.

Im Schrifttum wird mehrfach angenommen, daß in der vorläufigen Deckungszusage mangels gegenteiliger Vereinbarung eine Stundung der ersten Prämie stillschweigend zu finden sei, daß die erste Prämienzahlung dadurch also zu einer solchen werde, die nach Beginn der Versicherung zu erfolgen habe. Dieser Ansicht, die davon ausgeht, daß die vorläufige Deckung und die endgültige Versicherung auf einem einheitlichen Vertragsverhältnis beruhen, kann nicht beigetreten werden. Die vorläufige Deckungszusage ist vielmehr ein selbständiger Vertrag, der, falls er nicht anders befristet ist, mit dem Abschluß des Versicherungsvertrags oder mit der Ablehnung des Versicherungsantrags sein Ende erreicht. Bis zu diesem Zeitpunkt genießt der Antragsteller Versicherungsschutz. Tritt vorher ein Versicherungsfall ein, so ist der Versicherer, auch wenn er nachher den Abschluß des Versicherungsvertrags verweigert, entschädigungspflichtig (RGZ. Bd. 107 S. 200, 201). Kommt der beantragte Versicherungsvertrag zustande, so beginnt nunmehr mit dem Vertragsabschluß die endgültige Versicherung. Die erste Prämie für die endgültige Versicherung ist gemäß § 35 VVG. sofort nach dem Abschluß des Versicherungsvertrags zu zahlen; die Prämienzahlung ist im Sinne des § 38 VVG. eine solche, die beim Beginn dieser Versicherung zu erfolgen hat. Bei nicht rechtzeitiger Zahlung treten daher im Falle des vorherigen Eintritts eines Versicherungsfalls die Folgen des § 38 VVG. ein. Die Prämie für die vorläufige Deckung bildet rechtlich keinen Teil der ersten Prämie, wenn es auch üblich ist, sie in die erste Prämie einzurechnen. Das ergibt sich schon daraus, daß sie auch dann zu zahlen ist, wenn der Versicherungsvertrag nicht zustande kommt.

Der Kläger war demnach verpflichtet, die erste Prämie, ohne daß es einer Fristsetzung der Beklagten gemäß § 39 VVG. bedurfte, sofort nach dem am 5. März 1924 erfolgten Vertragsabschluß zu zahlen. Da der Versicherungsfall vor der Zahlung eingetreten ist, so ist die Beklagte nach § 38 VVG. von der Leistung frei.

---

29. 1. Unter welchen Voraussetzungen ist neben oder an Stelle der Klage auf Anfechtung von Generalversammlungsbeschlüssen gemäß §§ 271 flg. HGB. eine Klage auf Feststellung der Nichtigkeit solcher Beschlüsse zulässig?

2. Kann über die Höhe der Aufwertung von rückständigen Einzahlungen auf Aktien ein Beschluß der Generalversammlung ergehen?

3. Ist es zulässig, vor der Genehmigung der Goldmarkbilanz und vor der Umstellung des Aktienkapitals auf Goldmark durch besonderen Beschluß der Generalversammlung festzustellen, in welcher Höhe die rückständigen Einlagen auf nicht voll eingezahlte Papiermarkaktien in Goldmark zu leisten sind?

HGB. §§ 211, 271 flg. II. DurchfVO. z. GoldbilanzVO. § 26.

II. Zivilsenat. Urt. v. 19. März 1926 i. S. Maschinenfabrik K. A.-G. (Bekl.) w. D. (Kl.). II 412/25.

I. Landgericht Chemnitz, Kammer für Handelssachen.
II. Oberlandesgericht Dresden.

Der Kläger ist seit August 1924 im Aktienbuch eingetragener Aktionär der Beklagten mit 18 Aktien. Seine sämtlichen Aktien gehören zu denjenigen 12000 Stammaktien im Nennbetrage von je 1200 P*M*, die in der Generalversammlung vom 8. November 1922 neu geschaffen und den Inhabern der alten Stammaktien in der Weise zum Bezuge angeboten wurden, daß auf je 600 P*M* altes Aktienkapital eine neue Aktie bezogen werden konnte. An der satzungsgemäß zu verteilenden Dividende nahmen sie vom 1. Juli 1922 ab im Verhältnis ihrer Nennbeträge teil. Bei der Zeichnung wurden 25 v. H. ihrer Nennbeträge, also 300 P*M* je Aktie, aus Gesellschaftsmitteln eingezahlt.

Die Beklagte hat zwar eine Goldmarkeröffnungsbilanz aufgestellt; diese ist aber von der Generalversammlung noch nicht genehmigt, auch ist die Umstellung des Aktienkapitals auf Goldmark noch nicht erfolgt. Am 23. Oktober 1924 fand eine Generalversammlung der Beklagten statt, in welcher der Kläger nicht vertreten war. In der Versammlung wurde zu 2a der Tagesordnung die Dividendenberechtigung der neuen Aktien auf die geleisteten Einzahlungen beschränkt und zu 3 der Tagesordnung einstimmig beschlossen: „Die auf die Aktien Nr. 9626—22125, auf welche bisher nur 25 % eingezahlt worden sind, noch zu leistende Einzahlung wird auf 300 G*M* je Aktie festgesetzt. Die einzelnen Beträge der hiernach zu leistenden weiteren Einzahlungen und die Zeit, zu welcher sie zu leisten sind, werden vom Aufsichtsrat bestimmt und in den Gesellschaftsblättern bekannt gemacht."

Der Kläger verlangt mit der Klage Feststellung der Nichtigkeit dieser Generalversammlungsbeschlüsse, eventuell Feststellung, daß seine Aktien auch für die Zeit vom 1. Juli 1924 ab voll dividendenberechtigt seien, und daß er nicht verpflichtet sei, auf diese Aktien je 300 GM einzuzahlen. Er macht geltend, der Beschluß zu 2a der Tagesordnung verstoße gegen ein Sonderrecht, der Beschluß zu 3 gegen § 211 HGB. Die Beklagte hat die Zulässigkeit der Klage beanstandet. Sie meint, die Beschlüsse hätten nur im Wege der Anfechtungsklage nach §§ 271 flg. HGB. angegriffen werden können, deren Voraussetzungen nicht gegeben seien; die Festsetzung der Einzahlungen sei übrigens auch sachlich gerechtfertigt, denn die Beklagte wolle ihr Aktienkapital im Verhältnis von 1 : 3 in Gold umstellen; da die Einzahlung auf die neuen Aktien sich auf 25 % ihrer Nennbeträge beschränke, seien noch 75 % = 300 GM ungedeckt.

Das Landgericht hat den Beschluß auf Nachforderung von 300 GM für die jungen Aktien für nichtig erklärt, im übrigen die Klage abgewiesen. Die von beiden Parteien hiergegen eingelegten Berufungen wurden zurückgewiesen. Die Revision der Beklagten blieb ohne Erfolg.

Aus den Gründen:

Für die Revisionsinstanz kommt nur noch der Generalversammlungsbeschluß zu Punkt 3 der Tagesordnung in Betracht, der die auf die Aktien Nr. 9626—22125 noch zu leistende Einzahlung auf 300 GM für die einzelne Aktie festsetzt. Der Kläger begehrt in erster Reihe die Nichtigerklärung dieses Beschlusses. Beide Vorinstanzen haben sich auf den Standpunkt gestellt, daß die Klage als eine solche auf Feststellung der Nichtigkeit des Beschlusses wegen Verstoßes gegen einen zwingenden Rechtssatz aufzufassen und daß eine solche Klage, ohne an die Voraussetzungen für die Anfechtungsklage gegen Generalversammlungsbeschlüsse gemäß §§ 271 flg. HGB. gebunden zu sein, dann zulässig sei, wenn der Verstoß unheilbare Nichtigkeit begründe. Das angefochtene Urteil erblickt in dem angegriffenen Beschluß einen Verstoß gegen den zwingenden Grundsatz des § 211 HGB., durch den die Verpflichtung des Aktionärs zur Leistung von Kapitaleinlagen bei Ausgabe von Aktien zum Nennbetrage durch diesen begrenzt wird. Da die hier fraglichen Aktien in Papiermark ausgegeben seien, so erschöpfe sich die Verpflichtung des Aktionärs zur Einzahlung des rückständigen Teils der Einlage in der Entrichtung von 900 P.M je Aktie; dieser Betrag dürfe nach allgemeinen Grundsätzen nicht höher als auf seinen Goldmarkwert zur Zeit der Zeichnung oder des Generalversammlungsbeschlusses über die Erhöhung aufgewertet werden. Der Beschluß der Vereinigten Zivilsenate vom 31. März 1925, RGZ. Bd. 110 S. 371, greife nicht Platz, weil die Aktien schon geliefert seien und die Gesellschaft damit die Beteiligung geleistet habe. Weiter wird auf die besonderen Verhältnisse bei der Schaffung der Aktien (Einzahlung der 25 % aus Mitteln der Gesellschaft) hingewiesen, wonach eine höhere Aufwertung nach dem Willen der Beteiligten bei Schaffung der Aktien ausgeschlossen erscheine. Das Oberlandesgericht lehnt es ab, der beabsichtigten Umstellung der Aktien auf 400 G.M für die Höhe der Nachzahlungen einen Einfluß einzuräumen, da die Goldmarkbilanz noch nicht von der Generalversammlung genehmigt, also noch nicht in bindender Weise aufgestellt sei. Der angefochtene Beschluß setzt nach der Auffassung des Vorderrichters eine gesellschaftliche Leistung fest; durch ihn werde im Falle seiner Rechtsbeständigkeit auch der Kläger verpflichtet, dieser habe deshalb ein rechtliches Interesse an der alsbaldigen Feststellung der Nichtigkeit.

Zutreffend nehmen die Vorinstanzen an, daß die Klage nur unter dem Gesichtspunkte der Feststellung der Nichtigkeit des Beschlusses zulässig ist; denn an den Voraussetzungen für eine Anfechtungsklage nach §§ 271 flg. HGB. fehlt es nach mehrfacher Richtung. Es ist in der Rechtsprechung anerkannt (vgl. RGZ. Bd. 68 S. 263, Bd. 75 S. 239, Bd. 80 S. 85), daß Generalversammlungsbeschlüsse nicht bloß im Wege des § 271 HGB. beseitigt werden können, daß vielmehr im Falle unheilbarer Nichtigkeit daneben auch eine Klage auf Feststellung der Nichtigkeit möglich ist. Das trifft nicht nur beim Vorliegen von formellen Mängeln, sondern auch dann zu, wenn der Beschluß seinem Inhalt nach gegen zwingende Rechtssätze verstößt. Die Vorschrift des § 211 HGB. ist eine solche zwingenden Rechts, und ein Beschluß, der den Aktionären weitergehende als die dort erwähnten Verpflichtungen auferlegt, ist nichtig und nicht bloß anfechtbar. Wenn also ein Verstoß gegen § 211 HGB. vorliegt, so begegnet die Zulässigkeit der Klage keinem rechtlichen Bedenken.

(Nach Zurückweisung der Revisionsangriffe gegen die Ansicht des Berufungsgerichts, daß es sich bei dem angefochtenen Beschluß um eine die sämtlichen Aktionäre verpflichtende Maßnahme der Generalversammlung als Gesellschaftsorgans handle, wird fortgefahren:)

Die Vorinstanzen haben die Frage, ob die Generalversammlung die Höhe der rückständigen Einlagen überhaupt durch ihren Beschluß einheitlich regeln konnte, nicht ausdrücklich erörtert, aber stillschweigend bejaht. Das ist nicht zu beanstanden. Es handelt sich dabei, soweit die Gesamtheit der betreffenden Aktionäre in Betracht kommt, um eine gesellschaftliche Angelegenheit. Deshalb konnte sich auch ein Beschluß der Generalversammlung damit befassen. Die Regelung konnte, auch wenn sie unter dem Gesichtspunkt der Aufwertung zu geschehen hatte, nur schematisch, d. h. für alle betroffenen Aktionäre gleichmäßig, erfolgen. Das verlangt der das Aktienrecht beherrschende Grundsatz von der gleichmäßigen Behandlung der Aktionäre. Insoweit müssen die allgemeinen Grundsätze über Aufwertung, die eine Berücksichtigung der besonderen Verhältnisse des einzelnen Schuldners erfordern, wegen der Eigenart der Forderung zurücktreten.

Eine andere Frage ist, ob die Art der durch den Beschluß getroffenen Regelung mit dem § 211 HGB. in Einklang steht. Es handelt sich bei den fraglichen Aktien um Papiermark-Aktien aus dem November 1922. Die Genehmigung der Goldbilanz und die Umstellung des Aktienkapitals in Gold hatte noch nicht stattgefunden. Trotzdem hat der angegriffene Beschluß schon jetzt unter Zugrundelegung der erst für die Zukunft in Aussicht genommenen, aber noch nicht feststehenden Umstellung die noch zu leistenden Einzahlungen der Höhe nach bestimmt; es wird von den Aktionären ein Betrag verlangt, der nach Maßgabe der noch rückständigen Quote des Aktiennennbetrags von der Summe berechnet wird, auf welche die Aktien der Gesellschaft demnächst umgestellt werden sollen. Mit Recht erblicken die Vorinstanzen in diesem Vorgehen der Generalversammlung einen Verstoß gegen § 211 HGB., da eine Berücksichtigung der erst geplanten Umstellung für die Frage, in welcher Höhe in Gold der ausstehende Betrag der Einlagen zu leisten sei, abgelehnt werden müsse. Zutreffend betont das Landgericht, die vor der Umstellung und ohne Rücksicht auf ihr Ergebnis vorgenommene Festsetzung der Nachzahlung auf 300 GM sei unzulässig gewesen, da die Aktien bis zur Umstellung noch als Papiermark-Aktien zu gelten hätten und erst bei und nach der Umstellung entschieden werden könne, in welchem Goldmarkbetrage die noch ausstehenden Einlagen geleistet werden müßten. Auch die Ausführungen des Berufungsgerichts laufen in ihrem Zusammenhang darauf hinaus, daß die vor der Umstellung erfolgte Festsetzung der noch zu leistenden Einlagen auf 300 GM für jede Aktie dem § 211 HGB. widerspreche.

Die Entscheidung des vorliegenden Falles nötigt nicht zu einer Stellungnahme zu der Streitfrage, wie nach Einführung einer wertbeständigen Währung und der Goldbilanzvorschriften die Höhe der rückständigen Einlagen auf frühere Papiermark-Aktien zu bestimmen sei. Der § 26 der II. DVO. zur GoldbilanzVO. schreibt nur vor, daß noch nicht voll eingezahlte Aktien im Verhältnis der Aktien zueinander für die Umstellung als voll eingezahlt gelten sollen. Für die Höhe der Umstellung werden also die voll und die nicht voll eingezahlten Aktien einander gleichgestellt; aber die noch nicht voll eingezahlten Aktien gewinnen durch die Umstellung nicht die Eigenschaft von voll gezahlten Aktien, der Anspruch der Gesellschaft auf die ausstehenden Einzahlungen bleibt vielmehr unberührt. Also auch nach der Umstellung ruht auf den nicht voll eingezahlten Aktien die Verpflichtung zur vollständigen Leistung der Einlage.

Zur Frage, wie nicht voll eingezahlte Aktien auf Grund der GoldbilanzVO. bei der Umstellung zu behandeln seien, stehen sich im wesentlichen zwei Auffassungen gegenüber. Die eine beurteilt die Frage lediglich unter dem Gesichtspunkt der Aufwertung:[1] der Anspruch auf die restlichen Einlagen soll aufgewertet in die Goldmarkeröffnungsbilanz eingestellt und das Maß der Einzahlung fortan durch das Verhältnis des neuen Nennbetrags zum Betrage der ausstehenden Einzahlung bestimmt werden; dabei kann sich der Hundertsatz der auf die nicht voll eingezahlten Aktien geleisteten Einzahlungen gegen früher ändern. Die Gegenauffassung[2] geht davon aus, daß der

---

[1] So vor allem Quassowski-Susat, Goldbilanzen-VO. 2. Aufl. S. 280/284; Byrk GBVO. 2. Aufl. S. 63 Note 30b, S. 262/63; Kalm GBVO. S. 170; Köppel im Bankarchiv Bd. 23 S. 171; Urteil des Kammergerichts in der Zeitschrift des Notarvereins 1925 S. 185.

[2] Hartmann im Bankarchiv Bd. 23 S. 273; Güldennagel in der Zeitschrift für Gesellschaftswesen 1924 S. 339; Zeitschrift für Versicherungswesen 1924

Aktionär nach der Umstellung von dem Betrage, auf den die Aktien umgestellt sind, die gleiche Quote in Goldmark zu zahlen habe, wie vorher vom Nennbetrag in Papiermark; nach der Umstellung soll seine Einzahlungsverpflichtung im gleichen Verhältnis zum Nennbetrag seines Rechts stehen wie vorher. Darin gehen beide Meinungen einig, daß sich die Frage, welcher Betrag auf die rückständigen Einlagen in Goldmark noch zu zahlen sei, nur im Zusammenhang mit den ganzen Umstellungsmaßnahmen regeln lasse. Der von der Beklagten eingeschlagene Weg (Festsetzung der zu leistenden Einlagen vor der Genehmigung der Goldmarkbilanz und vor der Umstellung auf den Goldmarkbetrag, der sich im Falle der in Aussicht genommenen Umstellung ergeben würde) ist nicht gangbar. Vor der Umstellung sind die Aktien bloße Papiermark-Aktien, auf die nicht Beträge in Goldmark eingefordert werden können, da diese in ihren Grundlagen abhängig sind von der zukünftigen Regelung der Umstellung. Nach dem Inkrafttreten der GoldbilanzVO. und nach dem für die Aufstellung der Goldbilanz maßgebenden Zeitpunkt kann die Frage der Höhe der auf die Aktien in Goldmark zu leistenden Einzahlungen nur im Rahmen der Umstellung geregelt werden. Die Höhe der Einzahlungen in Gold hängt so eng mit den ganzen Umstellungsmaßnahmen zusammen, daß sie nicht losgelöst von diesen durch besonderen Beschluß vor der Umstellung bestimmt werden darf. Eine Regelung, wie sie die Beklagte getroffen hat, setzt die Aktionäre der Gefahr aus, daß sie auf Grund des vorher erlassenen Beschlusses zu größeren Einzahlungen verpflichtet werden, als sie bei Zugrundelegung der späteren Umstellungsmaßnahmen zu leisten hätten, und steht mit dem Grundsatz des § 211 HGB. in Widerspruch.

Hiernach verstößt der Beschluß, durch den die Aktionäre schon vor der Umstellung zu einer Einzahlung von 300 G*M* für die Aktie verpflichtet werden sollten, gegen zwingende Grundsätze des Aktienrechts; die Vorinstanzen haben daher mit Recht seine Nichtigkeit ausgesprochen. Die Revision erweist sich somit als unbegründet, ohne

---

S. 251, 350; mit gewissen Einschränkungen auch **Junck** S. 349 und **Labes** S. 309 ebendaselbst, sowie **Abraham**, Der Übergang zur Goldbilanz S. 89. Vgl. auch Sprüche des Goldbilanzenschiedsgerichts Sammlung S. 56, 72 u. 112; **Breit**, GBVO. Bd. 2 S. 36.

daß es einer Entscheidung darüber bedarf, ob den Ausführungen des Berufungsgerichts über die Art und Höhe der Aufwertung von Aktieneinlagen im einzelnen zuzustimmen ist.

---

30. Können Inhaber von Räumen, die sie auf Grund eines nichtigen Mietvertrags innehaben, Mieterschutz auf Grund von § 27 des Mieterschutzgesetzes vom 1. Juni 1923 beanspruchen?

III. Zivilsenat. Urt. v. 19. März 1926 i. S. H. (Bekl.) w. W. (Kl.). III 592/25.

I. Landgericht Köln.
II. Oberlandesgericht daselbst.

Der verstorbene Ehemann der Klägerin hat in dem Hause Sch.gasse 37 in K. eine Wirtschaft eingerichtet und diese nebst dazu gehörigen Privaträumen durch Vertrag vom 30. September 1900 an den Ehemann der Beklagten überlassen. Zugleich stellte er als Konzessionsinhaber den Genannten als Geschäftsführer an. Nach dem Tode des Ehemanns der Klägerin schlossen seine Erben mit der Beklagten, deren Ehemann ebenfalls verstorben war, im Januar 1924 einen ähnlichen Vertrag. Die Klägerin machte geltend, dieser und der frühere Vertrag seien als Kastellanverträge nichtig, und verlangte die Räumung. Das abweisende Urteil des Oberlandesgerichts wurde vom Reichsgericht durch Urteil vom 21. April 1925 III 521/24 bestätigt, das ausführte: den Vertrag vom Januar 1924 sehe das Berufungsgericht zutreffend als nichtig an, es fehle aber die nach § 24 Abs. 1 der Anordnung des Oberbürgermeisters in K. vom 15. April 1921 erforderliche Zustimmung des Mieteinigungsamts zur Erhebung der Klage, die das Berufungsgericht irrevisibel auch für Mieträume fordere, die auf Grund eines nichtigen Vertrags besessen würden. Dem stehe das Mieterschutzgesetz nicht entgegen; es regele nur Rechtsverhältnisse aus gültigen Mietverträgen, lasse also solche, die auf nichtigen Verträgen beruhten, und ebenso die diese betreffenden Anordnungen der Gemeindebehörde unberührt.

Nachdem am 8. Januar 1925 der vorgenannte § 24 Abs. 1 aufgehoben worden war, hat die Klägerin erneut Klage auf Räumung erhoben. Die Vorinstanzen haben dieser Klage stattgegeben. Die Revision der Beklagten blieb erfolglos.

Gründe:

Das Berufungsgericht hat den Einwand der Beklagten zurückgewiesen, daß für die Entscheidung des vorliegenden Rechtsstreits nicht das ordentliche, sondern nach § 27 MSchG. das Mietschöffengericht zuständig sei, indem es sagt, daß dieses Gesetz nur gültige Mietverhältnisse erfasse, ein solches aber unter den Parteien nicht bestehe. Diese Ausführungen greift die Revision zu Unrecht an. Sie meint, durch den Vergleich vom 2. Dezember 1921 vor dem Mieteinigungsamt sei zum mindesten ein mietähnliches Verhältnis geschaffen worden.

Der dieser Annahme zugrunde liegende Sachverhalt ist folgender: Im Jahre 1900 überließ der Ehemann der Klägerin die streitigen Räume an den Ehemann der Beklagten zum Betrieb einer Wirtschaft und zu Wohnzwecken. Er selbst war und blieb Konzessionsinhaber, der Ehemann der Beklagten wurde zum Geschäftsführer bestellt. In Wirklichkeit sollte er vereinbarungsgemäß die Wirtschaft auf eigene Rechnung betreiben. Dieses Verhältnis dauerte zunächst auch nach dem Tode des Ehemanns der Klägerin fort, bis diese im Jahre 1921 beim Mieteinigungsamt gegen die Beklagte und ihren Ehemann die Genehmigung zur Kündigung beantragte. Der Streit wurde durch einen Vergleich vor dem Mieteinigungsamt vom 2. Dezember 1921 beendet, in dem die Beklagte und ihr Ehemann sich verpflichteten, zum 1. März 1923 zu räumen. Dazu kam es nicht, vielmehr einigten die Parteien sich im Herbst 1923 dahin, daß die Beklagte und ihr Ehemann in den Räumen bleiben und die Wirtschaft weiter führen sollten. Danach starb der Ehemann der Beklagten und nun schlossen die Klägerin und die Beklagte am 23. Januar 1924 „unter Fortsetzung des mit dem verstorbenen Johann H. (dem Ehemann der Beklagten) früher geschlossenen Vertrags“ einen neuen Vertrag, durch den die Beklagte als Geschäftsführerin der Wirtschaft angestellt wurde. Da in Wirklichkeit der Ehemann der Beklagten und diese selbst die Wirtschaft auf eigene Rechnung betrieben, waren sowohl der Vertrag vom Jahre 1900, wie auch der vom 23. Januar 1924 wegen Verstoßes gegen §§ 33, 147 RGewO. nichtig, und ein Vertragsverhältnis zwischen den Parteien war weder durch den ersten, noch durch den zweiten begründet worden.

Damit entbehrten aber auch die beiden Vergleiche, die lediglich eine Verlängerung der Dauer dieses nichtigen Vertrags bezweckten, der Rechtswirksamkeit. Sie konnten weder ein mietähnliches Verhältnis noch überhaupt ein Vertragsverhältnis schaffen.

Grundsätzlich erstreckt sich das Mieterschutzgesetz, wie der erkennende Senat mehrfach ausgesprochen hat, nur auf gültige Mietverhältnisse. Auch die ausdehnende Bestimmung des § 21 setzt ebenso wie die einschränkenden Vorschriften der §§ 32 bis 34 gültige Vertragsverhältnisse voraus. Nichtige Verträge finden im Gesetz keinen Schutz, und § 31 versagt selbst im Fall des Abschlusses eines an sich gültigen Vertrags den Vertragsparteien alle Rechte aus diesem, wenn er entgegen der Anordnung einer Gemeindebehörde nicht angezeigt oder nicht zur Genehmigung mitgeteilt und genehmigt worden ist; die Vorschriften des Gesetzes über die Aufhebung des Mietverhältnisses sowie die Vorschriften des § 27 finden, wie der Paragraph ausdrücklich vorschreibt, in diesem Fall keine Anwendung. Dies muß erst recht für nichtige Verträge gelten.

Stellt sich damit bereits die Berufung der Revision auf § 27 MSchG. als ungerechtfertigt dar, so besagt aber auch diese Vorschrift keineswegs, wie die Revision meint, daß sie auch und gerade in den Fällen zur Anwendung kommen solle, wenn ein Vertragsverhältnis überhaupt nicht vorliege. Diese Ansicht findet ihre Widerlegung schon in der Fassung des Abs. 1, daß die Vorschriften über die Zuziehung von Beisitzern auch in einem Rechtsstreit anzuwenden sind, „der die Herausgabe eines Mietraumes zum Gegenstande hat, ohne daß eine Aufhebung des Mietverhältnisses im Sinne dieses Gesetzes verlangt wird". Denn die Worte „Mietraum" und „Mietverhältnis" bringen klar zum Ausdruck, daß grundsätzlich nur derjenige Rauminhaber Anspruch auf Anwendung dieser Vorschrift machen kann, der durch einen — selbstverständlich gültigen — Mietvertrag in den Besitz des Mietraums gelangt ist. Das spricht auch die Begründung zum Mieterschutzgesetz deutlich aus, wenn sie sagt: „Daß ein Schutz nicht stattfindet, wenn jemand ohne Vorliegen eines Vertragsverhältnisses Räume inne hat, bedarf keiner näheren Ausführung."

Über den Zweck des § 27 MSchG. sagt die allgemeine Begründung zum Gesetz: „Der dem Mieter gebotene Schutz soll ihm unter Umständen auch dann zuteil werden, wenn er selbst das Mietverhältnis gelöst hat, oder wenn, wie bei den sogenannten »gemischten Verträgen«, die Vorschriften des Mieterschutzes nicht oder nicht in vollem Umfang zur Anwendung gelangen sollen. In ähnlicher Weise soll unter bestimmten Voraussetzungen auch derjenige geschützt werden, dem ein Raum in anderer Weise als durch Abschluß eines Mietvertrags überlassen ist." Als Fälle im Sinne des ersten Satzes führt die besondere Begründung zu § 27 auf: a) „wenn der Mieter gekündigt hat, b) wenn die Parteien die Beendigung des Mietverhältnisses vereinbart haben, c) wenn es sich um Räume handelt, die nur mit Rücksicht auf ein Dienst- und Arbeitsverhältnis vermietet sind (§ 20), nach Beendigung dieses Verhältnisses, d) wenn der Vermieter eine nach dem Entwurf besonders zugelassene Kündigung ausgesprochen hat." Zum zweiten Satze — ohne Abschluß eines Mietvertrags — wird von ihr genannt: „der im § 19 bezeichnete Familienangehörige, von dem der Erbe die Herausgabe des Mietraums verlangen kann, und der Inhaber einer Werkwohnung und dgl. (vgl. § 21), dem der Raum ohne Abschluß eines Mietvertrags überlassen ist."

Hieraus ergibt sich: Das Mieterschutzgesetz will den Mieter in erster Reihe gegen die Aufhebung des Mietverhältnisses schützen. Ist aber das letztere durch den Mieter selbst oder sonstwie bereits aufgehoben worden, so soll er trotzdem des Schutzes nicht verlustig sein. Es soll nicht die an sich zulässige Räumungsklage vor dem ordentlichen Gericht erhoben werden dürfen, sondern es soll das Mietschöffengericht zur Entscheidung über die Herausgabe des Mietraums zuständig und in der Lage sein, dem Mieter den Schutz zu gewähren, den die in § 27 Abs. 1 MSchG. aufgeführten Bestimmungen vorsehen. Dasselbe soll gelten in den Fällen der §§ 19, 20, 21, da der Raum in anderer Weise als durch Mietvertrag oder durch einen gemischten Vertrag dem Inhaber überlassen ist. Voraussetzung für die Gewährung des Schutzes ist aber in allen Fällen, daß ein gültiges Miet- oder anderes Vertragsverhältnis die rechtliche Grundlage für die Benutzung der Räume durch die betreffenden Inhaber abgibt. Liegt ein gültiges Vertragsverhältnis, auf das die Innehaltung der Räume zurückzuführen ist, nicht vor, so besteht auch kein Anspruch auf Mieterschutz aus § 27 MSchG. . . .

31. Ist die Bekanntmachung vom 15. März 1918 über den Verkehr mit landwirtschaftlichen Grundstücken anwendbar, wenn den Gegenstand eines Kaufgeschäfts die sämtlichen Kuxe einer Gewerkschaft bilden, deren Vermögen nur im Eigentum an einem landwirtschaftlichen Grundstück besteht?

I. Zivilsenat. Urt. v. 20. März 1926 i. S. L. u. Ehefrau (Bekl.) w. U. (Kl.). I 63/25.

I. Landgericht Bautzen.
II. Oberlandesgericht Dresden.

Die Beklagten sind die Inhaber der 4 einzigen noch im Verkehr befindlichen Kuxe der Gothaischen Gewerkschaft A. in Th.; der beklagte Ehemann besitzt die Kuxe Nr. 1 und 2, seine Frau die Kuxe Nr. 3 und 4. Letztere war Repräsentantin der Gewerkschaft. Im Eigentum der Gewerkschaft steht das Rittergut Sk., das seit langer Zeit von den Beklagten bewirtschaftet wird. Am 8. November 1922 wurden zwischen den Beklagten einerseits und dem Kläger und seinem Vater E. U. anderseits schriftliche Vereinbarungen getroffen. Danach verpflichteten sich die Beklagten, ihre 4 Kuxe dem Kläger bis zum 31. Oktober 1923 käuflich zu übertragen. Gleichzeitig wurde der Vater des Klägers in einer von den Beklagten abgehaltenen Gewerkenversammlung zum Repräsentanten der Gewerkschaft gewählt, und es verpflichteten sich die Beklagten, bis zu einem bestimmten Termin von der Bewirtschaftung des Ritterguts Sk. zurückzutreten und dieses der Gewerkschaft „zur weiteren Bewirtschaftung . . . leer zu stellen". Die Beklagten haben die Durchführung dieser Vereinbarungen aus verschiedenen Gründen verweigert, insbesondere auch, weil es sich um ein Abkommen handle, das nach der Bekanntmachung über den Verkehr mit landwirtschaftlichen Grundstücken vom 15. März 1918 der Genehmigung der zuständigen Behörde bedürfe, und diese nicht erteilt sei.

Der Kläger hat im Klagewege beantragt, die Beklagten zur Abtretung der 4 Kuxe sowie den Ehemann zur Duldung der Zwangsvollstreckung in das eingebrachte Gut zu verurteilen.

Das Landgericht wies die Klage ab, das Oberlandesgericht gab ihr statt. Die Revision der Beklagten führte zur Wiederherstellung des landgerichtlichen Urteils.

Gründe:

Das Berufungsgericht geht davon aus, daß der Erfolg, der durch die streitigen Vereinbarungen zwischen dem Kläger und seinem Vater einerseits und den Beklagten anderseits bezweckt wurde, in erster Reihe der war, dem Kläger die wirtschaftliche Verfügungsmacht über das Rittergut Sk. an Stelle der Beklagten zu verschaffen. Das Berufungsgericht stellt ferner fest, daß das Rittergut Sk. ein landwirtschaftliches Grundstück ist, für das die Bekanntmachung über den Verkehr mit landwirtschaftlichen Grundstücken vom 15. März 1918 Geltung hat. Das Berufungsgericht hält aber diese Bekanntmachung auf das Abkommen der Parteien nicht für anwendbar, weil danach die Gewerkschaft Eigentümerin des Ritterguts blieb und ihr auch der Genuß der Erzeugnisse des Guts verbleiben sollte. Dabei nimmt es ersichtlich an, daß die Verträge vom 8. November 1922 und die von der Gewerkenversammlung getroffenen Vereinbarungen und Beschlüsse ein die Regelung der streitigen Rechtsverhältnisse der Parteien betreffendes einheitliches Ganzes bilden.

Nun bestimmt die genannte Bekanntmachung vom 15. März 1918 in § 1, daß „jede Vereinbarung, welche den Genuß der Erzeugnisse . . . eines Grundstücks zum Gegenstande hat . . ., zu ihrer Wirksamkeit der Genehmigung der zuständigen Behörde bedarf." Eine solche Genehmigung liegt nicht vor. Es fragt sich, ob sie erforderlich war und ist.

Die angeführte Vorschrift ist schon in ihrem Wortlaut sehr allgemein gehalten. Sie beschränkt sich nicht etwa auf eine Vereinbarung, durch welche der Genuß der Grundstückserzeugnisse von einem Berechtigten auf einen andern übertragen wird, sondern es genügt, daß die Vereinbarung den Genuß solcher Erzeugnisse „zum Gegenstande hat". Diese weitreichende Fassung entspricht dem Sinn und Zweck jener Vorschrift, wie er aus der Bekanntmachung selbst erkennbar und in der amtlichen Begründung ausdrücklich hervorgehoben ist. Der Bekanntmachung liegen volkswirtschaftliche Erwägungen zugrunde, wobei in erster Reihe der Übergang im land- oder forstwirtschaftlichen Betriebe stehender Grundstücke in die Verfügungsmacht von Personen verhindert werden soll, welche dem landwirtschaftlichen Gewerbe bisher ferngestanden haben. Dabei wurden im öffentlichen Interesse die zu erreichenden Ziele möglichst weit gesteckt, und es sollte — wie die

Begründung zu § 1 sagt — „der Kreis der genehmigungspflichtigen Rechtsgeschäfte schon deshalb nicht zu eng gezogen werden, weil den zu erwartenden zahlreichen Versuchen, die Vorschriften der Verordnung zu umgehen, vorgebeugt werden müsse."

Im vorliegenden Fall bedeutete die in der Vereinbarung vom 8. November 1922 vorgesehene Abtretung der damals allein vorhandenen 4 Kuxe der Gewerkschaft durch die Beklagten an den Kläger eine entsprechende Übertragung der Verfügungsmacht über die Gewerkschaft und damit auch über das Rittergut Sk. und seine Erzeugnisse. Die beabsichtigte Aufgabe dieser Verfügungsmacht durch die Beklagten zeigt sich auch in den Beschlüssen der Gewerkenversammlung vom 8. November 1922 und tritt besonders hervor in dem sogenannten „Anstellungsvertrag" vom gleichen Tage. Dort verpflichteten sich die Beklagten, der Gewerkschaft, deren Kuxe auf den Kläger übertragen werden sollten und als deren Repräsentant der Vater des Klägers in der Gewerkenversammlung vom 8. November 1922 von den Beklagten gewählt war, das Rittergut Sk. spätestens am 31. Dezember 1922 „zur weiteren Bewirtschaftung nebst den anderen erforderlichen Räumlichkeiten bis spätestens den 30. Juni 1923 leer zu stellen." Ferner verpflichteten sich die Beklagten auch für die Zeit, wo sie nicht mehr Gewerken der Gewerkschaft sein sollten, ihre „durch jahrelange Arbeit gesammelten Kenntnisse und Erfahrungen" in der Verwaltung des Ritterguts Sk. bis zum 30. April 1938 der Gewerkschaft auf deren Anfordern zur Verfügung zu stellen. Danach sollte also mit der Übertragung der Kuxe auf den Kläger auch die rechtliche und wirtschaftliche Verfügungsmacht über das Rittergut und seine Erzeugnisse von den in der Landwirschaft erfahrenen Beklagten auf den Kläger und andere Personen übergehen, die „dem landwirtschaftlichen Gewerbe bisher ferngestanden" hatten. Es bedarf keiner näheren Darlegung, daß eine solche Vereinbarung den „Genuß der Erzeugnisse eines Grundstücks zum Gegenstande hat" und unter § 1 der Bek. vom 15. März 1918 fällt. Zwar sollte die Gewerkschaft nach wie vor Eigentümerin des Gutes bleiben und als solche auch den Genuß der Erzeugnisse dieses Gutes behalten. Die Ausübung dieser Rechte war aber nur durch physische Personen möglich, als welche in erster Reihe die Gewerken in Frage kommen. Sollte hier eine Veränderung eintreten derart, daß die bisherigen alleinigen Gewerken, die Beklagten, welche in der Verwaltung des Gutes erfahren waren, aus der Gewerkschaft ausschieden und an ihre Stelle andere Gewerken traten, die im landwirtschaftlichen Gewerbe keine Erfahrungen hatten, so liegt ein Fall vor, wie er durch die Bek. vom 15. März 1918 grundsätzlich vermieden werden sollte. Die Vereinbarung, welche eine solche Veränderung in den rechtlichen und wirtschaftlichen Beziehungen der maßgeblichen Persönlichkeiten zu dem landwirtschaftlichen Grundstück mit sich brachte oder geradezu auf sie abzielte, bedurfte und bedarf zu ihrer Wirksamkeit der in § 1 der Bek. vorgesehenen Genehmigung. Dabei ist zu beachten, daß nach der Aussage eines vom Berufungsgericht als voll glaubwürdig bezeichneten Zeugen die Parteien zunächst nur den An- und Verkauf des Gutes St. im Auge hatten und erst später, weil ein solches Geschäft „unter den Zeitverhältnissen nicht gut möglich sei", also offenbar im Hinblick auf die Bek. vom 15. März 1918, statt des Gutskaufs eine Vereinbarung über Verkauf und Übertragung der Kuxe getroffen haben.

Nach alledem ist der Vertrag vom 8. November 1922 über die Abtretung der 4 Kuxe der Gewerkschaft A. durch die Beklagten an den Kläger jedenfalls so lange rechtsunwirksam, als die in der Bek. vom 15. März 1918 erforderte Genehmigung der zuständigen Behörde fehlt (RGZ. Bd. 98 S. 244). Dementsprechend ist die Klage unbegründet.

---

32. Muß die Revision, wenn sie mehrere selbständige Beschwerdepunkte treffen soll, mit Bezug auf jeden einzelnen von ihnen nicht nur durch einen Revisionsantrag, sondern auch durch Angabe der Revisionsgründe begründet werden?

ZPO. § 554 Abs. 3.

IV. Zivilsenat. Urt. v. 22. März 1926 i. S. Firma L. Z. (Kl.) w. H. u. Gen. (Bekl.). IV 362/25.

I. Landgericht Weimar.
II. Oberlandesgericht Jena.

Die Frage ist bejaht worden aus folgenden, den Sachverhalt ergebenden

Gründen:

Die Klägerin hat von den Beklagten als Gesamtschuldnern die Zahlung einer Schadensersatzsumme von 4000 RM nebst Zinsen verlangt, indem sie die Beklagten unter dem Gesichtspunkt unerlaubter Handlungen dafür verantwortlich gemacht hat, daß am 15. August 1923, dem Tage eines Arbeiterstreiks in I., ihre arbeitswilligen Beamten und Angestellten verhindert worden seien, ihr Werk zu betreten, und von ihr Gehalt oder Lohn für diesen Tag bezogen hätten, ohne daß sie Arbeit hätten leisten können. Das Berufungsgericht hat gegenüber den Beklagten

1. die Klage in Höhe von 2500 RM nebst Zinsen abgewiesen,
2. in Höhe von 1500 RM nebst Zinsen die Abweisung der Klage oder die Verurteilung der Beklagten von der Leistung oder der Verweigerung ihnen auferlegter Eide abhängig gemacht.

Die unbedingte Klagabweisung zu 1 beruht auf der Schätzung, daß die Klägerin durch den Ausfall der Arbeit ihrer Beamten und Angestellten am 15. August 1923 einerseits und die ihr nach dem Arbeitsvertrag trotzdem auch für diesen Tag obliegenden Gehalts- und Lohnzahlungen an sie anderseits um 3000 GM (keinen höheren Betrag) geschädigt worden sei, und weiter auf der Erwägung, daß sie auch von diesem Betrag jedenfalls gemäß § 254 BGB. nur die Hälfte ersetzt verlangen könne, weil sie keinen Gebrauch von ihrem vertragsmäßigen Recht gemacht habe, von den Beamten und Angestellten zu fordern, daß sie die Hälfte der ausgefallenen Arbeitszeit durch Überstunden nachholten und dadurch die Hälfte des für den Tag an sie Gezahlten allmählich abverdienten. Die bedingte Entscheidung zu 2 ist damit begründet, daß Handlungen, aus denen sich die Verantwortlichkeit der Beklagten nach §§ 823, 826, 830 BGB. ergebe, durch die bisherige Beweisaufnahme nicht festgestellt seien, der Beweis hierfür vielmehr von der Verweigerung der den Beklagten auferlegten Eide abhänge.

Mit dem Revisionsantrag hält die Klägerin den vollen, sich auf einen Streitgegenstand von 4000 RM erstreckenden Klaganspruch aufrecht. In der schriftlichen Revisionsbegründung aber sind Angriffe nur gegen die bedingte Entscheidung zu 2 erhoben. Die Klägerin rügt die Verletzung der §§ 823, 826, 830 BGB.; sie versucht darzulegen, daß schon die gegen die Beklagten vom Berufungsgericht festgestellten Handlungen den Tatbestand dieser Vorschriften erfüllen. Insoweit handelt es sich um einen Beschwerdegegenstand von 1500 RM, also einen solchen, der die für die vorliegende Revision geltende Revisionssumme von mehr als 1800 GM nicht erreicht. Daraus folgt die Unzulässigkeit der Revision.

Nach § 554 Abs. 3 ZPO. muß die Revision, wenn sie mehrere selbständige Beschwerdepunkte treffen soll, mit Bezug auf jeden einzelnen von ihnen nicht nur durch einen Revisionsantrag (Nr. 1 das.), sondern auch durch Angabe der Revisionsgründe (Nr. 2 das.) begründet werden. Dieses Erfordernis ist vom Reichsgericht in gleichbleibender Rechtsprechung zunächst für diejenigen Fälle aufgestellt, in denen durch das Berufungsurteil über mehrere selbständige Ansprüche entschieden ist, mögen sie nebeneinander oder im Eventualverhältnis zueinander geltend gemacht und mögen sie auch in einem Antrag und in einer einheitlichen Summe zusammengefaßt worden sein (RGZ. Bd. 62 S. 17, Bd. 66 S. 178, 206, Bd. 71 S. 18; JW. 1908 S. 77 Nr. 13, S. 407 Nr. 10; Warn. 1912 Nr. 187, 1913 Nr. 347, 1914 Nr. 113). Dasselbe Erfordernis besteht aber nach dem Zweck des Begründungszwanges, eine Entlastung des Reichsgerichts herbeizuführen (RGZ. Bd. 87 S. 6 Abs. 3), auch dann, wenn sonst bei Teilbarkeit des Streitgegenstands den mehreren Beschwerdepunkten je ein besonderer, durch selbständig angreifbare Entscheidungen des Berufungsgerichts erledigter Streitstoff zugrunde liegt. Ein hierher gehöriger Fall ist durch das Urteil vom 24. September 1907 (RGZ. Bd. 66 S. 323) entschieden worden. Die damalige Klage richtete sich auf Restkaufgeld für Gänse, die den Beklagten auf Grund mehrerer Kaufverträge in mehreren Eisenbahnsendungen geliefert worden waren. Der Streit der Parteien betraf zweierlei: a) die Höhe der von der Klägerin für alle Gänse angesetzten Kaufpreise und b) die Verpflichtung der Beklagten, auch diejenigen Gänse zu bezahlen, welche bei jeder der Lieferungen an den Bestimmungsorten tot angekommen waren. Die Beklagten wurden in den beiden ersten Rechtszügen nach dem Klagantrag zur Zahlung von 2749,57 M verurteilt. Mit der Revision beantragten sie die Aufhebung des Berufungsurteils und die Abweisung der Klage in Höhe dieses ganzen Betrags. Die Angabe der Revisionsgründe aber bezog sich lediglich auf den Streitpunkt b, von dem nur 1925,30 M der Klagesumme betroffen wurden. Infolge des danach bei dem Streitpunkt a bestehenden Begründungsmangels und des bei dem Streitpunkt b bestehenden Mangels der Revisionssumme (von damals mehr als 2500 *M*) wurde die ganze Revision als unzulässig verworfen. Was in jenem Falle angenommen wurde, in dem eine formell einheitliche Verurteilung der Beklagten zu einer Summe in Frage stand, muß erst recht für den vorliegenden Fall angenommen werden, in dem das Berufungsgericht je eine besondere, auch formell selbständige Entscheidung einerseits über die Verantwortlichkeit der Beklagten nach den §§ 823, 826, 830 BGB., anderseits mit Bezug auf die Höhe des der Klägerin entstandenen Schadens und die Beeinflussung ihrer Ersatzforderung durch den § 254 BGB. getroffen hat. Die Vorschrift des § 559 ZPO., wonach das Revisionsgericht, soweit es sich nicht um eine das Verfahren betreffende Gesetzesverletzung handelt, an die von den Parteien geltend gemachten Revisionsgründe nicht gebunden ist, steht der dargelegten Ansicht nicht entgegen. Denn diese Bestimmung setzt voraus, daß die Revision zulässig ist und daß demgemäß auch entsprechend dem § 554 Abs. 3 Nr. 2 ZPO. Revisionsgründe geltend gemacht worden sind (RGZ. Bd. 87 S. 7 Abs. 2). Darüber, wann diese Voraussetzung erfüllt ist, ist dem § 559 nichts zu entnehmen.

---

33. Kann eine Zwangsinnung einem Arbeitgeberverbande, der zum Teil aus Zwangsinnungsmitgliedern besteht, den Abschluß von Tarifverträgen mit Wirkung für diejenigen seiner Mitglieder untersagen, welche zugleich der Zwangsinnung angehören?

Tarifvertragsverordnung vom 23. Dezember 1918. RVerf. Art. 159.

III. Zivilsenat. Urt. v. 23. März 1926 i. S. Vereinigung der Holzindustriellen (Bekl.) w. Tischlerinnung (Kl.). III 258/25.

I. Landgericht I Berlin.
II. Kammergericht daselbst.

Die Klägerin ist eine Zwangsinnung, die Beklagte ein nicht eingetragener Verein. Etwa 85 vom Hundert der Mitglieder der Beklagten gehören auch der Klägerin als Mitglieder an. Im Jahre 1920 traten die Parteien und noch andere Arbeitgeberverbände zu dem Spitzenverband der Vereinigten Verbände der Berliner Holzindustrie (V. V. B. H.) zusammen, der nunmehr die erforderlichen Tarifverträge für seine Unterverbände abschloß. Vor Februar 1924 schied die Beklagte aus dem V. V. B. H. aus und nimmt seitdem das Recht für sich in Anspruch, selbständig Tarifverträge mit Wirkung für alle ihre Mitglieder abzuschließen. Diese Befugnis bestritt ihr die Klägerin, soweit durch die Tarifverträge auch Innungsmitglieder gebunden werden sollten. Nach Erwirkung einer einstweiligen Verfügung, durch die der Beklagten die Eingehung solcher Tarifverträge bis zur Entscheidung des Hauptprozesses untersagt wurde, erhob sie Klage auf Feststellung der Nichtberechtigung der Beklagten, für diejenigen ihrer Mitglieder, die zugleich Mitglieder der Zwangsinnung sind, Tarifverträge abzuschließen. Das Landgericht wies die Klage ab, das Kammergericht gab ihr statt. Auf die Revision der Beklagten wurde das landgerichtliche Urteil wieder hergestellt.

Gründe:

Mitglied der beklagten Vereinigung kann jeder der Holzindustrie Berlins und seiner Vororte angehörige Gewerbetreibende werden, der in der Regel mindestens 5 Arbeitnehmer beschäftigt (§ 4 der Satzung). Sie hat sich nach § 2 der Satzung die Aufgaben gestellt,

a) die wirtschaftlichen Interessen der Holzindustrie zu wahren und die gewerbliche Entwicklung derselben mit allen gesetzlich zulässigen Mitteln zu fördern,
b) durch diese Tätigkeit zur Herstellung und Erhaltung des wirtschaftlichen Friedens mitzuwirken,
c) den selbständigen Arbeitgebern der Holzindustrie eine Organisation zu schaffen, mit der sie vereint und erfolgreich unberechtigten Forderungen, von welcher Seite sie auch kommen mögen, begegnen können.

Die Beklagte ist also ein — unstreitig in der Form eines nicht rechtsfähigen Vereins organisierter — Arbeitgeberverband. Als solcher steht sie nicht nur Dritten, sondern auch ihren eigenen Mitgliedern als geschlossene Einheit, als selbständiges körperschaftsähnliches Rechtsgebilde gegenüber, dessen Rechte und Pflichten teils durch das Gesetz, teils, soweit es der Satzungsautonomie Raum läßt, durch die Satzung bestimmt werden. Die Tariffähigkeit der Beklagten ergibt sich ohne weiteres aus § 1 TVVO. vom 23. Dezember 1918, ihre Tarifberechtigung ebenso zweifellos aus § 2 der Satzung. Macht sie von dieser Gebrauch, d. h. schließt sie Tarifverträge ab, so treten, ohne daß es einer Rechtshandlung oder Willensäußerung ihrer Mitglieder bedarf, für diese selbsttätig kraft Gesetzes Rechtswirkungen ein, welche abzuändern oder zu beschränken die Beklagte gar nicht in der Lage ist. Sie vermag die laufenden oder künftigen Einzelarbeitsverträge ihrer Mitglieder dem Geltungsbereich und der Unabdingbarkeit der von ihr tariflich vereinbarten Arbeitsnormen ebensowenig zu entziehen, wie die Vereinsmitglieder selbst dazu imstande sind (§ 1 TVVO.). Mit dem vom Kammergericht ausgesprochenen Verbote, für diejenigen ihrer Mitglieder, die zugleich der klägerischen Innung angehören, Tarifverträge abzuschließen, wird der Beklagten daher entweder jeder Abschluß von Tarifverträgen unmöglich gemacht oder, falls ihr ein solcher mit Wirkung nur für ihre nicht auch zugleich der Klägerin angehörigen Mitglieder zugestanden werden soll, etwas rechtlich Unmögliches angesonnen. Das Verbot ist aber auch sachlich ungerechtfertigt.

Bei dem Abschluß von Tarifverträgen werden für jede Arbeitgeber- oder Arbeitnehmervereinigung selbstverständlich nur die eigenen Verbandsinteressen maßgebend sein. Auf die Interessen eines anderen Verbandes Rücksicht zu nehmen, ist sie rechtlich nicht verpflichtet. Ob und in welcher Weise sie von ihren tariflichen Machtbefugnissen Gebrauch machen will, hängt vielmehr nur von ihrem Ermessen ab. Dieses nach irgendeiner Richtung einzuschränken, dazu ist ein anderer Verband nicht befugt, auch derjenige nicht, dessen Interessen durch ihre Tarifpolitik möglicherweise verletzt werden. Ein Recht dazu könnte die Klägerin selbst dann nicht für sich in Anspruch nehmen, wenn eine Anzahl ihrer Mitglieder durch Zugehörigkeit zu der Beklagten und die dadurch bedingte Eingliederung in den Herrschaftsbereich der Tarifverträge der Beklagten ihre Innungspflichten verletzt haben sollte. Auch in diesem Falle könnte der Beklagten die Ausübung der tariflichen Verbandsbefugnisse nicht verwehrt werden, würde die Betätigung ihres gesetzlichen und satzungsmäßigen Rechtes, im Vertragsweg objektive Arbeitsrechtsnormen zu schaffen, keinen Verstoß gegen die guten Sitten enthalten und folgeweise auch nicht die Anwendung des § 826 BGB. im Sinne der Klägerin rechtfertigen.

In dieses Recht und in die tarifliche Selbständigkeit der Beklagten einzugreifen, dazu bietet der Klägerin auch die Doppelorganisation eines Teils ihrer Mitglieder keine gesetzliche Handhabe.

Schon diese Erwägungen müssen zur Abweisung der Klage führen. Es kann aber auch der von beiden Tatrichtern vertretenen Auffassung nicht beigepflichtet werden, daß die auch bei der Beklagten organisierten Innungsmitglieder der Vorwurf eines satzungswidrigen Verhaltens der Klägerin gegenüber treffe.

Art. 159 RVerf. hat das durch § 152 GewO. bisher nur den gewerblichen Unternehmern sowie ihren Angestellten und Arbeitern gewährte Recht der Vereinigungsfreiheit zu einem Grundrecht aller Deutschen ausgestaltet. Er ordnet nicht nur an, daß jeder Staatsbürger, welchem Berufe er auch angehöre, sich „zur Wahrung und Förderung der Arbeits- und Wirtschaftsbedingungen" mit anderen ungehindert zusammenschließen dürfe, sondern erklärt auch jede Maßnahme privatrechtlicher oder öffentlichrechtlicher Natur, welche diese Freiheit zu beschränken oder zu behindern suche, für rechtswidrig. Sie vermag weder Rechte noch Pflichten zu erzeugen. Eine vorübergehende Beschränkung der Vereinigungsfreiheit schließt Art. 159 Satz 2 RVerf. freilich nicht aus. Ihre Zulässigkeit folgt aus dem Umfang und der Bedeutung der Aufgaben, welche Art. 165 a. a. O. und die zu seiner Ausführung erlassenen Gesetze den Berufsvereinigungen zugewiesen haben. Ihnen können sie nur gerecht werden, wenn sie in der Lage sind, sich die Mitgliedschaft und Verbandstreue derjenigen, die sich ihnen einmal angeschlossen haben, eine Zeitlang zu erhalten und zu sichern. Dieses Ziel wird in der Regel durch Satzungsbestimmungen erreicht, welche den Mitgliedern den Austritt erst nach Ablauf einer bestimmten Kündigungs- oder Anzeigefrist gestatten und anderseits dem Verbande die Befugnis einräumen, gegen diejenigen Mitglieder, welche während ihrer Mitgliedschaft den Verbandsbeschlüssen zuwiderhandeln, Ordnungsstrafen oder andere wirtschaftliche Nachteile zu verhängen. Derartige Satzungsbestimmungen würden allerdings in vielen Fällen mit § 152 GewO. unvereinbar sein, der den Verbandsmitgliedern ein Recht zu jederzeitigem Austritte gab und allen satzungsmäßigen Druckmitteln den staatlichen Schutz versagte. Diese Vorschrift widerspricht aber dem Geist und Zweck des Art. 159 RVerf., der nicht nur die Freiheit des Zusammenschlusses, sondern darüber hinaus auch die rechtliche Möglichkeit seiner Durchführung gewährleisten will. Deshalb muß sie, wie schon in dem Urteile des IV. Zivilsenats vom 2. Juli 1925 (RGZ. Bd. 111 S. 199) ausgesprochen ist, gemäß Art. 178 Abs. 2 a. a. O. als aufgehoben gelten.

Das Gegengewicht zu dem durch den freiwilligen Eintritt in eine wirtschaftliche Berufsvereinigung (Art. 159, 165 RVerf.) von dem Eintretenden freiwillig auf sich genommenen Verbandszwang bilden also die Freiheit seiner Entschließung und die rechtliche Möglichkeit, ihn durch seinen — nur zeitweise gesperrten — Austritt wieder abzuschütteln. Eine Satzungsbestimmung oder eine Gesetzesvorschrift, welche es einem Verbandsmitglied dauernd unmöglich macht, sei es mit, sei es ohne Aufgabe der bisherigen Verbandszugehörigkeit sich zur Besserung und Förderung seiner Wirtschaftslage einem anderen Verband und damit dessen Tarifpolitik anzuschließen, würde mit Art. 159 RVerf. in unlösbarem Widerspruch stehen und deshalb keine Geltung haben. Einen solchen Zwang will aber die Klägerin ausüben.

An ihrer Tariffähigkeit und Tarifberechtigung kann, nachdem sie den Abschluß von Tarifverträgen ausdrücklich in den Kreis ihrer satzungsmäßigen Aufgaben gezogen hat, nicht gezweifelt werden. Ihre Tarifmacht findet aber ihre Grenze da, wo der Herrschaftsbereich des Art. 159 RVerf. beginnt. Während des Bestehens einer Zwangsinnung sind die ihr zwangsweise eingegliederten Handwerker durch das Gesetz am Wiederausscheiden gehindert (§§ 100, 100f, 100t GewO.). Hätte die GewO. mit der Entziehung der Austrittsbefugnis für die Mitglieder einer Zwangsinnung das Dauerverbot aussprechen wollen und ausgesprochen, „zur Förderung ihrer Arbeits- und Wirtschaftsbedingungen" einem anderen Verbande beizutreten und ihm die Wahrnehmung ihrer wirtschaftlichen Interessen anzuvertrauen, so wäre ein solches Verbot durch Art. 159 RVerf. beseitigt.

Eine andere Auffassung würde die Zwangsinnungsmitglieder in bezug auf die Vereinigungsfreiheit nicht nur schlechter stellen als die Angehörigen aller anderen Berufsvereinigungen, sondern ihnen tatsächlich das Grundrecht des Art. 159 RVerf. völlig versagen. Das geht nicht an. Der Zwang, den die Zwangsinnung ausüben darf, bezieht sich nach dem klaren Wortlaute des Art. 159 nicht auf das von diesem behandelte und geregelte Gebiet. Auf ihm herrscht — unbeschadet der Sonderrechte einer Zwangsinnung auf anderen Gebieten — allein der verfassungsmäßig gewährleistete Grundsatz der Vereinigungsfreiheit, der auch den Angehörigen einer Zwangsinnung nicht verkümmert oder gar genommen werden darf. Glaubt ein Teil von ihnen in der Organisation eines anderen Verbandes eine bessere Gewähr für eine ihnen günstige Regelung der Lohn-, Arbeits- und sonstigen Wirtschaftsbedingungen zu finden, so vermag auch die Satzung der Zwangsinnung ihn nicht zu hindern, Anschluß an diesen Verband zu suchen. In einem solchen Anschluß ist also nicht eine Satzungsuntreue der Zwangsinnung gegenüber, sondern nur die Ausübung eines unentziehbaren verfassungsmäßigen Rechtes zu finden. Wie einen solchen Anschluß selbst, muß aber die Zwangsinnung, wie schon gezeigt, auch seine gesetzlichen Folgen, d. h. die gesetzlichen Wirkungen des Tarifvertragsrechts des anderen Verbandes hinnehmen, ohne hierwegen denjenigen ihrer Mitglieder, welche dem anderen Verbande beigetreten sind, einen Satzungsverstoß zur Last legen zu können.

---

34. Inwieweit kann der Verfasser eines Schriftwerks, der vom Verleger die Vergütung in Hundertteilen des Ladenpreises bereits bei Erscheinen der Auflage vorweg erhalten hat, noch einen Anteil an den später vom Verleger erhobenen Teuerungs- und Valutazuschlägen verlangen?

VerlG. § 22.

I. Zivilsenat. Urt. v. 25. März 1926 i. S. B. (Kl.) w. L. (Bekl.). I 238/25.

I. Landgericht München I.
II. Oberlandesgericht daselbst.

Der Kläger ist Erbe der verstorbenen Schriftstellerin B. Diese hatte durch Verträge aus den Jahren 1908, 1910, 1912 und 1913 drei ihrer Werke der Beklagten in Verlag gegeben und sich als Honorar teils 25, teils $27\frac{1}{2}$% vom Ladenpreis des broschierten Exemplars, vorauszahlbar für die ganze Auflage bei ihrem Erscheinen, ausbedungen. Die Beklagte hat die Vorauszahlung bei jeder Neuauflage rechtzeitig geleistet, weigert sich jedoch, der Bestimmung des Ladenpreises nachträglich die Teuerungszuschläge der Inflationszeit und die für den Verkauf ins Ausland vorgeschriebenen Valutazuschläge mit zugrunde zu legen. Mit der Klage verlangt der Kläger die Feststellung, daß die Beklagte verpflichtet ist, nach dieser Rechnungsweise Zahlung zu leisten und und über die erhobenen Zuschläge und die Zahl der unverkauften Exemplare Rechnung zu legen. Die Vorinstanzen haben die Klage abgewiesen. Die Revision des Klägers blieb ohne Erfolg.

Gründe:

Wenn der Kläger trotz Vorauszahlung des Schriftstellerhonorars bei Erscheinen jeder Auflage im Hinblick auf die Teuerungs- und Valutazuschläge noch die Nachzahlung einer Vergütung verlangen könnte, so würde sich diese insofern nach dem Absatz bestimmen, als der Kläger seinen Anteil an den Preiszuschlägen nach dem bei ihrer Festsetzung jeweils vorhandenen, noch nicht abgesetzten Auflagenrest berechnet wissen will; daraus würde sich ein Anspruch auf Rechnungslegung nach § 24 VerlG. ergeben. Dieser Anspruch steht und fällt mit dem Zahlungsanspruch.

Dem Berufungsrichter ist zunächst darin zuzustimmen, daß eine nachträgliche Einigung der Parteien über die Zahlung einer weiteren Vergütung im Sinne des Klägers niemals zustande gekommen ist. (Wird näher ausgeführt.)

Es kommt hiernach entscheidend auf die Auslegung der ursprünglich zwischen der Verfasserin und der Beklagten geschlossenen Verträge im Hinblick auf das später sich entwickelnde System der Preiszuschläge an. Der Berufungsrichter hat nicht verkannt, daß die Vorauszahlung der Vergütung, zu der sich die Beklagte verpflichtet hatte, an sich der Beteiligung des Klägers an späteren Zuschlägen nicht entgegensteht. Soll der Ladenpreis die Vergütung des Verfassers bestimmen, so muß auch die Erhöhung des Ladenpreises Berücksichtigung finden. Aber mit Recht hat das Oberlandesgericht verneint, daß in den von den Verlegern in der Notzeit der Geldentwertung erhobenen Teuerungszuschlägen eine Erhöhung des Ladenpreises zu erblicken ist. Der Senat hatte bereits einmal Veranlassung, die gegenteilige Ansicht zurückzuweisen, daß jeder Preisaufschlag zur Ausgleichung gesunkenen Geldwerts in einer Zeit, in der Recht und Pflicht zur Aufwertung noch nicht anerkannt waren, als Erhöhung des Ladenpreises angesehen werden müsse (RGZ. Bd. 110 S. 279). Dabei ist nicht außer acht gelassen, daß die rechtliche Bedeutung der Berechnung der Buchpreise nach Grund- und Schlüsselzahlen vielfach den beteiligten Kreisen nicht klar zum Bewußtsein gekommen sein wird (vgl. a. a. O. S. 284). Auch ließ sich noch nicht immer übersehen, ob diese Berechnung in ihrer weiteren Entwicklung nicht schließlich doch zu einer wahren Preiserhöhung führen würde. Und es mag angesichts dieser Unklarheit berechtigt gewesen sein, daß in den zwischen dem Akademischen Schutzverein und dem Verband der Deutschen Hochschulen einerseits und dem Deutschen Verlegerverein anderseits am 15. März 1922 vereinbarten Vertragsnormen der Anregung keine Folge gegeben wurde, ein Anrecht des Verfassers an der zur Anpassung an die Geldentwertung erfolgten Preiserhöhung dann ausdrücklich abzulehnen, wenn er vor der Geldentwertung die vereinbarte Vergütung empfangen hatte (vgl. Wach in den Schriften des Vereins f. Sozialpolitik Bd. 152 Teil I S. 457). Ein Rückblick auf die jetzt abgeschlossene Entwicklung ergibt aber in Übereinstimmung mit der Feststellung des Berufungsrichters, daß aus den Teuerungszuschlägen, die schon durch die Notstandsordnung des Vorstandes des Börsenvereins der Deutschen Buchhändler vom 29. April 1918 (Börsenblatt vom 1. Mai 1918) grundsätzlich eingeführt waren, eine wahre Erhöhung des Ladenpreises sich nur einmal für die kurze Zeit vom 22. bis zum 30. November 1923 durch eine Steigerung der Schlüsselzahl über den Goldmarkkurs hinaus ergab. In der ganzen übrigen Inflationszeit blieb die Schlüsselzahl hinter dem Goldmarkkurs zurück, was zur Folge hatte, daß hier der ursprüngliche Ladenpreis nicht nur nicht erhöht wurde, sondern niemals erreicht werden konnte.

Bei dieser Sachlage würde es, wie der Berufungsrichter mit Recht ausführt, gegen Treu und Glauben verstoßen, wenn der Kläger aus der als Erhöhung des Ladenpreises anzusehenden vorübergehenden Preissteigerung in der letzten Novemberdekade den Anspruch auf Nachzahlung einer Vergütung sollte herleiten können, nachdem er sein in den Ladenpreis miteingerechnetes Honorar in gutem Geld vorweg erhalten und auf der anderen Seite die Beklagte wegen der Herabdrückung des Preises durch die Geldentwertung in der ganzen übrigen

Inflationszeit ein dem ursprünglichen Ladenpreis entsprechendes Entgelt nicht erzielt hatte.

Anders liegen die Verhältnisse bei den Valutazuschlägen, an denen der Kläger ferner beteiligt zu werden wünscht. Hier ist der Beklagten nach der Feststellung des Berufungsrichters ein bei Abschluß der Verträge nicht erwarteter Verdienst zugeflossen. Sie konnte diese Zuschläge auf Grund der Verkaufsordnung für Auslandslieferung erheben, die der Börsenverein der Deutschen Buchhändler am 14. Januar 1920 erließ und deren Beachtung alsbald auch durch das Ausfuhrverbot der Reichsregierung vom 8. März 1920 erzwungen wurde. Indessen ist vom Berufungsgericht bereits richtig erkannt worden, daß mit dem Ladenpreis, der nach den Verträgen der Honorarberechnung zugrunde gelegt werden sollte, nur der Inlandladenpreis gemeint sein konnte. Zutreffend sagt der Vorderrichter, daß größerer oder geringerer Nutzen aus dem Verkauf ins Ausland zu Gunsten oder Lasten des Verlegers gehen sollte. Ist das aber schon der Ausgangspunkt der Verträge, so kann der Kläger um so weniger einen Anteil an den Zuschlägen verlangen, die nach der Absicht der Reichsregierung der allgemeinen deutschen Volkswirtschaft zugute kommen sollten, wenn daraus auch zwangsläufig im Einzelfall zugleich dem einzelnen Verleger ein Vorteil erwuchs.

In Frage könnte hiernach nur kommen, ob unter dem Gesichtspunkt von Treu und Glauben, der auch das Verlagsrecht beherrscht, ausnahmsweise nach der besonderen Lage des Einzelfalls der Kläger Anspruch auf einen Teil dieser Auslandszuschläge erheben kann. Der Annahme eines solchen Ausnahmefalls steht aber die tatsächliche Feststellung des Berufungsrichters entgegen, daß unverhältnismäßig hohe Gewinne der Beklagten aus den Valutazuschlägen, die zu einer Beteiligung des Klägers zwingen könnten, sich nicht haben feststellen lassen. Im einzelnen ist diese Entscheidung des Berufungsrichters der Nachprüfung in der Revisionsinstanz entzogen. An einem nicht übermäßigen Gewinn der Beklagten aus dem Auslandsgeschäft aber den Kläger über den Wortlaut der Verträge hinaus zu beteiligen, erscheint um so weniger geboten, als, wie oben ausgeführt, das Inlandgeschäft der Beklagten auf Grund derselben Verträge unter der Geldentwertung fast die ganze Inflationszeit hindurch gelitten hat.

Wenn endlich die Revision geltend macht, daß die vom Kläger begehrte Nachzahlung durch die Heraufsetzung der Grundzahlen und damit des Ladenpreises für das gebundene Exemplar gerechtfertigt wurde, so scheitert auch dieser Angriff an der tatsächlichen Feststellung des Berufungsurteils, daß damit nur die gesteigerten Kosten des Buchbindens gedeckt worden seien, so daß die Heraufsetzung des Preises für das gebundene Buch geboten gewesen sei, um nicht die gehefteten Exemplare zu Unrecht mit diesen sie nicht betreffenden besonderen Unkosten zu belasten (vgl. hierzu auch RGZ. Bd 110 S. 285).

Danach ist in dieser Preisfestsetzung auch keine Vertragsverletzung der Beklagten zu erblicken; sie bedeutet nicht etwa, wie der Kläger darzulegen sucht, eine Umgehung der an sich nötigen Heraufsetzung des Preises für das geheftete Buch. ...

Sollten schließlich, worauf die Revision hinweist, bei Heraufsetzung der Grundzahl noch gebundene Exemplare auf Lager gewesen sein, so daß für diese die gesteigerten Buchbinderpreise nicht mehr in Betracht kamen, so würde ihre Zahl jedenfalls nicht so erheblich gewesen sein, daß sich daraus nach Treu und Glauben ein unerträglicher Vorteil für die Beklagte ergäbe. Auch pflegten zuerst die Unkosten in die Höhe zu gehen, ehe die Bücherpreise ihnen angepaßt wurden. An der tatsächlichen Feststellung des Berufungsgerichts könnte sich also hierdurch nichts ändern.

---

35. 1. Über die Zulässigkeit des Rechtswegs für Ansprüche einer Gemeinde gegen die preußische Landesschulkasse aus Auftrag oder Geschäftsführung ohne Auftrag.

2. In welcher Weise durfte die einer preußischen Volksschullehrer-Ruhegehaltskasse angeschlossene mittlere Schule nach ihrer Umwandlung in eine höhere Lehranstalt mit ihren bisherigen Lehrkräften jener Kasse angeschlossen bleiben?

GVG. § 13. Preuß. Gesetz, betr. das Ruhegehalt der Lehrer und Lehrerinnen an den öffentlichen nichtstaatlichen mittleren Schulen usw., vom 11. Juni 1894 (GS. S. 109) § 4. Preuß. Volksschullehrer-Diensteinkommensgesetz vom 17. Dezember 1920/1. Januar 1925 (GS. 1925 S. 17) §§ 35 flg.

IV. Zivilsenat. Urt. v. 29. März 1926 i. S. Preuß. Landesschulkasse (Bekl.) w. Stadt St. (Kl.). IV 301/25.

I. Landgericht I Berlin.
II. Kammergericht daselbst.

Bei der Neuordnung des höheren Mädchenschulwesens in Preußen auf Grund der Bestimmungen vom 18. August 1908 (Unterr. ZBl. S. 692) wurde die städtische höhere Mädchenschule in St. gemäß einem Erlaß des Unterrichtsministers an das Provinzialschulkollegium in H. vom 9. Juli 1909 als höhere Lehranstalt anerkannt. Schon vorher, nämlich durch einen Erlaß an die Regierung in St. vom 30. Juni 1909, hatte der Unterrichtsminister es gebilligt, daß jene Schule „mit den zur Zeit an ihr angestellten Lehrkräften" auch nach erfolgter Anerkennung als höhere Mädchenschule an die Ruhegehaltskasse der Volksschullehrer des Regierungsbezirks St. angeschlossen bleibe. Zu den damals von der Schule angestellten Lehrkräften gehörte ein Professor M. Dieser trat zum 1. April 1915 in den Ruhestand. Sein Ruhegehalt wurde von der angeführten Volksschullehrer-Ruhegehaltskasse und nach ihrem Übergang auf die beklagte Landesschulkasse von dieser zunächst bezahlt. Für die Zeit seit dem 1. Dezember 1923 hat die Beklagte die Weiterzahlung abgelehnt. Diese Ablehnung ist in einem Schreiben des Unterrichtsministers vom 20. Juni 1924 nach Benehmen mit dem Kassenanwalt der Beklagten damit begründet: Die Landesschulkasse sei lediglich verpflichtet, die nach dem Runderlaß des Unterrichtsministers vom 30. November 1911 (Unterr. ZBl. S. 659) berechneten Versorgungsbezüge „in Reichsmark, d. h. ohne Aufwertung" zu zahlen. Da eine Zahlung in Papiermark jetzt nicht mehr ausführbar sei, müsse die Leistung der Landesschulkasse ruhen.

Die Klägerin hat an Professor M. für die Zeit vom 1. Dezember 1923 bis zum 31. Oktober 1924 an Ruhegehalt 3164,04 GM gezahlt. Um diese Zahlung zu ermöglichen, hat sie Bankkredit in Anspruch nehmen und dafür 277,07 GM an Zinsen aufwenden müssen. Auf die Erstattung der sich aus der Zusammenrechnung dieser beiden Beträge ergebenden Summe richtet sich die Klage. Die Klägerin stützt den Erstattungsanspruch auf den Gesichtspunkt der Geschäftsführung ohne Auftrag, sowie darauf, daß sie auf ihre, wegen Fortzahlung gewisser Ruhegehälter durch die Landesschulkasse, an die Regierung in St. gerichteten Vorstellungen vom 5. und 25. Januar 1924 von der Regierung durch ein Schreiben vom 11. Februar 1924 ersucht worden ist, die Ruhegehälter des Professors M. und gewisser anderer Lehrpersonen „einstweilen in voller Höhe weiter zu zahlen".

Landgericht und Kammergericht haben den Anspruch zuerkannt. Die Revision der Beklagten hatte keinen Erfolg.

Gründe:

Die verklagte Landesschulkasse ist eine vom preußischen Staate getrennte, zum Ausgleich der persönlichen Volksschullasten geschaffene Vereinigung aller preußischen Schulverbände mit den Rechten einer Körperschaft des öffentlichen Rechts (vgl. §§ 35, 36 des am 17. Dezember 1920 GS. S. 623 erlassenen, am 18. Februar 1925 GS. S. 17 neu gefaßten Volksschullehrer-Diensteinkommensgesetzes [VDG.] und dazu RG. in JW. 1925 S. 1615 Nr. 4). Sie wird nach § 36 Abs. 1 Satz 2 VDG. im allgemeinen von dem Unterrichtsminister und dem Finanzminister vertreten, während ihre Vertretung vor Gericht in Zivilprozessen nach § 38 Abs. 3 ihrem Kassenanwalt zusteht.

Die von der Beklagten bestrittene Zulässigkeit des Rechtswegs ist in den Vorentscheidungen nach § 13 GVG. mit Recht bejaht, da der Klaganspruch auf die privatrechtlichen Verhältnisse eines Auftrags oder der Geschäftsführung ohne Auftrag gegründet wird (vgl. RG. in JW. 1923 S. 78 Nr. 6 und die dort angezogenen früheren Entscheidungen). Die Klägerin erhebt ihren Zahlungsanspruch nicht auf Grund des öffentlichrechtlichen Verhältnisses, in dem sie als Schulverband zu der Beklagten steht, und überhaupt nicht in ihrer Eigenschaft als eine juristische Person des öffentlichen Rechts, sondern auf Grund angeblicher privatrechtlicher Beziehungen zu der Beklagten, die in derselben Weise zwischen dieser und einer Privatperson bestehen könnten, wenn eine solche von der Beklagten einen Zahlungsauftrag erhalten oder eine dieser obliegende Ruhegehaltszahlung als Geschäftsführerin ohne Auftrag bewirkt hätte. Daß bei der Entscheidung über die Klage, namentlich unter dem Gesichtspunkte der Geschäftsführung ohne Auftrag, auch öffentlichrechtliche Fragen zu beantworten sind, hindert die gerichtliche Zuständigkeit nicht. Die Zuweisung eines Rechtsstreits wie des vorliegenden an die Verwaltungsgerichte, die nach § 13 GVG. die Zuständigkeit der ordentlichen Gerichte ausschließen würde, ist nicht erfolgt. Insbesondere ist das in § 37 Abs. 3, 4 VDG. vorgesehene Verwaltungsstreitverfahren für die Schlichtung anders gearteter Streitfälle bestimmt.

Beide Vorderrichter sehen den Klaganspruch nach § 683 mit § 679 BGB. als begründet an. Sie lehnen damit die Annahme eines Auftrags der Beklagten stillschweigend ab. Das ist zu billigen, da die Regierung in St., deren Schreiben vom 11. Februar 1924 als Auftrag in Frage kommt, zur Vertretung der Beklagten nicht berechtigt war. Als Geschäftsführerin ohne Auftrag kann die Klägerin nach den §§ 683, 679 Ersatz ihrer Aufwendungen verlangen, wenn sie mit der Zahlung des Ruhegehalts an Professor M. ein Geschäft für die Beklagte besorgt hat, dessen Übernahme durch sie dem Interesse der Beklagten entsprach, und wenn sie dadurch zugleich eine Pflicht der Beklagten erfüllt hat, deren Erfüllung im öffentlichen Interesse lag und ohne ihre Geschäftsführung nicht rechtzeitig geschehen wäre. Die Revision bekämpft die den Vorentscheidungen zugrunde liegende Annahme dieser Voraussetzungen nur in der Richtung, daß sie darzulegen versucht, der Beklagten habe eine Pflicht zu der streitigen Ruhegehaltszahlung nicht obgelegen. Dem kann nicht gefolgt werden, auch wenn man mit der Revision von der geschichtlichen Entwicklung ausgeht.

Die Volksschullehrer-Ruhegehaltskassen, deren Rechtsnachfolgerin nach § 35 Abs. 1 Satz 2 VDG. die Beklagte geworden ist, dienten gemäß § 1 des Gesetzes vom 23. Juli 1893 (GS. S. 194) zunächst nur der gemeinsamen Bestreitung des durch den Staatsbeitrag nicht gedeckten Teils der Ruhegehälter von Volksschullehrern; sie faßten zu diesem Zwecke die zur Aufbringung verpflichteten Schulverbände jedes Regierungsbezirks zusammen. Als durch § 2 des Gesetzes vom 11. Juni 1894 (GS. S. 109) den Lehrern an den öffentlichen nichtstaatlichen mittleren Schulen ein Anspruch auf Ruhegehalt nach den für die Volksschullehrer geltenden gesetzlichen Vorschriften eingeräumt wurde, wurde durch § 4 desselben Gesetzes den zur Aufbringung dieses Ruhegehalts Verpflichteten die Möglichkeit eröffnet, der Volksschullehrer-Ruhegehaltskasse ihres Bezirks auch für die unter das neue Gesetz fallenden Schulstellen beizutreten. Zu den von der Begriffsbestimmung des § 1 dieses Gesetzes getroffenen mittleren Schulen gehörten auch höhere Mädchenschulen, so die städtische höhere Mädchenschule in St. Mit dieser hatte sich die Klägerin als Schulunterhaltungsträgerin an die Volksschullehrer-Ruhegehaltskasse des Regierungsbezirks St. angeschlossen.

Wenn eine der Volksschullehrer-Ruhegehaltskasse angeschlossene mittlere Schule in eine höhere Lehranstalt umgewandelt wurde, so entstand die Frage der Fortdauer ihrer Anschließung an jene Kasse. Die Frage trat in verstärktem Maße auf, als die Bestimmungen vom 18. August 1908 über die Neuordnung des höheren Mädchenschulwesens (Unterr. ZBl. S. 692) zu einer häufigen Anerkennung von höheren Mädchenschulen als höhere Lehranstalten führten. Für die Beantwortung der Frage kam einerseits in Betracht, daß es für den Unterhaltungsträger eine große Härte bedeuten konnte, wenn er die für die Lehrkräfte seiner Anstalt gemäß § 4 Abs. 2 des Gesetzes vom 11. Juni 1894 gezahlten Beiträge aufgewendet haben sollte, ohne davon für die in Zukunft zu zahlenden Ruhegehälter einen Nutzen zu haben. Anderseits war zu berücksichtigen, daß die Ruhegehaltskassen (wie jetzt die an ihre Stelle getretene Landesschulkasse) kein Vermögen ansammelten, um die Zahlung der Ruhegehälter sicherzustellen, sondern gemäß §§ 6, 14 des Gesetzes vom 23. Juli 1893 (§§ 37, 40 VDG.) lediglich den zur Deckung ihrer Ausgaben in einem Rechnungsjahr voraussichtlich erforderlichen Betrag durch Beiträge erhoben und Überschüsse oder Fehlbeträge eines Rechnungsjahrs bei der Bemessung des Bedarfs für das folgende Jahr in Abgang oder Zugang brachten. An eine Kapitalsabfindung der angeschlossenen mittleren Schulen, wenn sie infolge ihrer Umwandlung in höhere Lehranstalten aus der Ruhegehaltskasse ausscheiden sollten, konnte also wegen Fehlens der Mittel dazu nicht gedacht werden. Die Behandlung der Frage durch den Unterrichtsminister hat geschwankt. Während er sich in dem die städtische höhere Mädchenschule in St. betreffenden, im Tatbestand dieses Urteils angeführten Erlaß vom 30. Juni 1909 damit einverstanden erklärt hatte, daß diese Schule „mit den zur Zeit an ihr angestellten Lehrkräften" auch nach ihrer Anerkennung als höhere Lehranstalt an die Ruhegehaltskasse der Volksschullehrer angeschlossen bleibe, und in entsprechender Weise wohl auch in anderen Fällen verfahren worden war, bestimmte er in dem Runderlaß an die Regierungen vom 26. März 1910 (Unterr. ZBl. S. 484), daß eine der Volksschullehrer-Ruhegehaltskasse angeschlossene mittlere Schule mit Ablauf des Rechnungsjahrs, in dem ihre Anerkennung als höhere Lehranstalt erfolge, aus der Ruhegehaltskasse der Volksschullehrer ausscheide, und daß diese Kasse die Ruhegehälter (nur) bezüglich der bis zum Ausscheiden eingetretenen Pensionsfälle zu zahlen habe. Durch den Runderlaß an die Regierungen vom 30. November 1911 (Unterr. ZBl. S. 659) wurde diese Bestimmung wiederum abgeändert. Der Minister bestimmte nunmehr,

> daß „höhere Mädchenschulen" (und mittlere Knabenschulen), „die an die Ruhegehaltskasse der Volksschullehrer angeschlossen waren, zwar grundsätzlich mit dem Ablauf des Rechnungsjahrs, in dem sie als höhere Lehranstalten anerkannt werden, aus der Ruhegehaltskasse auszuscheiden haben, daß aber, sofern die Träger solcher Schulen einen dahingehenden ausdrücklichen Antrag stellen, die Schulen mit den zur Zeit ihrer Anerkennung an ihnen angestellten Lehrkräften nach Maßgabe der für sie zu jener Zeit gültigen Gehaltsnorm in der Ruhegehaltskasse verbleiben dürfen."

Seit diesem Erlaß hat unter den Beteiligten Einverständnis darüber bestanden, daß die höhere Mädchenschule in St. mit den zur Zeit ihrer Anerkennung an ihr angestellten Lehrkräften, darunter dem Professor M., in der Volksschullehrer-Ruhegehaltskasse des Regierungsbezirks St. verblieben ist. Die Kasse hat demgemäß Beiträge von der Klägerin erhoben und, nachdem Professor M. im Jahre 1915 in den Ruhestand getreten war, an ihn Ruhegehalt gezahlt. Die Beklagte hat diese Zahlung als Rechtsnachfolgerin der Bezirkskasse bis zum Jahre 1923 fortgesetzt. Der sie mit vertretende Unterrichtsminister hat auch noch in seinem oben angeführten Schreiben vom 20. Juni 1924 ihre Verpflichtung anerkannt, die nach dem Runderlaß vom 30. November 1911 zu berechnenden Versorgungsbezüge zu zahlen, und nur geltend gemacht, daß eine solche Zahlung in Papiermark zu leisten wäre und deshalb keine Bedeutung mehr habe. Diese von der Beklagten auch im Prozeß vertretene Auffassung erscheint unzutreffend.

Das Gesetz vom 11. Juni 1894 enthält keine ausdrückliche Regelung der Frage, in welcher Weise eine der Volksschullehrer-Ruhegehaltskasse angeschlossene mittlere Schule nach ihrer Umwandlung in eine höhere Lehranstalt mit ihren bisherigen Lehrkräften, für die der Schulunterhaltungsträger, wirtschaftlich betrachtet, durch seine bisherigen Beitragszahlungen eine Anwartschaft auf künftige

Ruhegehaltszahlungen aus der Kasse erworben hatte, der Kasse angeschlossen bleiben dürfe. Der Unterrichtsminister hat diese Frage in seinem Runderlaß vom 30. November 1911 gültigerweise nur in einem sich aus dem Zusammenhang des Gesetzes selbst ergebenden Sinn entscheiden können. Das Gesetz ordnet in seinem § 2 die Ruhegehälter der Lehrpersonen an mittleren Schulen, die nach § 4 Abs. 1 (in Verbindung mit § 5 des Gesetzes vom 23. Juli 1893) im Falle der Anschließung dieser Schule an die Volksschullehrer-Ruhegehaltskasse von der Kasse an die Bezugsberechtigten zu zahlen sind, nach Maßgabe der für die Volksschullehrer geltenden gesetzlichen Bestimmungen. Alle Änderungen dieser Bestimmungen treten danach auch für die Lehrpersonen an den mittleren Schulen ohne weiteres in Kraft. Zur Zeit des Erlasses vom 30. November 1911 kamen in dieser Hinsicht das Volksschullehrer-Pensionsgesetz vom 6. Juli 1885 (GS. S. 298) und seine Abänderung durch das Gesetz vom 10. Juli 1907 (GS. S. 133) in Betracht. Aus der Folgezeit sind insbesondere das Volksschullehrer-Altruhegehaltsgesetz vom 17. Dezember 1920 (GS. S. 655) und seine späteren Abänderungen von Bedeutung. Über die Berechnung des an die Ruhegehaltskasse zu zahlenden Beitrags bestimmt § 4 Abs. 2 des Gesetzes vom 11. Juni 1894, daß der Berechnung die volle Jahressumme des ruhegehaltsberechtigten Diensteinkommens der Lehrpersonen an den der Kasse angeschlossenen mittleren Schulen zugrunde zu legen sei. Die „Jahressumme des ruhegehaltsberechtigten Diensteinkommens" einer Lehrperson, von der diese Bestimmung, wie der entsprechende § 7 des Volksschullehrer-Ruhegehaltskassengesetzes vom 23. Juli 1893 spricht, ist kein ein für allemal feststehender, sondern ein sich namentlich auch mit der Änderung der maßgebenden Besoldungsvorschriften ändernder Jahresbetrag. Von der jeweiligen Höhe dieses Jahresbetrags hing die Höhe der Beitragszahlung ab.

Da die Volksschullehrer-Ruhegehaltskassen, auch nach der Erweiterung ihres Wirkungskreises durch das Gesetz vom 11. Juni 1894, nur für Volksschullehrer und für Lehrpersonen an mittleren Schulen bestimmt und eingerichtet waren, rechtfertigt es sich, daß eine mittlere Schule nach ihrer Umwandlung in eine höhere Lehranstalt nur mit ihren bisherigen Lehrkräften an eine solche Kasse angeschlossen bleiben durfte und auch mit diesen Lehrkräften nur in der Weise, daß das ihnen in ihrer bisherigen Eigenschaft als Lehrpersonen an einer mittleren Schule nach den gesetzlichen Vorschriften zustehende Ruhegehalt aus der Ruhegehaltskasse zu zahlen und demgemäß auch die Beiträge des Schulunterhaltungsträgers nur nach demjenigen ruhegehaltsberechtigten Diensteinkommen der Lehrpersonen zu berechnen waren, das sie bei Fortdauer ihrer Tätigkeit an einer mittleren Schule bezogen haben würden. Veränderungen der für diese Lehrkräfte gültigen Besoldungsordnung, die mit ihrer neuen Tätigkeit an einer anerkannten höheren Lehranstalt zusammenhingen, konnten die Verpflichtungen des Schulunterhaltungsträgers zur Beitragszahlung einerseits und der Ruhegehaltskasse zur Ruhegehaltszahlung anderseits nicht beeinflussen. Nur in diesem Sinne hat der Unterrichtsminister in seinem Runderlaß vom 30. November 1911 die zur Zeit der Anerkennung einer mittleren Schule als höhere Lehranstalt für die an ihr angestellten Lehrkräfte gültige Gehaltsnorm für maßgebend erklären können und für maßgebend erklärt. Auf dem letzteren Standpunkte steht auch das Berufungsgericht, indem es sagt, die im Ministerialerlaß vom 30. November 1911 ausgesprochene Beschränkung auf die zur Zeit der Anerkennung der Schule als höheren Lehranstalt gültige Gehaltsnorm schließe die Berücksichtigung von Gehaltserhöhungen aus der Tätigkeit der Lehrkraft an der anerkannten höheren Schule als solcher aus; maßgebend sei nach dem Erlaß das jeweilige Gehalt der von der Lehrkraft vor der Anerkennung der Schule innegehabten Stelle.

Versteht man den Ministerialerlaß vom 30. November 1911 und den durch ihn deklarierten § 4 des Gesetzes vom 11. Juni 1894 in dem dargelegten Sinne, so erhellt, daß, als die Gehälter und Ruhegehälter von der in der Zeit der Inflation wertlos gewordenen alten deutschen Mark auf Goldmark (die neue deutsche Reichsmark) umgestellt wurden, diese Umstellung eine entsprechende Umgestaltung der Verpflichtungen der von dem Erlaß betroffenen Schulunterhaltungsträger zur Beitragszahlung und der Ruhegehaltskassen zur Ruhegehaltszahlung zur Folge hatte. Ein Bedenken gegen die Erhaltung der durch die Beitragszahlungen vor der Inflation erworbenen Anwartschaften über die Zeit der Inflation hinaus besteht um deswillen nicht, weil die Beiträge, wie schon oben festgestellt, nicht zu einem Kapital angesammelt worden sind, das selbst infolge der Inflation zusammengeschmolzen sein könnte. Es ist auch unerheblich, was von der Beklagten hervorgehoben wurde, daß, wenn eine der Lehrpersonen in den Ruhestand tritt, mit denen eine nunmehrige höhere Lehranstalt an die Volksschullehrer-Ruhegehaltskasse angeschlossen blieb, für diese Schulstelle keine Beiträge mehr gezahlt werden. Denn die sonst (d. h. in den nicht von dem Ministerialerlaß berührten Fällen) für die Schulstelle allerdings fortzuzahlenden Beiträge stellen sich nicht als eine Gegenleistung für die Ruhegehaltszahlungen an den früheren Stelleninhaber dar, sondern als die Leistungen, durch welche die Anwartschaft auf künftige Ruhegehaltszahlungen an den neuen Stelleninhaber erworben wird. Das Entgelt für die Ruhegehaltszahlungen an den früheren Stelleninhaber hat der Schulunterhaltungsträger schon dadurch entrichtet, daß er für ihn bis zu seinem Übertritt in den Ruhestand (im vorliegenden Falle für den Professor M. bis zum Jahre 1915 in Goldmarkwerten) Beiträge gezahlt hat.

Die Revision hat ferner darauf hingewiesen, daß zur Zeit des Ministerialerlasses vom 30. November 1911 für die Lehrpersonen an öffentlichen mittleren Schulen noch keine einheitliche Besoldungsvorschrift bestanden hat. Das ist zwar richtig, aber ebenfalls unerheblich. Die Besoldung der Lehrkräfte an den öffentlichen nichtstaatlichen mittleren Schulen ist erst durch das Mittelschullehrer-Diensteinkommengesetz vom 14. Januar 1921 (GS. S. 325) mit Wirkung vom 1. April 1920 ab gesetzlich geregelt. Jedoch hatte der Unterrichtsminister in dem Erlaß vom 20. April 1900 (Unterr. ZBl. S. 861) für die Regelung dieser Besoldung Grundsätze aufgestellt und dabei Mindestgehälter festgesetzt. An der Hand dieser Grundsätze die Besoldung zu regeln, war den einzelnen Gemeinden überlassen. Unter der „zu jener Zeit gültigen Gehaltsnorm“, von der in dem Ministerialerlaß vom 30. November 1911 die Rede ist, hat der Minister daher nur die einschlägige Norm der Gehaltsordnung der jeweils in Betracht kommenden einzelnen Gemeinde verstehen können und verstanden; den vorstehenden Ausführungen ist kein anderer Sinn des Ausdrucks zugrunde gelegt.

Wenn die Revision die Beschränkung der Verpflichtung der Beklagten auch damit zu begründen versucht, daß der Ministerialerlaß vom 30. November 1911 jus singulare enthalte, das contra tenorem rationis (l. 16 D. de leg. I 3) eingeführt und deshalb nicht ad consequentias zu bringen sei, so genügt es, dem entgegenzuhalten, daß die durch den Ministerialerlaß in Übereinstimmung mit dem Gesetz vom 11. Juni 1894 gewährte Erhaltung wohlbegründeter Anwartschaften der Rechtsvernunft nicht widerstreitet. Die der Billigkeit und der Lage der beiderseitigen Interessen entsprechende Erhaltung dieser Anwartschaften bedeutet auch keine Privilegierung des Trägers der Schullast zum Nachteile der Ruhegehaltskasse im Sinne des § 54 Einl. Pr. ALR. Der von der Revision in diesem Zusammenhang schließlich noch angezogene scholastische Satz „correctoriae leges sunt stricte interpretandae“ hat im heutigen Recht überhaupt keine Geltung.

Der rechtliche Gesichtspunkt der sogenannten Aufwertung, gegen die sich der Unterrichtsminister für die Beklagte in dem Schreiben vom 20. Juni 1924 und die Beklagte selbst im Prozeß gewendet hat, brauchte zur Stütze der durch Auslegung aus dem Gesetz vom 11. Juni 1894 und dem es deklarierenden Ministerialerlaß entwickelten Entscheidung gar nicht herangezogen zu werden. Immerhin sei gegenüber der von der Beklagten angeführten Entscheidung des Reichsversicherungsamts (Amtl. Nachr. 1924 S. 73 Nr. 3161) und den Bemerkungen von Lindemann dazu (Recht 1924 Sp. 220) hingewiesen auf das auch gegen die Landesschulkasse ergangene Urteil des Reichsgerichts vom 13. Februar 1925 III 26/25 (Warn. 1925 Nr. 77) sowie auf RGZ. Bd. 112 S. 104....

Hiernach ist die Verpflichtung der Beklagten zu der streitigen Gehaltszahlung auch dann anzunehmen, wenn für die Beurteilung dieser Verpflichtung, wie die Beklagte es will, der Ministerialerlaß vom 30. November 1911 als maßgebend angesehen wird. Es kann deshalb auf sich beruhen, einerseits ob nicht schon vor diesem Erlaß und vor dem Ministerialerlaß vom 26. März 1910 zwischen der Klägerin und der Volksschullehrer-Ruhegehaltskasse eine dem Ministerialerlaß vom 30. Juni 1909 entsprechende Vereinbarung zustande gekommen ist und für die Kasse Verpflichtungen begründet hat, die durch spätere Ministerialerlasse für sich allein weder aufgehoben noch gemindert werden konnten, anderseits ob eine solche frühere Vereinbarung nicht durch das Verhalten der Klägerin gegenüber dem Ministerialerlaß vom 30. November 1911 eine diesem Erlaß entsprechende Änderung erfahren haben würde. Das Berufungsgericht hat zu diesen Fragen keine Stellung genommen; sie von hier aus zu beantworten, fehlen die erforderlichen Unterlagen.

---

36. 1. Steht die Schaffung von Stammaktien, die nach der Ausgabe für die Zwecke der Gesellschaft gebunden sind (Schutzaktien), mit den Grundsätzen des Aktienrechts in Widerspruch?

2. Unter welchen Voraussetzungen ist der Beschluß auf Bildung von Schutzaktien wegen Verstoßes gegen die guten Sitten nichtig?

HGB. §§ 178 flg., 185, 271 flg.
II. DurchfVO. zur GoldbilanzenVO. vom 28. März 1924 §§ 30 flg.
BGB. § 138.

II. Zivilsenat. Urt. v. 30. März 1926 i. S. A. E. u. Gen. (Kl.) w. Bergbau-A.-G. Ilse (Bekl.). II 226/25.

I. Landgericht Cottbus.
II. Kammergericht Berlin.

Die beklagte Aktiengesellschaft hatte am 31. Dezember 1922 ein Aktienkapital von 140 Millionen Stamm- und 50 Millionen Vorzugsaktien. In der Generalversammlung vom 1. März 1923 wurde die Ausgabe weiterer 60 Millionen Stammaktien beschlossen, die unter Ausschluß des gesetzlichen Bezugsrechts der Aktionäre zum Nennwert an ein befreundetes Konsortium begeben wurden mit der Verpflichtung, sie zum Betrage der geleisteten Einzahlungen der Gesellschaft auf Verlangen wieder zur Verfügung zu stellen. Am 2. August 1923 fand eine neue Generalversammlung statt mit folgender Tagesordnung:

1. Beschlußfassung über die Erhöhung des Grundkapitals um 100 Millionen Mark durch Ausgabe von 100000 Stück auf den Inhaber lautenden Stammaktien über je 1000 ℳ Nennwert mit voller Dividendenberechtigung für das Geschäftsjahr 1923 auf das jeweils eingezahlte Kapital. Festsetzung der Bedingungen der Aktienausgabe. Ausschluß des gesetzlichen Bezugsrechts der Aktionäre.

2. Beschlußfassung über die Bildung von bis zu 200000 Stück auf den Inhaber lautenden Genußscheinen über je 1000 ℳ Nennwert. Begebung von 130000 Stück hiervon an die Inhaber der alten Stammaktien Nr. 1—130000 dergestalt, daß auf jede Stammaktie über 1000 ℳ Nennwert ein Genußschein über 1000 ℳ zum Nenn-

wert bezogen werden kann, weiterer 25000 Stück an die Inhaber der Vorzugsaktien dergestalt, daß auf je 4 Vorzugsaktien über je 500 ℳ ein Genußschein über 1000 ℳ zum Nennwert bezogen werden kann, während die restlichen 45000 Stück zur Verfügung des Vorstandes verbleiben. Ermächtigung des Vorstandes und Aufsichtsrats, die Rechte der Genußscheininhaber am Gewinn und Vermögen der Gesellschaft sowie die Einzelheiten der Vergebung der Genußscheine zu bestimmen ...

Zu Punkt 1 der Tagesordnung hatten Vorstand und Aufsichtsrat beantragt, daß die Aktien nicht unter dem Nennwert begeben werden dürften, und der Vorstand ermächtigt werde, die Kapitalerhöhung und die Begebung im Einvernehmen mit dem Aufsichtsrat unter Festsetzung der näheren Einzelheiten durchzuführen. In der Generalversammlung waren 165142000 ℳ stimmberechtigte Stammaktien mit 165142 Stimmen und 39312500 ℳ Vorzugsaktien mit 78625 Stimmen vertreten. Die Anträge Nr. 1 und 2 der Tagesordnung wurden angenommen und zwar Nr. 1 gegen 86 Stimmen, Nr. 2 gegen 34 Stimmen bei 12 Stimmenthaltungen; bei der getrennten Abstimmung der Stammaktionäre stimmten 46 Stimmen dagegen, während die Vorzugsaktionäre einstimmig für Annahme waren.

Am 17. Juli 1923 wurde die Lusatia Vermögensverwaltungs-Gesellschaft m. b. H. gegründet. Mit dieser Gesellschaft schloß die Beklagte am 28. August 1923 einen Vertrag, durch den die Lusatia die 100 Millionen neue Stammaktien zum Nennbetrag gegen die Verpflichtung übernahm, sie zum Betrage der geleisteten Einzahlungen zuzüglich Zinsen von mindestens 6% dem Vorstande der Beklagten zur Verfügung zu stellen, sobald die Generalversammlung auf Antrag von Vorstand und Aufsichtsrat dies beschließen würde. Der Mehrbetrag der Dividende über die Zinsen sollte der Beklagten wieder zufließen.

Der in der Generalversammlung mit Aktien im Nennbetrag von 34000 ℳ vertretene Kläger erhob gegen sämtliche Beschlüsse Widerspruch zu notariellem Protokoll und demnächst Klage auf Nichtigerklärung aller damals gefaßten Beschlüsse. Die Anfechtung wurde auf einige bei der Abstimmung angeblich vorgekommene formelle Verstöße und hinsichtlich des Beschlusses zu Nr. 1 der Tagesordnung auf folgendes Vorbringen gestützt: Dieser Beschluß widerspreche dem ganzen

Aufbau des Aktienrechts und den guten Sitten; da die Verwaltung oder doch ihr nahestehende Personen in der Lusatia tonangebend seien, so würden durch den Vollzug des Beschlusses die nicht zur Verwaltung gehörenden Aktionäre bei Abstimmungen in der Generalversammlung völlig ausgeschaltet; außerdem bedeute der Erwerb der Aktien zum Nennbetrag mit Rücksicht auf ihren Kurswert eine ungerechtfertigte Bereicherung der Verwaltungsmitglieder auf Kosten der alten Aktionäre.

Das Landgericht erklärte die Beschlüsse über die Ausgabe der neuen Stammaktien und über die Durchführung dieser Ausgabe für nichtig und wies die Klage im übrigen ab. Beide Parteien legten Berufung ein. Während des Berufungsverfahrens wurden die neugeschaffenen 100 Millionen Stammaktien auf Grund von § 30 Abs. 1 der II. DurchfVO. zur GoldbilanzVO. eingezogen, wodurch der Rechtsstreit insoweit seine Erledigung fand. Demgemäß beschränkte der Kläger seinen Antrag auf Nichtigerklärung der Beschlüsse über Bildung der Genußscheine und verlangte hinsichtlich des erledigten Teils des Rechtsstreits Verurteilung der Beklagten in die Kosten. Das Kammergericht erklärte den Rechtsstreit bezüglich der Beschlüsse auf Schaffung der 100 Millionen Stammaktien für erledigt, beließ es im übrigen bei der Abweisung der Klage und verurteilte den Kläger zur Tragung der Kosten des Rechtsstreits, abgesehen von den Kosten der Nebenintervention, die der (dem Kläger in II. Instanz beigetretene) Nebenintervenient zu tragen habe. Die Revisionen des Klägers und des Nebenintervenienten hatten keinen Erfolg.

Aus den Gründen:

Der Kläger greift die in der Generalversammlung vom 2. August 1923 gefaßten Beschlüsse wegen verschiedener formeller Mängel und wegen Verstoßes gegen allgemeine Grundsätze des Aktienrechts und gegen die guten Sitten an. Das Landgericht hatte der Klage nur insoweit stattgegeben, als die Beschlüsse die Schaffung von 100 Millionen neuer Stammaktien betreffen, indem es nicht nur einen Verstoß gegen die guten Sitten, sondern auch eine Verletzung der Vorschriften des § 256 HGB. über die Bekanntmachung der Gegenstände der Verhandlung annahm. Das Berufungsgericht hat sich auf einen anderen Standpunkt gestellt und dem Kläger wegen Sachfälligkeit nach Erledigung der Hauptsache auch insoweit die Kosten des Rechtsstreits auferlegt. Die Revisionen richten sich auch gegen diesen Teil der Entscheidung des Kammergerichts. (Es werden zunächst die Angriffe der Revision gegen die Zurückweisung der die Verletzung von Formvorschriften bei der Abstimmung behauptenden Anfechtungsgründe für ungerechtfertigt erklärt; dann wird fortgefahren:)

Auch in der sachlichen Beurteilung der Beschlüsse unter dem Gesichtspunkt der Gesetz- oder Sittenwidrigkeit ist dem Kammergericht im wesentlichen beizutreten.

Bei dem Beschluß zu Nr. 1 der Tagesordnung handelt es sich nach den vom Vorstand in der Generalversammlung abgegebenen Erklärungen um die Schaffung von sogenannten Schutzaktien. Die Aktien sollten einer der Beklagten nahestehenden Gesellschaft zum Nennbetrag übergeben werden mit der Verpflichtung, sie der Beklagten auf Verlangen jederzeit zur Verfügung zu stellen. Die Verwaltung wollte damit einer von ihr angenommenen Gefahr der äußeren und inneren Überfremdung entgegentreten. Die Schutzaktien wie auch die Vorratsaktien (von welch letzteren jene nicht streng zu sondern sind, da der Schutzzweck oft mit dem Zwecke der Verwendung für eine spätere Kapitalbeschaffung verbunden ist) unterscheiden sich in der rechtlichen Ausgestaltung nicht von den übrigen Stammaktien und bilden deshalb keine besondere Gattung von Aktien im Sinne von § 185 HGB. Ihr Merkmal ist die Gebundenheit für Zwecke der Gesellschaft, auch nach der Ausgabe der Aktien. Der Übernehmer der Aktien wird durch Vereinbarung mit der Gesellschaft in der Verfügung über die Aktien beschränkt, so daß die Gesellschaft die Möglichkeit behält, im Rahmen der Vereinbarung demnächst anderweit über sie zu verfügen. Der Übernehmer hat in gewissem Sinne nur die Stellung eines Treuhänders und darf gemäß der Vereinbarung von seinen Rechten als Aktionär nur im Interesse der Gesellschaft Gebrauch machen. Soweit der Übernehmer verpflichtet ist, nach den Weisungen der Gesellschaft zu stimmen, oder deren Organe, etwa durch Aktienbesitz, sonst bestimmenden Einfluß auf die Willensentschließungen haben, ist die Verwaltung in der Lage, durch Schaffung von Schutzaktien die Abstimmungen in der Generalversammlung maßgebend zu beeinflussen. Ob die Übernahme der Aktien in solchen Fällen durch eine bereits bestehende Rechtspersönlichkeit erfolgt oder eine solche erst von der Verwaltung ins Leben gerufen wird, oder ob endlich die Verwaltungsorgane selbst unmittelbar die Aktien übernehmen, macht rechtlich keinen Unterschied. Wesentlich für die Natur der Aktien als Schutz- oder Vorratsaktien ist die Gebundenheit des ersten Übernehmers für die Zwecke der Gesellschaft, und damit für diese die Möglichkeit, unter gewissen Voraussetzungen weitere Verfügungen über die Aktien zu treffen.

Das Berufungsgericht geht davon aus, daß derartige Schutz- und Vorratsaktien in den Vorschriften des Handelsgesetzbuchs zwar keine unmittelbare Grundlage finden, mit ihnen aber auch nicht in Widerspruch stehen. Es weist mit Recht darauf hin, daß die wirtschaftlichen Verhältnisse der Nachkriegszeit bei den Aktiengesellschaften vielfach zu besonderen Maßnahmen geführt haben, um den Einfluß der Verwaltung gegenüber der in der Mehrheit der Aktionäre sich verkörpernden Macht des beteiligten Kapitals auch bei den Abstimmungen in der Generalversammlung zu stärken, und daß die Vorschriften der §§ 185 und 252 Abs. 1 Satz 3 HGB. im Zusammenhang mit der Möglichkeit des Ausschlusses des Bezugsrechts der Aktionäre nach § 282 daselbst vielfach zur Durchführung solcher Bestrebungen benutzt worden seien. Der erkennende Senat hat die Berechtigung solcher Bestrebungen in RGZ. Bd. 107 S. 67, Bd. 108 S. 322 anerkannt. Die Grundsätze, die für den Fall der Zuweisung von Vorzugsaktien an die Mitglieder der Verwaltung unter Ausschluß des allgemeinen Bezugsrechts der Aktionäre dort aufgestellt sind, haben in gleicher Weise Anwendung zu finden bei der Schaffung von Stammaktien als Schutzaktien. Von der Zulässigkeit derartiger Aktien geht auch die neuere Gesetzgebung aus, indem sie in der II. DVO. zur GBVO. §§ 30 flg. die Schutz- oder Vorratsaktien einer besonderen Regelung bei der Umstellung des Aktienkapitals auf Goldmark unterwirft. Damit wird zum Ausdruck gebracht, daß die Schaffung solcher Aktien nach den Vorschriften des Aktienrechts an sich rechtlich möglich ist.

Die bloße Gefahr eines Mißbrauchs der auf solche Weise in die Hände der Verwaltung gelegten außerordentlichen Machtbefugnisse gegenüber den anderen Aktionären kann nicht dazu führen, derartige Maßnahmen schlechthin als mit den Grundsätzen des Aktienrechts unvereinbar zu bezeichnen. Mit Recht weist das Berufungsgericht darauf hin, daß im Falle eines Mißbrauchs der einzelne Aktionär Generalversammlungsbeschlüsse anfechten und eine Minderheit von Aktionären sich gegen Handlungen des Vorstands und Aufsichtsrats im Klageweg Geltung verschaffen kann. Gegenüber der Meinung der Revision, daß von solchem Vorgehen wegen der Schwierigkeit des Beweises eines Mißbrauchs selten ein Erfolg zu erwarten sei, ist darauf hinzuweisen, daß die Gerichte mehrfach zur Annahme eines mißbräuchlichen Vorgehens der die Mehrheit verkörpernden Verwaltung im Sinne eines Verstoßes gegen die guten Sitten gelangt sind; vgl. aus der reichsgerichtlichen Rechtsprechung RGZ. Bd. 107 S. 72, Bd. 108 S. 41, Bd. 112 S. 14.

Es kommt mithin für die Entscheidung des Rechtsstreits im wesentlichen darauf an, ob der Beschluß über die Schaffung der 100 Millionen Stammaktien einen Verstoß gegen die guten Sitten enthielt. Daß nicht schon die Art und Weise seines Zustandekommens, das Vorgehen der Verwaltung bei der Ankündigung der Tagesordnung und der Vertretung ihrer Anträge in der Generalversammlung sittenwidrig war, ist schon hervorgehoben. Die Frage der Sittenwidrigkeit des Beschlusses selbst hat das Berufungsgericht aus zutreffenden Erwägungen verneint. Es geht in Übereinstimmung mit der Rechtsprechung des Reichsgerichts (vgl. RGZ. Bd. 107 S. 72, S. 202, Bd. 112 S. 14) davon aus, daß es hierbei nicht sowohl auf den äußeren Inhalt und die formale Rechtsbeständigkeit des Beschlusses ankomme als auf die aus dem Zusammenhang der einzelnen Maßnahmen sich ergebende Wirkung für die Gesellschaft selbst und die nicht zur Mehrheit gehörenden Aktionäre, auf die Beweggründe und den Zweck des Vorgehens der Mehrheit; ein Verstoß gegen die guten Sitten liege dann vor, wenn die Mehrheit bei ihrem Vorgehen ohne Rücksicht auf das Wohl der Gesellschaft eigensüchtige Zwecke auf Kosten der Minderheit verfolge. Von diesem rechtlichen Standpunkt aus prüft das Kammergericht, aus welcher Veranlassung und zu welchem Zwecke die Mehrheit die Schaffung der Schutzaktien unternommen und ob und inwieweit sie dabei für sich vermögensrechtliche Vorteile erstrebt und die übrigen Aktionäre benachteiligt habe. Es wird festgestellt, daß die Verwaltung die Gefahr äußerer und innerer Überfremdung gefürchtet und zum Schutz hiergegen die Schaffung der neuen Stammaktien beantragt habe. Daß eine Überfremdungsgefahr die Erhöhung des Aktienkapitals durch sogenannte

Schutzaktien rechtfertigen kann, scheint die Revision selbst im Grunde nicht zu bezweifeln; es bestehen hiergegen auch keine rechtlichen Bedenken (RGZ. Bd. 108 S. 327). Nach der Annahme des Berufungsgerichts sind, wie gegenüber den Ausführungen der Revision hervorzuheben ist, keine Anhaltspunkte dafür vorhanden, daß es sich bei dem Hervorkehren der Überfremdungsgefahr um einen bloßen Vorwand gehandelt habe, unter dessen Deckmantel eigensüchtige Interessen verfolgt worden wären. Insofern liegt der gegenwärtige Fall wesentlich anders als der in RGZ. Bd. 112 S. 14 entschiedene; außerdem steht hier nicht ein Machtkampf verschiedener Interessengruppen oder der Versuch in Frage, eine Minderheit durch Mißbrauch des Stimmrechts zur vollständigen Einflußlosigkeit herabzudrücken. Es haben nur wenige Aktionäre, und zwar aus rechtlichen Erwägungen, widersprochen. Darauf, ob wirklich eine Überfremdungsgefahr unmittelbar drohte, kommt es nicht an. Entscheidend ist, daß nach der Annahme des Vorderrichters die Verwaltung der Beklagten aus gewissen ihr mitgeteilten Anzeichen eine solche Gefahr als gegeben ansah und nach den damaligen Verhältnissen auch ansehen konnte.

Ohne Rechtsirrtum hat das Berufungsgericht weiter verneint, daß die Maßnahmen auf Schaffung der Schutzaktien zu einer Bereicherung der Verwaltung und zu einer Schädigung der Aktiengesellschaft oder der nicht zur Verwaltungsgruppe gehörenden Aktionäre geführt haben. Aus der dargelegten Natur der Aktien als Schutzaktien ergibt sich, daß sie noch nicht endgültig in den freien Verkehr gebracht wurden. Die Verwaltung hat sie entsprechend ihren in der Generalversammlung abgegebenen Erklärungen bei der Begebung an die Lusatia vertraglich gebunden. Nach dem mit der Lusatia getroffenen Abkommen war diese verpflichtet, die Aktien gegen bloße Zahlung der geleisteten Einlagen zuzüglich Zinsen der Beklagten jederzeit zur Verfügung zu stellen. Die über den Betrag der Zinsen der Lusatia zustehende Dividende auf die neuen Aktien floß der Gesellschaft wieder zu, die Aktienurkunden oder Interimsscheine wurden durch Hinterlegung bei der Mitteldeutschen Kreditbank gesperrt. Der Aktiengesellschaft wurde also der Wert der Aktien noch nicht endgültig entzogen. Sie hatte die Möglichkeit, sie jederzeit wieder zu erwerben und nach Erfüllung des Schutzzwecks entweder einzuziehen (wie dies tatsächlich geschehen ist) oder sie als Vorratsaktien zu behandeln und zu ihrem wahren Werte veräußern zu lassen. Auch die Aktionäre wurden nicht geschädigt, da die auf die neuen Aktien entfallende Dividende nach Abzug der geringen Zinsen der Allgemeinheit der Aktionäre wieder zugute kam. Eine eigentliche Verwässerung des Aktienkapitals trat ebenfalls noch nicht ein, da die Fortgabe der Aktien keine endgültige war und die ganze Maßnahme nach Erledigung des Schutzzwecks wieder rückgängig oder der wirklichen Kapitalbeschaffung dienstbar gemacht werden konnte. Es läßt sich auch nicht sagen, daß der Verwaltung, selbst wenn man sie als mit der Lusatia identisch betrachtet, aus diesen Maßnahmen schon geldliche Vorteile erwuchsen; sie erhielt ja die neuen Aktien nicht endgültig zur freien Verfügung im eigenen Interesse, diese blieben vielmehr für die besonderen Zwecke der Gesellschaft gebunden.

Mit Unrecht berufen sich die Revisionen auf die Entscheidung des Obergerichts zu Danzig vom 13. Februar 1925 in der JW. 1925 S. 1297. Dort war die Sachlage eine wesentlich andere: Den Mitgliedern der Verwaltung waren Aktien zu niedrigem Kurs mit der Möglichkeit sofortiger freier Verfügung und ohne Bindung für Gesellschaftszwecke überwiesen; die Verwaltung erlangte also neben dem Machtzuwachs unmittelbare Vermögensvorteile (Dividendenbezugsrecht Möglichkeit der Verwertung durch Kauf) auf Kosten der vom Bezugsrecht ausgeschlossenen übrigen Aktionäre. Hier aber durften die Aktien von der Übernehmerin nicht veräußert, sondern mußten zur Verfügung der Beklagten gehalten werden; der Schutzzweck wurde also ohne die Nebenwirkung eigener Vermögensvorteile für die Mitglieder der Verwaltung durchgeführt. Die Revisionen leugnen allerdings die wirkliche Bindung der Aktien zugunsten der Beklagten, weil die Verwaltung es in der Hand hatte, die Rechte aus dem Vertrage mit der Lusatia nicht geltend zu machen oder den Vertrag zu ihren Gunsten abzuändern oder auch infolge der Stimmenmehrheit, über die sie mit diesen Aktien verfügte, einen die Aktienwerte ihr zuwendenden Generalversammlungsbeschluß herbeizuführen. Wenn auch die Möglichkeit eines derartigen Mißbrauchs gegeben sein mochte, so fehlt es doch nach den Feststellungen des Berufungsgerichts an jedem Anhalt dafür, daß die Verwaltung einen solchen Mißbrauch erstrebte und die Aktien anders als zu Schutzzwecken oder sonst im Interesse der Gesellschaft benutzen wollte. Jedenfalls wurde durch den angefochtenen Beschluß selbst und seine Ausführung (treuhänderische Begebung an die Lusatia mit Gebundenheit zur Rückübertragung) noch nicht der Wert der Aktien der Verwaltung zugeführt. Das wäre erst geschehen, wenn durch spätere Beschlüsse der Generalversammlung eine endgültige Zuweisung der Aktien an die Mitglieder der Verwaltung zur freien Verfügung erfolgt wäre; dann hätte eine Anfechtung dieser Beschlüsse wegen Sittenwidrigkeit in Frage kommen können. Im übrigen ist gegenüber dem Vorbringen der Revisionen noch darauf hinzuweisen, daß bei der Beschlußfassung über den Rückerwerb der neuen Aktien von der Lusatia diese als Aktieninhaberin nach § 252 Abs. 3 HGB. von der Ausübung des Stimmrechts ausgeschlossen gewesen wäre.

Ein Verstoß gegen die guten Sitten kann also nicht angenommen werden, weil es an einem Nachweis dafür fehlt, daß den Mitgliedern der Verwaltung besondere Vermögensvorteile auf Kosten der Gesellschaft und der übrigen Aktionäre zugewendet wurden. Was die Verwaltung durch den angefochtenen Beschluß erlangte, war ein Machtzuwachs bei Abstimmungen in der Generalversammlung, der ihr das Übergewicht innerhalb der Gesellschaft sicherte. Daß eine derartige Stärkung der Macht der Verwaltung, selbst wenn sie die anderen Aktionäre auf längere Zeit hinaus ihres Einflusses beraubt, zur Annahme einer Sittenwidrigkeit für sich allein nicht ausreicht, ist vom erkennenden Senat in RGZ. Bd. 108 S. 322 für den Fall angenommen worden, daß die Mehrheit eine solche Maßnahme beschließt, damit zum Wohl der Gesellschaft, insbesondere zur Verhütung der Überfremdung, davon Gebrauch gemacht werde. Einen für die Frage der Sittenwidrigkeit zu beachtenden geldlichen Vorteil stellt ein Machtzuwachs der Verwaltung an sich noch nicht dar. Erst der Mißbrauch der so erlangten Machtstellung, ihre Verwendung ohne Rücksicht auf die Interessen der Gesellschaft und der anderen Aktionäre würde mit den Anschauungen eines redlichen, anständigen gesellschaftlichen Geschäftsverkehrs in Widerspruch stehen. Die aus dem Übergewicht der Verwaltung sich ergebende bloße Möglichkeit eines Mißbrauchs kann noch nicht die Sittenwidrigkeit der ganzen Maßnahme begründen. Deshalb kommt es auf die mit dieser Frage sich befassenden Darlegungen der Beschwerdeführer nicht weiter an; sie stehen auch insofern mit dem wirklichen Sachverhalt in Widerspruch, als sie die ganze Stimmenzahl der Vorzugsaktien den Mitgliedern der Verwaltung zurechnen.

(Des weiteren wird noch dargelegt, daß auch gegen die Rechtsbeständigkeit der Beschlüsse über die Bildung von Genußscheinen mit Bezugsberechtigung der Aktionäre keine rechtliche Bedenken beständen und daß auch insoweit kein Verstoß gegen die guten Sitten vorliege.)

---

37. 1. Unter welchen Voraussetzungen darf eine Tarifvertragspartei während des Bestehens des Tarifvertrags zur Anwendung wirtschaftlicher Kampfmittel greifen?

2. Können die durch einen Tarifbruch geschädigten Einzelmitglieder einer Tarifvertragspartei Schadensersatzansprüche gegen den tarifbrüchigen Vertragsteil geltend machen?

Tarifvertragsverordnung vom 23. Dezember 1918.

III. Zivilsenat. Urt. v. 30. März 1926 i. S. Arbeitgeberverband für Binnenschiffahrt (Kl.) w. Deutschen Verkehrsbund u. Gen. (Bekl.). III 214/25.

I. Landgericht I Berlin.
II. Kammergericht daselbst.

Der klagende Arbeitgeberverband schloß am 31. März 1922 mit den beiden beklagten Arbeitnehmerverbänden einen Tarifvertrag, der in zwei Teile zerfiel. Der Hauptteil, ein die Arbeitsbedingungen mit Ausnahme der Lohnhöhe regelnder Manteltarif, sollte bis zum 31. März 1923 laufen und sich um ein weiteres Jahr verlängern, wenn er nicht zwei Monate vor seinem Ablauf gekündigt würde. Ihm waren als Anhang die Lohnvereinbarungen beigefügt, die bis zum 30. Juni 1922, bei Zustimmung sämtlicher Vertragsparteien bis zum 30. September 1922 Geltung haben sollten. Für den Dezember 1922 wurde eine Einigung über die Lohnhöhe nicht erzielt. Dem Schiedsspruch eines vom Reichsarbeitsminister einberufenen Schlichtungsausschusses fügten sich die Arbeitnehmer nicht. Nunmehr forderten die beklagten Verbände ihre Mitglieder durch gedruckte Flugblätter auf, vom 12. Dezember ab „nur noch acht Stunden Arbeit zu verrichten und jede Extra-, Überstunden- und Sonntagsarbeit abzulehnen". Dieser Weisung folgten die Schiffer. Dadurch sollen einzelnen Mitgliedern des klagenden Verbandes infolge verlängerter Fahrten, vermehrten Kohlenverbrauchs, verspäteter Erfüllung eingegangener Ladeverbindlichkeiten u. dgl. Vermögensverluste entstanden sein. Einen derartigen, ihm von einem seiner Mitglieder abgetretenen, Schadensersatzanspruch macht der klagende Verband gegen die beklagten Verbände mit der Behauptung geltend, sie hätten durch die erwähnten Aufrufe gegen ihre tarifliche Friedenspflicht und zugleich gegen die guten Sitten verstoßen. Das Landgericht gab der Klage statt. Das Kammergericht wies sie ab. Die Revision des Klägers blieb erfolglos.

Gründe:

Der Tarifvertrag vom 31. März 1922 enthält keine ausdrückliche Bestimmung, durch welche die Parteien sich zur Einhaltung des Arbeitsfriedens verpflichtet haben. Aber auch ohne eine solche muß — wenigstens in der Regel — die gegenseitige Übernahme der Friedenspflicht als von den Tarifvertragsparteien gewollt und stillschweigend vereinbart angesehen werden (vgl. RGZ. Bd. 73 S. 92, Bd. 86 S. 154; Hueck, Recht des TV. S. 170 und TR. S. 91; Kaskel, N. Ztschr. f. ArbR. 1922 Sp. 403). Die Friedenspflicht ist mit dem Wesen eines Tarifvertrags so eng verbunden, daß ohne sie die Erreichung der rechts- und wirtschaftpolitischen Ziele, die mit seinem Abschluß verfolgt werden, in hohem Grade gefährdet sein würde. Ein Tarifvertrag soll nicht nur Arbeitsnormen schaffen, sondern auch die Möglichkeit ihrer Durchführung gewährleisten. Er soll die an seinem Abschluß beteiligten Verbände und die in ihnen organisierten Arbeitgeber und Arbeitnehmer dagegen sichern, daß während seiner Dauer die in ihm geregelten Arbeitsbedingungen zum Gegenstand eines Wirtschaftskampfes gemacht werden. Diese Sicherung würde aber nur sehr gering und unvollkommen sein, wenn bei einem Verstoß gegen die Friedenspflicht (vgl. RGZ. Bd. 111 S. 108 und 177) der schuldige Vertragsteil nur dem Vertragsgegner und nicht auch dessen geschädigten Einzelmitgliedern ersatzpflichtig wäre. Eine solche Rechtslage würde der Förderung des Wirtschaftsfriedens nicht nur nicht dienlich, sondern geradezu abträglich sein, da durch wirtschaftliche Kampfmaßnahmen in der Hauptsache die einzelnen Arbeitgeber oder Arbeitnehmer, nicht aber die Verbände, denen sie angehören, benachteiligt zu werden pflegen. Deshalb enthält die Friedensklausel, mag sie ausdrücklich oder stillschweigend vereinbart sein, regelmäßig zugleich einen Vertrag zugunsten der Verbandsmitglieder, der für sie im Sinne des § 328 Abs. 1 BGB. unmittelbar Rechte und im Fall ihrer Verletzung Schadensersatzansprüche begründet. Dieser Rechtsauffassung entsprechend hat das Kammergericht auch den Tarifvertrag vom 31. März 1922 ausgelegt, so daß die N. N. Dampfschiffahrtsgesellschaft nicht gehindert war, Schadensersatzansprüche aus dem angeblichen Tarifbruch der Beklagten geltend zu machen und sie an den Kläger abzutreten. Daß sie dazu auch befugt war, soweit sie diese aus einem sittenwidrigen Verhalten der Beklagten ihr gegenüber, d. h. aus § 826 BGB. herleitet, bedarf keiner Erörterung.

Die Friedenspflicht der Tarifvertragsparteien ist, wenn sie nicht im Einzelfall durch ausdrückliche Abrede zu einer absoluten gestaltet wird, regelmäßig nur eine relative. Es soll nur der Vertragsinhalt selbst geschützt und der Versuch, eine vorzeitige Änderung der im Tarifvertrag vereinbarten Arbeitsnormen durch Anwendung wirtschaftlicher Kampfmittel zu erzwingen, verhindert werden. Dagegen ist es den Verbänden regelmäßig nicht verwehrt, sich solcher Mittel zu bedienen, um während des Bestehens eines Tarifvertrags nicht tariflich geregelte Streitpunkte einer solchen Regelung entgegenzuführen. Daß die Verbände auch für derartige Fälle von vornherein auf jeden Wirtschaftskampf verzichtet und sich des Rechts begeben haben, im Interesse ihrer Mitglieder nötigenfalls auch zu wirtschaftlichen Druckmitteln zu greifen, ist nicht zu vermuten. Ein solcher Verzicht bedürfte einer unzweideutigen Willenserklärung. Wenn ihn das Kammergericht daher in dem Manteltarif vom 31. März 1922 nicht findet, so entspricht seine Vertragsauslegung, wie gezeigt, ebenso der Natur der Sache wie den Grundsätzen von Treu und Glauben. Sie steht auch mit der bisherigen Rechtsprechung des Reichsgerichts (vgl. die bereits angezogenen in RGZ. Bd. 73 und 86 abgedruckten Entscheidungen und RGZ. Bd. 111 S. 107) und der im Schrifttum vorherrschend vertretenen Ansicht (vgl. Kaskel, N. Ztschr. f. ArbR. 1922 Sp. 403 Anm. 12; Oertmann, Arbeitsvertragsrecht S. 64/65; Hueck, TR. S. 92; Nipperdey, Beitr. z. TR. S. 67) in Einklang.

Der Tarifvertrag vom 31. März 1922 bestand aus zwei auch äußerlich gesonderten Teilen, dem Manteltarifvertrag und dem als Anhang bezeichneten, besonders datierten und unterschriebenen Lohntarifvertrag. Beide Teile bildeten zunächst eine rechtliche Einheit. Vereinbarungsgemäß erlosch der Lohntarifvertrag bedeutend früher als der Manteltarifvertrag. Sein Fortfall übte jedoch, wie das Kammergericht einwandfrei feststellt, auf das rechtliche Schicksal des Manteltarifvertrags und dessen Fortgeltung keinen Einfluß aus.

Da weder die Verhandlungen der Parteien noch ein Schlichtungsverfahren zu einer Einigung über neue Löhne führten, gingen die beklagten Verbände schließlich zum Angriff über. Um die Arbeitgeber durch wirtschaftlichen Druck zum Abschluß eines den Zeitverhältnissen entsprechenden Lohntarifvertrags zu bewegen, forderten sie ihre Mitglieder zur Verweigerung von Überstunden- und Sonntagsarbeit auf. Dieser Angriff auf den Arbeitsfrieden richtete sich also nicht gegen die Normen des Manteltarifs, sondern sollte nur die in ihm nicht geregelte, für die Arbeiter aber lebenswichtige Lohnfrage möglichst rasch in einem für sie günstigen Sinne lösen und damit den Manteltarif in sachgemäßer Weise ergänzen und vervollständigen.

Dieses Ziel war kein rechtswidriges. Ein Verbot, es unter Anwendung wirtschaftlicher Kampfmittel zu erstreben, enthält nach der rechtsirrtumsfreien Feststellung des Berufungsrichters der Manteltarifvertrag nicht. Auch die von den Beklagten empfohlenen Kampfmittel waren keine unerlaubten. Das Kammergericht bezeichnet sie als passive Resistenz. Dem kann nicht beigepflichtet werden. Passive Resistenz ist, wie der Senat bereits in dem Urteil vom 9. Juni 1925 (RGZ. Bd. 111 S. 112) ausgeführt hat, ein unlauteres Kampfmittel. Denn mit ihr beabsichtigen die Arbeiter durch Herabsetzung ihrer Arbeitsleistungen auf ein Mindestmaß die Druckwirkung eines Streiks hervorzurufen, ohne sich wie bei diesem der Gefahr von Lohnausfällen auszusetzen. Dazu haben die beklagten Verbände ihre Mitglieder nicht veranlaßt. Während der regelmäßigen achtstündigen Arbeitszeit sollten sie ihre Pflicht voll und ganz erfüllen, nur Überstunden- und Sonntagsarbeit, die sich während der Fahrt der Schiffe allerdings kaum entbehren läßt, sollten sie ablehnen und damit auch auf die für sie ausgeworfene Sondervergütung verzichten. Die Beklagten trifft daher nach Lage des Falles nicht der Vorwurf des Tarifbruchs. Daß die Schiffer nach dem Manteltarif Überstunden leisten sollten, ändert an der Rechtslage nichts, da der Kampf der Parteien auf einem Gebiet und bezüglich einer Streitfrage, die außerhalb der bisherigen tariflichen Regelung lagen, entbrannt war und dieser Kampf ohne Rücksicht auf den Inhalt des Manteltarifs mit allen erlaubten wirtschaftlichen Kampfmitteln ausgefochten werden durfte. In ihm waren die Beklagten an keine anderen Schranken als diejenigen gebunden, welche die Rechtsordnung jedem Wirtschaftskampf und dem Gebrauch wirtschaftlicher Kampfmittel überhaupt setzt. Innerhalb dieser haben die Beklagten sich aber gehalten. Deshalb fällt mit dem Vorwurf der Tarifuntreue auch der eines sittenwidrigen Verhaltens, so daß die Kampfbetätigung der Beklagten auch die Anwendung des § 826 BGB. nicht zu rechtfertigen vermag.

---

38. 1. Kann eine im Januar 1920 erfolgte Markzahlung aufgewertet werden?

2. Unter welchen Voraussetzungen wird ein Anspruch aus Gesellschaftsvertrag zur Vermögensanlage im Sinne des Aufwertungsgesetzes?

BGB. § 242. Aufwertungsgesetz § 63.

II. Zivilsenat. Urt. v. 30. März 1926 i. S. Firma Fr. S. & Co. (Bekl.) w. E. L. u. Gen. (Kl.). II 377/25.

I. Landgericht Stettin.
II. Oberlandesgericht daselbst.

Die beiden Klägerinnen sind die alleinigen Erben des am 7. Januar 1916 verstorbenen Kaufmanns Emil S. in Br., der bis zum 1. Dezember 1912 Gesellschafter der verklagten offenen Handelsgesellschaft Fr. S. & Co. gewesen war. Seine Zugehörigkeit zu dieser Firma war durch den Gesellschaftsvertrag auf die Zeit bis zum 1. Dezember 1912 begrenzt; das Geschäft sollte bei seinem Ausscheiden mit Aktiven und Passiven auf die übrigen Gesellschafter übergehen. Für den Fall dieses Ausscheidens des Emil S. bestimmte der Gesellschaftsvertrag weiter, daß $^1/_5$ seines Auseinandersetzungsguthabens binnen 3 Monaten nach der — innerhalb der Frist von 4 Wochen vom Austritt an zu erklärenden — Aufkündigung herauszuzahlen sei, im übrigen aber der Ausgetretene, wenn er von dieser Kündigung keinen Gebrauch mache, dieses Fünftel in Jahresraten von 100000 *M* mit halbjähriger, nur auf 1. Juli zulässiger Kündigung einfordern dürfe; „die übrigen $^4/_5$ des Auseinandersetzungsguthabens" — heißt es dann im Vertrag — „werden mit der Maßgabe kreditiert, daß alljährlich nur eine Rate von 100000 *M* nach vorangegangener sechsmonatiger, nur per 1. Januar eines jeden Jahrs zulässiger Kündigung fällig wird."

Beim Ausscheiden des Emil S. (am 1. Dezember 1912) betrug sein Auseinandersetzungsguthaben rund 1400000 *M*, von denen bei seinem Tode 525000 *M* noch nicht zurückgezahlt waren. Dieser Nennbetrag wurde in den folgenden Jahren an die Erben des Emil S., die beiden Klägerinnen, entrichtet; die für diesen Rechtsstreit allein in Betracht kommenden zwei letzten Zahlungen erfolgten am 31. Januar 1920 mit 150000 *M* und am 26. August 1922 mit 300000 *M*. Diese beiden Beträge wollen die Klägerinnen aufgewertet haben, und zwar in Höhe von 3000 G*M*, deren Bezahlung sie von der Beklagten verlangen.

Das Landgericht wies die Klage ab, wogegen das Oberlandesgericht den eingeklagten Anspruch dem Grunde nach für gerechtfertigt erklärte. Die Revision der Beklagten wurde insoweit zurückgewiesen, als es sich um die Zahlung von 300000 *M* handelt; hinsichtlich der Zahlung von 150000 *M* dagegen wurde das angefochtene Urteil aufgehoben und die klagabweisende Entscheidung des Landgerichts wieder hergestellt.

Gründe:

Der Aufwertung der am 31. Januar 1920 erfolgten Zahlung von 150000 *M* steht die Erwägung entgegen, daß damals trotz der bis dahin schon eingetretenen Verschlechterung der deutschen Währung der Satz „Mark gleich Mark" im Verkehr noch ganz allgemein in Geltung war und demgemäß die Vollwertigkeit einer dem Nennbetrag der Markforderung entsprechenden Zahlung nirgends angezweifelt wurde. Man glaubte damals in der Entwertung der Mark, soweit sie schon zutage getreten war, eine vorübergehende Erscheinung erblicken zu dürfen und rechnete mit der Wiedererstarkung der Währung.

Erst im Sommer 1922 begann sich die gegenteilige Auffassung durchzusetzen, und jedenfalls von dem im August jenes Jahrs erfolgten starken Marksturz an hatte die deutsche Mark die Eigenschaft, Wertmesser mit gleichbleibender Kraft zu sein, im Verkehr eingebüßt. Daß bei einer Zahlung vom Jahre 1920 eine Aufwertung nicht in Frage kommen kann, entspricht denn auch der ständigen neueren Rechtsprechung des Reichsgerichts. Hieran wird dadurch nichts geändert, daß es sich bei jener Zahlung um eine Teilzahlung handelte; war zur Zeit der Leistung der 150000 *M* der Aufwertungsgedanke noch nicht durchgedrungen, so hatte die Zahlung eben die Wirkung, daß die Restschuld der Beklagten zum Teilbetrag von 150000 *M* endgültig getilgt wurde.

Soweit es sich um die Zahlung vom 31. Januar 1920 handelt, war daher unter Aufhebung des angefochtenen Erkenntnisses die Berufung der Klägerinnen gegen das klagabweisende landgerichtliche Urteil zurückzuweisen. Für diesen Teil der Entscheidung spielt der Umstand keine Rolle, daß bei Erlassung des oberlandesgerichtlichen Urteils noch die 3. SteuernotVO. in Geltung war, inzwischen aber das Aufwertungsgesetz vom 16. Juli 1925 in Kraft getreten ist.

Wohl aber kommt dieser Wechsel der Gesetzgebung für das Aufwertungsverlangen in bezug auf die Zahlung von 300000 *M* vom 26. August 1922 in Betracht. Daran, daß das Aufwertungsgesetz vom Tage seines Inkrafttretens (15. Juli 1925) an auch auf anhängige Rechtsstreitigkeiten Anwendung findet, ist nach § 68 des Gesetzes in Verbindung mit der dazu ergangenen reichsgerichtlichen Rechtsprechung (vgl. z. B. RGZ. Bd. 111 S. 321, Bd. 112 S. 206) kein Zweifel. Ob die 3. SteuernotVO. oder das Aufwertungsgesetz angewendet wird, begründet im vorliegenden Fall insofern einen Unterschied, als beim Vorhandensein einer Vermögensanlage im gesetzlichen Sinne im ersteren Falle die vorbehaltlose Annahme des Papiermarkbetrags die Aufwertung ausschließt (§§ 11, 12 der 3. SteuernotVO.), während nach § 63 Abs. 1 und § 15 AufwG. die Aufwertung der vom Erblasser der Klägerinnen seinerzeit vorbehaltlos angenommenen 300000 *M* selbst dann nicht völlig ausgeschlossen wäre, wenn es sich bei den von Emil S. der Beklagten „kreditierten" $^4/_5$ seines Auseinandersetzungsguthabens um eine Vermögensanlage im Sinne des § 63 Abs. 1 Satz 1 a. a. O. handeln würde. In diesem Falle dürfte die

Aufwertung nach der genannten Vorschrift 25 % des Goldmarkbetrags nicht übersteigen, beim Zutreffen der Voraussetzungen der Härteklausel (§ 15 a. a. O.) würde sie aber überhaupt nicht stattfinden. Die Frage nach dem Vorhandensein einer Vermögensanlage ist daher schon im jetzigen Verfahren über den Grund des Anspruchs zu erörtern.

Das Berufungsgericht hat diese Frage verneint. Das Auseinandersetzungsguthaben des Emil S. habe — so wird ausgeführt — seine Natur als Anspruch aus Gesellschaftsvertrag nur dadurch verlieren können, daß die Vertragsparteien eine dahingehende Vereinbarung (nach § 607 Abs. 2 BGB.) getroffen hätten. Aus dem Gebrauch des Wortes „kreditieren" im Gesellschaftsvertrag lasse sich die Absicht, das Auseinandersetzungsguthaben in ein Darlehen umzuwandeln, nicht entnehmen; denn der Ausdruck „kreditieren" bedeute nichts weiter als „stunden" und sei für einen Darlehensanspruch ebenso verwendbar wie für eine Kaufpreis- oder eine Auseinandersetzungsforderung. Unverkennbar sei allerdings das Guthaben des Emil S. nach der Dauer der Stundung sowie nach den Kündigungs-, Sicherungs- und Verzinsungsbestimmungen als Vermögensanlage im wirtschaftlichen Sinne ausgestaltet worden, und hiergegen spreche auch nicht das für Emil S. vereinbarte Recht auf Einsicht in die Geschäftsbücher und -skripturen. Aber damit sei aus dem Auseinandersetzungsguthaben noch keine Darlehensforderung geworden; denn der Vertrag biete keinen Anhalt dafür, daß die Beklagte das ihr kreditierte Auseinandersetzungsguthaben nicht mehr als solches, sondern als Darlehen habe schulden sollen. Vielmehr lasse der fortgesetzte Gebrauch des Wortes „Auseinandersetzungsguthaben" darauf schließen, daß die Vertragsparteien an eine Änderung der Rechtsnatur der Forderung nicht gedacht hätten; wäre der Umwandlungswille wirklich vorhanden gewesen, so hätten sie auch keinen Anlaß gehabt zu verschweigen, daß das Auseinandersetzungsguthaben als Darlehen geschuldet werden solle.

Die Auffassung des Berufungsgerichts ist rechtlich nicht zu beanstanden.

Der erstmals in der 3. SteuernotVO. verwendete Rechtsbegriff der Vermögensanlage ist als solcher auch in das Aufwertungsgesetz übergegangen. Was unter Vermögensanlage zu verstehen sei, sagt weder das eine noch das andere Gesetz; man wird aber mit dem Reichsgericht in JW. 1925 S. 936 Nr. 5 als Vermögensanlage die auf eine gewisse Dauer berechnete, zum Zwecke der Erhaltung und Nutzung des Kapitals erfolgende Verwendung von Vermögensstücken aufzufassen haben. Daß das Auseinandersetzungsguthaben des Emil S. als solches zunächst einen Anspruch aus einem Gesellschaftsvertrag darstellte, aus diesem als seiner unmittelbaren Grundlage hervorging, ist nicht zu bestreiten. Der Anspruch auf Auszahlung des Auseinandersetzungsguthabens „gilt“ daher (nach § 63 Abs. 2 Nr. 1) nicht als Vermögensanlage. Diese Wendung des Gesetzes kann nur dahin verstanden werden, daß es auf den wirtschaftlichen Zweck und die äußere Erscheinungsform des Anspruchs bei der Frage nach dem Vorhandensein einer Vermögensanlage solange nicht ankommen soll, als der Anspruch die Eigenschaft „aus einem Gesellschaftsvertrag“ nicht verloren hat; mit anderen Worten: der Anspruch mag, wirtschaftlich betrachtet, die Erfordernisse einer Vermögensanlage erfüllen; solange er die Eigenschaft „aus einem Gesellschaftsvertrag“ beibehält, gilt er rechtlich nicht als Vermögensanlage. Um den dem Emil S. aus dem Gesellschaftsvertrag zustehenden Anspruch von den gesellschaftlichen Beziehungen völlig loszulösen und ihm eine andere rechtliche Grundlage zu geben, bedurfte es eines Willensaktes der Beteiligten. Selbstverständlich brauchte der Umwandlungswille nicht ausdrücklich erklärt zu werden, es genügte vielmehr, wenn er sich aus irgendwelchen Tatumständen (etwaigen Vereinbarungen über Zeit und Art der Rückzahlung, Kündigung, Verzinsung u. dgl.) entnehmen ließ. Es liegt nichts dafür vor, daß bezüglich der mit der Möglichkeit jährlicher Rückforderung von 100000 ℳ „kreditierten“ $^4/_5$ des Auseinandersetzungsguthabens des Emil S. die Absicht der Beteiligten auf Begründung eines ganz neuen Schuldverhältnisses unter völliger Austilgung der alten Schuld gegangen wäre. Ohne Rechtsirrtum hat in dieser Hinsicht das Berufungsgericht ausgeführt, der Gesellschaftsvertrag biete keinen Anhalt für eine Vereinbarung dahin, daß die Beklagte das ihr kreditierte (gestundete) Auseinandersetzungsguthaben künftig als Darlehen schulden solle. Im übrigen würde, wie der erkennende Senat in Übereinstimmung mit Mügel, Komm. z. AufwG. S. 403 flg., Komm. z. DurchfVO. S. 332 und mit Quassowski, AufwG. S. 161 flg. annimmt, eine Vereinbarung nach § 607 Abs. 2 BGB. nicht einmal genügen, um dem Anspruch aus Gesellschaftsvertrag diesen seinen ursprünglichen Rechtscharakter zu nehmen; hierzu hätte es vielmehr einer Abmachung im Sinne der Novation, also dahin bedurft, daß das alte Schuldverhältnis völlig zu beseitigen und durch ein neues zu ersetzen sei. Eine derartige Schuldumwandlung ist aber, wie schon erwähnt, dem Vertrage nicht zu entnehmen, und es ist auch nicht ersichtlich, welches Interesse der verstorbene Emil S. oder die Beklagte im Jahre 1907 an einer solchen Umgestaltung gehabt haben könnten.

Es fehlt demnach an Anhaltspunkten dafür, daß die Vertragsparteien an der Rechtsnatur des Anspruchs des Emil S. als einer Forderung aus Gesellschaftsvertrag hinsichtlich der stehengelassenen $^4/_5$ des S.schen Auseinandersetzungsguthabens etwas ändern wollten. Daher braucht auf die Ausführung der Revision darüber nicht eingegangen zu werden, daß das Aufwertungsgesetz zwischen Ansprüchen aus Gesellschaftsverträgen (§ 63 Abs. 2 Nr. 1) und aus Gutsüberlassungsverträgen (ebenda Nr. 2) und anderseits Ansprüchen, die auf gewissen Beziehungen beruhen (a. a. O. Nr. 2 und 3), bewußt unterscheide. Ob sich die von der Revision an diese Verschiedenheit der Ausdrucksweise geknüpfte Folgerung rechtfertigen läßt, daß der Wortlaut „aus ... Verträgen" im Verhältnis zu der Wendung „beruhen auf ..." und zu der im § 66 Abs. 3 AufwG. gebrauchten Wendung „entstanden sind aus ..." das Gebiet der betreffenden Ansprüche enger begrenze, ist schon an sich recht fraglich, erscheint aber als noch zweifelhafter im Hinblick darauf, daß § 10 Abs. 1 Nr. 1 bis 3 bei Anführung derselben Ansprüche, wie sie im § 63 Abs. 2 Nr. 1 bis 3 erwähnt sind, nur den Ausdruck „beruhen auf ..." verwendet.

Endlich ist aber auch der Vorwurf unbegründet, daß der Berufungsrichter zu Unrecht zwischen einem wirtschaftlichen und einem rechtlichen Begriff der Vermögensanlage unterscheide, während für das Aufwertungsrecht doch nur ein einheitlicher Begriff anerkannt werden könne. Mit dem Satze, daß der wirtschaftliche Begriff der Vermögensanlage im vorliegenden Falle erfüllt sei, will das Berufungsgericht nur sagen: wenn man auch davon auszugehen habe, daß die Art der Festlegung der fraglichen Vermögenswerte auf das Vorhandensein einer Vermögensanlage hindeute, so müsse doch, um eine solche annehmen zu können, unter den hier gegebenen Umständen noch ein inneres Moment, der entsprechende Umwandlungswille der Vertragsparteien, hinzukommen. Diese Auffassung weist keinen Rechtsirrtum auf, wie sich aus dem oben Gesagten und aus der Erwägung ergibt, daß die Bestimmung, worin die Beklagte die Loslösung des S.schen Anspruchs von allen gesellschaftlichen Beziehungen finden will, im Gesellschaftsvertrag selbst in unmittelbarem Zusammenhang mit der Regelung anderer das Auseinandersetzungsguthaben betreffender Punkte getroffen ist. Noch weniger ist der Revision darin Recht zu geben, daß der Anspruch schon durch die langjährige Dauer seines Bestehens zur Vermögensanlage geworden sei. Das Aufwertungsgesetz kennt die Entstehung einer Vermögensanlage durch bloßen Zeitablauf nur im Falle einer vor dem 1. Januar 1909 begründeten Kaufgeldforderung (§ 10 Abs. 1 Nr. 5); als allgemeine Rechtseinrichtung ist ihm diese Erscheinung fremd.

Mit Recht hat daher das Berufungsgericht das Aufwertungsverlangen hinsichtlich der Zahlung vom 26. August 1922 (in Höhe von 300000 ℳ) dem Grunde nach für gerechtfertigt erklärt.

---

39. 1. Inwieweit sind die Gerichte befugt, über öffentlichrechtliche Vorfragen zu entscheiden?

2. Ist das der Justizverwaltung nach Art. 104 Abs. 3 RVerf. zustehende Recht, bei einer Veränderung in der Einrichtung der Gerichte unfreiwillige Versetzungen von Richtern der ordentlichen Gerichtsbarkeit zu verfügen, zeitlich beschränkt?

3. Ist den §§ 272b, 348 bis 350 ZPO. die Bedeutung einer Änderung in der Einrichtung der Landgerichte beizumessen?

III. Zivilsenat. Urt. v. 30. März 1926 i. S. Freistaat Mecklenb.-Strelitz (Bekl.) w. J. (Kl.). III 548/25.

I. Landgericht Güstrow.
II. Oberlandesgericht Rostock.

Der Kläger war früher als Landgerichtsrat am Landgericht in N. tätig. Durch Schreiben vom 17. März 1924, das alsbald in seine Hände gelangt ist, wurde ihm vom zuständigen Justizministerium mitgeteilt, daß mit Rücksicht auf die Organisationsveränderungen der Gerichte, welche infolge der Verordnungen vom 4. Januar 1924 über

Gerichtsverfassung und Strafrechtspflege und vom 13. Februar 1924 über das Verfahren in bürgerlichen Rechtsstreitigkeiten eintreten würden, beabsichtigt sei, ihn mit Wirkung vom 1. Juni 1924 als Amtsrichter an das Amtsgericht F. zu versetzen. Am 8. Mai 1924 wurde ihm die Verfügung über die Versetzung zugestellt. Der Kläger, der die Maßnahme der Justizverwaltung für unrechtmäßig erachtet, nahm unter Vorbehalt seiner Rechte die Tätigkeit am Amtsgericht auf. Er bezieht dort das gleiche Gehalt wie am Landgericht. Mit der vorliegenden Klage verfolgt er den Antrag auf Verurteilung des Freistaates Mecklenburg-Strelitz, ihm sein Gehalt wie bisher aus seiner Dienststelle als Landgerichtsrat auch nach Ablehnung richterlicher Tätigkeit am Amtsgericht laufend weiterzuzahlen. Das Landgericht hat die Klage abgewiesen; dagegen hat ihr das Oberlandesgericht stattgegeben. Die Revision des Beklagten ist zurückgewiesen worden.

Gründe:

Der Kläger erstrebt die Verurteilung des Beklagten zur Fortzahlung des von ihm als Landgerichtsrat bezogenen Diensteinkommens, wenn er künftig wegen der von ihm angenommenen Unzulässigkeit seiner Versetzung die richterliche Tätigkeit beim Amtsgericht F. einstelle. Aus den Darlegungen des Berufungsgerichts in ihrem Zusammenhang ergibt sich, daß der Kläger nach dem maßgebenden irrevisiblen Mecklenburg-Strelitz'schen Landesrecht die Zahlung von Gehalt nicht mehr fordern kann, wenn sich die Versetzung als rechtmäßig und die Einstellung der Dienstgeschäfte deshalb als grundlos erweist. Der Vorderrichter hat demgemäß die Frage der Zulässigkeit der Versetzung als ausschlaggebend für die Entscheidung angesehen und sie deshalb einer Prüfung unterworfen, wobei er zu einem dem Kläger günstigen Ergebnis gelangt ist. Daß er damit seinen Entscheidungsbereich zu weit ausgedehnt habe, kann ihm nicht vorgeworfen werden. Seine Zuständigkeit für die Prüfung der Vorfrage ist zwar nicht schon mit der Tatsache zu rechtfertigen, daß das Landgericht die vom Beklagten erhobene prozeßhindernde Einrede der Unzulässigkeit des Rechtswegs durch das rechtskräftige Zwischenurteil vom 11. März 1925 auf Grund von Art. 129 Abs. 1 S. 4 RVerf. verworfen hat. Damit ist der Streit über die Verfolgbarkeit des Klaganspruchs vor den ordentlichen Gerichten nur im allgemeinen zum Austrag gelangt. Es steht noch nicht fest, welche einzelnen Fragen in das Gebiet der richterlichen Entscheidungsgewalt fallen. Allein es besteht hier kein Anlaß, von dem Grundsatz abzuweichen, daß die Gerichte in den ihnen zulässigerweise unterbreiteten Rechtsstreitigkeiten zur Entscheidung aller und zwar auch der auf öffentlich rechtlichem Gebiet liegenden Zweifel berufen sind, deren Lösung die Voraussetzung für die Entscheidung in der Hauptsache bildet. Mag es sich bei der Versetzung auch um einen staatlichen Hoheitsakt handeln, der nicht mit Klage vor den ordentlichen Gerichten bekämpft werden kann, so greift doch das richterliche Urteil bei einer etwaigen Verneinung der Rechtsmäßigkeit der Versetzung nicht über die Grenzen hinaus, welche den Urteilen der Gerichte durch die Beschränkung ihrer Rechtskraft auf die Entscheidung über den Klaganspruch (§ 322 ZPO. Abs. 1) gezogen sind.

Die prozessuale Zulässigkeit der Klage ist nicht zu beanstanden. Sie läßt sich zwar nicht, wie der Berufungsrichter meint, als Leistungsklage im Sinne von § 259 ZPO. ansehen. Ihren Gegenstand bilden nicht schlechthin erwachsende Ansprüche des Klägers auf künftige Leistungen oder auch nur aufschiebend bedingte und deshalb eine Befristung an sich tragende Ansprüche (vgl. RGZ. Bd. 51 S. 243, Bd. 90 S. 181). Vielmehr ist die Klage auf die Feststellung einer Verpflichtung des Beklagten gerichtet, welche auf Grund bereits bestehender Rechtsbeziehungen, nämlich des Beamtendienstverhältnisses, bei der im Klagantrag bezeichneten Gestaltung der Sachlage Platz greifen soll. Das Ereignis, bei dessen Eintritt der Beklagte zur Fortgewährung des Diensteinkommens verbunden sein soll, die Verweigerung weiterer Dienstleistung beim Amtsgericht, ist nach dem Verhalten des Klägers vor und in dem Rechtsstreit mit so hoher Wahrscheinlichkeit zu erwarten, daß die begehrte Entscheidung nicht nur von ideeller, sondern von praktischer Bedeutung für ihn ist und das in § 256 ZPO. geforderte Rechtsschutzinteresse bejaht werden muß.

In sachlicher Hinsicht besteht kein Streit der Parteien darüber, daß die Versetzung des Klägers eine unfreiwillige ist und daß sie nach Lage der Sache nur verfügt werden durfte, wenn eine Veränderung in der Einrichtung der Gerichte vorlag. (Art. 104 Abs. 1 S. 2 und Abs. 3 RVerf.). Zum Nachweis dieser Voraussetzung beruft sich der Beklagte in erster Reihe auf die Verordnung der Reichsregierung über Gerichtsverfassung und Strafrechtspflege vom

4. Januar 1924 (RGBl. I S. 15). Es bedarf keiner Entscheidung, ob die durch die Verordnung herbeigeführten Veränderungen die Einrichtung der Gerichte, insbesondere der Landgerichte, in der Weise umgestaltet haben, wie es Art. 104 Abs. 3 RVerf. bei richtiger Auslegung erfordert. Die Rechtsverteidigung des Beklagten muß, soweit sie sich auf die Verordnung stützt, jedenfalls daran scheitern, daß die die Versetzung anordnende Verfügung dem Kläger erst am 8. Mai 1924, also nach dem Inkrafttreten der Verordnung (§ 40), zugestellt ist. Der Art. 104 Abs. 3 RVerf. bringt allerdings nicht zu deutlichem Ausdruck, daß der Justizverwaltung die unfreiwillige Versetzung richterlicher Beamter nur bis zu dem Zeitpunkt zustehen soll, in welchem die gesetzlichen Anordnungen über die Umbildung der Gerichte wirksam werden. Es ist auch zuzugeben, daß bei tiefgreifenden Umgestaltungen der Gerichtsverfassung die Justizverwaltung häufig nicht in der Lage sein wird, die durch die Umgestaltung notwendig werdenden Versetzungen bis zu dem bezeichneten Zeitpunkt vollständig zu übersehen und in die Wege zu leiten. Die erwähnte Verfassungsbestimmung deckt sich jedoch inhaltlich mit der Vorschrift im § 8 Abs. 3 GVG. und verstärkt nur den dort der Unabhängigkeit der Richter verliehenen Schutz (Art. 76 RVerf.). Die Tragweite der Verfassungsnorm kann daher nicht weiter reichen als die der anderen Vorschrift. Für diese ergibt sich die Absicht des Gesetzgebers, die Ermächtigung der Verwaltung zu unfreiwilligen Versetzungen zeitlich zu beschränkeu, daraus, daß in das Einführungsgesetz zum Gerichtsverfassungsgesetz eine Ausnahmevorschrift (§ 21) aufgenommen wurde, welche die Ermächtigung bis auf 2 Jahre nach dem Inkrafttreten des Gerichtsverfassungsgesetzes ausdehnte. Daraus folgt zwingend, daß für den Regelfall die Befugnis der Verwaltung zur Versetzung mit dem Zeitpunkt erlöschen sollte, in welchem die veränderte Verfassung wirksam wurde. Nur durch eine solche Begrenzung konnte der Schutz, welchen der § 8 Abs. 3 gegen willkürliche Maßnahmen der Justizverwaltung schaffen wollte, gewährleistet werden. Die Revision weist auf das Schreiben des Mecklenburg-Strelitz'schen Justizministeriums vom 17. März 1924 hin, in welchem die Verwaltung dem Kläger die Absicht eröffnet, ihn mit Wirkung vom 1. Juni 1924 an das Amtsgericht F. zu versetzen, und ihn auffordert, sich wegen Beschaffung einer Wohnung im Austauschweg mit einem

Richter in F., der nach N. versetzt werden solle, ins Benehmen zu setzen. Sie meint, daß damit das Justizministerium dem Kläger seinen Entschluß der Versetzung bereits zu erkennen gegeben habe. Das Schreiben enthält jedoch lediglich die Ankündigung der künftigen Versetzungsmaßnahmen und stellt diese noch nicht selbst dar. Würde sich die Justizverwaltung durch eine solche Kundgebung die Möglichkeit offen halten können, richterliche Beamte gegen ihren Willen auch nach einer bereits erfolgten Umbildung der Gerichte noch zu versetzen, so würde der Zweck vereitelt werden, welcher mit der zeitlichen Begrenzung des Rechts zur unfreiwilligen Versetzung angestrebt wird. Die Richter würden auf längere Zeit, als es nach der Ansicht des Gesetzgebers bei einer Umgestaltung der Einrichtung der Gerichte regelmäßig erforderlich ist, zur Verfügung der Verwaltung stehen. Gerade dies sollte aber durch die zeitliche Beschränkung der Versetzungsbefugnis zum Schutze der Richter gegen mißbräuchliche Ausübung des Rechts verhindert werden.

Gegenüber der vom Beklagten weiterhin angerufenen Verordnung der Reichsregierung über das Verfahren in bürgerlichen Rechtsstreitigkeiten vom 13. Februar 1924 (RGBl. I S. 135), die am 1. Juni 1924 in Kraft trat (Art. VII), erscheint die Versetzung des Klägers zwar rechtzeitig. Dem Berufungsgericht ist indessen darin beizupflichten, daß dem durch die Verordnung (Art. II) in die Zivilprozeßordnung eingefügten § 272b und den zum Ersatz des 4. Titels des 2. Buches bestimmten §§ 348 bis 350, welche als alleinige Unterlagen für die Rechtfertigung einer unfreiwilligen Versetzung in Betracht kommen, die Bedeutung einer Änderung in der Einrichtung der Landgerichte nicht zukommt. Bei der Prüfung dieses Erfordernisses ist davon auszugehen, daß die Versetzung der Richter der ordentlichen Gerichtsbarkeit wider Willen durch Verwaltungsakt gegenüber der grundsätzlich nur zugelassenen gleichartigen Versetzung durch Richterspruch ihre Grundlage in einer Ausnahmevorschrift hat. Die in Art. 104 Abs. 3 RVerf. geregelten Voraussetzungen der Ausnahmeregel bedürfen deshalb einer strengen Handhabung. Insbesondere kann eine Änderung in der Einrichtung der Gerichte nur als vorliegend anerkannt werden, wenn die Verfassung dem bisherigen Rechtszustand gegenüber wesentliche Abweichungen aufweist und die erfolgte Umbildung sich demnach nicht auf bloße Verfahrensänderungen beschränkt. Dieser Anforderung würde genügt sein, wenn die bezeichnete Verordnung in dem bisher als Kollegialgericht ausgestalteten Landgericht neben die Zivilkammer und die Kammer für Handelssachen den selbständigen von den Kammern unabhängigen Einzelrichter gestellt und ihn mit der Zuständigkeit für bestimmt abgegrenzte Arten von Rechtsstreitigkeiten ausgerüstet hätte. Dann würde eine Mischung des Kollegial- und Einzelrichtertums vorliegen, die gegenüber dem bisherigen reinen Kollegialsystem eine unverkennbare Änderung in der Einrichtung der Landgerichte in sich schlösse. Allein eine derartige weitgehende Umbildung des Gerichtswesens haben die bezeichneten Vorschriften der Verordnung vom 13. Februar 1924 nicht mit sich gebracht. Die Neuerungen, die sie geschaffen haben, lassen sich in Kürze als eine Fortentwicklung der Einrichtung des beauftragten Richters kennzeichnen. Sie bestehen darin, daß der Vorsitzende und die Mitglieder der Kammern mit gewissen Machtvollkommenheiten ausgestattet worden sind, die ein jedes berechtigen, ohne die Mitwirkung der übrigen Mitglieder die mündliche Verhandlung vor dem Kollegium (§ 272 b) oder dessen Entscheidung (§ 348) vorzubereiten, auch gewisse Entscheidungen und zwar sogar solche zu treffen, die bei unterbleibender Anfechtung den Rechtsstreit endgültig erledigen (§§ 349, 350 Abs. 2). Damit ist zwar der Aufgabenkreis, auf welchen der beauftragte Richter beschränkt war (§§ 188 Abs. 2, 229, 296 Abs. 1, 348 flg., 361 Abs. 1, 365, 619 Abs. 2 ZPO. a. F.) erheblich erweitert worden. Die Tätigkeit des Kammermitglieds, das die neuen Befugnisse auszuüben hat, dient aber, wie früher die des beauftragten Richters, ebenfalls nur der Unterstützung der Kammer, die durch das allein tätig werdende Mitglied entlastet und zur schnelleren Erledigung ihrer Geschäfte in den Stand gesetzt werden soll. Das Mitglied handelt für das Kollegium und an dessen Stelle. Die Kammern sind sonach auch unter der Herrschaft der neuen Vorschriften die alleinigen Träger der richterlichen Gewalt bei den Landgerichten geblieben und ihre Mitglieder werden, soweit sie innerhalb der vom Gesetz gezogenen Grenzen allein handeln, lediglich als ihre Organe und Gehilfen tätig. Wenn sie daher in bezug auf diese Tätigkeit in der Überschrift und im Text der in Frage kommenden Vorschriften als Einzelrichter bezeichnet werden, so ist dies lediglich in dem eben dargelegten Sinne zu verstehen und nicht im Sinne des Systems des

Einzelrichtertums als Gegensatz zur Kollegialgerichtsverfassung aufzufassen. Zu einer anderen Ansicht nötigt auch die Tatsache nicht, daß durch die Verordnung vom 13. Februar 1924 den Vorschriften über die Besetzung der Kammern in § 77 Abs. 1 und § 109 Abs. 1 GVG., welche den jetzigen §§ 75 Abs. 1 und 105 Abs. 1 entsprechen, die Beschränkung hinzugefügt worden ist: „soweit nicht nach den Vorschriften der Prozeßgesetze an Stelle der Kammer der Einzelrichter zu entscheiden hat." Daß durch die §§ 349 flg. ZPO. die Einrichtung und nicht nur das Verfahren geändert werden sollte, ist aus der Neugestaltung jener Vorschriften nicht zu entnehmen, da die Absicht, Mißverständnisse auszuschließen und der Annahme eines Widerspruchs zwischen der Zivilprozeßordnung und dem Gerichtsverfassungsgesetz vorzubeugen, allein schon die Neufassung erklärt. Sollte aber der Änderung der beiden Vorschriften eine von der Ansicht des erkennenden Senats abweichende Anschauung über das Verhältnis des Einzelrichters zur Kammer zugrunde liegen, so würde diese die Gerichte nicht binden, da die Auffassung des Gesetzgebers über den rechtlichen Gesichtspunkt, unter dem eine von ihm getroffene Regelung gewürdigt werden muß, für den Richter nicht maßgebend ist.

---

40. Nach welchen Grundsätzen ist die Firma der Zweigniederlassung einer Gesellschaft mit beschränkter Haftung zu bilden? Wann ist ein die Eigenschaft der Zweigniederlassung als solcher kennzeichnender Zusatz notwendig?

GmbHG. § 4. HGB. § 30.

II. Zivilsenat. Beschl. v. 30. März 1926 in der Handelsregistersache betr. die Firma G. Neuenhahn G. m. b. H. in Jena. II B 8/26.

I. Amtsgericht Camburg.
II. Landgericht Weimar.

Die Firma „G. Neuenhahn G. m. b. H." in Jena, die dort neben dem Betrieb einer Buchdruckerei und einer Verlagshandlung die „Jenaische Zeitung" verlegt, hat im Sommer 1925 von den Erben des Buchdruckereibesitzers Robert Peitz in Camburg das von diesem bis zu seinem Tod unter der eingetragenen Firma „Robert

Peitz in Camburg" betriebene Buchdruckereigeschäft erworben. Sie will dieses Geschäft unter der bisherigen Firma mit Nachfolgerzusatz als Zweigniederlassung weiterführen und hat mit Zustimmung der Peitzschen Erben als Firma dieser Zweigniederlassung beim Handelsregister des Amtsgerichts Camburg angemeldet: „Robert Peitz Nachf. G. Neuenhahn G. m. b. H. in Jena". In der Folge wurde diese Anmeldung dahin geändert, daß als Zweigniederlassungsfirma eingetragen werden sollte: „Robert Peitz Nachf. G. Neuenhahn G. m. b. H." Die Worte „in Jena" sollten also wegbleiben.

Das Amtsgericht lehnte die Eintragung ab, weil eine unzulässige Verbindung beider Firmen vorliege; möglich wäre nach seiner Ansicht allenfalls eine Firmierung in der Weise, daß der Firma der Käuferin ein Zusatz wie „vormals Robert Peitz" angehängt würde. Das Landgericht wies die Beschwerde zurück. Es führt aus: nach §§ 3, 4 GmbHGes. könne eine Gesellschaft m. b. H. nur eine Firma haben; erwerbe sie ein Geschäft mit Firma, um es als Zweigniederlassung weiterzuführen, so könne die Firma der letzteren von der Firma der Hauptniederlassung abweichen, aber nur unter der Voraussetzung der Beifügung eines Zusatzes, der klar erkennen lasse, daß es sich um eine Zweigniederlassung handle. Die Firma einer solchen müsse also zwei Mindesterfordernissen genügen: sie müsse die Firma des Hauptgeschäfts als Kern enthalten, was hier zutreffe, und weiterhin die erworbene Firma als Zusatz — gleichgültig, ob vor oder hinter der Stammfirma — derart in sich schließen, daß das Zweigverhältnis klar zum Ausdruck komme. Daran fehle es hier; denn die für die Zweigniederlassung angemeldete Firma könnte ihrem Wortlaut nach auch der Name eines selbständigen Geschäfts sein.

Die weitere Beschwerde der Antragstellerin wurde vom Oberlandesgericht Jena dem Reichsgericht zur Entscheidung vorgelegt. Das Oberlandesgericht möchte der Beschwerde mit der Maßgabe stattgeben, daß das Amtsgericht anzuweisen sei, die angemeldete Firma einzutragen, wenn nachgewiesen werde, daß diese besondere Firma der Zweigniederlassung im Gesellschaftsvertrag gültig festgesetzt und dies im Handelsregister des Sitzes der Gesellschaft eingetragen sei. An einer Entscheidung in diesem Sinne sah sich aber das Oberlandesgericht Jena behindert, weil abweichend von seiner Rechtsauffassung in Beschlüssen anderer Oberlandesgerichte andere

Meinung vertreten würden: entweder, daß die Zweigniederlassung nur Zusätze enthalten dürfe, die sie als solche kennzeichnen oder die örtlichen Beziehungen des Zweiggeschäfts ausdrücken, oder daß auch sonstige Zusätze gestattet seien, wenn gleichzeitig die Firma der Zweigniederlassung einen sie als solche kennzeichnenden Beisatz erhalte (einerseits KG. in Rspr. d. OLG. Bd. 2 S. 199; OLG. Dresden in Sächs. Annalen Bd. 22 S. 155, Bd. 31 S. 184; OLG. Darmstadt in Rspr. d. OLG. Bd. 13 S. 38; anderseits Bayer. Oberstes Landesgericht in RJA. Bd. 7 S. 114, Bd. 12 S. 127).

Das Reichsgericht erkannte an, daß die Voraussetzungen des § 28 FGG. gegeben seien, vermochte aber der Auffassung des Oberlandesgerichts Jena nicht beizutreten, sondern wies die weitere Beschwerde zurück.

Gründe:

In der zu entscheidenden Frage sind in Schrifttum und Rechtsprechung verschiedene Meinungen vertreten. Die eine Ansicht geht dahin, daß eine Gesellschaft m. b. H. oder eine andere Handelsgesellschaft für Zweigniederlassungen schlechthin eine von der Firma der Hauptniederlassung verschiedene Firma führen könne (Staub-Hachenburg, GmbHGes. Anm. 28 zu § 4; Düringer-Hachenburg, HGB. Anm. 5 zu § 30; Preuß. OVG. Bd. 73 S. 186). Nach einer anderen Auffassung darf bei Handelsgesellschaften die Firma der Zweigniederlassung von der Firma der Hauptniederlassung nicht wesentlich verschieden sein und nur Zusätze enthalten, die die Zweigniederlassung als solche kennzeichnen oder zur Unterscheidung von anderen am Ort bestehenden Firmen dienen (Warneyer-Koppe, GmbHGes. Anm. 5 zu § 4; Liebmann, GmbHGes. Anm. 9 zu § 4; Brodmann, GmbHGes. Anm. 1 zu § 4 und Anm. 1 zu § 12; Crüger-Crecelius, GmbHGes. Anm. 1c zu § 4 und Anm. 3 zu § 12; KG. in KGJ. Bd. 40 S. 64 und in RJA. Bd. 11 S. 22; OLG. Dresden in Sächs. Annalen Bd. 22 S. 155; OLG. Darmstadt in Rspr. d. OLG. Bd. 13 S. 38). Eine dritte Meinung geht dahin, daß auch noch andere Zusätze statthaft seien unter der weiteren Voraussetzung, daß daneben in die Firma der Zweigniederlassung noch ein Vermerk aufgenommen werde, der auf die Zweigniederlassungseigenschaft erkennbar hinweise (so z. B. Bayer. Oberstes Landesgericht in RJA. Bd. 7 S. 114 und Bd. 12 S. 127). Endlich ist noch der Standpunkt vertreten, daß es genüge, wenn in der Firma der Zweigniederlassung die Firma der Hauptniederlassung dem Kern nach enthalten sei (Staub-Bondi, HGB. 12. Aufl. Anm. 8 zu § 30).

Der letzteren Ansicht will sich das Oberlandesgericht Jena anschließen.

Auf die Entscheidung des erkennenden Senats vom 8. Juni 1915 (Recht 1915 Nr. 2251) läßt sich diese Auffassung nicht stützen. Denn in jenem Fall war die Zweigniederlassungsfirma durch einen Zusatz unzweideutig als solche gekennzeichnet; auch ist in den Gründen dargelegt, es handle sich nicht darum, daß eine Aktiengesellschaft eine zweite Firma führe, die sich äußerlich als selbständiger Geschäftsname darstelle. Auch der Beschluß dieses Senats vom 30. Oktober 1914 (RGZ. Bd. 85 S. 397) enthält keine Stellungnahme zu der streitigen Frage. Es wird aber dort dargelegt, daß die Firma einer Handelsgesellschaft, also auch einer Gesellschaft m. b. H., nicht nur, wie die Firma eines Einzelkaufmanns, der Name ist, unter dem die Gesellschaft im Handel ihre Geschäfte betreibt und ihre Unterschrift abgibt, sondern zugleich ihr alleiniger Name, die Bezeichnung, die sie als Rechtssubjekt auf dem Gebiet des privaten und öffentlichen Rechts von anderen Rechtssubjekten unterscheiden soll und unterscheidet. Firma und Name sind demnach bei den Handelsgesellschaften gleichbedeutend (so auch RGZ. Bd. 62 S. 8, Bd. 85 S. 399, Bd. 99 S. 159; Staub-Pinner, Anm. 16 zu § 182 HGB. und die dort Genannten). Daraus wird (vgl. RGZ. Bd. 85 S. 399, Bd. 99 S. 159) der Schluß gezogen, daß eine Handelsgesellschaft nicht mehrere Firmen gleichzeitig führen könne, und zwar auch dann nicht, wenn es sich um geschäftlich selbständige Unternehmungen, um gesondert und getrennt betriebene Handelsgeschäfte handle. Diese Folgerung, die mit Recht aus dem Wesen und der Funktion der Firma bei Handelsgesellschaften hergeleitet wird und für den Verkehr eine unentbehrliche und wichtige Schranke gegen Rechtsunsicherheit und Täuschungen bildet, zwingt aber ohne weiteres zu der Annahme, daß gleiches für die Firmen von Zweigniederlassungen gelten muß. Denn wenn schon eine besondere Firmenführung bei Handelsgesellschaften für geschäftlich „getrennte“ Unternehmungen, für im Verhältnis zueinander selbständige und unabhängige Betriebe ausgeschlossen ist, so muß dasselbe der Fall sein bei Zweigniederlassungen, die, wenn auch in gewissem Umfang selbständig, doch geschäftlich dem Hauptbetrieb ein- und untergeordnet sind. Wenn und insoweit gewisse allgemeine Bestimmungen des Handelsgesetzbuchs mit dieser aus der Rechtsnatur der Gesellschaftsfirmen sich ergebenden Folge in Widerspruch treten, können sie keine Geltung haben. So kann z. B. eine Handelsgesellschaft, die ein bestehendes Geschäft samt Firma übernimmt, die übernommene Firma als solche nicht weiterführen, ohne ihre eigene Firma aufzugeben (RGZ. Bd. 85 S. 399, Bd. 99 S. 159); dabei ist es gleichgültig, ob es sich um den Erwerb eines Geschäfts am Orte der Hauptniederlassung oder anderswo handelt.

Das Ergebnis ist also, daß eine Handelsgesellschaft, insbesondere eine Gesellschaft m. b. H., auch für ihre Zweigniederlassung keine besondere Firma führen darf.

Die Frage ist nun aber weiter, wann eine solche besondere Firmierung vorliegt. Dies kann nur danach beurteilt werden, ob die Zweigniederlassungsfirma, so wie sie lautet, einen selbständigen, eigentümlichen Geschäftsnamen darstellt, mit anderen Worten, ob sie ihrem Wortlaut nach Hauptfirma sein kann. Das ist bei der Firmierung „Robert Peitz Nachf. G. Neuenhahn G. m. b. H." unzweifelhaft der Fall. Denn eine Firma dieser Art ist an und für sich ohne weiteres als selbständiger Geschäftsname möglich. Dies ergibt sich auch unmittelbar aus dem Gesetz, das bei einer Firma dieser Art von einer Fortführung der alten Firma spricht. Anders läge es dann, wenn der Firma „Robert Peitz Nachf. G. Neuenhahn G. m. b. H." im Rahmen des § 30 Abs. 3 HGB. noch ein Zusatz beigefügt wäre, der die Firma als Zweigniederlassungsfirma der Firma „G. Neuenhahn G. m. b. H." kennzeichnen würde. In dieser Zusammensetzung wäre auch die Mitaufnahme der Firma des erworbenen Geschäfts in die Zweigniederlassungsfirma ohne Bedenken zulässig. Denn ein derartiger Vermerk würde sachlich nichts anderes bedeuten, als einen nach § 30 Abs. 3 HGB. statthaften Beisatz über die Art der Entstehung der Zweigniederlassung, der die Firmenidentität zwischen Haupt- und Zweigniederlassungsfirma nicht aufhöbe, gerade so wenig, wie dies durch einen bloßen Beisatz wie „Filiale Camburg" oder dgl. zu der Hauptniederlassungsfirma geschehen würde.

Das gleiche hätte für die ursprünglich beabsichtigte Firmierung

„Robert Peitz Nachf. G. Neuenhahn G. m. b. H. in Jena" zu gelten. Denn der Zusatz „in Jena" würde, ohne die gebotene wesentliche Firmengleichheit von Haupt- und Zweigniederlassung zu beeinträchtigen, nur den Charakter des Camburger Geschäfts als Zweigniederlassung des Jenaer Betriebs, und zwar in genügend deutlicher Form, (§ 30 Abs. 3 HGB.) zum Ausdruck bringen.

Die Vorschriften der §§ 30 Abs. 3, 126 Abs. 3, 161 Abs. 2 320 Abs. 2 HGB. behalten auch von dem hier vertretenen Standpunkt aus ihre Bedeutung, und zwar eben deshalb, weil im Sinne dieser Vorschriften eine Firmenverschiedenheit schon durch Zusätze begründet wird, die an sich die Firmengleichheit zwischen Haupt- und Zweigniederlassungsfirma nicht aufheben.

Das Oberlandesgericht Jena stützt sodann seine Auffassung noch darauf: weder das Handelsgesetzbuch noch das GmbHGes. biete einen Anhalt dafür, daß die Firma einer Zweigniederlassung diese Eigenschaft durch ihren Wortlaut zum Ausdruck bringen müsse. Dem ist für den Fall beizutreten, daß Haupt- und Zweigniederlassungsfirma gleichlauten; dann bedarf es keines Zusatzes, der den Charakter der Zweigniederlassungsfirma als solcher zum Ausdruck bringt. Anders aber, wenn die Übereinstimmung zwischen Haupt- und Zweigniederlassungsfirma durch Zusätze dergestalt aufgehoben ist, daß letztere an und für sich auch Name eines andern Rechtssubjekts sein könnte. Dann muß die Zweigniederlassungseigenschaft durch einen entsprechenden weiteren Vermerk offen gelegt und so der wahre Firmenkern — die Firma der Hauptniederlassung — herausgehoben werden, und zur Klarstellung der Firmengleichheit sind die Zusätze als solche zu kennzeichnen. Dieses Erfordernis ergibt sich aus Wesen und Zweck der Gesellschaftsfirma. Damit erledigt sich auch der weitere Grund des Oberlandesgerichts, daß, wenn auch für Haupt- und Zweigniederlassung gleich firmiert werde, doch ebenfalls zwischen beiden nicht unterschieden werden könne. Denn um die Zulässigkeit der Sonderfirmierung, nicht um die gleiche Firmierung handelt es sich.

Endlich schlägt auch die Erwägung des Oberlandesgerichts nicht durch, daß wegen der Geringfügigkeit des gesetzlichen Stammkapitals der Gesellschaften m. b. H. (500 G*M* bei umgestellten und 5000 G*M* bei neugegründeten Gesellschaften mit nur $^1/_4$ Einzahlungspflicht) die Möglichkeit einer Sonderfirmierung von Haupt- und Zweigniederlassung keine ernst zu nehmende Gefährdung des redlichen Verkehrs bedeute. Denn einmal stammen die hier anzuwendenden Vorschriften aus Zeiten, in denen für eine Gesellschaft m. b. H. ein Mindestkapital von 20000 ℳ vorgeschrieben war; sodann ist ungewiß, ob es bei dem derzeitigen Mindestkapitalsatz sein Verbleiben hat, wie denn auch für Aktiengesellschaften, für welche die hier streitige Frage in gleichem Sinne zu entscheiden wäre, schon jetzt ein Mindestkapital von 50000 Gℳ vorgeschrieben ist. Im übrigen würde die Möglichkeit einer Sonderfirmierung von Haupt- und Zweigniederlassung unlauterem Gebahren, wie Wechselreitereien, Tür und Tor öffnen.

---

41. 1. Zur Auslegung von § 45 Abs. 3 des Reichsbeamtengesetzes. 2. Zum Begriff des Beamten im Sinne der Ruhegehaltsvorschriften dieses Gesetzes.

III. Zivilsenat. Urt. v. 30. März 1926 i. S. Th. (Kl.) w. Deutsches Reich (Bekl.). III 216/25.

I. Landgericht Hamburg.
II. Oberlandesgericht daselbst.

Die Klägerin ist am 29. März 1896 als Aushelferin beim Telegraphenamt in H. eingestellt und nach ihrer Ausbildung zum Teil mit der vorübergehenden Vertretung erkrankter und beurlaubter Telegraphenbeamter gegen Tagegeld betraut, zum Teil auch ohne Entgelt im Telegraphendienst beschäftigt worden. Einige Zeit wurde sie auch für den Fernsprechdienst ausgebildet. Später wurde sie mit rückwirkender Kraft ab 1. April 1899 als Telegraphengehilfin angestellt und am 13. April 1899 für den Reichsdienst vereidigt. Mit dem 1. Oktober 1922 wurde sie in den Ruhestand versetzt. Als ruhegehaltsfähig wurde ihr dabei die Zeit seit dem 1. April 1899 angerechnet. Die von ihr verlangte Anrechnung der Zeit vom 29. März 1898 bis 31. März 1899 wurde vom Reichspostminister abgelehnt. Mit der rechtzeitig erhobenen Klage begehrt sie die Feststellung der Verpflichtung des Beklagten zur Gewährung der Ruhegehaltszuschüsse, welche ihr bei Zugrundelegung des 29. März 1898 als Anfang der ruhegehaltsfähigen Dienstzeit zustehen. Das Landgericht hat durch Teilurteil dem Feststellungsantrag entsprochen. Das Oberlandesgericht hat auf die Berufung des Beklagten die Feststellungsklage abgewiesen. Auf die Revision der Klägerin erfolgte Aufhebung und Zurückverweisung.

Gründe:

Die Parteien streiten darüber, ob verschiedene Zeitabschnitte, während deren die Klägerin, und zwar in jedesmal anderer Weise, bei der Postverwaltung beschäftigt war, auf die ruhegehaltsfähige Dienstzeit in Anrechnung zu bringen sind. Das Berufungsgericht hat dies durchweg verneint. In bezug auf die Zeit vom 29. März bis 14. Juni 1898, welche der Ausbildung der Klägerin im Telegraphendienst gewidmet war, scheitert die Anrechnungsmöglichkeit nach der Ansicht des Vorderrichters daran, daß der § 45 Abs. 3 S. 2 RBG. die Zurücklegung der Ausbildungszeit im Beamtenverhältnis voraussetzt und daß dieses Erfordernis bei der Klägerin nicht erfüllt ist. Die Auslegung der bezeichneten Gesetzesbestimmung, von der hierbei ausgegangen wird, ist zutreffend. Der Abs. 3 ist dem § 45 durch das Gesetz vom 18. Mai 1907 betr. Änderungen des Reichsbeamtengesetzes vom 31. März 1873 hinzugefügt worden, um die Annahme auszuschließen, daß ein Reichsbeamter Anspruch auf die Anrechnung jeglicher Dienstzeit habe, gleichviel ob er haupt- oder nur nebenamtlich beschäftigt und gleichgültig ob ihm ein Entgelt für seine Dienste gewährt wurde oder nicht. In der Begründung zu der dem Abs. 3 entsprechenden Stelle des Entwurfs wird ausgeführt, daß die an sich der inneren Berechtigung entbehrende Gleichstellung der unentgeltlichen mit der entgeltlichen Beschäftigung nur insoweit zu billigen sei, als die erstere, wie die Beschäftigung im Vorbereitungsdienst, entsprechend den organischen Einrichtungen der Verwaltung auf die Erreichung einer Dienststelle gerichtet sei, deren Inhaber ein Diensteinkommen vom Reiche beziehe. Daran schließt sich der Satz: „Im allgemeinen wird davon auszugehen sein, daß eine Tätigkeit, die nicht zu einem Pensionsanspruch führt, auch nicht zur Erhöhung von Pensionsansprüchen geeignet ist." Das Bestreben des Gesetzgebers ist sonach darauf gerichtet, die an sich keineswegs zusammenfallenden Fragen, ob eine Beschäftigung bestimmter Art einen Ruhegehaltsanspruch erzeuge, und ob die in dieser Beschäftigung zugebrachte Zeit bei der Festsetzung der Höhe des Ruhegehalts anzurechnen sei, einer möglichst gleichmäßigen Regelung zu unterwerfen (RGZ. Bd. 84 S. 56). Diesem Grundgedanken gemäß ist anzunehmen, daß die Anrechnungsfähigkeit einer Zeit unentgeltlicher Beschäftigung in § 45 Abs. 3 S. 2, abgesehen von der dort näher bezeichneten Voraussetzung, auch von der Vorbedingung abhängig gemacht werden sollte, daß die unentgeltliche Tätigkeit auf einem öffentlich-rechtlichen und nicht lediglich auf einem privatrechtlichen Dienstverhältnis beruht, welch letzteres nicht zu einem Ruhegehaltsanspruch und deshalb nach dem Standpunkt des Gesetzgebers auch nicht zu einer Erhöhung der Pension führen kann. Diese aus der Entstehungsgeschichte sich ergebende Auffassung des Satz 3 wird bestätigt durch den Zusammenhang der Vorschrift mit den Bestimmungen in Abs. 1 und 2 und Abs. 3 Satz 1 verb. mit § 38, die sämtlich deutlich ergeben, daß der Gesetzgeber nur solche Zeiten der Dienstleistungen für anrechnungsfähig erklären will, die der Beamte im Beamtenverhältnis zurückgelegt hat.

Nun führt der Berufungsrichter weiterhin aus, daß mit der Ausbildung der Klägerin als Telegraphengehilfin eine Anstellung nicht verbunden und nicht beabsichtigt gewesen sei, wie denn die Klägerin in jener Vorbereitungszeit dem Reich auch keine Dienste geleistet, sondern zum Zwecke der Unterweisung solche von ihm empfangen habe. Dabei wird übersehen, daß die Beamteneigenschaft im Sinne der Ruhegehaltsvorschriften des Reichsbeamtengesetzes nicht nur durch die Kundgebung des Anstellungswillens der Dienstbehörde, sondern auch durch die Übertragung einer Tätigkeit begründet wird, wie sie in der Regel nur von Beamten verrichtet zu werden pflegt (JW. 1916 S. 1020 Nr. 8 und 1920 S. 556 Nr. 9). Die Befassung mit einer solchen nur von einem Beamten wahrzunehmenden Tätigkeit behauptet aber gerade die Klägerin, indem sie vorträgt, daß ihre Ausbildung nicht, wie der Beklagte geltend macht, unabhängig vom praktischen Dienst in einem besonderen Lehrzimmer, sondern im Betriebsraum des Telegraphenamtes zu A. stattgefunden habe und sie sehr bald nach ihrem Eintritt zur praktischen Dienstleistung am Apparat herangezogen worden sei. Hätte ihr im Zusammenhang mit dieser Tätigkeit auch die Ausstellung öffentlicher Urkunden, insbesondere die Ausfertigung von Telegrammen und in Verbindung damit die selbständige Ausfüllung der am Kopf der Ankunftsformulare vorgesehenen Vermerke über Ort und Zeit der Aufgabe und Aufnahme obgelegen, so würde sie Aufgaben erfüllt haben, welche in den Bereich der Zuständigkeit von Beamten fallen und nicht den Gegenstand eines privatrechtlichen Dienstvertrags bilden können (vgl. RGSt. Bd. 46 S. 286). Der Begründung des Beamtenverhältnisses durch diese Art der Beschäftigung würden die Kundgebung abweichender Bedingungen bei der Verpflichtung der Klägerin und die Bestimmungen der allgemeinen Dienstanweisung für Post und Telegraphie vom Jahre 1891 Abschn. X auch dann nicht entgegengestanden haben, wenn ihnen ein unzweideutiger Hinweis auf ein privatrechtliches Dienstverhältnis zu entnehmen wäre. Es bedarf hiernach, soweit die Zeit der Ausbildung der Klägerin zur Telegraphengehilfin in Betracht kommt, noch der Erörterung des Sachverhalts in der vorbezeichneten Richtung.

Auch hinsichtlich der Ausbildung im Fernsprechdienst in der Zeit vom 25. Januar bis 26. Februar 1899 ist noch die Feststellung erforderlich, ob die Beschäftigung der Klägerin mit der Erfüllung von Aufgaben verknüpft war, deren Erledigung nur durch einen Beamten erfolgen kann. Dabei ist jedoch hervorzuheben, daß, falls schon die Ausbildung im Telegraphendienst der Klägerin die Eigenschaft einer Beamtin verschafft haben sollte, auch diese weitere Ausbildung als im Beamtenverhältnis zurückgelegt zu gelten hätte.

Die Zeitabschnitte, in welchen die Klägerin mit der Vertretung erkrankter und beurlaubter Beamter betraut war, können, wie das Berufungsgericht richtig darlegt, in die ruhegehaltsfähige Dienstzeit deshalb nicht eingerechnet werden, weil es sich insoweit um die Übertragung von Geschäften handelt, die ihrer Natur nach vorübergehende sind. Die Berücksichtigung einer solchen Beschäftigung wird durch § 45 Abs. 3 S. 1 verb. mit § 38 Abs. 1 RBG. ausgeschlossen. Sie ist auch dann nicht zulässig, wenn durch die Art und Weise der Tätigkeit der Klägerin während der Ausbildungszeit schon vorher ein fortdauerndes Beamtenverhältnis begründet worden sein sollte. Gegenüber jenen positivrechtlichen Vorschriften wäre dies belanglos.

Die Zeiten endlich, welche sich zwischen diese Vertretungstätigkeit hineinschoben und in denen die Klägerin — wie sie behauptet, auf Anregung der Telegraphenverwaltung — unentgeltlich am Telegraphenapparat gearbeitet hat, müssen dagegen als eine Fortsetzung der Ausbildungszeit betrachtet oder es muß mindestens angenommen werden, daß sie der Erreichung noch größerer Fertigkeit im künftigen Dienst als besoldete Beamtin dienten. Von diesem Gesichtspunkt aus sind sie in die ruhegehaltsfähige Dienstzeit einzubeziehen, auch dies jedoch nur unter der Voraussetzung, daß die Klägerin während der Ausbildungszeit die Eigenschaft einer Beamtin erlangt hat. Die Begründung zu § 45 Abs. 3 führt als einen der Vorschrift in Satz 2 zu unterstellenden Fall gerade den auf, daß ein unbesoldeter geprüfter Beamter bis zu seiner Anstellung dem Reiche Dienste geleistet hat.

---

42. 1. Wann ist eine Eintragung im Grundbuch ihrem Inhalte nach unzulässig?

2. Können Teilbeträge einer Gesamtforderung auf verschiedenen Grundstücken durch Einzelhypotheken sichergestellt werden, ohne daß hierbei eine andere und nähere Kennzeichnung der Teile erfolgt als durch ziffermäßige Betragsangabe?

Grundbuchordnung § 54 Abs. 1 Satz 2, §§ 51, 22, 71 flg.
BGB. §§ 1113, 1115, 1132, 1187 flg.

V. Zivilsenat. Beschl. v. 31. März 1926 in einer Rostocker Grundbuchsache. V B 2/26.

I. Grundbuchamt Rostock.
II. Landgericht daselbst.

Der Sachverhalt ergibt sich aus den folgenden

Gründen:

In der notariell beglaubigten Urkunde vom 25. Juli 1924 hat die Bleicherstraße Grundstückserwerbs-Aktiengesellschaft in Rostock erklärt:

Die J. R. Aktiengesellschaft, Eisengießereien und Maschinenfabriken in Berlin-Tempelhof, habe mit der Bremer Privatbank AG. in Bremen die Aufnahme einer zu 11% jährlich verzinslichen Obligationen-Anleihe vereinbart, für welche die genannte Bank als Treuhänderin und Gläubigervertreterin gemäß § 1189 BGB. auftreten solle. Die Anleihe solle nach den vereinbarten, noch schriftlich niederzulegenden Bedingungen hypothekarisch auf einer größeren Zahl von

Grundstücken gesichert werden. Für einen Teilbetrag der Anleihe von 1560000 GM (die Goldmark = $^1/_{2790}$ kg Feingold) bewillige und beantrage sie die Eintragung einer Sicherungshypothek zugunsten der Bremer Privatbank AG. in Bremen zur Gesamthaft auf den zu Rostock in der Bleicherstraße und Neuen Bleicherstraße belegenen, im Grundbuche daselbst unter Bl. 2300 Nr. 516/I und Bl. 2280 Nr. 502 verzeichneten Grundstücken. Diesem Antrage gemäß waren „1560000 GM Sicherungshypothek für die Bremer Privatbank AG. zu Bremen unter Bezugnahme auf die Eintragungsbewilligung vom 25. Juli 1924" auf beiden Grundstücken zur Gesamthaft eingetragen worden.

Am 16./18. Februar 1925 beantragte die Grundstückseigentümerin, die Sicherungsgesamthypothek von Amts wegen wieder zu löschen, weil sie mangels genügend bestimmter Bezeichnung des Teils der Forderung, den sie sichern solle, nichtig sei. Das Grundbuchamt lehnte die Löschung ab, indem es eine Höchstbetragshypothek gemäß § 1190 BGB. für vorliegend erachtete, kraft deren die Grundstücke für die ganze Anleihe bis zum Höchstbetrag von 1560000 GM haften sollten. Die hiergegen gerichtete Beschwerde der Eigentümerin hatte Erfolg. Das Landgericht ordnete die Löschung an, weil es die Auslegung der Gesamthypothek als einer Höchstbetragshypothek für unvereinbar mit der Fassung der in Bezug genommenen Eintragungsbewilligung und demnach nur eine einfache Sicherungshypothek im Sinne des § 1187 BGB. für gegeben erklärte, bei dieser aber die Bezeichnung der einzelnen, durch die Hypothek zu sichernden Teilschuldverschreibungen vermißte und deshalb inhaltlich unzulässige, nach den § 54 Abs. 1, § 71 Abs. 2 GBO. von Amts wegen zu löschende Eintragungen für vorliegend ansah. Die Löschung im Grundbuch ist erfolgt.

Dagegen hat nunmehr die Bremer Privatbank AG., jetzt in Liquidation, als betroffene Gläubigerin weitere Beschwerde mit dem Antrag auf Eintragung eines Widerspruchs gegen die Löschung erhoben, indem sie zugleich beantragte, durch einstweilige Anordnung dem Grundbuchamt die Eintragung einer Vormerkung zur Sicherung ihres Anspruchs auf Wiedereintragung der Hypothek oder eines vorläufigen Widerspruchs aufzugeben. Zur Begründung weist sie zunächst auf den Unterschied hin, der in der vorliegenden Sache gegenüber dem Falle des vom Landgericht angezogenen Beschlusses des Kammergerichts vom 28. Mai 1925 (OLG. Bd. 44 S. 174) darin bestehe, daß dort — für einen anderen Teilbetrag derselben Gesamtanleihe — im Grundbuch als Gläubiger neben ihr (der Bremer Privatbank) auch die Inhaber der Teilschuldverschreibungen, hier aber nur sie allein eingetragen gewesen sei. Des weiteren führt sie aus: Richtig sei zwar, daß die Sicherungshypothek von 1560000 GM nur für einen Teil der von der Schuldnerin ausgegebenen Obligationenanleihe hafte, indem nach § 8 der Anleihebedingungen auf einer Reihe von Grundstücken verschiedener Eigentümer Hypotheken eingetragen worden seien, die jeweils auf einen bestimmten, ziffermäßig festgesetzten Teilbetrag der Gesamtanleihe lauteten und in der Endsumme den Gesamtbetrag von 13000000 GM ergäben; die Grundstücke seien also nicht in der Weise belastet, daß die Hypotheken als Gesamthypotheken für den Gesamtbetrag der Anleihe bestellt seien. Anderseits sollten aber die Hypotheken nicht für bestimmte Stücke der ausgegebenen Obligationen haften, sondern nur in Höhe des eingetragenen Teilbetrags der Gesamtheit der Obligationeninhaber als Sicherheit dienen. Die Inhaber der einzelnen Obligationen hätten daher keinen Anspruch darauf, sich aus bestimmten Hypotheken zu befriedigen, nähmen vielmehr an den einzelnen Hypotheken nur im Verhältnis ihrer Obligationen zum Gesamtbetrag der Anleihe teil. Eine Eintragung bestimmter Obligationen, welche die einzelne Hypothek sichere, würde mit den Anleihebedingungen nicht vereinbar sein. Dem Interesse des Grundstückseigentümers sei durch die Eintragung des Gläubigervertreters Genüge geschehen. Die Vorschrift des § 51 GBO. könne im vorliegenden Falle nur mit der Maßgabe Anwendung finden, daß infolge der Eintragung eines Vertreters gemäß § 1189 BGB. die Angabe der Anzahl, des Betrags und der Bezeichnung der Teile sich als unnötig erübrige.

Die Grundstückseigentümerin hat um Zurückweisung der weiteren Beschwerde gebeten. Sie entnimmt der Bezugnahme auf die Eintragungsbewilligung, daß auch im hier gegebenen Falle nicht nur die Beschwerdeführerin als Gläubigerin eingetragen gewesen sei, was, wenn es angenommen werden müßte, die Einzelobligationäre ohne jede dingliche Sicherung gelassen hätte. Sie hebt ferner hervor, daß bei sechs von den insgesamt elf in Betracht kommenden Teileintragungen, nämlich dort, wo der Grundbuchrichter von vornherein die Eintragung in der beantragten Unbestimmtheit beanstandet habe, die Hypotheken für bestimmte, nach Littera und Nummer bezeichnete Teilschuldverschreibungen eingetragen worden seien, so daß hier weder eine Mitbeteiligung der Gläubiger an anderen Hypotheken, noch eine Mithaftung dieser Grundstücke für andere Gläubiger in Frage komme. Auch vom Standpunkte des Grundstückseigentümers aus erachtet sie die Angabe nach Littera und Nummer für keineswegs entbehrlich.

Das Oberlandesgericht Rostock als Gericht der weiteren Beschwerde hat zwar den von der Beschwerdeführerin beantragten einstweiligen Widerspruch eintragen lassen, möchte aber zur Sache selbst der für zutreffend erachteten Begründung des Landgerichts beitreten und demgemäß die weitere Beschwerde zurückweisen. Es sieht sich jedoch hieran gehindert durch zwei andere — gleichfalls Teilbeträge der hier in Frage stehenden Gesamtanleihe betreffende — oberlandesgerichtliche Beschlüsse, in denen auf weitere Beschwerde abweichend entschieden sei, nämlich des Oberlandesgerichts in Dresden vom 19. Oktober und des Obersten Landesgerichts in München vom 20. November 1925. Es hat deshalb die weitere Beschwerde gemäß § 79 Abs. 2 GBO. dem Reichsgericht zur Entscheidung vorgelegt.

In dem Dresdener Falle lautete die Eintragung auf eine Sicherungshypothek von 700000 Gℳ mit Zinsen zu 11% jährlich für die Bremer Privatbank zur Sicherstellung eines Teilbetrags der in der Eintragungsbewilligung vom 25. Juli 1924 bezeichneten Obligationenanleihe. Die Eintragungsbewilligung entsprach im Wortlaute derjenigen, welche der hier streitigen Eintragung zugrunde lag. Das Oberlandesgericht erklärte, abweichend vom Landgericht, den im § 54 Abs. 1 Satz 2 GBO. geforderten Nachweis für nicht geführt, daß die Eintragung ihrem Inhalte nach unzulässig sei. Es erkannte an, daß im Falle der Hypothek des § 1187 BGB., sofern die Hypothek zur Sicherung von Teilschuldverschreibungen dienen solle, die Angabe der Anzahl, des Betrags und der Bezeichnung der Teile (§ 51 GBO.) nicht entbehrt werden könne, verneinte aber, daß der Fall einer Hypothek für Forderungen von Teilschuldverschreibungsgläubigern nachgewiesen sei. Denn die Eintragung ergebe nicht, daß die Hypothek für solche Forderungen bestellt sei. Als Gläubigerin sei darin die Bremer Privatbank und als Gegenstand der Forderung ein Teilbetrag der in der Eintragungsbewilligung bezeichneten Obligationenanleihe angegeben. Weder im Eintragungsvermerk, noch in der darin in Bezug genommenen Eintragungsbewilligung sei gesagt, daß der jeweilige Inhaber der Schuldverschreibung oder der erste Nehmer oder der Indossatar des Orderpapiers als Gläubiger eingetragen werde. Anderseits lasse sich aus der Eintragung auch nicht entnehmen, daß die Bremer Privatbank als Vertreterin für die jeweiligen Gläubiger gemäß § 1189 BGB. eingetragen sei. Eine Hypothek der in den §§ 1187 flg. BGB. bezeichneten Art müsse aber unmittelbar für das Recht aus dem Inhaber- oder Orderpapier bestellt sein, während es nicht genüge, daß die Eintragung nur mittelbar der Sicherung der Schuldverschreibungsgläubiger diene oder künftig in eine wirkliche Hypothek des § 1187 umgewandelt werden solle. Dem Beschluß des Kammergerichts vom 28. Mai 1925 habe ein anderes Sachverhältnis zugrunde gelegen.

Das Oberste Landesgericht in München hatte folgende Eintragung zu beurteilen: „Sicherungshypothek wegen Anleihe in Höhe von 783000 Gℳ, verzinslich zu 11 % jährlich für die Bremer Privatbank AG. in Bremen unter Bezugnahme auf die Bewilligung vom 5. August 1924".

Nach dem Tatbestand seiner Entscheidung war in der maßgebenden Bestellungsurkunde von der AG. J. R. eine Hypothek für einen Teilbetrag von 783000 Gℳ samt Zinsen „der Bremer Privatbank oder ihrem Rechtsnachfolger, nämlich den durch Indossament legitimierten Besitzern der Schuldverschreibungen" (deren nähere Rechtsverhältnisse in den besonderen Anleihebedingungen niedergelegt waren) eingeräumt; die „allgemeine Rechtsgrundlage war hierbei die Aufnahme einer Obligationsanleihe". Auch das Oberste Landesgericht verneint im Gegensatz zum Landgericht, daß eine inhaltlich unzulässige Eintragung vorliege. Der Grundbuchrichter habe die ihm vorgelegten Urkunden dahin verstanden und ausgelegt, daß zunächst die Bremer Privatbank Hypothekengläubigerin werden solle und daß die Eintragung ihrer Rechtsnachfolger, die nicht im Sinne der §§ 1187 flg. BGB. von vornherein selbständige Hypothekenrechte erhalten sollten, etwas überflüssiges sei. Vom Standpunkte solcher rechtlich möglichen Auslegung aus enthalte aber die Eintragung keinen Verstoß gegen die §§ 1113, 1115 BGB. Ob die Auslegung zutreffend gewesen und wirklich der richtige Gläubiger eingetragen worden sei, könne im Rahmen des § 54 GBO. nicht nachgeprüft werden, denn die Angabe eines unrichtigen Berechtigten im Grundbuche falle nicht unter den Begriff der unzulässigen Eintragung im Sinne des Abs. 1 Satz 2 des § 54; auch eine Verletzung gesetzlicher Vorschriften (Abs. 1 Satz 1 daselbst) sei dem Grundbuchrichter nicht vorzuwerfen. Der Fall des Kammergerichts (OLG. Bd. 44 S. 174) habe eine anders geartete Eintragung zum Gegenstande gehabt.

Die Voraussetzungen des § 79 Abs. 2 GBO. sind gegeben. Das Oberlandesgericht Rostock will als Gericht der weiteren Beschwerde bei der Auslegung reichsgesetzlicher Vorschriften, die das Grundbuchrecht betreffen, nämlich der §§ 1113, 1115 BGB., § 54 Abs. 1 Satz 2 GBO. eine Grundbucheintragung als ihrem Inhalte nach unzulässig erklären, die das Oberlandesgericht Dresden und das Oberste Landesgericht München bei einem im wesentlichen übereinstimmenden Tatbestand und Eintragungswortlaut als inhaltlich zulässig angesehen haben.

Die weitere Beschwerde ist begründet. Sie richtet sich gegen den Beschluß des Landgerichts, der die Löschung der Sicherungshypothek von 1560000 G*M* angeordnet hat. Daß nicht eine Höchstbetragshypothek im Sinne des § 1190 BGB., sondern nur eine einfache Sicherungshypothek gemäß den §§ 1187 flg. daselbst in Frage steht, wird auch von der Beschwerdeführerin nicht verkannt. Ihr ist anderseits zuzugeben, daß der vom Landgericht angezogene Beschluß des Kammergerichts vom 28. Mai 1925 einen anders gearteten Sachverhalt, wie auch vom Oberlandesgericht Dresden und vom Obersten Landesgericht München betont wird, wenigstens insoweit zum Gegenstand hatte, als dort die Eintragung im Grundbuch nicht auf die Beschwerdeführerin allein lautete, als Gläubiger vielmehr „die Bremer Privatbank AG. zu Bremen oder ihre Rechtsnachfolger, nämlich die durch Indossament legitimierten Besitzer der Schuldverschreibungen" bezeichnet waren, und ferner die Bestellung der Beschwerdeführerin zur Vertreterin der jeweiligen Gläubiger zum Ausdrucke gebracht war. Immerhin stimmt der Beschluß des Kammergerichts mit der hier angegriffenen Entscheidung darin überein, daß beide bei der Eintragung der Forderung die gebotene Bestimmtheit in der Bezeichnung des gesicherten Teils der Gesamtanleihe durch genaue Aufführung der jeweilig gesicherten Teilschuldverschreibungen vermissen.

Wenn die Löschung einer Eintragung nach § 54 Abs. 1 Satz 2 GBO. von Amts wegen erfolgen soll, muß aus der Eintragung selbst und darf nicht erst aus Beweisen, die außerhalb des Grundbuchs liegen, erkennbar sein, daß sie unzulässig und daher rechtlich bedeutungslos ist. Der Eintragung im engeren Sinne, d. h. dem Eintragungsvermerk, steht aber, soweit nach den §§ 874, 1115 Abs. 1 BGB. eine Bezugnahme zulässig ist und stattgefunden hat, der Inhalt der in Bezug genommenen Eintragungsbewilligung gleich; beide werden durch die Bezugnahme, soweit diese reicht, zu einer Einheit, die nur einheitlich gelesen und gewürdigt werden kann (RGZ. Bd. 88 S. 83, 88; vgl. auch den erwähnten Beschluß des Kammergerichts vom 28. Mai 1925). Im gegebenen Falle weicht nun der Eintragungsvermerk zunächst sowohl von der Vorschrift des § 1115 Abs. 1 BGB., wie von den Fällen Dresden und München darin ab, daß er den Zinssatz der Forderung nicht enthält, obwohl insoweit eine Bezugnahme auf die Eintragungsbewilligung nicht zugelassen ist. Es fragt sich, ob dieser Verstoß, der allerdings eine inhaltliche Unzulässigkeit der Eintragung, wenn auch nur eine negative, nämlich durch Unvollständigkeit, darstellt, ihre volle rechtliche Unwirksamkeit zur Folge hat, welchenfalls das Oberlandesgericht aus diesem Grunde die Beschwerde hätte zurückweisen können, ohne dabei von den beiden anderen Entscheidungen abzuweichen und zur Vorlegung bei dem Reichsgerichte genötigt zu sein. Das ist aber zu verneinen. Denn es nötigt nichts dazu, die Nichtigkeit, die in betreff der Zinsen freilich dahin eintritt, daß für diese in Ermanglung der Eintragung die Haftung des Grundstücks nicht begründet wird, auch auf den übrigen Inhalt der Eintragung zu erstrecken (Komm. v. RGR. § 1115 Anm. 2 BGB.).

Hiervon abgesehen gibt aber der Eintragungsvermerk für sich allein betrachtet weder nach der positiven noch nach der negativen Seite zu Bedenken in betreff der inhaltlichen Zulässigkeit der Eintragung Anlaß. Sowohl der Gläubiger wie der Geldbetrag der Forderung sind klar und bestimmt bezeichnet, und im übrigen ist in zulässiger Weise (§ 1115 Abs. 1 Halbs. 2 BGB.) auf die Eintragungsbewilligung Bezug genommen. Eine Unzulässigkeit der vorliegenden

Hypothekeneintragung dem Inhalte nach könnte sich demzufolge nur aus dem Zusammenhalt des eigentlichen Eintragungsvermerks mit der Eintragungsbewilligung ergeben. Davon ist offensichtlich auch die Eigentümerin der Grundstücke ausgegangen, indem sie die Unzulässigkeit der Eintragung daraus herleitete, daß der Teilbetrag der Gesamtanleihe, für den die beiden Rostocker Grundstücke ihrer Auffassung nach nur haften sollten, nicht deutlich und bestimmt genug bezeichnet sei; denn daß es sich bei der Eintragung um einen bloßen Teilbetrag einer größeren Gesamtforderung handle, war nur aus der in Bezug genommenen Eintragungsbewilligung zu ersehen. Ebenso beruhen auf der Heranziehung des Inhalts der Eintragungsbewilligung auch der angefochtene Beschluß des Landgerichts und die Ausführungen, womit das Oberlandesgericht die Vorlegung der weiteren Beschwerde beim Reichsgericht begründet hat. In Übereinstimmung mit der Grundstückseigentümerin erblickt das Landgericht die inhaltliche Unzulässigkeit der Eintragung darin, daß sie die zu sichernde Teilforderung innerhalb der höheren Gesamtforderung nicht genügend deutlich abgrenze, insbesondere die Teilschuldverschreibungen, zu deren Sicherung die Rostocker Hypothek dienen solle, nicht in der im § 51 GBO. vorgesehenen Weise näher bezeichne. Das Oberlandesgericht hält die Auslegung, die das Landgericht damit der Hypothekeneintragung im Sinne einer Sicherungshypothek gemäß den §§ 1187flg. BGB. gibt, an sich für möglich, und ist geneigt, sich den vom Landgericht hieraus gezogenen Folgerungen anzuschließen, erachtet jedoch auch die Auffassung für vertretbar, wonach die Eintragung in Verbindung mit der Eintragungsbewilligung zweifelhaft lasse, ob die Bremer Privatbank nur Gläubigervertreterin oder selbst Gläubigerin sei. Aber auch von dieser Auffassung aus hält es im Gegensatze zum Obersten Landesgericht in München die Eintragung ihrem Inhalte nach für unzulässig, weil sie dann in bezug auf die Person des Berechtigten in sich unklar sei.

Was zunächst die Person des eingetragenen Gläubigers betrifft, so geht das Oberlandesgericht zutreffend davon aus, daß die Angabe eines unrichtigen Berechtigten im Grundbuche die Eintragung an und für sich, sofern nur über die Persönlichkeit des Bezeichneten kein Zweifel besteht, nicht im Sinne des § 54 Abs. 1 S. 2 GBO. ihrem Inhalte nach unzulässig macht (Güthe-Triebel, GBO. Anm. 28

zu § 54 S. 1088, mit Nachw.). Es erachtet aber im vorliegenden Falle bei Heranziehung der Eintragungsbewilligung Zweifel darüber, in welcher Eigenschaft die Bremer Privatbank eingetragen sei — ob selbst als Gläubigerin oder nur als Treuhänderin und Vertreterin gemäß § 1189 BGB. für die Teilschuldverschreibungsgläubiger — in solchem Maße für begründet, daß diese Unklarheit die Eintragung inhaltlich unzulässig mache. Dem kann jedoch nicht beigetreten werden. Allerdings kann Unzulässigkeit dem Inhalte nach auch dann gegeben sein, wenn die Eintragung in einem wesentlichen Punkte derart unklar ist, daß nicht ersehen werden kann, was eigentlich eingetragen ist (Güthe-Triebel a. a. O. Anm. 28 gegen Ende S. 1089). Bedenklich muß es aber schon erscheinen, bei einem Punkte, in betreff dessen, wie bei der Angabe des Hypothekengläubigers, nicht auf die Eintragungsbewilligung Bezug genommen werden darf und folgeweise vermutlich auch nicht Bezug genommen ist, gegen die an sich zweifelsfreie Eintragung Unklarheiten geltend zu machen, die sich erst bei Hinzunahme der Eintragungsbewilligung herausstellen. Wollte man dies jedoch auch mit Rücksicht auf die Zusammengehörigkeit beider zugestehen, so dürfen doch Zweifel oder Undeutlichkeiten, die sich aus der Zusammenhaltung von Eintragungsvermerk und Eintragungsbewilligung ergeben, nur dann als die Eintragung ihrem Inhalte nach unzulässig machend im Sinne des § 54 Abs. 1 S. 2 GBO. anerkannt werden, wenn sie nicht anderweit zu beheben sind. Die Löschung von Amts wegen nach § 54 Abs. 1 S. 2 ist eine so einschneidende Maßnahme, daß sie sich wegen bestehender bloßer Unklarheit nur rechtfertigen läßt, wo diese auf anderem Wege nicht beseitigt werden kann. Ist dagegen die Möglichkeit einer Auslegung anzuerkennen, die den Zweifel oder anscheinend vorliegenden Widerspruch löst, so besteht keine inhaltliche Unzulässigkeit, die zur Löschung von Amts wegen nötigte. In solchem Falle muß es vielmehr den Beteiligten überlassen bleiben, die Richtigstellung einer vermeintlich vorliegenden Unrichtigkeit des Grundbuchs gemäß § 22 GBO. im Prozeßweg herbeizuführen. Im vorliegenden Fall ist in dem Eintragungsvermerk selbst als Gläubiger der Sicherungshypothek die beschwerdeführende Bremer Privatbank schlechthin, ohne jeden ein Treuhand- oder Vertretungsverhältnis andeutenden Zusatz, bezeichnet worden. Ist schon hieraus zu entnehmen, daß das Grundbuchamt die Beschwerdeführerin allein als wirkliche Gläubigerin jedenfalls zunächst ansah und eintragen wollte, so findet diese Annahme auch in der Eintragungsbewilligung wesentliche Unterstützung durch die Fassung des darin formulierten und durch Einrückung aus dem fortlaufenden Text besonders hervorgehobenen Eintragungsantrags, der ebenfalls lediglich auf die Eintragung einer Sicherungshypothek zugunsten der Bremer Privatbank gerichtet ist. Im Eingang der Bewilligungsurkunde ist nun freilich von der beabsichtigten Aufnahme einer Obligationenanleihe die Rede, für welche die Bremer Privatbank als Treuhänderin und Gläubigervertreterin gemäß § 1189 BGB. auftreten solle. Aber das läßt sich auch so verstehen, daß damit nur die zukünftige Gestaltung der Dinge gekennzeichnet werden sollte, und zwar um so mehr, als der folgende Satz ergibt, daß noch nicht einmal die Bedingungen der Anleihe schriftlich festgelegt waren. Eine Auslegung der Eintragungsbewilligung erscheint daher durchaus möglich, die dahingeht, daß die Bank die Anleihe demnächst begeben, zuvörderst aber selbst als Gläubigerin der Darlehnshypothek, unter dem Vorbehalt der späteren Umschreibung auf die zukünftigen Teilberechtigten, in das Grundbuch eingetragen werden sollte. Das ist auch die Auffassung, von der das Oberlandesgericht Dresden und das Oberste Landesgericht in München sich haben leiten lassen, jenes, indem es das Vorliegen einer Hypothekeneintragung im Sinn der §§ 1187 flg. BGB., § 51 GBO. leugnete, dieses, indem es als die Auslegung des Grundbuchrichters ausdrücklich annimmt, daß zunächst die Beschwerdeführerin als Hypothekengläubigerin eingetragen werden sollte, und indem es vom Standpunkte solcher „rechtlich möglichen" Auslegung aus einen Verstoß gegen die §§ 1113, 1115 BGB. für nicht gegeben erklärt. Hiernach ist von beiden zu diesem Punkte die Anwendbarkeit des § 54 Abs. 1 S. 2 GBO. mit Recht verneint. Nicht anders liegt aber der hier gegebene Fall. Der Eintragungsvermerk lautete zweifelsfrei auf die Beschwerdeführerin als Gläubigerin, und die Auslegbarkeit der Eintragungsbewilligung, sofern sie überhaupt herangezogen werden durfte, ließ dies zu. Es konnte in diesem Punkte möglicherweise eine Unrichtigkeit vorliegen, aber es handelt sich nicht um eine inhaltliche Unzulässigkeit der Eintragung, die für eine Anwendung des § 54 Abs. 1 Satz 2 GBO. Raum gegeben hätte. Ob etwa der Grundbuchrichter Anlaß gehabt hätte, vor der Eintragung die Zweifel aufzuklären, zu denen der Wortlaut der Eintragungsbewilligung Anlaß bot, ist eine andere hier nicht zu entscheidende Frage.

Ist aber von der Eintragung der Beschwerdeführerin als wirklicher und zunächst alleiniger Gläubigerin auszugehen, so bedarf es unter dem Gesichtspunkt des § 54 GBO. keiner Erörterung mehr darüber, ob, falls die Teilschuldverschreibungsgläubiger als eingetragen anzusehen wären, deren Eintragung als ordnungsmäßig (§§ 1187 flg. BGB., § 51 GBO.) anzuerkennen sein würde. Es verbleibt dann nur noch die Frage, ob ein weiterer Grund der inhaltlichen Unzulässigkeit bei einer Eintragung zugunsten des Einzelgläubigers etwa darin gefunden werden müsse, daß die Eintragung, wie sich aus der Zusammenhaltung mit der Eintragungsbewilligung ergibt, nur für den Teilbetrag einer größeren Gesamtforderung erfolgt ist, ohne daß dieser anders als durch die bloße ziffermäßige Betragsangabe gegenüber dem Rest oder anderen Teilen der Gesamtforderung abgegrenzt wäre. Auch dies ist aber zu verneinen. Einzelhypotheken zugunsten desselben Gläubigers auf verschiedenen Grundstücken für verschiedene Teilbeträge einer und derselben Forderung zu bestellen, ist, wie auch im Beschluß des Obersten Landesgerichts hervorgehoben, rechtlich zulässig (KGJ. Bd. 51 S. 288; Güthe-Triebel, Vorbem. 31 zum 2. Abschn. der GBO., vor § 13 Bd. 1 S. 212) und für den Fall der nachträglichen Verteilung des Betrags einer Gesamthypothekenforderung auf die einzelnen Grundstücke durch die Vorschriften des § 1132 Abs. 2 BGB. gesetzlich ausdrücklich anerkannt (Komm. v. RGR. § 1132, Anm. 2, 4, 7; § 1113 Anm. 5). Die Forderung zerfällt solchenfalls durch die Teilung in selbständige Teilforderungen, die durch selbständige Einzelhypotheken gesichert werden. Dafür, daß hierbei eine andere und nähere Kennzeichnung der einzelnen Teilforderungen erforderlich wäre, als durch ziffermäßige Angabe ihres Betrags, läßt sich kein Anhalt finden. Auch daraus, daß im vorliegenden Falle der eingetragene Geldbetrag der Forderung sich aus der Eintragungsbewilligung als nur einen Teil der größeren, nicht bezifferten Gesamtanleihe darstellend erweist, war gegen die inhaltliche Zulässigkeit der Eintragung nichts zu folgern.

Das Landgericht hat demnach unter Verletzung einer gesetzlichen Vorschrift, nämlich des § 54 Abs. 1 Satz 2 GBO. gehandelt, indem es die Löschung der für die Beschwerdeführerin eingetragenen Sicherungshypothek anordnete. Der weiteren Beschwerde war daher stattzugeben. Durch die Löschung ist das Grundbuch unrichtig geworden. Da die Löschung selbst keine nach ihrem Inhalt unzulässige Eintragung bildet, so konnte zwar mit der Beschwerde nicht ihre Wiederbeseitigung, wohl aber die Eintragung eines Widerspruchs verlangt werden (§ 71 Abs. 2 Satz 2 GBO.). Ein vorläufiger Widerspruch ist bereits gemäß § 76 GBO. eingetragen. Das Grundbuchamt war deshalb lediglich anzuweisen, bei den eingetragenen Löschungen den bereits vermerkten einstweiligen Widerspruch nunmehr als endgültigen zu kennzeichnen.

---

43. 1. Wann liegt eine den Pflichtteilsberechtigten beeinträchtigende Verfügung im Sinne des § 2269 Abs. 1 BGB. vor?

2. Ist eine Erbeinsetzung auf einen dem Pflichtteil entsprechenden Bruchteil der Erbschaft oder eine Vermächtnisanordnung in Höhe des Pflichtteilsbetrags anzunehmen, wenn Eltern ein Kind für den Fall, daß es die von ihnen mit Bezug auf seinen Erbteil getroffene Regelung nicht anerkennen würde, auf den Pflichtteil „beschränken", oder liegt in einer solchen Bestimmung nur die Verweisung auf den gesetzlichen Pflichtteilsanspruch?

3. Kann eine gemäß § 208 BGB. die Verjährung unterbrechende Anerkennung des Pflichtteilsanspruchs darin gefunden werden, daß der Erbe auf Verlangen des Pflichtteilsberechtigten diesem gemäß § 2314 BGB. über den Bestand des Nachlasses Auskunft erteilt oder gemäß § 1994 BGB. dem Nachlaßgericht ein Inventar einreicht und in dem einen oder dem anderen Falle dem weiteren Verlangen des Pflichtteilsberechtigten auf Leistung des Offenbarungseides entspricht?

4. Zur Auslegung gemeinschaftlicher Testamente im Sinne des § 2269 Abs. 1 BGB. oder der Anordnung von Vor- und Nacherbfolge.

IV. Zivilsenat. Urt. v. 12. April 1926 i. S. J. (Kl.) w. D. (Bekl.). IV 315/25.

I. Landgericht I Berlin.
II. Kammergericht daselbst.

Die Parteien sind die Kinder des am 7. April 1920 verstorbenen Pastors a. D. J. und seiner am 15. Juli 1917 verstorbenen Ehefrau. Diese haben in ihrem zum gerichtlichen Protokoll vom 11. Februar 1911 verschlossen übergebenen „gegenseitigen Testament" vom 1. Februar 1911 bestimmt:

„Wir setzen uns gegenseitig und unsere beiden Kinder .... dergestalt zu Erben ein, daß der Überlebende von uns beiden die uneingeschränkte Verfügung über die Substanz des gesamten Nachlasses und alleinige Nutzung desselben haben und von jeder Beschränkung, Verpflichtung oder Rechenschaft, zu welcher der Vorerbe dem Nacherben gegenüber nach dem Bürgerlichen Gesetzbuch verpflichtet ist, befreit sein soll, soweit es das Gesetz gestattet.

Was nach dem Tode des Letztlebenden von uns von unserem Vermögen übrig sein wird, sollen unsere beiden Kinder sich gleichmäßig teilen ...."

In einem privatschriftlichen gemeinschaftlichen Nachtrag zu diesem Testament vom 5. Mai 1917 haben die beiden Erblasser ferner angeordnet, daß für den auf den Sohn (den Kläger) entfallenden Teil des Nachlasses der Sohn nur Vorerbe und seine Kinder Nacherben sein sollten, und daß der Sohn, falls er ihre testamentarischen Anordnungen anfechte, nur seinen gesetzlichen Pflichtteil erhalten solle, wodurch sich die Erbportion der Tochter (der Beklagten) entsprechend vergrößere. Nach dem Tode der Ehefrau J. wurde am 13. August 1917 das Testament vom 1./11. Februar 1911 und am 10. September 1917 der Testamentsnachtrag vom 5. Mai 1917 eröffnet. Von den letztwilligen Verfügungen hat der Kläger noch vor dem Tode seines Vaters Kenntnis erhalten. Nachdem sein Vater gestorben war, hat er auch diesen Todesfall alsbald erfahren. In einer notariell beglaubigten Urkunde vom 5. Mai 1920 erklärte er gegenüber dem Nachlaßgericht, daß er die Erbschaft aus dem gemeinsamen Testament seiner Eltern als eingesetzter Erbe ausschlage, sie aber als gesetzlicher Erbe annehme. Vom Nachlaßgericht wurde diese Erklärung der Beklagten mitgeteilt. Nachdem die Beklagte auf Betreiben des Klägers dem Nachlaßgericht am 17. November 1921 ein Nachlaßverzeichnis überreicht, dieses auf Verlangen des Klägers am 28. März 1922 mit dem Offenbarungseid bekräftigt und es zu Protokoll des Nachlaßgerichts vom 31. Oktober 1922, sowie durch Eingaben an das Nachlaßgericht vom 16. November und 2. Dezember 1922 ergänzt hatte, reichte der Kläger am 19. April 1923 beim Amtsgericht Berlin-Mitte die vorliegende Klage ein, mit der er eine bestimmte Summe als Teilbetrag seines Pflichtteils forderte. Der Rechtsstreit wurde, nachdem der Klagantrag auf Ersatz des Geldentwertungsschadens erweitert worden war, an das Landgericht verwiesen. Dieses wies die Klage auf Grund der von der Beklagten erhobenen Verjährungseinrede ab. Die Berufung des Klägers wurde zurückgewiesen. Seine Revision hatte Erfolg.

Aus den Gründen:

Nach § 2332 BGB., auf Grund dessen das Kammergericht gleich dem Landgerichte der Verjährungseinrede der Beklagten stattgegeben hat, verjährt der Pflichtteilsanspruch in drei Jahren von dem Zeitpunkt an, in welchem der Pflichtteilsberechtigte von dem Eintritte des Erbfalls und von der ihn beeinträchtigenden Verfügung Kenntnis erlangt. Die Bestimmung hat in OLG. Bd. 18 S. 367 (= Seuff. Arch. Bd. 64 Nr. 35) im Anschluß an die Wortfassung des § 1999 Abs. 1 Satz 2 des 1. Entwurfs die Auslegung gefunden, daß sie eine den Pflichtteilsberechtigten in seinem Pflichtteilsrecht beeinträchtigende Verfügung voraussetze. Diese Auffassung, der zufolge die kurze dreijährige Verjährung nur bei einem Teile der Pflichtteilsansprüche, nämlich nur dann eingreifen würde, wenn der Erblasser nach dem Inhalte der den Pflichtteilsanspruch auslösenden letztwilligen Verfügung dem Pflichtteilsberechtigten sogar noch den Pflichtteilsbetrag ganz oder teilweise zu nehmen versucht hat, findet in der Entstehungsgeschichte des Gesetzes keinen genügenden Anhalt. Sie ist unvereinbar mit dem Wortlaute des geltenden Gesetzes und seinem Zwecke, die Frage, ob Pflichtteilsansprüche erhoben werden und deshalb Verschiebungen in der Verteilung des Nachlasses zu erwarten sind, nicht zu lange in der Schwebe zu lassen. Die in § 2303 BGB. für pflichtteilsberechtigt erklärten Abkömmlinge und der Ehegatte des Erblassers werden in ihrer Rechtsstellung (§§ 1924, 1931 BGB.) durch eine letztwillige Verfügung stets dann beeinträchtigt, wenn die Verfügung einen nach §§ 2303, 2305, 2306 Abs. 1 Satz 2 Abs. 2 oder § 2307 BGB. einen Pflichtteilsanspruch begründenden Inhalt hat, mag dieser kraft Gesetzes bestehende Pflichtteilsanspruch auch in der Verfügung ausdrücklich anerkannt sein. Die kurze Verjährung trifft allerdings nur den gesetzlichen Pflichtteilsanspruch, nicht den Erbauseinandersetzungs- oder Vermächtnisanspruch desjenigen, welcher auf einen dem Pflichtteil entsprechenden Bruchteil der Erbschaft als Erbe oder auf den Pflichtteilsbetrag als Vermächtnisnehmer eingesetzt ist. Eine testamentarische Zuwendung des Pflichtteils in dem einen oder dem anderen Sinn ist aber im Berufungsurteil verneint mit der durch allgemeine Erwägungen (Planck BGB. 3. Aufl. § 2304 Anm. 2) und den besonderen Inhalt der vorliegenden Testamente gestützten, rechtlich nicht zu beanstandenden Begründung: Indem die Erblasser den Kläger für den Fall, daß er die von ihnen mit Bezug auf seinen Erbteil getroffene Regelung nicht anerkennen würde, auf den Pflichtteil beschränkten, hätten sie ihn lediglich auf den gesetzlichen Pflichtteilsanspruch verweisen und ihm nicht noch die bessere Rechtsstellung verschaffen wollen, die der Pflichtteilsberechtigte (z. B. hinsichtlich der Verjährungsfrist) erlange, wenn er in den Kreis der testamentarisch Bedachten eintrete. Die schon hiernach gerechtfertigte Annahme, daß der Kläger den Pflichtteilsbetrag nur kraft Gesetzes, nicht kraft testamentarischer Anordnung fordern könne, wird außerdem durch die folgende, ebenfalls rechtlich einwandfreie Ausführung des Berufungsgerichts getragen: Selbst wenn eine testamentarische, als Erbeinsetzung oder Vermächtnis zu behandelnde Pflichtteilszuwendung vorläge, würde der Kläger die sich daraus für ihn ergebende Rechtsstellung durch seine Ausschlagungserklärung vom 5. Mai 1920 verloren haben. Rein wörtlich könne die Erklärung nicht genommen werden, da der Kläger durch sie die Stellung eines „gesetzlichen Erben“ auf keinen Fall habe erlangen können. Ihrem Sinne nach sei sie dahin zu verstehen, daß der Kläger keinerlei Ansprüche mehr aus dem Testament, sondern nur noch Ansprüche aus dem Gesetz herleiten wollte. Zwar habe die Erklärung, soweit sie als Ausschlagung eines Vermächtnisses wirksam sein sollte, nach § 2180 Abs. 2 BGB. nicht dem Nachlaßgericht, sondern dem Beschwerten gegenüber abgegeben werden müssen. Diesem Erfordernis sei aber genügt, da die Erklärung vom Nachlaßgericht dem mutmaßlichen Willen des Klägers entsprechend der Beklagten mitgeteilt worden sei.

Nach alledem ist es rechtlich zu billigen, daß das Berufungsgericht angenommen hat, für den vorliegenden Pflichtteilsanspruch gelte nicht die ordentliche dreißigjährige Verjährung, sondern die dreijährige Verjährung des § 2332 BGB. Diese vor dem 19. April 1920, also länger als drei Jahre vor der Einreichung der Klage beim Amtsgericht (§ 496 Abs. 3 ZPO.) begonnene Verjährung wäre bereits abgelaufen, wenn, was das Berufungsgericht allein erörtert hat, nur eine Unterbrechung der Verjährung durch Klagerhebung (§ 209 BGB.) in Betracht käme. Die Revision macht aber geltend, daß die Verjährung durch Anerkenntnis gemäß § 208 BGB. unterbrochen sei, weil die Beklagte einen an sich bestehenden Anspruch des Klägers auf Pflichtteil nie bestritten, auf sein Verlangen sogar ein Inventar gelegt und eidlich bekräftigt habe. Die Beklagte widerspricht der Zulassung dieser Replik, da sie in den Vorinstanzen nicht vorgebracht sei. Daran ist richtig, daß der Kläger, soweit ersichtlich, den rechtlichen Gesichtspunkt des § 208 BGB. in den Vorinstanzen nicht hervorgekehrt hat. Aber es reicht aus, daß er, wie die Klageschrift und der Tatbestand des Berufungsurteils ergeben, die wesentlichen Tatsachen in den Vorinstanzen vorgetragen hat. Diese Tatsachen daraufhin zu würdigen, ob und inwieweit sie rechtlich geeignet seien, das Einrederecht der Verjährung aufzuheben, war Sache des Gerichts.

Nach der feststehenden Rechtsprechung des Reichsgerichts erfordert die Annahme eines die Verjährung unterbrechenden Anerkenntnisses keine rechtsgeschäftliche Willenserklärung; es genügt jedes Verhalten dem Gläubiger gegenüber, aus dem sich das Bewußtsein des Verpflichteten von dem Bestehen des Anspruchs unzweideutig ergibt. Auch ein Anerkenntnis, das den Anspruch bloß in seinem Grunde zum Gegenstande hat, ist zur Unterbrechung der Verjährung für den ganzen Anspruch geeignet, sofern es nur nicht auf einen begrenzten Teil des Anspruchs beschränkt worden ist, sondern eine allgemeine Richtung auf das Bestehen des Anspruchs genommen hat (RGZ. Bd. 63 S. 382, Bd. 73 S. 131; Warn. 1908 Nr. 192, 1910 Nr. 416). Nach diesen Grundsätzen kann auch in dem Verhalten eines Erben, der auf Verlangen des Pflichtteilsberechtigten diesem gemäß §§ 2314, 260 BGB. durch Vorlegung eines Verzeichnisses über den Bestand des Nachlasses Auskunft erteilt oder gemäß § 1994 mit § 1967 Abs. 2 BGB. dem Nachlaßgericht ein Inventar einreicht und in dem einen oder anderen Falle dem weiteren Verlangen des Pflichtteilsberechtigten auf Leistung des Offenbarungseids gemäß § 260 Abs. 2 oder § 2006 BGB. entspricht, eine Anerkennung des Pflichtteilsanspruchs dem Grunde nach gefunden werden. Es kommt dann weiter in Frage, wie weit diese Anerkennung reicht, ob sie sich auf den Pflichtteilsanspruch im ganzen bezieht oder ob sie, bei etwaiger Unvollständigkeit des aufgestellten Verzeichnisses, nur den Anspruch auf denjenigen Pflichtteilsbetrag deckt, welcher sich aus dem (sei es ursprünglichen oder vor oder nach der Eidesleistung ergänzten) Verzeichnis entnehmen läßt. Die im Kommentar von Reichsgerichtsräten (§ 2332 Anm. 1 a. E.) im Anschluß an das, übrigens einen landrechtlichen Fall betreffende, Urteil des Reichsgerichts vom 22. April 1907 IV 474/06 ausgesprochene Meinung, daß die Klage aus § 2314 BGB. auf Auskunftserteilung die Verjährung des Pflichtteilsanspruchs nicht unterbreche, steht der Annahme einer Unterbrechung für den vorliegenden Fall nicht entgegen. Denn hier handelt es sich nicht um eine Unterbrechung durch Klage des Pflichtteilsberechtigten, sondern durch das in dem Verhalten des Gegners liegende Anerkenntnis. Zu jener Meinung braucht deshalb hier keine Stellung genommen zu werden.

Die Frage, wie bei der dargelegten Rechtslage über den gegebenen Fall zu entscheiden ist, macht noch tatsächliche Feststellungen und Erwägungen erforderlich, die dem mit der Sache von neuem zu befassenden Berufungsgericht überlassen werden müssen. . . .

Für die anderweite Verhandlung sei ferner auf die folgenden Unklarheiten des bisherigen Streitstandes hingewiesen: Es fehlt an einer Erklärung des Klägers darüber, ob sich der eingeklagte Pflichtteilsanspruch nur auf den Nachlaß seines zuletzt verstorbenen Vaters oder auch auf den Nachlaß seiner vorverstorbenen Mutter bezieht. Auch in den Urteilen des Landgerichts und des Kammergerichts ist die Frage nicht berührt. Unter den Gegenständen, die der Kläger bei der Berechnung des Pflichtteils berücksichtigt sehen will, befinden sich auch solche, die (wie die Kleidungsstücke und Schmucksachen seiner Mutter) sicherlich zum Nachlasse der Mutter gehört haben. Trotzdem könnte die aufgeworfene Frage unbedenklich im ersten Sinne beantwortet werden, wenn die von den Eltern der Parteien hinterlassenen gemeinschaftlichen Testamente gemäß § 2269 BGB. dahin auszulegen sein würden, daß die Eheleute sich gegenseitig als Vollerben und ihre beiden Kinder als Erben des letztlebenden von ihnen eingesetzt haben. In der Klageschrift und im Tatbestande des landgerichtlichen Urteils ist aber angenommen, daß die Eheleute sich gegenseitig als befreite Vorerben und die Kinder als Nacherben (nämlich des zuerst verstorbenen, Ersatzerben des überlebenden Ehegatten) eingesetzt haben. Das Berufungsgericht hat auch zu dieser Auslegungsfrage keine Stellung genommen. Sie ist allein aus dem Wortlaute des im Tatbestande dieses Urteils wörtlich mitgeteilten einzelnen Paragraphen des Testaments vom 1./11. Februar 1911 nicht zu entscheiden. Immerhin legen die Bestimmungen, daß der überlebende Ehegatte „die uneingeschränkte Verfügung über die Substanz des gesamten Nachlasses" haben und daß bei seinem Tode das, was vom beiderseitigen („unserem") Vermögen übrig wäre, an die beiden Kinder fallen sollte, die Anwendung des § 2269 nahe. Die Bestimmung, daß der überlebende Ehegatte von jeder „Beschränkung, Verpflichtung oder Rechenschaft", zu welcher der Vorerbe dem Nacherben gegenüber verpflichtet wäre, so weit wie möglich befreit sein sollte, steht jener Anwendung nicht entscheidend entgegen, da nicht nur der befreite Vorerbe (§§ 2136, 2137 BGB.), sondern auch und in noch weiterem Maße der Vollerbe von den gedachten Beschränkungen und Verpflichtungen frei ist. Es wird darauf ankommen, ob die sämtlichen letztwilligen Anordnungen zusammen betrachtet und etwaige zu ihrer Auslegung heranzuziehende sonstige Umstände erkennen lassen, daß die Eheleute das beiderseitige Vermögen als eine Einheit angesehen und daher sowohl eine verschiedene Rechtsstellung des überlebenden Ehegatten zu den beiden ursprünglichen Teilen dieses gesamten Vermögens während seiner Lebensdauer, als auch die Möglichkeit einer Trennung der beiden Vermögensmassen bei seinem Tode haben ausschließen wollen (Planck BGB. 3. Aufl. § 2269 Anm. II 1c; RGZ. Bd. 79 S. 277, RGU. IV 70/24 vom 13. November 1924)....

44. 1. Ist die Vereinbarung einer Gründerprovision nichtig, wenn sie gegen § 30 des Gesetzes betr. die Gesellschaften m. b. H. insofern verstößt, als die Zahlungen auch bei etwaigem verlustbringenden Geschäftsgange geleistet werden sollen?

2. Bedarf eine Vereinbarung, durch die einem einzelnen Gesellschafter oder einzelnen Geschäftsanteilen auf die Dauer Vorzugsrechte auf Kosten der G. m. b. H. eingeräumt werden, zu ihrer Wirksamkeit der Aufnahme in den Gesellschaftsvertrag?

GmbHG. §§ 3, 5, 30.

II. Zivilsenat. Urt. v. 16. April 1926 i. S. Nürnberger Priv. Telephon-Ges., Kommanditges. (Kl.) w. Dresdner Priv. Telephon-Ges. m. b. H. (Bekl.). II 532/25.

I. Landgericht Dresden.
II. Oberlandesgericht daselbst.

Durch Vertrag vom 13. November 1901 übertrug die Deutsche Privat-Telephongesellschaft H. F. & Co. in F. der damals noch nicht gegründeten, durch Joseph G. vertretenen Beklagten gegen bestimmte Lizenzgebühren die ausschließliche Befugnis zur Verwertung ihrer Mikrophonapparate und die Ausnutzung ihrer Patente für den Bezirk Dresden. Im § 7 des Vertrags erkannte die Deutsche Privat-Telephongesellschaft ferner an, daß dem G. für die Dauer des Unternehmens der Beklagten 0,50 ℳ jährlich für jeden vermieteten Apparat, 4,16 % der vorläufigen Mieteinnahmen und 3 ℳ für jeden verkauften Apparat zufallen sollten. Die Gründung der beklagten Gesellschaft durch F. und G. fand am 19. November 1901 statt; im § 5 des Gesellschaftsvertrags behielten sich die beiden Gründer je 10 % des nach 5 %iger Verzinsung der Einlagen sich ergebenden Gewinns als Gründergewinn vor. — Am 18./19. Dezember 1911 übertrug G. seinen Geschäftsanteil an der beklagten G. m. b. H. sowie alle seine Rechte aus dem Gesellschaftsvertrag gegen Zahlung von 19000 ℳ an F. Dieser berief dann als alleiniger Gesellschafter der Beklagten auf den 27. März 1912 eine Gesellschafterversammlung und beschloß unter anderem die Verzichtleistung auf Gründergewinn und die Streichung des § 5 des Gesellschaftsvertrags.

Im März 1912 erhob G. gegen F. Klage auf Aufhebung des Übertragungsvertrags vom 18./19. Dezember 1911, weil er bei dessen Abschluß weder seine Gründer- noch seine Lizenzrechte habe fallen lassen wollen und durch F. arglistig getäuscht worden sei. Die Klage wurde abgewiesen; seine Berufung hiergegen nahm G. am 14. März 1914 zurück.

Inzwischen hatte die Beklagte, vertreten durch ihre damaligen Geschäftsführer F. und L., mit der jetzigen Klägerin, vertreten durch ihren persönlich haftenden Gesellschafter G., und mit G. persönlich am 3. Dezember 1913 zwei Abkommen getroffen: im einen, das Gegenstand eines zwischen den gleichen Parteien geführten Parallel-Prozesses ist, verzichtete G. gegenüber der Beklagten auf jeglichen Anspruch auf Gründergewinn, die Beklagte dagegen verpflichtete sich, an die Klägerin 15 Jahre hindurch je 1200 ℳ zu zahlen; im zweiten Abkommen, bei dem auch die Deutsche Privat-Telephongesellschaft H. F. & Co. als Vertragschließende mit auftrat, wurde die am 13. November 1901 zwischen der Deutschen Privat-Telephongesellschaft und der Beklagten getroffene Vereinbarung betreffend die Beteiligung des G. an den vermieteten und verkauften Apparaten aufgehoben und an ihrer Stelle bestimmt, daß die Beklagte der Klägerin für die Dauer des Unternehmens der ersteren gewisse Lizenzgebühren zu entrichten habe.

Die Klägerin macht nunmehr ihre Lizenzansprüche aus diesem letzteren Abkommen, und zwar in voller Höhe aufgewertet, geltend; ihr Klagantrag geht auf Auskunfterteilung über die in der Zeit vom 31. Dezember 1914 bis 31. Dezember 1923 im Betriebe der Beklagten gemäß dem Abkommen vermieteten und verkauften Apparate sowie auf Zahlung der ihr danach zustehenden „Lizenzbeträge". Die Beklagte stützt ihren Antrag auf Klagabweisung unter anderem darauf, daß ihre im Abkommen vom 13. November 1901 dem G. gegenüber festgelegten Verpflichtungen eine Belohnung des G. für seine Mitwirkung bei der Gründung der beklagten G. m. b. H., also einen Gründergewinn darstellten, den er am 18./19. Dezember 1911 an F. abgetreten habe; wenn aber G. am 3. Dezember 1913 keinen Anspruch mehr gegen die Beklagte besessen habe, so enthalte die in jenem Abkommen von der Beklagten erklärte Übernahme von Verbindlichkeiten ein wegen Formmangels ungültiges Schenkungsversprechen, auch sei das Abkommen gemäß § 181 BGB. unwirksam, da G. als Vertreter der Klägerin mit sich selbst kontrahiert habe. Demgegenüber erblickt die Klägerin in dem Abkommen vom 3. Dezember 1913 einen Vergleich, der den Streit zwischen G. und F. darüber beseitigt habe, ob mit der Abtretung der Rechte G.'s aus dem Vertrage vom 13. November 1901 auch seine Ansprüche auf Gründergewinn und „Lizenzbeträge" übertragen worden seien.

Das Landgericht erklärte den Klaganspruch dem Grunde nach für berechtigt. Das Oberlandesgericht wies auf die Berufung der Beklagten die Klage ab und versagte der Anschlußberufung der Klägerin den Erfolg (die Klägerin hatte damit beantragt, auch über ihr Verlangen nach Auskunfterteilung zu erkennen, was in I. Instanz versehentlich unterblieben sei). Die Revision der Klägerin wurde zurückgewiesen.

Aus den Gründen:

Die Entscheidung hängt zunächst davon ab, ob das Lizenzabkommen zugunsten G.'s vom 13. November 1901 nichtig ist oder nicht. Der Berufungsrichter nimmt ersteres an mit der Begründung, es handle sich dabei um eine dem G. für seine Mitwirkung bei der Gründung der Beklagten gewährte Gründerprovision; dann verstoße aber das Abkommen insoweit gegen § 30 GmbHG., da die Zahlungen unbedingt hätten geleistet werden sollen, so daß bei etwaigem verlustreichem Geschäftsgang das zur Erhaltung des Stammkapitals erforderliche Vermögen tatsächlich teilweise an den Gesellschafter G. ausgezahlt worden wäre.

Mit Unrecht bekämpft die Klägerin die Auffassung, es sei hier die Gewährung einer Gründerprovision für G. vereinbart. Das Abkommen enthält überhaupt nicht die Feststellung einer Verpflichtung der Beklagten zur Abführung von Lizenzgebühren an G., sondern nur ein hierauf gerichtetes Anerkenntnis der Deutschen Privat-Telephongesellschaft, also der Lizenzgeberin. Diese verfügte auch nicht, wie die Klägerin meint, über einen Teil der an sich ihr zustehenden Lizenzgebühr zugunsten des G. Das Berufungsgericht stellt vielmehr ohne Rechtsirrtum fest, daß sich G.'s Tätigkeit der Beklagten gegenüber auf die Mitwirkung bei der Gründung der verklagten Gesellschaft beschränkt habe und daß keinerlei sonstige Leistungen die Bewilligung einer Lizenzgebühr gerechtfertigt hätten.

Zu beanstanden ist jedoch die Annahme des Berufungsrichters, die Zusage der sog. Lizenzgebühr an G. sei gemäß § 30 GmbHG. nichtig. Daß die Gebühr unter allen Umständen auch in verlustreichen Jahren an G. abgeführt werden sollte, ist in dem Vertrage nicht ausdrücklich ausgesprochen. Es kann also nicht angenommen werden, eine gegen § 30 verstoßende Vereinbarung sei bewußtermaßen getroffen worden. Eine Nichtigkeit der Vereinbarung ist aber auch deshalb nicht anzunehmen, weil zur Zeit des Vertragsabschlusses noch gar nicht übersehen werden konnte, wie sich die Vermögenslage der Gesellschaft zu der Zeit gestaltet haben würde, wo die Zahlung erfolgen sollte. Selbst dann, wenn eine solche Vereinbarung zur Zeit des Bestehens einer Unterbilanz unter der Bedingung einer Besserung der Vermögensverhältnisse getroffen wird, steht ihrer Rechtswirksamkeit nichts entgegen (§ 308 BGB.). Deshalb muß mit Brodmann, GmbHG. § 30 Anm. 1, davon ausgegangen werden, daß das Abkommen als solches nicht nichtig ist, und daß die Beklagte nur den einzelnen Jahresansprüchen gegebenenfalls den Einwand entgegensetzen kann, die G. m. b. H. habe keinen Geschäftsgewinn erzielt. Bei dieser Sachlage erübrigt es sich, auf die in Holdh. Monatsschr. 1913 Bd. 22 S. 248 angeführte Entscheidung des Reichsgerichts vom 11. April 1913 II 572/12 einzugehen, zumal da es sich dort nicht um § 30, sondern um § 33 Abs. 2 GmbHG. handelt.

Die Nichtigkeit des zugunsten des G. im § 7 des Vertrags vom 13. November 1901 getroffenen Abkommens ergibt sich jedoch aus einem anderen Grunde. Der Berufungsrichter irrt mit seiner Annahme, die Beklagte habe in diesem Vertrage den Anspruch des G. anerkannt; in Wahrheit liegt — wie schon erwähnt — nur ein Anerkenntnis der Deutschen Privat-Telephongesellschaft vor, durch das aber G. einen Anspruch gegen die Beklagte nicht erlangen konnte. Nun ist zwar anzunehmen, daß F. bei seinen Verhandlungen mit G. diesem ein dem Abkommen entsprechendes Zugeständnis gemacht hat. Wenn dies im Vertrag vom 13. November 1901 auch keinen genügenden Ausdruck gefunden hat, so würden doch F. und G. als Gründer und einzige Gesellschafter zum Abschluß einer solchen Vereinbarung befugt gewesen sein; um aber die Gesellschaft m. b. H. als solche zu verpflichten, hätte es der Aufnahme der Vereinbarung in den Gesellschaftsvertrag bedurft. Daraus, daß das GmbHG. im Gegensatz zu den Vorschriften des Handelsgesetzbuchs über die Aktiengesellschaften hierüber nichts enthält, läßt sich nicht mit der Klägerin folgern, daß es einer solchen Aufnahme in den Gesellschaftsvertrag zur Verpflichtung der Gesellschaft nicht bedurft habe; denn es widerspricht den das Gesellschaftsrecht beherrschenden Grundsätzen, daß ein einzelner Gesellschafter in dieser seiner Eigenschaft dauernd auf Kosten der Gesellschaft bevorzugt wird, ohne daß der Gesellschaftsvertrag hierüber eine Bestimmung enthält. Daß eine Abrede, durch welche für einzelne Gesellschafter Vorrechte oder für einzelne Geschäftsanteile Vorzugsrechte eingeräumt werden, für die Gesellschaft m. b. H. nur dann wirksam wird, wenn sie im Gesellschaftsvertrag getroffen ist, nehmen auch Brodmann a. a. O. § 5 Anm. 8 a. E. und Staub-Hachenburg GmbHG. 4. Aufl. § 3 Anm. 47, 48, § 5 Anm. 57 bis 60 an.

Wollte man in dem Abkommen vom 13. November 1901 eine Vereinbarung dahin finden, daß die Beklagte zur Zahlung von Lizenzgebühr an G. verpflichtet sei, so würde, wie nach dem Obigen keiner Ausführung bedarf, der § 181 BGB. der Begründung von Ansprüchen des G. gegen die Beklagte entgegenstehen; denn die damals noch nicht ins Leben getretene beklagte Gesellschaft m. b. H. war bei jenen Verhandlungen nur durch G. vertreten. Einer an sich möglichen nachträglichen Genehmigung der Vereinbarung durch die Gesellschaft würde jedoch auch hier das Bedenken im Wege stehen, daß die Verpflichtung keine Aufnahme in den Gesellschaftsvertrag gefunden hat.

Aus der Nichtigkeit der dem G. im Vertrage vom 13. November 1901 gemachten Zusicherung folgt die Nichtigkeit auch der Vereinbarung vom 3. Dezember 1913. Mit Recht wendet der Berufungsrichter auf diese Vereinbarung die Grundsätze des Vergleichs an. Nach § 779 BGB. ist ein Vergleich unwirksam, wenn der von den Parteien als feststehend zugrunde gelegte Sachverhalt der Wirklichkeit nicht entspricht. Das trifft hier zu. Denn G. und die Klägerin auf der einen, wie auch die Beklagte auf der anderen Seite sind davon ausgegangen, daß durch den Vertrag vom 13. November 1901 ein Anspruch des G. gegen die Beklagte entstanden sei; die den Vergleichsabschluß veranlassende Ungewißheit betraf nur die Frage, inwieweit dieser Anspruch durch das Abkommen zwischen G. und F. vom 18./19. Dezember 1911 berührt werde und welche Rechtsfolgen im Falle des Obsiegens des G. in seinem Rechtsstreit wider F. der

Beklagten gegenüber eintreten würden. Der Vergleich ist daher gemäß § 779 BGB. ohne weiteres unwirksam geworden. Wenn die Beklagte der Vereinbarung vom 3. Dezember 1913 nachträglich — am 20. desselben Monats — beigetreten ist, so hat das rechtlich die gleiche Bedeutung, wie wenn sie sie schon am 3. Dezember 1913 mit abgeschlossen hätte...

---

45. 1. Gilt eine Gläubigerliste, die im Termin zur Abstimmung über einen vom Schuldner herrührenden Vergleichsvorschlag zum Gegenstand der Verhandlung gemacht und von dem anwesenden Schuldner nicht beanstandet worden ist, als ein vom Schuldner überreichtes Gläubigerverzeichnis im Sinne des § 60 der Geschäftsaufsichtsverordnung?

2. Bleibt die zulässigerweise eingelegte Revision zulässig, wenn im Laufe des Revisionsverfahrens die Forderung des Revisionsklägers infolge eines im Geschäftsaufsichtsverfahren abgeschlossenen Zwangsvergleichs unter den Betrag der Revisionssumme sinkt? Ist es für die Zulässigkeit der Revision von Bedeutung, wenn der Revisionskläger trotzdem seinen ursprünglichen, die Revisionssumme erreichenden Antrag in der mündlichen Verhandlung verliest?

Geschäftsaufsichts-Verordnung vom 8. Februar/14. Juni 1924 § 60.
ZPO. §§ 4, 546.

III. Zivilsenat. Urt. v. 16. April 1926 i. S. B. (Kl.) w. J. (Bekl.).
III 218/25.

I. Landgericht I Berlin.
II. Kammergericht daselbst.

Der Beklagte und der Kaufmann G. waren die alleinigen Gesellschafter der offenen Handelsgesellschaft Felix J. & G. in B. Im August und September 1923 wurde die Auflösung der Gesellschaft beschlossen, und der Beklagte beauftragte den Kläger, einen Notar, mit der Anfertigung des Entwurfs zu einem Auseinandersetzungsvertrag. Der Kläger fertigte mehrere Entwürfe an, die jedoch nicht die Billigung der Beteiligten fanden. Schließlich wurde der Auseinandersetzungsvertrag unter Zuziehung eines anderen Notars geschlossen. Am 10. November 1923 übersandte der Kläger dem Beklagten eine Gebührenrechnung, die sich unter Zugrundelegung eines Gegenstandswerts von 40000 Dollar auf 2040 Dollar belief. In einem Vorprozeß auf Zahlung eines Teilbetrags von 1000 GM siegte der Kläger ob. Im vorliegenden Rechtsstreit verlangte er, nachdem das Kammergericht seine Notariatsgebührenforderung auf 8328,65 Billionen Papiermark festgesetzt hatte, unter Aufwertung dieses Betrags noch Zahlung von 5046,49 RM zuzüglich 156,15 RM Umsatzsteuer. In beiden Vorrechtszügen abgewiesen, legte er im April 1925 Revision ein. Der Beklagte rügte unter Hinweis auf einen von ihm im Juni 1925 in Gemäßheit der §§ 33 flg. GeschAufsVO. in der Fassung der Verordnungen vom 8. Februar/14. Juni 1924 abgeschlossenen Zwangsvergleich das Fehlen der Revisionssumme und beantragte, das Rechtsmittel als unzulässig zu verwerfen. Diesem Antrag wurde stattgegeben.

Gründe:

Die Geschäftsaufsichtsakten ergeben folgenden Sachverhalt.

Im Februar 1925 wurde vom Amtsgericht B. auf Antrag des Beklagten die Beaufsichtigung seiner Geschäftsführung nach Maßgabe des § 1 GeschAufsVO. angeordnet und der Kaufmann E. als Aufsichtsperson bestellt. In dem vom Beklagten mit dem Einleitungsantrag überreichten Gläubigerverzeichnis fehlt der Name des Klägers. Am 27. Juni 1925 fand ein Termin zur Verhandlung und Abstimmung über einen Vergleichsvorschlag des Beklagten statt. In dem Termin war auch der Beklagte anwesend. Dem Protokoll ist als Anlage eine Gläubigerliste beigefügt, in der zunächst diejenigen 110 Gläubiger aufgezählt sind, deren Forderungen nach Inhalt des Protokolls anerkannt wurden. Dann folgen unter der Überschrift: „Bedingte und bestrittene Forderungen" die Namen von 6 weiteren Gläubigern, darunter der des Klägers. Der Gesamtbetrag seiner Forderung ist auf 6500 RM angegeben mit dem Zusatz: „Klage vom Kammergericht abgewiesen. Stimmrecht abgelehnt".

Der Vorschlag des Beklagten, die Gläubiger in Höhe von 30 % zu befriedigen gegen Verzicht auf den Rest ihrer Forderungen, wurde angenommen und der so zustande gekommene Zwangsvergleich noch am 27. Juni 1925 gerichtlich bestätigt. Er hat nach Ablauf der Beschwerdefrist Rechtskraft erlangt.

Der Kläger hat die Richtigkeit dieser Feststellungen nicht bestritten, wohl aber ihre Rechtserheblichkeit für das Revisionsverfahren, da die Revisionssumme zur Zeit der Einlegung des Rechtsmittels vorhanden gewesen sei und er von dem Geschäftsaufsichtsverfahren und dem Zwangsvergleich erst nach dessen Abschluß Kenntnis erlangt habe. Beides ist jedoch für die Frage der Zulässigkeit der Revision ohne Belang.

Nach § 60 GeschAufsVO. ist „der rechtskräftig bestätigte Vergleich für und gegen alle beteiligten Gläubiger wirksam, auch wenn sie in dem Verfahren Erklärungen nicht abgegeben oder gegen den Vergleich gestimmt haben. Unberührt bleiben nur die Forderungen der Gläubiger, die in den von dem Schuldner vorgelegten Verzeichnissen nicht aufgeführt sind". Als „Beteiligte" im Sinne dieser Bestimmung sind aber alle Gläubiger mit Ausnahme der in den §§ 13, 33 und 73 Abs. 4 a. a. O. genannten Forderungsberechtigten anzusehen (§ 4 a. a. O.). Sie müssen also, vorausgesetzt, daß ihre Namen in einem der vom Schuldner überreichten Gläubigerverzeichnisse enthalten sind, den Zwangsvergleich gegen sich gelten lassen, auch wenn sie das Aufsichtsverfahren nicht gekannt und deshalb an ihm nicht teilgenommen haben. Gegenüber der öffentlichen Bekanntmachung des Anordnungsbeschlusses (§ 22 a. a. O.) ist es rechtlich bedeutungslos, ob er tatsächlich zur Kenntnis aller Gläubiger gelangt.

Auch daß der Beklagte den Kläger in das erste Gläubigerverzeichnis nicht aufgenommen hat, ist unschädlich, da § 20 a. a. O. nur Ordnungsvorschriften enthält und im übrigen dem § 60 Abs. 1 durch die Gläubigerliste vom 27. Juni 1925 Genüge geschehen ist. Wer sie aufgestellt und zu den Akten gebracht hat, ist aus ihnen freilich nicht ersichtlich. Sie bildete aber gemäß § 47 a. a. O. die Grundlage der Verhandlung und Abstimmung. Da sie von dem der Verhandlung beiwohnenden Schuldner nicht beanstandet wurde, muß sie rechtlich als ein im Sinne des § 60 „von dem Schuldner vorgelegtes Gläubigerverzeichnis" angesehen und behandelt werden. Sie führt, wie schon betont, unter den Gläubigern den Kläger und den Betrag seiner Forderung auf, so daß sich die Wirkungen des

Zwangsvergleichs nach § 60 auch auf ihn erstrecken. Mit der Rechtskraft des Vergleichs ermäßigte sich der Honoraranspruch des Klägers von selbst um 70 v. H. Da er ihn im Berufungsverfahren auf noch 5202,64 RM berechnet hat, erlosch seine Forderung in Höhe von 3641,93 RM endgültig und blieb, vorausgesetzt, daß sie überhaupt begründet war, nur noch in Höhe von 1560,71 RM bestehen. In demselben Verhältnis aber, in dem sich die Forderung des Klägers verringerte, verringerte sich naturgemäß auch der Beschwerdegegenstand. Denn der Zwangsvergleich beeinflußt ihn in derselben Weise, in der ihn ein privatrechtlicher Vergleich oder ein außergerichtlicher Erlaßvertrag beeinflußt haben würde. Die Rechtslage ist die gleiche, wie wenn der Kläger nach der Revisionseinlegung auf den 1560,71 RM übersteigenden Teil seiner Forderung aus freien Stücken verzichtet und der Beklagte den Verzicht angenommen hätte. Für die Zulässigkeit der Revision ist aber, soweit sie vom Vorhandensein einer bestimmten Beschwerdesumme abhängt, der Umfang des Beschwerdegegenstandes nicht im Zeitpunkt der Revisionseinlegung, sondern im Zeitpunkt der mündlichen Verhandlung maßgebend. Für die gegenteilige Ansicht kann sich der Kläger dem § 546 ZPO. gegenüber nicht etwa auf § 4 daselbst berufen. Denn dieser gewährt dem Revisionskläger keinen Anspruch darauf, daß die zulässigerweise eingelegte Revision ohne Rücksicht auf etwaige Änderungen des Beschwerdegegenstandes unter allen Umständen bis zum Erlaß des Urteils als zulässig zu gelten habe. § 546 ZPO. und die ihn hinsichtlich der Revisionssumme ergänzenden Vorschriften sollen eine Einschränkung der Revisionen und damit eine Entlastung des Reichsgerichts herbeiführen. Mit dem Willen des Gesetzgebers wäre es daher unvereinbar, die Revision auch dann noch für zulässig zu erachten, wenn derjenige Betrag, dessen Zubilligung oder Nichtzubilligung den Revisionskläger beschwert, im Laufe des Revisionsverfahrens durch Handlungen der Parteien oder von ihrem Willen unabhängige Ereignisse sich derart verringert, daß er zur Zeit der mündlichen Verhandlung die Revisionssumme nicht erreicht (vgl. RGZ. Bd. 74 S. 325, Bd. 76 S. 292, Bd. 107 S. 53; JW. 1911 S. 459 Nr. 35, S. 988 Nr. 26, 1917 S. 482 Nr. 26; Urteil des erkennenden Senats vom 21. November 1922 III 67/22 und Urteil des V. Zivilsenats vom 17. Juni 1925 V 469/24). Ein solches Ergebnis hat aber, wie gezeigt, der Zwangsvergleich vom 27. Juni 1925 zur Folge gehabt. Durch ihn ist die ursprüngliche Klage- und Revisionsforderung nach Einlegung der Revision wider den Willen des Klägers kraft Gesetzes auf 1560,71 RM herabgemindert worden. Die gleiche Minderung hat deshalb auch der Beschwerdegegenstand erfahren, dessen Wert somit unter die vom Gesetzgeber vorgeschriebene Revisionssumme gesunken ist. Die Revision ist daher unzulässig. An dieser Auffassung ändert auch der Umstand nichts, daß der Kläger seinen schriftlich angekündigten Antrag, mit dem er die Verurteilung des Beklagten zur Zahlung von 5202,64 RM verlangte, in der mündlichen Verhandlung in unveränderter Fassung verlesen hat. Denn in einem Falle wie dem vorliegenden sind nicht der Wortlaut des Antrags und sein Verhältnis zu der Formel des Berufungsurteils, sondern der dem Senat von beiden Parteien unterbreitete und als richtig anerkannte neue Tatbestand maßgebend, der die für das Revisionsgericht allein entscheidende sachliche Bedeutung des verlesenen Antrags klarstellt (vgl. JW. 1911 S. 459 Nr. 35 und Urteil des erkennenden Senats vom 6. November 1925 III 651/24). Wäre es anders, so hätte der Revisionskläger es stets in der Hand, durch Stellung eines dem neuen Sachverhalt und der durch ihn geschaffenen Rechtslage nicht mehr entsprechenden Antrags das Reichsgericht zu einer Sachentscheidung zu nötigen, die das Gesetz vermeiden will und die dem öffentlichrechtlichen Zwecke des § 546 ZPO. widerspricht.

---

46. 1. Gehören feuergefährliche Flüssigkeiten, die in Fässern versandt werden, zu denjenigen Gütern, die vermöge ihrer eigentümlichen natürlichen Beschaffenheit der besonderen Gefahr des Verlustes ausgesetzt sind?

2. Aus wessen Person ist der sog. Verarmungsfaktor zu beurteilen, wenn der Spediteur aus dem Frachtvertrag auf Schadensersatz wegen Verlustes von Frachtgut klagt?

3. Von wann ab gerät die Eisenbahn, von welcher Schadensersatz aus dem Frachtvertrag verlangt wird, in Verzug?

HGB. § 459 Abs. 1 Nr. 4.

Eisenbahnverkehrsordnung §§ 86 Abs. 1 Nr. 4, 99 Abs. 4.

BGB. §§ 242, 249, 284.

I. Zivilsenat. Urt. v. 17. April 1926 i. S. Deutsche Reichsbahn-Gesellschaft (Bekl.) w. E. & Co. (Kl.). I 283/25.

I. Landgericht Köln, Kammer für Handelssachen.
II. Oberlandesgericht daselbst.

Am 12. September 1922 gab die Klägerin, eine Speditionsfirma, bei der Eisenbahn einen Bahnwagen mit 15 Faß Jamaika-Rum zur Beförderung auf. Als der Wagen am 14. September 1922 auf dem Güterbahnhof in Köln-Nippes eingetroffen war, liefen beim Verschieben zwei andere Güterwagen mit solcher Wucht auf ihn auf, daß ein Faß leck wurde und Rum aus dem Wagen heraussickerte. Der Wagen ist dann verbrannt und die ganze Sendung durch das Feuer vernichtet worden. Wann das Feuer ausgebrochen und wie es entstanden ist, konnte nicht festgestellt werden.

Die Klägerin forderte von der Eisenbahn Schadensersatz. Die Bahn wandte ein, daß die leichte Brennbarkeit des stark alkoholhaltigen Rums (71 bis 72 Volumen-%), also die natürliche Beschaffenheit des Ladeguts, eine besondere Gefahr des Verlustes begründet habe und vermutlich auch vorliegend dadurch wirksam geworden sei, daß Funkenflug oder etwa durch Reibung der Faßreifen entstandene Funken den ausgelaufenen Rum entzündet hätten.

Das Landgericht verurteilte die Bahn zur Zahlung eines Teilbetrags. Dagegen legte die Beklagte Berufung ein, der sich die Klägerin anschloß. Das Oberlandesgericht sprach der Klägerin auf ihre Anschlußberufung 4600 RM nebst 5% Zinsen seit dem 14. September 1922 zu und wies im übrigen die Anschlußberufung sowie im ganzen Umfang die Berufung der Beklagten zurück.

Die von der Beklagten eingelegte Revision hatte nur in Nebenpunkten Erfolg.

Gründe:

Das Berufungsgericht nimmt zwar an, daß der Rum wegen seines hohen Alkoholgehalts sehr feuergefährlich gewesen, daß aber ein Ausschluß der Haftung der Bahn wegen besonderer, in der natürlichen Beschaffenheit der Ware liegender Verlustgefahr im Sinne von § 86 Abs. 1 Nr. 4 EVO. nicht begründet sei. Es tritt in dieser Beziehung dem Landgericht bei, auf dessen Urteilsgründe es Bezug nimmt. Letzteres hatte ausgeführt: Selbstentzündlichkeit komme nicht in Frage. Nur Selbstentzündlichkeit sei eine der besonderen Gefahren des § 86 Abs. 1 Nr. 4, nicht Feuergefährlichkeit überhaupt. In § 54 EVO. habe die Eisenbahn angegeben, unter welchen Bedingungen sie feuergefährliche Güter annehme; diese Bedingungen seien erfüllt worden.

Hiergegen richtet sich der Hauptangriff der Revision. Es wird von ihr geltend gemacht, daß auch schon die Feuergefährlichkeit des Beförderungsguts unter die besondere Gefahr des § 86 Abs. 1 Nr. 4 EVO. gehöre und es keinen Unterschied ausmachen könne, ob das Gut einzig und allein infolge seiner eigenen Beschaffenheit beschädigt oder vernichtet worden sei oder erst im Zusammenwirken mit den üblichen im Eisenbahnbetrieb liegenden Gefahren (Funkenflug und dgl.).

Letzteres, der Obersatz, trifft zwar an sich zweifellos zu, wie schon der Hinweis des Gesetzes auf die Bruchgefahr deutlich zeigt, eine Gefahr, die regelmäßig nur in Verbindung mit den Erschütterungen des fahrenden Wagens und besonders bei Verschiebestößen Bedeutung bekommt. Aber so liegt der Fall hier nicht. Feuergefährliche Flüssigkeiten, die in ordnungsmäßig verschlossenen und gelagerten Gefäßen von guter Beschaffenheit versandt werden, fallen, soweit die Brennbarkeit dieser Stoffe in Betracht kommt, überhaupt nicht unter die Fälle des § 86 Abs. 1 Nr. 4 EVO. Bei den Gütern im Sinne dieser Vorschrift handelt es sich um solche, die durch ihre Beschaffenheit in besonderem, erhöhtem Maße der Beschädigungs- oder Verlustgefahr ausgesetzt sind. In Betracht kommt also im Gegensatz zu § 84 EVO. nur erhöhte oder außerordentliche Gefahr (RGZ. Bd. 110 S. 43). Bereits in RGZ. Bd. 15 S. 150, 151 hat das Reichsgericht dargelegt, daß feuergefährliche Gegenstände nicht ohne weiteres darunter fallen, soweit nämlich die dem Eisenbahnbetrieb eigentümlichen Entzündungsmöglichkeiten bei Berührung mit Feuer, Funken und dgl. durch geeignete Verpackung ausgeschaltet werden können. Das entspricht auch den Ausführungsbestimmungen zur Eisenbahnverkehrsordnung. Ob freilich überhaupt Rum zu den nach Anlage C zu § 54 EVO. unter III bis VI nur bedingt zur Beförderung zugelassenen „brennbaren Flüssigkeiten" gehört, mag vorliegend dahingestellt bleiben. Unter der hier einschlägigen Gruppe III Nr. 9 werden aufgeführt: „absoluter Alkohol, Weingeist (Spiritus), sowie daraus bereitete Flüssigkeiten (Spirituslack, Sikkative, flüssige Seifen und dgl.)". Zugelassen sind die Flüssigkeiten zur Beförderung bei Innehaltung der Verpackungsvorschriften („starke, dichte, sicher verschlossene Gefäße aus Holz [Fässer], Glas, Ton [Steinzeug und dgl.] oder Metall") und bei Verwendung von Gefäßen aus Glas oder Ton werden noch weitere Bestimmungen gegeben. Die bloße Zulassung zum Güterverkehr würde allerdings für die Frage der Anwendbarkeit von § 86 Abs. 1 Nr. 4 EVO. noch nicht unbedingt entscheidend sein. Aber verladen werden dürfen bezeichnenderweise die vorschriftsmäßig verpackten Flüssigkeiten in bedeckten oder offenen Wagen (vgl. für den Eisenbahngütertarif vom 1. Februar 1922 das alphabetische Verzeichnis der in Anlage C zur Eisenbahnverkehrsordnung aufgeführten Gegenstände, S. 94, 95), offenbar aus dem Grunde, weil nach der den Bestimmungen zugrunde liegenden Auffassung schon geeignete Verpackung selber genügenden Schutz gegen die Berührung mit Feuer bietet und eine erhöhte Gefahr der Beschädigung oder Vernichtung durch Feuer dann nicht mehr besteht. Im Streitfall hat denn auch erst die Beschädigung des einen Fasses durch einen besonders heftigen Verschiebestoß die Möglichkeit einer Berührung der Flüssigkeit mit Feuer geschaffen. Daß aber die Fässer im Wagen nicht ordnungsmäßig festgemacht gewesen seien, ist nicht behauptet worden (vgl. Urt. des Senats vom 23. Mai 1925 I 452/24, abgedruckt in Seuff. Arch. Bd. 79 Nr. 190). Die Eisenbahn muß deshalb nach § 84 EVO. für den Schaden aufkommen, und zwar, weil nach Ansicht der Instanzgerichte ein Verschulden von Leuten der Bahn nicht nachweisbar ist, in den Haftungsgrenzen des § 88 EVO. Bei dieser Rechtslage bedarf es keines Eingehens darauf, ob überhaupt nach den besonderen Umständen des Falles (vgl. RGZ. Bd. 110 S. 43) — Entstehen von Funken durch Reibung der Faßreifen im stillstehenden Wagen oder Funkenflug als Ursache des Feuers im bedeckten Wagen — der Bahn die Vermutung des § 86 Abs. 2 EVO. zur Seite stand.

Die Revision bemängelt weiterhin, daß der Berechnung des Schadens der von der Firma J. C. (der Versenderin) in Pfunden gezahlte Preis zugrunde gelegt worden sei, und sie meint, der gemeine Handelswert des Frachtguts könne bei einem deutschen Frachtvertrag nicht auf einer fremden Geldwährung aufgebaut werden. Ferner wendet sich die Revision gegen die vom Berufungsgericht vorgenommene Aufwertung von 80%, wofür eine nähere, alle Umstände des Falles berücksichtigende Würdigung vermißt wird. Diese Rügen sind jedoch unberechtigt. Denn das Oberlandesgericht ist auf Grund des von ihm erhobenen Beweises zu dem Ergebnis gelangt, daß der von der Firma J. C. für den Rum gezahlte Rechnungsbetrag dem gemeinen Handelswert vom Tage der Annahme des Frachtguts zur Beförderung entsprach. Hiermit gemeint ist der zur Bezahlung der Pfundrechnung damals erforderlich gewesene und deshalb vom Vorderrichter ausgerechnete Papiermarkbetrag (vgl. im übrigen RGZ. Bd. 107 S. 212). Dafür ferner, daß von der sich hiernach ergebenden Papiermarksumme, zuzüglich der von der Klägerin oder ihrer Auftraggeberin verauslagten Kosten (§ 88 Abs. 1 zweiter Halbsatz EVO.), 80% als Aufwertungsbetrag angesetzt worden sind, gibt das Berufungsgericht eine ausreichende, auf Tatsachenwürdigung beruhende Begründung, welche einen Rechtsirrtum nicht erkennen läßt, und zwar auch insoweit nicht, als dabei nur die wirtschaftlichen Verhältnisse der Firma J. C. berücksichtigt worden sind. Denn der Spediteur ist ohne weiteres befugt, den Schaden seines Auftraggebers geltend zu machen (vgl. RGR.-Kommentar Anm. 3 Abs. 2 zu § 249 BGB.), und nur die Geltendmachung dieses Schadens steht hier in Frage.

Nicht unbedenklich — wenngleich von der Revision nicht besonders gerügt — erscheint dagegen der vom Vorderrichter angenommene Anfangstag der Verzinsung. Am 14. September 1922 war der Schaden erst entstanden, konnte also ein Verzug der Bahn noch nicht eingetreten sein. Nach § 99 Abs. 4 EVO. liegt der Eisenbahn, wenn ihr ein Ersatzanspruch angemeldet wird, die Pflicht ob, den Anspruch mit tunlichster Beschleunigung zu prüfen und den Anmelder schriftlich zu bescheiden. Mit diesem Bescheid oder, wenn er von der Bahn schuldhaft verzögert wird, mit dem Ablauf einer angemessenen Prüfungsfrist tritt die Fälligkeit der Ersatzforderung ein, und erst mit einer nach der Fälligkeit ihr zugegangenen Mahnung gerät die Bahn gemäß § 284 BGB. in Verzug (Urteile des RG. vom 3. März 1924 I 280/23 und vom 15. November 1924 I 549/23). Wie sich aus dem übereinstimmenden Vorbringen der Streitteile ergibt, hat die Beklagte ihren ablehnenden Bescheid am

23. Dezember 1922 erteilt. Dafür, daß diese Erteilung schuldhaft verzögert worden sei, liegt nichts vor. Über eine daraufhin ergangene, vor der Klagezustellung liegende Mahnung ist nichts vorgetragen worden. Die Klagezustellung ist danach die den Verzug begründende Mahnung. Zugestellt worden ist die Klage am 1. Februar 1923. Erst von hier ab können somit die Zinsen verlangt werden. Dies ist die eine Maßgabe, mit der die Revision zurückzuweisen war.

Die andere Maßgabe betrifft den Kostenanspruch. ... (Es wird ausgeführt, daß § 13 Abs. 2 GKG. nicht beachtet worden ist.)

---

47. Verstößt die Begründung einer Wechselschuld in ausländischer Währung auch dann gegen § 2 der Valutaspekulationsverordnung vom 8. Mai 1923, wenn nach dem der Wechselverpflichtung zu Grunde liegenden Geschäft ein rechtswirksamer Anspruch auf Zahlung in ausländischer Währung bestand?

Verordnung vom 8. Mai 1923 (Maßnahmen gegen die Valutaspekulation) (RGBl. I S. 275) §§ 2 und 8. WO. Art 37.

I. Zivilsenat. Urt. v. 21. April 1926 i. S. P. (Kl.) w. A. u. O. (Bekl.). I 386/25.

I. Landgericht Kiel, Kammer für Handelssachen.
II. Oberlandesgericht daselbst.

Der Beklagte zu 1 übernahm für Rechnung des Beklagten zu 2 von der Klägerin am 15. März 1924 per ultimo Mai 1924 1000 engl. Pfunde Auszahlung London gegen 114000 franz. Franken Auszahlung Paris. Da der Kurs des Franken stieg, ergab sich für die Beklagten ein Verlust von 61000 Franken. Als die Klägerin Zahlung dieses Betrags verlangte, stellte der Beklagte zu 1 über diese Summe am 1. Juni 1924 einen Wechsel aus, den der Beklagte zu 2 annahm. Der Wechsel wurde mangels Zahlung protestiert. Die von der Klägerin im Wechselprozeß erhobene Klage auf Zahlung der Wechselsumme und Wechselunkosten ist von den Vorinstanzen abgewiesen worden. Die Revision der Klägerin war erfolglos.

Gründe:

Der Berufungsrichter nimmt an, daß die Begründung der Wechselschuld in ausländischer Währung gegen § 2 der ValutaspekulationsVO. vom 8. Mai 1923 verstoße, so daß das Geschäft nach § 8 der Verordnung nichtig sei. Dabei geht er zutreffend davon aus, daß diese Verordnung zur Zeit der Ausstellung und der Fälligkeit des Wechsels noch in Kraft gewesen ist und daß die Begebung des Wechsels bei einem Inlandgeschäft stattgefunden hat, so daß die Entscheidung von der Beantwortung der Frage abhängt, ob hier zwischen den Parteien eine Zahlung mit Zahlungsmitteln in ausländischer Währung ausbedungen worden ist (§ 2 a. a. O.). Es mag sein, daß der ursprünglich vereinbarte Austausch fremder Geldsorten nicht unter diese Bestimmung fiel (RGZ. Bd. 112 S. 13/14). Indessen braucht zu dieser Frage gegenwärtig nicht Stellung genommen zu werden. Denn jedenfalls hat sich die Klägerin bei Begründung der — von dem zugrunde liegenden Geschäft losgelösten — Wechselschuld entgegen dem angeführten Verbot die Zahlung von französischen Franken, also von Zahlungsmitteln in ausländischer Währung, ausbedungen. Daran wird auch durch die Bestimmung im Art. 37 der Wechselordnung nichts geändert, nach der die in einer am Zahlungsorte nicht umlaufenden Münzsorte ausgedrückte Wechselsumme nach ihrem Werte zur Verfallzeit in der Landesmünze gezahlt werden kann. Denn solche Zahlung ist lediglich in das Belieben des Zahlungspflichtigen gestellt; er kann sich von der in ausländischer Währung begründeten Schuld in inländischer Währung befreien. Die Klägerin konnte von den Beklagten also nur Franken fordern. Das durfte sie sich aber nicht ausbedingen. Es trifft nicht zu, was die Revision ausführt: daß bei gültigem Grundgeschäft auch der Wechsel nicht ungültig sein könne. War das Grundgeschäft gültig, so durfte es jedenfalls nicht durch Begründung der Frankenwechselschuld abgewickelt werden.

---

48. Zur Berechnung der Lizenzgebühr für die Lizenz bei einem verlängerten Patent.

Gesetz betr. eine verlängerte Schutzdauer bei Patenten usw. vom 27. April 1920 § 8 Abs. 2.

I. Zivilsenat. Urt. v. 21. April 1926 i. S. K. (Kl.) w. D. (Bekl.). I 339/25.

I. Landgericht I Berlin.
II. Kammergericht daselbst.

Der Klägerin ist durch das Deutsche Reichspatent 212860 ein Verfahren zum Einschmelzen des Glasfüßchens in die Glasbirne bei Herstellung elektrischer Glühlampen mit Wirkung vom 4. September 1908 geschützt. Das Patent ist auf Grund des Patent-Verlängerungs-Gesetzes verlängert worden und läuft demnach am 3. September 1931 ab. Im Jahre 1910 schloß die Klägerin mit den Firmen A. E., S. & H. und der A.-Gesellschaft Lizenzverträge ab. Danach zahlten: A. E. für die ersten 4 Jahre eine jährliche Lizenzgebühr von 2000 *M*, dann eine solche von 1000 *M*, S. & H. für die ersten 5 Jahre 1500 *M* jährlich, dann 1000 *M*, endlich die A.-Gesellschaft für die ersten 5 Jahre jährlich 4000 *M* und von da ab 2000 *M*. Später übernahm die Beklagte die Glühlampenfabrikation der drei Gesellschaften und trat als Lizenznehmerin in deren Verträge ein. Sie verlangte gemäß § 8 PatVerlGes. eine Verlängerung der Lizenz. Über die Höhe der zu gewährenden Entschädigung konnten sich die Parteien nicht einigen. Die Klägerin forderte von der Beklagten eine Stücklizenz von $^1/_2$% vom Nettofakturenbetrag der nach dem Einschmelzverfahren hergestellten Glühlampen, Verstärkerröhren usw., und zwar zunächst für die Zeit vom 5. September 1923 bis 30. September 1924. Zur Begründung brachte sie u. a. vor, ihr Patent habe auf dem Gebiet der Glühlampenfabrikation einen umwälzenden Fortschritt gebracht und müsse als Pionierpatent bezeichnet werden. Vor allem aber habe das Patent inzwischen infolge der Verdrängung der Kohlenfäden durch Metallfäden und im Zusammenhang mit einer Reihe anderer wichtiger technischer Errungenschaften eine überragende Bedeutung erlangt. Für die fabrikmäßige Herstellung aller dieser Neuerungen sei das geschützte Verfahren von ausschlaggebender Wichtigkeit geworden.

Die Beklagte wollte die Lizenzgebühr auf der Grundlage des ursprünglichen Lizenzvertrags bemessen wissen, weil zu einer Erhöhung kein Grund vorliege und es noch fünf andere und ebenso gute Verfahren zum Einschmelzen gebe. Der begehrten Festsetzung der Entschädigung als Stücklizenz widersprach sie als untunlich und unangemessen. Sie werde dadurch, so meinte sie, genötigt, ihren

Abnehmerpreis zu offenbaren und Geschäftsgeheimnisse preiszugeben. Statt des früheren Satzes von etwa 8mal 4000 = 32000 GM für die restlichen 8 Patentjahre fordere die Klägerin jetzt bei Unterstellung einer Jahreserzeugung von 1 Million Glühlampen 2,4 Millionen GM, also das 75fache, was völlig unangemessen sei.

Das Landgericht setzte die verlangte Jahresentschädigung auf 4000 GM, das Kammergericht auf 6000 RM fest.

Die Revision der Klägerin hatte Erfolg.

Gründe:

1. Bei der Festsetzung der Lizenzgebühr geht der Vorderrichter von den Bestimmungen des ursprünglichen Lizenzvertrags aus und legt sich die Frage vor, wie die Parteien diesen Vertrag gestaltet hätten, wenn sie ihn damals schon auf die verlängerte Schutzdauer geschlossen haben würden. Er ist der Meinung, daß dann ganz die gleichen Lizenzgebühren vereinbart worden wären, zumal da diese nach den früheren Verträgen für die spätere Zeit geringer bemessen worden seien. Dem von der Klägerin für wesentlich erachteten Gesichtspunkte, daß sich, wie sie behauptet, dem Patent inzwischen ein weitaus größeres Anwendungsgebiet erschlossen und daß das Patent damit eine Bedeutung erlangt habe, die früher niemand habe voraussehen können, legt das Berufungsgericht keinerlei Bedeutung bei. Denn, so meint es, ein Lizenzvertrag sei für beide Teile immer ein gewagtes Geschäft, dessen Eigentümlichkeit gerade darin bestehe, daß der wirtschaftliche Erfolg sich nicht mit Sicherheit vorausbestimmen lasse. So kommt das Oberlandesgericht dazu, an dem früher festgesetzten Entgelt festzuhalten. Mit Rücksicht auf die verminderte Kaufkraft der Reichsmark gegenüber dem Wert der Mark vor dem Kriege hält es die von ihm festgesetzten 6000 RM der früher vereinbarten Gebühr von 4000 Friedensmark für gleichwertig.

2. In diesem Gedankengang vermag das Revisionsgericht dem Vorderrichter nicht zu folgen. Allerdings beruft sich das Kammergericht für seine Ansicht auf sein früheres Urteil vom 24. September 1924 und dessen Billigung durch das Reichsgericht (Urteil vom 2. Mai 1925 I 453/24). Aber dieser Fall, wie er sich nach dem Reichsgerichtsurteil darstellt, lag anders. Es war damals vom Lizenzgeber nicht behauptet worden, daß das Gebrauchsmuster, um das es sich dort handelte, in der Folgezeit eine weitaus größere

wirtschaftliche Bedeutung erlangt habe. Die Frage, ob ein derartiger Umstand erheblich sei, war also in dem früheren Fall gar nicht zu entscheiden gewesen ... (wird ausgeführt). ...

Dort war also mangels anderer Anhaltspunkte auf die Regelung der Entschädigung des Lizenzgebers im ursprünglichen Vertrage zurückgegriffen worden und darin hatte der Senat keinen Rechtsirrtum erblickt, während im gegebenen Falle die Patentinhaberin ein umfangreiches Material für die Beurteilung der Festsetzungsfrage vorgelegt hatte. Nicht ohne Grund hält auch die Revision dem Vorderrichter entgegen, daß sich kaum zuverlässig werde feststellen lassen was die Folge gewesen wäre, wenn die Vertragsteile von vornherein die verlängerte Schutzdauer ins Auge gefaßt hätten, und ferner daß, wenn man schon die Frage so stellen wollte wie das Berufungsgericht, dann mit dem gleichen Recht auch eine Berücksichtigung der gesamten Lage, wie sie sich zur Zeit der Neubestellung entwickelt habe, geboten sei. In der Tat erhält man kaum eine tragfähige Grundlage, wenn man die Entscheidung auf den vermutlichen und vermeintlichen Willen der Vertragsteile abstellt.

3. In Übereinstimmung mit der im Schrifttum herrschenden Ansicht ist davon auszugehen, daß die „Verlängerung" einer Lizenz für das verlängerte Patent nach § 8 PatVerlGes. eine Neubestellung der Lizenz bedeutet. Die Festsetzung der Gebühr durch Richterspruch ist ein Teil dieser Neubestellung. Unmittelbare Anhaltspunkte für die Höhe der festzusetzenden Gebühr werden in § 8 nicht gegeben. Ebensowenig enthalten die Materialien des Gesetzes darüber etwas. Aber eine bedeutsame Richtlinie gibt das Gesetz in den Eingangsworten des Art. I, wo es heißt:

> „Wenn ein Patent oder Gebrauchsmuster während des Krieges nicht in einer seiner wirtschaftlichen und technischen Bedeutung entsprechenden Weise hat ausgenutzt werden können, kann seine gesetzliche Dauer nach Maßgabe der folgenden Vorschriften verlängert werden."

Oberster Grundsatz ist es hiernach, daß den Inhabern der in Frage kommenden Schutzrechte in Form einer Verlängerung der Schutzfrist Ersatz geboten werden soll für das, was ihnen durch den Krieg entgangen ist. Darin liegt aber im wesentlichen eine Wiederherstellung der Schutzrechte unter den gleichen Bedingungen wie vor dem Erlöschen. Von diesem Standpunkt aus ließe sich wohl sagen, daß, wenn dann auch der frühere Lizenznehmer seine Lizenz in der bisherigen Weise neubestellt erhält, im allgemeinen und regelmäßig der Erfolg erreicht sein wird, den das Gesetz angestrebt hat, und daß es schon besondere Umstände sein müßten, die zu einer anderweiten Regelung der Gegenleistung nötigten.

4. Aber damit sind noch nicht alle einschlägigen Gesichtspunkte erschöpft. Denn zu beachten ist ferner das Gesetz über die patentamtlichen Gebühren vom 9. Juli 1923, durch das die Schutzfrist der Patente auf 18 Jahre erstreckt wurde. Allerdings trifft dieses Gesetz in seinem Artikel V unter Nr. 4 ähnliche Bestimmungen über Ablauf und Neubestellung der bisherigen Lizenzverträge wie das PatVerl-Gesetz. Aber der gesetzgeberische Grund ist hier ein anderer als dort. Die Verlängerung der Schutzdauer von 15 auf 18 Jahre entsprang dem Gedanken, daß die frühere Schutzdauer nicht zu einer vollen Ausnutzung der Patente ausreichte (vgl. J. Seligsohn in „Markenschutz und Wettbewerb" XXII S. 186). Der beim PatVerl-Gesetz maßgebend gewesene Gedanke, den Inhaber des Schutzrechts gegebenenfalls so zu stellen, wie er ohne das Dazwischenkommen der Kriegsjahre gestanden hätte, tritt hier zurück. Es entspricht im Gegenteil gerade dem Gedanken des Gesetzes vom 9. Juli 1923, für die Bemessung der Lizenz die gesamte Sachlage, wie sie sich gegenwärtig darstellt, zu berücksichtigen. Unter diesen Umständen erscheint es aber völlig untunlich, verschiedene Bemessungsgrundsätze für die fünfjährige und für die dreijährige Verlängerung aufzustellen. Die Gegenleistung des Lizenzforderers muß daher unter billiger Berücksichtigung aller Umstände des Falles und der Belange beider Teile festgesetzt werden.

5. Wenngleich hierfür letzten Endes das Ermessen des Tatrichters den Ausschlag gibt, so lassen sich doch, aus der Natur der Sache folgend, von vornherein einzelne Grundzüge festlegen. Zunächst wird die frühere Regelung der Parteien stets beachtlich bleiben. Sie zeigt, wie hoch die damaligen Vertragsteile den Wert der Lizenz geschätzt haben, und diese eigene Schätzung der Parteien wird immer eine gewisse Bedeutung behalten. Freilich ein Umstand, der sonst den Lizenzverträgen eigen ist, scheidet nunmehr aus, mindestens zu einem wesentlichen Teile. Dies ist das solchen Verträgen sonst zumeist

innewohnende Risiko. Die Zwischenzeit hat jetzt gezeigt, ob das Schutzrecht wertvoll ist oder nicht. Und hier ist die Stelle, wo auch der von der Klägerin behaupteten Bedeutung, die das Patent inzwischen gewonnen haben soll, gebührend Rechnung zu tragen ist. Anderseits muß aber auch die Lage des Lizenzforderers sachgemäß berücksichtigt werden. Es liegt auf der Hand, daß er seinen ganzen Betrieb, soweit er auf die Ausnützung der geschützten Erfindung eingestellt war, regelmäßig nur mit schweren Opfern wird umstellen können. Er wird also meist darauf angewiesen sein, die Erfindung auch nach der nicht vorhersehbaren Verlängerung des Schutzrechts weiterzubenutzen. Es kann ferner nicht geleugnet werden, daß seine Stellung nach beiden Gesetzen gegenüber der des Zwischenbenutzers an sich bedeutend ungünstiger ist. Ein Zwischenbenutzungsrecht konnte er nicht erwerben (RGZ. Bd. 107 S. 390). Die Möglichkeit entschädigungsloser Weiterbenutzung war ihm von vornherein verschlossen. Der Ausgleich der sich hiernach ergebenden beiderseitigen Belange wird regelmäßig eine mittlere Linie einzuhalten haben zwischen der ursprünglich vereinbarten Vergütung und derjenigen nach der etwa jetzt bestehenden Bedeutung des Schutzrechts. Diese Erwägungen ergeben zugleich, daß die Grundsätze für die Bemessung von Zwangslizenzen nach § 11 PatGes. auf den vorliegenden Fall nicht ohne weiteres anwendbar sind (RGZ. Bd. 92 S. 331). Inwieweit noch Beweiserhebungen erforderlich sind, bleibt dem pflichtmäßigen Ermessen des Tatrichters vorbehalten. Daß eine gewissermaßen rechnerische, auf genauen Wertermittlungen fußende Festsetzung nicht in Betracht kommen kann, ergibt sich nach dem Gesagten von selbst. Dem pflichtmäßigen Ermessen des Tatrichters muß es auch überlassen bleiben, darüber zu bestimmen, in welcher Form die Gegenleistung festzusetzen ist, ob in einer festen Jahressumme oder in Form einer Stücklizenz.

---

49. 1. Findet § 85 HGB. auf den Handlungsagenten Anwendung, der unter Vorbehalt der Genehmigung des Geschäftsherrn abschließen darf?

2. Über die Voraussetzungen, unter denen das Berufungsgericht im Falle des § 538 Abs. 1 Nr. 3 ZPO. n. F. über den Betrag des Anspruchs entscheiden darf.

I. Zivilsenat. Urt. v. 24. April 1926 i. S. B. (Bekl.) w. Z. (Kl.). I 340/25.

I. Landgericht Düsseldorf.
II. Oberlandesgericht daselbst.

Ende 1919 bestellte der Beklagte den H. in B. zu seinem Einkäufer von Holz gegen Provision. Dieser kaufte durch schriftlichen Vertrag vom 30. März 1920 vom Kläger 10 Wagen Bretter und Dielen zum Preise von 1100 M den Kubikmeter für den Beklagten und teilte den Vertrag dem Beklagten mit, der indessen weder darauf, noch auf mehrere Depeschen und Abrechnungen des Klägers antwortete. Am 15. und 27. Mai 1920 setzte der Kläger darauf dem Beklagten eine Frist zur Zahlung des Kaufpreises bis zum 7. Juni, widrigenfalls er die Annahme der Leistung ablehnen und die Rechte aus § 326 BGB. geltend machen werde. Der Beklagte verweigerte die Annahme und Bezahlung des Holzes. Der Kläger verkaufte es im Juli 1920 anderweit für 450 M je Kubikmeter. Er verlangt mit der Klage Zahlung des Preisunterschieds. Das Landgericht erklärte diesen Anspruch dem Grunde nach für gerechtfertigt und erhob dann über die Höhe Beweis. Der Beklagte legte gegen das landgerichtliche Zwischenurteil Berufung ein unter Wiederholung des Antrags auf Klagabweisung. Der Kläger schloß sich der Berufung an und beantragte, die gegnerische Berufung mit der Maßgabe zurückzuweisen, daß der Beklagte zur Zahlung von 5000 GM nebst Zinsen verurteilt werde. Das Oberlandesgericht hat den Beklagten zur Zahlung von 3437 RM nebst Zinsen verurteilt und im übrigen die Anschlußberufung des Klägers ebenso wie die Berufung des Beklagten zurückgewiesen. Die Revision des Beklagten ist zurückgewiesen worden.

Aus den Gründen:

Nach den vom Oberlandesgericht getroffenen Feststellungen hat H. als Einkäufer des Beklagten mit dem Kläger fest abgeschlossen, obwohl er grundsätzlich nur unter Vorbehalt der Genehmigung des Beklagten verkaufen durfte. Er hat dann dem Beklagten den Wortlaut des über den Abschluß errichteten Vertrags mitgeteilt, der von einem Vorbehalt der Genehmigung nichts enthält, sondern einen festen Kauf klar erkennen läßt. Trotzdem hat der Beklagte dem Kläger nicht erklärt, daß er das Geschäft ablehne, auch nicht, nachdem er am 8. April 1920 die Übernahmenachricht und Rechnung über die ersten 5 Wagen erhalten hatte.

Ein solcher Fall wird durch den vom Oberlandesgericht angewendeten § 85 HGB. nicht unmittelbar getroffen. Denn diese Bestimmung bezieht sich auf den Handlungsagenten, der nur mit der Vermittlung von Geschäften betraut ist, nicht auch auf den, der im Namen des Geschäftsherrn abschließen darf, wenn auch, wie H., bloß unter dem Vorbehalt der Genehmigung des Geschäftsherrn. Es wird zwar im Schrifttum die Ansicht vertreten, im Sinne des § 85 gelte als Vermittlungsagent jeder Agent, der nicht Vollmacht zum festen Abschluß namens des Geschäftsherrn habe (so Staub HGB. § 85 Anm. 1). Aber das ist mit dem Sprachgebrauch des Gesetzes nicht vereinbar. Auch besteht zwischen dem Agenten, der nur zur Geschäftsvermittlung Vollmacht hat, und dem, der auch abschließen darf, aber nur unter Vorbehalt der Genehmigung des Geschäftsherrn, ein rechtlicher Unterschied insofern, als das vom Agenten vermittelte Geschäft mit dem Abschluß durch den Geschäftsherrn ohne Rückwirkung, dagegen das vom Agenten mit Vorbehalt der Genehmigung abgeschlossene Geschäft gemäß § 184 BGB. mit der Genehmigung rückwirkend auf den Zeitpunkt der Vornahme Rechtswirksamkeit erlangt.

Gleichwohl liegt die von der Revision gerügte Verletzung des § 85 HGB. nicht vor. Denn das die Grundlage dieser Vorschrift bildende Bedürfnis nach Schutz des Dritten, mit dem der Agent unter Überschreitung seiner Vollmacht fest abgeschlossen hat, rechtfertigt ihre entsprechende Anwendung auf den festgestellten Sachverhalt.

Die von der Revision ferner berührte Frage, ob im Sinne des § 85 HGB. das Kennenmüssen der Kenntnis gleich steht, wie das Oberlandesgericht annimmt, bedarf keiner Erörterung, weil der Beklagte nach dem Zusammenhang der Entscheidungsgründe von dem Abschluß des Geschäfts tatsächlich Kenntnis erlangt hat. H. hat ihm die die Abreden vollständig und richtig wiedergebende Vertragsurkunde mitgeteilt, und Umstände, welche ihn zu der Annahme hätten führen können, seine Genehmigung sei mündlich vorbehalten worden, waren nicht vorhanden.

Ebenso versagt die Rüge der Verletzung des § 538 Abs. 1 Nr. 3 ZPO. n. F. Hiernach bedarf es, wenn im Falle eines nach Grund und Betrag streitigen Anspruchs durch das angefochtene Urteil über den Grund des Anspruchs vorab entschieden oder die Klage abgewiesen ist, einer Zurückverweisung an das Gericht erster Instanz nicht, sondern kann vom Berufungsgericht zugleich über den Betrag des Anspruchs erkannt werden, wenn der Streit über den Betrag des Anspruchs zur Entscheidung reif ist. Darüber, ob die letztere Voraussetzung gegeben war, hatte das Berufungsgericht nach freiem Ermessen zu befinden, und es ist nicht ersichtlich, daß es dabei von Rechtsirrtum beeinflußt worden wäre. Die Entscheidungsreife des Streits über den Betrag des Anspruchs kann insbesondere dadurch eintreten, daß das Gericht erster Instanz, wie hier, nach Erlaß des Zwischenurteils über den Grund des Anspruchs über dessen Höhe Beweis erhebt und die Beweisverhandlungen dem Berufungsgericht im Wege des Urkundenbeweises vorgetragen werden. Daß letzteres geschehen sei, wird im Tatbestande des angefochtenen Urteils zwar nicht ausdrücklich festgestellt, ergibt sich aber aus der erfolgten Bezugnahme, die im Zweifel dahin zu verstehen ist, daß der Inhalt der in Bezug genommenen Urkunden vorgetragen worden sei (Warn. 1908 Nr. 414). . . .

---

50. 1. Wann hat der Rechtsanwalt die sog. Verkehrsgebühr verdient?

2. Kann der Gebührenanspruch eines Rechtsanwalts durch mißbräuchliche Ausübung des Zurückbehaltungsrechts an seinen Handakten verwirkt werden?

3. Zur Berechnung der Gebühren im Fall einer Änderung der für die Gebühren der Rechtsanwälte maßgebenden Vorschriften.

Gebührenordnung für Rechtsanwälte §§ 29 Nr. 8, 44, 50. Rechtsanwaltsordnung § 32 Abs. 1. Gesetz über die Gebühren der Rechtsanwälte und die Gerichtskosten vom 18. August 1923 Art. III Abs. 4, 5. Dreizehnte Verordnung über die Gebühren der Rechtsanwälte vom 13. Dezember 1923 Art. VII Abs. 2.

III. Zivilsenat. Urt. v. 24. April 1926 i. S. E.=Br. Aktiengesellschaft (Bekl.) w. S. (Kl.). III 208/25.

I. Landgericht Hannover.
II. Oberlandesgericht Celle.

Gegen die Beklagte war im Sommer 1923 ein Rechtsstreit beim Landgericht H. anhängig. In diesem Rechtsstreit hat der Kläger die Beklagte als Prozeßbevollmächtigter des ersten Rechtszugs vertreten. Durch Urteil vom 5. Juli 1923 hatte das Landgericht die Unzuständigkeitseinrede der Beklagten verworfen. Mit Schreiben vom 13. August 1923 beauftragte die Beklagte den Kläger, gegen dieses Urteil die Berufung einzulegen und den Verkehr mit dem Anwalt des zweiten Rechtszugs zu führen. Der Kläger bestellte den Rechtsanwalt W. in C. zum Bevollmächtigten des zweiten Rechtszugs und pflog mit diesem kurz vor dem 3. Oktober 1923 eine mündliche Besprechung, worauf W. mit Schreiben vom 3. Oktober sich dem Kläger gegenüber gutachtlich über die Sache äußerte. Mit Urteil vom 24. Oktober 1923 hat das Landgericht auch in der Hauptsache zuungunsten der Beklagten entschieden. Inzwischen waren unter den Streitteilen Meinungsverschiedenheiten über die Gebühren des Klägers entstanden. Unter dem 24. Oktober schrieb die Beklagte dem Kläger, sie werde sich über die Einlegung der Berufung schlüssig machen; komme es zur Einlegung der Berufung in der Hauptsache, so werde sie den brieflichen Verkehr mit dem Anwalt II. Instanz selbst führen und mit Rücksicht auf die Höhe der Kosten auf die Korrespondenztätigkeit des Klägers verzichten. Am 15. November 1923 beauftragte die Beklagte den Kläger mit der Einlegung der Berufung gegen das Schlußurteil des Landgerichts. Im Lauf des zweiten Rechtszugs, ungefähr im Februar 1924, wurde der Rechtsstreit durch Vergleich erledigt. Den Streitwert hat das Oberlandesgericht in C. zunächst auf 4 Trillionen Mark, später auf Vorstellung der Beklagten mit Beschluß, zugestellt am 15. April 1924, auf 1500000 G$\mathcal{M}$ festgesetzt.

Infolge der erwähnten Meinungsverschiedenheiten hat der Kläger am 1. Dezember 1923 der Beklagten erklärt, daß er von seinem Zurückbehaltungsrecht bezüglich seiner Handakten Gebrauch mache. Wenige Tage später hat er die Klage erhoben. Nachdem zwei andere Streitpunkte sich auf gütlichem Wege erledigt hatten, blieb im Streit die sogenannte Verkehrsgebühr, die der Kläger auf Grund des Schreibens der Beklagten vom 13. August 1923 dafür in Ansatz brachte, daß er im Verfahren betr. die sogenannte erste Berufung (die Berufung gegen das landgerichtliche Zwischenurteil vom 5. Juli 1923) den Verkehr mit dem Prozeßbevollmächtigten II. Instanz vermittelt hatte. Diese Gebühr hat er anfänglich in Papiermark, später auf 39251,45 G*M* Gebühr und 981,30 G*M* Umsatzsteuer, mithin zusammen auf 40232,75 G*M* berechnet. Auf diesen Betrag war schließlich der Klagantrag gerichtet. Das Landgericht hat nur 7325,28 G*M* zugesprochen. Auf die Berufung des Klägers hat das Oberlandesgericht die Beklagte in Höhe des vollen genannten Betrags nebst Zinsen verurteilt. Die Revision der Beklagten führte zur Aufhebung des Berufungsurteils und zur Zurückverweisung der Sache an das Berufungsgericht.

Aus den Gründen:

Nach Erlaß des die Unzuständigkeitseinrede verwerfenden Zwischenurteils vom 5. Juli 1923 hat die Beklagte, wie sie nicht bestreitet, dem Kläger den Auftrag erteilt, für die gegen jenes Zwischenurteil einzulegende Berufung den Verkehr mit dem Prozeßbevollmächtigten II. Instanz zu führen. Danach hat der Kläger die streitige sogenannte Verkehrsgebühr (§ 44 RAGO.) verdient, wenn er eine Tätigkeit entfaltet hat, die geeignet war, die Gebühr für ihn zu begründen. Der Berufungsrichter erachtet das, entgegen dem Bestreiten der Beklagten, für dargetan. Er entnimmt es der Unterredung, die der Kläger unstreitig kurz vor dem 3. Oktober 1923 auf seinem Geschäftszimmer mit dem Prozeßbevollmächtigten II. Instanz, Rechtsanwalt W., in bezug auf die Sache gepflogen hat. Der Berufungsrichter nimmt zunächst an, daß die Verkehrsgebühr nicht nur durch schriftlichen Verkehr verdient werden könne, sondern daß dazu auch mündliche Besprechungen mit dem zum Prozeßbevollmächtigten bestellten Anwalt genügen können. Diese Annahme ist rechtlich nicht zu beanstanden. Die Revision bekämpft denn auch nicht sowohl diese Annahme des Berufungsrichters; sie trägt vielmehr vor, bei jener mündlichen Besprechung habe es sich nicht um eine sachliche Erörterung gehandelt; was der Kläger getan habe, gehe nicht über die in §§ 29 Nr. 8, 44 Abs. 2 RAGO. genannten Verrichtungen hinaus.

Die Rüge ist nicht begründet. (Es wird ausgeführt, daß der

Berufungsrichter die von der Beklagten in Zweifel gezogene Tätigkeit des Klägers für tatsächlich erwiesen erachte und daß rechtliche Bedenken hiergegen nicht zu erheben seien, auch ein weiterer Einwand der Beklagten zurückgewiesen).

Endlich macht die Beklagte geltend, der Kläger habe durch mißbräuchliche Ausübung des Zurückbehaltungsrechts an den Handakten den Gebührenanspruch verwirkt. Diesem Einwand ist der Berufungsrichter nicht gerecht geworden.

Mit Schreiben vom 1. Dezember 1923 hat der Kläger der Beklagten erklärt, er lehne es ab, seine Handakten dem Rechtsanwalt W. als Prozeßbevollmächtigten II. Instanz zu übersenden. Der Kläger gründet diese Maßnahme auf das ihm nach § 32 Abs. 1 RAO. zustehende Recht. Die Beklagte meint, die Geltendmachung dieses Rechts verstoße gegen Treu und Glauben. Zur Frage der Rechtmäßigkeit der Ausübung des Zurückbehaltungsrechts hat der Berufungsrichter nicht Stellung genommen. Er läßt dahingestellt, ob der Kläger zu Recht oder zu Unrecht die Handakten einbehalten habe. Demzufolge ist für den Rechtszug der Revision zugunsten der Beklagten — da Gegenteiliges nicht festgestellt ist — davon auszugehen, daß die Zurückbehaltung unrechtmäßig war. Hat sie aber als unrechtmäßig zu gelten, so hat sie, als vorsätzliches Tun, auch als schuldhaft zu gelten, jedenfalls solange nicht der Kläger besondere Entschuldigungsgründe für sein Verhalten dartut.

Der Berufungsrichter erwägt zunächst, ob etwa in der Ausübung des Zurückbehaltungsrechts eine Kündigung des Verkehrsauftrags durch den Kläger gefunden werden müsse. Der Berufungsrichter verneint das; er meint, es sei, wenn schon ungewöhnlich, doch nicht unzulässig oder rechtlich unmöglich, daß ein Anwalt in der einen Sache zu der Maßregel der Einbehaltung der Handakten schreite und daneben doch gleichzeitig einen andern Auftrag der Partei weiterführe. Dabei verkennt aber der Berufungsrichter, daß es sich hier nicht um zwei selbständige Aufträge in zwei verschiedenen Sachen handelte, sondern um einen und denselben Rechtsstreit, der sich nur infolge des besonderen, zufälligen Laufes der Dinge in zwei getrennte Verfahrensabschnitte gespaltet hatte. Das Endziel der Beklagten war ihr Obsieg in dem ganzen Rechtsstreit; diesem Endziel zu dienen war der Kläger vermöge des Anwaltdienstvertrags gehalten; trug er durch unbefugte Zurückbehaltung der Handakten zur Vereitelung oder Erschwerung dieses Ziels bei, so war das mit den Pflichten eines Verkehrsanwalts auch nur für die erwähnte erste Berufung nicht mehr in Einklang zu bringen. Die Erwägungen des Berufungsrichters sind mithin schon in diesem Punkt von Rechtsirrtum beeinflußt. Dieser Rechtsirrtum nötigt dazu, das Urteil aufzuheben und die Sache an das Berufungsgericht zurückzuverweisen. Bei der erneuten Verhandlung wird der Berufungsrichter in erster Reihe sich darüber auszusprechen haben, ob die Zurückbehaltung der Handakten durch den Kläger schuldhaft unrechtmäßig war oder nicht. Gelangt der Berufungsrichter zu der Annahme eines schuldhaft unrechtmäßigen Verhaltens des Klägers, so wird er in eine erneute Prüfung nach der Richtung einzutreten haben, ob der Kläger mit jener ungerechtfertigten Maßregel den Auftrag gekündigt hat oder doch sich so behandeln lassen muß, als hätte er gekündigt. Dabei wird noch zu erwägen sein, daß der Kläger wenige Tage nach der Ausübung des Zurückbehaltungsrechts auch zur Erhebung der Klage geschritten ist. Wäre das Verhalten des Klägers als Kündigung von seiner Seite zu beurteilen, so wäre der Auftrag schon Anfang Dezember 1923 erloschen. Dem Kläger würden dann an sich die ihm bis dahin erwachsenen Gebühren gemäß § 50 RAGO. verbleiben, jedoch „unbeschadet der aus einem Verschulden sich ergebenden zivilrechtlichen Folgen", wie die Schlußklausel des § 50 ausdrücklich besagt. Es bliebe mithin immer noch die Frage offen, wie es sich mit dem Gebührenanspruch des Klägers verhielte. Nach dem oben Ausgeführten ist dem Kläger ein solcher Anspruch zwar schon durch seine kurz vor dem 3. Oktober 1923 entwickelte Tätigkeit erwachsen; aber es erscheint fraglich, ob sich der Kläger darauf berufen kann, wenn er, wie hier zu unterstellen, vor der sachgemäßen Erledigung seines Auftrags durch mißbräuchliche Ausübung des Zurückbehaltungsrechts vertragsuntreu geworden ist.

Die Beklagte will aus diesem letzteren Umstand ableiten, daß der Kläger den, obzwar entstandenen, Gebührenanspruch „verwirkt" habe. Auch diesem rechtlichen Gesichtspunkt ist der Berufungsrichter nicht gerecht geworden. Er hat erwogen: Daß die Zurückbehaltung der Aktenstücke der sachgemäßen Rechtsverfolgung (der Beklagten) in der Berufungsinstanz Eintrag getan hätte, sei nicht mit überzeugenden Einzelheiten behauptet worden und ohne weiteres nicht einzusehen. Die in diesen Ausführungen vielleicht enthaltene Verletzung des § 287 ZPO. kann zur Zeit nicht gerügt werden. Allein auch abgesehen von einem etwaigen verfahrensrechtlichen Verstoß tritt hier eine sachlich ungenügende Würdigung des Sachverhalts zutage. Der von der Beklagten vertretene Gedanke einer „Verwirkung" ist in § 654 BGB. für den Mäklervertrag gesetzlich anerkannt. Danach verliert der Mäkler seinen Lohnanspruch, wenn er vertragswidrig auch für den anderen Teil tätig gewesen ist. Die Vorschrift regelt einen einzelnen Fall, entspricht aber einem von der Treu- und Sorgfaltspflicht ausgehenden allgemeinen Rechtsgedanken. Demgemäß wird sie auch in anderen Fällen anzuwenden sein, in denen der Mäkler unter vorsätzlicher oder fahrlässiger Verletzung wesentlicher Vertragspflichten den Interessen seines Auftraggebers in wesentlicher Weise zuwiderhandelt. Das gleiche muß auch für andere Rechtsverhältnisse gelten, denen eine besondere Treupflicht des Dienstverpflichteten innewohnt. Dazu gehört in hervorragendem Maße das Verhältnis des Rechtsanwalts zu seinem Auftraggeber. Der Berufungsrichter hatte daher zu prüfen, ob nach den gegebenen Umständen in der Verweigerung der Herausgabe der Handakten eine Vertragswidrigkeit der bezeichneten Art lag, wobei namentlich die Einheitlichkeit des Auftrags trotz Spaltung des Verfahrens zu berücksichtigen war. Daß dem Auftraggeber ein positiver Schaden erwachsen ist, ist hier ebensowenig als Voraussetzung der Verwirkung zu fordern wie im Falle des § 654 BGB. Auch unter diesem Gesichtspunkt werden die Ausführungen des Berufungsurteils dem Vorbringen der Beklagten nicht gerecht, und der Berufungsrichter wird bei der erneuten Verhandlung auch diese Gesichtspunkte zu würdigen haben.

Für den Fall, daß nach den Ergebnissen der abermaligen Verhandlung der Berufungsrichter wieder dazu kommen sollte, den Gebührenanspruch des Klägers als begründet anzunehmen, mag folgendes bemerkt werden.

Auch gegenüber den Ausführungen, die der Berufungsrichter über die Höhe des Gebührenanspruchs gibt, hat die Revision Bedenken erhoben, die nicht ohne weiteres von der Hand zu weisen sind. Zwar nimmt der Berufungsrichter mit Recht an, daß, da die Instanz zufolge Vergleichs im Februar 1924 ihr Ende gefunden hat, für die

Berechnung der Gebühr die sogenannte Goldmarkgebührenverordnung vom 13. Dezember 1923, in Kraft getreten 1. Januar 1924, zeitlich maßgebend ist, daß sie auch auf anhängige Sachen Anwendung findet (Art. VII Abs. 2) und daß für die Gebührenberechnung auf der Grundlage dieser Verordnung die gerichtliche Streitwertfestsetzung vom April 1924 maßgebend ist, wonach der Wert $1^1/_2$ Millionen Goldmark betrug. Bedenkenfrei sind ferner die Darlegungen des Berufungsrichters darüber, daß infolge der Übergangsvorschriften des Art. VII Abs. 4 der genannten Verordnung in Verbindung mit Art. VIII Abs. 4, 5 des Gesetzes vom 18. August 1923 und den Verordnungen vom 13. und 27. September 1923 dem Kläger das Recht zustand, seine Gebühr nach der Verordnung vom 27. September 1923 zu berechnen, wenn die dergestalt berechnete Gebühr, soweit bis dahin verdient, höher war als die Gebühr auf Grund der Goldmarkgebührenverordnung. Daß der Kläger vor dem Inkrafttreten der zuletzt bezeichneten Verordnung schon eine höhere Gebühr, und zwar gerade die jetzt mit der Klage verlangte, verdient hatte, nimmt der Berufungsrichter an; so ist er dazu gelangt, dem Kläger den in der Klage verlangten, verhältnismäßig hohen Betrag zuzusprechen. Dieses vom Berufungsrichter selbst als nicht ganz billig empfundene Ergebnis beruht darauf, daß der Berufungsrichter für die Berechnung der Gebühr nach Maßgabe der früheren Vorschriften doch die Wertfestsetzung vom April 1924 maßgebend sein läßt. Hiergegen wendet sich die Revision; ihre Angriffe verdienen Beachtung.

Schon der VI. Zivilsenat des Reichsgerichts hat in den von der Revision angezogenen Beschlüssen vom 1. und 29. April 1924 in Sachen VII 407/23 ausgesprochen, daß eine nach dem 1. Januar 1924 erfolgte Streitwertfestsetzung nicht den Gebühren zugrunde gelegt werden könne, die vor dem Inkrafttreten der Verordnung vom 13. Dezember 1923 erwachsen und nach den älteren Vorschriften zu berechnen sind. Dem ist beizutreten. Nach den erwähnten Übergangsvorschriften sind, sobald die Instanz einen Wechsel der Gebührengesetzgebung überdauert hat, die Anwaltsgebühren nach der neuen Ordnung zu berechnen; es steht aber beim Anwalt, ob er die Gebühren nach der bisher maßgebenden älteren Ordnung berechnen will, wenn er unter der zeitlichen Herrschaft dieser älteren Ordnung schon ein Mehr an Gebühren verdient hat, als ihm nach der neuen Ordnung zukommt. Demzufolge ist in Fällen dieser Art die Gebührenberechnung sowohl nach der neuen wie nach der alten Ordnung aufzustellen, und es sind die Ergebnisse in Vergleich zu setzen. Ersichtlich erfordert aber hierbei die Folgerichtigkeit, daß auch der Wert des Streitgegenstandes jeweils besonders nach Maßgabe der neuen und der älteren Ordnung in Betracht gezogen wird; es wäre folgewidrig, die Gebühren an sich nach der älteren Ordnung, aber gleichzeitig aus einem Streitwert der neuen Ordnung zu berechnen. Man würde hier Unvergleichbares in Vergleich setzen. Der Berufungsrichter scheint davon auszugehen, daß die durch Art. IV Nr. 1 des Gesetzes vom 18. August 1923 eingefügte Vorschrift des neuen § 9 Abs. 2 GKG. entgegenstehe, wonach, wenn der Streitwert bei Beendigung der Instanz höher ist als im Zeitpunkt der Klagerhebung oder der Einlegung des Rechtsmittels, der höhere Wert für die Gebührenberechnung zugrunde zu legen ist. Daraus würde sich indessen doch nur ableiten lassen, daß für die in Rede stehende Vergleichung, soweit die Gebühren nach der älteren Ordnung zu berechnen sind, auch der Wert für den Zeitpunkt des Aufhörens der Geltung der älteren Ordnung besonders festzustellen ist, und zwar — da es im Hauptprozeß zu einer derartigen Festsetzung regelmäßig nicht kommt — nötigenfalls durch denjenigen Richter, der über den Gebührenanspruch des Anwalts zu befinden hat, vorliegendenfalls mithin durch den Berufungsrichter. Der Revisionsbeklagte hat hierzu bemerkt, eine derartige Berechnung werde nicht zu einem für den Kläger ungünstigeren Ergebnis führen. Das mag auf sich beruhen; jedenfalls wäre nötigenfalls doch zunächst einmal die vom Kläger verlangte Gebühr auf der dargelegten richtigen Grundlage zu berechnen.

---

51. Kann ein gemäß Art. 12 § 2 des preuß. Ausführungsgesetzes zum Bürgerlichen Gesetzbuch bestellter Urkundsbeamter bei einer Beurkundung mitwirken, wenn sein Stellvertreter im öffentlichen Amt bei dem zu beurkundenden Rechtsgeschäft beteiligt ist?

RFGG. § 170 Nr. 1.

V. Zivilsenat. Urt. v. 24. April 1926 i. S. Gemeinde B.-St. (Kl.) w. K. (Bekl.). V 397/25.

I. Landgericht Bielefeld.
II. Oberlandesgericht Hamm.

Laut Vertrag vom 15. April 1924 hat die Klägerin dem Beklagten ein Grundstück der Gemarkung E. verkauft. Den Vertrag hat der Amtmann E. in E. als vom Vorsitzenden des Kreisausschusses in H. gemäß Art. 12 § 2 Preuß. AG. z. BGB. bestellter Urkundsbeamter beurkundet. In der Urkunde sind als erschienen aufgeführt: 1. der Beklagte, 2. als gesetzlicher Vertreter des Amtmanns der Amtsbeigeordnete Str. in E., 3. der Gemeindevorsteher Dr. in B.-St., und zwar die Erschienenen zu 2. und 3. als gesetzliche Vertreter der Gemeinde B.-St.

Die Klägerin fordert Zahlung des Kaufpreises von 5200 G*M* nebst Zinsen. Der Beklagte wendet Ungültigkeit des Vertrags ein: nach § 170 Nr. 1 FGG. habe der Amtmann E. bei der Beurkundung nicht mitwirken können, weil für ihn ein Beteiligter, der Amtsbeigeordnete Str., als Vertreter gehandelt habe.

Das Landgericht hat der Klage stattgegeben, das Oberlandesgericht hat sie abgewiesen. Die Revision der Klägerin führte zur Wiederherstellung des landgerichtlichen Urteils aus folgenden

Gründen:

Die Revision scheitert nicht an der Irrevisibilität der Landgemeindeordnung für die Provinz Westfalen (vom 19. März 1856, GS. S. 265) oder ihrer bindenden Auslegung durch das Berufungsgericht. Denn als verletzt im Sinne des § 549 ZPO. steht in erster Reihe die reichsgesetzliche Vorschrift des § 170 Nr. 1 FGG. in Frage. Soweit es für deren Anwendung darauf ankam, ob der bei der Beurkundung „beteiligte" Amtsbeigeordnete als Vertreter des beurkundenden Amtmanns handelte, war der Begriff der öffentlichrechtlichen Stellvertretung im Amte zu prüfen. Hierbei hat das Berufungsgericht allerdings den § 69 der Landgemeindeordnung für Westfalen herangezogen, wonach für jeden Amtsbezirk ein Amtmann und mindestens ein Stellvertreter (Beigeordneter) für ihn bestellt wird. Aber wenn es nun die öffentlichrechtliche Stellvertretung dahin verstand, daß der Amtsbeigeordnete, wo er in Tätigkeit trete, kraft gesetzlicher Vertretungsmacht für den Amtmann und damit auch als dessen Vertreter im Sinne des § 170 Nr. 1 FGG. handle, so hat es nicht der Landgemeindeordnung für Westfalen einen besonderen Begriff des Amtmannstellvertreters entnommen, vielmehr nur den dem allgemeinen öffentlichen Recht Preußens angehörenden Begriff der Stellvertretung im öffentlichen Amt erforschen und zur Anwendung bringen wollen. Auch durch § 562 ZPO. wird hiernach vorliegendenfalls die freie Nachprüfung des Revisionsgerichts nicht beschränkt.

Mit Recht rügt die Revision, daß das Berufungsgericht den § 170 Nr. 1 FGG. zu Unrecht angewandt habe. Wenn in der Urkunde vom 15. April 1924 der Amtsbeigeordnete bei seiner Aufführung unter den Erschienenen zunächst als gesetzlicher Vertreter des Amtmanns bezeichnet wurde, so sollte damit, wie schon der Gegensatz zu der nachfolgenden Kennzeichnung der Eigenschaft ergab, in welcher er handelnd auftreten würde, nur auf seine öffentlichrechtliche Zuständigkeit als Stellvertreter des behinderten Amtmanns nach § 69 der Landgemeindeordnung hingewiesen, nicht aber ein Vertretungsverhältnis anerkannt werden, wie es der § 170 Nr. 1 FGG. im Auge hat. Denn der (gesetzliche) Stellvertreter des öffentlichen Beamten vertritt nicht im privatrechtlichen Sinne dessen Person, sondern kraft öffentlichen Rechts das Amt; er leitet seine Befugnis zum Handeln nicht von dem Vertretenen, sondern unmittelbar aus dem Amte her und wird tätig aus eigener, ihm durch das versehene Amt unmittelbar erwachsender Befugnis und Pflicht. Der Widerstreit zwischen Amtspflicht des beurkundenden Beamten und persönlichem Vorteil des Machtgebers, dessen Wirksamwerden § 170 Nr. 1 verhüten will, steht daher hier nicht in Frage. Soweit in der Entscheidung des Oberlandesgerichts Dresden vom 1. August 1918 (OLG. Bd. 40 S. 29) eine abweichende Auffassung vertreten wird, kann ihr nicht beigestimmt werden. War vielmehr bei dem streitigen Verkaufe die veräußernde Gemeinde gemäß § 65 der Landgemeindeordnung außer durch ihren Gemeindevorsteher durch den Beigeordneten Str. als Amtmannstellvertreter ordnungsmäßig vertreten, so schied für diesen Fall der Amtmann E. als ihr Vertreter völlig aus. Er war demnach auch an der Beurkundung des Verkaufs rechtlich nicht gehindert.

52. Inwieweit muß für die Frachtberechnung die Bezeichnung des Gutes im Frachtbrief den Ausdrücken des Gütertarifs entsprechen?

Eisenbahnverkehrsordnung § 56 Abs. 1 zu d. Ausführungsbestimmung IV dazu.

I. Zivilsenat. Urt. v. 24. April 1926 i. S. Deutsche Reichsbahn-Gesellschaft (Bekl.) w. B. G. (Kl.). I 331/25.

I. Landgericht Stuttgart.
II. Oberlandesgericht daselbst.

Am 8. Dezember 1923 gab die Firma H. Sch. & Co. auf der Station B. 7 Kesselwagen Mineralöl zur Beförderung an die Firma R. & P. in St. auf. In den dabei übergebenen Frachtbriefen war als Inhalt mit Druckstempel vermerkt „Mineralöl, schweres, welches bei 20 Grad Celsius ein spez. Gewicht von mehr als 0,835 und bei gleicher Temperatur eine Viskosität von höchstens 2,6 hat“ und darunter handschriftlich mit Tinte „nach Spezialtarif E“. Die Station B. berechnete die Fracht nach der allgemeinen Wagenklasse Satz A des Tarifs auf 1138 ℳ je Kessel, im ganzen also auf 7966 ℳ. Diesen Betrag hat die Empfängerin auf Anforderung auch bezahlt. Wäre die Fracht nach Klasse E des Tarifs berechnet worden, so hätte sie 388 ℳ je Wagen, im ganzen also 2716 ℳ betragen. Die Klägerin, welcher die Empfängerin den Anspruch auf Rückerstattung zuviel gezahlter Fracht abgetreten hat, behauptet, daß die Fracht nach Tarifklasse E zu berechnen gewesen wäre, und verlangt Erstattung des gezahlten Mehrbetrags. Die Beklagte entgegnet, daß die Fracht entsprechend der Inhaltsangabe richtig nach Klasse A berechnet worden sei. Das Landgericht wies die Klage ab. Das Oberlandesgericht gab ihr statt. Die Revision der Beklagten wurde zurückgewiesen.

Gründe:

Während das Landgericht den Zusatz in der Inhaltsangabe „Nach Spezialtarif E“ für unwesentlich und daher die Inhaltsangabe zur Anwendung der Tarifklasse E nicht für geeignet hielt, hat das Berufungsgericht festgestellt, daß das versandte Öl tatsächlich durchweg den Anforderungen der Klasse E, insbesondere auch im Flammpunkt, genügte, und hat demgemäß die Klasse E mit folgender Begründung für anwendbar erachtet: Die Inhaltsangabe in den

Frachtbriefen habe allerdings nicht ganz der Vorschrift in Klasse E entsprochen; es sei aber für den berechnenden Beamten aus der Anwendung des alten Stempels erkennbar gewesen, daß die ausdrückliche Angabe des Flammpunkts nicht absichtlich weggelassen worden sei. Der Zusatz „Nach Spezialtarif E" habe nur so aufgefaßt werden können, daß der Absender behaupte, alle Anforderungen jener Tarifstelle seien erfüllt. Wenn der Beamte in dieser Hinsicht Zweifel gehabt habe, so hätte er sich durch Rückfrage Gewißheit verschaffen müssen. Die Revision rügt: Die Erklärung sei unvollständig gewesen. Das Verlangen, die Klasse E anzuwenden, habe den Mangel der diese Anwendung rechtfertigenden tatsächlichen Angaben nicht ersetzen können.

Die Angriffe der Revision sind nicht begründet.

Mit Recht ist das Berufungsgericht ebenso wie das Landgericht davon ausgegangen, daß die Inhaltsangabe im Frachtbrief die Eisenbahn berechtigt, die nach diesen Angaben zutreffende Tarifstelle in Anwendung zu bringen, auch wenn die Angabe den tatsächlichen Verhältnissen nicht entspricht und diese Verhältnisse die Berechnung einer geringeren Fracht rechtfertigen. Das ergibt sich aus § 57 EVO., nach dem der Absender der Eisenbahn für die Richtigkeit und Vollständigkeit der in den Frachtbrief aufgenommenen Angaben haftet und alle Folgen trägt, die aus unrichtigen, ungenauen oder ungenügenden Eintragungen entspringen. Mit Recht haben daher die Vordergerichte das entscheidende Gewicht darauf gelegt, ob die Inhaltsangabe die Anwendung der allgemeinen Wagenklasse A rechtfertigte oder diejenige der Klasse E des Spezialtarifs bedingte. Ist letztere Tarifstelle anzuwenden, so muß die Beklagte nach § 70 EVO. die zuviel gezahlte Fracht zurückzahlen.

Nach EVO. § 56 Abs. 1 zu d hat der Absender in den Frachtbrief die Bezeichnung der Sendung nach ihrem Inhalt einzutragen, und die dazu erlassene Ausführungsbestimmung IV ordnet im besonderen an, daß für die in den allgemeinen Tarifvorschriften und in der Güterklassifikation (Teil I Abteilung B) aufgeführten Güter die dort gebrauchten Benennungen anzuwenden sind. Die letztere Voraussetzung liegt hier vor; denn in Frage kommt die Anwendung der Klasse E der im Spezialtarif für Wagenladegüter aufgeführten Stelle „Öle". An dieser Stelle sind im Spezialtarif aufgeführt:

... (folgen Einzelangaben aus Klasse C und Klasse E, Nr. 1—3 und 5, sodann Klasse E Nr. 4:) Erdöle, Braunkohlenteeröle, soweit sie nicht unter 5 fallen, Schieferkohlenöle, die bei 20 Grad Celsius ein Eigengewicht von mehr als 0,835, bei gleicher Wärme eine Dickflüssigkeit von höchstens 2,6 und einen Flammpunkt von mehr als 50 Grad Celsius haben.

Diese Bezeichnung zu 4 ist diejenige, die in der Inhaltsangabe der Absenderin nach der Behauptung der Klägerin zum Ausdruck gebracht ist. Sie weicht also insoweit von der Inhaltsangabe ab, als dort das Wort „Mineralöl" an Stelle eines der Worte „Erdöle, Braunkohlenteeröle, Schieferkohlenöle" gebraucht ist, als ferner dort die Worte „und einen Flammpunkt von mehr als 50 Grad Celsius haben" fehlen und dafür der Zusatz „Nach dem Spezialtarif E" gemacht ist. Wie der Senat bereits in der in RGZ. Bd. 107 S. 26 abgedruckten Entscheidung ausgeführt hat, ist der Ausführungsbestimmung IV zu § 65 EVO. nicht etwa die Bedeutung beizumessen, daß die Inhaltsangabe mit der in Anspruch genommenen Tarifstelle wörtlich übereinstimmen muß. Es genügt vielmehr der gleiche Inhalt derart, daß der berechnende Beamte bei sorgfältiger Prüfung eine genügende Grundlage für die Anwendung der Tarifstelle hat und bei vernünftiger Auslegung keine begründeten Zweifel bei ihm vorliegen können. Und es ist weiter zu verlangen, daß, falls die ganze Inhaltsangabe auf eine bestimmte Tarifstelle hinweist, dennoch auftauchende Bedenken durch Rückfrage bei dem Absender zu klären sind. (RGZ. Bd. 67 S. 276, 288, 289. An dieser Auffassung ist festzuhalten. Denn wenn es auch natürlich zur Beschleunigung der Abfertigung erwünscht ist, daß möglichst der Wortlaut der Tarifstelle in der Inhaltsangabe angewendet wird, so rechtfertigen Wortlaut und Zweck der Ausführungsbestimmung IV doch keineswegs, daß Abweichungen und Unvollkommenheiten im Ausdruck dem Absender die Begünstigung des billigen Sondertarifs rauben und der Bahn einen Gewinn verschaffen, der ihr nach dem wirklichen Wesen der versendeten Sache nicht zukommt. Es genügt auch den Belangen der Bahn, wenn aus der Inhaltsangabe mit hinreichender Klarheit entnommen werden kann, welche tatsächlichen Angaben der Absender hat machen wollen. Prüft man den vorliegenden Fall von diesen Gesichtspunkten aus, so muß in Übereinstimmung mit dem Vorderrichter die Inhaltsangabe der Frachtbriefe als genügende Grundlage für die Anwendung der Klasse E erachtet werden. Die durch Stempeldruck wiedergegebenen Angaben entsprechen dem Spezialtarif III für Öle in dem vom 1. April 1918 ab gültig gewesenen Gütertarif. Diese Tarifstelle ging, wie ihre Anmerkungen ergeben, davon aus, daß Leucht- und Schmieröle der allgemeinen Wagenklasse zu unterwerfen sind, die anderen minderwertigen Öle aber, die sich von den erstgenannten Ölen teils durch ein höheres Gewicht, teils auch durch eine geringere Dickflüssigkeit (Viskosität) unterscheiden, durch Aufnahme in Spezialtarifstellen zu begünstigen sind. In dem vom 1. Dezember 1920 ab gültigen Tarif und in den späteren Tarifen führte man in den Sondertarifen 5 Klassen — B bis F — ein und nannte an Stelle „Öle" unter B, D und später E verschiedene Öle mit bestimmten Eigenschaften, darunter bei Nr. 2, später 4, die oben bereits angegebenen Öle.

Die Hinzufügung des Flammpunkts zu der im übrigen dem alten Spezialtarif III entsprechenden Bezeichnung verfolgte, wie die Anmerkungen 2 und 20 zu jener Tarifstelle ergeben, den Zweck, rohes Erdöl sowie Mischungen der bezeichneten Öle mit Benzin oder Petroleum, die an sich zwar den Anforderungen an das Eigengewicht und die Dickflüssigkeit entsprachen, aus denen aber später wieder leicht das Benzin und das Petroleum gewonnen werden können, von der Begünstigung des Vorzugstarifs auszuschließen; diese haben stets einen Flammpunkt unter 50 Grad Celsius. Ist hiernach auch die Angabe des Flammpunkts von wesentlicher Bedeutung für die Einreihung des Öls in Klasse E, so ist doch den Ausführungen des Berufungsgerichts zu entnehmen, daß es eine die Angabe ersetzende Erklärung in den Worten „Nach Spezialtarif E" erblickt. Denn nur dahin kann seine Ausführung verstanden werden, der Absender habe damit behaupten wollen, alle Erfordernisse des Spezialtarifs seien erfüllt. Eine solche Auslegung ist auch der Sachlage angemessen. Die gedruckte Inhaltsangabe entsprach, abgesehen von der Bezeichnung „Mineralöl" — was von der Beklagten nicht gerügt und augenscheinlich den Umständen nach als bedeutungslos erachtet worden ist — und abgesehen vom Fehlen der Angabe des Flammpunkts, der Bestimmung der Klasse E Nr. 4. Nur bei ihr werden Angaben dieses Inhalts erfordert, nicht aber an irgendeiner anderen Stelle. Diese Angaben hatten also eine praktische Bedeutung für die besondere Berechnung der Fracht nur dann, wenn die versandte Ware auch in dem nicht mit den Worten der Tarifstelle hervorgehobenen Flammpunkt den Anforderungen dieser Stelle entsprach. Wenn der Absender nun jenen Angaben ausdrücklich die Worte „Nach Spezialtarif E" hinzufügte, so konnten diese nur den Sinn haben, das versandte Öl entspreche auch im Flammpunkt der Klasse E. So mußte auch der berechnende Beamte bei verständiger Überlegung die Angabe auslegen, wenn er auch auf den ersten Blick den Verdacht hegen konnte, das Öl erreiche jenen Flammpunkt nicht. Jedenfalls war die Sachlage so, daß er etwa bestehende Zweifel durch Rückfrage beim Absender beseitigen mußte. § 58 EVO. gibt der Eisenbahn zwar nur das Recht, die Übereinstimmung der Sendung mit den Angaben des Frachtbriefs zu prüfen. Aber auch ohne ausdrückliche Vorschrift ergibt sich aus dem Vertragsverhältnis nach Treu und Glauben für die Bahn die Verpflichtung, bei solcher Sachlage etwa bestehende Zweifel durch eine einfache Rückfrage zu klären, ehe sie durch Anwendung einer sachlich nicht zutreffenden Tarifstelle dem Absender einen sehr erheblichen Nachteil zufügt. Die kurze Verzögerung, die dadurch eintreten kann, ist gegenüber dem großen Nachteil, der im anderen Falle dem Absender entsteht, von geringer Bedeutung. Es wäre also die Fracht nach Klasse E des Sondertarifs zu berechnen gewesen.

---

53. 1. Zur Tragweite des § 36 des preußischen Gesetzes betreffend die öffentlichen Feuerversicherungsanstalten vom 25. Juli 1910.

2. Inwieweit kann bei den von solchen Anstalten geschlossenen Versicherungsverträgen eine Änderung der Bedingungen ohne die Zustimmung der Versicherungsnehmer erfolgen?

Reichsgesetz über die privaten Versicherungsunternehmungen vom 12. Mai 1901 §§ 41, 119.

Reichsgesetz über den Versicherungsvertrag vom 30. Mai 1908 § 192.

VI. Zivilsenat. Urt. v. 27. April 1926 i. S. F. (Kl.) w. Nassauische Brandversicherungsanstalt (Bekl.). VI 14/26.

I. Landgericht Wiesbaden.
II. Oberlandesgericht Frankfurt a. M.

Das Haus D.-Straße 47 in H., welches jetzt dem Kläger gehört, war seit dem Jahre 1880 im Wege freier Vereinbarung bei der Beklagten, einer Körperschaft des öffentlichen Rechts im Sinne des preußischen Gesetzes betreffend die öffentlichen Feuerversicherungsanstalten vom 25. Juli 1910 (GS. S. 241), gegen Feuerschaden versichert. Am 6. Juli 1923 beschloß die Beklagte einen Nachtrag zu ihrer Satzung vom 8. Mai 1912, der am 5. Oktober 1923 mit Wirkung vom 1. Oktober 1923 durch den Landesausschuß in Kraft gesetzt und im Amtsblatt der Regierung zu Wiesbaden gehörig veröffentlicht wurde. Der Nachtrag bezweckte, hinsichtlich der Feststellung der Versicherungssummen und der Entschädigungen der eingetretenen Geldentwertung Rechnung zu tragen, und brachte demgemäß eine Erhöhung der von den Versicherten zu leistenden Beiträge mit sich. Im § 5 des Nachtrags war bestimmt:

Diese Neuregelung ergreift auch den nicht auf Versicherungszwang beruhenden Versicherungsbestand der Anstalt, falls die Versicherungsnehmer nicht binnen 4 Wochen nach Publikation dieses Nachtrags im Wiesbadener Regierungs-Amtsblatt ihre Versicherungen gekündigt und bis zum Inkrafttreten des Nachtrags die Zulässigkeit dieser Kündigung gemäß § 78 der Satzung nachgewiesen haben.

Der Kläger hat es unterlassen, die vorgesehene Kündigung auszusprechen; er behauptet, von dem Nachtrage nicht rechtzeitig erfahren zu haben, und bestreitet, daß dieser für ihn verbindlich geworden sei. Nachdem er von der Beklagten zur Zahlung der seit dem 1. Oktober 1923 fällig gewordenen erhöhten Versicherungsbeiträge aufgefordert und deswegen mit Zwangsbeitreibung bedroht worden war, erhob er die vom 18. September 1924 datierte Klage, mit der er beantragte: festzustellen, daß der sein Haus betreffende Versicherungsvertrag der Parteien seit dem 1. Oktober 1923 nicht mehr bestehe, und daß er nicht mehr verpflichtet sei, Versicherungsbeiträge an die Beklagte zu leisten; hilfsweise: festzustellen, daß der Nachtrag zur Satzung der Beklagten vom 6. Juli 1923 auf das etwa zwischen den Parteien noch bestehende Vertragsverhältnis keine Anwendung finde.

Die Vorinstanzen haben die Klage abgewiesen. Die Revision des Klägers hatte Erfolg.

Gründe:

Mit Recht macht die Revision geltend, daß der Vorderrichter

dem § 36 Satz 1 des preußischen Gesetzes betreffend die öffentlichen Feuerversicherungsanstalten vom 25. Juli 1910 eine zu große Tragweite beigelegt hat. Es handelt sich hier unzweifelhaft um eine reine Übergangsbestimmung, die den Zweck verfolgt, den in Betracht kommenden Anstalten die Möglichkeit zu geben, auch die auf Grund freier Vereinbarung früher von ihnen eingegangenen Versicherungsverhältnisse demjenigen Rechtszustand zu unterwerfen, der sich durch die gemäß § 34 des bezeichneten Gesetzes neu zu fassenden Satzungen und Versicherungsbedingungen ergab. Von dieser Möglichkeit hat die Beklagte nach dem letzten Absatz der „Schluß- und Übergangsbestimmungen" in ihrer die Versicherungsbedingungen mit enthaltenden Satzung vom 8. Mai 1912 Gebrauch gemacht. Da damals keine Kündigung des Versicherungsverhältnisses zwischen den Parteien erfolgte, so war seitdem der Kläger gemäß dem angeführten § 36 Satz 1 an die Satzung gebunden. Diese Bindung bezog sich aber nur auf ihren damals festgestellten Inhalt. Für die Frage, ob der Kläger auch Änderungen dieser Satzung, denen er nicht zugestimmt hat, gegen sich gelten lassen muß, ist dem § 36 nichts zu entnehmen, da er nur Bedeutung hat für die Überleitung in den Rechtszustand, wie er durch das neue Gesetz und die auf ihm beruhenden Satzungen und Versicherungsbedingungen geschaffen worden ist.

Bei der Beantwortung der für den Rechtsstreit entscheidenden Frage ist zunächst zu beachten, daß regelmäßig die Änderung von Bedingungen eines auf freier Vereinbarung beruhenden Vertrags der Zustimmung beider Teile bedarf. Dieser Grundsatz gilt auch für das Versicherungsrecht; er hat in § 41 Abs. 3 des Reichsgesetzes über die privaten Versicherungsunternehmungen vom 12. Mai 1901 Ausdruck gefunden (RGZ. Bd. 112 S. 123/124). Wenngleich § 119 dieses Gesetzes bestimmt, daß ihm die auf Grund landesgesetzlicher Vorschriften errichteten öffentlichen Versicherungsanstalten nicht unterliegen, so behält dennoch jener Rechtsgrundsatz auch für die von diesen Anstalten mittels freier Vereinbarung geschlossenen Versicherungsverträge seine Bedeutung. Danach steht ihnen nicht ohne weiteres die Befugnis zu, ihren Versicherungsnehmern zu erklären, daß eine Neuregelung des Vertragsverhältnisses eintrete, wenn es nicht binnen einer bestimmten Frist von ihnen gekündigt werde.

Freilich kann eine öffentliche Versicherungsanstalt, ohne durch die im Reichsgesetz über den Versicherungsvertrag vom 30. Mai 1908 aufgestellten Schranken der Vertragsfreiheit gebunden zu sein (§ 192 Abs. 2 das.), in ihrer Satzung vorschreiben, daß und gegebenenfalls unter welchen Formen die Versicherungsbedingungen von ihr einseitig ohne Einholung der Zustimmung der Versicherungsnehmer geändert werden dürfen. Ob derartiges in der maßgebenden Satzung der Beklagten vom 8. Mai 1912 bestimmt ist, hat der Berufungsrichter bisher nicht geprüft. Diese Untersuchung ist ihm vorzubehalten, weil sich die Satzung als eine nur im Regierungsbezirk Wiesbaden geltende Norm des öffentlichen Rechts darstellt und somit ihre Beurteilung gemäß § 549 Abs. 1 ZPO. dem Revisionsrichter entzogen ist. Deshalb ist unter Aufhebung des angefochtenen Urteils die Sache zur anderweitigen Verhandlung und Entscheidung an das Berufungsgericht zurückzuverweisen.

---

54. Haftet das Deutsche Reich für Verwaltungsschulden der vormaligen Deutschen Schutzgebiete, die nicht mit der Kriegführung im Zusammenhang stehen?

Versailler Vertrag Art. 22, 119, 120, 257. Reichsgesetz über die Einnahmen und Ausgaben der Schutzgebiete vom 30. März 1892 § 5.

VI. Zivilsenat. Urt. v. 27. April 1926 i. S. St. (Kl.) w. Deutsches Reich (Bekl.). VI 170/25.

I. Landgericht 1 Berlin.
II. Kammergericht daselbst.

Im Jahre 1914 schwebte gegen den Kläger ein Strafverfahren bei dem Kaiserlichen Bezirksgericht in Windhuk (Südwestafrika). Am 16. November 1914 hinterlegte er bei diesem die Summe von 10000 *M* als Sicherheit zur Abwendung der Untersuchungshaft. Er wurde später zu Gefängnisstrafe verurteilt, zu deren Vollstreckung es indessen nicht gekommen ist. Nach der Beendigung des Weltkriegs bemühte sich der Kläger bei verschiedenen Reichsbehörden vergeblich um die Rückerstattung der Sicherheit. Am 26. Mai 1922 erhob er Klage gegen das Deutsche Reich und gegen den Landesfiskus des früheren

Schutzgebiets Deutsch-Südwestafrika. Er verlangte in erster Reihe Verurteilung der Beklagten als Gesamtschuldner zur Zahlung von 500 englischen Pfund Sterling nebst 4 v. H. Zinsen seit dem 1. Juli 1921 oder desjenigen Betrags in deutscher Reichswährung, der am Tage der wirklichen Zahlung erforderlich sein werde, um ihm die Anschaffung dieser Summe zu ermöglichen. Hilfsweise forderte er: a) Zahlung von 10000 ℳ nebst Zinsen in gemünztem deutschen Golde oder desjenigen Betrags in deutscher Reichswährung, der am Tage der Zahlung erforderlich sein werde, um ihm die Anschaffung von 10000 ℳ mit Zinsen in gemünztem deutschen Golde zu ermöglichen, oder b) Zahlung desjenigen Betrags in deutscher Reichswährung, der am Tage der Zahlung erforderlich sein werde, um ihm die Anschaffung eines Betrags von 35 Pfund Sterling 8 Schilling nebst 4 v. H. Zinsen seit dem 1. Juli 1921 in englischer Währung zu ermöglichen. Den letzteren Antrag begründete der Kläger damit, daß die Beklagten spätestens am 1. Juli 1921 in Verzug gekommen seien, und daß er sich an diesem Tage mit 10000 Pℳ die bezeichnete Summe englischen Geldes hätte anschaffen können und auch angeschafft haben würde. Die Beklagten trugen auf Abweisung der Klage an.

Das Landgericht wies die gegen den Landesfiskus von Südwestafrika gerichtete Klage ab, während es den Reichsfiskus nach dem klägerischen Hilfsantrage zu b) verurteilte. Der Reichsfiskus legte Berufung ein mit dem Antrag auf gänzliche Klagabweisung. Der Kläger schloß sich dem Rechtsmittel an und beantragte, nach seinem Hauptantrag oder seinem Hilfsantrag zu a) zu erkennen, soweit sie sich gegen den — nunmehr allein noch am Rechtsstreit beteiligten — Reichsfiskus richten. Das Kammergericht wies die Anschlußberufung zurück und gab dem Antrage der Berufung statt. Die Revision des Klägers hatte keinen Erfolg.

Gründe:

Gegen die Zulässigkeit des ordentlichen Rechtswegs bestehen keine Bedenken (RGZ. Bd. 112 S. 221).

Das Berufungsgericht weist die Klage ab, weil das Deutsche Reich nicht der richtige Beklagte sei. Seine Erwägungen gehen im wesentlichen dahin: Nach Art. 119 in Verbindung mit Art. 22 des Versailler Vertrags und den später von den am Völkerbunde beteiligten Regierungen getroffenen Abmachungen sei das frühere Schutzgebiet Deutsch-Südwestafrika als Ganzes in die volle Staatsgewalt Englands übergegangen. Gemäß § 5 des Reichsgesetzes betreffend die Einnahmen und Ausgaben der Schutzgebiete vom 30. März 1892 (RGBl. S. 369) sei anzunehmen, daß es sich dabei um die Abtretung eines rechtlich selbständigen Gebiets handle, auf welche in finanzieller Beziehung die bei einer Totalsukzession in Frage kommenden Regeln anzuwenden seien. Diese bestimmten sich in erster Reihe nach den von den Parteien getroffenen Vereinbarungen, hilfsweise nach den Rechtsnormen des Völkerrechts über die Staatensukzession. Der Versailler Vertrag verordne in dieser Hinsicht lediglich, daß weder das Schutzgebiet noch England als Mandatarmacht einen Teil des Schuldendienstes des Reichs oder der deutschen Staaten übernehme (Art. 120, 257 Abs. 1). Daraus ergebe sich mittelbar, daß die abgetretenen Gebiete ihren eigenen Schuldendienst behalten hätten, der damit auf die Mandatarmacht übergegangen sei. Wenn aber der Schuldendienst von Deutsch-Südwestafrika übernommen werden sollte, dann müsse dies auch von den Verwaltungsschulden dieses Schutzgebiets gelten, zumal die Pflicht zu deren Übernahme völkerrechtlich allgemein anerkannt sei. Dasselbe sei auch aus Art. 120 VV. zu folgern, wonach der Übergang der Rechte des Schutzgebietsfiskus auf die erwerbende Mandatarmacht ohne weiteres als selbstverständlich unterstellt werde und deshalb auf den entsprechenden Übergang der Pflichten zu schließen sei. Zu den demnach von England übernommenen Verwaltungsschulden gehöre auch die mit der Klage verfolgte Verpflichtung zur Rückgabe einer hinterlegten Sicherheit, bei der es sich um eine rein friedensmäßige Verbindlichkeit handle. Somit entfalle die Haftbarkeit des Deutschen Reichs, und der Kläger sei mit der Geltendmachung seiner Forderung an den Erwerberstaat England zu verweisen.

Die Revision rügt Verletzung der einschlägigen Bestimmungen des Völkerrechts sowie der Art. 22, 119, 120, 257 des Versailler Vertrags. Jedoch ist der Annahme des Kammergerichts, daß das Deutsche Reich für die Klageforderungen nicht haftet, im Ergebnis beizutreten.

Da das staatliche Hinterlegungswesen dem Gebiete der Justizverwaltung angehört, ist die in Frage stehende Verbindlichkeit unbedenklich der Gruppe der Verwaltungsschulden zuzurechnen. Demnach unterfällt sie der schon vom Vorderrichter herangezogenen Vorschrift im § 5 des Reichsgesetzes über die Einnahmen und Ausgaben der Schutzgebiete vom 30. März 1892, wo es heißt:

Für die aus der Verwaltung eines Schutzgebiets entstehenden Verbindlichkeiten haftet nur das Vermögen dieses Gebiets.

Diese Gesetzesstelle läßt schon nach ihrem Wortlaut keinen Zweifel, daß damit die Schutzgebiete finanziell auf eigene Füße gestellt werden sollten und daß für ihre Verwaltungsschulden jede Haftung des Reichs in Zukunft ausgeschlossen sein sollte. Daß der Paragraph in diesem Sinne aufzufassen ist, lehrt auch seine Entstehungsgeschichte. Die amtliche Begründung des unter dem 13. November 1891 dem Reichstag vorgelegten Gesetzentwurfs (Stenographische Berichte des Reichstags, 8. Leg.-Periode, I. Session 1890—92, 4. Anlageband, Nr. 505, S. 2832) bezeichnet die Vorschrift im § 5, die unverändert Gesetz wurde, als eine Konsequenz der staatsrechtlichen und tatsächlichen Verhältnisse, wie sie sich im Laufe der Jahre herausgebildet hätten. Weiter wird dort gesagt:

Um Zweifel auszuschließen, empfiehlt es sich, diese Konsequenz im Zusammenhange mit der geplanten Neuordnung der Finanzgebarung durch Aufnahme der im § 5 des Entwurfs formulierten Vorschrift ausdrücklich anzuerkennen.

Es sollte also das Ergebnis einer rechtlichen und tatsächlichen Entwicklung, die als abgeschlossen betrachtet wurde, vom Gesetzgeber festgelegt werden. Im Reichstage wurde dann bei der zweiten Lesung des Gesetzentwurfs durch einen Antrag des Abgeordneten von Strombeck der Versuch gemacht, den im § 5 niedergelegten Grundsatz abzuschwächen. Der Antrag wollte das Wort „nur" im § 5 durch das Wort „zunächst" ersetzen, also die Mithaftung des Reichs zum Ausdruck bringen; er wurde aber vom Reichstag abgelehnt (Stenographische Berichte des Reichstags, 8. Leg.-Periode, I. Session 1890—92, 7. Band, Sitzung vom 7. März 1892, S. 4629/4630).

Die so geschaffene Rechtslage bestand zu der Zeit, als der Kläger die streitige Sicherheit hinterlegte, und dauerte fort bis zum Inkrafttreten des Versailler Vertrags. Inwiefern sie dadurch eine Änderung erfahren haben sollte, daß Deutschland in diesem (Art. 119) zugunsten der alliierten und assoziierten Hauptmächte auf alle seine

Rechte und Ansprüche bezüglich seiner überseeischen Besitzungen verzichtet hat, ist nicht ersichtlich. Vielmehr haftete auch im Zeitpunkt des Übergangs in fremde Mandatsherrschaft für die Verwaltungsschulden eines Schutzgebiets nur dessen eigenes Vermögen. Mithin bedarf es zur Rechtfertigung der Ansicht, daß eine Verantwortlichkeit des Deutschen Reichs für diese Verbindlichkeiten zu verneinen ist, nicht der Heranziehung der Normen des Völkerrechts über die Staatensukzession.

Der Vertrag von Versailles hätte allerdings dieses Ergebnis ausschließen können. Angesichts der zur Zeit des deutschen Verzichts obwaltenden Rechtslage hätte es indes einer besonderen Festsetzung dahin bedurft, daß Deutschland die bis zum Herrschaftswechsel aus der Verwaltung der Schutzgebiete entstandenen Verbindlichkeiten zur eigenen Vertretung zu übernehmen habe. Eine derartige Festsetzung ist jedoch nicht getroffen worden. Vielmehr beschränkt sich Art. 257 VV., auf welchen Art. 120 verweist, in seinem ersten Absatz, der hier allein von Belang ist, in Ansehung der Schutzgebiete auf den Ausspruch, daß weder diese selbst noch die Mandatarmächte, unter deren Verwaltung sie treten würden, einen Teil des Schuldendienstes des Reichs oder der deutschen Staaten übernehmen. Über die Frage der Haftung für die eigenen Schulden der Schutzgebiete ist damit nichts bestimmt (vgl. auch RGZ. Bd. 108 S. 300). Davon, daß etwa die Sondervorschrift des Art. 257 Abs. 1 VV. in ausdehnendem Sinne auszulegen wäre, kann keine Rede sein.

Es kann zur Zeit unerörtert bleiben, ob die hiernach begründete Meinung, daß das Deutsche Reich für Verwaltungsschulden seiner ehemaligen Schutzgebiete nicht haftet, hinsichtlich solcher Verbindlichkeiten einzuschränken wäre, die mit der Kriegführung im Zusammenhang stehen, wie der III. Zivilsenat in seinem Urteil vom 3. Juni 1924 (RGZ. Bd. 108 S. 298, 300/301) angenommen hat. Denn mit dem Kammergericht ist davon auszugehen, daß der Anspruch des Klägers auf Rückgewähr der in einem Strafverfahren hinterlegten Sicherheit mit der damaligen Kriegführung nicht im Zusammenhang steht, sondern sich als eine rein friedensmäßige Verbindlichkeit des südwestafrikanischen Schutzgebiets darstellt.

Das frühere Urteil des III. Zivilsenats vom 10. Oktober 1922 (RGZ. Bd. 105 S. 260) ist dahin aufzufassen, daß es auch für friedensmäßige Verwaltungsschulden der vormaligen Schutzgebiete die Haftung des Reichs bejahen will. Mithin würde sich der erkennende Senat durch dieses Urteil gehindert gesehen haben, ohne Beschreitung des im § 136 GVG. gewiesenen Wegs von der dort vertretenen Meinung abzuweichen. Indes hat der III. Zivilsenat auf eine Anfrage des erkennenden Senats erklärt, er halte an der Ansicht nicht fest, daß das Deutsche Reich für friedensmäßige Verwaltungsschulden der vormaligen deutschen Schutzgebiete hafte.

Die vom Vorderrichter ausgesprochene Klagabweisung ist sonach zu bestätigen. Hierfür reicht die Begründung der Annahme aus, daß das Deutsche Reich nicht der richtige Beklagte ist. An wen sich der Kläger sonst zu halten hat, kann im vorliegenden Rechtsstreit nicht entschieden werden, und es erübrigt sich deshalb eine Nachprüfung der in dieser Hinsicht vom Kammergericht angestellten Erwägungen. Bemerkt sei nur, daß vorerst von der Annahme auszugehen sein wird, daß das südwestafrikanische Schutzgebiet, wenngleich es der „Vormundschaft" (Mandatsverwaltung) der Union von Südafrika gemäß Art. 22 Abs. 6 VV. unterworfen ist, doch als Träger eigener Rechte und Pflichten fortbesteht und somit selbst Schuldner geblieben ist. Damit würde auch die dem erkennenden Senate von dem Vertreter des Beklagten gemachte Mitteilung im Einklang stehen, daß die Forderungen des südwestafrikanischen Schutzgebiets aus der Zeit vor dem Herrschaftswechsel von der gegenwärtigen Verwaltung des Gebiets eingezogen werden ...

---

55. 1. Kann bei einer Haftpflichtversicherung die Streitfrage, ob der Versicherungsnehmer dem Verletzten haftet und aus welchem Grunde er ihm haftet, unter Umständen auch in einem Rechtsstreit zwischen dem Versicherungsnehmer und dem Versicherer zum Austrag gebracht werden?

2. Zur Auslegung des § 836 BGB.

ZPO. § 256. BGB. §§ 823, 826, 836.

VI. Zivilsenat. Urt. v. 27. April 1926 i. S. Schl. Feuervers.-Ges. (Bekl.) w. Dr. A.-H. (Kl.). VI 3/26.

I. Landgericht III Berlin.
II. Kammergericht daselbst.

Die Klägerin ist „als Eigentümerin des Hausgrundstücks Chr.-Straße Nr. 9 in Ch." bei der Beklagten für die Zeit vom 19. Januar 1924 bis zum 19. Januar 1929 gegen die gesetzliche Haftpflicht versichert. Die Schadensersatzleistungen sind auf den Höchstbetrag von 42000 RM begrenzt. In dem Grundstück betreibt die Klägerin eine Säuglings- und Kinderklinik. Die dort angestellte Krankenschwester G. H. erlitt am 12. September 1924 einen Unfall; sie wurde durch ein herabstürzendes Oberfenster im Gesicht und am Kopf verletzt, als sie einen Flügel des unteren Fensters schließen wollte. Das Oberfenster geht nicht in Scharnieren, es wird in den Rahmen nur hineingestellt; vier Riegel sind bestimmt, es in seiner Lage festzuhalten. Geöffnet wird das Oberfenster nur, wenn es gereinigt oder ausgebessert werden soll. Nach der Meinung der Klägerin ist der Unfall dadurch entstanden, daß die — zunächst fest geschlossenen — Riegel sich im Laufe der Zeit durch irgendwelche Erschütterungen gelockert haben. Sie behauptet, daß sie als Hauseigentümerin der H. schadensersatzpflichtig sei, und beantragt die Feststellung, daß die Beklagte verpflichtet ist, ihr denjenigen Schaden zu ersetzen, den sie der Krankenschwester H. für den am 12. September 1924 erlittenen Unfall und seine Folgen ersetzen muß. Die Beklagte hat bestritten, daß die Klägerin der H. als Hauseigentümerin hafte; in Frage komme nur eine Haftung als Betriebsunternehmerin oder als Inhaberin der Räume. Auf die Folgen einer solchen Haftung erstrecke sich die Versicherung nicht.

Die Klägerin hat angegeben, daß sich die Ersatzansprüche der H. auf 6437 RM belaufen, einschließlich eines Schmerzensgeldes von 3000 RM. Das Landgericht hat die beantragte Feststellung getroffen. Das Kammergericht hat die Berufung der Beklagten zurückgewiesen und noch hinzugefügt, daß ihre Ersatzpflicht durch die Versicherungssumme der Haftpflichtversicherung der Parteien begrenzt wird. Die Revision der Beklagten hatte Erfolg.

Gründe:

Die Revision rügt mit Recht, daß aus dem Berufungsurteil nicht zu ersehen ist, welche Feststellung eigentlich getroffen werden sollte.

Die Klage und auch das landgerichtliche Urteil geben zu Zweifeln in dieser Richtung keinen Anlaß. Die Klage schildert zunächst den eigentlichen Unfall, untersucht dann seine Ursache und findet sie darin, daß die Riegel des Oberfensters sich im Laufe der Zeit durch irgendwelche Erschütterungen gelockert hätten, was von der Klägerin und ihren Angestellten nicht rechtzeitig bemerkt und beseitigt worden sei. Daraus wird der Schluß gezogen, daß die Klägerin als Hauseigentümerin der H. haftbar sei, und auf die Tatsache, daß die Klägerin gerade als Hauseigentümerin bei der Beklagten gegen Haftpflicht versichert sei, wird dann der oben bezeichnete Feststellungsantrag gegründet. Das Landgericht leitet die Haftung der Klägerin als Hausbesitzerin in einer später noch näher zu erörternden Weise aus dem § 836 BGB. her, erachtet es für unerheblich, ob daneben noch andere Haftungsgründe in Frage kommen könnten, und sieht deshalb den Versicherungsfall als gegeben an. Die Berufung der Beklagten bat um sachliche Nachprüfung des landgerichtlichen Urteils, warf vor allem aber die Frage auf, ob denn in einem Rechtsstreit zwischen dem Versicherungsnehmer und dem Versicherer festgestellt werden könne, daß der Versicherungsnehmer dem Verletzten hafte und aus welchem Grunde er hafte. Das Kammergericht hat sich auf den Standpunkt gestellt, daß „die Ermittlung, ob überhaupt ein Schadensersatzanspruch gegen den Versicherungsnehmer besteht, nur in einem zwischen diesem und dem Verletzten geführten Prozeß geklärt werden kann". Wenn das Kammergericht gleichwohl nicht zur Abweisung der Klage gelangt ist, so liegt das daran, daß es die Klage und die Verurteilung in einem andern Sinn verstanden hat als dem oben gekennzeichneten. Welchen Sinn das Kammergericht in der Klage und der Verurteilung gefunden hat, ist aber nicht zum klaren Ausdruck gekommen. Zunächst nimmt es auf Grund einer der Klägerin vorgelegten Frage an, daß die Ersatzpflicht der Beklagten nur für den Fall festgestellt werden solle und festgestellt worden sei, daß die Klägerin ihrerseits der H. ersatzpflichtig sei. Sodann umschreibt das Kammergericht aber die von der Klage begehrte und vom Landgericht getroffene Feststellung dahin: Die Beklagte hat der Klägerin Versicherungsschutz zu gewähren wegen der Ansprüche, welche die H. gegen die Klägerin als Eigentümerin des Hausgrundstücks ..., insbesondere wegen Verletzung der dem Hauseigentümer oder dem Hausbesitzer obliegenden Pflichten, vor allem nach § 836 BGB., aus Anlaß des hier fraglichen Unfalls erheben kann.

Hierzu ist zu bemerken, daß eine nur bedingte Feststellung, wie sie das Kammergericht an erster Stelle als gegeben ansieht, von der Klägerin nicht gefordert und vom Landgericht nicht getroffen worden ist. Darüber kann nach dem Wortlaut der Klageschrift und dem des landgerichtlichen Urteils in Formel und Begründung kein Zweifel obwalten. Mit dem an zweiter Stelle angeführten Sinn des Klagebegehrens und der Verurteilung kommt das Kammergericht ungefähr auf das hinaus, was den wirklichen Inhalt der Klage und des landgerichtlichen Erkenntnisses bildet. Wenn es aber das so verstandene Urteil bestätigen wollte, dann mußte es auch feststellen, daß die Klägerin der H. als Hausbesitzerin haftet. Mit ausdrücklichen Worten ist das nicht geschehen. Das Kammergericht spricht zwar an einer Stelle von der „Schadensersatzpflicht aus § 836 BGB., um die es sich hier handelt", es bleibt aber zweifelhaft, ob das im Sinne einer Feststellung, etwa in Anlehnung an das vom Landgericht zu diesem Punkt Ausgeführte, gesagt sein soll. Das wird um so zweifelhafter, als unmittelbar hinterher die vom Gericht zu entscheidende Frage dahin gefaßt ist, „ob Ansprüche aus § 836 BGB. unter den Versicherungsschutz fallen". Sollte das Kammergericht wirklich nur diese Frage habe entscheiden wollen, so hätte es die Berufung der Beklagten nicht einfach zurückweisen dürfen. Vor allem aber hätte das Kammergericht damit eine Frage entschieden, welche unter den Parteien nie streitig gewesen ist. Daß eine Haftung der Klägerin als Hausbesitzerin, welche sich auf den § 836 BGB. stützt, unter den Versicherungsschutz fällt, hat die Beklagte nie bestritten. Bestritten hat sie immer nur, daß die Klägerin nach § 836 BGB. hafte.

Die Revisionsbeantwortung hat gemeint, daß das Berufungsurteil trotz mancher Unklarheiten im einzelnen schließlich, wenn man auf das Ganze sehe, doch einen einwandfreien Sinn ergebe. Sie sieht als festgestellt an, daß die Klägerin der H., wenn überhaupt, dann nur als Hausbesitzerin hafte. Auch dieser Auffassung kann nicht beigetreten werden. Das vom Kammergericht bestätigte Urteil des Landgerichts hat eine bedingte Feststellung nicht getroffen. Auch rechnet das Kammergericht gerade mit der Möglichkeit, daß die Klägerin der H. noch aus einem anderen Grunde haften könnte, etwa wegen „Pflichtvernachlässigung bei Erfüllung des Dienstvertrags".

Es bleibt also dabei, daß das Berufungsurteil keinen eindeutigen Sinn ergibt. Deshalb muß es aufgehoben werden. Eine Zurückverweisung der Sache an das Berufungsgericht ist nur erforderlich und auch nur möglich, wenn die von der Beklagten bestrittene Zulässigkeit der Klage als gegeben anzuerkennen ist. Das aber trifft zu. Grundsätzlich ist allerdings dem Urteil des erkennenden, damals noch als der VII. bezeichneten Senats vom 22. März 1904 VII 516/03 beizutreten. In diesem Urteil, das in den Veröffentlichungen des Aufsichtsamts für Privatversicherung Bd. 3 S. 180 abgedruckt ist, wird mit Recht ausgesprochen, daß die Streitfrage, ob der Versicherungsnehmer dem Verletzten haftet, in einem Prozeß zwischen diesen beiden Personen zum Austrag zu bringen ist, nicht in einem Prozeß zwischen dem Versicherungsnehmer und dem Versicherer. Allein diese Regel gilt nicht ausnahmslos, ungewöhnliche Fälle können eine Abweichung bedingen. Nach mehreren Richtungen hin ungewöhnlich ist gerade der zu entscheidende Fall.

Es besteht keinerlei Sicherheit dafür, daß die dem Streite der Parteien zugrunde liegende Frage in einem Prozeß entschieden wird, welchen die Schwester H. gegen die Klägerin anstrengen würde. Für die Parteien des gegenwärtigen Rechtsstreits ist nur die Frage von Bedeutung, ob die Klägerin der Verletzten in ihrer Eigenschaft als Hausbesitzerin haftet. Der Verletzten dagegen würde es nur darauf ankommen, die Haftung der Klägerin überhaupt festgestellt zu sehen. Welcher Rechtsgrund der Haftung schließlich durchschlüge, würde für sie minder erheblich sein. Zu ihrer eigenen Sicherheit müßte sie alle denkbaren Rechtsgründe in der Klage berücksichtigen, also z. B. auch den § 618 oder den § 823 Abs. 1 BGB. heranziehen. Das von ihr verlangte Schmerzensgeld kann sie allerdings nur erhalten, wenn der Klägerin eine unerlaubte Handlung zur Last fällt, § 847 BGB. Eine solche könnte aber außer nach § 836 möglichenfalls, je nach Aufklärung des Sachverhalts, auch nach § 823 BGB. festgestellt werden. Unter diesen Umständen ist es verständlich, daß die Klägerin, welche ihre Haftpflicht bejahte, sich nicht von der Verletzten verklagen ließ, und es ist ebenso verständlich, daß die Beklagte, welche zwar die Haftpflicht der Klägerin auf Grund des § 836 BGB. verneinte, mit deren Haftbarkeit aus einem andern rechtlichen Gesichtspunkt aber ausdrücklich rechnete, von der Klägerin nicht verlangt hat, daß sie sich von der Verletzten verklagen lasse. Keine Partei versprach sich eben von einer Klage der Verletzten eine einwandfreie Klärung des zwischen ihnen bestehenden Streites.

Eine zweite Besonderheit des vorliegenden Falls ergibt sich noch daraus, daß die Beklagte den Versicherungsanspruch der Klägerin abgelehnt und sie dabei auf die Gefahr des Verlustes des Anspruchs hingewiesen hat. Nach § 14 Nr. 1 der Allgemeinen Versicherungsbedingungen geht der Anspruch verloren, wenn er nicht binnen 6 Monaten nach einer mit dem Hinweis auf den drohenden Verlust verbundenen Ablehnung im Wege der Klage geltend gemacht wird. Bei dieser Sachlage mußte die Klägerin ihrerseits die Klage gegen die Beklagte erheben und dabei die einzige zwischen den Parteien schwebende Streitfrage zur Entscheidung stellen, nämlich ob die Klägerin der Verletzten als Hausbesitzerin haftet oder nicht. Die Revision hat gemeint, daß die sechsmonatige Ausschlußfrist nicht zu laufen beginnen konnte, bevor nicht die Klägerin auf die Klage der Verletzten verurteilt worden war. Das ist schon an sich und für gewöhnliche Fälle eine bedenkliche Rechtsauffassung, die zu vertreten man der Klägerin nicht wohl zumuten könnte. Ganz unvertretbar wurde sie aber durch die oben hervorgehobene erste Besonderheit des gegenwärtigen Falls. Es stand doch völlig dahin, ob in dem Rechtsstreit der Verletzten gegen die Klägerin die zwischen der Klägerin und der Beklagten schwebende Streitfrage entschieden werden würde oder nicht.

Die Zulässigkeit der erhobenen Klage ist danach nicht zu bemängeln. Gewisse Regelwidrigkeiten werden sich allerdings ergeben, sie müssen aber hingenommen werden. Die Regel bildet es, daß der als haftpflichtig in Anspruch genommene Versicherungsnehmer die Angriffe des Verletzten gemeinsam mit dem Versicherer abwehrt. Im gegenwärtigen Falle wird der Versicherungsnehmer wesentlich den Standpunkt des Verletzten vertreten, der Versicherer in der Abwehr allein stehen. Die Beklagte wird es auch sein, welche gegebenenfalls den in § 836 Abs. 1 Satz 2 BGB. zugelassenen Entlastungsbeweis zu führen und also darzutun haben wird, daß die Hausbesitzerin, d. h. die Klägerin, zum Zwecke der Abwendung der Gefahr die im Verkehr erforderliche Sorgfalt beobachtet hat.

Für den hiernach eintretenden Fall, daß es zu einer weiteren Verhandlung der Sache in der Berufungsinstanz kommt, hat die Revision noch einen auf § 836 BGB. gestützten Angriff erhoben. Sie geht dabei von der — nach dem Inhalt des Berufungsurteils weder mit Sicherheit zu bejahenden noch mit Sicherheit zu verneinenden — Annahme aus, daß das Kammergericht dem Landgericht in der Auslegung des § 836 BGB. beigetreten ist. Auch dieser Angriff der Revision ist begründet. Über die Ursache des Unfalls hat das Landgericht ausgeführt: Entweder sind die Riegel bei dem letzten Einsetzen des Oberfensters nicht gehörig festgemacht worden oder sie hatten sich inzwischen gefährlich gelockert. Beide Fälle stellt das Landgericht gleich, in beiden will es den § 836 BGB. anwenden. Das ist aber nicht richtig. Nach § 836 BGB. haftet der Hausbesitzer für fehlerhafte Errichtung und für mangelhafte Unterhaltung seines Hauses. Es mußten also die vier Riegel, wie sie angebracht waren, an sich geeignet sein, das Oberfenster dauernd in seiner Lage im Fensterrahmen festzuhalten, und es mußten die Riegel stets in dieser Verfassung erhalten bleiben. Ist das Unglück darauf zurückzuführen, daß die an sich brauchbaren und auch brauchbar gebliebenen Riegel mangelhaft gehandhabt, z. B. beim letzten Einsetzen des Oberfensters nicht ordentlich festgemacht worden sind, so trifft den Hausbesitzer als solchen keinerlei Verantwortung. Sind aber die Riegel beim letzten Einsetzen des Fensters richtig festgemacht worden und haben sie sich unter der Einwirkung von Erschütterungen, denen sie regelmäßig, z. B. beim Schließen des unteren Fensters, ausgesetzt sind, allmählich gelockert, so daß schließlich das Oberfenster aus dem Rahmen hinausfallen konnte, dann ist an sich ein Fall des § 836 BGB. gegeben. Die Riegel sind dann in einem mangelhaften Zustand gewesen. Entweder war ihre Einrichtung überhaupt verfehlt oder die zunächst gute Einrichtung hat im Laufe der Zeit Mängel erhalten.

Die Anführungen der Klägerin zu diesem Punkt sind vielleicht nicht ganz eindeutig, sie können aber dahin verstanden werden, daß zur Zeit des Unfalls die Riegel auch bei ordnungsmäßiger Handhabung nicht in der Lage waren, das Oberfenster dauernd in seinem Rahmen festzuhalten, daß sie vielmehr unter dem Einfluß auch von nicht außergewöhnlichen Erschütterungen allmählich nachgaben.

Der Unterschied zwischen dem für die stete Brauchbarkeit der Einrichtung verantwortlichen Hausbesitzer und ihrem für die sachgemäße Handhabung verantwortlichen Benutzer muß im Sinne des § 836 BGB. und des Versicherungsvertrags der Parteien auch dann gemacht werden, wenn, wie vorliegend, der Hausbesitzer gleichzeitig der Benutzer ist. Die Klägerin hat sich bei der Beklagten ausdrücklich nur in ihrer Eigenschaft als Hausbesitzerin gegen Haftpflicht versichert. Die Allgemeinen Versicherungsbedingungen sahen noch andere Eigenschaften vor, in denen die Klägerin sich vielleicht hätte versichern können, z. B. als Inhaberin eines gewerblichen Betriebs oder als Haushaltungsvorstand. Von diesen Möglichkeiten hat die Klägerin keinen Gebrauch gemacht. Die Versicherung erstreckt sich deshalb nur auf eine Haftung, welche die Klägerin gerade in ihrer Eigenschaft als Hausbesitzerin trifft. Unerheblich wird es allerdings sein, ob daneben noch andere Haftungsgründe zutreffen. Die Klägerin hat schon dann Anspruch auf Versicherungsschutz, wenn sie auch als Hausbesitzerin haftet.

---

56. 1. Ist die dem Eigentümer des an einen Bürgersteig angrenzenden Grundstücks kraft öffentlichen Rechts obliegende Pflicht, bei winterlicher Glätte zu streuen, eine Verbindlichkeit im Sinne des § 278 BGB.?

2. Zur Haftung des Grundstückseigentümers aus § 823 BGB. wegen Vernachlässigung der Aufsicht.

IV. Zivilsenat. Urt. v. 29. April 1926 i. S. Firma B. (Bekl.) w. W. (Kl.). IV 693/25.

I. Landgericht Crefeld.
II. Oberlandesgericht Düsseldorf.

Der Kläger ist am Nachmittag des 26. Februar 1924 in C. vor dem Geschäftshaus der ein Druckerei- und Zeitungsunternehmen betreibenden Beklagten, in dem er eine Zeitungsanzeige aufgegeben hatte, gefallen. Er hat dabei eine Verletzung erlitten. Mit der Behauptung, daß er auf dem Bürgersteig gefallen sei und daß die

Beklagte diesen trotz Schnee- und Eisglätte nicht mit Asche oder einem anderen abstumpfenden Stoff bestreut gehabt habe, verlangt er von der Beklagten Schadensersatz. Das Berufungsgericht hat den Klaganspruch für den Fall der Leistung eines dem Kläger auferlegten Eides dem Grunde nach zuerkannt.

Die Revision der Beklagten hatte keinen Erfolg.

Gründe:

Das Berufungsgericht geht zugunsten der Beklagten davon aus, daß der Kläger, auch wenn er nach dem Verlassen des von ihm als Kunden aufgesuchten Geschäftshauses der Beklagten auf dem Bürgersteig vor diesem Haus, einem Teil der öffentlichen Straße, verunglückt ist, keinen vertragsmäßigen Anspruch gegen die Beklagte hat. Es bejaht die Haftung der Beklagten aus unerlaubter Handlung auf Grund des § 823 BGB. Dabei stellt es fest, daß durch eine Observanz und die Straßenpolizeiverordnung der Stadt C. vom 14. September 1892 die Pflicht zum Bestreuen des Bürgersteigs dem Eigentümer des angrenzenden Grundstücks auferlegt sei. Die Gültigkeit einer solchen auf Observanz beruhenden Polizeiverordnung ist nach den §§ 3, 5, 9 des preußischen Gesetzes über die Reinigung öffentlicher Wege vom 1. Juli 1912 (GS. S. 187) von dem Inkrafttreten dieses Gesetzes unberührt geblieben (RGZ. Bd. 87 S. 59; Warn. 1918 Nr. 106). Die Polizeiverordnung ist ein Schutzgesetz im Sinne des § 823 Abs. 2 BGB.

Den dem Kläger obliegenden Beweis, daß er auf dem Bürgersteig vor dem Haus der Beklagten gefallen und daß dort zu dieser Zeit trotz der bestehenden Schnee- und Eisglätte nicht oder doch nicht in ausreichender Weise gestreut gewesen sei, sieht das Berufungsgericht durch die bisher erhobenen Beweise noch nicht als voll erbracht, aber für den im folgenden allein zu berücksichtigenden Fall als geführt an, daß der Kläger den ihm anvertrauten Erfüllungseid leistet. Der ursächliche Zusammenhang zwischen der Unterlassung und dem Unfall liegt dann nach der weiteren Beweisannahme des Tatrichters klar zutage.

Die in ihrem äußeren Tatbestand gegebene Verletzung des öffentlichrechtlichen Schutzgesetzes über die Streupflicht rechtfertigt zunächst (für die erste Betrachtung) auch die Folgerung des Berufungsgerichts, daß die Unterlassung gehörigen Streuens auf einem Verschulden der Beklagten als der Trägerin der Streupflicht beruhe. Es ist Sache der Beklagten, den Widerlegungsbeweis zu führen, daß sie dasjenige getan habe, was geeignet gewesen sei, die Ausführung des Schutzgesetzes zu sichern, oder welche besonderen Umstände sie von dem Vorwurf eines für den Unfall ursächlichen Verschuldens entlasten. Diese von der Revision angegriffene beweisrechtliche Auffassung des Berufungsgerichts entspricht der festen Rechtsprechung des Reichsgerichts (Warn. 1911 Nr. 474, 1912 Nr. 21; RGZ. Bd. 91 S. 76).

Den von der Beklagten angetretenen Entlastungsbeweis erachtet das Berufungsgericht nicht für gelungen. Es erkennt zwar an, daß der von der Beklagten ein für allemal zum Aschestreuen bestellte Hilfsarbeiter B. eine an sich für die Verrichtung geeignete Person war, die einer besonderen Leitung bei dieser Verrichtung nicht bedurfte (weshalb die Anwendbarkeit des § 831 BGB. gegen die Beklagte verneint wird); es vermißt aber den Nachweis für die Führung der dem Geschäftsherrn obliegenden allgemeinen Aufsichtspflicht. Gerade am Tage des Unfalls hätten die Witterungsverhältnisse, so wird festgestellt, eine sorgfältige Kontrolle der Ermöglichung sicheren Gehens auf dem Bürgersteig dieses „wohl verkehrsreichsten Punktes der Stadt" erforderlich gemacht. Denn, nachdem es am 25. Februar 1924 bei Schneedecke getaut habe, sei in der Nacht zum 26. Frost eingetreten, der den ganzen Tag, und zwar vormittags unter Schneegestöber, angedauert habe. Der Prokurist R., ein Neffe der Inhaberin der beklagten Firma, dem von seiner Tante die Leitung des Geschäfts und die Verwaltung des Hauses überlassen worden sei, habe aber das Aschestreuen überhaupt nicht kontrolliert, sich vielmehr darauf verlassen, daß B. sich in der Zeit seiner Beschäftigung bei der Beklagten (seit 1918 oder 1919) im allgemeinen als zuverlässig und gewissenhaft erwiesen habe und daß ihm nicht bekannt geworden sei, daß B. jemals im Bedarfsfalle nicht gestreut habe. Der unmittelbare Vorgesetzte des B., der Faktor D., der ganz allgemein die Aufgabe gehabt habe, das ihm unterstellte Personal zu überwachen, wolle sich zwar immer davon überzeugt haben, daß B. ordentlich gestreut habe. Er erinnere sich aber der Vorgänge am Unfalltage nicht mehr. Danach sei der Beweis irgendeiner Kontrolle am Unfalltage nicht geführt.

Das den Prokuristen R. treffende Verschulden mangelnder Beaufsichtigung rechnet das Berufungsgericht der Inhaberin der beklagten Firma wie ein eigenes Verschulden an, indem es ausführt: Wenn die Geschäftsinhaberin zur Erfüllung der ihr als Hauseigentümerin obliegenden Pflichten allgemein einen Stellvertreter gewählt habe, der nach seinem Ermessen Geschäfte für sie führen sollte, so müsse sie auch dessen Verschulden ohne Rücksicht darauf vertreten, ob ihr in der Auswahl seiner Person ein Verschulden zur Last falle. Sie hafte, weil sie eine gesetzliche Verpflichtung, die zum Streuen bei Glätte, durch andere erfüllen lasse, gemäß § 278 BGB. auch für fremdes Verschulden. Gegen diese Ausführung wendet sich die Revision. Ihr ist zuzugeben, daß der § 278 BGB. zu Unrecht herangezogen ist. Zwar ist die Anwendung dieser Vorschrift auf gesetzliche Verpflichtungen, auch solche, welche auf öffentlichem Recht beruhen, nicht ausgeschlossen. Voraussetzung für die Anwendung ist aber ein bestimmtes vertragsähnliches Verhältnis (RGZ. Bd. 65 S. 117; Warn. 1915 Nr. 76) oder doch eine Verpflichtung gegenüber bestimmten Personen (RGZ. Bd. 102 S. 8). Die der Allgemeinheit gegenüber bestehende Verpflichtung, z. B. einer Gemeinde oder eines Eisenbahnunternehmers, für die Sicherheit des Verkehrs zu sorgen, kann dagegen nicht als eine Schuldverbindlichkeit angesehen werden, auf deren Erfüllung § 278 Anwendung fände (RGZ. Bd. 99 S. 264; JW. 1912 S. 849 Nr. 1, 1923 S. 1026 Nr. 5), ebensowenig die in ähnlicher Weise der Allgemeinheit gegenüber bestehende Sorgfaltspflicht des Gebäudebesitzers aus § 836 BGB. (Warn. 1915 Nr. 283). Um eine solche, aus Gründen der Verkehrssicherheit dem Eigentümer des an einen Bürgersteig angrenzenden Grundstücks auferlegte Pflicht gegenüber der Allgemeinheit handelt es sich auch bei der in Rede stehenden Streupflicht. In allen diesen Fällen ergibt erst die unter Versäumung der Rechtspflicht begangene unerlaubte Handlung die Grundlage für eine Verpflichtung gegenüber einer bestimmten Person und damit für eine Verbindlichkeit im Sinne des § 278.

Trotzdem hiernach die Anwendung des § 278 abzulehnen ist, ist es doch zu billigen, was das Berufungsgericht in diesem Zusammenhang ausspricht, die Beklagte könne nicht durch die Bestellung eines geeigneten Vertreters, den sie selbst nicht kontrolliere, sondern nach seinem Ermessen schalten und walten lasse, die sie nach den

Gesetz treffende Haftung für unterlassenes Streuen von sich abwälzen. Daß dem in der Tat so ist, folgt aus der allgemeinen Pflicht zur Aufsicht, die dem für die Erfüllung von Verkehrspflichten Verantwortlichen, so dem Vorsteher eines Hauswesens oder dem Inhaber eines gewerblichen Unternehmens, obliegt, wenn er die Erfüllung der Verkehrspflichten und gegebenenfalls die zur Sicherung der Erfüllung erforderlichen Schutzmaßnahmen Dritten überläßt. Dieser allgemeinen Aufsichtspflicht kann sich der Geschäftsherr nicht dadurch völlig entschlagen, daß er sie auf einen, wenn auch sorgfältig ausgewählten Angestellten oder Betriebsleiter überträgt. Tut er dies, wie es die Inhaberin der beklagten Firma nach der Annahme des Berufungsgerichts getan hat, so trifft ihn der Vorwurf eines eigenen Verschuldens im Sinne des § 823 mit § 276 BGB. (Warn. 1912 Nr. 164; RGZ. Bd. 87 S. 4, Bd. 95 Nr. 60 S. 185). Die Ursächlichkeit des so gearteten Verschuldens der Firmeninhaberin für den eingetretenen schädlichen Erfolg würde freilich zu verneinen sein, wenn der von ihr zur Leitung des Geschäfts und Verwaltung des Geschäftshauses bestellte Prokurist R. trotz Fehlens einer Oberaufsicht die Erfüllung der Streupflicht in gehöriger Weise beaufsichtigt hätte. R., der nach einer an sich zutreffenden, aber der Wichtigkeit der Erfüllung von Verkehrspflichten nicht gerecht werdenden Redewendung in der Revisionsbegründung als der „Geschäftsführer einer Zeitung mehr zu tun hat, als nur die Überwachung der Streupflicht zu erledigen", hat indessen eine eigene Aufsichtstätigkeit hinsichtlich der Erfüllung dieser Verkehrspflicht überhaupt nicht ausgeübt, sich vielmehr nach der seinem eigenen Zeugnis entsprechenden Feststellung des Berufungsgerichts dabei beruhigt, daß der Faktor D. „ganz allgemein" die Aufgabe hatte, das ihm unterstellte Personal und damit auch den ein für allemal zum Streuen bei Glatteis und Schneeglätte angewiesenen Hilfsarbeiter B. zu überwachen, und daß bis dahin an ihn (R.) Klagen über die Unterlassung erforderlichen Streuens nicht gekommen waren. Die Aufsichtstätigkeit eines höheren Vorgesetzten hat aber nicht erst einzusetzen, wenn sich ein Anlaß zu Zweifeln an der Zuverlässigkeit der niederen Angestellten ergibt. Auch dem Fehlen der Beaufsichtigung durch R. könnte die Ursächlichkeit für den Vorfall abgesprochen werden, wenn D. auch ohnedies das Streuen durch B. in zweckentsprechender Weise überwacht hätte. Daß dies an dem eine besonders sorgfältige Überwachung erheischenden Tage des Unfalls geschehen sei, ist aber nach der maßgebenden Beweisannahme des Berufungsgerichts nicht erwiesen.

---

57. Frachtberechnung im Falle der Unbenutzbarkeit des gewöhnlichen Beförderungsweges im zwischenstaatlichen Verkehr, wenn die Unbenutzbarkeit schon vor Beginn der Beförderung feststeht.

Internationales Übereinkommen über den Eisenbahnfrachtverkehr v. 1890 (JÜ.) Art. 11, 18.

I. Zivilsenat. Urt. v. 29. April 1926 i. S. H.- und T.-Ges. (Kl.) w. Deutsche Reichsbahn-Gesellschaft (Bekl.). I 232/25.

I. Landgericht Dresden.
II. Oberlandesgericht daselbst.

Die Klägerin ließ im Februar und März 1923 durch die Firma Sch. & Co. in Eger 38 Wagen Braunkohlen vom deutschen Bahnhof in Franzensbad nach dem badischen Bahnhof in Basel mit der Bahn befördern. Die Beförderung fand, da der Franzoseneinbruch die Benutzung des unmittelbaren Bahnwegs Franzensbad—Basel verhinderte, auf dem Umweg über Immendingen, Waldshut, Säckingen statt. Für diesen bestand kein unmittelbarer Frachttarif, so daß sich auf Grund der sog. gebrochenen Frachtberechnung im Verhältnis zur unmittelbaren Frachtberechnung auf der geraden Strecke ein Frachtmehrbetrag von 10673595 *M* ergab. Dieser an die Beklagte zunächst gezahlte Betrag wurde auf Antrag der Firma Sch. & Co. am 25. Juli 1923 zurückvergütet.

Die Klägerin macht den ihr abgetretenen Anspruch der Firma Sch. & Co. auf Ersatz des Geldentwertungsschadens geltend, der durch die verzögerte Rückzahlung entstanden sei. Die Beklagte wendet ein, daß sie zur Rückzahlung überhaupt nicht verpflichtet gewesen sei, diese vielmehr nur aus Entgegenkommen vorgenommen habe, nachdem durch Erlaß des Verkehrsministers vom 23. Mai 1923 ohne rückwirkende Kraft die Berechnung durchgehender Fracht auf Grund neugebildeter Tarifentfernung angeordnet worden sei.

Das Landgericht hat der Klägerin den in der Zeit vom 30. Juni 1923 bis zum Rückzahlungstag erwachsenen Geldentwertungsschaden durch sein insoweit rechtskräftig gewordenes Urteil zugebilligt. Hinsichtlich des für die frühere Zeit geltend gemachten Geldentwertungsschadens haben die Vorinstanzen die Klage abgewiesen. Die Revision der Klägerin hatte Erfolg.

Gründe:

Es kommt allein darauf an, ob die Fracht nach den maßgebenden Bestimmungen des Internationalen Übereinkommens richtig berechnet war. Ist dies nicht der Fall, so hat die Klägerin gemäß Art. 12 Abs. 4 JÜ. einen Anspruch auf Erstattung des zuviel Erhobenen und für diesen kann sie auf Grund der schon vor dem 30. Juni 1923 unstreitig erfolgten Mahnungen Verzugschaden in Gestalt des Geldentwertungsschadens oder auch, soweit die Voraussetzungen dafür vorliegen, reine Aufwertung verlangen.

Die Berechnung der Fracht erfolgt — davon geht der Berufungsrichter zutreffend aus — gemäß § 11 JÜ. nach Maßgabe der gehörig veröffentlichten Tarife. Der Revision ist aber zuzugeben, daß danach der Leitungsweg, d. h. der Weg, auf dem das Frachtgut tatsächlich befördert wird, für die Frachtberechnung regelmäßig keine Rolle spielen kann. Nun war im vorliegenden Fall der unmittelbare Weg über Nürnberg—Kornwestheim—Karlsruhe infolge des Franzoseneinbruchs bei Appenweier nicht benutzbar, und die Beförderung mußte auf einem anderen Wege erfolgen, für den ein durchgehender Tarif nicht bestand. Dem Berufungsrichter kann jedoch darin nicht zugestimmt werden, daß auf diesen Fall der Art. 18 Abs. 3 JÜ. anzuwenden sei. Wortlaut und Sinn dieser Vorschrift schließen ihre Anwendung dann aus, wenn schon der Antritt der Beförderung verhindert wird (vgl. Eger, Anm. 118 unter 2 zu Art. 18 JÜ.). Und das war hier der Fall. Die Beamten der Beklagten wußten auch bei Abschluß der Frachtverträge schon, daß diejenige Beförderung, die mangels besonderer Abrede auf Grund der veröffentlichten Tarife auf dem gewöhnlichen Wege nach Basel stattzufinden hatte, von vornherein nicht durchführbar war. Höhere Gewalt — die bewaffnete Macht des Feindes — verhinderte schon den Antritt dieser Beförderung. Für solchen Fall bestimmt Art. 18 Abs. 1 JÜ., daß die Eisenbahn, wenn die Beförderung auf einem anderen Wege nicht stattfinden kann, den Absender um anderweitige Verfügung über das Gut anzugehen hat. Hier ist zwar, wie der Abs. 2 erkennen läßt, regelmäßig Voraussetzung, daß der Frachtvertrag bei Eintritt des Hindernisses bereits abgeschlossen ist (vgl. Eger, Anm. 116 Abs. 5 zu Art. 18 JÜ). Wenn aber die Eisenbahnverwaltung bereits vor vertraglicher Bindung über die Unbenutzbarkeit eines Beförderungswegs im klaren war und noch dazu gar nicht einmal geltend machen kann, daß hier auch ein anderer Weg nicht fahrbar gewesen sei, hatte sie, wenn sie Rechte daraus herleiten wollte, um so mehr die Verpflichtung, den Absender darüber aufzuklären, daß ein besonderer, ungewöhnlicher Weg befahren werden müsse. Andernfalls muß sie sich entgegenhalten lassen, daß sie, solange der Sonderfall des Art. 18 Abs. 3 JÜ. nicht vorliegt, nur ohne Berechnung von Mehrfracht eine Befragung des Absenders unterlassen und selbst einen anderen Weg wählen durfte, wie ihr dies auch nur mit gleicher Maßgabe dann freisteht, wenn der Absender einen besonderen Weg vorgeschrieben hat (Art. 6 Abs. 1 zu 1 dritter Absatz unter Nr. 2 JÜ.).

Nun behauptet die Beklagte, in der Tat wegen Unbenutzbarkeit des gewöhnlichen Wegs mit dem Absender Fühlung genommen und ihn dazu bestimmt zu haben, daß er einen anderen Weg in den Frachtbriefen ausdrücklich vorschrieb. Trifft das zu, so ist dieser andere Weg, weil vom Absender vorgeschrieben, für die Frachtberechnung maßgebend; und da für ihn ein durchgehender Tarif nicht bestand, wohl aber zur Berechnung gebrochenen Tarifs die entsprechenden Veröffentlichungen vorlagen, kann dann auch der gebrochene Tarif für die vorgeschriebene Strecke ohne weiteres in Ansatz gebracht werden, ohne daß es darauf ankäme, ob sich der Absender dieser Folge der von ihm gegebenen Wegevorschrift auch bewußt gewesen ist. ... (Es folgt Erörterung eines Nebenpunktes.) ...

Die Entscheidung hängt hiernach davon ab, ob und inwieweit sich eine den direkten Weg ausschließende Wegevorschrift in den Frachtbriefen befindet. Soweit es der Fall ist, trifft die Frachtberechnung der Beklagten zu und die noch streitige Forderung der Klägerin ist unbegründet. Andernfalls verlangt die Klägerin mit Recht die Anwendung des durchgehenden Tarifs.

58. 1. Ist der Rechtsweg zulässig für Schadensersatzansprüche gegen das Reich wegen schuldloser Beschädigung eines Seekabels durch Ankerwerfen eines deutschen Kriegsschiffes, das sich in Seenot befand?

2. Zur Anwendbarkeit des § 904 Satz 2 BGB. auf diesen Fall.

BGB. § 904. Preuß. Allg. Landrecht Einleitung § 75.
Preuß. Kabinettsorder vom 4. Dezember 1831. GVG. § 13.

I. Zivilsenat. Urt. v. 29. April 1926 i. S. Deutsches Reich (Bekl.) w. Kreis-Oldenburgische Elektrizitätsgesellschaft (Kl.). I 174/25.

I. Landgericht Kiel.
II. Oberlandesgericht daselbst.

In der Nacht vom 14. zum 15. Juni 1923 strandete das Fehmarnsunder Fährschiff an der Einfahrt des Fehmarner Inselhafens. Auf Ansuchen des Führers des Fährschiffes wurde das deutsche Torpedoboot „T 151“, das in der Nähe der Unfallstelle vor Anker lag, von der Marinebehörde zur Hilfeleistung befohlen. Im Verlauf des von dem Torpedoboot vorgenommenen Abschleppungsversuchs schleifte der von ihm ausgeworfene Anker an Grund, faßte das durch den Fehmarnsund gelegte, der Klägerin gehörige Kabel und beschädigte es. Die Klägerin nimmt für den ihr hierdurch entstandenen Schaden den Beklagten in Anspruch; sie stützte die Klage zunächst auf Verschulden des Kapitäns des Torpedoboots, daneben auch auf § 904 BGB. Der Beklagte bestritt den Klaganspruch nach Grund und Betrag.

Die Instanzgerichte haben die Klage dem Grunde nach für gerechtfertigt erklärt. Die Revision hatte keinen Erfolg.

Gründe:

Das Berufungsgericht hat zur Begründung der Anwendung von § 904 BGB. unter anderem folgendes ausgeführt:

Der Führer des Torpedoboots habe den Anker wegen der drohenden Strandungsgefahr wieder ausgeworfen und dabei mit der Möglichkeit gerechnet, daß der Anker das Kabel fasse. Er habe diese

Möglichkeit im Interesse des von ihm befehligten Boots in Kauf genommen, wenngleich er versucht habe, eine Beschädigung des Kabels tunlichst zu vermeiden oder doch zu vermindern. Dabei habe er aber die mögliche Einwirkung auf das Kabel als notwendig im Interesse seines Schiffes betrachtet.

Zu Unrecht wendet demgegenüber die Revision ein, daß eine Einwirkung auf das Kabel im Sinne von § 904 nicht vorliege. Es handelt sich nicht etwa um eine rein zufällige Beschädigung des Kabels. Vielmehr hat nach den Feststellungen des Berufungsgerichts der Führer des Torpedoboots den Anker ausgeworfen und im Grunde belassen, obgleich er erkannte, daß der Anker durch den Grund zog, und obgleich er mit der Möglichkeit rechnete, daß der Anker das Kabel erfassen und beschädigen werde. Er hat eine solche Einwirkung auf das Kabel zu vermeiden oder abzuschwächen gesucht, er hat aber für den Fall, daß diese Versuche erfolglos waren, die Einwirkung auf das Kabel als eine Folge des von ihm für notwendig erachteten und durchgeführten nautischen Manövers gewollt. In diesen Vorgängen konnte das Berufungsgericht ohne Rechtsirrtum eine Einwirkung auf das im Eigentum der Klägerin stehende Kabel nach § 904 erblicken. Dasselbe gilt von der Feststellung des Berufungsgerichts, daß die Einwirkung zur Abwendung einer gegenwärtigen Gefahr für das Torpedoboot notwendig und der hier drohende Schaden gegenüber dem aus der Einwirkung entstehenden Schaden für die Klägerin als Eigentümerin des Kabels unverhältnismäßig groß war. Danach erscheint ein Anspruch der Klägerin auf Ersatz des an dem Kabel verursachten Schadens gemäß § 904 Satz 2 an sich begründet. Diesen Feststellungen des Berufungsgerichts gegenüber ist kein Raum für die in RGZ. Bd. 75 S. 83 angestellte Erwägung, daß es widersinnig sei, wenn eine ohne Verschulden zur Abwendung einer gegenwärtigen Gefahr begangene Sachbeschädigung keine Verpflichtung zum Schadensersatz begründen würde, falls der dem Täter drohende Schaden nicht erheblich war, daß aber Ersatzpflicht einträte, wenn es sich für den Täter um die Abwendung eines unverhältnismäßig großen Schadens handelte. Es liegt nichts dafür vor, daß die in dem angegebenen Umfang von dem Führer des Torpedoboots gewollte Einwirkung auf das Kabel der Klägerin auch dann unverschuldet gewesen wäre, wenn der dem Torpedoboot und seiner Mannschaft drohende Schaden gegenüber der Kabelbeschädigung nicht unverhältnismäßig groß gewesen wäre. Im übrigen handelt es sich in § 904 anerkanntermaßen um eine Sondervorschrift, welche eine eigenartige Einschränkung der in § 903 BGB. dem Sacheigentümer grundsätzlich zuerkannten allgemeinen Rechte an der Sache enthält. Der in § 904 Satz 2 dem Eigentümer gegebene Schadensersatzanspruch bedeutet nur einen Ausgleich für die ihm in § 904 Satz 1 auferlegte Verpflichtung, den Eingriff in sein Eigentum zu dulden, eine Verpflichtung, die wegfällt, wenn gegenüber dem für den Sacheigentümer entstehenden Schaden der auf der anderen Seite drohende Schaden nicht unverhältnismäßig groß ist.

Auch der zweite Revisionsangriff, daß das Reich von der Klägerin nicht wegen der Handlungen des Führers des Torpedoboots nach § 904 in Anspruch genommen werden könne, ist unbegründet.

Richtig ist, daß in § 904 wegen der Person des Ersatzpflichtigen keine ausdrückliche Vorschrift gegeben ist und daß nach allgemeinen Rechtsgrundsätzen die Schadensersatzpflicht an sich den auf die fremde Sache Einwirkenden trifft, und zwar auch dann, wenn die Einwirkung zugunsten eines anderen ausgeübt ist. Mit Recht nimmt aber das Berufungsgericht an, daß hier wegen der besonderen Rechts- und Abhängigkeitsverhältnisse, in welchen der Führer des Torpedoboots zu dem durch den beklagten Reichsfiskus vertretenen Deutschen Reich stand, ein unmittelbarer Anspruch der Klägerin gegen den Beklagten begründet ist. Dabei kann es dahingestellt bleiben, ob der Führer des Torpedoboots gegenüber dem Beklagten oder dem Deutschen Reich als Besitzdiener nach § 855 BGB. oder als Besitzvermittler für einen mittelbaren Besitzer nach § 868 BGB. anzusehen ist. Denn jedenfalls ist in der vom Reich erfolgten Anstellung und der Berufung des Führers des Torpedoboots auf seinen Posten, sowie in dem ihm hier von vorgesetzter Seite gewordenen Auftrag, das festgeratene Fährschiff abzuschleppen, auch die allgemeine Weisung enthalten, bei Ausübung seiner Obliegenheiten alles zu tun, was zur Erhaltung und Rettung des ihm anvertrauten Schiffes und seiner Mannschaft erforderlich wurde (vgl. für Kauffahrteischiffe RGZ. Bd. 88 S. 215). Auf Grund dieser Weisung und der ihm vom Beklagten eingeräumten Vertretungsmacht hat der genannte Schiffsführer gehandelt, als er im Verlauf der Ausführung des Abschleppungsversuchs in der angegebenen Weise zur Sicherung des Torpedoboots und seiner Insassen auf das Kabel der Klägerin einwirkte.

Es fragt sich aber, ob die einschlägigen Vorgänge im Hinblick darauf, daß es sich um Maßnahmen der Leitung eines in Dienst gestellten Kriegsschiffes handelt, überhaupt nach bürgerlichem Recht und von den ordentlichen Gerichten zu beurteilen sind (Art. 77, 109 EGBGB.; § 13 GVG.; Einleitung zum Preuß. Allg. Landrecht § 75; Preuß. Kabinettsorder vom 4. Dezember 1831; RGZ. Bd. 89 S. 224). Das ist für den vorliegenden Fall zu bejahen. Und zwar gilt dies auch unter Berücksichtigung des Umstandes, daß der Vorfall sich auf preußischem Gebiet zugetragen hat und die Klage bei einem preußischen Gericht anhängig gemacht ist.

Die Stellung des Führers eines in Dienst gestellten Torpedoboots ist grundsätzlich öffentlichrechtlicher Natur. Das bedeutet aber nicht, daß jede Tätigkeit, die er auf Grund dieser Führerstellung vornimmt, ohne weiteres aus dem Rahmen privatrechtlicher Beurteilung herausfällt und dem ordentlichen Rechtsweg entzogen ist. Dergleichen ist jedenfalls dann nicht anzunehmen, wenn der Führer eines Kriegsschiffes nicht in Ausübung staatlicher Hoheitsrechte gehandelt hat. Das ist hier, wie aus den Feststellungen des Berufungsgerichts zu entnehmen ist, der Fall. Danach betrafen der Versuch der Abschleppung der Fähre und das mit diesem Versuch zusammenhängende Einwirken auf das Kabel der Klägerin Vorgänge, welche zwar nicht die Ausübung fiskalischer Rechte bedeuten, aber doch eine entsprechende Heranziehung der dafür geltenden Grundsätze rechtfertigen.

Staatshoheitsrechte kennzeichnen sich dadurch, daß sie dem Staat eigentümlich sind und bedingt werden durch den Zweck, ihm die Lösung seiner Aufgaben für die Allgemeinheit zu ermöglichen. Somit schließt das Wesen des Hoheitsrechts begrifflich in sich, daß bei seiner Ausübung eine Handlung vorliegt, zu welcher der Staat und seine Organe nur als Vertreter der Gesamtinteressen des Volkes und nicht schon nach bürgerlichem Recht befugt sind. Handlungen, die nach bürgerlichem Recht jeder Beteiligte zur Abwendung einer Gefahr, zur Befreiung aus einem Notstand oder dgl. vornehmen darf, werden nicht ohne weiteres dadurch, daß sie in gleicher Lage ein staatliches

Organ, etwa der Führer eines Kriegsschiffes, vornimmt, zur Ausübung von Hoheitsrechten. Dabei ist es von keiner entscheidenden Bedeutung, ob im allgemeinen Dienstfahrten von Kriegsschiffen als Ausübung von Hoheitsrechten anzusehen sind. So unterliegt z. B. der Zusammenstoß eines im Dienst befindlichen Kriegsschiffes mit einem anderen Schiff dem bürgerlichen Recht und werden die aus einem solchen Zusammenstoß gegen den Staat hergeleiteten Schadensersatzansprüche von den ordentlichen Gerichten abgeurteilt (Art. 7 EGHGB., §§ 734 flg. HGB.). Aber auch abgesehen von dieser Sondervorschrift kann die Anwendung des bürgerlichen Rechts und die Zulässigkeit des ordentlichen Rechtswegs nicht als ausgeschlossen gelten für eine Schadenszufügung, die mit einer staatlichen Hoheitshandlung nur in einem losen, rein äußerlichen Zusammenhang steht (Warn. 1917 Nr. 217; Urt. vom 9. Juli 1917 VI 167/17).

Im vorliegenden Fall ist das in Dienst gestellte und in der Nähe der Unfallstelle ankernde Torpedoboot zur Hilfeleistung für die in Seenot geratene, dem bürgerlichen Verkehr dienende Fähre auf Ansuchen ihrer Führung von der Marinebehörde abgeordnet worden. Dabei ist das Torpedoboot in eigene Seenot geraten und hat zu ihrer Abwendung das Eigentum der Klägerin beschädigt. Die Abwendung der so für das Torpedoboot eingetretenen Gefahr war keine Besonderheit der kraft Hoheitsrechts auszuführenden Dienstreise des Kriegsschiffes. Vielmehr handelte es sich um Maßnahmen, zu denen in entsprechender Lage jedes Privatschiff in gleicher Weise berechtigt gewesen wäre, die also nicht zu dem Bereich hoheitsrechtlicher Handlungen gehörten. Die betreffenden Vorgänge haben sich somit unabhängig von der Ausübung staatlicher Hoheitsrechte in der Weise abgewickelt, daß bei Gewährung privater Hilfeleistung gewisse mit dieser im Zusammenhang stehende und innerhalb des natürlichen Verlaufs der Dinge liegende Schwierigkeiten und Gefährdungen eintraten, denen in einer vom bürgerlichen Recht vorgesehenen Weise durch Einwirkung auf fremdes Eigentum gemäß § 904 BGB. begegnet wurde. Die Befugnisse, auf Grund deren der Torpedobootsführer im vorliegenden Fall in das Eigentum der Klägerin eingriff, wurzeln somit im bürgerlichen Recht (RGZ. Bd. 72 S. 349). Soweit sich dabei der Führer des Kriegsschiffes im Dienst befand, handelte er nicht in Ausübung, sondern bei Gelegenheit der Ausübung der ihm anvertrauten öffentlichen Gewalt. Der so nach bürgerlichem Recht zu beurteilende Streitfall gehört nach § 13 GVG. vor die ordentlichen Gerichte.

Im übrigen mag folgendes bemerkt werden.

Wird kraft staatlichen Hoheitsrechts in die bürgerliche Rechtssphäre einer Privatperson eingegriffen, so geschieht dies grundsätzlich im Interesse der staatlichen Allgemeinheit. Es entspricht den für einen Rechtsstaat unabweislichen Grundsätzen von Recht und Billigkeit, daß der so im Interesse der Allgemeinheit verursachte Schaden nicht dem zu seiner Abwendung unbefugten Einzelnen, sondern der Allgemeinheit zur Last fällt. Dieser Gedanke ist bereits in § 75 der Einleitung zum Preuß. Allg. Landrecht zum Ausdruck gekommen und erst nachträglich, insbesondere durch die Preuß. Kabinettsorder vom 4. Dezember 1831, eingeschränkt worden. Er ist aber in der neueren deutschen Gesetzgebung wieder zum Durchbruch gelangt, z. B. im Reichsgesetz vom 22. Mai 1910 über die Haftung des Reichs für seine Beamten und im Art. 131 der Reichsverfassung vom 11. August 1919 für die Fälle einer Schädigung durch Amtspflichtverletzung, ferner in der Enteignungsgesetzgebung auch bei nicht schuldhaften Eingriffen, sowie in § 26 der Reichsgewerbeordnung usw. Eine gesunde Rechtsentwicklung führt über die Beschränkung jenes Grundsatzes auf die genannten Fälle hinaus zu seiner Anwendung auch auf solche Eingriffe in das bürgerliche Rechtsleben, die ohne Verschulden der Staatsorgane im öffentlichen Interesse den Einzelnen in den ihm an und für sich zustehenden Rechten schädigen (vgl. RGZ. Bd. 58 S. 130, Bd. 64 S. 183, Bd. 70 S. 150, Bd. 79 S. 428, Bd. 101 S. 105, Bd. 104 S. 19, 20 u. ö.) und ist mit den berechtigten Interessen der Allgemeinheit nicht nur vereinbar, sondern eng verbunden.

---

59. Über die Haftung dessen, der ein unter Lebenden erworbenes Handelsgeschäft unter der bisherigen Firma mit oder ohne Beifügung eines das Nachfolgeverhältnis andeutenden Zusatzes fortführt.
HGB. § 25 Abs. 1 Satz 1.

II. Zivilsenat. Urt. v. 30. April 1926 i. S. Aluminolwerk Sch. & Co. u. Gen. (Bekl.) w. F. (Kl.). II 437/25.

I. Landgericht Meiningen.
II. Oberlandesgericht Jena.

Durch Vertrag vom 1. Juni 1924 beteiligte sich der Kläger F. als „stiller Teilhaber" mit einer Einlage „bis zu 2000 RM" an dem Geschäft des Kaufmanns Karl Sch. in M., der dort unter der nicht eingetragenen Firma „Aluminolwerk C. Sch." die Herstellung und den Verkauf des Putzmittels „Aluminol" betrieb. In Wirklichkeit will der Kläger nicht bloß 2000 RM, sondern nach und nach rund 5000 RM in das Geschäft eingelegt haben. Schon im Herbst 1924 entstanden Streitigkeiten, weil der Kläger die Hingabe weiteren Geldes verweigerte. Nach Behauptung der Beklagten soll Sch. deshalb im Herbst 1924 die Gesellschaft fristlos gekündigt haben. Jedenfalls gründeten die Ehefrau des Sch., ein Kaufmann W. und ein Kaufmann Tr. gegen Ende 1924 in M. eine offene Handelsgesellschaft unter der Firma „Aluminolwerk Sch. & Co." zur Herstellung und zum Vertrieb des genannten Putzmittels. Karl Sch. wurde Prokurist dieser Gesellschaft, die seine Betriebsmittel, das Inventar, die Rohstoffe, die vorhandenen fertigen Waren sowie das Rezept für das „Aluminol" von ihm übernahm.

Im Dezember 1923 erhob der Kläger gegen Karl Sch., die Firma Aluminolwerk Sch. & Co. und ihre drei Gesellschafter als Gesamtschuldner Klage auf Rückzahlung zunächst des Teilbetrags von 2000 RM. Gegen Karl Sch. erging in Höhe dieses Betrags Urteil auf Grund Anerkenntnisses. Die anderen Beklagten bestritten den Klaganspruch, der — abgesehen von anderen, hier nicht in Betracht kommenden Klagegründen — darauf gestützt wurde, daß sie das Handelsgeschäft, das sie von Karl Sch. erworben hätten, unter der bisherigen Firma fortführten (§ 25 HGB.). Das Landgericht verurteilte die Firma Aluminolwerk Sch. & Co. und ihre drei Gesellschafter zur Zahlung von 1500 RM unter Gesamthaftung, wegen des Mehrbetrags von 500 RM wies es diesen Beklagten gegenüber die Klage ab. Auf Berufung beider Streitteile verurteilte das Oberlandesgericht die verklagte Gesellschaft und ihre drei Gesellschafter zur Zahlung weiterer 500 RM und wies die Berufung dieser Beklagten als unbegründet zurück. Die von den letzteren eingelegte Revision hatte keinen Erfolg.

Gründe:

Soweit es sich darum handelt, ob der frühere Geschäftsbetrieb des Karl Sch. der eines Vollkaufmanns war, ob die offene Handelsgesellschaft „Aluminolwerk Sch. & Co." das Geschäft des Karl Sch. unter Lebenden erworben hat und nunmehr fortführt und ob der Anwendung des § 25 Abs. 1 HGB. nicht die von Karl Sch. geübte, dem § 18 Abs. 1 HGB. zuwiderlaufende Abkürzung seines Vornamens bei seiner Firmenbezeichnung „Aluminolwerk C. Sch." entgegensteht, hat die Revision dem oberlandesgerichtlichen Urteil gegenüber, das die beiden ersten Fragen bejaht und die dritte verneint, keine Beanstandung mehr erhoben. Die Stellungnahme des Berufungsrichters zu diesen Fragen ist auch rechtlich einwandfrei. Was im besonderen die vorschriftswidrige Abkürzung des Vornamens bei der nicht eingetragenen früheren Einzelfirma „Aluminolwerk C. Sch." angeht, so lag ohne Zweifel ein Fall vor, in dem das Registergericht nach § 37 Abs. 1 HGB. hätte einschreiten können und sollen. Unmöglich kann aber dieser Ordnungswidrigkeit die Folge gegeben werden, daß wegen Nichtvorliegens eines dem § 18 Abs. 1 HGB. entsprechenden Handelsnamens der Erwerb des Geschäfts des Karl Sch. und dessen Fortführung durch die verklagte offene Handelsgesellschaft die im § 25 Abs. 1 Satz 1 bestimmte Rechtsfolge nicht eintreten könnte. Ein solches Ergebnis würde einen übertriebenen Formalismus bedeuten und den Bedürfnissen des Verkehrs in keiner Weise gerecht werden. Es geht nicht an, daß der Erwerber eines Handelsgeschäfts, der dieses unter der bisherigen Firmenbezeichnung fortführt, die Möglichkeit hat, seine Haftung für die im Geschäftsbetrieb des früheren Inhabers begründeten Verbindlichkeiten mit dem Hinweis darauf abzulehnen, daß die Firmierung seines Vorgängers wegen der Nichteinhaltung der Vorschrift in § 18 Abs. 1 HGB. überhaupt keine Firma im Rechtssinne dargestellt habe und deshalb § 25 Abs. 1 Satz 1 nicht anwendbar sei.

Dem Berufungsgericht ist aber auch darin beizutreten, daß die offene Handelsgesellschaft „Aluminolwerk Sch. & Co." das unter Lebenden erworbene Handelsgeschäft des Karl Sch. unter der bisherigen Firma fortführt. Der Vorderrichter geht hierbei zutreffend davon aus, daß den Kern der neuen wie der alten Firma die Bezeichnung „Aluminolwerk" und der Familienname „Sch." bilden und daß demgegenüber die Weglassung des den Vornamen des Sch. andeutenden Buchstabens C., auf den schon in der früheren Form der Firma kein Ton gelegt worden und der hinter dem Sachwort „Aluminolwerk" völlig zurückgetreten sei, nicht in Betracht komme. Diese vom Standpunkt des durchschnittlichen, mehr oder weniger flüchtigen Beschauers und Lesers derartiger Firmen gewiß richtige Auffassung stimmt mit der im Urteil des erkennenden Senats vom 27. April 1915 II 599/14 (DJZ. 1915 S. 1029) zum Ausdruck gekommenen Anschauung überein, wonach es bei der Frage der Fortführung der bisherigen Firma nicht auf wort- und buchstabentreue Gleichheit ankommt und ein die Verkehrsauffassung außer acht lassender Formalismus zu vermeiden ist. Das angefochtene Urteil muß aber gerade dahin verstanden werden, daß bei der Geringfügigkeit des durch Vorhandensein oder Weglassung der Abkürzung „C." begründeten Unterschieds die Allgemeinheit in der Firmenbezeichnung „Aluminolwerk Sch. & Co." die bisherige Firma des Einzelkaufmanns Karl Sch. erblicke, wobei das Berufungsgericht das Anhängsel „und Co." als einen im Sinne des § 25 Abs. 1 das Nachfolgeverhältnis andeutenden Zusatz auffaßt. Ob diese Beurteilung des Zusatzes „und Co." haltbar ist, kann dahinstehen; jedenfalls steht ihr die Erwägung entgegen, daß die Bezeichnung „und Co." den mit der Art der Entstehung der neuen Firma nicht vertrauten Leser zwar auf ein Gesellschaftsverhältnis, nicht aber auf eine Nachfolgebeziehung hinweist Damit ist jedoch die Haftung der Beklagten nach § 25 Abs. 1 Satz 1 HGB. nicht ausgeschlossen. Denn notwendig ist nach dieser Vorschrift ein die Nachfolge andeutender Zusatz nicht. Wohl aber mußte die neugegründete offene Handelsgesellschaft nach § 19 Abs. 1 HGB. einen auf das Gesellschaftsverhältnis hinweisenden Zusatz („und Co." oder dergleichen) der Bezeichnung „Aluminolwerk Sch." beifügen, wenn sie nicht die Namen aller ihrer Gesellschafter in die Firma aufnehmen wollte. Der Beisatz „und Co." steht daher der Annahme nicht entgegen, daß die offene Handelsgesellschaft das Geschäft unter der bisherigen Firma weiterführe. Hieraus ergibt sich die Richtigkeit der angefochtenen Entscheidung; denn daran, daß der ein Handelsgeschäft Erwerbende und unter der bisherigen Firma Fortführende (im Sinne des § 25 Abs. 1 Satz 1 HGB.) auch eine zu diesem Zweck gegründete offene Handelsgesellschaft sein kann, ist kein Zweifel.

60. Schließen die Reichs-Pachtschutzordnungen in den Fassungen vom 9. Juni 1920 und 29. Juni 1922 den Rechtsweg für Ansprüche auf Erhöhung des vereinbarten Pachtzinses wegen veränderter Umstände aus?

III. Zivilsenat. Urt. v. 30. April 1926 i. S. C. (Kl.) w. Stadt D. (Bekl.). III 245/25.

I. Landgericht Dortmund.
II. Oberlandesgericht Hamm.

Die Beklagte hat am 23. August 1917 von dem verstorbenen Ehemann der Klägerin das Gut M. für die Zeit vom 1. November 1917 bis 31. Oktober 1929 zum Jahrespreis von 30000 ℳ gepachtet. Mit der Klage fordert die Klägerin für das Pachtjahr 1922/23 einen durch Sachverständige zu ermittelnden Pachtzins, mindestens einen Betrag, der am Zahlungstag 5000 Gℳ nebst 4% Zinsen seit 1. November 1923 entspreche.

Die Vorinstanzen haben die im November 1923 erhobene Klage infolge der von der Beklagten erhobenen Einrede der Unzulässigkeit des Rechtswegs abgewiesen.

Die Revision hatte Erfolg aus folgenden

Gründen:

Das Berufungsgericht nimmt an, daß nach der preußischen Pachtschutzordnung vom 27. September 1922, unter deren Geltung die Klage angestellt ist, der Rechtsweg ausgeschlossen sei. Dies sei gegenüber der RGZ. Bd. 104 S. 218 abgedruckten Entscheidung durch die Verordnung zur Abänderung der Reichs-Pachtschutzordnung vom 13. Februar 1924 und durch die auf ihr beruhende preuß. Pachtschutzordnung vom 27. Februar 1924 klargestellt. § 3a der letzteren in Übereinstimmung mit § 1 Nr. 4 der ersteren, welche die Anrufung der ordentlichen Gerichte ausschließe, bringe gegen früher keine Neuerung; sie spreche nur deutlicher aus, wie auch die Begründung sage, was schon vorher der Wille des Gesetzgebers gewesen sei.

Diesen Ausführungen gegenüber muß das Revisionsgericht bei seiner früheren, in der genannten Entscheidung ausgesprochenen Ansicht verbleiben.

Die Reichs-Pachtschutzordnung vom 9. Juni 1920 besagte in Art. I § 1: Die Pachteinigungsämter können a) für Grundstücke, die zu landwirtschaftlicher oder gewerbsmäßiger gärtnerischer Nutzung verpachtet oder verliehen sind oder bei denen sonst die Übertragung des Genusses der Erzeugnisse — gegen Entgelt — erfolgt ist, unter Ausschluß des Rechtswegs bestimmen ... b) für Grundstücke jeder Größe, daß Leistungen, die unter den veränderten wirtschaftlichen Verhältnissen nicht oder nicht mehr gerechtfertigt sind, anderweit festgesetzt werden. § 1 Abs. 2 beschränkte diese Befugnis: „Die Einigungsämter dürfen Bestimmungen aus Abs. 1 nur treffen, wenn sich das Verhalten eines Beteiligten entweder als wucherische Ausbeutung der Notlage, des Leichtsinns oder der Unerfahrenheit oder unter Berücksichtigung der veränderten wirtschaftlichen Verhältnisse offenbar als eine schwere Unbilligkeit darstellt oder wenn es zur Folge hätte, daß der andere Teil in eine wirtschaftliche Notlage gerät."

Das Gesetz zur Verlängerung der Pachtschutzordnung vom 29. Juni 1922 übernahm den Abs. 1 unverändert, dehnte ihn aber auf obstbauliche Nutzungen aus. Nach Abs. 2 „sollen" — früher „dürfen" — die Pachteinigungsämter „Bestimmungen aus Abs. 1 nur treffen, wenn und insoweit sich die Beibehaltung der Bestimmungen des Vertrags entweder als Ausbeutung der Notlage oder unter Berücksichtigung der veränderten wirtschaftlichen Verhältnisse offenbar als eine schwere Unbilligkeit darstellt, oder wenn und insoweit sie zur Folge hätte, daß der eine oder der andere Teil in wirtschaftliche Not gerät, oder wenn Verpächter das Reich, Länder, Gemeinden, Kirchen, gemeinnützige Stiftungen und Anstalten und öffentlichrechtliche Körperschaften sind".

Aus der Gegenüberstellung der beiden Fassungen ist bereits ersichtlich, daß die Befugnisse der Pachteinigungsämter in dem Gesetz vom 29. Juni 1922 gegenüber denen aus der Reichs-Pachtschutzordnung vom 9. Juni 1920 erweitert sind. Ihr Wirkungskreis umfaßte aber auch nach dieser Erweiterung bei weitem nicht alle sich aus einem Pachtvertrag ergebenden Streitigkeiten. Solange nicht eine Ausbeutung der Notlage usw. in Frage kam, durften, später: sollten, sie Bestimmungen nicht treffen. Für eine Entscheidung solcher Streitigkeiten waren sie also nicht zuständig oder sollten wenigstens nicht darüber entscheiden. Irgendwo mußten diese aber ausgetragen werden können, das Gegenteil ist in keiner gesetzlichen Bestimmung festgelegt. Für sie waren also als für bürgerlichrechtliche Streitigkeiten die ordentlichen Gerichte ohne weiteres zuständig. „Die den Gerichten vorbehaltene Rechtsfrage, ob nicht eine Abhilfe nach den allgemeinen Grundsätzen des bürgerlichen Rechts möglich ist, wird dadurch an sich nicht berührt" (Bd. 104 S. 221).

Etwas ganz anderes bestimmte die Reichs-Pachtschutzordnung vom 13. Februar 1924. Sie übernahm den Eingang des § 1 Abs. 1 der beiden früheren Gesetze und fuhr unter Fortfall des Abs. 2 fort: „bestimmen, daß Leistungen, die unter den veränderten allgemeinen wirtschaftlichen Verhältnissen nicht mehr gerechtfertigt sind, anderweit festgesetzt werden, soweit dies der Billigkeit entspricht."

Hierin erst liegt eine Ausdehnung der Zuständigkeit der Pachteinigungsämter auf alle Streitigkeiten über Leistungen, wie die vorliegend geforderten, die während des Bestehens des Pachtvertrags in Frage kommen können. Diese Ausdehnung erkennt auch die Begründung an, der es „geboten" erscheint, „die materiellen Bestimmungen, nach denen Tatbestände aus § 1 Abs. 1b des Gesetzes in seiner bisherigen Fassung zu beurteilen sind (wirtschaftlicher Pachtschutz), so zu fassen, daß die veränderten wirtschaftlichen Verhältnisse in stärkerem Maße berücksichtigt werden können. . . . Die Abänderung von Leistungen ist also nicht mehr auf die Fälle beschränkt, wo sich die Beibehaltung der Bestimmungen des Vertrags als Ausbeutung der Notlage oder als schwere Unbilligkeit darstellen oder wo sie zur Folge haben würde, daß der eine oder andere Teil in wirtschaftliche Not gerät."

Hiernach haben die verschiedenen Pachtschutzordnungen einen ganz verschiedenen Geltungsbereich gehabt, der erst durch die Reichs-Pachtschutzordnung vom 13. Februar 1924 — die Reichs-Pachtschutzordnung vom 23. Juli 1925 hat hierin nichts geändert — umfassend erweitert worden ist. Wenn unter diesen Umständen das Reichsgericht in RGZ. Bd. 104 S. 218 den Rechtsweg für die früheren Verordnungen in gewissem Umfang für zulässig erklärt hat, so ist diese Stellungnahme auch heute noch zu billigen und gegen sie kann aus § 1 Nr. 4 der Reichs-Pachtschutzordnung vom 13. Februar 1924 und § 3a der preuß. Pachtschutzordnung vom 27. Februar 1924, die die Anrufung der ordentlichen Gerichte in den zur Zuständigkeit der Pachteinigungsämter gehörenden Streitigkeiten ausschließen, nichts gefolgert werden.

Nun enthält allerdings die Begründung zur Reichs-Pachtschutzordnung vom 13. Februar 1924 den Satz: „der Wille des Gesetzgebers, daß die zur Zuständigkeit der Pachteinigungsämter gehörenden Pachtstreitigkeiten ausschließlich vor den Pachteinigungsämtern zur Entscheidung gebracht werden sollen, ist nochmals klargestellt worden." Wenn dieser Satz, insbesondere das Wort nochmals, sich — wie Wagemann-Krug, Die preuß. Pachtschutzordnung vom 27. Februar 1924, 2. Aufl., in der Anm. zu § 3a annehmen — gegen die vorerwähnte Entscheidung des Reichsgerichts richten sollte, so könnte er nur als fehlgehend und irreführend bezeichnet werden. Denn es bestand, wie oben ausgeführt ist, neben der Zulässigkeit der Pachteinigungsämter zum mindesten unter den früheren Verordnungen auch noch eine Zuständigkeit der ordentlichen Gerichte.

Die vorliegende Klage ist im November 1923, also vor Erlaß der Reichs-Pachtschutzordnung vom 13. Februar 1924, anhängig geworden. Sie stützt sich lediglich darauf, daß die vereinbarte Pacht nicht mehr angemessen sei, und begehrt Neufestsetzung durch das Gericht. Die Voraussetzungen des § 1 Abs. 2 der Reichs-Pachtschutzordnung in der Fassung vom 29. Juni 1922, Ausbeutung der Notlage usw., welche die Zuständigkeit des Pachteinigungsamts hätten begründen können, waren in ihr nicht behauptet. Sie unterstand also einwandfrei der Zuständigkeit der ordentlichen Gerichte, für sie war der Rechtsweg zulässig.

Nun ist das Berufungsurteil am 25. März 1925, also nach Inkrafttreten der Reichs-Pachtschutzordnung vom 13. Februar 1924 und der preuß. Pachtschutzordnung vom 27. Februar 1924, ergangen. Da im allgemeinen prozessuale Bestimmungen, wie sie § 1 Nr. 4 der ersteren und § 3a der letzteren enthalten sind, sofort in Kraft treten und auch auf bereits anhängig gewordene Rechtsstreitigkeiten Anwendung zu finden haben, so erhebt sich die Frage, ob nicht die anfänglich gegebene Zulässigkeit des Rechtswegs durch die Neuregelung fortgefallen ist. Dies ist für den vorliegenden Fall zu verneinen. Unter die frühere Reichs-Pachtschutzordnung fiel der geltend gemachte Anspruch, wie bereits ausgeführt, nicht, er war also ordnungsgemäß bei dem ordentlichen Gericht anhängig gemacht worden. Der Reichs-

Pachtschutzordnung vom 13. Februar 1924 hätte er, wenn überhaupt, erst mit ihrem Inkrafttreten — 1. März 1924 — unterstellt werden können. Damals konnte er aber nicht mehr vor das Pachteinigungsamt gebracht werden, weil er aus dem Pachtjahre 1922/23 hergeleitet und die Frist des § 3 Nr. 6 Reichs-Pachtschutzordnung, § 12 preuß. Pachtschutzordnung, — zwei Monate nach Ablauf des Pachtjahres — bereits verstrichen war. Solche außerhalb stehende Ansprüche sind in der Reichs-Pachtschutzordnung vom 13. Februar 1924 nicht geregelt; es hätte aber, wenn sie von ihr hätten erfaßt werden sollen, einer ausdrücklichen Regelung bedurft. Daß sie nicht erfolgt ist, rechtfertigt die Annahme, daß sie in die Neuregelung nicht einbezogen werden und daß insoweit keine Änderung eintreten sollte. Der einmal zulässige Rechtsweg ist hiernach im vorliegenden Fall zulässig geblieben.

---

61. Über die Möglichkeit nachträglicher Aufwertung eingelöster Industrieobligationen unter dem Gesichtspunkt des Vergleichs.

Aufwertungsgesetz §§ 33 flg., 67.

IV. Zivilsenat. Urt. v. 3. Mai 1926 i. S. R. (Kl.) w. H. G. m. b. H. (Bekl.). IV 142/26.

I. Landgericht I Berlin.

Die Beklagte hat in den Jahren 1905 und 1907 verzinsliche Schuldverschreibungen über je 1000 ℳ ausgegeben, die halbjährig kündbar und mit je 1030 ℳ einzulösen waren. Im Sommer 1923 kündigte sie sämtliche Schuldverschreibungen für 2. Januar 1924. Am 24. Juli 1923 erließ sie eine Bekanntmachung, wonach sie die Schuldverschreibungen schon jetzt mit 1030 ℳ für 1000 ℳ Nennwert einlöse, ferner bereit sei, bei Einreichung der Schuldverschreibungen bis zum 31. August gegen je 2000 ℳ dieser Papiere den Inhabern preußische Schatzanweisungen, sogenannte Hibernia-Schatzanweisungen, über je 1000 ℳ zum Preise von 1030 ℳ zu verabreichen. Der Kläger trägt vor, daß er Schuldverschreibungen der Beklagten im Nennwert von 150000 ℳ gehabt, diese gemäß dem bezeichneten Angebot zum Umtausch eingereicht und dafür 75000 ℳ Hibernia-Schatzanweisungen erhalten habe. Er behauptet, daß ihm nach § 67 AufwG. ein Anspruch auf Aufwertung der ihm aus den Schuldverschreibungen von der Beklagten geschuldeten Beträge zustehe, und hat Klage erhoben mit dem Antrag, festzustellen, daß die Beklagte ihn wegen der bezeichneten Schuldverschreibungen im Nennbetrag von 150000 ℳ in gleicher Weise zu behandeln habe wie die Altbesitzer derjenigen Schuldverschreibungen, welche nicht eingelöst worden seien und die Aufwertungsrechte aus dem Aufwertungsgesetz genießen; hilfsweise die Beklagte zu verurteilen, daß sie dem Kläger die im August 1923 ihr ausgelieferten Schuldverschreibungen im Nennbetrag von 150000 ℳ oder Stücke gleicher Art zurückliefere.

Das Landgericht hat die Klage abgewiesen. Die vom Kläger mit Einwilligung der Beklagten unmittelbar zum Reichsgericht eingelegte Revision hatte keinen Erfolg.

Gründe:

Das Aufwertungsgesetz ordnet in den §§ 33flg. die Aufwertung von Industrieobligationen und verwandten Schuldverschreibungen an, macht sie aber davon abhängig, daß der Gläubiger sich noch im unmittelbaren oder durch eine Bank vermittelten Besitz der Papiere befindet oder daß er sich bei Annahme der Leistung seine Rechte vorbehalten hat. Daß eine dieser Voraussetzungen vorliege, behauptet der Kläger nicht; er macht aber geltend, in dem oben bezeichneten Angebot der Beklagten und dessen Annahme durch den Kläger sei ein Vergleich der in § 67 Abs. 1 AufwG. bezeichneten Art zu erblicken und gemäß Abs. 2 daselbst rechtfertige dieser Vergleich die Aufwertung seines Anspruchs.

Das angefochtene Urteil verneint zunächst, daß durch die erwähnten Vorgänge ein Vergleich nach § 67 abgeschlossen worden sei, der den Zweck gehabt habe, den Streit oder die Ungewißheit über die Höhe des infolge der Geldentwertung zu zahlenden Betrags zu beseitigen. In zweiter Reihe sagt es, auch wenn ein solcher Vergleich vorläge, könnte dadurch nicht ein Anspruch begründet werden, der nicht schon ohnedies dem Kläger zugestanden hätte; denn § 67 AufwG. drücke sich nur negativ aus und sage, daß der Aufwertung ein solcher Vergleich nicht entgegenstehe; die positiven Voraussetzungen für die Aufwertung von Industrieobligationen seien in den §§ 33flg. AufwG. enthalten und im vorliegendeu Fall unstreitig nicht gegeben.

Für die Prüfung der Frage, ob ein Vergleich der bezeichneten Art vorliegt, fehlt es an einer ausreichenden tatsächlichen Unterlage. Das von der Beklagten bei der Kündigung gemachte Angebot in Geld ging nicht über den nach der Schuldverschreibung zu zahlenden Nennbetrag hinaus, und wie hoch der damalige Kurs der Hibernia-Schatzanweisungen war, welche die Beklagte wahlweise neben dem Geldbetrag anbot, ist nicht angegeben worden. Vielleicht war also dem Kläger gar kein den Nennbetrag der Schuldverschreibungen übersteigendes Angebot gemacht worden. Die Vorrückung des Einlösungstermins um einige Monate war nach dieser Richtung von keiner wesentlichen Bedeutung.

Es kommt aber auf die Frage des Vergleichs nicht entscheidend an. Vielmehr ist dem Berufungsgericht darin beizustimmen, daß auch beim Vorliegen eines Vergleichs der Kläger aus ihm keine Rechte herleiten könnte, die ihm nicht schon nach den allgemeinen Vorschriften der §§ 33flg. AufwG. zustehen. Das ergibt sich aus der Fassung des § 67 AufwG., und darüber herrscht auch im Schrifttum völlige Übereinstimmung.

Daß die Voraussetzungen des § 35 AufwG. nicht gegeben sind, darüber besteht kein Streit; namentlich hat, wie schon erwähnt, der Kläger nicht behauptet, daß er sich bei Annahme der Leistung der Beklagten seine Rechte vorbehalten habe. Der Meinung von Lehmann-Bösebeck, A. 3 Abs. 2 zu § 35 AufwG., daß für jene Zeit ganz allgemein ein stillschweigender Vorbehalt bei der Entgegennahme der Leistungen aus gekündigten Obligationen anzunehmen sei, kann nicht beigepflichtet werden.

Vielleicht ist das in der Klage aufgestellte Verlangen des Klägers, in gleicher Weise behandelt zu werden, wie die Altbesitzer von Schuldverschreibungen, die nicht eingelöst worden sind, dahin zu verstehen, daß er geltend machen will, die von ihm betätigte Ablieferung seiner Schuldverschreibungen an die Beklagte sei ein Bestandteil des von ihm behaupteten Vergleichs, und wenn dieser ganze Vergleich nach § 67 Abs. 2 seinen Ansprüchen nicht entgegengehalten werden könne, so sei das gleiche auch hinsichtlich der Ablieferung seiner Papiere der Fall; er müsse daher so behandelt werden, als ob er die Papiere nicht dem Vergleich entsprechend abgeliefert, sondern im Besitz behalten hätte. So kann aber die Sache nicht aufgefaßt werden;

denn läge ein Vergleich vor, so wäre die Ablieferung der Papiere nicht ein Bestandteil des Vergleichs, sondern eine zu seiner Ausführung getroffene Maßnahme. Auf diesem Wege kann deshalb der Kläger die Folgen seiner Hingabe der Papiere nicht beseitigen.

Der Kläger hat sich für seine Auffassung des § 67 auf einen Erlaß des Reichsministers der Finanzen vom 22. August 1925 berufen, welcher die Frage behandelt, ob die durch die 3. Steuernotverordnung eingeführte Obligationensteuer auch von solchen Obligationen einzuheben sei, die einer nachträglichen Aufwertung unterlägen. In diesem Erlaß ist allerdings der Ausdruck gebraucht, daß das Aufwertungsgesetz den Gläubigern von Industrieobligationen im Fall des Vergleichs einen Anspruch auf Aufwertung „neu" gewähre. Abgesehen davon, daß diese Meinung für die Entscheidung des Rechtsstreits nicht ausschlaggebend sein könnte, ist auch durch einen von der Beklagten vorgelegten Erlaß des nämlichen Ministers vom 3. April 1926 nunmehr bekundet worden, daß mit dem früheren Erlaß etwas anderes, als sich aus dem Wortlaut des § 67 ergibt, nicht gesagt werden sollte.

Von Cohn wird in JW. 1926 S. 946 die Meinung vertreten, daß dann, wenn der Gläubiger seine Schuldverschreibungen gegen Aktien desselben Unternehmens hergegeben hat, welches auch der Schuldner der Obligationen gewesen ist, er gemäß § 3 Abs. 2 AufwG. und Art. 32 der Durchführungsverordnung vom 29. November 1925 noch die Ansprüche aus den ursprünglich besessenen Papieren geltend machen könne. Dieser Frage braucht hier nicht nachgegangen zu werden, weil der Kläger Schuldverschreibungen eines anderen Schuldners — des preußischen Staats — in Tausch genommen hat und die bezeichneten Vorschriften jedenfalls nicht auf Fälle solcher Art ausgedehnt werden könnten.

Auch der von Wassertrüdinger in „Recht und Handel", Dezemberheft 1925 S. 24, vertretenen Meinung kann nicht beigepflichtet werden, nach der die §§ 33flg. nur dann anwendbar sein und eine Aufwertung der abgelieferten Schuldverschreibungen nur dann ausgeschlossen sein soll, wenn gerade die in der Schuldverschreibung bezeichnete Leistung erfolgt sei, also nicht, wenn der Gläubiger statt dieser Leistung etwas anderes entgegengenommen habe. In diesem Sinne ist der § 35 AufwG. sicher nicht gemeint, sondern er sieht als maßgebenden Punkt das Erlöschen des Schuldverhältnisses (§ 364 BGB.) an. Die Meinung Wassertrüdingers würde zu dem unannehmbaren Ergebnis führen, daß der Gläubiger, der seine gekündigten Schuldverschreibungen gegen eine über den geschuldeten Nennbetrag hinausgehende Zahlung in Geld abgeliefert hat, anders zu behandeln wäre als derjenige, der sie gegen höherwertige andere Papiere umgetauscht hat.

---

62. Kommt die dem Schuldner von Teilschuldverschreibungen durch Beschluß der Gläubigerversammlung bewilligte Stundung auch dem Bürgen zugute?

Gesetz vom 4. Dezember 1899 betr. die gemeinsamen Rechte der Besitzer von Schuldverschreibungen in der Fassung des Gesetzes vom 14. Mai 1914 § 11. BGB. § 768.

IV. Zivilsenat. Urt. v. 3. Mai 1926 i. S. H. & Co. (Kl.) w. Allg. Garantiebank (Bekl.). IV 673/25.

I. Landgericht I Berlin.
II. Kammergericht daselbst.

Die Klägerin ist Inhaberin von Teilschuldverschreibungen über 150000 GM, die von der J. R. Aktiengesellschaft im Jahre 1924 im Gesamtbetrag von 13000000 GM ausgegeben worden sind. Sie verlangt im Urkundenprozeß die am 2. Januar 1925 fällig gewordenen Zinsen ihrer Teilschuldverschreibungen von der Beklagten mit der Behauptung, daß letztere zugunsten der jeweiligen Inhaber der Teilschuldverschreibungen für Hauptsumme und Zinsen die Haftung übernommen habe. Diese Haftung wurde vor dem Landgericht als solche aus selbstschuldnerischer Bürgschaft, vor dem Berufungsgericht als Haftung aus Garantieübernahme bezeichnet. Das Landgericht hat der Klage stattgegeben, das Kammergericht hat sie abgewiesen. Die Revision der Klägerin hatte keinen Erfolg.

Gründe:

Nach Klagerhebung wurde durch eine Versammlung der Gläubiger aus den Schuldverschreibungen der J. R. Aktiengesellschaft am 5. Mai 1925 beschlossen, die am 2. Januar 1925 fällig gewordenen und bis zum 31. Dezember 1926 fällig werdenden Anleihezinsen zu stunden. Ferner wurde die Liquidations- und Treuhandgesellschaft zur Vertreterin der Gläubiger nach § 14 Abs. 1 des oben bezeichneten Gesetzes über die gemeinsamen Rechte der Besitzer von Schuldverschreibungen bestellt und gleichzeitig die Befugnis der einzelnen Gläubiger zur selbständigen Geltendmachung ihrer Rechte gemäß § 14 Abs. 2 ausgeschlossen. Diese Beschlüsse wurden mit der nach § 11 Abs. 2, § 14 Abs. 2 erforderlichen Stimmenmehrheit gefaßt. Das Berufungsgericht hat der Klägerin die Befugnis abgesprochen, nach dem Beschluß der Gläubigerversammlung den eingeklagten Zinsenanspruch weiter zu verfolgen, da dessen Geltendmachung hiernach ausschließlich dem bestellten Gläubigervertreter zustünde. Weiter nimmt das Berufungsgericht an, daß eine Haftung der Beklagten nur aus der Übernahme einer selbstschuldnerischen Bürgschaft in Frage kommen könne, und daß der Beklagten als Bürgin die für die Hauptforderung bewilligte Stundung zugute komme.

Die Revision bezweifelt, daß der Beschluß der Gläubigerversammlung über Ausschluß der Befugnis der einzelnen Gläubiger zu selbständigem Vorgehen gültig sei, weil bei der Berufung der Versammlung dieser Gegenstand der Beschlußfassung nicht oder zum mindesten nicht mit ausreichender Deutlichkeit angekündigt worden sei. Eines Eingehens auf diesen Revisionsangriff bedarf es jedoch nicht, da jedenfalls der zweite Entscheidungsgrund des Berufungsgerichts durchschlägt. Zunächst besteht kein rechtliches Bedenken gegen die — auf Auslegung der Anleihebedingungen und der Schreiben vom 30. Juli 1924 und 11. Oktober 1924 gestützte — Annahme des Berufungsgerichts, daß die Beklagte nur als selbstschuldnerische Bürgin haftbar gemacht werden könne. In ihrer Eigenschaft als Bürgin kann sich aber die Beklagte auf die der Hauptschuldnerin gewährte Stundung der Zinsen nach § 768 BGB. berufen. Die Einwendungen, die Koenige in seinen Erläuterungen zu § 1 des Gesetzes (Anm. 53) und zu § 12 (Anm. 2) gegen die Anwendung des § 768 BGB. erhebt, sind nicht als zutreffend anzuerkennen. Es mag sein, daß die Gläubigerversammlung über die Haftung der Bürgen nicht verfügen kann. Dies tut aber die Gläubigerversammlung nicht, wenn sie dem Schuldner Stundung bewilligt. Die dem Schuldner gewährte Stundung hat nur die gesetzliche Folge, daß auch der Bürge sie geltend machen kann. Auch die entsprechende Anwendung des § 193 KO. und des § 60 Abs. 2 der Bekanntmachung des Bundesrats vom 14. Dezember 1916 über die Geschäftsaufsicht zur Abwendung des Konkurses ist abzulehnen. Die Anordnung des Konkurses oder der Geschäftsaufsicht setzt Zahlungsunfähigkeit oder auch Überschuldung voraus. Da die Bürgschaft den Gläubiger gerade bei Vermögensverfall des Schuldners sichern soll, ist es gerechtfertigt, daß der Zwangsvergleich die Haftung des Bürgen unberührt läßt. Bei der Aufgabe oder Beschränkung von Rechten der Schuldverschreibungsgläubiger durch Beschluß der Gläubigerversammlung braucht aber eine Zahlungsunfähigkeit nicht vorzuliegen. Sie erfolgt vielmehr gerade zu dem Zweck, eine Zahlungseinstellung oder den Konkurs abzuwenden. Das Berufungsgericht verweist auch mit Recht darauf, daß beim Konkurs oder bei der Geschäftsaufsicht in der Regel nur einzelne Gläubiger durch Bürgschaft gesichert sein werden. Es wäre unbillig, wenn diese Gläubiger durch einen mit den Stimmen der nicht gesicherten Gläubiger herbeigeführten Zwangsvergleich ihrer Vorzugsstellung verlustig gehen sollten. Anders liegt es bei den Inhabern von Teilschuldverschreibungen, deren Forderungen gleichmäßig durch Bürgschaft gesichert sind. Hier würde überdies die Gefahr bestehen, daß die Fortdauer der Haftung des Bürgen die Entschließung der Gläubiger bei der Beschlußfassung nach § 11 des Gesetzes in einer dem Zweck des Gesetzes nicht entsprechenden Weise beeinflussen würde. Die Aufgabe oder Beschränkung ihrer Gläubigerrechte würde nicht auf ihre Kosten erfolgen, sondern auf Kosten des Bürgen, der ihnen nach wie vor verhaftet bliebe. Vor allem aber würde die Inanspruchnahme des Bürgen diesem in der Regel ein sofort zu verwirklichendes Rückgriffsrecht gegenüber dem Schuldner eröffnen, zwar nicht infolge des Übergangs der Hauptforderung auf den Bürgen nach § 774 Satz 1 BGB., weil die übergehende Hauptforderung gestundet ist, wohl aber auf Grund des Rechtsverhältnisses, auf dem die Bürgschaftsübernahme beruht (vgl. auch § 775 BGB.). Die Folge also wäre lediglich die, daß an Stelle der bisherigen Gläubiger ein anderer träte. Damit wäre der Zweck des Beschlusses nach § 11 des Gesetzes vereitelt.

63. 1. Kann eine Vereinssatzung gültig vorschreiben, daß dem für Streitigkeiten zwischen dem Verein und seinen Mitgliedern vorgesehenen Schiedsgericht zwei Vereinsmitglieder als Schiedsrichter angehören müssen?

2. Ist das für solche Streitigkeiten eingerichtete Schiedsgericht auch gegenüber ausgeschiedenen Vereinsmitgliedern noch zuständig?

BGB. §§ 39, 138. ZPO. § 1025.

VI. Zivilsenat. Urt. v. 4. Mai 1926 i. S. W. (Kl.) w. Vereinigung mitteldeutscher Rohzuckerfabriken (Bekl.). VI 29/26.

I. Landgericht Halle a. S.
II. Oberlandesgericht Naumburg a. S.

Die Beklagte ist ein Kartell von Rohzuckerfabriken, das einen möglichst günstigen Absatz des von seinen Mitgliedern erzeugten Rohzuckers bezweckt. Hierwegen ist sie mit einer Reihe von Raffinerien in Verbindung getreten, an welche die Mitglieder ihren Rohzucker zur Verarbeitung zu Verbrauchszucker abzuliefern haben. Das Kartell besorgt dann den Verkauf des Zuckers durch eine eigene Verkaufsstelle. Die Verwaltungskosten der Vereinigung werden durch Umlage gedeckt. Was nach Abzug dieser Umlage und des an die Raffinerien zu zahlenden Werklohns vom Erlös aus dem Verkauf des Verbrauchszuckers übrig bleibt, wird unter die Mitglieder des Kartells nach Verhältnis der von ihnen gelieferten Mengen Rohzucker verteilt. Im einzelnen werden die Rechte und Pflichten der Mitglieder und der Raffinerien gegenüber dem Kartell für jedes Geschäftsjahr durch einen besonderen Raffinerievertrag geregelt. Das Geschäftsjahr läuft vom 1. Oktober bis zum 30. September. Die Satzung sieht für Streitigkeiten zwischen dem Kartell und seinen Mitgliedern ein Schiedsgericht vor. Dieses besteht aus einem Vorsitzenden und zwei Beisitzern, welch letztere aus den Mitgliedern der Vereinigung zu entnehmen sind, und hat nach § 13 der Satzung über alle die Satzung und die Vereinszwecke berührenden Streitigkeiten zu entscheiden.

Zu den Mitgliedern des Kartells gehörte auch die Klägerin. Mit dem Ablauf des Geschäftsjahres 1923/24 ist sie durch Kündigung ausgeschieden. Sie hat für dieses Geschäftsjahr ihren

Anteil am Verkaufserlös des raffinierten Zuckers entsprechend den von ihr gelieferten 68800 Zentner Rohzucker gezahlt erhalten. Am 18. November 1924 hat der Hauptausschuß der Vereinigung beschlossen, aus den Mitteln der Umlage noch rund 0,23 ℳ für den Zentner des im Geschäftsjahr 1923/24 gelieferten Rohzuckers den Mitgliedern zuzuteilen. Die Zuteilung an diese ist erfolgt, dabei ist jedoch die Klägerin, da sie ausgeschieden war, nicht berücksichtigt worden. Sie glaubt aber auch ihrerseits einen Anspruch auf die Nachzahlung zu haben, da es sich bei der Nachverteilung nur um eine nachträgliche Ermäßigung der für das Geschäftsjahr 1923/24 festgesetzten Umlage und damit in Wirklichkeit um die Verteilung weiteren Gewinns aus dem Geschäftsjahr 1923/24 gehandelt habe. Sie hat von ihren Ansprüchen zunächst einen Teilbetrag von 3000 ℳ gegen die Beklagte eingeklagt. Diese hat den Einwand des Schiedsvertrags erhoben.

Das Landgericht hat die Einrede verworfen, das Oberlandesgericht dagegen hat sie für begründet gehalten und die Klage abgewiesen. Die Revision der Klägerin ist zurückgewiesen worden.

Gründe:

Ohne Rechtsirrtum hat das Berufungsgericht den Einwand verworfen, daß die im § 13 der Satzung enthaltene Schiedsklausel nichtig sei. Eine solche Nichtigkeit hätte in Frage kommen können, wenn durch die Satzung ein Organ der Vereinigung zum Schiedsrichter über Streitigkeiten zwischen der Beklagten und ihren Mitgliedern bestimmt worden wäre, da solchenfalls eine Partei Schiedsrichter in eigener Sache gewesen wäre (RGZ. Bd. 80 S. 191, Bd. 90 S. 308, Bd. 93 S. 289). Diese Voraussetzung trifft aber hier nicht zu, weil die Satzung nur vorschreibt, daß von den drei Mitgliedern des Schiedsgerichts die zwei Beisitzer und ihre Stellvertreter Vereinsmitglieder sein müssen. Mit dieser Zusammensetzung des Schiedsgerichts wird bloß bezweckt, dessen Sachkunde zu stärken oder die Interessenwahrnehmung der Vereinsmitglieder zu sichern, nicht aber eine Partei selbst zum Schiedsrichter gemacht (RGZ. Bd. 51 S. 398). Daran würde es auch nichts ändern, wenn im gegebenen Fall auch der Obmann, also alle drei Mitglieder des Schiedsgerichts, Vereinsmitglieder sein sollten, ganz abgesehen davon, daß es auch nur darauf ankommt, ob die im § 13 der Satzung getroffene Bestimmung über die Zusammensetzung des Schiedsgerichts als solche nichtig ist. Daß etwa das Schiedsgericht im ganzen als ein Organ der Beklagten anzusehen ist, kann nicht in Frage kommen. Es ist nur eine Einrichtung der Vereinigung, die zwar den Interessen des Vereins und der Mitglieder zu dienen bestimmt, aber nicht mit einer Vertretung des Vereins befaßt ist.

Richtig mag sein, daß die nachträglichen Zuteilungen an die anderen Mitglieder verkleinert werden, wenn auch die Klägerin einen Anteil an den Nachzahlungen nach Maßgabe des Beschlusses vom 18. November 1924 erhält. Aber dies kann, wie das Berufungsgericht zutreffend ausführt, vielleicht die Besorgnis der Befangenheit der Vereinsmitglieder als Schiedsrichter rechtfertigen und der Klägerin die hierfür vorgeschriebenen Behelfe an die Hand geben, jedoch den Schiedsvertrag selbst nicht beseitigen.

Rechtlich bedenkenfrei ist es auch, daß das Berufungsgericht trotz des Ausscheidens der Klägerin aus der Vereinigung die weiterbestehende Zuständigkeit des Schiedsgerichts bejaht hat. Seine Annahme beruht auf einer Auslegung der Satzung. Ob diese der Nachprüfung durch das Revisionsgericht entzogen ist oder sie zuläßt, weil es sich um eine typische Urkunde handelt, kann auf sich beruhen. Denn auch wenn für eine selbständige Auslegung durch das Revisionsgericht Raum ist, muß dem Berufungsgericht darin beigetreten werden, daß das Ausscheiden der Klägerin im gegebenen Fall nichts an der Weitergeltung der Schiedsklausel für sie geändert hat. Da die Klägerin Ansprüche erhebt, die in Verhältnissen aus der Zeit ihrer Mitgliedschaft ihren Grund haben, so muß sie auch den Bestimmungen unterworfen bleiben, die für diese Zeit ihr gegenüber maßgebend gewesen sind. Sie kann insoweit keine andere Stellung für sich beanspruchen, als die anderen Mitglieder sie haben, weil sie, wenn sie deren Rechte in Anspruch nimmt, sich auch sonst in bezug auf das streitige Rechtsverhältnis ebenso behandeln lassen muß wie jene. Daß eine Bestimmung, die auch die ausgeschiedenen Mitglieder noch an die Satzung bindet, ungültig wäre, weil sie unzulässigerweise den Austritt des Mitglieds erschwere und mit § 39 Abs. 2 BGB. nicht verträglich sei (RGZ. Bd. 88 S. 398), kann der Revision zum mindesten für den Fall nicht zugegeben werden, wo wie hier Ansprüche aus Verhältnissen vor dem Austritt des Vereinsmitglieds streitig sind.

Da es sich nach den eigenen Behauptungen der Klägerin um eine teilweise Rückerstattung der für das Geschäftsjahr 1923/24 festgesetzten Umlage und damit um eine Vermehrung ihres für dieses Jahr festgestellt gewesenen Geschäftsgewinns handelt, so ist auch dem Berufungsgericht darin beizupflichten, daß ein Streit vorliegt, der die Vereinszwecke berührt. Denn die Ansprüche, welche die Mitglieder auf Grund ihrer Mitgliedschaft gegen die Vereinigung auf Auskehrung des auf sie entfallenden Gewinns erheben, sind die nachdrücklichsten Äußerungen ihres Vereinsinteresses.

---

64. Welchen Unterschied macht es für die Rechtskraftwirkung eines Urteils, ob nach rechtskräftiger Zuerkennung eines Papiermarkanspruchs Schadensersatz gefordert wird wegen Nichterfüllung des ursprünglichen Vertrags oder wegen Nichterfüllung des durch das Urteil rechtskräftig festgestellten Anspruchs?

ZPO. § 322.

VI. Zivilsenat. Urt. v. 4. Mai 1926 i. S. B. (Bekl.) w. Firma S. Sch. & Co. (Kl.). VI 551/25.

I. Landgericht Düsseldorf, Kammer für Handelssachen.
II. Oberlandesgericht daselbst.

In einem Vorprozeß ist auf Antrag der damaligen und jetzigen Klägerin durch ein Versäumnisurteil vom 4. Januar 1921 der Beklagte verurteilt worden, ihr 32000 ℳ nebst 5% Zinsen seit dem 1. Juli 1920 zu zahlen. Dieses Urteil ist am 24. März 1921 rechtskräftig geworden. In demselben Vorprozeß erging am 3. Mai 1921 ein weiteres Versäumnisurteil gegen die Firma A. B. & Co. in Köln, eine offene Handelsgesellschaft, zu deren Gesellschaftern auch der Beklagte gehörte. Die Gesellschaft wurde verurteilt, als Gesamtschuldnerin mit dem Beklagten 32000 ℳ nebst 5% Zinsen seit dem 1. Juli 1920 und ferner noch 196132,20 ℳ nebst 5% Zinsen von 149132,20 ℳ seit dem 19. März 1920 und von 47000 ℳ seit dem 1. Juli 1920 zu zahlen. Dieses Urteil ist am 23. Mai 1921 rechtskräftig geworden. Im gegenwärtigen Rechtsstreit verlangt die

Klägerin von dem Beklagten Zahlung von 8754,56 GM nebst 5% Zinsen seit dem 1. Juli 1920 und außerdem Erstattung der Kosten eines Arrestverfahrens. Den zahlenmäßigen Betrag fordert die Klägerin unter dem Gesichtspunkt der Aufwertung und auch unter dem des Schadensersatzes wegen Verzugs, weil der Beklagte die oben erwähnten 32000 und 47000 = 79000 M nebst 5% Zinsen seit dem 1. Juli 1920 nicht bezahlt habe. Gegen den Bestand der auf einem Mäklervertrag beruhenden Forderung von 79000 M erhob der Beklagte Einwendungen. Die Klägerin ihrerseits wies darauf hin, daß es sich um bereits rechtskräftig zugesprochene Forderungen handle. Das Landgericht hat der Klägerin 7003,66 GM nebst 5% Zinsen seit dem 1. Juli 1920 und die Kosten des Arrestverfahrens zugesprochen, im übrigen aber die Klage abgewiesen. Vor dem vom Beklagten angerufenen Berufungsgericht hat die Klägerin erneut betont, daß es sich vom Zeitpunkt der Rechtskraft der Versäumnisurteile ab um Judikatsforderungen handle. Insoweit hat sie um Erlaß eines Teilurteils gebeten. Diesem Antrag hat das Oberlandesgericht durch ein Teilurteil vom 20. Oktober 1925 entsprochen und die Berufung des Beklagten in Höhe von 3185,30 RM nebst 5% Zinsen seit dem 1. Januar 1922 zurückgewiesen. Die Revision des Beklagten hatte keinen Erfolg.

Gründe:

Das Oberlandesgericht hat sich der Auffassung der Klägerin angeschlossen und angenommen, daß ihren Ansprüchen Einwendungen aus dem ursprünglichen Rechtsverhältnis nicht entgegengesetzt werden können, soweit die Klage darauf gestützt ist, daß der Beklagte mit der Zahlung von Beträgen in Verzug geraten ist, die der Klägerin bereits rechtskräftig zugesprochen worden waren. Auf den tatsächlichen Unterschied, daß durch das Versäumnisurteil vom 4. Januar 1921 der Beklagte persönlich, durch das Versäumnisurteil vom 3. Mai 1921 die offene Handelsgesellschaft verurteilt worden ist, welcher der Beklagte als Mitglied angehörte, hat das Oberlandesgericht dabei mit Recht keinen Wert gelegt. Der Fall des § 129 Abs. 1 HGB. ist gegeben. Der Beklagte wird als Gesellschafter wegen einer Verbindlichkeit der Gesellschaft in Anspruch genommen. Einwendungen, die in seiner Person begründet sind, hat er nicht vorgebracht. Andere Einwendungen darf er nur insoweit geltend machen, als sie von der Gesellschaft selbst erhoben werden könnten, wenn die Gesellschaft als solche verklagt worden wäre.

Die Revision wendet sich gegen das Berufungsurteil mit einer auf § 322 ZPO. gestützten Rüge. Sie meint, daß die Einwendungen aus dem ursprünglichen Rechtsverhältnis auch gegenüber dem durch das angefochtene Urteil zuerkannten Teilanspruch der Klägerin zulässig gewesen seien. Dem kann nicht beigetreten werden. Die Revision übersieht, daß es einen erheblichen Unterschied ausmacht, ob Schadensersatz verlangt wird wegen Nichterfüllung (oder auch verspäteter Erfüllung) des ursprünglichen Vertrags oder wegen Nichterfüllung (oder auch verspäteter Erfüllung) des durch Urteil bereits rechtskräftig festgestellten Anspruchs. Wird, wie vorliegend, die Erstattung des durch die Geldentwertung entstandenen Schadens gefordert, so ist bei der zweiten Art der Klagebegründung der in Ansatz zu bringende Schaden im allgemeinen geringer, als bei der ersten Art; denn es ist dabei nicht vom Eintritt des Verzugs mit der vertragsmäßigen Leistung, vielmehr vom Zeitpunkt der Rechtskraft des Urteils auszugehen. Für diesen Zeitpunkt steht dann aber auch rechtskräftig fest, daß die Urteilssumme zu zahlen war. Einwendungen dagegen werden durch die Rechtskraft des Urteils ausgeschlossen (RGZ. Bd. 111 S. 364). Die Klägerin war zwar zunächst auch auf den ursprünglichen Vertrag zurückgegangen und hatte Schadensersatz wegen Verzugs mit Zahlung der Forderung verlangt, sie hatte dann aber gegenüber den vom Beklagten insoweit zulässigerweise vorgebrachten Einwendungen aus dem ursprünglichen Vertragsverhältnis ihre Klage teilweise auf eine andere Grundlage gestellt und einen Teilbetrag auch wegen Verzugs mit Zahlung der rechtskräftig zugesprochenen Summen gefordert. In Ansehung dieses Teilbetrags waren damit die Einwendungen des Beklagten ausgeschaltet.

Das Urteil des erkennenden Senats vom 30. Januar 1925 (RGZ. Bd. 110 S. 147), auf das sich die Revision beruft, hat die hier zu entscheidende Frage überhaupt nicht erörtert. Damals klagte ein Versicherungsnehmer, der den durch einen Einbruchdiebstahl erlittenen Schaden mit einer früheren Klage in einer Papiermarksumme gefordert, diese Summe zugesprochen und schließlich auch gezahlt erhalten hatte, im Wege der Aufwertung auf Zahlung eines Goldmarkbetrags. Er forderte damit Erstattung eines weiteren Teils des durch den

Einbruchdiebstahl entstandenen Schadens, nämlich „den Unterschied zwischen dem Betrag des ... Schadens und dem Wert der im Vorprozeß festgestellten Papiermarkforderung" (a. a. O. S. 149). Zu dieser Klage hat der Senat ausgeführt, daß das frühere Urteil in Ansehung des neu eingeklagten Betrags keine Rechtskraftwirkung habe und daß deshalb Einwendungen aus dem ursprünglichen Vertragsverhältnis noch zulässig seien. Diese Ausführungen vermögen die für den gegenwärtigen Fall geäußerte Rechtsansicht der Revision nicht zu stützen. ...

---

65. Sind die in § 71 des Branntweinmonopolgesetzes vom 8. April 1922 den süddeutschen Brennern gewährten festen Mindestzuschläge zum Übernahmepreis von 7,50 ℳ und 5 ℳ als wertbeständig in dem Sinne gemeint, daß sie für die Zeit nach Mitte Dezember 1923 in Gold- oder Reichsmark in Ansatz zu bringen sind? Unterliegen sie andernfalls der Aufwertung?

IV. Zivilsenat. Urt. v. 6. Mai 1926 i. S. Deutsches Reich (Bekl.) w. Genossenschafts-Brennerei und -Trocknerei G. m. b. H. in A. (Kl.). IV 48/26.

I. Landgericht I Berlin.
II. Kammergericht daselbst.

Die Klägerin, die in Bayern eine landwirtschaftliche Brennerei betreibt, hat an die Reichsmonopolverwaltung in der Zeit vom 14. Dezember 1923 bis 11. Juni 1924 gewisse Mengen Branntwein abgeliefert und nach §§ 63 flg. des Branntweinmonopolgesetzes vom 8. April 1922 den Branntweingrundpreis nebst Zuschlägen vergütet erhalten. Die Parteien streiten über die Berechnung des Sonderzuschlags, der auf Grund des § 71 das. in den Ländern Bayern, Württemberg und Baden für den innerhalb des Brennrechts hergestellten Branntwein zu gewähren ist und der bei landwirtschaftlichen Brennereien 5 Hundertteile des Grundpreises, mindestens aber 7,50 ℳ für den Hektoliter Weingeist beträgt. Die Reichsmonopolverwaltung hat für das Betriebsjahr 1923/24 den angegebenen Hundertsatz und nicht den festen Mindestzuschlag von 7,50 ℳ angewendet mit der Begründung, daß dieser Zuschlag einen reinen Papiermarkbetrag darstelle und keinen Wert mehr habe. Der Reichsfinanzminister hat auf eine Beschwerde der Klägerin diese Auffassung gebilligt. Demgegenüber vertritt die Klägerin den Standpunkt, daß die Festsetzung des Mindestzuschlags in wertbeständigem Sinne erfolgt sei und als Mindestbetrag 7,50 *GM* in Ansatz gebracht werden müßten. Dann erreiche aber bei einem Grundpreis von 60, später 55 *GM* in der fraglichen Zeit der gezahlte prozentuale Zuschlag von 3 und 2,75 *GM* nicht den Mindestsatz, den sie zu beanspruchen habe. Demgemäß fordert sie mit der Klage den Unterschied zwischen den erhaltenen prozentualen und den festen Mindestzuschlägen, und zwar nunmehr in Reichsmark, nebst Zinsen. Die Höhe der Klagesumme ist nicht bestritten. Der Beklagte hat Widerklage erhoben auf Feststellung, daß die Klägerin nicht berechtigt sei, den Mindestzuschlag des § 71 in Reichsmarkwährung zu verlangen.

Die Vorinstanzen haben der Klage unter Abweisung der Widerklage stattgegeben. Auf die Revision des Beklagten erfolgte Aufhebung und Zurückverweisung.

Gründe:

1. Ob der Betrag von 7,50 *M*, der nach § 71 Abs. 1 des Gesetzes vom 8. April 1922 den süddeutschen landwirtschaftlichen Brennereien als fester Mindestzuschlag zu dem Übernahmegrundpreis für jeden abgelieferten Hektoliter Weingeist von der Reichsmonopolverwaltung zu zahlen ist, als wertbeständig in dem Sinne zu gelten hat, daß er für die hier in Betracht kommende Zeit in Gold- oder Reichsmark in Ansatz gebracht werden muß, ist in erster Reihe durch richterliche Auslegung des Gesetzes zu ermitteln. Die Wahl des Geldzeichens allein bietet zunächst für eine solche Annahme keinen Anhalt. Die Bestimmung des Mindestzuschlags ist in Mark zu einem festen Nennbetrag erfolgt. Das kann an sich nur die Mark der damaligen Währung bedeuten und enthält nicht die Festsetzung eines bestimmten Geldwerts. Immerhin erscheint es nicht ausgeschlossen, daß ein dahingehender Wille des Gesetzgebers aus den Umständen erkennbar ist.

Der Berufungsrichter zieht zur Auslegung die Entstehungsgeschichte des Gesetzes heran. Er geht davon aus, daß den drei süddeutschen Staaten Bayern, Württemberg und Baden in den früheren Branntweinsteuergesetzen in bezug auf die damalige Verbrauchsabgabe und im Branntweinmonopolgesetz vom 26. Juli 1918 in bezug auf den Übernahmepreis Sondervergünstigungen eingeräumt worden sind, die nach ausdrücklicher Vorschrift ohne Zustimmung der Sonderrechtsstaaten nicht aufgehoben oder beschränkt werden durften, und nimmt an, daß die hiernach den süddeutschen Brennereien zugute kommenden Beträge, die damals auf die volle Kaufkraft der Mark abgestellt gewesen und in das Gesetz vom 8. April 1922 übernommen worden seien, wieder wie früher in Goldmark berechnet werden müßten. In dieser Beziehung ist folgendes festzustellen:

Im Jahre 1887 schlossen sich die genannten drei Staaten der Norddeutschen Branntweinsteuergemeinschaft an. Sie gaben ihr Reservatrecht einer eigenen Branntweinbesteuerung auf, verlangten aber eine besondere Berücksichtigung ihrer im Vergleich zu Norddeutschland ungünstigeren Produktionslage. Demgemäß wurden ihnen in § 47 des Branntweinsteuergesetzes vom 24. Juni 1887 (in der Fassung des Gesetzes vom 4. April 1898, RGBl. S. 159) gewisse Begünstigungen bei der Bemessung der Kontingentsmenge, für die nur eine ermäßigte Abgabe zu zahlen war, zugestanden. Die Vorschrift wurde in das neue Branntweinsteuergesetz vom 15. Juli 1909 (RGBl. S. 661) übernommen, § 26 das. Durch die §§ 2, 5 des Gesetzes vom 14. Juni 1912 (RGBl. S. 378), welches das Kontingent für die drei süddeutschen Staaten aufrechterhielt, wurde sodann für sie die Verbrauchsabgabe um 7,50 M und bei gewerblichen Brennereien um 5 M je Hektoliter ermäßigt; das Sonderrecht erstreckte sich nunmehr nicht bloß auf die Bemessung der Kontingentsmenge, sondern auch auf die dem Kontingent zustehende Steuerermäßigung. Als durch das Gesetz vom 26. Juli 1918 (RGBl. S. 887) das Branntweinmonopol eingeführt und die Zahlung eines Übernahmepreises festgesetzt wurde, fand das Reservatrecht seinen Ausdruck in § 100 des Gesetzes, wonach sich der Grundpreis für die innerhalb des Brennrechts hergestellte Weingeistmenge in den drei süddeutschen Staaten bei landwirtschaftlichen Brennereien um 7,50 M, bei gewerblichen um 5 M für den Hektoliter Weingeist erhöhte. Überall (in § 47 a. F. des Gesetzes vom 24. Juni 1887, § 154 des Gesetzes vom 15. Juli 1909, § 2 Abs. 2 des Gesetzes vom 14. Juni 1912, § 259 Abs. 2 des Gesetzes vom 26. Juli 1918) war eine Abänderung der geschaffenen Sonderrechte von der Zustimmung der beteiligten Staaten abhängig gemacht.

Der am 29. März 1921 dem Reichsrat vorgelegte Entwurf des Branntweinmonopolgesetzes vom 8. April 1922 (Drucks. des Reichsrats 1921 Bd. 1 Nr. 100) sah in § 70 (jetzt 71) ebenso wie § 100 des Gesetzes vom 26. Juli 1918 für die landwirtschaftlichen Brennereien in Bayern, Württemberg und Baden einen erhöhten Zuschlag zum Grundpreis von 7,50 ℳ, für die dortigen gewerblichen Brennereien einen solchen von 5 ℳ je Hektoliter vor. Der Reichsrat setzte statt dessen einen Zuschlag von 4 und 2 Hundertteilen des Grundpreises fest, um auf diese Weise die Zuschläge der Geldentwertung anzupassen, fügte aber auf Vorschlag Württembergs die früheren Sätze von 7,50 und 5 ℳ als Mindestzuschläge wieder ein. Die in den früheren Gesetzen enthaltene Bestimmung, daß eine Änderung der Sonderbehandlung nicht ohne Zustimmung der drei süddeutschen Länder erfolgen könne, findet sich in dem Gesetz vom 8. April 1922 nicht. Sie wird in der Begründung zu § 70 des Entwurfs (Drucks. des Reichsrats a. a. O.) als mit der neuen Reichsverfassung nicht vereinbar erklärt; nachdem diese das auf Art. 35 Abs. 2 der alten Reichsverfassung beruhende Reservatrecht beseitigt habe, bestehe ein Anspruch auf die Sonderrechtsvergünstigung nicht mehr, zur Vermeidung von Härten sollten jedoch die bisherigen Sonderzuschläge den in Betracht kommenden Ländern belassen werden. In der Sitzung des Reichsrats vom 16. Juni 1921 (Niederschriften der Verhandlungen 1921 § 540) traten die Vertreter Bayerns und Badens dem Entwurf in der Voraussetzung bei, daß die Reichsregierung sich auch in Zukunft an die 1918 abgegebene Erklärung gebunden erachte, das Weiterbestehen einer dem § 100 des Gesetzes vom 26. Juli 1918 entsprechenden Regelung zu gewährleisten. Der Regierungsvertreter sagte das für den Fall einer künftigen Aufhebung und Umgestaltung der Vorschriften über das Brennrecht zu, auf die sich jene Erklärung bezogen habe, hielt einen solchen Fall aber bei der jetzt getroffenen Regelung nicht für gegeben. Der Vertreter Württembergs widersprach dem zwar im Hinblick auf die Umgestaltung des Zuschlags in Hundertsätze, die im alten Verhältnis hätten mit geändert werden müssen, gab aber unter Verzicht auf die Aufrechterhaltung des § 259 Abs. 2 des bisherigen Gesetzes dem Entwurf nach dem Vorgang von

Bayern und Baden seine Zustimmung. Vom Reichstag wurde lediglich der Prozentsatz des Zuschlags für landwirtschaftliche Brennereien in 5 Hundertteile geändert (Bericht des 36. Ausschusses vom 22. Februar 1922, Drucks. des Reichstags 1920/21 Nr. 3616 S. 36).

Hiernach sind allerdings die bisherigen Sonderzuschläge von 7,50 und 5 ℳ in Gestalt von Mindestzuschlägen den drei süddeutschen Ländern belassen worden, jedoch nicht — wie der Berufungsrichter annimmt — auf Grund eines noch bestehenden, in der Verfassung oder dem Gesetz begründeten Reservatrechts, sondern als bloße Vergünstigung, wie sie nach der Erklärung des Regierungsvertreters auch später noch gewährt werden soll. Für die Auslegung selbst hat dieser Unterschied keine erhebliche Bedeutung, da man über die Zusage der Vergünstigung einig war. Wenn nun auch in Verfolg der alten Sonderbehandlung die früheren Sätze aufrechterhalten worden sind, so kann doch jedenfalls davon keine Rede sein, daß man die Beträge von 7,50 und 5 ℳ nicht als Papiermark angesehen, sondern schon damals ihnen den Geldwert einer Friedens-(Gold-)mark zugrunde gelegt habe. Im Sommer 1921 betrug der Hektolitergrundpreis etwa 600 ℳ (Papiermark), der vierprozentige Zuschlag also 24, der fünfprozentige 30 Papiermark. Das hätte nach dem damaligen Geldstand etwa 1,50 und 1,70 Gℳ ergeben, so daß es bei einem Mindestzuschlag von 7,50 Gℳ der Festsetzung prozentualer (anteilsmäßiger) Zuschläge überhaupt nicht bedurft hätte. Auch die übrigen im Gesetz festgesetzten Beträge sind einheitlich in Papiermark ohne Angabe eines festen Geldwerts bestimmt und als Papiermarkbeträge gemeint. Die Bemessung der Mindestsätze auf 7,50 und 5 Papiermark konnte also nur Bedeutung haben für den Fall, daß die Währung wieder erstarkte und mit der Besserung der Mark der Grundpreis sich senkte. Fiel er z. B. von 600 ℳ auf unter 150 ℳ, so betrug der fünfprozentige Zuschlag weniger als 7,50 ℳ und erreichte den Mindestsatz nicht, der dann in Kraft trat. Daß man bei der Beratung und Beschlußfassung über das Gesetz die Sachlage in diesem Sinne beurteilt und es deshalb bei den alten Sätzen belassen hat, obwohl diese damals nur noch einen ganz geringen Goldwert hatten, ist nicht zu bezweifeln. Wie der Beklagte selbst anerkennt, lebte man zu jener Zeit der Hoffnung, daß die Mark sich erholen werde. Davon ist offenbar auch der

Gesetzgeber bei der Beibehaltung der alten Zuschläge ausgegangen. Der Klägerin kann hiernach so viel zugegeben werden, daß nach der Ansicht des Gesetzgebers die festen Mindestsätze wieder voll zur Geltung kommen würden, wenn das Wertverhältnis der damaligen Mark und ihre Kaufkraft sich besserten.

Die Erwartung eines Wiedererstarkens der Markwährung hat sich in der Folge nicht erfüllt; diese ist gegen Ende 1923 vollkommen zusammengebrochen. An ihrer Stelle wurde eine neue Währung geschaffen, die zwar auch auf Mark (Reichsmark) lautet, aber trotz des Namens mit der früheren Währung in der Hauptsache nichts gemein hat. Es fragt sich, ob die Papiermarksätze des § 71 des Gesetzes vom 8. April 1922 angesichts dieser Entwicklung der Geldverhältnisse nunmehr in Reichsmark oder doch in Goldmark gefordert werden können. Das ist zu verneinen. Die Geltung einer gesetzlichen Vorschrift, die den Betrag einer Forderung schlechthin in der damals geltenden Papiermark festsetzt, darf nicht über die Grenzen der ihr zugrunde liegenden Währungsverhältnisse, also über den Untergang der alten Währung hinaus ausgedehnt werden. Zu einer solchen weitgehenden Auslegung berechtigt auch nicht die Berücksichtigung des Gesetzeszwecks, hier der den süddeutschen Brennereien wegen ihrer ungünstigen Produktionslage zugesicherten Sondervergünstigung. Weder die Rentenmark noch die Rechnungseinheit der Goldmark sind Bestandteil der alten Markwährung geworden. Bei der neuen Reichsmark versteht sich das von selbst. Es erhellt nicht, daß der Gesetzgeber 1921 und Anfang 1922 an das Aufkommen einer anderen Währung gedacht hat. Er wollte den in § 71 des Gesetzes festgelegten Beträgen nicht etwa ein für allemal einen festen Geldwert im Hinblick auf einen völligen Währungsverfall verleihen, sondern betrachtete sie als bloße Papiermarkbeträge, die im Rahmen der damaligen Währung bei der von ihm angenommenen Besserung der Mark den anteilsmäßigen Zuschlägen gegenüber wieder einen erhöhten Geldwert erlangen könnten. Daß aber die alte Mark als solche den Wert der Friedensmark überhaupt nicht wieder erreicht hat, sondern als Wertmesser völlig aus dem Verkehr verschwunden ist, ist bekannt. Nach alledem kann durch Gesetzesauslegung kein der Klägerin günstiges Ergebnis gewonnen werden. Es hätte zur Umwandlung der Papiermark in Gold- oder Reichsmark eines besonderen gesetzgeberischen Eingriffs bedurft, wie er in sonstigen Fällen mehrfach stattgefunden hat (vgl. z. B. die Verordnung über Wertgrenzen im Steuerrecht vom 21. Dezember 1923, RGBl. I S. 1238, und die 2. Verordnung zur Durchführung des Münzgesetzes vom 12. Dezember 1924, RGBl. I S. 775). Bei dem Grundpreis und den danach berechneten prozentualen Zuschlägen war eine solche gesetzliche Neuregelung nicht erforderlich, da er von Zeit zu Zeit in der jeweils geltenden Währung festgesetzt wird, § 64 des Gesetzes und die Bekanntmachungen vom 27. Dezember 1923, 29. Oktober 1924 und 26. September 1925 im Reichszollblatt 1924 S. 2, 112 und 1925 S. 164.

2. Eine andere Frage ist, ob nicht die Klägerin die Aufwertung des Mindestsatzes von 7,50 *M* verlangen kann, also auf diesem Wege die ursprüngliche Festsetzung des Papiermarkbetrags eine angemessene Berichtigung zu erfahren hat. Die Vorinstanzen haben die Frage nicht geprüft. Eine eigentliche Aufwertung auf Grund des § 242 BGB. etwa unter dem Gesichtspunkt, daß zwischen dem Reich und den drei Ländern ein Vertrag zugunsten Dritter (der Brenner) geschlossen sei, dürfte nicht in Frage kommen, da es sich nicht um einen Vertrag, sondern um die verfassungsrechtliche Zustimmung zu einem Gesetzentwurf handelt. In der Rechtsprechung wird aber anerkannt, daß bei Wertansprüchen, die eine Entschädigung zum Gegenstand haben, z. B. bei der Enteignungsentschädigung, die Umrechnung der Entschädigungssumme nach dem Geldstand zur Zeit des Urteils gefordert werden kann (RGZ. Bd. 107 S. 228, Bd. 112 S. 53; Warn. Rechtspr. 1923/24 Nr. 112, 113, 1925 Nr. 159, 160). Ebenso hat der jetzt erkennende Senat wiederholt ausgesprochen, daß Entschädigungsforderungen der bestehenden Betriebe nach §§ 199 flg. des Branntweinmonopolgesetzes vom 26. Juli 1918/8. April 1922 und solche der Angestellten nach §§ 228 flg. das. aufzuwerten sind, weil es sich um einen Ausgleich entstandenen Schadens handelt (Urt. vom 12. Mai 1924 IV 830/23; vom 7. März 1925 IV 539/24 in LZ. 1925 Sp. 481; vom 4. Juli 1925 IV 107/25; vom 8. Oktober 1925 IV 96/25). Allerdings kann bei der gesetzlich den Brennern gegen Zahlung eines Übernahmepreises vorgeschriebenen Ablieferung des Branntweins von einem erlittenen Schaden noch nicht gesprochen werden, und ebensowenig handelt es sich dabei um eine Enteignung im Rechtssinn, durch die vom Staat neues Eigentum

verliehen wird (Warn. Rechtspr. 1923/24 Nr. 113). Es liegt vielmehr ein Zwangsverkauf vor, der aber ähnlich wie die gesetzliche Regelung der Ablieferungspflicht bei Devisen einer Enteignung oder Beschlagnahme begrifflich sehr nahe kommt (RGZ. Bd. 110 S. 347). Von diesem Gesichtspunkt würden der Aufwertung des Mindestzuschlags als eines Teils der gesetzlichen Entschädigung keine Bedenken entgegenstehen. Zu Zweifeln könnte nur der Umstand Anlaß bieten, daß der Mindestzuschlag von vornherein im Gesetz zu einem gewissen Nennbetrag fest bestimmt ist. In der Tat ist in solchen Fällen, z. B. bei den auf Goldbasis gestellten Gebühren und Abgaben, die Anpassung der Sätze an den jetzigen Geldwert durch besondere Gesetze neu geregelt worden. Das hindert aber nicht, im vorliegenden Fall die allgemeinen Grundsätze der Aufwertung anzuwenden. Von Bedeutung ist, daß der Grundpreis und der anteilmäßige Zuschlag seit langem in Gold- oder Reichsmark berechnet werden. Wenn es auch bei den festen Mindestzuschlägen hierzu an einer besonderen gesetzlichen Handhabe fehlt, so erscheint es doch angesichts der jetzigen Wertbeständigkeit der Grundpreise geboten und mit den allgemeinen Aufwertungsregeln wohl vereinbar, auch die Mindestzuschläge den heutigen Geldverhältnissen anzupassen. Dies um so mehr, als eine solche Aufwertung (in Gold- oder Reichsmark) mit der Zusicherung, die die Reichsregierung den drei süddeutschen Ländern wegen Begünstigung ihrer Brennereien gegeben hat, in vollem Einklang steht. Übrigens sind auch in §§ 213 flg., 228 flg. des Gesetzes vom 26. Juli 1918/8. April 1922 die Entschädigungsbeträge in einem bestimmten Rahmen festgelegt und Mindest- und Höchstgrenzen vorgesehen. Trotz dieser gesetzlichen Festlegung hat das angezogene Urteil des Senats vom 7 März 1925 die Aufwertung für zulässig erachtet. Über das Maß der Aufwertung zu befinden, ist Sache der Vorinstanz. Dabei ist zu beachten, daß nicht etwa lediglich der Geldstand zur Zeit des Erlasses des Gesetzes (8. April 1922) zugrunde zu legen ist. Vielmehr ist im Hinblick auf die Entstehungsgeschichte davon auszugehen, daß man den süddeutschen Brennern nach Aufgabe der Sonderrechte die Mindestzuschläge für die Zukunft möglichst entsprechend dem alten Geldwert der Sätze zuwenden wollte. Nicht ausgeschlossen ist daher, daß die Aufwertung den vollen Betrag von 7,50 GM oder RM erreicht.

66. 1. Enthält die Überschrift über dem Wechsel: „Fällig am 1. September 1924 in O." dann, wenn der Trassat an einem anderen Orte wohnt, einen Domizilvermerk ohne benannten Domiziliaten?

2. Wer hat bei einem Wechsel, der für nachträglich vorgenommene Veränderungen keinen äußeren Anhalt bietet, die Beweislast dafür, daß der Domizilvermerk erst nachträglich auf den Wechsel gesetzt sei?

3. Sind der Indossant und seine Vormänner im Sinne des § 445 ZPO. Rechtsvorgänger des Indossatars?

4. Ist der Tag der Protesterhebung in die Verjährungsfrist des Art. 78 Nr. 1 WO. mit einzurechnen?

5. Liegt Unterbrechung der Verjährung einer Forderung vor, wenn der zur Unterbrechung der Verjährung dienende Zahlungsbefehl zwar nicht ordnungsmäßig zugestellt, dieser Formmangel aber nicht rechtzeitig gerügt worden ist?

BGB. § 187 Abs. 1. WO. Art. 7, 24, 43, 78.
ZPO. §§ 211, 295, 445, 693 Abs. 3.

II. Zivilsenat. Urt. v. 7. Mai 1926 i. S. Stadtgemeinde O. (Bekl.) w. Reichsbankstelle in R. (Kl.). II 495/25.

I. Landgericht Düsseldorf.
II. Oberlandesgericht daselbst.

Die Klägerin, die Reichsbankstelle in R., ist Inhaberin eines von der beklagten Stadtgemeinde O. ausgestellten, auf die Firma E. in W. gezogenen und von dieser angenommenen Wechsels über 270000 RM, der am 4. September 1924 fällig und bei der Reichsbanknebenstelle O. zahlbar war; er trägt die Überschrift: „fällig am 4. September 1924 in O."; auf der Rückseite befinden sich die Indossamente des Peter K. (Remittenten), der Firma E. mit den Unterschriften O. und Sch. und schließlich das Vollindossament: „an die Order der Reichsbank, für die Stadt O. der Bürgermeister W." ... Mangels Zahlung der Domiziliatin, Reichsbanknebenstelle O., ging der Wechsel am 5. September 1924 zu Protest.

Die Klägerin verlangt nunmehr, im Wechselprozeß klagend, Zahlung der Wechselsumme nebst Zinsen, Protestkosten und Provision.

Die Beklagte wandte ein, der Domizilvermerk sei erst nachträglich unbefugt auf den Wechsel gesetzt worden, die Protesterhebung hätte daher nicht bei der Domiziliatin, sondern bei der Akzeptantin erfolgen sollen. Außerdem erhob sie den Einwand der Verjährung des Regreßanspruchs mit der Begründung, daß das Gesuch um Erlassung des der Klage vorangegangenen Wechselzahlungsbefehls nicht innerhalb der nach ihrer Meinung am 4. Dezember 1924 abgelaufenen dreimonatigen Frist des Art. 78 Nr. 1 WO., sondern erst am 5. Dezember beim Amtsgericht eingegangen sei. Die Verjährung sei aber auch deshalb nicht unterbrochen worden, weil es an einer ordnungsmäßigen Zustellung des Zahlungsbefehls gefehlt habe; der Zahlungsbefehl sei nämlich unter Nichtbeobachtung der Vorschrift des § 211 ZPO. dem gerade im Amtsgerichtsgebäude anwesenden Bürgermeister W. gegen Empfangsbescheinigung ausgehändigt worden. Schließlich machte die Beklagte geltend, es habe gemäß Vereinbarung zwischen Akzeptantin und Ausstellerin eine Einlösungspflicht der letzteren nicht begründet werden sollen, was der Klägerin beim Erwerb des Wechsels bekannt gewesen sei.

Das Landgericht verurteilte die Beklagte nach dem Klagantrag unter Vorbehalt der Ausführung ihrer Rechte. Die Berufung der Beklagten war erfolglos. Auch ihre Revision wurde zurückgewiesen.

Aus den Gründen:

1. Das Vorbringen der Beklagten läßt nicht klar erkennen, ob sich ihre Behauptung, der Domizilvermerk sei erst nach Unterzeichnung des Wechsels und des Vollindossaments durch Bürgermeister W. von der Akzeptantin auf den Wechsel gesetzt worden, lediglich auf den unter der Adresse befindlichen Vermerk „zahlbar Reichsbanknebenstelle O." oder auch auf die Überschrift über dem Wechsel „fällig am 4. September 1924 in O." beziehen soll. Das ist nicht ohne Bedeutung. Befand sich nämlich die Überschrift bereits auf dem Wechsel, als ihn Bürgermeister W. für die Beklagte, die Trassantin, unterzeichnete, so ist schon in dieser Überschrift eine Domizilierung zu erblicken. Die Benennung eines Domiziliaten gehört nicht zum Begriff des Domizilwechsels. Hat der Aussteller keinen Domiziliaten benannt, so ist der Akzeptant bei der Annahme hierzu befugt. Der Behauptung der Beklagten, die Akzeptantin habe den Vermerk „zahlbar Reichsbanknebenstelle O." erst nach Vollziehung

der Unterschriften des Bürgermeisters W. auf den Wechsel gesetzt, käme also keine Bedeutung zu, es sei denn, daß die Akzeptantin den Domiziliaten nicht schon bei der Annahme, sondern erst später auf dem Wechsel vermerkt hätte. Tatsächlich hat es den Anschein, daß die Beklagte nur den unter der Adresse befindlichen Domizilvermerk, also die Bezeichnung des Domiziliaten, gemeint hat, wenigstens bezieht sich ihre Eideszuschiebung nur hierauf; dies kann jedoch auf sich beruhen, da das angefochtene Urteil auch dann richtig ist, wenn sich die Behauptung der Beklagten nicht nur auf den Domiziliatenvermerk, sondern auch auf die Wechselüberschrift beziehen sollte.

2. Der Berufungsrichter hat der Beklagten für ihre Behauptung der unbefugten, nachträglichen Domizilierung des Wechsels die Beweislast auferlegt, weil die Wechselurkunde selbst keinen Anhalt für die Annahme biete, daß an ihr nachträglich eine Veränderung vorgenommen sei. Die Revision bekämpft diese Auffassung mit dem Hinweis darauf, daß die Behauptung, wonach der Domizilvermerk sich schon bei der Unterzeichnung durch den Trassanten auf dem Wechsel befunden haben soll, zur Klagebegründung gehöre; das Fehlen des Domizilvermerks stehe dem Regreßanspruch der Reichsbank entgegen, da dann der Protest nicht bei der Domiziliatin, sondern bei der Akzeptantin habe erhoben werden müssen; durch die Vorlegung des Wechsels sei der Beweis noch nicht erbracht, denn der Domizilvermerk gehöre nicht zur notwendigen Form des Wechsels und werde daher nicht durch die Wechselunterschrift als solche gedeckt.

Dieser Revisionsangriff geht fehl; er steht auch mit der Rechtsprechung (ROHG. Bd. 5 S. 373, Bd. 11 S. 30, Bd. 13 S. 252, Bd. 24 S. 255; RGZ. Bd. 32 S. 38) und mit dem Schrifttum im Widerspruch. Die Rechtsverhältnisse aus dem Wechsel müssen so beurteilt werden, wie sie sich nach seiner Gestaltung zur Zeit der Geltendmachung des Anspruchs darstellen. Läßt sich aus seiner äußeren Gestalt nicht entnehmen, daß nachträglich Veränderungen mit ihm vorgenommen worden sind, so ist zunächst davon auszugehen, daß solche Veränderungen nicht stattgefunden haben; wer sie behauptet, muß sie beweisen. Das erfordert schon die Sicherheit des Verkehrs, dem der Wechsel dienen soll. Die Ansicht der Revision würde zu praktisch unbrauchbaren Ergebnissen führen. Mutete man dem Wechselberechtigten, dessen Kenntnis es sich in den meisten

Fällen entzieht, ob nicht der Domizilvermerk später unbefugt auf den Wechsel gesetzt wurde, die Beweislast zu, so müßte er stets der Vorsicht halber sowohl beim Domiziliaten wie beim Akzeptanten präsentieren und protestieren, weil er sonst Gefahr liefe, seine Regreßrechte einzubüßen. Da sich aber die doppelte Präsentation beim Akzeptanten und beim Domiziliaten innerhalb der kurzen Protestfrist oft nicht ermöglichen lassen wird, würde damit die praktische Verwendbarkeit des Domizilwechsels erheblich beeinträchtigt. ...

3. Die Beklagte hat der Klägerin mehrere Eide zugeschoben, die zum Teil Handlungen oder Wahrnehmungen der Beklagten und der Akzeptantin betreffen. Der Berufungsrichter hat diese Eide für unzulässig erklärt, weil der Wechselindossant nicht Rechtsvorgänger des Indossatars sei, der Indossatar vielmehr selbständige, vom Recht des Indossanten unabhängige Rechte geltend mache, weshalb § 445 ZPO. keine Anwendung finde. Diese auch von Sydow-Busch ZPO. § 445 Anm. 2 a. E. vertretene Auffassung steht mit dem Schrifttum und der jetzigen Rechtsprechung des Reichsgerichts im Widerspruch. Für den Begriff der Rechtsnachfolge im Sinne des § 445 ZPO. ist es bedeutungslos, ob dem Rechtsnachfolger gegenüber, namentlich bei gutgläubigem Erwerb, einzelne oder alle Einwendungen ausgeschlossen sind, die sich der Vorgänger entgegensetzen lassen muß. Wird ein Recht von einem Nichtberechtigten hergeleitet (§ 135 Abs. 2 BGB.), so bleibt der Verfügende gleichwohl insofern Rechtsvorgänger des anderen, als seine Verfügung den Grund für die Rechtsnachfolge bildet. Sydow-Busch beruft sich für seine Auffassung auf RGZ. Bd. 43 S. 41 (= Seuff. Arch. Bd. 55 Nr. 226); allein von dieser Entscheidung ist das Reichsgericht (derselbe I. Zivilsenat) später abgegangen (vgl. RGZ. Bd. 47 S. 66), und an dieser abweichenden Ansicht wurde seitdem festgehalten (Urteile vom 18. Dezember 1901 I 373/01 und vom 13. Februar 1913 II 545/12).

4. Auf die zugeschobenen Eide kommt es aber deshalb nicht an, weil die unter Eid gestellten Tatsachen für den von der Beklagten zu erbringenden Beweis nicht erheblich sind. Auszugehen ist mit dem Berufungsrichter davon, daß die nachträgliche Domilizierung nur diejenigen Unterschriften nicht berührt, die schon vorher auf den Wechsel gesetzt waren; für sie wird der Domizilvermerk als nicht vorhanden angesehen. Die Aussteller dieser Unterschriften können

also mit der Wechselregreßklage nicht in Anspruch genommen werden, weil ihnen gegenüber der Wechsel beim Akzeptanten hätte protestiert werden müssen, was nicht geschehen ist. Anders verhält es sich dagegen mit den Unterschriften, die nach der Domizilierung auf den Wechsel gesetzt sind; für sie gilt der Wechsel als ein domizilierter, und die Nachmänner des Fälschers haften nach Maßgabe des veränderten Wechsels (vgl. auch ROHG. Bd. 3 S. 51, Bd. 6 S. 21; RGZ. Bd. 32 S. 38). Im vorliegenden Fall wird die Beklagte im Regreßweg in ihrer Eigenschaft als Trassantin und zugleich auch als letzte Indossatarin in Anspruch genommen. Sie muß also den Nachweis führen, daß der Domizilvermerk noch nicht vorhanden war, als sie ihr Indossament auf den Wechsel schrieb und den Begebungsvertrag mit der Klägerin abschloß. Da die Beklagte nicht mehr behauptet, der Domizilvermerk sei erst nach Übergabe des Wechsels an die Reichsbanknebenstelle O. angebracht worden, muß dies vor der Begebung an die Klägerin geschehen sein. In welcher Reihenfolge die Indossamente auf den Wechsel gesetzt worden sind, ist bestritten; aus der Rückseite des Wechsels ergibt sich, daß auf die Blankoindossamente des Remittenten und der Akzeptantin das Vollindossament der Beklagten auf die Klägerin folgt. Übergab die Akzeptantin, wie die Beklagte behauptet, den Wechsel im Auftrag der Beklagten der Reichsbanknebenstelle, so schloß sie den Begebungsvertrag mit dieser als Botin der Beklagten ab. Täuschte hierbei die Akzeptantin das von der Beklagten in sie gesetzte Vertrauen, indem sie den Domizilvermerk unbefugt auf den Wechsel setzte, so hat die Beklagte dafür einzustehen, und sie kann sich nicht darauf berufen, daß der Wechsel zur Zeit der Ausstellung des Indossaments den Domizilvermerk noch nicht getragen habe; denn wesentlich ist allein, daß der Vermerk im Zeitpunkt der Begebung vorhanden war.

Wenn also die Klägerin den ihr im ersten Rechtszug zugeschobenen Eid verweigern und wenn damit feststehen würde, daß der Wechsel zur Zeit der Anbringung des Indossaments der Beklagten den Domizilvermerk noch nicht getragen hat, so käme die Haftung der Beklagten aus dem domizilierten Wechsel doch nicht in Wegfall, vorausgesetzt, daß der Vermerk schon bei der Begebung vorhanden war. Aus dem gleichen Grunde kommt es aber auch auf den in der Berufungsinstanz zugeschobenen Eid nicht an. Denn der

Umstand, daß die Akzeptantin den Domizilvermerk etwa erst nach der Übergabe des Wechsels an sie angebracht hat (was bei Verweigerung des Eides feststehen würde), schließt nicht aus, daß der Vermerk bereits auf dem Wechsel stand, als die Akzeptantin diesen der Klägerin oder der Reichsbanknebenstelle als Botin der Beklagten übergab; denn erst wenn zum Skripturakt der Begebungsvertrag hinzutritt, vollendet sich regelmäßig die Wirkung aus dem Indossament, und in diesem maßgebenden Zeitpunkt trug der Wechsel den Domizilvermerk. Schließlich ist auch unerheblich die weiter unter Eid gestellte Behauptung, daß die Akzeptantin die Klägerin von der erst nachträglich erfolgten Anbringung des Domizilvermerks in Kenntnis gesetzt haben soll. Denn als Akzeptantin war die Firma E. auf Grund der in der Überschrift des Wechsels zu erblickenden Domizilierung zur nachträglichen Bezeichnung eines Domiziliaten befugt; die Reichsbanknebenstelle konnte daher aus einer Mitteilung der erwähnten Art nicht entnehmen, daß die Akzeptantin ihre Befugnisse überschritten habe. Ganz abgesehen hiervon kommt es aber auf ein solche Kenntnis der Klägerin überhaupt nicht an; entscheidend ist vielmehr lediglich die Tatsache, ob der Domizilvermerk angebracht wurde, nachdem die Beklagte die Wechselrechte durch Skripturakt und Begebung auf die Reichsbanknebenstelle übertragen hatte.

5. Mit Recht hat endlich der Berufungsrichter die Einrede der Verjährung des Wechselregreßanspruchs zurückgewiesen. Der Wechsel ist am 5. September 1924 protestiert worden; die nach Art. 78 Nr. 1 WO. für die Regreßansprüche des Inhabers gegen Aussteller und sonstige Vormänner geltende dreimonatige Verjährungsfrist beginnt mit dem Tage des erhobenen Protestes zu laufen. Daß der Tag der Protesterhebung selbst in die Frist nicht eingerechnet wird, ist vom Reichsgericht schon für die Zeit vor 1900 angenommen worden (RGZ. Bd. 11 S. 45, Bd. 27 S. 80) und es entspricht nunmehr auch der Vorschrift des § 187 Abs. 1 BGB., die, weil sie nur der Niederschlag des im Leben und Verkehr Üblichen ist, bei der Auslegung anderer Reichs- und Landesgesetze zugrunde zu legen ist (Planck, BGB. § 186 Anm. 1 Abs. 2). Der § 187 Abs. 2 BGB. findet hier keine Anwendung, weil nicht der Beginn des Tages, sondern das Ereignis der Protesterhebung für den Anfang der Frist maßgebend ist. Die dreimonatige Verjährungsfrist lief hiernach am

6. Dezember 1924 ab. Da das Gesuch um Erlassung eines Zahlungsbefehls dem Gerichtsschreiber spätestens am 5. Dezember 1924 zuging, trat die Unterbrechung der Verjährung noch vor deren Ablauf ein. Nun entsprach allerdings die Zustellung des Zahlungsbefehls nicht der zwingenden Vorschrift des § 211 ZPO. und war deshalb wirkungslos; die Beklagte hat aber, wie der Berufungsrichter einwandfrei feststellt, ohne Geltendmachung einer der Art der Zustellung entnommenen Rüge zur Hauptsache streitig verhandelt. Dieser Rügeverzicht macht, wie auch schon das Berufungsgericht annimmt, nicht nur die Zustellung prozeßrechtlich wirksam, sondern greift auch in das materielle Recht ein und bewirkt die Unterbrechung der Verjährung, wobei gemäß § 693 Abs. 2 ZPO. die Wirkung der Unterbrechung bereits mit der Einreichung des Gesuchs um Erlassung des Zahlungsbefehls, also mit dem 4. Dezember 1924 eingetreten ist. Der Revisionsangriff gegen diese auf RGZ. Bd. 87 S. 273 sich stützende Rechtsauffassung ist nicht begründet. Mit Recht führt das Reichsgericht dort aus, daß das Prozeßrecht einer Zustellung, deren Mängel gemäß § 295 ZPO. durch Versäumung der Prozeßrüge geheilt sind, genau dieselbe Wirkung wie einer von Anfang an einwandfreien Zustellung beilege, daß nach Prozeßrecht die Rechtswirkung solcher Zustellung schon mit dem Zeitpunkt ihres Stattfindens eintrete und daß dies nicht nur für die prozessuale, sondern auch für die materiellrechtliche Wirkung der Zustellung gelte, weil das materielle Recht die Entscheidung über das Vorliegen einer wirksamen Zustellung dem Prozeßrecht überlasse. Eine Scheidung in der Weise, daß eine Zustellung prozessual wirksam ist, der materiellrechtlichen Wirksamkeit aber entbehrt, ist demnach ausgeschlossen.

---

67. Wann ist die persönliche Forderung im Sinne des § 10 Abs. 3 des Aufwertungsgesetzes begründet?

V. Zivilsenat. Beschl. v. 23. Juni 1926. V B 7/26.

I. Aufwertungsstelle Amtsgericht Gleiwitz.

Die sofortige weitere Aufwertungsbeschwerde des Gläubigers einer hypothekarisch gesicherten Restkaufgeldforderung wurde vom Reichsgericht zurückgewiesen aus folgenden den Sachverhalt ergebenden

Gründen:

Für den Beschwerdeführer sind im Grundbuch von Gleiwitz aus einem Kaufvertrag vom 15. November 1921 500000 *M* Restkaufgeld seit dem 5. Januar 1922 hypothekarisch eingetragen. Er beansprucht für die persönliche Forderung gemäß § 10 Abs. 3 des Aufwertungsgesetzes vom 16. Juli 1925 eine Aufwertung auf mehr als 100 % des Goldmarkbetrags der Forderung, indem er als Tag der Begründung der Forderung im Sinne dieser Vorschrift den Tag ihrer hypothekarischen Sicherung, also den Tag ihrer Eintragung im Grundbuch ansieht. Die Aufwertungsstelle hat dagegen als Tag der Begründung der Forderung den Tag des Kaufabschlusses für maßgebend erachtet und deshalb in ihrem Beschluß vom 7. Dezember 1925 nur eine Aufwertung auf 100 %, das sind 10300 *RM*, zugesprochen. Hiergegen richtet sich die Beschwerde des Antragstellers, die gemäß § 74 Abs. 2 AufwG. als sofortige weitere Beschwerde sogleich an das Kammergericht gerichtet ist. Er beantragt, unter Aufhebung des angefochtenen Beschlusses, den Aufwertungsbetrag auf 50000 *GM* festzusetzen, hilfsweise die Sache zur anderweitigen Entscheidung an die Aufwertungsstelle zurückzuverweisen. Das Kammergericht erachtet die Beschwerde für unbegründet, sieht sich aber an ihrer Zurückweisung gehindert durch einen ebenfalls auf Beschwerde gegen die Entscheidung einer Aufwertungsstelle ergangenen Beschluß des Oberlandesgerichts Stuttgart vom 12. Februar 1926 (JW. 1926 S. 711 Nr. 4), der in Übereinstimmung mit einem Urteil des Oberlandesgerichts Karlsruhe vom 28. Juli 1925 (JRsch. 1925 Nr. 1369) im Sinne des Beschwerdeführers entschieden hat. Es hat deshalb die Beschwerde dem Reichsgericht zur Entscheidung vorgelegt. Die Voraussetzungen für die Zuständigkeit des Reichsgerichts sind nach § 74 Abs. 1 AufwG., § 28 Abs. 2, 3 FGG. gegeben. Die sofortige weitere Beschwerde ist statthaft und form- und fristgerecht eingelegt. Sie konnte aber sachlich nicht für begründet erachtet werden.

Die Entscheidung der streitigen Frage hängt davon ab, ob bei Bestimmung des Kreises der unter die Aufwertungsbeschränkungen des § 10 Abs. 3 fallenden Forderungen von der Begründung der Forderung schlechthin oder von ihrer Begründung als einer hypothekarisch gesicherten auszugehen ist. Mit der Begründung, daß § 10 in Fortsetzung des § 9 nur hypothekarisch gesicherte Forderungen behandle, macht sich das Oberlandesgericht Stuttgart den Satz des Oberlandesgerichts Karlsruhe zu eigen, daß die Forderung erst durch die Eintragung der Hypothek zu einer dinglich gesicherten und damit unter die Aufwertungsbeschränkungen fallenden werde. Die Beschränkung der Aufwertung auf 100% des Goldmarkbetrags trete daher nur dann ein, wenn eine durch Hypothek gesicherte Kaufgeldforderung bereits vor dem 1. Januar 1922 bestanden habe. Denn wenn die Forderung damals zunächst ohne Sicherung begründet worden und die Sicherung erst nach dem 1. Januar 1922, sei es auf Grund früherer oder späterer Bewilligung, dazugekommen sei, so sei vor dem 1. Januar 1922 keine durch Hypothek gesicherte Forderung begründet gewesen. Als Ausnahmevorschrift sei die Bestimmung des § 10 Abs. 3 eng auszulegen; deshalb könne die Begrenzung nur eintreten, wenn am Stichtag die vollen Voraussetzungen der §§ 9, 10 gegeben gewesen seien: eine durch Hypothek gesicherte Forderung. Das Oberlandesgericht Stuttgart weist dabei auf die aus § 9 zu entnehmende Richtlinie hin, daß bei der Aufwertung im Verhältnis von Forderung und Hypothek das maßgebende die Hypothek sei, entgegen ihrer sonstigen akzessorischen Natur.

Das Kammergericht glaubt diese Auslegung des § 10 Abs. 3 nicht als zutreffend anerkennen zu können. Das Aufwertungsgesetz unterscheide scharf zwischen persönlicher Forderung und Hypothek. In den §§ 4 flg. sei die Aufwertung des dinglichen Rechts, in den §§ 9 flg. die der hypothekarisch gesicherten persönlichen Forderung geregelt; die Grundsätze für beide seien verschieden. Bei der Aufwertung der persönlichen Forderung sei die hypothekarische Sicherung nur als Voraussetzung für die Anwendbarkeit der §§ 9 flg. AufwG. von Bedeutung; sei aber einmal diese Voraussetzung gegeben, so spiele im übrigen die hypothekarische Sicherung bei der Aufwertung der persönlichen Forderung keine Rolle. Es sei vielmehr bei der Anwendung der Vorschriften der §§ 9 flg. gänzlich davon abzusehen, daß eine hypothekarische Sicherung bestehe. Die persönliche Forderung werde in voller Unabhängigkeit von der Hypothek aufgewertet. Das verkenne das Oberlandesgericht Stuttgart, wenn es bei der Untersuchung, wann eine Kaufgeldforderung im Sinne des § 10 Abs. 3 begründet sei, dem Zeitpunkt der hypothekarischen Sicherung Bedeutung beimesse. Diese Frage sei vielmehr lediglich nach allgemeinen schuldrechtlichen Grundsätzen zu beantworten. Begründet sei danach die Forderung, sobald ihre Rechtsgrundlage geschaffen sei, bei Kaufgeldern also mit Abschluß des Vertrags. Wie im Abs. 3, so sei auch im Abs. 1 Nr. 5 des § 10 nur von der Begründung der Forderung ohne jede Erwähnung der hypothekarischen Sicherung die Rede. Im Abs. 1 Nr. 5 werde die freie Aufwertbarkeit der Kaufgeldforderung auch für den Fall zugelassen, daß sie bei ihrer Begründung in eine Darlehensforderung umgewandelt sei; eine solche Umwandlung betreffe aber lediglich das schuldrechtliche Verhältnis. Auch der maßgebende Goldmarkbetrag sei der der Forderung, für dessen Berechnung der Erwerb des Anspruchs bestimmend sei (§§ 2, 3); ein Goldmarkbetrag, der sich nach dem Zeitpunkt der hypothekarischen Sicherung richte, sei dem Aufwertungsgesetz unbekannt; wenn dieses unter dem Goldmarkbetrag der Forderung einen in solcher — mit seiner sonstigen Regelung nicht zu vereinenden — Weise berechneten Goldmarkbetrag hätte verstanden wissen wollen, so hätte dies deutlich zum Ausdruck gebracht werden müssen. Der von Lasker (in seinen „Aufwertungsvorträgen, gehalten auf Veranlassung der Breslauer Anwaltvereine",) vertretenen Ansicht, daß die Kaufgeldforderung in Ansehung der Berechnung des Goldmarkbetrags mit dem Abschluß des Vertrags, dagegen in Ansehung des Stichtags für den maßgebenden Höchstsatz der Aufwertung erst mit der hypothekarischen Sicherung begründet sei, stehe entgegen, daß sie das Wort „begründet" im Abs. 1 Nr. 5 in anderem Sinne verstehe als im Abs. 3. Es sei deshalb der Gedanke von der Hand zu weisen, daß das Gesetz, wenn es hier von der Begründung der Forderung spreche, den Zeitpunkt der hypothekarischen Sicherung gemeint haben sollte.

Das Reichsgericht ist dem Kammergericht beigetreten, weil sich nur dessen Ansicht mit der Fassung des Gesetzes, wie sie vorliegt, ohne Zwang vereinigen läßt. Die abweichenden Entscheidungen der Oberlandesgerichte Karlsruhe und Stuttgart sind von dem Bestreben geleitet, für Fälle der hier gegebenen Art das auch von der Gegenmeinung (vgl. darüber Nadler, Grundbuch- und Aufwertungsfragen, 2. Aufl. S. 161) mißbilligte Ergebnis zu vermeiden, daß die stärkere Sicherung der Forderung zu ihrer Minderung dem Umfang nach führt. Aber das ist eine Folge der Unterscheidung, die das Gesetz in betreff des Maßes der Aufwertung, von deren Beschränkung bei Vermögensanlagen ausgehend, zwischen den rein persönlichen, dinglich nicht gesicherten, und den hypothekarisch gesicherten Forderungen überhaupt macht, und kann daher nicht unmittelbar entscheidend sein für die besondere hier zur Entscheidung stehende Frage nach dem Zeitpunkt, den das Gesetz als maßgebend für die Abstufung der Aufwertung nach § 10 Abs. 3 bestimmt hat.

Dem Kammergericht läßt sich anderseits darin nicht entgegentreten, daß das Aufwertungsgesetz die Scheidung zwischen persönlicher Forderung und dinglichem Recht streng durchzuführen sucht. Haben freilich die §§ 9 flg. des Gesetzes, wie sich schon aus ihrer Stellung im zweiten, die Aufwertung von Hypotheken behandelnden Abschnitte des Gesetzes ergibt, nur hypothekarisch gesicherte persönliche Forderungen zum Gegenstand, so rechtfertigt dies doch nicht die Folgerung, daß, wo im einzelnen von der (persönlichen) Forderung die Rede ist, darunter in diesem Abschnitt, abweichend vom sonst durchgeführten Sprachgebrauch, nur die persönliche Forderung als hypothekarisch gesicherte und folgeweise nur von dem Zeitpunkt an, wo sie die hypothekarische Sicherung erhalten hat, verstanden sein könne. In dem hier in Betracht kommenden § 10 Abs. 3 des Gesetzes sind für die bei Kaufgeldforderungen zugelassene freie Aufwertung nach allgemeinen Vorschriften — im Anschluß an die gänzliche Versagung einer Überschreitung des Normalsatzes bei Forderungen aus der Zeit vor 1909 (Abs. 1 Nr. 5) — in Ansehung zurückliegender Zeitabschnitte abgestufte Höchstgrenzen gesetzt, deren Abgrenzung nach dem Zeitpunkt der „Begründung der Forderung“ erfolgt ist. Von der Begründung der Forderung ist hier aber, wie das Kammergericht mit Grund hervorhebt, ohne jede Erwähnung der hypothekarischen Sicherung die Rede. Unter „Begründung der Forderung“ kann nun nach dem gewöhnlichen Sprachgebrauch in der Tat nur der Zeitpunkt verstanden werden, wo ihre rechtliche Grundlage geschaffen ist. Das ist bei Kaufgeldforderungen mit dem Abschluß des Kaufvertrags der Fall. Hätte das Gesetz die Begründung der Forderung in ihrer besonderen Eigenschaft als einer hypothekarisch gesicherten maßgebend sein lassen wollen, so hätte dies zum Ausdruck gebracht werden müssen, wie das durch Hinzufügung der Worte „als hypothekarisch gesicherte“ oder durch Abstellung auf den Tag der Eintragung im Grundbuch ohne

Schwierigkeit hätte geschehen können. Handelt es sich aber im § 10 um die Aufwertung der persönlichen Forderung im Gegensatz zum dinglichen Recht, so kann eine ungezwungene Auslegung unter den Worten „Begründung der Forderung" nur die Begründung der persönlichen Forderung als solcher verstehen.

Auch die Entstehungsgeschichte des § 10 Abs. 3 des Gesetzes (vgl. darüber Mügel in der Fußnote JW. 1926 S. 711) ergibt nichts, was entscheidend zugunsten einer Auslegung verwertet werden könnte, die von dem nächsten Wortsinn so weit abweicht, wie die von den Oberlandesgerichten Karlsruhe und Stuttgart vertretene. Der § 10 Abs. 3 war in der ursprünglichen Regierungsvorlage nicht enthalten, ist vielmehr aus einem Zusatzantrag hervorgegangen, den die Kompromißparteien im Reichstagsausschuß gestellt haben (S. 8, 9, 32, 43, 51, 77, 106 der Drucks. Nr. 1125, Reichstag 3. Wahlper. 1924/25). Dieser Abänderungsantrag hatte grundsätzlich und soweit er hier als späterer Abs. 3 des § 10 in Betracht kommt, eine Beschränkung der Aufwertung von Kaufgeldforderungen nach den allgemeinen Vorschriften zum Ziel. Seine Absicht erfuhr allerdings im Lauf der weiteren Beratung eine wesentliche Abschwächung dahin, daß für die nach dem 31. Dezember 1921 begründeten Forderungen die Begrenzung auf höchstens 100% des Goldmarkbetrags beseitigt wurde. Immerhin wird sich hieraus für die schon in der ursprünglichen Fassung des Antrags enthaltene Abstellung auf den Zeitpunkt der Begründung der Forderung nichts gegen den vorliegenden Wortlaut und für eine auf Begünstigung der freien Aufwertung gerichtete Absicht der Urheber des Antrags folgern lassen. Im Gegenteil ist, wie Mügel zutreffend hervorhebt, der Betonung des Umstandes, daß im Jahre 1921 noch eine relative Stabilität der Mark geherrscht habe, eher zu entnehmen, daß man auf die Auffassung der Beteiligten vom Wert der Mark beim Vertragsschluß Gewicht legte und deshalb den Tag der Forderungsbegründung schlechthin entscheidend sein lassen wollte. Daß man sich bei der Beratung des Zusatzantrags der Möglichkeit eines wesentlichen Auseinanderfallens der beiden in Betracht kommenden Zeitpunkte (Kaufabschluß und Eintragung im Grundbuch) überhaupt bewußt geworden sei und die hier streitige Frage in dem einen oder anderen Sinne habe entscheiden wollen, ist den Gesetzesmaterialien nicht zu entnehmen. War es nicht der Fall, so würde auch dies die Ansicht des Kammergerichts unterstützen. Denn das Maß der Aufwertung sollte abgestuft werden nach der mehr oder minder großen Annäherung der Forderung an den Charakter der Vermögensanlage. Blieb aber hierfür die Möglichkeit einer wesentlichen Verzögerung der Eintragung im Grundbuch außer Betracht, so war es das nächstliegende, für die Entscheidung darüber, ob die Forderung durch Zeitablauf mehr oder weniger die Eigenschaft einer Vermögensanlage angenommen hatte, auf den Zeitpunkt ihrer Begründung im gewöhnlichen Sinne, d. h. bei Kaufgeldforderungen den des Kaufabschlusses, abzustellen.

Demgegenüber wird nun freilich auf den Charakter des § 10 Abs. 3 als einer die grundsätzliche freie Aufwertung der Kaufgeldforderungen beschränkenden Ausnahmevorschrift hingewiesen und daraus die Notwendigkeit enger Auslegung der Beschränkung hergeleitet. Daß Bestimmungen, welche die Aufwertung nach allgemeinen Vorschriften einschränken, nicht ausdehnend ausgelegt werden dürfen, ist in der Rechtsprechung des Reichsgerichts anerkannt (vgl. für die 3. Steuernotverordnung RGZ. Bd. 110 S. 135). Es fragt sich indessen, ob sich im vorliegenden Fall nicht entgegenhalten ließe, daß die freie Aufwertung der Kaufgeldforderungen selbst nur eine Ausnahme von der Regel darstellt, welche die Aufwertung hypothekarisch gesicherter Forderungen an einen Normalsatz bindet (§§ 9, 10, Eingang des Ges.). Jedenfalls aber darf eine einschränkende Auslegung nicht ohne zwingenden Grund so weit gehen, daß sie sich in Widerspruch setzt zu dem an sich zweifelsfreien und aus der Entstehungsgeschichte nicht als bloße ungewollte Ungenauigkeit erweisbaren Wortlaut des Gesetzes und auf eine Umdeutung hinausläuft. Eine solche zwingende Notwendigkeit ist für die von den Oberlandesgerichten Karlsruhe und Stuttgart vertretene Auslegung nicht anzuerkennen. Mit Recht zieht das Kammergericht vielmehr für seine Meinung auch den Abs. 1 Nr. 5 des § 10 heran, wo ebenfalls von der Begründung der Forderung ohne Erwähnung ihrer hypothekarischen Sicherung die Rede ist, und wo der Zusatz: „Dies gilt auch dann, wenn die Kaufgeldforderung bei ihrer Begründung in eine Darlehensforderung umgewandelt worden ist“ der Richtigkeit seiner Auffassung nicht unwesentlich zur Stütze dient. Hier sollte durch die Beifügung der Worte „bei ihrer Begründung“ die den umgewandelten Kaufgeldforderungen eingeräumte Vergünstigung eingeschränkt werden; diese Einschränkung würde aber den wesentlichsten Teil ihrer Bedeutung verlieren, wenn die Umwandlung in eine Darlehensforderung nicht schon bei Kaufabschluß, sondern erst bei der Sicherstellung durch Eintragung im Grundbuch erfolgt zu sein brauchte. Daß aber die Worte „Begründung der Forderung" im Abs. 3 des § 10 nicht anders gelesen werden können als im Abs. 1 Nr. 5 daselbst, hebt das Kammergericht mit Recht hervor. Allerdings ist der von ihm nach dieser Richtung gegen Lasker erhobene Einwand nicht stichhaltig; denn Lasker will auch den Abs. 1 Nr. 5 im Sinne der Oberlandesgerichte Karlsruhe und Stuttgart nur von der als hypothekarisch gesichert begründeten Forderung verstehen. Aber da er gleichzeitig für die Berechnung des Goldmarkbetrags der Forderung, von dem Fall eines Wechsels im Gläubigerrecht abgesehen, als Tag des Erwerbs (§§ 2, 3 des Gesetzes) den (früheren) Tag des Kaufabschlusses festhalten will, so führt ihn dies zu der Notwendigkeit, zwischen Begründung und Erwerb der Forderung einen — außer im Fall des Gläubigerwechsels — nicht begründeten Unterschied zu machen und insbesondere einen Erwerb der Forderung anzunehmen, bevor sie (in dem von ihm für § 10 angenommenen Sinne des Wortes) „begründet" ist. Diese Unterscheidung zwischen Erwerb der ungesicherten Forderung nach den §§ 2, 3 und Begründung der Forderung als einer hypothekarisch gesicherten nach § 10, die auch das Oberlandesgericht Stuttgart macht, ist theoretisch vielleicht haltbar, findet aber im vorliegenden Gesetzeswortlaut keine Stütze.

Hiernach war die Streitfrage im Sinne des Kammergerichts zu entscheiden. Der Senat befindet sich dabei in Übereinstimmung mit der überwiegenden Meinung der Bearbeiter des Aufwertungsrechts, soweit sie zu der Frage überhaupt schon Stellung genommen haben (vgl. außer Nadler a. a. O. namentlich Quassowski S. 162 mit Nachw.; Mügel I § 10 Anm. 9 S. 255; Schlegelberger-Harmening S. 125; Rademacher S. 29).

68. 1. Ist der sächsische Staat zur Gewährung von Beihilfen zur Besoldung der Geistlichen der evangelisch-lutherischen Landeskirche verpflichtet?

2. Ist der sächsische Staat verpflichtet, bei Auflösung der Kircheninspektionen die Leistung der weltlichen Koinspektion abzulösen?

Reichsverfassung Art. 138 Abs. 1, 173.

IV. Zivilsenat. Schiedsspruch v. 17. Februar 1926. IV Tgb. 320/25.

Auf Grund der §§ 2, 14 der Geschäftsordnung des Reichsgerichts (RZBl. 1880 S. 190) in Verbindung mit § 5 des Übergangsgesetzes vom 4. März 1919 (RGBl. S. 285) hat der Reichsminister der Justiz den Schiedsspruch über die zwischen dem sächsischen Staat und der evangelisch-lutherischen Landeskirche streitig gewordenen, in der Überschrift bezeichneten Fragen dem IV. Zivilsenat des Reichsgerichts übertragen. Dieser hat nach einem Schriftwechsel, in dem beide Parteien ihre Auffassung begründet haben, dahin entschieden:

1. Der Freistaat Sachsen ist verpflichtet, der evangelisch-lutherischen Landeskirche des Freistaats Sachsen Zuschüsse zur Besoldung der Geistlichen aushilfsweise insoweit zu gewähren, als eine den Zeitverhältnissen entsprechende Besoldung in der einzelnen Kirchgemeinde nicht aus der Pfründe oder sonstigen Stiftungsmitteln bestritten und von der einzelnen Gemeinde, insbesondere auch durch Kirchensteuern, nicht aufgebracht werden kann.
2. Der Freistaat Sachsen ist verpflichtet, bei Auflösung der Kircheninspektionen die bisherigen Leistungen der Amtshauptleute als weltlicher Koinspektoren abzulösen. Die Ablösung hat nach dem Umfang der von den Amtshauptleuten besorgten Inspektionsgeschäfte zu erfolgen.

   Der Freistaat Sachsen ist dagegen nicht verpflichtet, bei Auflösung der Kircheninspektionen die bisherigen Leistungen der Stadträte als weltlicher Koinspektoren abzulösen.

Aus den Gründen:

Die beiden im schiedsgerichtlichen Verfahren zu entscheidenden Streitfragen haben sich bei den Verhandlungen ergeben, die nach dem Inkrafttreten der Reichsverfassung vom 11. August 1919 Staatsregierung und Kirchenregierung des Freistaats Sachsen über die vorläufige Ablösung der Staatsleistungen an die Kirche geführt haben. Die Reichsverfassung bestimmt in Art. 138 Abs. 1:

> Die auf Gesetz, Vertrag oder besonderen Rechtstiteln beruhenden Staatsleistungen an die Religionsgesellschaften werden durch die Landesgesetzgebung abgelöst. Die Grundsätze hierfür stellt das Reich auf.

Und in Art. 173:

> Bis zum Erlaß eines Reichsgesetzes gemäß Art. 138 bleiben die bisherigen auf Gesetz, Vertrag oder besonderen Rechtstiteln beruhenden Staatsleistungen an die Religionsgesellschaften bestehen.

Aus diesen Bestimmungen folgt, daß bis zur Erlassung des in ihnen vorbehaltenen, noch ausstehenden Reichsgesetzes die bei Inkrafttreten der Reichsverfassung auf Gesetz, Vertrag oder besonderen Rechtstiteln beruhenden Staatsleistungen an eine Religionsgesellschaft vom Staat einseitig weder eingestellt oder gemindert noch auch nur abgelöst, d. h. gegen Entschädigung aufgehoben werden dürfen. Dagegen steht die Reichsverfassung dem nicht entgegen, daß Staat und Kirche die Ablösung der Staatsleistungen im Wege der Vereinbarung schon vorher herbeiführen. Rechtliche Vorfrage für eine zu vereinbarende wie für die in einem Verfahren nach Maßgabe des künftigen Reichsgesetzes erfolgende Ablösung ist, ob und in welchem Umfang Gesetz, Vertrag oder besondere Rechtstitel Staatsleistungen an die Religionsgesellschaft begründet haben. Dabei kann sowohl in Betracht kommen, ob bisher tatsächlich bewirkte Staatsleistungen auf Gesetz usw. beruhen, als auch ob gewisse Handlungen, wie die Mitwirkung weltlicher Behörden bei der kirchlichen Verwaltung, im Sinne der Verfassungsbestimmungen als Staatsleistungen an die Religionsgesellschaft aufzufassen sind. Um jenes handelt es sich im wesentlichen bei der ersten, um dieses bei der zweiten der beiden vorliegenden Streitfragen.

A. Zur ersten Frage.

I. Die Kirche vertritt die Meinung, der Freistaat Sachsen sei verpflichtet, ihr (der evangelisch-lutherischen Landeskirche) aushilfsweise Beihilfen zur Besoldung von Geistlichen zu gewähren, soweit diese Besoldung nicht aus Stiftungsmitteln, insbesondere Pfründen, bestritten oder von den Kirchgemeinden aufgebracht werden könne.

Diese Rechtspflicht des Staats wird in erster Reihe auf Gewohnheitsrecht zurückgeführt, das als Gesetz im Sinne der Art. 138, 173 RVerf. anzusehen sei. In zweiter Reihe beruft sich die Kirche auf den „besonderen Rechtstitel" der Gemeinschaft, die bis zum Inkrafttreten der Reichsverfassung zwischen ihr und dem Staat als ein in dieser finanziellen Frage noch unaufgelöstes Staatskirchentum bestanden habe. In dritter Reihe macht die Kirche geltend, die Art und Weise, in welcher die Feststellung der Gehälter der Geistlichen und des Anteils des Staats an der Lastentragung seit der Einrichtung der Landessynode (durch die Kirchenvorstands- und Synodalordnung vom 30. März 1868) und des Evangelisch-lutherischen Landeskonsistoriums (durch die Kirchen- und Staatsgesetze vom 15. und 16. April 1873) ständig vor sich gegangen sei, erfülle die Voraussetzungen des Rechtstitels des Vertrags. In letzter Reihe will die Kirche auch in den Staatshaushaltsgesetzen, durch die jederzeit die subsidiären Besoldungszuschüsse für die Geistlichen der Landeskirche festgelegt worden seien, Gesetze im Sinne der Art. 138, 173 RVerf. erblickt wissen.

Der Staat bestreitet, daß er aus irgendeinem dieser Gründe verpflichtet sei, der Kirche auch nur aushilfsweise Beihilfen zur Besoldung der Geistlichen zu gewähren.

II. Daß ein Etatsansatz, wie der im Staatshaushaltsplan für 1917/18 (LandtA. 1917/18 Dekr. Nr. 2) in Kap. 93 „Evangelische Kirchen" unter Tit. 9 „Zulagen an Geistliche und geistliche Stellen" mit jährlich 1184000 *M*, an sich einen Rechtsanspruch gegen den Staat auch dann nicht begründet, wenn es sich um die regelmäßige Wiederkehr eines gleichen oder ähnlichen Ansatzes handelt, steht in der Rechtsprechung des Reichsgerichts fest (vgl. RGZ. Bd. 111 S. 145 und das in JW. 1925 S. 2436 Nr. 1 mitgeteilte Urteil vom 2. Juli 1925 IV 377/25 auf S. 2439 unter III). Die Feststellung des Haushaltsplans im Wege des formellen Gesetzes ist nur ein Staatsverwaltungsakt in besonderer Form, schafft dagegen keine allgemein verbindlichen Rechtsnormen; und nur solche werden von dem Ausdruck „Gesetz" in den Art. 138, 173 RVerf. getroffen. Überdies kommen als ablösungspflichtige Staatsleistungen, was auch bei den Verhandlungen der verfassunggebenden Deutschen Nationalversammlung (Bd. 328 S. 1654 D) zum Ausdruck gebracht worden ist, nur Dauerleistungen, also solche Leistungen in Betracht, welche ohne Ablösung weiter laufen würden. Ist eine Staatsleistung gesetzlich auf einen kürzeren Zeitraum beschränkt, so endet sie mit Ablauf dieses Zeitraums von selbst. Ein Etatsgesetz aber gilt nur für die in ihm bezeichneten Rechnungsjahre.

Anderseits umfaßt der Ausdruck „Gesetz" in den Art. 138, 173 RVerf., wie in dem Art. 2 EG z. BGB., jede nicht nur die Verwaltungsbehörden, sondern auch die Allgemeinheit bindende Rechtsnorm und demgemäß auch, soweit die Bildung von Gewohnheitsrecht zugelassen ist, eine so entstandene Rechtsnorm. Das ist nicht zu bezweifeln, trotzdem im Verfassungsausschuß wie im Plenum der Nationalversammlung (Verhandl. Bd. 336 S. 520, Bd. 328 S. 1648 D, 1649 D, 1654 D, 1664 A, Bd. 329 S. 2160) der Antrag, hinter dem Rechtstitel des Vertrags das Wort „Herkommen" einzuschieben, abgelehnt worden ist. Mit dieser Ablehnung wurde dem entgegengetreten, daß von Reichs wegen eine Staatsleistung bloß auf Grund ihrer Üblichkeit festgelegt werde, dagegen offen gelassen, ob ein Herkommen, das nur ein bestimmtes dauerndes Rechtsverhältnis zwischen bestimmten Personen zum Gegenstand hat, nach dem in dem betreffenden Land geltenden Recht eine vertragsmäßige Abmachung ersetzen und so einen besonderen Rechtstitel darstellen (RGZ. Bd. 11 S. 213, Bd. 102 S. 12; WarnRspr. 1925 Nr. 31), und ob eine in der Überzeugung rechtlicher Notwendigkeit betätigte, andauernde gleichmäßige Übung einen unter den Begriff des „Gesetzes" fallenden Rechtssatz schaffen kann.

Für Sachsen bestimmte das am 1. März 1865 in Kraft getretene Sächsische Bürgerliche Gesetzbuch in § 28, daß durch Gewohnheiten neue Vorschriften mit Gesetzeskraft nicht eingeführt werden könnten. Diese unter der Überschrift „von den bürgerlichen Gesetzen" stehende Bestimmung hat für das hier in Betracht kommende Gebiet des Staatskirchenrechts als eines Teils des öffentlichen Rechts keine Bedeutung. Auf diesem Gebiet ist nach wie vor dem 1. März 1865 die Bildung von Gewohnheitsrecht nach den Grundsätzen des gemeinen Sachsenrechts möglich.

III. Die vor dem Inkrafttreten der Reichsverfassung unter dem schon erwähnten Etatstitel „Zulagen an Geistliche und geistliche Stellen" gemachten Staatsleistungen knüpfen sich an Vorgänge, die in dem Bericht der Finanzdeputation A der II. Kammer vom 29. Mai 1908 (LandtA. 1907/08, Berichte der II. K. Bd. 3 S. 1981 flg.) die folgende Beleuchtung gefunden haben:

„Die Geistlichen sind, abgesehen von Ausnahmefällen, nicht Angestellte des Staats, sondern der Kirche, und demgemäß ist es in erster Linie Sache der Kirche und insbesondere Sache der einzelnen Kirchengemeinden und Stiftungen, für eine angemessene Besoldung der Geistlichen zu sorgen. Der Staat hat an der Erfüllung dieser Aufgabe von jeher in Sachsen nur aushilfsweise sich beteiligt. Zurzeit stellt er Zulagen an Geistliche und geistliche Stellen sowie für Beihilfen an bedürftige Gemeinden zur Gewährleistung des Stelleneinkommens der Geistlichen Mittel zur Verfügung und trägt außerdem die Pension für die Geistlichen und deren Hinterbliebene. Im Einklang mit demjenigen Verfahren, welches auch sonst bei Gewährung von staatlichen Mitteln für nicht unmittelbar staatliche Zwecke, zum Beispiel zur Besoldung der Lehrerschaft an staatlich unterstützten Realgymnasien und Realschulen, gehandhabt wird, behält er sich das Recht vor, auf die Verwendung der von ihm bewilligten Mittel einen gewissen Einfluß auszuüben, und zu diesem Zweck sind durch das Königliche Kultusministerium nach Vereinbarung mit den Ständen und nach Vernehmung mit dem Evangelisch-lutherischen Landeskonsistorium für die Gewährung von Zulagen an Geistliche und geistliche Stellen wiederholt Grundsätze aufgestellt und durch das Evangelisch-lutherische Landeskonsistorium im Einverständnis der in Evangelicis beauftragten Herren Staatsminister und mit Zustimmung der Landessynode im Verordnungswege in Geltung gesetzt worden. Die zur Zeit maßgebende Verordnung dieser Art vom 26. Oktober 1906 ist seit dem 1. Juli 1906 in Wirksamkeit....

Danach hat gegenwärtig der Mindestgehalt der Geistlichen jährlich 2400 *M* zu betragen und dieser steigt nach je 5 Dienstjahren um 500 *M* bis zum Endgehalt von 5400 *M*, so daß letzterer nach insgesamt 30 Jahren durch 6 Zulagen erreicht wird. Neben den regelmäßigen Alterszulagen werden außerordentliche persönliche Zulagen in Fällen besonderer Schwierigkeit der Amtsführung oder besonderer Arbeitslast, sowie ausnahmsweise und in der Regel nur vorübergehend in Fällen besonderer persönlicher Familienverhältnisse gewährt. ...

Außer den baren Bezügen ist den Geistlichen freie Wohnung oder eine entsprechende Wohnungsentschädigung zu gewähren. Alle diese Leistungen liegen zunächst den betreffenden Gemeinden oder Stiftungen ob, während aus den staatlichen, in Kap. 93 Tit. 9 des ordentlichen Staatshaushaltsetats eingestellten Mitteln in der Regel nur dann Zulagen bewilligt werden, wenn die Gemeinden oder Stiftungen nicht imstande sind, selbst die Stellen angemessen auszustatten.

Den im Vorstehenden gekennzeichneten Zustand gedenkt die Königliche Staatsregierung auch in Zukunft grundsätzlich bis auf weiteres, jedoch unter Erhöhung der Gehalte beizubehalten."

Demgemäß ist auch damals verfahren worden, als es sich darum handelte, für die Zeit vom 1. Januar 1909 ab „aus Anlaß der allgemeinen Preissteigerungen der letzten Jahre" und der darauf beruhenden Neuregelung der Gehälter der Staatsbeamten (a. a. O. S. 1982) das Mindestgehalt der Geistlichen auf jährlich 2600 ℳ (statt bisher 2400 ℳ) zu erhöhen und es schon nach 24 (statt bisher 30) Dienstjahren bis zum Endgehalt von 6000 ℳ (statt bisher 5400 ℳ) ansteigen zu lassen. Das Ministerium des Kultus und öffentlichen Unterrichts beschloß die „Grundsätze", nach denen „Zulagen" für Geistliche und geistliche Stellen aus den hierfür zu bewilligenden Staatsmitteln gewährt werden sollten, und brachte sie in die Form eines Entwurfs zu einer nachher vom Landeskonsistorium zu erlassenden Verordnung. Das Landeskonsistorium erklärte sich dem Ministerium gegenüber zur Erlassung einer Verordnung dieses Inhalts bereit. Das Ministerium legte den Entwurf der Finanzdeputation A der II. Kammer mit dem Ersuchen vor,

„die Zustimmung der II. Ständekammer zu der in der beiliegenden Verordnung vorgesehenen Zulagenordnung, soweit die Zulagen aus der Staatskasse getragen werden sollen, zu beantragen."

Die Finanzdeputation stellte einen solchen Antrag mit ihrem angeführten Bericht vom 29. Mai 1908. Der Antrag fand die Zustimmung der II. und demnächst auch der I. Kammer. Eine daraufhin von den in Evangelicis beauftragten Staatsministern einberufene außerordentliche Landessynode erteilte ebenfalls die Zustimmung zur Erlassung der Verordnung. Unter dem 19. Februar 1909 (GVBl. S. 115) erging dann die Verordnung des Landeskonsistoriums, die

Zulagen für Geistliche und geistliche Stellen betreffend, die sich selbst mit den folgenden Sätzen einleitet:

„Das Königliche Ministerium des Kultus und öffentlichen Unterrichts hat nach anderweiter Vereinbarung mit den Ständen und nach Vernehmung mit dem Evangelisch-lutherischen Landeskonsistorium beschlossen, daß vom 1. Januar 1909 an Zulagen für Geistliche und geistliche Stellen aus den hierzu bewilligten Staatsmitteln nach nachstehenden Grundsätzen gewährt werden sollen.

Demgemäß wird im Einverständnis der in Evangelicis beauftragten Herren Staatsminister und mit Zustimmung der Landessynode verordnet, was folgt."

Nach den so aufgestellten Grundsätzen richtete sich die fortlaufende Bereitstellung von Staatsmitteln in Kap. 93 Tit. 9 des Staatshaushaltsplans bis zum Inkrafttreten der Reichsverfassung.

Durch das bei der Aufstellung der Grundsätze in den Jahren 1908/09 und entsprechender Weise in früheren Fällen eingeschlagene Verfahren ist ein Vertrag zwischen Staat und Landeskirche nicht zustande gekommen (vgl. das in JW. 1899 S. 613 Nr. 19 auszugsweise mitgeteilte Urteil des Senats vom 29. Juni 1899 IV 447/98). Die Staatsregierung hat zwar über die Grundsätze, nach denen die aus Staatsmitteln an Geistliche und geistliche Stellen zu gewährenden Zulagen verwendet werden sollten, „Einvernehmen" mit den Organen der Landeskirche gesucht und herbeigeführt. Aber Staat und Kirche sind sich bei der Festsetzung dieser Staatsleistungen nicht als Vertragsparteien gegenüber getreten. Der Staat hat vielmehr nur, wie auch sonst bei der Gewährung von staatlichen Mitteln für nicht unmittelbar staatliche Zwecke, seinen Einfluß auf die Verwendung der Mittel geltend gemacht. Daß er dies getan hat, schließt auf der anderen Seite nicht aus, daß das von ihm Gewährte ganz oder teilweise in den Rahmen einer ihm gesetzlich obliegenden Verpflichtung fällt.

IV. In dem unter III angeführten Bericht der Finanzdeputation vom 29. Mai 1908 ist festgestellt, daß sich der Staat an der „in erster Linie der Kirche und insbesondere den einzelnen Kirchengemeinden und Stiftungen" obliegenden Aufgabe, für eine angemessene Besoldung der Geistlichen zu sorgen, von jeher in Sachsen aushilfsweise beteiligt habe. Diese Feststellung ist zutreffend. (Das wird für die Zeit nach Inkrafttreten der sächsischen Verfassung vom 4. September 1831 eingehend dargelegt mit dem Ergebnis:)

So läßt sich für die Zeit von 1834 bis 1918 an der Hand der Staatshaushaltspläne und der sonstigen Landtagsurkunden — zunächst als rein tatsächliches Geschehen — feststellen, daß der Staat zur Aufbringung einer angemessenen, den Zeitverhältnissen (Rückgang der Naturalwirtschaft, Steigerung des allgemeinen Wohlstandes, Verminderung der Kaufkraft des Geldes) angepaßten Besoldung der Geistlichen der evangelisch-lutherischen Landeskirche zum Besten bedürftiger Kirchgemeinden mit eigenen Mitteln aushilfsweise beigetragen hat.

V. Die Staatsleistungen in der Zeit von 1834 bis 1918 stehen mit der Einführung der sächsischen Verfassung vom 4. September 1831 nicht in ursächlichem Zusammenhang, erscheinen vielmehr nur als eine Fortsetzung dessen, was schon seit der Reformationszeit geübt worden war. (Dazu werden Ausführungen gemacht mit der Schlußbemerkung:)

Es kommt indessen auf die Staatsleistungen in der vorkonstitutionellen Zeit nicht an, da sich auch bei bloßer Berücksichtigung der konstitutionellen Zeit die Voraussetzungen für die Entstehung eines Gewohnheitsrechts nachweisen lassen.

VI. Zur Erbringung dieses Nachweises muß vorab der vom Staate vertretenen Meinung widersprochen werden, daß, solange eine Einheit zwischen Staat und Kirche auf vermögensrechtlichem Gebiete bestanden, der Staat mithin kirchliche Aufgaben erledigt habe oder das Kirchenwesen Staatsaufgabe gewesen sei, sich ein Gewohnheitsrecht nicht habe bilden können, da sich keine verschiedenen Rechtssubjekte gegenübergestanden hätten. Wäre diese Meinung richtig, so würde sie der Bildung eines Gewohnheitsrechts nicht nur für die „Zeiten der Reformation und des Kurfürstentums", sondern auch für die Zeit des konstitutionellen Königtums mindestens bis zum 15. Oktober 1874 entgegengehalten werden können. Erst an diesem Tage trat das durch das Kirchengesetz vom 15. April 1873 (GVBl. S. 376) und das Staatsgesetz vom 16. April 1873 (GVBl. S. 374) eingesetzte Landeskonsistorium in Wirksamkeit als eine oberste Kirchenbehörde, der unter der Oberaufsicht der mit der landesherrlichen Kirchengewalt betrauten in Evangelicis beauftragten Staatsminister die Wahrung der Rechte und Interessen der evangelisch-lutherischen Kirche, sowie die Leitung und Verwaltung aller ihrer Angelegenheiten oblag. Vorher war der Rechtszustand der, daß gemäß der Verordnung vom 7. November 1831 (GS. S. 323) die Befugnisse des bis dahin bestehenden Kirchenrats auf den Kultusminister übertragen und dadurch nach den Worten von Friedberg (Verfassungsgesetze S. 359) „statt der bisherigen staatskirchlichen kollegialen Regierung der evangelischen Kirche eine rein staatliche" geschaffen worden war, die durch einen, den Ständen verantwortlichen Minister geführt wurde. Durch die Verordnung vom 10. April 1835 (GVBl. S. 243) waren auch die beiden bis dahin bestehenden Konsistorien, das Oberkonsistorium in Dresden und das Konsistorium in Leipzig, aufgehoben und ihre Befugnisse den damals neu gebildeten Kreisdirektionen in Dresden, Leipzig und Zwickau überwiesen worden. Auf Grund derselben Verordnung trat zwar ein Landeskonsistorium mit dem Sitze in Dresden ins Leben. Dieses war aber im wesentlichen nur eine den Kultusminister beratende Behörde mit wenigen eigenen Befugnissen, insbesondere bei der Besetzung der geistlichen Ämter, den Prüfungen und der Ordination (vgl. Friedberg a. a. O. S. 360; v. Weber, Sächs. Kirchenrecht 2. Aufl. Bd. 1 S. 130 flg.; Georg Müller, Beitr. zur sächs. Kirchengeschichte Heft 9 S. 140 flg.). Dieser Rechtszustand änderte sich auch nicht, als durch die Kirchenvorstands- und Synodalordnung vom 30. März 1868 (GVBl. S. 201, 204) „dem Bedürfnisse einer Vertretung der gesamten evangelisch-lutherischen Landeskirche durch Synoden" genügt wurde. Zu einem selbständigen Organismus, wenigstens des öffentlichen Rechts, wurde die Landeskirche erst, als sie mit dem 15. Oktober 1874 in dem neuen Landeskonsistorium ein zum Handeln für sie befähigtes Organ erhielt. Auf dem Gebiete des bürgerlichen Rechts blieb ihr die eigene Rechtsfähigkeit auch damals noch versagt, wenngleich mehrere landeskirchlichen Zwecken dienende Stiftungen und Kassen als juristische Personen ausgestaltet waren.

Auch solange der Landeskirche die Rechtspersönlichkeit nicht nur auf dem Gebiete des bürgerlichen, sondern selbst auf dem Gebiete des öffentlichen Rechts fehlte, konnte sich indessen das in Frage stehende Gewohnheitsrecht bilden. Denn als diejenigen, denen gegenüber gegebenenfalls eine rechtliche Verpflichtung des Staates entstanden ist, erscheinen die Kirchgemeinden. Das Kirchengesetz, den Haushalt der evangelisch-lutherischen Kirchgemeinden betreffend, vom 10. Juli 1913 (GVBl. S. 274) bestimmt in § 3 Abs. 1 Nr. 2, daß die Kirchgemeinden insbesondere die Aufgabe haben,

die erforderlichen Stellen für Geistliche, sowie für Beamte und sonstige Bedienstete der Kirchgemeinde zu errichten und zu unterhalten, insbesondere mit angemessenem Einkommen an Gehalt und Wohnung oder Wohnungsentschädigung auszustatten, auch im Bedarfsfalle Hilfskräfte zu unterhalten;

und in Abs. 2:

„Der Aufwand, der durch die Erfüllung dieser Aufgabe, durch die Amtsführung der Geistlichen, Beamten und sonstigen Bediensteten der Kirchgemeinde, sowie durch die Amtsführung des Kirchenvorstandes erwächst, ist von der Kirchgemeinde durch Kirchensteuern aufzubringen, soweit er nicht von den kirchlichen Stiftungen (Ärarien, geistlichen Lehen, besonderen Stiftungsfonds) zu bestreiten ist oder durch die zur Kirchgemeindekasse fließenden Gebühren oder durch sonstige Einnahmen der Kirchgemeinde gedeckt oder vom Staate oder von anderer Seite getragen wird."

Grundsätzlich dasselbe war bereits in den §§ 1 und 2 des Gesetzes, einige Bestimmungen über die Verpflichtung der Kirchen- und Schulgemeinden zur Aufbringung des für ihre Kirchen und Schulen erforderlichen Aufwands betreffend, vom 8. März 1838 (GVBl. S. 266) vorgesehen. Auch dieses Gesetz begründete keine neue Verpflichtung der Kirchgemeinden, sondern enthielt, wie in seiner Einleitung zum Ausdruck gebracht ist, nur eine nähere gesetzliche Regelung der bestehenden Verbindlichkeit der Kirchen- und Schulgemeinden, den für ihre Kirchen und Schulen erforderlichen Aufwand zu gewähren. Diese Verbindlichkeit geht zurück bis auf das Zeitalter der Reformation, vgl. den Kurfürstl. Visitationsabschied von 1529 mit seinem „Befel an die pauren" (Sehling, Evangelische Kirchenordnungen des 16. Jahrhunderts 1. Abtl. 1. Hälfte S. 176). Für die Entwicklung der evangelischen Kirchenverfassung im 16. Jahrhundert stellt Friedberg (Kirchenrecht 6. Aufl. S. 97 flg.) zwar fest, die Gemeinde sei zum „Pöfel" geworden, der unter der Zucht des Wortes und der Polizei des Kirchenregiments stehe. Er knüpft daran jedoch die weitere Feststellung, der Gemeinde werde vergönnt, ihre Interessen an den kirchlichen Anstalten geltend zu machen (vgl. die Leisniger Ordnung eines gemeinen Kastens von 1523 unter III bei Sehling a. a. O. S. 599); das geschehe nicht, weil der Gemeinde irgendein Anteil am kirchlichen Regiment zuerkannt würde, wohl aber, weil sie für die pekuniären Bedürfnisse der Kirche zu sorgen habe.

Als zur Unterhaltung ihrer Geistlichen verpflichtet waren die Kirchgemeinden zugleich diejenigen, denen es zugute kam, wenn bei ihrem Unvermögen, den Geistlichen eine angemessene Besoldung zu gewähren, der Staat helfend eintrat. Wäre diese Hilfe unterblieben, so würden die bedürftigen Gemeinden der Gefahr ausgesetzt gewesen sein, unter der Ungunst der wirtschaftlichen Verhältnisse die Gewissenhaftigkeit oder die Arbeitsfreudigkeit ihrer Geistlichen leiden zu sehen und beim Freiwerden einer Stelle keinen geeigneten Nachfolger zu finden.

Es handelt sich dabei nicht um ein zugunsten einzelner bestimmter Kirchgemeinden, sondern zugunsten bedürftiger Kirchgemeinden im allgemeinen entstandenes Gewohnheitsrecht. Daß dessen Feststellung im vorliegenden Verfahren von der Landeskirche als dem jetzigen Verbande der Kirchgemeinden betrieben wird, ist unbedenklich. Die Ablösung der festzustellenden Verpflichtung wird auch nicht gegenüber einzelnen Gemeinden, von denen keine ein für allemal als bedürftig oder nichtbedürftig feststeht, sondern gegenüber dem den Gemeinden übergeordneten Verbande, der Landeskirche, zu erfolgen haben.

VII. Was die Erfordernisse der Bildung von Gewohnheitsrecht auf dem Boden des gemeinen Sachsenrechts angeht, so verlangte eine in der Wissenschaft und Praxis des sächsischen Rechts verbreitete Meinung, daß eine aus der Überzeugung rechtlicher Notwendigkeit entsprungene gleichmäßige Übung in mindestens 3 Fällen betätigt sein und sich auf einen Zeitraum von mindestens 31 Jahren, 6 Wochen und 3 Tagen erstreckt haben müsse (vgl. Curtius, Sächs. Zivilrecht 4. Aufl. Bd. 1 § 30; v. Weber, Sächs. Kirchenrecht 2. Aufl. Bd. 1 § 5; Bekanntm. des Oberappellationsgerichts in Dresden, einige Rechtssätze betreffend, vom 6. August 1836, GVBl. S. 270). Diesen aus dem Rechte der Verjährung entlehnten zahlenmäßigen Erfordernissen ist im vorliegenden Falle zweifellos genügt. Es kann deshalb auf sich beruhen, ob sie überhaupt als zu Recht bestehend anzuerkennen sind, oder an ihrer Stelle nicht vielmehr einfach zu fordern ist, die Übung dürfe nicht eine bloß vereinzelte gewesen sein, worin schon von selbst das weitere Erfordernis einer gewissen Dauer liegt (vgl. Friedberg, Kirchenrecht 6. Aufl. § 43 Nr. 2; Windscheid-Kipp, Pandekten 9. Aufl. Bd. I § 16 S. 84, 85; Dernburg, Pandekten 7. Aufl. Bd. I § 27 Nr. 1, 2).

Zweifelhaft und Hauptgegenstand der Erörterungen der Streitteile ist, ob die in dem vorstehenden Abschnitt IV für die Zeit von 1834 bis 1918 festgestellte Übung aus der Überzeugung ihrer rechtlichen Notwendigkeit hervorgegangen ist. Diese Zweifelsfrage ist zu bejahen.

1. Nachdem in den ersten Staatshaushaltsplänen die Staatsausgaben zur „Unterstützung bedürftiger Geistlicher, Besoldungszulagen" nur als ein unausgeschiedener Teil der zu allgemeinen kirchlichen Zwecken bestimmten Berechnungssumme ausgeworfen worden waren, enthielt der Staatshaushaltsplan für die Finanzperiode 1843/1845 erstmals den besonderen Ansatz „zur Verbesserung gering dotierter geistlicher Stellen". Zur Begründung dieses Ansatzes wurde, das sei aus den unter Nr. IV ausführlich dargestellten Vorgängen zusammenfassend wiederholt, von der Staatsregierung geltend gemacht, daß der Staat um so mehr verpflichtet sei, hier helfend einzuschreiten, je mehr er selbst das wesentliche Interesse habe, daß die Kirchlichkeit gefördert und die Würde des geistlichen Standes aufrecht erhalten werde. Bei der Verhandlung der II. Kammer hierüber wurde (von dem Abgeordneten Hensel) betont, daß es unbeschadet der Festhaltung am Kommunalprinzip die Pflicht des Staates sei, an den Orten helfend einzugreifen, an denen die Parochianen ihrer Verbindlichkeit nicht nachzukommen vermöchten; denn die Stellung der Kirche zum Staat erheische dies. Auch die im Deputationsbericht der I. Kammer aus dem Kommunalprinzip, d. h. wegen der grundsätzlichen Verpflichtung der Kirchgemeinden zur Unterhaltung ihrer Geistlichen, erhobenen Bedenken kommen nur darauf hinaus, daß an diesem Grundsatze für die Regel festzuhalten und nur da, aber nicht bloß aus Zweckmäßigkeits-, sondern in erster Linie aus Billigkeitsgründen eine Ausnahme zu bewilligen sei, wo es kein anderes Mittel gebe, dem in einzelnen Fällen unleugbar dringenden Not- und Übelstande Abhilfe zu verschaffen. Bei der Ver-

handlung über diesen Bericht erklärte das Mitglied der I. Kammer, D. Großmann, ausdrücklich, sich auf den Standpunkt des Rechts stellen zu wollen. Er trat von diesem Standpunkt für die Berücksichtigung solcher Stellen ein, bei denen weder das Kirchenärar noch die Gemeinde imstande sei, eine Verbesserung unzureichender Besoldung zu bewirken, und nur vom Staate einige Hilfe kommen könne. Die Standpunkte der Billigkeit und des Rechts erscheinen in diesen Äußerungen nicht als verschiedene Standpunkte. Die Hervorhebung in dem letzterwähnten Deputationsbericht, daß den Inhabern der in Betracht kommenden Stellen „keineswegs irgendein rechtlicher Anspruch auf Erhöhung ihres Einkommens teils an sich, teils gerade auf die betreffenden Summen" eingeräumt werden solle, steht der nach vorstehendem gebotenen Auffassung nicht entgegen, daß Staatsregierung und Kammern damals der gemeinsamen Überzeugung gewesen sind, mit den in Rede stehenden Staatsleistungen den Kirchgemeinden nur zu gewähren, wozu der Staat nach Recht und Billigkeit verpflichtet sei. Eine Abweichung von dieser Überzeugung ist bei den späteren, mit steigendem Bedürfnis steigenden Bewilligungen nicht hervorgetreten.

2. Als durch das Reichsgesetz vom 6. Februar 1875 die Beurkundung des Personenstandes und die Eheschließung mit dem vorangehenden Aufgebot den vom Staate bestellten Standesbeamten übertragen worden war, wurde eine Verminderung der kirchlichen Taufen, Aufgebote und Trauungen und damit auch der auf diesen kirchlichen Handlungen beruhenden Einkünfte der Geistlichen befürchtet. Mit einem Kgl. Dekret vom 15. November 1875 (LandtA. 1875/76 Kgl. Dekr. Bd. III S. 519) wurde deshalb den Ständen der Entwurf eines Gesetzes über die Entschädigung der Geistlichen und Kirchendiener für den Wegfall von Gebühren vorgelegt. Darin war vorgesehen, daß vom 1. Januar 1876 an in den evangelisch-lutherischen Kirchen für Taufen, Aufgebote und Trauungen Gebühren nicht mehr zu entrichten und die Geistlichen und Kirchendiener für den sie hierdurch treffenden Einnahmeausfall in bestimmter Weise vom Staate zu entschädigen seien. In der dem Entwurfe beigegebenen Begründung wird zunächst ausgeführt, daß entscheidende Gründe dafür sprächen, nicht bloß den jetzigen Stelleninhabern, sondern den Stellen selbst Entschädigung zu gewähren. Dann heißt es dort (S. 522 flg.):

„Fragt man nun, aus welcher Quelle der nötige Ersatz zu leisten sein möchte, so kann man zunächst auf den Gedanken geführt werden, daß die einzelnen Kirchengemeinden hierzu heranzuziehen seien. Erwägt man jedoch, daß der zu ersetzende Ausfall nicht im Interesse der Kirchengemeinde und ohne deren Zutun entstanden ist, daß bei weitem nicht allen Gemeinden die Erträgnisse eines Kirchenvermögens bei Aufbringung ihrer kirchlichen Lasten zugute kommen, die meisten vielmehr durch Erhebung regelmäßiger Anlagen den Bedarf ihres Kirchenwesens decken müssen, so wird man Bedenken tragen, den Gemeinden diese neue Last aufzuerlegen. Hiernach bleibt aber, da ein allgemeiner Parochialfonds für die evangelisch-lutherische Kirche Sachsens nicht besteht, etwas anderes nicht übrig, als daß man den Staat für die fragliche Ersatzleistung in Anspruch nimmt. Hierauf weist schon die allgemeine Betrachtung hin, daß bei der zur Zeit der Kirchenreformation erfolgten Säkularisation der Klöster und sonstigen geistlichen Stiftungsgüter deren Einkünfte nur teilweise der als Rechtsnachfolgerin anzusehenden evangelisch-lutherischen Kirche überlassen und zu einem nicht geringen Teile zu Staatszwecken verwendet worden sind, woraus von jeher die Pflicht des Staats, der evangelisch-lutherischen Kirche in Notfällen zu Hilfe zu kommen, abgeleitet worden ist."

In dem Berichte der Gesetzgebungsdeputation der II. Kammer vom 9. Februar 1876 (LandtA. 1875/76 Ber. der II. K. Bd. I S. 92) wird als Bemerkung von einer Seite festgestellt:

„Die staatsrechtliche Pflicht, für den nötigen und standesgemäßen Unterhalt der Geistlichen zunächst indirekt durch die Gesetzgebung und wenn nötig durch Staatsunterstützung zu sorgen, sei, solange die Kirche einen Teil der Staatsverwaltung gebildet habe, außer Zweifel gewesen. Es müsse aber auch bei dem gegenwärtigen, nämlich dem durch die Kirchenvorstands- und Synodalordnung und die Bildung des Evangelisch-lutherischen Landeskonsistoriums geschaffenen Zustande eine dahingehende Verpflichtung wenigstens in dem gegenwärtigen Falle angenommen werden, und zwar schon aus den Gründen, die in den Motiven bezüglich der an den Staat übergegangenen Kirchen- und Stiftsgüter angeführt seien."

Demgegenüber wurde einerseits eingewendet, daß ein großer Teil der eingezogenen Kirchengüter dem Staate nicht zugute gekommen sei, anderseits, daß der Staat durch Zuschüsse zum Emeritenfonds für Geistliche sowie zur Aufbesserung gering dotierter geistlicher Stellen und auf andere Weise bereits so erhebliche Opfer für die Zwecke der Kirche gebracht habe und noch bringe, daß der Nutzen, der ihm durch die Einziehung der Kirchen- und Stiftsgüter erwachsen sei, reichlich aufgewogen werde. Diese Einwendungen wurden von anderer Seite für nicht zutreffend erachtet (S. 93 a. a. O.),

„da die im 16. Jahrhundert eingezogenen Güter der geistlichen Stiftungen fast ausschließlich im Interesse des Landes verwendet worden seien. Wenn aus der Tatsache, daß der Staat die Güter der früheren Kirche in seinen Nutzen verwendet habe, auch nicht eine zivilrechtliche Forderung der Kirche an den Staat gefolgert werden könne, so müsse doch eine moralische Verbindlichkeit angenommen werden."

In der Gesetzgebungsdeputation erfuhr der Regierungsentwurf eine weitgehende Umgestaltung, die im wesentlichen in das Gesetz vom 22. Mai 1876 (GVBl. S. 251) übergegangen ist. Man kam nämlich zur Hebung der Würde des geistlichen Amtes darauf hinaus, daß einem jeden Geistlichen und Kirchendiener an Stelle aller und jeder Einnahmen an Akzidenzien und Stolgebühren ein festes Gehalt gewährt und ihm dafür die Verpflichtung auferlegt werden sollte, vom Zeitpunkte der Fixation an für keine in sein Amt einschlagende Handlung oder Bemühung eine Gegenleistung anzunehmen. Dieses Ziel wurde nicht durch die Ausübung eines unmittelbaren staatlichen Zwangs, aber in der Weise verfolgt, daß der nach der durchschnittlichen Zahl der Taufen, Aufgebote und Trauungen bemessene jährliche Entschädigungsbetrag den Kirchgemeinden nur unter einer dem angegebenen Ziel entsprechenden Bedingung aus der Staatskasse gewährt werden sollte. Für andere kirchliche Handlungen als Taufen, Aufgebote und Trauungen in einfacher Form eine zur Kasse der Kirchgemeinde fließende Gebühr zu erheben, blieb den Kirchgemeinden unbenommen. Bei der Beratung des so abgeänderten Gesetzentwurfs in der Sitzung der II. Kammer vom 24. Februar 1876 (Landt.Mitt. 1875/76 II. K. Bd. I S. 288flg.) traten die Abgeordneten Günther (S. 289), Dr. Gensel (S. 291) und Vizepräsident Streit (S. 293) „aus Billigkeitsgründen" für die Gewährung der staatlichen Entschädigung ein. Der letztgenannte wandte sich dabei gegen die in den

Motiven des Regierungsentwurfs (und innerhalb der Gesetzgebungsdeputation) vertretene Meinung, daß aus den Vorgängen zur Zeit der Reformation noch eine Pflicht des Staats zur Gewährung einer Beihilfe an die Geistlichen abgeleitet werde. Er erkannte allerdings eine solche Pflicht an; das sei aber, so sagte er, eine rein moralische Pflicht, eine Pflicht, dafür zu sorgen, daß die Kirche nicht zugrunde gehe unter Einrichtungen des Staats, weil diese möglicherweise das Bestehen der einzelnen Kirchgemeinden gefährden könnten. Der Staatsminister Dr. v. Gerber, der die Einbringung des Regierungsentwurfs gegengezeichnet hatte, erwiderte darauf (S. 297):

„Auch der Gedanke, daß einfach den Gemeinden die Entschädigung aufgelegt werden sollte, hat nicht sehr viel Vertreter gefunden. Die Kirchenärare, an die man denken könnte, sind in unserem Lande größtenteils so beschaffen, daß sie keinen Überschuß geben, ja nicht einmal ausreichen zur Befriedigung des notwendigsten Bedarfs der Ortskirchen, und es ist schon in der bisherigen Diskussion ausreichend hervorgehoben worden, daß unsere Gemeinden gegenwärtig so schwer belastet sind, daß man nicht noch an neue Belastungen denken kann. Und so hat man sich denn an den Staat gewandt und es erscheint dies auch als das natürliche, sofern man das ursächliche Moment mit der Wirkung in Verbindung bringt. Wenn es der Staat ist, der im Interesse der öffentlichen Rechtsordnung verfügt hat, daß nunmehr das Eherecht auf eine andere Grundlage gestellt werde, so liegt es auch nahe, daß man an ihn sich wendet, wenn man eine Entschädigung beansprucht. Wenn in der Vorlage der Regierung dieser Gesichtspunkt noch mit einigen anderen, namentlich historischen Gründen illustriert worden ist, Gründen, gegen welche die Erörterung des Herrn Vizepräsidenten gerichtet war, so werden Sie von mir als einem Juristen selbstverständlich erwartet haben, daß ich die Verpflichtung des Staates nicht so formulieren würde, daß daraus eine vor einem Zivilgericht verfolgbare Verbindlichkeit herauskäme. Es handelt sich hier nicht um eine formelle Verpflichtung, es handelt sich um eine Frage der materiellen Gerechtigkeit und der Billigkeit, und das sind Momente, welche in einem Staat, wie Sachsen, meiner Überzeugung nach ebenso schwer wiegen, wie die Momente des formellen Rechts."

In der weiteren Debatte betonte der Abgeordnete Dr. Biedermann (S. 301 flg.), wenn er den Begriff der Billigkeit auf das Gesetz anwende, so tue er das nur im allerweitesten Sinne, fast nur in dem Sinne, daß man etwa auch sagen könnte, Freigebigkeit oder Liberalität. Die Vorlage fand schließlich in der Gesetz gewordenen Form die einstimmige Annahme der II. Kammer (S. 320).

Diese das Gesetz vom 22. Mai 1876 betreffenden Vorgänge haben hier deshalb eine so eingehende Darstellung gefunden, weil sich die Streitteile beiderseits auf sie berufen haben. Eine unmittelbare Beziehung zum Schiedsspruch haben sie nicht. Denn über die Verpflichtung des Staats zur Fortgewährung der auf Grund jenes Gesetzes alljährlich bewirkten, zuletzt in Kap. 93 Tit. 10 des Staatshaushaltsplans als „Entschädigung an Geistliche und Kirchendiener für weggefallene Stolgebühren (Gesetz vom 22. Mai 1876)“ erscheinenden Staatsleistungen soll im gegenwärtigen Verfahren nicht entschieden werden. Ob für die Erlassung des geschriebenen Gesetzes, auf dem diese Staatsleistungen beruhen, Erwägungen der Billigkeit im Sinne einer ausgleichenden Gerechtigkeit oder im Sinne einer bloßen „Liberalität“ maßgebend gewesen sind, ist unerheblich (vgl. RGZ. Bd. 111 S. 145 Abs. 2). Ebensowenig kommt es darauf an, ob durch das Gesetz ein im Zivilrechtsweg verfolgbarer Anspruch gegen den Staat geschaffen ist; und dies gilt auch für den hier zur Entscheidung stehenden, auf Gewohnheitsrecht gegründeten Anspruch der Kirchgemeinden. Ansprüche, denen der ordentliche Rechtsweg eröffnet ist, bedürfen gar nicht des Schutzes der Art. 138, 173 RVerf. Das hat das Reichsgericht (a. a. O. S. 144 Abs. 3) bereits anerkannt.

Wichtig ist, daß bei den Vorgängen in den Jahren 1875 und 1876 die Rechtspflicht des Staats zu solchen Besoldungszuschüssen an bedürftige Gemeinden, welche nicht mit dem damals eingeleiteten Wegfall von Stolgebühren in Zusammenhang stehen, von keiner Seite in Zweifel gezogen worden ist. Daß der Staat in dieser Hinsicht Aufwendungen gemacht hatte und weiter machen werde, wurde allerseits als feststehend angesehen und von gewisser Seite gerade als ein Grund dagegen vorgebracht, daß die Säkularisation von Kirchengut zur Zeit der Reformation noch zur Begründung der damals erörterten Entschädigungspflicht des Staats herangezogen werden könnte.

3. Im Staatshaushaltsplan für 1902/03 (LandtA. 1901/02, Kgl. Dekr. Bd. II Nr. 2) erscheint in Kap. 93 neben dem Titel 10 (in späteren Finanzperioden Titel 9) „Zulagen an Geistliche und geistliche Stellen" im Jahresbetrag von damals 425000 ℳ zum ersten Male der (erst in späteren Finanzperioden mit diesem Titel für deckungsfähig erklärte) Titel 17 (später Titel 15) „Beihilfen an bedürftige Kirchengemeinden zu Gewährleistung des Stelleneinkommens der Geistlichen und Kirchendiener" im Jahresbetrag von 10000 ℳ. Dieser Ansatz hängt zusammen mit dem auf der Landessynode von 1901 beratenen, zur Zeit der Einbringung und Bewilligung des Staatshaushaltsplans für 1902/03 noch nicht, sondern erst am 22. Juli 1902 (GVBl. S. 314) verkündeten Kirchengesetze, betreffend die Gewährleistung des Stelleneinkommens von Geistlichen und Kirchendienern. Das Kirchengesetz bezweckte, zwei Übelständen in der bisherigen Einkommensordnung der Geistlichen abzuhelfen, einmal dem, daß im Gegensatz zu allen Beamtenkategorien die Inhaber der geistlichen Pfründen ihre Bezüge erst am Ende längerer Arbeitsperioden und vielfach ganz unregelmäßig erhielten, und sodann dem, daß die Inhaber der geistlichen Stellen mit Grundstücksnutzungen infolge des Darniederliegens der Landwirtschaft und des Rückgangs der Pachtpreise vielfach Verringerungen ihres Einkommens ausgesetzt waren. Es wurde deshalb den Kirchgemeinden die Verpflichtung auferlegt, ihren Geistlichen das einmal katastrierte Stelleneinkommen in gewissen Grenzen zu gewährleisten und als festes Gehalt in monatlichen Terminen auszuzahlen (Synodal-Akten 1901 Erl. Nr. 12 Begr. S. 6flg.). Kirchgemeinden, deren Kräfte die Erfüllung der bezeichneten Verpflichtung nachweislich überstieg, sollten vom Landeskonsistorium aus den ihm zur Verfügung stehenden Mitteln entsprechende Beihilfen gewährt werden. Der Bereitstellung solcher Mittel diente der Etatsansatz in dem neuen Titel 17 (LandtA. 1901/02 Ber. der II. K. Bd. I S. 541flg.).

Bei der Beratung dieses Etatstitels in der II. Kammer trat der Staatsminister Dr. v. Seydewitz für die Bewilligung ein. Er bemerkte dabei (Landt. Mitt. 1901/02, II. K. Bd. II S. 1039):

„Daß der Staat an sich nicht rechtlich verpflichtet ist, hier helfend einzugreifen, ist zweifellos; auch die Synode ist darüber nicht im Zweifel gewesen, daß in erster Linie, principaliter die Kirchengemeinden verpflichtet sind, diese neue Garantie zu übernehmen. Aber wird diese Bewilligung ausgesprochen, so wird dieses hohe Haus nur einer alten, schönen, wohlbewährten Tradition unseres Landes folgen und wird damit nur im wohlverstandenen eigenen Interesse des Staats handeln."

Den ersten Halbsatz dieser Bemerkung führt der sächsische Staat, im Anschluß an ein Rechtsgutachten der Leipziger Juristenfakultät vom 22. Juli 1922, als Hauptgrund dafür an, daß es auf seiten des Staats an der zur Bildung des streitigen Gewohnheitsrechts erforderlichen Rechtsüberzeugung gefehlt habe. Dieser Beweisgrund erscheint aber nicht stichhaltig. Die Bedeutung jenes Halbsatzes ist schon dadurch in Zweifel gestellt, daß im folgenden Halbsatz nur von der „in erster Linie, principaliter" bestehenden Verpflichtung der Kirchgemeinden gesprochen wird. Dazu kommt, und das ist entscheidend, daß damals ein besonderer Fall vorlag. Das Bedürfnis schwacher Kirchgemeinden nach der neuen Staatsunterstützung wurde erst durch ein Kirchengesetz geschaffen, das den Gemeinden eine bis dahin nicht bestehende Gewährleistungspflicht auferlegte. Die rechtliche Verpflichtung des Staats, „hier helfend einzugreifen", konnte von der Staatsregierung sehr wohl verneint werden, ohne daß diese damit zum Ausdruck brachte, sie lehne, auch abgesehen von diesem besonderen Bedürfnisfalle, eine rechtliche Verpflichtung des Staats, unvermögenden Gemeinden Besoldungszuschüsse zu leisten, ab. Die im damaligen Staatshaushaltsplan Kap. 93 Tit. 10 als „Zulagen an Geistliche und geistliche Stellen" eingestellten 425000 ℳ sind denn auch bewilligt worden, ohne daß die rechtliche Verpflichtung zu dieser Leistung von seiten der Regierung oder der Stände angezweifelt worden wäre.

4. Ein positives Bekenntnis der Staatsregierung zur rechtlichen Verpflichtung des Staats erblickt die Kirche mit Recht in einer Erklärung, die der Staatsminister D. Dr. Beck am 22. Januar 1912 vor der II. Kammer bei der Vorberatung des Entwurfs eines das Pfarrbesoldungsgesetz (Kirchengesetz) betreffenden Staatsgesetzes abgegeben hat. Nach dem durch die Landessynode von 1911 angenommenen Kirchengesetze sollten diejenigen geistlichen Stellen, deren Einkommen einer Ergänzung durch Alterszulagen bedarf, bei der zu schaffenden Alterszulagenkasse versichert werden. Diese Kasse sollte

den Kirchgemeinden gegen Entrichtung fester Jahresbeiträge ein für allemal die Verpflichtung zur Zahlung der Alterszulagen abnehmen. Der Versicherungsträger, die Alterszulagenkasse, sollte eine Abteilung der ebenfalls neu zu errichtenden, eine juristische Person des öffentlichen Rechts bildenden Pfarrbesoldungskasse werden. In diese Kasse sollten u. a. die Mittel fließen, die aus der Staatskasse für das Besoldungswesen zur Verfügung gestellt werden. In dem Entwurf des Staatsgesetzes war neben der staatlichen Genehmigung des Kirchengesetzes vorgesehen, daß der Pfarrbesoldungskasse ein feststehender Staatszuschuß von jährlich 1194000 ℳ gewährt werde (LandtA. 1911/12 Dekr. Bd. III Nr. 22). Diese 1194000 ℳ entsprechen den im Staatshaushaltsplan für 1912/13 Kap. 93 Tit. 9 als „Zulagen an Geistliche und geistliche Stellen" eingesetzten 1184000 ℳ zuzüglich derjenigen 10000 ℳ, welche in dem mit diesem Titel für deckungsfähig erklärten Titel 15 als „Beihilfen an bedürftige Kirchgemeinden zur Gewährleistung des Stelleneinkommens der Geistlichen und Kirchendiener" angesetzt sind (LandtA. 1911/12 Dekr. Bd. II Nr. 2). Bei der angeführten Vorberatung des Gesetzentwurfs (Landt.-Mitt. 1911/12 II. K. Bd. II S. 1068A) erklärte der Minister:

> „Dann haben verschiedene Redner vom Etatsrecht der Stände aus die gesetzliche Festlegung auf den Betrag von 1194000 ℳ Staatszuschuß der Kritik unterzogen und gemeint, man begebe sich in Zukunft der Möglichkeit, diese Summe wieder herunterzusetzen. Das wäre sowieso nicht möglich. Diese Summen beruhen auf Einstellungen auf Grund einer Verordnung vom 15. Februar 1909, in der den Geistlichen mit ständischer Bewilligung Dienstalterszulagen zugesichert worden sind, und diese Dienstalterszulagen können, wie ich schon sagte, nicht wieder entzogen werden. Infolgedessen hat der Staat auch die Mittel zu bewilligen, die hierfür erforderlich sind. Es wird also insoweit keine Beschränkung eintreten."

Die Vorlage, die von der Gesetzgebungsdeputation der II. Kammer mit ihrem Antrage vom 11. Dezember 1912 zur unveränderten Annahme empfohlen wurde (LandtA. 1911/12 Ber. der II. K. Bd. III Nr. 593), kam wegen des Schlusses des Landtags nicht mehr zur Verabschiedung. In der folgenden Sitzungsperiode wurde sie erneuert. Nach einer Vorberatung im Plenum der II. Kammer gelangte sie an die Gesetzgebungsdeputation dieser Kammer. Diese erstattete den schriftlichen Bericht vom 22. April 1914, in dem es heißt (LandtA. 1913/14 Ber. der II. K. Nr. 388 S. 981):

„Gegen die in § 2 des Staatsgesetzentwurfs vorgesehene gesetzliche Festlegung eines jährlichen Staatszuschusses wurden bereits in der Vorberatung von fast sämtlichen Rednern ernste Bedenken erhoben. Gegen die Gewährung der Summe selbst, die in ihrer Höhe den derzeitigen im ordentlichen Staatshaushaltsetat eingestellten Staatsbeiträgen für die Besoldungen der evangelisch-lutherischen Geistlichen entspricht, also keine Erhöhung bedeutet, erhob sich, außer von sozialdemokratischer Seite, kein Bedenken. Wie bei den Beratungen des Etats der evangelischen Kirchen ward die Verpflichtung des Staats, für die Kirche mit Mitteln einzutreten, anerkannt."

Die Deputation schlug die Annahme des § 2 des Staatsgesetzes in der Fassung vor, daß der Pfarrbesoldungskasse vom Inkrafttreten des Pfarrbesoldungsgesetzes an ein im Staatshaushaltsetat zu bestimmender Staatszuschuß gewährt werde, daß dieser Zuschuß jährlich 1194000 *M* nicht übersteigen dürfe und seine Herabsetzung unter 1194000 *M* eintreten könne, wenn sich ergebe, daß die dauernde Leistungsfähigkeit der Pfarrbesoldungs- und Alterszulagenkasse durch solche Herabsetzung nicht gefährdet werde (a. a. O. S. 987). Bei der Schlußberatung der II. Kammer über den Deputationsbericht am 1. Mai 1914 wurde dieser Gesetzesvorschlag mit der Maßgabe angenommen, daß die Herabsetzung des Staatszuschusses unter 1194000 *M* in dem vorausgesetzten Falle (nicht nur eintreten könne, sondern) eintreten müsse (Landt.Mitt. 1913/14 II. K. Bd. III S. 2948flg.). Auch in dem Deputationsbericht der I. Kammer vom 13. Mai 1914 (LandtA. 1913/14 Ber. der I. K. Nr. 367 S. 490) wurde der Gesetzentwurf in dieser Fassung zur Annahme empfohlen. Das Plenum beschloß aber in seiner Sitzung vom 16. Mai 1914, die Staatsregierung noch um die Vorlegung von statistischen Unterlagen über die Wirkung des Gesetzentwurfs in den einzelnen Kirchgemeinden zu ersuchen und bis zum Eingang dieser Unterlagen die Entschließung auszusetzen (Landt.Mitt. 1913/14 I. K. S. 870, 873flg.). Die Schließung des Landtags am 19. Mai 1914 bewirkte, daß eine Verabschiedung des Gesetzentwurfs nicht mehr möglich war. Jener Aussetzungsbeschluß der I. Kammer hing, wie sein Inhalt und die ihm vorangegangenen Debattereden erkennen lassen, nicht mit der Festsetzung des Staatszuschusses zur Pfarrbesoldungskasse, sondern damit zusammen, daß befürchtet wurde, durch das Pfarrbesoldungsgesetz, nach dem sämtliche Kirchgemeinden der Landeskirche, also auch die nicht bei der Alterszulagenkasse versicherten, verpflichtet werden sollten, zu dieser soweit nötig jährliche „Bedarfsbeiträge" zu leisten, würden einzelne Kirchgemeinden zugunsten anderer zu sehr belastet werden. In der folgenden Kriegszeit und in der Nachkriegszeit (bis zum Inkrafttreten der neuen Reichsverfassung) wurde der Gesetzentwurf nicht wieder eingebracht. Nicht nur die Erklärung des Kultusministers vom 22. Januar 1912, sondern auch die wiedergegebene Stelle aus dem Deputationsbericht der II. Kammer vom 22. April 1914 bestätigen aber die damals herrschende Überzeugung, daß der Staat mit der Gewährung von Besoldungszuschüssen an bedürftige Kirchgemeinden (nach dem Maß des Bedürfnisses) nur einer Rechtspflicht genüge.

VIII. Im folgenden sei noch auf diejenigen bisher nicht gewürdigten, weniger erheblich erscheinenden Vorgänge eingegangen, in welchen der Staat Beweisanzeichen gegen die beiderseitige Überzeugung von einer Rechtspflicht des Staats gefunden wissen will.

1. Daß in den Staatshaushaltsplan für 1840/42 nicht mehr, wie früher „transitorisch", ein besonderer Beitrag zugunsten der reformierten Gemeinde in Dresden eingestellt, sondern vorgesehen wurde, künftig e t w a nötig werdende Unterstützungen dieser Gemeinde sollten von der für die evangelisch-lutherischen Gemeinden zu allgemeinen kirchlichen Zwecken angesetzten Berechnungssumme von 6000 Talern mitbestritten werden, beruhte, wie die Begründung dieser Etatsstelle ergibt, lediglich auf Zweckmäßigkeitserwägungen. Es lag damals kein Bedürfnis zur Unterstützung der reformierten Gemeinde vor und es war noch nicht abzusehen, ob „besondere Verhältnisse", die in früheren Jahren ihre Unterstützung zu rechtfertigen schienen (Landt.Mitt. 1840 II. K. S. 1345), in der laufenden Finanzperiode wieder anzuerkennen sein würden. Die deshalb vorgenommene Zusammenziehung früher getrennt gehaltener Posten läßt keineswegs den Schluß zu, daß Staatsregierung und Landtag die Rechtslage bei den den evangelisch-lutherischen Gemeinden gewährten Zuschüssen und bei den vorübergehenden Unterstützungen jener

reformierten Gemeinde als gleich angesehen haben. Wenn der Staat sagt, die evangelisch-lutherische Religionsgesellschaft habe keinen Rechtsanspruch auf die in den Etat eingestellte Summe gehabt, weil diese nach Befinden teilweise auch zugunsten der reformierten Gemeinde mitverwendet werden sollte, so ist dem entgegenzuhalten, daß ein Rechtsanspruch gerade auf diese Summe, auch abgesehen hiervon, nicht bestand.

2. Als kennzeichnend dafür, wie man im allgemeinen über das Verhältnis von Staat und Kirche gedacht habe, bezeichnet der Staat eine Ausführung des Abgeordneten Wieland in der Sitzung der II. Kammer vom 11. Juli 1837 (Landt.Mitt. 1836/37 S. 3421). Damals stand die sich auf die „katholischen Kirchen, Schulen und wohltätigen Anstalten" beziehende Position 67 des Ausgabeplans für 1837—1839 zur Beratung. Der Abgeordnete Wieland vertrat die Meinung, daß sich die katholischen Mitbürger in bezug auf ihren kirchlichen Unterhalt den Protestanten gegenüber gar sehr im Vorteil befänden, daß sie vom Staate unendlich begünstigt würden. Er empfahl, übrigens in der Minderheit bleibend, die Streichung eines Teils der Etatsansätze. In seiner Rede finden sich die folgenden Sätze:

„Die Kirche hat der Idee nach und an sich mit dem Staate nichts gemein, sie ist selbständig und unabhängig von ihm; sie verfolgt auch einen andern und viel höheren Zweck wie der Staat ... Darum hat die Kirche vorerst kein anderes Recht als auf Schutz gegen äußere Beeinträchtigungen und der Staat keine andere Pflicht, als diesen Schutz zu gewähren. Auf der andern Seite hat der Staat ein wichtiges sekundäres Interesse daran, daß die Religiosität im Volke mehr und mehr verbreitet werde; denn wo in den Gemeinden und in den Familien diese einheimisch ist, da wird man auch am bereitwilligsten den Gesetzen des Landes und den Anordnungen der Obrigkeit gehorchen. ... Darum glaube ich auch annehmen zu dürfen, daß sich der Staat nicht aller Unterstützungen entschlagen darf, welcher die kirchlichen Gemeinheiten bedürfen. Ich halte aber dafür, daß der Staat nur die Verpflichtung hat, für das unumgänglich Notwendige zu sorgen, und nur soweit diese Notwendigkeit nachgewiesen wird. Ich glaube also nicht, daß der Staat die Verpflichtung hat, für Dinge zu sorgen, die man etwa nur für nützlich ansehen kann, oder von einem allgemeinen Gesichtspunkte aus gar für überflüssig betrachten muß."

Ferner S. 3423:

„Obwohl ich ein warmer Freund meiner protestantischen Kirche bin, deren ungekränktes Bestehen und Blühen meine lebhaftesten Wünsche erfüllt, so werde ich doch derselben kein anderes Recht zugestehen, als das vorhin angedeutete auf Schutz, den sie in denjenigen Fällen zu verlangen hat, wo sie von außen her verletzt wird, und auf Unterstützung in erwiesenen Notfällen. Keineswegs aber räume ich ihr Unterstützungen für bloße Nützlichkeitsbedürfnisse ein. Was ich nun aber der evangelischen Kirche nicht bewilligen kann, kann und werde ich auch der katholischen Kirche nicht zugestehen."

Auch dieser Abgeordnete erkannte also ein Recht der Kirche nicht nur auf staatlichen Schutz, sondern auch auf staatliche Unterstützung in Notfällen an. Daß er dieses Recht unter einem für die katholische und die evangelisch-lutherische Kirche gemeinsamen Gesichtspunkte betrachtete, erklärt sich zur Genüge aus Anlaß und Zweck seiner Rede. Charakteristisch für die damals herrschende Auffassung über das Verhältnis von Staat und Kirche, insbesondere des sächsischen Staats zu seiner evangelisch-lutherischen Landeskirche ist jene Ausführung eines Minderheitsredners nicht.

3. In der Sitzung der II. Kammer vom 10. Januar 1851 stand zur Beratung, ob und in welcher Höhe außerhalb der für die allgemeinen kirchlichen Zwecke zur Verfügung stehenden Etatssumme von 8000 Talern der kurz zuvor von einer Feuersbrunst betroffenen Kirchgemeinde Jöhstadt eine Unterstützung zu dem kostspieligen Um- und Ausbau ihrer baufälligen Kirche zu gewähren war (Landt.Mitt. 1850/51 II. K. Bd. II S. 1397). Der Abgeordnete Haberkorn sprach hierbei (S. 1403) von einer „großen Pflicht der Humanität, Calamitose zu unterstützen", einer Pflicht, die insbesondere auch der Kammer obliege, bei deren Erfüllung aber, soweit die Unterstützungen aus allgemeinen staatlichen Mitteln gewährt werden müßten, die nötigen Grenzen innezuhalten seien.

Der Staat knüpft an diese Äußerung die Folgerung, daß das für die Kirche Bewilligte als freiwillige Staatsleistung aufgefaßt worden sei. Daß mag als Auffassung, wenigstens dieses Abgeordneten, für den damaligen Fall einer außerordentlichen Unterstützung zu Bauzwecken zutreffen, läßt aber keine Verallgemeinerung insbesondere nach der Richtung zu, daß die alljährlichen Staatsleistungen zu Besoldungszwecken ebenso beurteilt worden seien.

4. Der Staatshaushaltsplan für 1892/93 wies gegenüber demjenigen für die vorhergehende Finanzperiode bei mehreren Titeln des Kap. 93 „evangelische Kirchen" erhebliche Erhöhungen auf. Die Besoldungen für die 26 Superintendenten wurden von 45100 auf 53400 ℳ, die Ausgaben für die Stellvertretung der Superintendenten von 2000 auf 3000 ℳ, die sachlichen Ausgaben für den Dienstaufwand der Superintendenten von 23800 auf 38700 ℳ, der Fonds für die Seelsorge Gerichtsgefangener ohne Unterschied der Konfession von 16500 auf 18000 ℳ, die Zulagen an Geistliche und geistliche Stellen von 212480 auf 300000 ℳ heraufgesetzt (LandtA. 1891/92 Kgl. Dekr. Bd. II Nr. 2). Bei der Beratung dieses Etatskapitels in der Sitzung der I. Kammer vom 21. März 1892 leitete der Oberhofprediger Dr. Meier (Vizepräsident des Evangelisch-lutherischen Landeskonsistoriums) seine Rede mit folgenden Worten ein (Landt.Mitt. 1891/92 I. K. Bd. I S. 393):

„Es ist mir zunächst ebenso Pflicht als Bedürfnis, meinen wärmsten Dank auszusprechen für die so erheblichen und ansehnlichen Verwendungen, welche die hohe Staatsregierung und welche die Ständekammern seit langer Zeit der Kirche gewährt haben und diesmal noch in erhöhtem Maße ihr gewährt werden sollen, und ich habe den Dank insonderheit auszusprechen für die Gesinnung, die sich darin ausspricht, für das warme Interesse und die treue Fürsorge, die damit besonders unserer Landeskirche gegenüber bewiesen wird. Es ist ein warmer, idealer Hauch, der durch unsere heutige Verhandlung hindurchweht, und so werden Sie mir auch gestatten, daß ich als Vertreter der Kirche ganz besonders diesen Punkt betone, das ideale Moment, welches solche Verwendungen für die Kirche haben."

Der Staat führt diese Worte als Beleg dafür an, daß man früher auch in der obersten Kirchenbehörde die Staatsleistungen nur als Beihilfen, freiwillige Zuschüsse, nicht als Pflichtleistungen angesehen habe. Auch dem kann nicht beigetreten werden. Die Erfüllung rechtlicher Pflichten kann mit bloßem Geschäftsgeist geschehen. Sie kann aber auch von einem „warmen, idealen Hauch“ belebt werden. Je nach der Gesinnung, mit der an die Erfüllung herangetreten wird, kann die Frage des Bedürfnisses, mehr oder weniger eine Ermessensfrage, in mehr oder weniger ausgedehntem oder beschränktem Maße bejaht werden. Daß der sich als „Vertreter der Kirche“ fühlende Sprecher seinen Dank für die Gesinnung ausgesprochen hat, aus der heraus Regierung und Landtag die Staatsleistungen an die Kirche insbesondere in jenem Jahre bemessen hatten, beweist daher nichts gegen seine Überzeugung davon, daß der Staat mit der Gewährung der „Zulagen an Geistliche und geistliche Stellen“ nur einer Rechtspflicht genüge. Dazu kommt, daß sich der Dank des Redners laut der Ausführung im weiteren Verlaufe seiner Rede (S. 393 flg.) auch auf die Erhöhung solcher Staatsleistungen bezog, die, wie die Vergütung für die Seelsorge an Gerichtsgefangene, nach der damaligen Auffassung zweifellos in das Gebiet der staatlichen Pflichtleistung fielen.

5. Daß man sich auch sonst in kirchlichen Kreisen früher bewußt gewesen sei, es handle sich nicht um ein Recht der Kirche, sondern um eine Freigebigkeit der Kirche gegenüber, will der Staat aus einem im Druck erschienenen Vortrag entnommen wissen, den der Pastor Lic. Dr. Sulze am 13. November 1884 im Protestantenverein in Dresden über die finanzielle Unselbständigkeit der sächsischen Landeskirche, ihre nachteiligen Folgen und ihre Überwindung gehalten habe. Laut den im Schriftsatze des Staats aus diesem Vortrage mitgeteilten Stellen hat der Redner von dem Danke gesprochen, der der Regierung und den „Vertretern“ dafür geschuldet werde, daß sie sich in so opferwilliger Weise der Kirche annehmen, und von dem Verdienste, das sich der sächsische Staat um die Landeskirche namentlich dadurch erworben habe, daß er in dem gefahrvollen Augenblick des Inkrafttretens des Gesetzes über die Standesämter die Beseitigung des Honorarwesens ermöglicht habe. Der Redner hat dann darauf hingewiesen, daß die Staatsregierung nach ihren wiederholten Erklärungen nunmehr trotz größten Wohlwollens an der Grenze dessen angekommen sei, was sie wenigstens vorerst für die Landeskirche tun könne; und er hat als Ziel die Schaffung finanzieller Unabhängigkeit der Kirche vom Staat aufgestellt und diese Zielsetzung unter anderem damit begründet:

„Die Beiträge, die der Landeskirche aus der Staatskasse zufließen, werden natürlich in den Haushaltsplan des Staats eingestellt und von den Kammern bewilligt. Es ist zweifelhaft, ob diese der Landeskirche angehören, mindestens ob sie ihr freundlich gesinnt sind. Werden diese Beiträge auch nur von einer Minderheit ungern bewilligt, so kann auch das der Kirche nur peinlich sein."

Die Danksagung in diesem Vortrage knüpft sich in erster Linie an die (oben unter VII 2 erörterten) besonderen Staatsleistungen aus Anlaß der Einführung der staatlichen Personenstandsbeurkundung und Eheschließung. Sie verliert schon dadurch an Bedeutung für die vorliegende Streitfrage. Im übrigen gilt von ihr ähnliches wie von der unter der vorigen Nummer dieses Abschnitts (VIII 4) gewürdigten Danksagung des Oberhofpredigers Dr. Meier. Daß der kirchliche Redner es als für die Kirche peinlich bezeichnet hat, wenn die ihr aus der Staatskasse zufließenden, in den Staatshaushaltsplan einzustellenden Beiträge auch nur von einer Minderheit des Landtags ungern bewilligt würden, ist auch bei solchen Staatsleistungen verständlich, die sich als Pflichtleistungen darstellen.

6. Der Staat beruft sich für seine Auffassung, im Anschluß an das Rechtsgutachten der Juristenfakultät, auch auf den oben unter III an letzter Stelle mitgeteilten Satz in dem Deputationsbericht vom 29. Mai 1908: „Den im Vorstehenden gekennzeichneten Zustand gedenkt die Königliche Staatsregierung auch in Zukunft grundsätzlich bis auf weiteres, jedoch unter Erhöhung der Gehalte, beizubehalten." Der Satz besagt indessen nicht, daß sich die Staatsregierung hinsichtlich der Gewährung von staatlichen Zuschüssen für Geistliche und geistliche Stellen das Recht freier Entschließung zugeschrieben habe, sondern nur, daß ihr die Herbeiführung einer damals von verschiedenen Seiten angestrebten anderweitigen gesetzlichen Regelung des Pfarrbesoldungswesens vorläufig als nicht angezeigt erschienen sei. Das wird klargestellt durch die Ausführungen, die bei der Beratung über den Deputationsbericht im Plenum der II. Kammer am 1. Juni 1908 der Berichterstatter Dr. Seetzen gemacht hat (Landt.Mitt. 1907/08 II. K. Bd. 4 S. 3580 C):

„Die Königl. Staatsregierung hat, wie schon gelegentlich der Beratungen des Staatshaushaltsetats für 1906/07, auch jetzt wieder sich dafür entschieden, zur Abstellung der auf dem Gebiete des

Besoldungswesens bestehenden Mängel lediglich auf dem bisher betretenen Wege der Unterstützung der zum Unterhalte der Geistlichen verpflichteten Kirchengemeinden durch Gewährung staatlicher Gehaltszulagen fortzuschreiten, unter Hinweis darauf, daß andere vorgeschlagene Auskunftsmittel, wie insbesondere die etwaige Zusammenlegung der Pfarrdotationen, über den Rahmen bloßer Anregungen nicht hinausgekommen seien, daß auch der finanzielle Erfolg dieser Maßnahme noch keineswegs feststehe, und daß endlich nach wie vor die stärksten verfassungsrechtlichen Bedenken dagegen beständen. Immerhin erachtet sie den in der Petition" (nämlich des Pfarrervereins für das Königreich Sachsen) „vorgeschlagenen Weg für nicht ungangbar, zum mindesten soweit es sich um allgemeine landeskirchliche Mittel, insbesondere um Einführung einer Landeskirchensteuer handelt."

An späterer Stelle (S. 3580 D, 3581 A) folgt dann die vom Staat ebenfalls für sich angezogene Ausführung des genannten Berichterstatters über den Standpunkt der Deputation:

„Die Deputation pflichtet ihrerseits der Auffassung bei, daß es richtig sei, die Ausgaben für Geistlichenbesoldungen in höherem Maße als bisher auf kirchliche Mittel zu verweisen, ein Verfahren, welches der Stellung der Landeskirche und den auf anderen Gebieten seit langem in Geltung stehenden Grundsätzen entspricht und für die Staatskasse nur erwünscht sein würde. Andererseits verkennt sie nicht, daß der Verwirklichung dieses Gedankens recht erhebliche Schwierigkeiten entgegenstehen, die bei einer Besteuerung der durch § 60 der Verfassung vor Zugriffen geschützten Pfründen im wesentlichen rechtlicher Natur sind, bei Einführung einer allgemeinen Landeskirchensteuer aber im Hinblick auf das Besteuerungsrecht des Staats für diesen von großer finanzieller Tragweite sein würden. Immerhin erscheint ihr die Überwindung dieser Schwierigkeiten durch entsprechende gesetzgeberische Maßnahmen nicht unmöglich, so daß vielmehr auch in Sachsen, wie dies anderwärts in einigen Staaten bereits geschehen ist, die schon vielfach, auch in der letzten Ständeversammlung und von der Landessynode, angeregte Lösung der wichtigen Aufgabe ernstlich in Angriff genommen werden möchte. Die Deputation hat sich aber zu bescheiden, daß hierbei nicht nur Fragen von weitgehender kirchenpolitischer Tragweite zu prüfen, sondern auch schwierige und zeitraubende Vorarbeiten erforderlich sein werden, von deren Beendigung die Erledigung der materiellen Wünsche der Landesgeistlichkeit nicht abhängig gemacht werden kann, und welche auch ein Drängen gegenüber den zuständigen Stellen als ausgeschlossen erscheinen lassen.

Sie schlägt deshalb vor, bezüglich der Frage der Beschaffung kirchlicher Mittel zunächst den weiteren Entschließungen der Königl. Staatsregierung, des Kirchenregiments und der evangelisch-lutherischen Landessynode entgegenzusehen und deshalb insoweit zurzeit die Petition auf sich beruhen zu lassen."

Die Deputation hat danach zwar die Möglichkeit einer anderweitigen gesetzlichen Regelung des Pfarrbesoldungswesens angenommen, eine Möglichkeit, die später ja auch von der Staatsregierung in ihrer (oben unter VII 4 erörterten) Vorlage an den Landtag anerkannt worden ist; aber sie hat nicht in Zweifel gezogen, daß der Staat nach dem geltenden Rechte zur Gewährung von Besoldungszuschüssen an bedürftige Kirchgemeinden verpflichtet sei.

Auch Äußerungen des Staatsministers Dr. Beck in derselben Sitzung der II. Kammer können nicht in dem vom Staat gewollten Sinne verwendet werden. Der Hinweis des Ministers (S. 3584 B) darauf,

„daß die Kirchgemeinden die Träger der Unterhaltungspflicht sind, daß diese nur, soweit sie nicht steuerkräftig genug sind, einen Staatszuschuß erhalten,"

spricht eher für als gegen die Überzeugung von einer subsidiären Unterhaltungspflicht des Staats. Daß der Minister (S. 3584 D) die Steigerung der Staatsausgaben bei Kap. 93 „evangelische Kirchen" in der Finanzperiode 1908/09 gegenüber 1880/81 um 77,5 % und gegenüber 1870/71 um 999,82 % als „eine erfreuliche Tatsache dafür angeführt hat, wie der Staat auch in solcher Wertschätzung der Kirche ein besonderes Mittel sehe, seine kulturellen Zwecke zu fördern", kann sehr wohl als ein Ausdruck der Meinung angesehen werden: der Staat habe darin, daß er seine Verpflichtungen gegenüber der Kirche ohne Engherzigkeit, in wohlwollender Ausmessung seiner Leistungen erfüllt habe, zugleich ein Mittel zur Förderung seiner eigenen kulturellen Zwecke erblickt. So verstanden berührt sich die Äußerung mit der 1843 für die erstmalige besondere Einsetzung von 2000 Talern

„zur Verbesserung gering dotierter geistlicher Stellen“ gegebenen Begründung: der Staat scheine um so mehr verpflichtet, hier helfend einzugreifen, als er selbst ein wesentliches Interesse daran habe, die Kirchlichkeit zu fördern und die Würde des geistlichen Standes aufrecht zu erhalten.

7. Aus dem neueren Schrifttum zieht der Staat eine Bemerkung von Schmitt (Die Ablösung der Staatsleistungen an die Religionsgesellschaften 1921 S. 2) an. Dort ist zur Begründung des Satzes, daß auch unter der neuen Reichsverfassung noch enge Beziehungen zwischen Staat und Kirche beständen, u. a. gesagt, der Staat bessere gering besoldete Kirchendiener über seine Rechtspflicht hinaus auf. Diese Bemerkung mag in ihrer Allgemeinheit zutreffen, bezieht sich aber nicht auf die besonderen sächsischen Verhältnisse. Sie setzt übrigens auch, indem sie Leistungen des Staats „über seine Rechtspflicht hinaus“ annimmt, das Bestehen einer Rechtspflicht voraus. Noch weniger spricht für die Auffassung des Staats die von ihm ferner angezogene Bemerkung von Georg Müller (Beitr. zur sächs. Kirchengeschichte, Heft 9 1894 S. 143), daß man die ersten 20 Jahre der Tätigkeit des Landeskonsistoriums nicht verfolgen könne, „ohne anerkennend der finanziellen Mittel zu gedenken, die die Fürsorge der Königlichen Staatsregierung, das Vertrauen der Stände, die Opferwilligkeit der Gemeinden für die kirchlichen Zwecke zur Verfügung gestellt habe“. Das ist eine allgemeine Redewendung ohne juristische Schärfe, die mit Bezug auf die Pfarrbesoldungszuschüsse schon deshalb nichts über den Rechtsstandpunkt der Beteiligten aussagt, weil sie die Fürsorge der Staatsregierung und das Vertrauen der Stände neben die Opferwilligkeit der Gemeinden setzt, von denen es doch feststeht und immer festgestanden hat, daß sie zur Unterhaltung ihrer Geistlichen in erster Reihe verpflichtet sind.

IX. Nach alledem kann die Bildung eines Gewohnheitsrechts des Inhalts festgestellt werden, daß der sächsische Staat verpflichtet ist, den Kirchgemeinden der evangelisch-lutherischen Landeskirche Zuschüsse zur Besoldung der Geistlichen aushilfsweise insoweit zu gewähren, als eine den Zeitverhältnissen entsprechende Besoldung in der einzelnen Gemeinde nicht aus der Pfründe oder sonstigen Stiftungsmitteln bestritten und nicht von der Gemeinde, insbesondere auch durch Kirchensteuern, aufgebracht werden kann. Es kommt in letzterer Hinsicht nur auf die Steuerkraft der einzelnen Gemeinde an. Der Staat kann die Kirche nicht darauf verweisen, daß jetzt nach dem Gesetz über das Steuerrecht der öffentlich-rechtlichen Religionsgesellschaften vom 1. Juli 1921 (GBl. S. 202), geändert durch das Gesetz vom 23. Juni 1923 (GBl. S. 151), nicht nur von den Kirchgemeinden, sondern auch von der Landeskirche Steuern erhoben werden können. Maßgebend für das Bestehen und das Maß der Verpflichtungen, die nach Art. 138 RVerf. abzulösen und nach Art. 173 RVerf. zunächst weiter zu erfüllen sind, ist der Rechtszustand zur Zeit des Inkrafttretens der Reichsverfassung. Von einer in diesem Zeitpunkt bestehenden Verpflichtung hat sich der Staat, wie sich schon aus dem Eingange dieser Gründe ergibt, nicht dadurch aus eigener Machtvollkommenheit befreien können, daß er der Landeskirche das Besteuerungsrecht eingeräumt hat. Allerdings hat er sie dadurch in den Stand gesetzt, sich Mittel zu verschaffen, aus denen sie die bis dahin aus staatlichen Mitteln gewährten Zuschüsse ganz oder teilweise selbst leisten könnte. Aber die Subsidiarität der Verpflichtung des Staats hatte nach dem festgestellten Gewohnheitsrechtssatz lediglich die Leistungsunfähigkeit der einzelnen lokalen Kirchenstiftungen und -gemeinden zur Voraussetzung; und bei diesem am 14. August 1919 geltenden Rechtszustand ist es geblieben. Daß man schon früher (vgl. die unter VIII 6 mitgeteilte Ausführung des Berichterstatters Dr. Seetzen in der Sitzung der II. Kammer vom 1. Juni 1908) erwogen hat, „die Ausgaben für die Geistlichenbesoldungen in höherem Maße als bisher auf kirchliche Mittel zu verweisen", und dabei auch an die Schaffung eines landeskirchlichen Besteuerungsrechts gedacht hat, ist unerheblich. Denn die damaligen Erwägungen haben nicht zu einer gesetzlichen Änderung des damaligen Rechtszustands geführt.

... Mit der Annahme einer in der Zeit bis 1919 durch Gewohnheitsrecht begründeten Verpflichtung des Staats zur Leistung von Besoldungszuschüssen an bedürftige Kirchgemeinden erledigt sich der von der Kirche im Anschluß an das Fakultätsgutachten und damit an Johannes Niedner (Die rechtliche Stellung und finanzielle Lage der evangelischen Landeskirchen nach ihrer Trennung vom Staat bei Thimme und Rolffs, Revolution und Kirche S. 162flg., insbes. S. 180) hilfsweise geltend gemachte „besondere Rechtstitel" der Rechtsgemeinschaft. Niedner führt in seinem bereits Anfang 1919 ohne besondere Beziehung auf die sächsischen Verhältnisse geschriebenen Aufsatz aus, daß bei der Trennung des bis dahin bestehenden staatskirchlichen Zusammenhangs eine Auseinandersetzung wegen der Finanzierung der kirchlichen Angelegenheiten erfolgen müsse. Er will den Rechtsvorgang dieser Auseinandersetzung analog angesehen wissen demjenigen der Abschichtung der Chausseeverwaltung aus der allgemeinen Staatsverwaltung an die Provinzialverbände in Preußen, denen das Eigentum an den Chausseen übertragen und eine Dotation mitgegeben wurde; und er zieht zur Vergleichung auch den Vorgang einer Gemeindeteilung oder der Verselbständigung eines Filialunternehmens an, wobei der ausgeschiedene Teil von Rechts wegen entsprechend abzufinden sei, eventuell auch den der Selbständigmachung des noch nicht voll erwerbsfähigen Hauskindes (das, so wird in seinem Sinne hinzugefügt werden können, einen Anspruch auf ergänzende Unterhaltsgewährung behält). Alles dies gilt nach ihm (S. 181) aber nur dann, wenn die staatlichen Zahlungen nicht an eine bereits als selbständiges Rechtssubjekt konstituierte Landeskirche oder Landeskirchenkasse oder einzelne kirchliche Institute oder Verbände mit Rechtspersönlichkeit geleistet werden. Für diese Fälle, von denen der letzte für die staatlichen Besoldungszuschüsse an die evangelisch-lutherischen Kirchgemeinden in Sachsen zutrifft, sagt Niedner, daß es sich um bestimmte rechtliche Verpflichtungen handle oder um freiwillige bei der Aufstellung des Haushaltsplans jedesmal erfolgende Bewilligungen. Die erste dieser beiden Alternativen ist, wie dargelegt, hier gegeben. Im übrigen stellt sich im Sinne der in den Art. 138, 173 RVerf. gegebenen (von Niedner noch nicht gekannten) Verfassungsvorschriften der staatskirchliche Zusammenhang als solcher nicht als ein „besonderer Rechtstitel" dar. Sollte schon dieser Zusammenhang an sich zur Begründung einer Ablösungspflicht des Staats ausreichen, so hätte das im Gesetz einen anderen, klareren Ausdruck finden müssen. Bei den eingehenden Beratungen im Ausschuß und Plenum der Nationalversammlung ist von diesem Titel von keiner Seite gesprochen worden, was im Falle seiner beabsichtigten Zulassung sicherlich geschehen wäre. Von den vier durch Niedner als Analogie oder zur Vergleichung herangezogenen verschiedenartigen Vorgängen hat nur der erste eine gewisse Rechtsähnlichkeit mit dem vorliegenden Falle. Die kirchliche Verwaltung war in Sachsen, wie unter VI gezeigt, bereits seit dem

Jahre 1874 aus der Staatsverwaltung ausgegliedert. Die Landeskirche war seitdem ein selbständiger Organismus des öffentlichen Rechts. Auf diese Körperschaft des öffentlichen Rechts soll jetzt, so könnte man sagen, eine bisher vom Staat erfüllte Aufgabe, die der subsidiären Unterstützung bedürftiger Kirchgemeinden, übertragen werden. Aber es besteht kein Rechtssatz, daß im Falle der Verschiebung des Aufgabenkreises zwischen zwei öffentlich-rechtlichen Körperschaften die freiwerdende die andere dotieren müßte. In Preußen ist dies im Jahre 1875 bei der Übertragung der bis dahin staatlichen Chausseen auf die Provinzialverbände allerdings geschehen. Es könnte in solchem Falle jedoch auch in der Weise vorgegangen werden, daß dem mit einer neuen Aufgabe belasteten Kommunalverbande neue öffentliche Einnahmen, z. B. durch Steuern oder Abgaben erschlossen werden. Unter diesem Gesichtspunkt könnte daher auch der (unter dem Gesichtspunkt einer gewohnheitsrechtlichen Verpflichtung des Staats als unerheblich bezeichnete) Umstand erheblich erscheinen, daß der Staat der Kirche das landeskirchliche Besteuerungsrecht gewährt hat. Mit dem Fakultätsgutachten, das die sogen. Rechtsgemeinschaft als „besonderen Rechtstitel" anerkennt und auf dieser Grundlage die Erheblichkeit jenes Umstands bejaht, steht die Verneinung dieser Erheblichkeit auf anderer Grundlage also nicht in Widerspruch.

B. Zur zweiten Frage.

I. Diese Frage, die wörtlich dahin lautet,

> ob der sächsische Staat verpflichtet ist, bei Auflösung der Kircheninspektionen, „die sich in Sachsen zurzeit noch aus dem Ephorus und der weltlichen Koinspektionsbehörde zusammensetzen", die Leistung der weltlichen Koinspektion abzulösen,

ist ihrem Wortlaute nach auf die Verhältnisse in den sächsischen Erblanden abgestellt, in denen die Kircheninspektionen zurzeit noch aus dem Ephorus (Superintendenten) und einem oder zwei weltlichen Koinspektoren (Amtshauptmann oder Stadtrat oder beiden) bestehen. Daß die Frage über ihren Wortlaut hinaus auch auf die Kircheninspektionen in den Vierstädten der Oberlausitz zu beziehen ist, soll später dargelegt werden. Die Kirche vertritt die Meinung, daß die Leistungen der weltlichen Koinspektionen auf Gesetz beruhende Staatsleistungen im Sinne der Art. 138, 173 RVerf. seien. Sie beantragt dahin zu erkennen, daß der Freistaat Sachsen verpflichtet sei, bei Auflösung der Kircheninspektionen die Leistungen der weltlichen Koinspektionen abzulösen, und daß die Ablösung dieser Leistungen nach dem Umfange der von den weltlichen Koinspektoren bisher besorgten Inspektionsgeschäfte zu erfolgen habe. Der Staat spricht der Mitwirkung weltlicher Koinspektoren in den Kircheninspektionen die Eigenschaft ablösungspflichtiger Staatsleistungen ab.

II. Die Kircheninspektion (als Behörde, nicht als Tätigkeit) wird unter diesem Namen erstmals erwähnt in den §§ 3 und 5 des Regulativs wegen der Kosten bei Anstellung und Versetzung der Kirchen- und Schuldiener vom 18. Februar 1799, sowie in Nr. 2 der Anweisung für die Pfarrer und Küster zu besserer Einrichtung der Kirchenbücher von demselben Tage (Cod. v. Seydewitz S. 91, 94). Die geschichtliche Entwicklung dieser Aufsichtsbehörden über die örtlichen Kirchgemeinden und kirchlichen Stiftungen ist streitig. Die ältere Lehre bringt die Koinspektionsbefugnis weltlicher Stellen mit dem Patronatsrecht oder der Gerichtsbarkeit des Patrons (Grundherrn) in Zusammenhang.

So Weber, Sächsisches Kirchenrecht I. Teil, I. Abteilung 1818 S. 707, 710, 760 flg.; 2. Aufl. Bd. I S. 182, und in Übereinstimmung damit noch der Bericht der Beschwerde- und Petitionsdeputation der II. Kammer vom 13. November 1883, betr. die Petition des Stadtrats zu Oschatz, daß den Städten mit revidierter Städteordnung das Recht der weltlichen Kircheninspektion (genauer: das Recht zur alleinigen Koinspektion unter Ausschließung der Amtshauptleute) im Wege der Gesetzgebung verliehen werden möge (LandtA. 1883/84, Ber. der II. K. Nr. 42 S. 60).

Friedberg (Evang. Verfassungsrecht 1888 S. 181 flg.) führt den Ursprung der Kircheninspektion auf die älteste Zeit der evangelischen Verfassungsgestaltung zurück. Er lehrt: Die Behörde sei hervorgegangen aus der alten Visitationskommission, die zusammengesetzt aus dem Superintendenten und einem weltlichen Beamten, auf besonderen Befehl des Landesherrn zusammengetreten sei, um der landesherrlichen Regierung über den Zustand der Gemeinden sowie die Mittel zur Abwendung etwaiger Übelstände Bericht zu erstatten. Nachdem für die kirchliche Regierung und Gerichtsbarkeit die ständige Organisation der Konsistorien geschaffen worden sei, seien auch die Visitationskommissionen ständig geworden. Sie seien zu den Konsistorien in Unterordnung getreten und wie diese in Ausübung der Gerichtsbarkeit (als geistliche Untergerichte) tätig geworden, dann aber auch wie diese auf die Verwaltung beschränkt worden. Zimmermann, der „die Entwicklung der Kircheninspektionen" in einer unter diesem Titel 1903 erschienenen Abhandlung (Beitr. zur sächs. Kirchengeschichte Heft 16 S. 120 flg.) eingehend untersucht hat, lehnt sowohl die Auffassung von Weber als auch die von Friedberg ab. Er kommt zu dem Ergebnis (S. 202 flg.): Die Kircheninspektionen hätten sich als Bildungen des Gewohnheitsrechts von selbst entwickelt. Sie seien hervorgegangen aus den Bestrebungen der Superintendenten des 16. Jahrhunderts, die Lücke ihrer Kenntnisse auf dem ihnen trotz ihrer bloß theologischen Schulung zufallenden Gebiete der kirchlichen Verwaltung durch Zuziehung der Amtsleute (resp. Magistrate) und Patrone zu ergänzen. Sie hätten sich gebildet an der überkommenen Gliederung der staatlichen Verwaltungsbezirke, mit deren Vorständen die Superintendenten sowieso teils in ehegerichtlicher, teils in sonstiger außerinspektioneller Tätigkeit zusammengestanden hätten. Die gesamte Entwicklung sei gestützt und geführt worden durch eine Reihe einzelner Gesetzesbestimmungen, die ihrerseits Geschäfte der kirchlichen Verwaltung der gemeinsamen Bearbeitung durch Superintendent und Amtmann (Magistrat) zugewiesen und für die lehnsherrlichen Fragen der einzelnen Kirche deren Patrone hinzugezogen hätten. Mit diesen Anordnungen der Oberbehörden habe sich die tägliche selbstgeübte Praxis in fortwährender Wechselwirkung ergänzt. Friedberg hat in seinem Lehrbuch des Kirchenrechts (6. Aufl. 1909 S. 238 flg.) in Kenntnis der Zimmermannschen Abhandlung (vgl. Anm. 28 das.) an seiner vorher dargelegten Auffassung festgehalten. Den Zimmermannschen Standpunkt hat sich der Verfassungsausschuß der Landessynode in seinem den Entwurf eines Kirchengesetzes über die Bezirkskirchenämter betreffenden Berichte vom 4. Dezember 1925 zu eigen gemacht (Berichte der 12. Landessynode Nr. 69).

Welche dieser Auffassungen über den geschichtlichen Ursprung der Kircheninspektionen den Vorzug verdient, kann auf sich beruhen. Es genügt hier festzustellen, was im folgenden geschehen soll, daß Zusammensetzung, Aufgabenkreis und sonstige Rechtsstellung der Kircheninspektionen im 19. Jahrhundert gesetzliche Regelung oder Anerkennung gefunden haben.

III. Die gegenwärtige Zahl der Kircheninspektionen wird in dem erwähnten Berichte des synodalen Verfassungsausschusses vom 4. Dezember 1925 auf etwa 90 angegeben. Was ihre Zusammensetzung betrifft, so ist der Rechtszustand in den Erblanden ein anderer als in der erst 1635 von der Krone Böhmen an Kursachsen abgetretenen Oberlausitz.

1. Für die Erblande kommen die folgenden Gesetze und Verordnungen in Betracht: Das Publikationsgesetz zur allgemeinen Städteordnung vom 2. Februar 1832 (GVBl. S. 7) bestimmte in § 14:

> Da die Städteordnung auch nur den Zweck hat, die bürgerlichen Verhältnisse der Stadtgemeinden als politischer Körperschaften zu ordnen, die Angelegenheiten der Kirchen- und Parochial-Verfassung aber ein für sie fremdartiger Gegenstand sind, so ... bezwecken diese (nämlich die in den §§ 273flg. getroffenen) Bestimmungen der Städteordnung zur Zeit keine Veränderung in den gesetzlichen oder auf besonderen Rechtstiteln beruhenden Verhältnissen hinsichtlich der Ausübung der weltlichen Inspektions-, Patronat- und Kollaturrechte der Stadträte, welche vielmehr bis auf weiteres den letzteren verbleiben, wo und in welchem Umfang sie ihnen zeither zugestanden haben.
>
> Abänderungen der hierher gehörenden Einrichtungen, insoweit sie für nötig und ratsam zu achten sind, bleiben vielmehr der Gesetzgebung in Kirchensachen vorbehalten.

Das Gesetz, die künftige Einrichtung der Behörden erster Instanz für die Rechtspflege und Verwaltung betreffend, vom 11. August 1855 (GVBl. S. 144), durch das die Patrimonialgerichtsbarkeit jeder Art aufgehoben wurde, bestimmte in den §§ 6, 7:

> § 6. Die Zuständigkeit der zeitherigen Gerichtsbehörden erster Instanz in ihrer Eigenschaft als obrigkeitliche und Verwaltungsbehörden, mit Einschluß der Strafgewalt in Polizei- und Verwaltungsstrafsachen, nicht minder in ihrer Eigenschaft als weltliche Koinspektoren in Kirchen-, Schul- und Stiftungssachen geht auf die (vom Staat bestellten) Gerichtsämter über.
>
> § 7. Der Sprengel jedes Gerichtsamts bildet einen Verwaltungsbezirk. Das Gerichtsamt ist für denselben die Verwaltungsobrigkeit. Ausgeschlossen sind jedoch von der Zuständigkeit desselben als Ver-

waltungsobrigkeit diejenigen in seinem Sprengel gelegenen Städte, in welchen die allgemeine Städteordnung eingeführt ist. Dieselben stellen rücksichtlich des dem betreffenden Stadtrat nach örtlicher Verfassung zustehenden obrigkeitlichen Wirkungskreises auch ferner besondere Verwaltungsbezirke dar.

Die weltliche Koinspektion in Kirchen-, Schul- und Stiftungssachen, welche zeither von einigen Stadträten außerhalb des städtischen Gemeindebezirks ausgeübt wurde, geht auf das Gerichtsamt über.

Der Sinn der Worte „außerhalb des städtischen Gemeindebezirks" in § 7 Abs. 2 dieses Gesetzes fand in § 6 der Ausführungsverordnung vom 30. September 1856 (GVBl. S. 370) eine in der Praxis maßgebend gewordene Erläuterung.

Das Ministerium des Kultus und öffentlichen Unterrichts erließ in Übereinstimmung mit den in Evangelicis beauftragten Staatsministern, unter Bezugnahme auf die von mehreren Stadträten an die Ständeversammlung gerichteten, von dieser an die Staatsregierung zur Erwägung abgegebenen Petitionen, die Verordnung, die weltliche Koinspektion über Kirchen, Schulen und beiden gewidmete Stiftungen betreffend, vom 12. November 1863 (GVBl. S. 758). Dort ist unter Nr. 1 bestimmt:

In allen Städten der Erblande, in welchen die allgemeine Städteordnung eingeführt ist und wo im Kollegium des Stadtrats wenigstens ein juristisches Mitglied sich befindet, deren Stadträte aber zeither eine Koinspektion über Kirchen und Schulen nicht hatten, tritt mit Anfang des Jahres 1864 zu der aus dem Superintendenten und dem Gerichtsamt bestehenden Kirchen- und Schulinspektion ... der Stadtrat als drittes Mitglied hinzu.

Ferner unter Nr. 3:

Der Vorsitz verbleibt dem Superintendenten, das directorium actorum dem Gerichtsamte.

Das Gesetz, die Organisation der Behörden für die innere Verwaltung betreffend, vom 21. April 1873 (GVBl. S. 275) bestimmte in § 5:

Die seitherige Zuständigkeit der Gerichtsämter als Verwaltungsbehörden geht, soweit nicht ihre bisherigen Geschäfte den Gemeindebehörden gesetzlich überwiesen werden, ... mit Einschluß der Geschäfte der weltlichen Koinspektionen in Kirchen-, Schul- und Stiftungssachen auf die Amtshauptmannschaft über.

Dieses Gesetz trat gleich dem Kirchengesetz über die Errichtung eines evangelisch-lutherischen Landeskonsistoriums vom 15. April 1873 (GVBl. S. 376) am 15. Oktober 1874 in Wirksamkeit (GVBl. 1874 S. 113). Demgemäß bestimmte die Verordnung des Ministeriums des Kultus und öffentlichen Unterrichts, den Eintrit der veränderten Zuständigkeit der Behörden für Kirchen-, Schul- und Stiftungssachen betreffend, vom 26. August 1874 (GVBl. S. 216) in § 2:

Mit demselben Zeitpunkt wird die seither den Gerichtsämtern zuständig gewesene weltliche Koinspektion über Kirchen und diesen gewidmete Stiftungen von den Amtshauptmannschaften übernommen.

§ 3 derselben Verordnung trifft die Feststellung:

Für die Stadträte derjenigen Städte, in welchen die Revidierte Städteordnung für größere Städte vom 24. April 1873 (GVBl. S. 295) eingeführt ist, bewendet es bei den in der Verordnung vom 12. November 1863 (GVBl. S. 758) wegen des Hinzutritts von Stadträten zu der Kircheninspektion als drittes Mitglied getroffenen Bestimmungen.

Aus diesen die Kircheninspektionen teils in ihrer überkommenen Zusammensetzung anerkennenden, teils ihre Zusammensetzung neu ordnenden Rechtsquellen ergibt sich als der seit 1874 geltende Rechtszustand die Zusammensetzung der Kircheninspektionen aus dem Superintendenten und dem Amtshauptmann oder dem Stadtrat, für gewisse Bezirke aus dem Superintendenten, dem Amtshauptmann und dem Stadtrat. Wo der Stadtrat Mitglied der Kircheninspektion ist, übt er seine Mitgliedschaft entweder durch den Bürgermeister oder ein rechtsgelehrtes Ratsmitglied, die gemäß der ihnen vom Kollegium erteilten Instruktion zu handeln haben, oder durch das Plenum aus, das in diesem Fall seine eine Stimme nach dem in seinem Schoß erzielten Mehrheitsbeschluß abgibt (Vo. des Kultusministeriums vom 17. April 1866, Cod. v. Seydewitz S. 345 Anm. 4). Die Patrone (Grundherren) und ihre Patrimonialgerichte sind jedenfalls seit 1855 aus den Kircheninspektionen völlig ausgeschieden. Es sind danach in den Erblanden drei Gruppen von Bezirken zu unterscheiden:

a) solche, in denen die weltliche Koinspektion nur dem Stadtrat zusteht. Es sind dies nicht nur, wie bei Friedberg (Evang. Verfassungsrecht S. 182 Anm. 25) angegeben, die in § 9 des Organisationsgesetzes vom 21. April 1873 von der Zuständigkeit der Amtshauptmannschaften ausgenommenen Städte Dresden, Leipzig und Chemnitz. Gemäß der überkommenen Ordnung, die durch § 14 des Publikationsgesetzes zur allgemeinen Städteordnung vom 2. Februar 1832 und (mit einer gewissen räumlichen Einschränkung des Koinspektionsbezirks) auch durch § 7 Abs. 2 des Gesetzes vom 11. August 1855 aufrecht erhalten ist, hat vielmehr eine Reihe weiterer Städte dieselbe Stellung (vgl. Haan, Die Episkopal-, Konsistorial- und Diözesan-Verfassung im ehemaligen Kurfürstentum und jetzigen Königreich Sachsen, 1880 S. 107 flg.). . . .

b) Bezirke, in denen die weltliche Koinspektion, sei es von alters her, sei es auf Grund der Verordnung vom 12. November 1863, dem Stadtrat neben dem Amtshauptmann (früher Amtmann, Gerichtsamt) zusteht.

c) Bezirke, in denen nur der Amtshauptmann weltlicher Koinspektor ist.

In allen diesen Bezirken (a, b und c) hat der Superintendent die sachliche Leitung, das directorium causae. Die Akten- und Geschäftsführung, das directorium actorum, steht dagegen dem Amtshauptmann oder dem Stadtrat zu. In den Bezirken (b), in denen Amtshauptmann und Stadtrat Koinspektoren sind, hat im Geltungsbereich der Verordnung vom 12. November 1863 gemäß deren Nr. 3 der Amtshauptmann das directorium actorum. Bei den schon vor dieser Verordnung mit Amtmann (Gerichtsamt, jetzt Amtshauptmann) und Stadtrat als weltlichen Mitgliedern besetzten Kircheninspektionen scheint der überkommene Rechtszustand nicht gleichmäßig zu sein; vgl. die Rede des Abgeordneten Müller (=Colditz) in der Sitzung der II. Kammer vom 19. Dezember 1883 (Landt.Mitt. 1883/84 II. K. Bd. I S. 247), wo festgestellt ist, daß in der Stadt Colditz das directorium actorum von alters her zwischen dem die finanziellen Fragen bearbeitenden Stadtrat und dem alle anderen Fragen bearbeitenden Amtmann (Gerichtsamt, jetzt Amtshauptmann) geteilt sei.

2. Die Konsistorial- und Inspektionsbefugnisse über die evangelisch-lutherischen Kirchen der Oberlausitz sind geregelt durch § 11 der Kgl. Urkunde, die durch die Anwendung der Verfassung des Königreichs Sachsen auf die Oberlausitz bedingte Modifikation der Partikularverfassung dieser Provinz betreffend, vom 17. November 1834 (GVS. S. 482) und durch die mit Genehmigung des Königs und unter Zustimmung der Oberlausitzer Provinzialstände erlassene Verordnung des Ministeriums des Kultus und öffentlichen Unterrichts vom 12. September 1874 (GVBl. S. 299). Die Konsistorialgeschäfte werden danach „innerhalb" der Kreishauptmannschaft Bautzen besorgt, welcher für diese Angelegenheiten ein von den in Evangelicis beauftragten Staatsministern ernannter evangelisch-lutherischer Geistlicher (als Kirchenrat oder Konsistorialrat) beigegeben ist. Die Kreishauptmannschaft ist somit in dieser Zusammensetzung zugleich Konsistorialbehörde. Superintendenturen hat die Oberlausitz bisher nicht. Hinsichtlich der Inspektionsgeschäfte sind die Vierstädte (Bautzen, Kamenz, Löbau und Zittau) und die übrigen Parochien der Oberlausitz auseinander zu halten.

a) In den Parochien außerhalb der Vierstädte sind der Kreishauptmannschaft in ihrer vorher angegebenen Zusammensetzung die Befugnisse der weltlichen und geistlichen Inspektion über die Kirchen übertragen. Die Konsistorialbehörde ist demnach in diesem Bezirk zugleich Inspektionsbehörde (§ 2 Abs. 2 und 3, § 8 der Vo. vom 12. September 1874).

b) In den Vierstädten standen die inspektionellen Befugnisse gemäß § 9 der Vo. vom 12. September 1874 in Angelegenheiten, welche die Person der Geistlichen und deren Amtsführung betreffen, sowie in (sonstigen) inneren kirchlichen Angelegenheiten der Provinzial-Konsistorialbehörde, in äußeren kirchlichen Angelegenheiten den Stadträten zu. Jetzt gilt dort die Verordnung, die Bildung von Kircheninspektionen in den Vierstädten der Oberlausitz betreffend, vom 7. Juli 1913 (GVBl. S. 186), die von dem Evangelisch-lutherischen Landeskonsistorium mit Genehmigung der in Evangelicis beauftragten Staatsminister und unter Zustimmung der Oberlausitzer Provinzialstände erlassen ist und folgendes bestimmt:

Die Stadträte der Oberlausitzer Vierstädte bilden, ein jeder in Verbindung mit dem Pastor primarius, die Inspektion über die

Kirchen und kirchlichen Stiftungen in ihren Städten nach dem Umfang der Zuständigkeit der Kircheninspektionen in den Erblanden. Der Stadtrat und der Pastor primarius sind gleichberechtigte Inspektionsmitglieder. Das directorium actorum in der Kircheninspektion und den Vorsitz führt der Stadtrat.

Die Verordnung hat durch das staatliche Kirchensteuergesetz vom 11. Juli 1913 (GVBl. S. 223) staatsgesetzliche Anerkennung gefunden. § 33 Abs. 1 dieses Gesetzes lautet:

Für die evangelisch-lutherischen Kirchgemeinden bildet im Sinne dieses Gesetzes: ...

b) die Kirchenaufsichtsbehörde die Kircheninspektion, in der Oberlausitz, jedoch mit Ausnahme der Vierstädte, für welche das Nähere durch Verordnung geregelt wird, die Kreishauptmannschaft Bautzen als Konsistorialbehörde.

Demgemäß ist durch die vom Kultusministerium mit Zustimmung der Provinzialstände der Oberlausitz erlassene Verordnung zur Einführung des Kirchensteuergesetzes in der Oberlausitz vom 12. Juli 1913 (GVBl. S. 278) unter Nr. 2 bestimmt:

Kirchenaufsichtsbehörde für die evangelisch-lutherischen Kirchgemeinden in den Vierstädten nach § 33 1 b des Kirchensteuergesetzes ist die gemäß der Verordnung des evangelisch-lutherischen Landeskonsistoriums vom 7. Juli 1913 gebildete Kircheninspektion.

Da es außerhalb der Vierstädte in der Oberlausitz eine Kircheninspektion, als Behörde, nicht als Tätigkeit aufgefaßt, nicht gibt, kann die im schiedsgerichtlichen Verfahren zu entscheidende Frage, ob der sächsische Staat verpflichtet ist, bei Auflösung der Kircheninspektionen die Leistung der weltlichen Koinspektion abzulösen, auf diese Bezirke nicht bezogen werden. Die Ablösungspflicht des Staats wird insoweit in dem Zusammenhang erörtert werden müssen, ob die bisherigen Leistungen der Kreishauptmannschaft als Konsistorialbehörde ablösungspflichtige Staatsleistungen sind. Diese Frage steht hier nicht zur Entscheidung.

Bei strenger Anlehnung an den Wortlaut der bei der Übertragung des Schiedsspruchs von der Reichsregierung formulierten Frage würde auch auf die Verhältnisse in den Vierstädten nicht einzugehen sein. Denn die für die Vierstädte durch die Verordnung vom 7. Juli 1913 gebildeten Kircheninspektionen setzen sich nicht aus dem Ephorus (Superintendenten) — den das für die Oberlausitz geltende Recht nicht kennt —, sondern aus dem davon verschiedenen Pastor primarius und dem Stadtrat zusammen. Es kann indessen angenommen werden, daß die Frage insofern nur ungenau gefaßt ist. Auch die Streitteile gehen hiervon in ihrem Schriftenwechsel stillschweigend aus.

IV. Die Zuständigkeit der Kircheninspektionen in den Erblanden, die gemäß der Verordnung vom 7. Juli 1913 auch für die Kircheninspektionen in den Vierstädten der Oberlausitz gilt, hat keine zusammenfassende Regelung gefunden. Die meisten einschlägigen Bestimmungen enthält die Kirchenvorstands- und Synodalordnung in der Fassung der Bekanntmachung vom 18. Oktober 1913 (GVBl. S. 413). Soweit in der folgenden Zusammenstellung Paragraphen ohne Zusatz angeführt werden, sind die Paragraphen dieses staatsgesetzlich genehmigten Kirchengesetzes gemeint.

Man wird, wie es in § 5 Nr. 18 Abs. 1 des Kirchengesetzes über die Errichtung eines evangelisch-lutherischen Landeskonsistoriums vom 15. April 1873 geschehen ist, innere und äußere kirchliche Angelegenheiten unterscheiden und bei der Unterordnung der den Kircheninspektionen zugewiesenen Aufgaben unter die eine oder die andere Kategorie dem Plane von Friedberg (Evang. Verfassungsrecht S. 185, 186) folgen können.

1. Zu den inneren Angelegenheiten ist es danach zu zählen, daß die Kircheninspektion

a) über Widersprüche gegen die Ablehnung von Aufnahmen in die Wählerliste sowie — auf Widerspruch — über Einwendungen gegen die Wählerliste (§ 8 Nr. 3, 7),

b) über die Gültigkeit der Wahl eines Kirchenvorstehers, dem nach der Ansicht des Wahlausschusses die Wählbarkeit abgeht (§ 13), zu entscheiden hat und im Falle zweifellos vorliegender Gesetzwidrigkeit, auch ohne eine Anregung durch die Beteiligten, die Wahl eines Kirchenvorstehers für null und nichtig erklären kann (Vo. des KultMin. v. 3. Nov. 1868, Cod. v. Seydewitz S. 367 Anm. 45),

c) auf Berufung über die Erheblichkeit der Entschuldigungsgründe gewählter Kirchenvorsteher (§ 16 Nr. 3),

d) über die Beanstandung von Kirchenvorstandsbeschlüssen durch den Patron oder den Vorsitzenden des Kirchenvorstands (§ 5 Abs. 4, § 28 Abs. 4),

e) über den Antrag auf Entlassung eines Kirchenvorstehers (§ 29 Abs. 1) zu entscheiden,

f) ausnahmsweise die Wahl zum Kirchenvorstand (§ 14) oder eine Kirchgemeindeversammlung (§ 30 Abs. 3) zu leiten,

g) ortsstatutarische Bestimmungen, wie sie z. B. in § 6 Abs. 3, § 17 Abs. 6 vorgesehen sind, zu bestätigen (§ 1 Abs. 3, vgl. auch § 24 Abs. 2),

h) die niederen Kirchendiener, soweit erforderlich, eidlich zu verpflichten hat (§ 25 Abs. 6).

2. Zu den äußeren Angelegenheiten sind die mannigfachen Befugnisse zu rechnen, die der Kircheninspektion mit Bezug auf die Vermögensverwaltung der Kirchgemeinden und kirchlichen Stiftungen zustehen, so

a) die Genehmigung gewisser Bauten (§ 21 Abs. 2 der Anleitung für das Verfahren bei kirchlichen Bauten und Herstellungen vom 15. Dez. 1899, Konf.Bl. S. 126, § 3),

b) die Verwaltung der Pfarrwaldungen und die Aufsicht über die Bewirtschaftung der kirchlichen Waldungen (Vo. d. Landeskonsistoriums vom 23. Febr. 1875 Konf.Bl. S. 12),

c) die Überlassung einer Kirche zum Gottesdienst an andere Religionsgemeinschaften oder zu nichtgottesdienstlichem Gebrauch (§ 21 Abs. 3),

d) die Instruktion des Rechnungsführers (§ 22 Abs. 3) und die Genehmigung einer für ihn ausgesetzten Vergütung (§ 27 Abs. 2),

e) die Genehmigung der Aufnahme gewisser Kirchgemeindeschulden und des für sie festgestellten Tilgungsplans (§ 2 des Kirchenhaushaltsgesetzes vom 10. Juli 1913),

f) die Genehmigung der Voranschläge für das Kirchenvermögen und, wenn zur Deckung des Bedarfs Kirchensteuern eingezogen werden sollen, auch der Voranschläge der Kirchgemeindekassen und der Besoldungskassen sowie von Etatsüberschreitungen (§ 5 Abs. 2 u. 3 des Kirchenhaushaltsgesetzes; § 2 Abs. 2, § 33 Abs. 1b des Kirchensteuergesetzes vom 11. Juli 1913), die Prüfung der Kirchenrechnungen (Vo. d. KultMin. vom 30. März 1868 GVBl. S. 220 Nr. VII 5, 6),

g) die Bestätigung von Gottesackerordnungen, Begräbnisregulativen, Kirchstuhlordnungen und ähnlichen kirchlichen Ortsgesetzen (§ 1 Abs. 3), die Genehmigung von Regulativen über die Erhebung kirchlicher Gebühren (§ 5 des Kirchengesetzes über die Fixation der Akzidenzien und Stolgebühren vom 2. Dez. 1876) und von Kirchensteuerordnungen (§§ 17—19, § 33 Abs. 1b des Kirchensteuergesetzes vom 11. Juli 1913),

h) die Vertretung der geistlichen Lehne (§ 26 Abs. 4),

i) die Genehmigung zum Beginn eines Prozesses für die Kirche, wenn nicht lediglich eine liquide Schuldforderung eingeklagt werden soll, sowie zur Abschließung eines Vergleichs (§ 26 Abs. 1),

k) die Anordnung der Zwangsvollstreckung gemäß § 3 des Gesetzes über die Zwangsvollstreckung wegen Geldleistungen in Verwaltungssachen vom 18. Juli 1902 (GVBl. S. 294).

Diese Zusammenstellung macht keinen Anspruch auf Vollständigkeit (vgl. F. Böhme, Sächs. Kirchengesetze 2. Aufl. S. 42 flg.). Sie will nur einen Überblick geben über die Art der den Kircheninspektionen übertragenen Geschäfte, insbesondere derjenigen mit juristischem, bau- oder forsttechnischem, rechnerischem oder finanziellem Einschlag. Auch die in der Zusammenstellung unter den Begriff der äußeren kirchlichen Angelegenheiten gebrachten Geschäfte fallen in das Gebiet des Kirchenregiments (jus in sacra). Das durch das Staatsgesetz vom 16. April 1873 genehmigte Kirchengesetz über die Errichtung eines evangelisch-lutherischen Landeskonsistoriums vom 15. April 1873 hat „zur Führung des Kirchenregiments" ein Landeskonsistorium eingesetzt und diesem in § 1 „die Leitung und Verwaltung aller Angelegenheiten" der evangelisch-lutherischen Kirche übertragen, allerdings unter der Oberaufsicht der in Evangelicis beauftragten Staatsminister, die aber nicht als Organ des Staats, sondern als „mit der landesherrlichen Kirchengewalt betraut", also als Organe des Inhabers der Kirchengewalt auftraten. Der Geschäftskreis des Landeskonsistoriums umfaßt nach § 5 Nr. 18 Abs. 1 das. insbesondere

„die Entscheidung in allen inneren und äußeren kirchlichen Angelegenheiten in zweiter — in Sachen, die zu seinem Ressort unmittelbar gehören, oder wo die Unterbehörden eine Entscheidung zu geben aus irgendwelchem Grunde behindert waren, auch in erster Instanz".

Damit ist von der Staats- und Kirchengesetzgebung klar zum Ausdruck gebracht, daß sich das Kirchenregiment, die landesverfassungsmäßige Selbstregierung und Selbstverwaltung der Kirche auch auf die den äußeren Bestand der Kirche und ihrer Einrichtungen betreffenden Angelegenheiten bezieht (vgl. Friedberg, Evang. Verfassungsrecht S. 70 insbes. Anm. 99; Lotichius, Das Kirchenwesen im Königreich Sachsen S. 6 flg.).

Der Staatsminister Dr. v. Gerber hat freilich in der schon (unter III 1 a. E.) erwähnten Sitzung der II. Kammer vom 19. Dezember 1883 (Landt.Mitt. 1883/84 II. K. Bd. I S. 247) ausgeführt:

> „Die Kircheninspektion hat eine doppelte Funktion: die eine Funktion ist eine rein kirchliche, d. h. die Aufsicht über die Geistlichkeit, über Gottesdienst, über innere Angelegenheiten der Kirche; die andere Funktion ist eine staatliche: die Inspektion hat auch in ihrem Kreise das jus circa sacra zu üben, sie hat demnach auch die Aufträge des Kultusministeriums in bezug auf diese Seite ihrer Tätigkeit auszuführen. Daß diese letztere Seite tatsächlich die untergeordnete ist, liegt in der Natur der Verhältnisse. Die Hauptsache ist die, daß sie als Kirchenbehörde dastehe, und deshalb ist es unmöglich, daß man eine neue Organisation derselben trifft, ohne vor allem der Kirche dabei das Wort zu gönnen."

Dieser Minister hat danach zwar auch als die Hauptsache angesehen, daß die Kircheninspektion als Kirchenbehörde dastehe. Er hat aber zugleich von einer Funktion ex jure circa sacra gesprochen. Daß die Kircheninspektion in dieser Weise überhaupt und insbesondere noch nach dem Inkrafttreten der Kirchen- und Staatsgesetze vom 15. und 16. April 1873 tätig geworden sei, wird von der Kirche in diesem Verfahren mit Entschiedenheit bestritten. Auch in dem mehrerwähnten Berichte des synodalen Verfassungsausschusses vom 4. Dezember 1925 wird das Gegenteil ausgesprochen. Selbst vom Staate wird in diesem Verfahren zugegeben, daß seit der Errichtung des Evangelisch-lutherischen Landeskonsistoriums ministerielle Aufträge der von dem Minister Dr. v. Gerber erwähnten Art nicht mehr an die Kircheninspektionen gerichtet worden seien. Im Gegensatz zu dem Minister hat denn auch der Abgeordnete Härtwig in derselben Kammersitzung (a. a. O. S. 244) die Kircheninspektion, die die Aufsichtsbehörde über die Kirchenvorstände sei, schlechthin als unterste kirchliche Instanz bezeichnet. Ebenso heißt es schon in einem Erlaß des Ministeriums des Innern vom 15. März 1875, in dem es den Kreishauptmannschaften eine Verordnung der in Evangelicis beauftragten Staatsminister über das gegenseitige Rangverhältnis der Mitglieder der Kircheninspektionen mitteilte:

„Hierbei ist noch darauf aufmerksam zu machen, daß nach der Stellung der Kircheninspektionen, als kirchlicher Behörden der evangelisch-lutherischen Kirche, in den Fällen, wo die Amtshauptleute, weil sie dieser Kirche nicht angehören, nicht Mitglieder der Inspektionen sein können und daher ihre Assessoren als solche eintreten, diese letzteren nicht nur wirkliche und selbständige Mitglieder der Inspektionen und daher, als solche, nicht an die Weisungen des Amtshauptmanns gebunden sind, sondern sich auch zur Vermeidung von Mißverständnissen in allen Angelegenheiten der Inspektion als solche und nicht als Stellvertreter des Amtshauptmanns zu unterschreiben und zu bezeichnen haben."

Noch neuerdings hat dasselbe Ministerium in einem Schreiben an das Ministerium für Volksbildung vom 29. März 1924 es gelten lassen, daß die Kircheninspektionen Kirchenbehörden sind. Auch das Justizministerium hat sich in einem Schreiben an das Ministerium für Volksbildung vom 10. Oktober 1924 dahin gutachtlich geäußert: Der den Koinspektionen zugewiesene Geschäftskreis ergebe, daß sie Geschäfte des Kirchenregiments führen. Die Kircheninspektionen seien danach als mittlere Kirchenregimentsbehörden anzusehen. Ihre Arbeit diene der Erledigung nicht staatlicher, sondern kirchlicher Angelegenheiten.

Daß Zimmermann in der Einleitung seiner oben (unter II) angeführten Abhandlung S. 120 die Kircheninspektionen als die staatlichen Mittelbehörden Sachsens für die Kirchenverwaltung bezeichnet, steht in Parallele dazu, daß er S. 152 den Superintendenten einen kurfürstlichen Staatsbeamten nennt. Beides hat nur für die Zeit des Staatskirchentums eine gewisse Berechtigung, die Zeit der Einheit zwischen Staat und Kirche, welche von dem Staatsminister Dr. v. Gerber in der Sitzung der II. Kammer vom 18. November 1872 (Landt.Mitt. 1871/72 II. K. Bd. IV S. 3219) mit den Worten gekennzeichnet wurde:

„Im 16. und 17. Jahrhundert waren in unserm Lande wie in andern deutschen Ländern Kirchen- und Staatsbehörden gänzlich ineinander verschlungen. Die Kirche wurde vom Staate verwaltet und wiederum kann man sagen, der Staat von der Kirche."

Für die Zeit nach dem endgültigen Fallenlassen der Idee vom „christlichen Staate", das Zimmermann in die Mitte des 19. Jahrhunderts verlegt, schreibt auch er (a. a. O. S. 202) der Kircheninspektion den Charakter einer kirchlichen Mittelbehörde zu. Auch Friedberg bezeichnet die Kircheninspektionen als eigentümlich geartete kirchliche Mittelbehörden (Evang. Verfassungsrecht S. 167).

Die Eigentümlichkeit besteht darin, daß innerhalb dieser kirchlichen Behörde ein Staatsbeamter oder (in gewissen Bezirken: und) eine städtische Behörde mitwirken. Das kann mit Friedberg (a. a. O. S. 185) als „ein Rest jener Periode" angesehen werden, in „welcher der Staat nicht bloß die kirchlichen Externa verwaltete, sondern auch die Interna." Der kirchliche Charakter der zusammengesetzten Behörde wird dadurch (auch nach der Auffassung von Friedberg) nicht berührt. Die Folge der eigentümlichen Zusammensetzung der Kircheninspektion ist, daß ihre weltlichen Mitglieder nicht von der Kirche ernannt werden und keiner kirchlichen Disziplinargewalt unterstehen. Die Behörde selbst ist in den kirchlichen Organismus vollständig eingegliedert. Das Landeskonsistorium (in den Vierstädten der Oberlausitz die Konsistorialbehörde in Bautzen) ist die vorgesetzte Behörde der Kircheninspektion und unter Umständen dazu berufen, an ihrer Stelle zu entscheiden. Beschlüsse der Kircheninspektion können nämlich, auch da, wo sie drei Mitglieder hat, nur durch Übereinstimmung ihrer Mitglieder zustande kommen. Stimmt ein Mitglied nicht zu, so ist Bericht an das Landeskonsistorium (oder die Konsistorialbehörde) zu erstatten und die Entscheidung dieser Stelle einzuholen. Auch sonst hat das Landeskonsistorium (oder die Konsistorialbehörde) in erster Instanz zu entscheiden, wenn die Kircheninspektion aus irgendeinem Grunde verhindert ist, die Entscheidung selbst zu erteilen, so insbesondere, wenn ein Stadtrat Mitglied der Kircheninspektion ist und die kirchlichen Interessen denen der politischen Gemeinde widerstreiten (§ 5 Nr. 18 Absatz 1 des Kirchengesetzes über die Errichtung eines evangelisch-lutherischen Landeskonsistoriums vom 15. April 1873, § 26 Abs. 3 der Kirchenvorstands- und Synodalordnung).

V. Prüft man nach diesen grundlegenden Feststellungen, ob sich die weltlichen Koinspektionen als auf Gesetz beruhende Staatsleistungen an die evangelisch-lutherische Landeskirche im Sinne der Artikel 138, 173 RVerf. darstellen, so muß zu drei Unterfragen Stellung genommen werden: 1. Beruht die Mitwirkung weltlicher Koinspektoren in den Kircheninspektionen auf Gesetz? 2. Enthält diese Mitwirkung Staatsleistungen? 3. Enthält sie Leistungen an die Religionsgesellschaft?

1. Der Ausdruck „Gesetz" in den Art. 138, 173 umfaßt, wie schon (unter A II) dargelegt, jede die Allgemeinheit bindende Rechtsnorm ohne Rücksicht darauf, wie sie entstanden ist. Daraus folgt einerseits, daß auch Gewohnheitsrecht und eine Rechtsverordnung darunter fallen, anderseits, daß ein nur die Kirchenmitglieder, nicht die Allgemeinheit bindendes Kirchengesetz nicht genügt. Es kommt nur ein Staatsgesetz (im materiellrechtlichen Sinne) in Betracht. Daß die Einrichtung der weltlichen Koinspektion auf solchen Gesetzen beruht, kann nicht bezweifelt werden. In den sächsischen Erblanden war das auf die Zeit des Staatskirchentums zurückgehende Koinspektionsrecht der früheren Gerichts- und Verwaltungsbehörden erster Instanz sowie das Koinspektionsrecht einiger Stadträte, soweit es außerhalb des städtischen Gemeindebezirks (in dem durch § 6 der AusführungsVo. v. 30. September 1856 erläuterten Sinne) ausgeübt wurde, durch die §§ 6, 7 Abs. 2 des Gesetzes vom 11. August 1855 auf die staatlichen Gerichtsämter übertragen worden. Die Gerichtsämter wurden gemäß § 5 des Organisationsgesetzes vom 21. April 1873 durch die staatlichen Amtshauptleute ersetzt. Auf diesen Staatsgesetzen beruht die Mitgliedschaft der Amtshauptleute in den Kircheninspektionen. Wo die Mitgliedschaft von alters her den Stadträten zustand, ist dieser Rechtszustand durch § 14 des Publikationsgesetzes zur allgemeinen Städteordnung vom 2. Februar 1832 und auch durch § 7 Abs. 2 des Gesetzes vom 11. August 1855 anerkannt worden. Die Mitgliedschaft gewisser anderer Stadträte beruht auf der Verordnung des Ministeriums des Kultus und öffentlichen Unterrichts vom 12. November 1863. Daß diese Verordnung durch die von mehreren Stadträten an die Ständeversammlung gerichteten, von dieser an die Staatsregierung zur Erwägung abgegebenen Petitionen veranlaßt und daß dieser Umstand im Eingange der Verordnung hervorgehoben ist, beweist, daß sie von Staats wegen erlassen ist. Es handelt sich also um eine, wenn auch im Einverständnis mit der

Kirchenregierung (den in Evangelicis beauftragten Staatsministern) erlassene staatliche Rechtsverordnung.

Ob die mit Genehmigung dieser Staatsminister vom Landeskonsistorium erlassene Verordnung vom 7. Juli 1913, gemäß welcher die Kircheninspektionen in den Vierstädten der Oberlausitz gebildet worden sind, trotz der Zustimmung der Oberlausitzer Provinzialstände lediglich als ein Kirchengesetz anzusehen ist, kann unerörtert bleiben. Denn der durch die Verordnung geschaffene Rechtszustand hat, wie (unter III 2) gezeigt, die staatsgesetzliche Anerkennung gefunden.

2. Der Begriff der „Staatsleistungen" erfordert, daß der Staat und nicht eine von diesem verschiedene Körperschaft, wie eine Stadtgemeinde oder ein sonstiger Kommunalverband, der Leistende ist. Das folgt nicht nur aus dem klaren Wortlaute der beiden Verfassungsbestimmungen, sondern auch aus ihrem vom Senat bereits in RGZ. Bd. 111 S. 138 an der Hand der Gesetzesmaterialien dargelegten Zwecke, die vermögensrechtliche Stellung der Kirche, soweit sie auf dem bisherigen Zusammenhang mit dem Staate beruht, bis zur Ablösung und als deren Unterlage zu sichern. Wo aber die Stadträte Mitglieder der Kircheninspektionen sind, bedeutet dies nach den zutreffenden Worten von Friedberg (Evang. Verfassungsrecht S. 185), daß die städtischen Gemeinden eine Summe von Befugnissen besitzen, die, nachdem der Kirche das Selbstregiment in inneren und äußeren Angelegenheiten zugestanden worden ist, begriffsmäßig nur kirchlichen Organen zustehen dürften. Es handelt sich dabei also um einen Zusammenhang zwischen Stadtgemeinden und Kirche und, sofern die weltliche Koinspektion, was noch untersucht werden soll, überhaupt als eine „Leistung an die Religionsgesellschaft" aufzufassen ist, nicht um eine Leistung des Staates, sondern um eine solche der Stadtgemeinden. Eine solche Leistung steht nicht unter dem Schutze der Art. 138, 173 RVerf. In dem gleichen Sinne hat der Senat in der eben angezogenen Entscheidung (RGZ. Bd. 111 S. 134) in einem Verfahren nach Art. 13 Abs. 2 RVerf. ausgesprochen, daß die auf Gesetz beruhende Steuerfreiheit des Grundbesitzes der Kirchen und kirchlichen Institute der evangelisch-lutherischen Landeskirche in Braunschweig durch die Art. 138, 173 RVerf. insoweit geschützt ist, als sie Staatssteuern, dagegen nicht, soweit sie Kommunalsteuern betrifft.

3. Im folgenden ist hiernach nur noch zu untersuchen, ob die weltliche Koinspektion in den unter III 1 b und c bezeichneten Bezirken der sächsischen Erblande, nämlich dort, wo sie dem Amtshauptmann (oder im Falle seiner Nichtzugehörigkeit zur evangelisch-lutherischen Kirche einem Assessor der Amtshauptmannschaft), sei es allein oder in Verbindung mit dem Stadtrat zusteht, als eine Leistung an die evangelisch-lutherische Landeskirche anzusehen ist. Die Art. 138, 173 RVerf. stellen an den Inhalt der von ihnen getroffenen Leistungen keine besonderen Anforderungen. Es kann sich, wie unter A, um die Gewährung von Geld oder anderen Sachen, aber auch, was hier in Betracht kommt, um die Leistung von Diensten handeln. Das wird auch vom Staate nicht verkannt. Was er gegen die Auffassung der weltlichen Koinspektion als einer ihm obliegenden Staatsleistung an die Kirche vorgebracht hat, läßt sich folgendermaßen zusammenfassen: Die Mitwirkung weltlicher Behörden in den Kircheninspektionen sei eine Beschränkung der Selbstverwaltung der Kirche, die ihr nicht um kirchlicher, sondern um staatlicher und städtischer Interessen willen auferlegt sei. Staat und Städte hätten Koinspektionsrechte ausgeübt, ohne daß eine Verpflichtung dazu gegenüber der Kirche bestanden habe. Die Beschränkung sei von den Superintendenten als lästig empfunden und ihre Beseitigung früher von ihnen angestrebt worden. Der Staat hätte diese Beseitigung schon vor dem Inkrafttreten der neuen Reichsverfassung einseitig aussprechen können, wie er 1855 und 1873 einseitig darüber Bestimmung getroffen habe, welche staatliche Behörde Mitglied der Kircheninspektion sein sollte. Jetzt müsse er zur Durchführung des Art. 137 RVerf. die weltlichen Beamten aus den Kircheninspektionen zurückziehen, und die Folge davon sei gemäß § 5 Nr. 18 Abs. 1 des Kirchengesetzes vom 15. April 1873, daß das Landeskonsistorium die Aufgaben der Kircheninspektionen zu übernehmen habe, sofern nicht kirchengesetzlich eine Neuregelung erfolge. Habe die Kirche aber kein Recht auf die Leistungen der weltlichen Koinspektionen, so seien diese Leistungen auch nicht ablösungspflichtig.

Demgegenüber ist zu betonen: Daß der Staat (von den Städten kann aus dem vorher angegebenen Grunde abgesehen werden) durch seine Amtshauptleute als Mitglieder der Kircheninspektionen an der Erledigung der diesen Kirchenbehörden zugewiesenen kirchlichen Aufgaben mitwirkt, erscheint allerdings als eine gewisse Einschränkung der Selbstverwaltung der Kirche. Die Bedeutung dieser Einschränkung wird aber dadurch wesentlich herabgesetzt, daß seit 1874 das Landeskonsistorium, also eine ohne Mitwirkung staatlicher Beamter entscheidende Kirchenbehörde, nicht nur den Kircheninspektionen im Instanzenzug übergeordnet, sondern auch im Falle einer Meinungsverschiedenheit unter den Mitgliedern einer Kircheninspektion zur Entscheidung berufen ist. Die Meinung, daß die Mitwirkung von Staatsbeamten in den Kircheninspektionen auf die Verfolgung staatlicher und nicht kirchlicher Interessen zurückzuführen sei, geht von der Annahme eines Gegensatzes zwischen staatlichen und kirchlichen Interessen aus, wie er jedenfalls für die Zeit des Staatskirchentums, aus der diese Einrichtung überkommen ist, nicht zutrifft. Folgt man Zimmermann (a. a. O. S. 147, 179, 202flg., 205), so hat ein in erster Linie kirchliches Interesse, nämlich das des nur theologisch vorgebildeten Superintendenten (Aufsicht führenden Pfarrers) an der Hilfe eines Verwaltungsfachmanns, den geschichtlichen Anstoß zur Zusammenarbeit des geistlichen Inspektors mit weltlichen Koinspektoren gegeben. Welches aber auch der geschichtliche Ursprung der eigenartigen Zusammensetzung der Kircheninspektionen als kirchlicher Aufsichts- und Verwaltungsbehörden gewesen sein mag, die Mitwirkung des weltlichen Koinspektors beschränkt nicht nur die Selbständigkeit des Superintendenten, sondern sie enthält zugleich, soweit dem Koinspektor die Akten- und Geschäftsführung, das directorium actorum obliegt, eine sehr erhebliche Unterstützung der kirchlichen Verwaltung durch die weltlichen Behörden. Der Kircheninspektion wird die sachgemäße Entscheidung der zahlreichen Fragen juristischen, finanziellen und technischen Einschlags, die die Aufsichts- und Verwaltungstätigkeit nicht nur in den äußeren, sondern auch in den inneren kirchlichen Angelegenheiten mit sich bringt, nur dadurch ermöglicht oder zum mindesten sehr erleichtert, daß an der Entscheidung ein juristisch und verwaltungstechnisch geschulter höherer Beamter teilnimmt, dem die entsprechenden Hilfskräfte zur Verfügung stehen. Ferner wird die Kirche durch die Geschäftsführung der weltlichen Koinspektionsbehörde der Notwendigkeit überhoben, für die Kircheninspektion eigene Expeditions- und Schreibkräfte u. dgl. sowie die zur Akten- und Geschäftsführung erforderlichen Räume zu unterhalten. Unter beiden Gesichtspunkten stellt die bei der Amtshauptmannschaft geführte Koinspektion eine wertvolle Leistung des Staates an die Kirche dar. Auch bei Zimmermann, auf den sich der Staat als Zeugen für das frühere Bestreben der Superintendenten nach der Beseitigung der weltlichen Koinspektion beruft, heißt es (a. a. O. S. 205):

„Man fühlt wohl auf der Seite der Superintendenten, welche gegen diese Mitgliedschaft (nämlich die Mitgliedschaft der staatlichen und städtischen Verwaltungsbeamten in den Kircheninspektionen) ankämpfen, daß die von ihr geleistete Ergänzung der eigenen theologischen Einseitigkeit für Verwaltungsfragen tatsächlich notwendig sei — wie sie es war und Ursprung der ganzen Behörde war vor 350 Jahren —, und man will sie sich verschaffen durch juristische Spezialkurse der neuerwählten Ephoren oder durch Beiordnung juristischer Hilfsarbeiter zu den Superintendenturen. Aber brechen will man mit der Mitgliedschaft des alten Weggenossen, nicht wegen der Person, sondern wegen des Prinzips.“

Diejenigen Superintendenten, welche nach dem Zeugnis von Zimmermann damals (1903) die Aufhebung der weltlichen Koinspektion und die Übertragung der Inspektionsgeschäfte auf den Superintendenten als alleinigen Inspektor betrieben, verkannten also keineswegs die von den Koinspektoren der kirchlichen Verwaltung geleisteten Dienste und sie waren von der Notwendigkeit überzeugt, daß beim Wegfall dieser Dienste Ersatz geschaffen werden müsse. Die vorgeschlagenen Ersatzmittel, juristische Ausbildung der neuerwählten Superintendenten oder die Beiordnung von juristischen Hilfsarbeitern, würde neben der außerdem nicht zu umgehenden Vermehrung des Büropersonals der Superintendenten zu einer Erhöhung der persönlichen und sachlichen Ausgaben für das Superintendenturwesen geführt haben. Diese Ausgaben aber wurden, was hier lediglich als Tatsache ohne Untersuchung der Rechtspflicht des Staates festgestellt sei, und werden noch vom Staat getragen. (Wird ausgeführt.) ... Es ist danach unbedenklich anzunehmen, daß, wenn das von Zimmermann berichtete Streben nach Aufhebung der Kircheninspektionen in der gekennzeichneten Weise verwirklicht worden wäre, eine Neubelastung des Staates mit Aufwendungen für das Superintendenturwesen eingetreten sein würde.

In der neuesten Kirchengesetzgebung, die mit der bevorstehenden Auflösung der Kircheninspektionen rechnen mußte, ist der Weg, die bisherigen Aufgaben der Kircheninspektionen auf die Superintendenten zur allein verantwortlichen Erledigung zu übertragen, nicht beschritten worden. In § 35 der Verfassung der evangelisch-lutherischen Landeskirche vom 29. Mai 1922 (GBl. S. 509) und in dem Kirchengesetz über die Bezirkskirchenämter vom 31. Dezember 1925 (GBl. 1926 S. 5) ist vielmehr für jeden der neuen, auch die Oberlausitz umfassenden 31 Kirchenbezirke die Einrichtung eines Bezirkskirchenamts vorgesehen, das aus dem Superintendenten des Kirchenbezirks und einem rechtskundigen Beamten (Kirchenamtsrat) als einander nebengeordneten Mitgliedern in der Weise bestehen soll, daß die Anstellung eines Kirchenamtsrats für mehrere Kirchenbezirke erfolgen kann. Bei der Verabschiedung des Kirchengesetzes über die Bezirkskirchenämter ist das Landeskonsistorium zugleich von der Landessynode ermächtigt worden, für den Zeitpunkt, zu dem die Tätigkeit der bisherigen Kircheninspektionen ihr Ende nimmt, fünf hauptamtliche Kirchenamtsräte anzustellen und ihnen eine entsprechende Anzahl von Ephorien (Kirchenbezirken) zuzuweisen, ihnen auch das erforderliche Personal an Kanzlei- und Kassenbeamten, Schreibkräften und Dienern zur Verfügung zu stellen (Nr. II der Synodalschrift Nr. 19 vom 12. Dezember 1925). Die vorläufige Beschränkung der Zahl der Kirchenamtsräte auf fünf hauptamtlich anzustellende Kirchenbeamte ist dabei, wie der Bericht des Verfassungsausschusses (Nr. 69 vom 4. Dezember 1925) und die Verhandlungen der 12. Landessynode über diesen Gegenstand (Nr. 30, 31, 33 und 34 vom 8., 9. und 11. Dezember 1925) erkennen lassen, aus dem Bestreben hervorgegangen, bei der gegenwärtigen Unsicherheit der Lage äußerste Sparsamkeit walten zu lassen. Auch diese Maßnahmen kennzeichnen den Vermögenswert, den die Leistungen der weltlichen Koinspektion für die Landeskirche haben.

Daß a) bei Meinungsverschiedenheit zwischen den Mitgliedern der Kircheninspektion und b) in Städten, in denen der Stadtrat Inspektionsmitglied ist, bei Kollision der kirchlichen Interessen mit denen der politischen Gemeinde das Landeskonsistorium an Stelle der Kircheninspektion zur Entscheidung berufen ist, mindert den Wert der Mitgliedschaft des Amtshauptmanns und seines directorium actorum nur unbedeutend. Denn der Amtshauptmann wird nicht nur in den Fällen a), sondern auch in den Fällen b), die nach der Ausführung unter V 2 für die Entscheidung nur insoweit in Betracht kommen, als die Kircheninspektion dreigliedrig ist, die Entscheidung des Landeskonsistoriums durch seine Erhebungen und seine Berichterstattung vorbereiten. Der vom Staat als möglich bezeichnete Fall, daß c) weder der Amtshauptmann noch ein Assessor der Amtshauptmannschaft der evangelisch-lutherischen Landeskirche angehört und daß deshalb die Amtshauptmannschaft an der Mitwirkung in der Kircheninspektion verhindert ist, braucht für die Entscheidung nicht berücksichtigt zu werden. Denn solange es kraft Staatsgesetzes rechtens ist, daß die Kircheninspektion als ein wichtiges Glied in der Behördenorganisation des Kirchenregiments den Amtshauptmann oder im Fall seiner Nichtzugehörigkeit zur evangelisch-lutherischen Landeskirche einen Assessor der Amtshauptmannschaft zum Mitglied hat, ist es auch Pflicht des Staates, die Amtshauptmannschaft in der Weise zu besetzen, daß entweder der Amtshauptmann selbst oder ein ihm beigeordneter Assessor der evangelisch-lutherischen Kirche angehört. Das wird auch in dem vom Staat angezogenen (unter IV mitgeteilten) Erlaß des Ministeriums des Innern vom 15. März 1875 als selbstverständlich vorausgesetzt.

Die auf Staatsgesetz beruhende Mitgliedschaft der Amtshauptleute in den Kircheninspektionen hätte vor dem Inkrafttreten der neuen Reichsverfassung durch Staatsgesetz mit der Wirkung aufgehoben werden können, daß die in der Mitwirkung der Amtshauptleute liegenden Staatsleistungen an die evangelisch-lutherische Landeskirche fortgefallen wären. Eine solche Aufhebung ist aber bisher nicht erfolgt. Nunmehr kann der Staat jene Staatsleistungen nicht mehr einseitig ohne Entschädigung aufhören lassen. Sie fallen unter Art. 138 Abs. 1, 173 RVerf. und müssen demgemäß abgelöst werden. Dem kann der Art. 137 RVerf. nicht entgegengehalten werden. Dieser Artikel stellt allerdings im Abs. 3 den keine bloße Richtschnur, sondern unmittelbar geltendes Recht enthaltenden Satz auf: „Jede Religionsgesellschaft ordnet und verwaltet ihre Angelegenheiten selbständig innerhalb der Schranken des für alle geltenden Gesetzes." Damit wird dem Staat, ohne daß ihm die aus der Kirchenhoheit fließenden Aufsichtsrechte genommen würden, jeder Eingriff in die eigentliche Kirchenverwaltung verboten (RGZ. Bd. 103 S. 94, vgl. auch Bd. 107 S. 290). Die weltliche Koinspektion des Amtshauptmanns aber enthält nicht nur und nicht in der Hauptsache einen staatlichen Eingriff in die kirchliche Selbstverwaltung, sondern vor allem eine Unterstützung der Kirche durch den Staat, eine Staatsleistung an die Kirche. Beide Seiten der weltlichen Koinspektion lassen sich nicht voneinander trennen. In den Erblanden, von denen hier allein die Rede ist, liegt seit dem 15. Oktober 1874, dem Tag, an dem die bisherige Eigenschaft der Kreisdirektionen als Konsistorialbehörden und die Eigenschaft des Kultusministeriums als oberster Kirchenbehörde aufhörte und das Landeskonsistorium gegenüber den Kircheninspektionen in die oben (unter IV a. E., V 3 Abs. 2) gekennzeichnete Stellung trat, das erhebliche Übergewicht auf der Seite der Unterstützung. Dieses Übergewicht hat zur Folge, daß mit Bezug auf das eigenartige Rechtsgebilde der weltlichen Koinspektion die Art 138, 173 dem Art. 137 Abs. 3 RVerf. vorgehen.

---

69. 1. Hat der Verkäufer eines Grundstücks der Verpflichtung zur Verschaffung des Eigentums schon mit der Erteilung der Auflassung genügt?

2. Ist im Sinne des § 883 Abs. 2 BGB. eine Verfügung über ein Grundstück schon dann getroffen, wenn die Auflassung erfolgt und der Antrag auf Eintragung eines neuen Eigentümers beim Grundbuchamt eingegangen ist, oder gehört dazu auch noch die Eintragung des Eigentumsübergangs in das Grundbuch?

3. Stellt die Vormerkung eine Verfügungsbeschränkung im Sinne der §§ 878 und 892 BGB. dar?

V. Zivilsenat. Urt. v. 8. Mai 1926 i. S. A. u. O. (Kl.) w. W. (Bekl.). V 239/25.

I. Landgericht II Berlin.
II. Kammergericht daselbst.

Der Grundstückseigentümer L. hatte dem Kaufmann H. eine notarielle Vollmacht erteilt, die ihn u. a. zum Verkauf und zur Auflassung seines Grundstücks ermächtigte. Am 17. Juli 1923 hat H. das Grundstück an die Beklagte verkauft und aufgelassen; sie wurde am 21. August 1923 im Grundbuch als Eigentümerin eingetragen, nachdem der Eintragungsantrag am 11. August 1923 beim Grundbuchamt eingegangen war.

Am 22. Juli 1923 verkaufte L. selbst das Grundstück an die Kläger und bewilligte für sie eine Vormerkung „zur Sicherung des Rechts auf Auflassung und Eintragung als Eigentümer". Die Vormerkung wurde am 14. August 1923 eingetragen. Die Auflassung an die Kläger ist erfolgt. Die Kläger verlangen von der Beklagten, sie solle einwilligen, daß ihre Eigentumseintragung gelöscht werde und daß die Kläger als Eigentümer eingetragen werden. Die Beklagte wandte ein: L. habe seine Verpflichtungen den Klägern gegenüber erfüllt; ein durch die Vormerkung zu schützender Anspruch der Kläger bestehe also nicht mehr. Er habe auch nach der Eintragung der Vormerkung nicht mehr im Sinne des § 883 Abs. 2 BGB. eine „Verfügung getroffen". Sie selbst sei durch die §§ 878 und 892 BGB. geschützt. Der Kaufvertrag zwischen den Klägern und L. sei überdies wegen Formmangels und wegen Verstoßes gegen die guten Sitten nichtig; auch sei L. mit Recht vom Vertrag zurückgetreten und könne nötigenfalls die Einrede des nicht erfüllten Vertrags geltend machen.

Das Landgericht verurteilte die Beklagte antragsgemäß. Das Berufungsgericht wies die Klage ab. Es erachtet die Berufung der Beklagten darauf für durchgreifend, daß L. seine Verpflichtungen erfüllt habe und den Klägern ein auf § 883 BGB. beruhender Schutz nicht mehr zustehe. Die Revision führte zur Aufhebung des Urteils und zur Zurückverweisung aus folgenden

Gründen:

Die Vormerkung des § 883 BGB. soll den schuldrechtlichen Anspruch des Berechtigten auf Vornahme einer Verfügung sichern, die dem Verpflichteten obliegt. Ihre Wirksamkeit äußert sich (Abs. 2 a. a. O.) darin, daß sie gegen Verfügungen insoweit, als sie den schuldrechtlichen Anspruch vereiteln oder beeinträchtigen würden, schützt, wenn diese Verfügungen nach der Eintragung der Vormerkung getroffen werden. Aber die Vormerkung kann diese Wirkung nur bis zur Grenze der schuldrechtlichen Verpflichtung des zur Vormerkung Verpflichteten äußern; hat er alles dasjenige geleistet, was ihm aus dem schuldrechtlichen Geschäft dem Vormerkungsberechtigten gegenüber obliegt, dann kann der durch die Vormerkung Geschützte darüber hinaus nicht einen weiteren Schutz in Anspruch nehmen, weil der Schutz an der Grenze der Vertragserfüllung zu bestehen aufhört.

Das Berufungsgericht vertritt die Meinung, der Verkäufer habe hier den Klägern gegenüber seine aus dem Kaufvertrag sich ergebenden Verpflichtungen erfüllt, indem er die Auflassung erklärt, auch die Eintragungsbewilligung abgegeben und darüber hinaus sogar den Eintragungsantrag gestellt habe; zur Einreichung dieses Antrags beim Grundbuchamt sei er nicht mehr verpflichtet gewesen, da diese Einreichung, welche die dingliche Rechtsänderung herbeigeführt hätte, wenn ihm das Grundbuchamt Folge gegeben hätte, auch durch die Kläger hätte erfolgen können. Dem ist jedoch nicht zuzustimmen. Zu den Pflichten des Verkäufers gehört es auch, Hindernisse zu beseitigen, welche der Umschreibung im Grundbuch entgegenstehen oder nachträglich entstehen. Der Käufer kann daher, wenn der Verkäufer nicht oder, wie hier, nicht mehr als Eigentümer im Grundbuch eingetragen ist, gegen ihn auf Beschaffung der Zustimmung des als Eigentümer eingetragenen Dritten klagen. Der durch eine Vormerkung gesicherte Anspruch der Kläger war also nicht schon mit der Vornahme der vom Berufungsgericht erwähnten Handlungen des Verkäufers entfallen, welche auf Verschaffung des Eigentums zwar abzielten, den Entschluß hierzu aber noch nicht zur Vollendung gelangen ließen.

Wenn hiernach das Urteil des Berufungsgerichts der Aufhebung unterliegt, so ist doch eine abschließende Beurteilung des Streitfalls in der Revisionsinstanz um deswillen nicht möglich, weil die Beklagte aus anderen Gründen das Vorliegen eines vormerkungswürdigen Anspruchs der Kläger bestreitet: sie glaubt aus mehreren Gründen Nichtigkeit des von L. mit den Klägern geschlossenen Abkommens annehmen zu dürfen, und beruft sich hilfsweise auf die Einrede der Nichterfüllung durch die Kläger und auf den Rücktritt des L. Zu diesem in tatsächlicher und rechtlicher Beziehung zu würdigenden Vorbringen hat das Berufungsgericht noch nicht Stellung genommen, es wird daher diese Einwendungen zu untersuchen haben. Dagegen erachtet das Revisionsgericht es für angezeigt, aus den gesamten Einwendungen der Beklagten diejenigen herauszuheben und zu behandeln, welche nach ihrer Meinung ohne Rücksicht auf jenes Abkommen geeignet wären, den Anspruch der Kläger zu Falle zu bringen.

Die Beklagte führte aus, L. habe nach Eintragung der Vormerkung im Sinne des § 883 Abs. 2 nicht mehr zu ihren Gunsten

„eine Verfügung über das Grundstück getroffen". Im Sinne dieser Vorschrift sei die Erklärung der Auflassung und die Bewilligung der Eintragung die einzige und entscheidende Verfügung, die hinsichtlich der Veränderung eines Grundstücks nach dem Gesetz getroffen werden könnte. Nur die rechtsgeschäftliche Änderung einer Rechtslage sei unter der „Verfügung" zu verstehen. Diese aber habe L. zu ihren Gunsten schon zu einer Zeit getroffen, als die Vormerkung für die Kläger noch nicht eingetragen war.

Wenn der Zweck der Vorschrift des § 883 BGB. der ist, zu verhindern, „daß der Schuldner sich durch eigene Handlungen die Möglichkeit zu erfüllen nehme" (Rosenberg, Sachenrecht, im Hölderschen Kommentar 1919 S. 309), dann ergibt sich daraus schon, daß die gedachte Sicherstellung nicht gegen jede dahin zielende Handlung schützen soll, sondern nur gegen diejenige, die eine Vereitelung oder Beeinträchtigung des geschützten Anspruchs enthält. Ein nochmaliger Verkauf eines schon einmal verkauften Grundstücks bleibt unschädlich, solange nicht die entsprechende dingliche Rechtsänderung bewirkt ist. Auch der Vollzug der dinglichen Einigung neben der schuldrechtlichen Kaufabrede vermag eine ungünstigere Rechtslage des Käufers nicht herbeizuführen. Die der „Verfügung" eigene Wirkung, ein Recht unmittelbar zu übertragen (zu belasten, zu ändern oder aufzuheben), tritt im Grundstücksverkehr nur in Verbindung mit der Eintragung ein. Die Prüfung der Frage, ob die Einigung für sich allein schon gewisse Wirkungen zu äußern imstande sei, ob also die Einigungserklärung des Berechtigten in Verbindung mit derjenigen des anderen Teils bereits „Verfügungs"-Charakter trage (vgl. Planck-Strecker, Komm. z. BGB. 4. Aufl. Bd. 3 Vorbem. S. 21 mit Anführungen), kann zur Entscheidung der Frage nichts beitragen, ob im Sinne des § 883 die „Verfügung" nur den rechtsgeschäftlichen Teil jenes Gesamttatbestands bedeutet. Wird das dingliche Recht überhaupt erst durch das Zusammentreffen von Einigung und Eintragung vollendet, dann kann, solange es nicht bis zur Vollendung gediehen ist, eine vereitelnde Wirkung schon aus dem Grunde der mangelnden Vollendung nicht eintreten; durch eine Vollendung nach Eintragung einer Vormerkung, die dasselbe Recht betrifft, kann aber diese Wirkung nicht mehr eintreten. Es erscheint allerdings nicht wohl angängig, diese Folgerung dem § 888 BGB. zu entnehmen, der die Art der Geltendmachung des gesicherten Anspruchs gegenüber vormerkungswidrigen Rechtsänderungen klarstellt und den Erwerber des Rechts als Passivlegitimierten bezeichnet, wie Endemann, Lehrb. d. bürgerl. Rechts Bd. IIb S. 418 Anm. 60 ausführt. Denn die Vorschrift in § 888 will sicherlich nicht erneut den Umfang der Unwirksamkeit, welcher schon in § 883 begrenzt wird, sondern die Richtung des Zustimmungsanspruchs feststellen (Fuchs in LZ. 1914 Sp. 3 flg., 14). Die Folgerung ergibt sich vielmehr hinlänglich daraus, daß eine vereitelnde Wirkung vor endgültiger Vollendung des — sich aus einem rechtsgeschäftlichen und einem publizistischen Teil zusammensetzenden — Akts nicht in Frage kommen kann, weil bis dahin eine Änderung der Rechtslage nicht erfolgt ist, deren Änderung die Vormerkung aufhalten soll. Hierbei kann es sogar gleichgültig sein, ob es bei der Einigung (Auflassung) geblieben ist oder ob nach ihr noch der Eingang des Eintragungsantrags beim Grundbuchamt vor der Eintragung der Vormerkung erfolgte. Denn gleichviel, ob dadurch eine Gebundenheit im Sinne der Unwiderruflichkeit gemäß § 873 Abs. 2 BGB. erzeugt worden wäre, würde jedenfalls durch den Eintritt der Gebundenheit eine Verfügungsbeschränkung ebensowenig bewirkt worden sein, wie durch irgendeine andere vertragliche Einigung (RGZ. Bd. 55 S. 340; Planck-Strecker a. a. O. Anm. III 2 c α zu § 873 S. 125). Die nach jener bindenden Einigung, aber noch vor der endgültigen Eintragung zur Entstehung gelangte Vormerkung würde dem später eingetragenen Recht selbst dann vorgehen, wenn der Grundbuchrichter dabei den § 17 GBO. verletzt hätte (vgl. Rosenberg a. a. O. S. 238 und Anführungen daselbst). Soweit der erkennende Senat in dem im „Recht" 1925 S. 406 Nr. 1285 abgedruckten Urteil V 832/23 vom 21. Januar 1925 eine andere Auffassung vertreten hatte, gibt er sie hiermit ausdrücklich auf. Im vorliegenden Fall ist daher in der Eintragung der Beklagten als Eigentümerin eine anspruchswidrige Rechtsänderung zu finden, der gegenüber die Kläger sich auf die Voreintragung der Vormerkung auch dann stützen können, wenn L. schon vor der Eintragung der Vormerkung das Grundstück an die Beklagte (durch seinen Bevollmächtigten) aufgelassen hatte und der Eintragungsantrag beim Grundbuchamt eingegangen war.

Die weitere Behauptung der Beklagten, daß ihr der Schutz

des § 878 oder des § 892 BGB. zukommen müsse, beruht auf der unzutreffenden Anschauung, daß die Vormerkung eine „Verfügungsbeschränkung" im Sinne jener Vorschriften darstelle. Wenn in dem von ihr vorgelegten Gutachten eines Rechtslehrers die Meinung vertreten wird, es sei heute unbestritten, daß die Vormerkung eine „Verfügungsbeschränkung" im Sinne des § 892 BGB. sei, so darf darauf hingewiesen werden, daß der Kommentar von Planck-Strecker (Bem. II 2 c β zu § 892), Turnau-Förster (II 8 zu § 883), Seckler (Lehre von der Vormerkung 1904 S. 178), Biermann (Fischers Abhandlungen f. Zivilprozeß 1901 S. 182), Rosenberg (a. a. O. V 3 a auf S. 334) und der RGR.-Komm. (Anm. 11 zu § 883) eine gerade entgegengesetzte Stellung einnehmen. Raape (Das gesetzliche Veräußerungsverbot 1904) spricht sich gleichfalls nicht in dem von dem Gutachter bezeichneten Sinne aus, sondern hält die Vormerkung nur für ein „qualifiziertes Veräußerungsverbot zugunsten einer bestimmten Person". Daß das Gesetz aber unter einem Veräußerungsverbot etwas anderes begreift und die Vormerkung nicht darunter verstanden wissen will, ergibt sich schon aus der Fassung des Abs. 2 des § 888 BGB. Auch Fuchs, den das Gutachten weiterhin für seine Darlegungen in Anspruch nimmt, bezeichnet (Grundbuchrecht 1902 S. 129) die Vormerkung keineswegs als Verfügungsbeschränkung, sondern bejaht an jener Stelle nur die Frage, ob die „konsentierte" Vormerkung des § 885 eine Bindung im Sinne des § 873 herbeizuführen geeignet sei; so ist der Satz „der § 878 findet auch auf die Bewilligung des § 885 Anwendung" nach dem an jener Stelle vorher Gesagten offensichtlich zu verstehen. Ebenso zieht er auf S. 133, 134 hieraus nur einen mit Rücksicht auf die §§ 14 KO., 895 ZPO. gebotenen Schluß. Der Meinung des Gutachters nähern sich nur Staudinger (9. Aufl. zu S. 242 unter 2a) und Reichel (in Iherings Jahrb. 1904 S. 116, 153), welche annehmen, daß die Vormerkung der Verfügungsbeschränkung „gleichgeartet" sei, „gleichgeartet neben sie trete", und daraus eine sinngemäße Anwendung des § 892 BGB. fordern.

In der Tat hat das Gesetz den Begriff der „Verfügungsbeschränkung" nicht so aufstellen wollen, daß es etwa in der Vormerkung eine Unterart davon geschaffen hätte (wie das Veräußerungsverbot eine Unterart des weiteren Begriffs der Verfügungsbeschränkung darstellt). Für § 892 BGB. ergibt sich dies schon daraus, daß die Verfügungsbeschränkung gegen den Erwerber dann wirken soll, wenn er sie kennt, die Vormerkung dagegen — gleichgültig, ob er den vormerkungsfähigen Anspruch kennt — erst bei Eintragung. Neben ihrer Aufgabe, den Erwerb eines entgegenstehenden Rechts zu hindern, hat die Vormerkung, wie Biermann (a. a. O. S. 183), Lippmann (Iherings Jahrb. 1907 S. 189) und Fuchs (LZ. 1914 S. 146) zutreffend betonen, eine positive, aufbaufördernde Aufgabe: die Verwirklichung des gesicherten Anspruchs in die Wege zu leiten, ihm den Rang des Rechts zu wahren, die künftige Eintragung vorzubereiten. Auch ihre sonstigen Wirkungen, die sie zu einem stärkeren Recht gegenüber einem Veräußerungsverbot oder einer bloßen Verfügungsbeschränkung erheben (§§ 24, 193 KO., § 48 ZVG., §§ 884, 1971, 2016 BGB.), dürfen hierbei nicht außer Betracht bleiben, mag sie auch in anderer Hinsicht (§§ 771, 772 S. 2 ZPO.) schwächere Wirkungen als ein Veräußerungsverbot äußern. Der Würdigung ihrer Aufgaben würde man nicht gerecht werden, wenn man nicht hierin schon den Ausdruck dessen sähe, daß sie einer anderen, eigenen Betrachtung fähig ist, weil sie eigenen Regeln folgt: denjenigen, die in den §§ 883flg. BGB., und denjenigen, die in anderen Rechtssätzen ausdrücklich gegeben sind. Im Sinne der §§ 878 und 892 BGB. sind Verfügungsbeschränkungen nur solche Einschränkungen des Verfügungsrechts, die auf Gesetz oder auf behördlicher Anordnung beruhen; solchen rechtsgeschäftlicher Art ist schon durch § 137 BGB. die Wirkung gegen den Erwerber versagt.

Weder die Vorschrift in § 892 noch diejenige in § 878 BGB. kann also der Beklagten zum Schutze dienen. Daß Biermann (a. a. O. S. 182) gerade bei einer Anwendung der letzteren Vorschrift den Unterschied zwischen Vormerkung und Verfügungsbeschränkung erkennen will und dabei im Gegensatz zu Reichel (a. a. O. S. 154) steht, sei nebenbei erwähnt; die Auffassung Biermanns erscheint auch dann, wenn man den § 878 nicht gerade zum Beweis dieses Unterschieds verwerten will, nach dem oben Gesagten als die zutreffende. ...

70. 1. Steht die Möglichkeit, nach § 259 ZPO. auf künftige Leistung zu klagen, der Erhebung einer Feststellungsklage nach § 256 ZPO. entgegen?

2. Voraussetzungen der Zwischenfeststellungsklage des § 280 ZPO.

III. Zivilsenat. Urt. v. 11. Mai 1926 i. S. Sch. (Kl.) w. D. (Bekl.) III 265/25.

I. Landgericht I Berlin.
II. Kammergericht daselbst.

Durch schriftlichen Vertrag vom 13. Juni 1923 wurde der Kläger von der Beklagten als Leiter ihres Verkaufsbüros in Berlin angestellt; der Anstellungsvertrag sollte bis 30. September 1923 Geltung haben und das Abkommen sollte sich ohne weiteres jeweils um 1 Jahr verlängern, falls es nicht 3 Monate vor Ablauf durch Einschreibebrief gelöst werde. Die Bezüge des Klägers sollten sich aus festem Gehalt und Aufwandsentschädigungen, ferner Tarifzuschlägen, Teuerungszulagen und Beteiligung am Reingewinn zusammensetzen. Zum 30. September 1923 ist das Vertragsverhältnis nicht gekündigt worden. Im Frühjahr 1924 hat die Beklagte ihr Berliner Verkaufsbüro aufgelöst; sie hat dem Kläger bis zum 30. April 1924 Gehalt und Gewinnanteil gezahlt.

Der Kläger behauptet, die Beklagte habe ihm unberechtigterweise fristlos gekündigt; mit der Klage verlangt er 1. die Feststellung, daß er seiner Ansprüche aus dem Anstellungsvertrag vom 13. Juni 1923 nicht verlustig gegangen sei, daß dieser Vertrag vielmehr noch bis zum 30. September 1924 fortbestehe; 2. Verurteilung der Beklagten zur Zahlung eines Teilbetrags seines Gehalts für Mai 1924, sowie seines Gewinnanteils usw. aus 1922/23 und aus der 1. Hälfte des Geschäftsjahrs 1923/24 in Höhe von 5000 GM nebst Zinsen. Die Beklagte hat eingewendet, der Kläger hätte auch nach der Umbildung ihrer Berliner Zweigniederlassung seine Stellung unverändert behalten können, dies sei nur durch das Verschulden des Klägers vereitelt worden. Das Landgericht hat durch Teilurteil festgestellt, daß der Anstellungsvertrag bis zum 30. September 1924 fortbestanden habe. Auf die Berufung der Beklagten hat das Berufungsgericht die Klage, soweit sie auf Feststellung gerichtet war, abgewiesen, da es die Voraussetzungen des § 256 und des § 280 ZPO. nicht für gegeben erachtete. Die Revision des Klägers hatte Erfolg.

Gründe:

Das Berufungsgericht stellt fest, daß bereits im Zeitpunkt der Erhebung der Klage — Juni 1924 — nicht nur der Anspruch des Klägers auf festes Gehalt und Aufwandsentschädigungen nebst Tarifzuschlägen und Teuerungszulage der Höhe nach für die Zeit bis September 1924 festgestanden habe, sondern daß das gleiche auch gelte von seinem Anspruch auf Anteil an dem sich durch die Bilanz des Berliner Verkaufsbüros ergebenden Gewinn und an dem über die jeweils gültigen Bruttoverkaufspreise hinaus erzielten Mehrerlös; auch diesen Anspruch sei der Kläger damals zu beziffern in der Lage gewesen, und habe nicht den Ablauf des 30. September 1924 und die Fertigung einer nach diesem Zeitpunkt aufzustellenden Bilanz abzuwarten brauchen.

Wenn das Berufungsgericht aus diesem festgestellten Sachverhalt die Rechtsfolge ableitet, das rechtliche Interesse des Klägers an der begehrten alsbaldigen Feststellung habe bereits zur Zeit der Klagerhebung im Juni 1924 gefehlt, weil der Kläger damals schon in der Lage gewesen sei, gemäß § 259 ZPO. auf künftige Leistung in vollem Umfange zu klagen, so kann ihm nicht beigetreten werden. Klage auf künftige Leistung „kann" nach § 259 ZPO. außer den Fällen der §§ 257, 258 erhoben werden, wenn den Umständen nach die Besorgnis gerechtfertigt ist, daß der Schuldner sich der rechtzeitigen Leistung entziehen werde. Diese erst durch die Novelle vom 17. Mai 1898 der Zivilprozeßordnung eingefügte Vorschrift bezweckte eine Erweiterung des bis dahin bestehenden Rechtsschutzes (Amtliche Begründung bei Hahn, Materialien, 2. Aufl. S. 103/104), und schon die Wortfassung „kann" läßt es als ausgeschlossen erscheinen, daß durch § 259 das Anwendungsgebiet der Feststellungsklage eingeschränkt werden sollte. Aus der bloßen Tatsache, daß eine Klage nach § 259 möglich ist, folgt nicht die Unzulässigkeit der an sich gegebenen Feststellungsklage; vielmehr muß dem Kläger ein Wahlrecht zugestanden werden, ob er von dem einen oder dem anderen ihm zustehenden Rechtsbehelf Gebrauch machen will, dies namentlich wegen der in § 259 verlangten besonderen Voraussetzungen. Die

Frage, ob den Umständen nach die Besorgnis gerechtfertigt ist, daß der Schuldner sich der rechtzeitigen Leistung entziehen werde, ist der — im Ergebnis nicht vorhersehbaren — tatsächlichen nnd rechtlichen Würdigung durch die Gerichte unterworfen, und die Rechtsprechung hat beispielsweise darin geschwankt, ob diese Voraussetzung schon dann gegeben ist, wenn der Schuldner seine Verpflichtung zur Leistung vor Fälligkeit bestreitet. Dem Kläger kann nicht zugemutet werden, die Gefahr einer aus abweichender Beurteilung dieser Verhältnisse sich ergebenden Abweisung der Klage auf künftige Leistung auf sich zu nehmen, wenn er damit rechnen darf, daß die Feststellungsklage zum Ziele führen werde, zumal dann nicht, wenn er Grund zu der Annahme hat, daß die auf die Feststellungsklage ergehende gerichtliche Entscheidung den Streitstoff vollständig erledigen und die nachfolgende Erhebung einer Leistungsklage entbehrlich machen werde. Daß die besonderen Voraussetzungen des § 259 im vorliegenden Falle gegeben wären, hat übrigens das Berufungsgericht nicht festgestellt, jedenfalls nicht näher dargelegt. Die Möglichkeit, nach § 259 auf künftige Leistung zu klagen, stand also der Erhebung einer Feststellungsklage nach § 256 ZPO. nicht im Wege. In der reichsgerichtlichen Rechtsprechung ist auch anerkannt, daß, wenn bei der Klagerhebung ein Teil des Anspruchs bereits entstanden, die Entstehung weiterer Ansprüche aber noch zu erwarten ist, für den Kläger kein Zwang besteht, seine Klage in eine Leistungs- und eine Feststellungsklage zu teilen, vielmehr die Erhebung der letzteren Klage allein in vollem Umfange zuzulassen ist (RGZ. Bd. 108 S. 202 und die dort angezogenen Urteile). Die vorstehenden Ausführungen stehen im Einklang mit der früheren Rechtsprechung des erkennenden Senats sowohl zu § 259 (Urteil vom 8. Juni 1906 III 2/06) als auch zu § 257 ZPO. (Urteil vom 3. Oktober 1924 III 185/24).

Im Berufungsverfahren hat der Kläger seinen Feststellungsanspruch auch auf den § 280 ZPO. gegründet. Diesem Vorbringen hält das angefochtene Urteil entgegen, eine Zwischenfeststellungsklage nach § 280 stehe hier nicht in Frage; sie liege nur dann vor, wenn der Feststellungsantrag erst im Laufe des Prozesses gestellt werde; vorliegend aber sei dieser Antrag bereits in der Klageschrift enthalten. Auch diese Begründung ist rechtlich nicht haltbar; sie setzt sich in Widerspruch mit der Rechtsprechung des Reichsgerichts, wonach es der Zulässigkeit der Zwischenfeststellungsklage nach § 280 nicht entgegen steht, wenn das Rechtsverhältnis schon vor der Klage streitig war und der Feststellungsantrag bereits in die auf teilweise Leistung gerichtete Klage aufgenommen wird (RGZ. Bd. 41 S. 372, Bd. 73 S. 273/274; JW. 1908 S. 202 Nr. 20). Auch bedarf es bei der Zwischenfeststellungsklage des § 280 nicht des Nachweises eines rechtlichen Interesses an der alsbaldigen Feststellung, wie ihn § 256 verlangt. Dieser Nachweis wird durch die Abhängigkeit der Entscheidung des Rechtsstreits von dem streitigen Rechtsverhältnis ersetzt (RGZ. Bd. 29 S. 361, Bd. 73 S. 274, Bd. 95 S. 39). Voraussetzung der Zwischenfeststellungsklage ist lediglich, daß ein Rechtsverhältnis unter den Parteien streitig ist, und daß von der Feststellung dieses Rechtsverhältnisses die Entscheidung über die Hauptklage abhängt. Diese Voraussetzungen sind aber hier gegeben, denn vom Fortbestehen des streitigen Dienstverhältnisses bis zum 30. September 1924 hängt die Entscheidung über den Leistungsanspruch des Klägers zu einem wesentlichen Teile ab. Nun ist allerdings der in der Klageschrift erhobene Feststellungsanspruch des Klägers unverkennbar auf § 256 gestützt. Allein das schließt nicht aus, ihn, wenn er den Erfordernissen dieser Gesetzesstelle nicht entspricht, nach § 280 zuzulassen, wenn dessen Voraussetzungen gegeben sind. Der Kläger hat dies, wie bereits erwähnt, im Berufungsverfahren ausdrücklich geltend gemacht. Eine Klagänderung ist in dieser Art der Rechtsverfolgung nicht zu finden. Der Klagantrag zu 1 wäre daher selbst dann zuzulassen, wenn er nicht schon, wie oben dargelegt, nach § 256 ZPO. zulässig wäre.

---

71. 1. Fällt entgeltliche Sendung eines Schriftwerks durch Rundfunk unter die gewerbsmäßige Verbreitung?

2. Ist sie ein öffentlicher Vortrag und darum auch ohne Erlaubnis des Urhebers statthaft?

3. Begründet die Verletzung eines Urheberrechts auch einen Bereicherungsanspruch?

LitUrhG. § 11.

I. Zivilsenat. Urt. v. 12. Mai 1926 i. S. F.-A.-G. (Bekl.) w. von H. (Kl.). I 287/25.

I. Landgericht I Berlin.
II. Kammergericht daselbst.

Die Beklagte hat, als Herstellerin des Programms für den im Eigentum der Reichspost stehenden Rundfunksender Berlin, im Januar 1925 des Klägers dramatischen Einakter „Der Tor und der Tod" durch Rundfunk zu Gehör gebracht, ohne vorher die Erlaubnis des Klägers einzuholen. Auf seine Vorstellung hat sie brieflich erwidert, daß nach der Ansicht von Erläuterern des Urheberrechtsgesetzes die Übertragung erschienener Werke im Rundfunk ohne Einwilligung des Urhebers vorgenommen werden könne. Der Kläger sieht in der ungenehmigten Rundfunkwiedergabe seines Werkes eine Verletzung seiner Rechte und verlangt 2000 RM Schadensersatz. Die Beklagte hat Klagabweisung beantragt und Widerklage erhoben auf Feststellung, daß sie berechtigt sei, die erschienenen Werke des Klägers auf drahtlos-telephonischem Wege ohne seine Erlaubnis übertragen zu lassen.

Das Landgericht hat den Klaganspruch dem Grunde nach für gerechtfertigt erklärt und die Beklagte mit der Widerklage abgewiesen. Das Kammergericht hat die Berufung der Beklagten zurückgewiesen. Die Revision der Beklagten hatte keinen Erfolg.

Gründe:

I. Auf allgemeine Befugnisse nach der Art eines umfassenden Persönlichkeits- oder Urheberrechts, wie sie der Kläger befürwortet und begehrt, kann der Klaganspruch nicht gegründet werden.

In Übereinstimmung mit der ständigen Rechtsprechung geht das Berufungsgericht davon aus, daß ein allgemeines Persönlichkeitsrecht für die geltende Rechtsordnung nicht anzuerkennen ist. Diese gibt nur besondere gesetzlich geregelte Persönlichkeitsrechte wie das Recht auf ungekränkte Ehre, das Namensrecht, das Warenzeichenrecht, das Recht am eigenen Bilde, die persönlichkeitsrechtlichen Bestandteile des Urheberrechts. Zutreffend führt das angefochtene Urteil aus: Ein allgemeines Persönlichkeitsrecht, vermöge dessen der Urheber über seine Werke ausschließlich verfügen könne, sei nur als Oberbegriff über den einzelnen von der Rechtsordnung anerkannten Befugnissen denkbar, gewähre neben diesen besonderen rechtlichen Behelfen keine Möglichkeit, Ansprüche zu rechtfertigen, und vermöge daher, soweit nicht eine Verletzung solcher einzelnen vom Gesetz gegebenen Befugnisse vorliege, keinen Abwehr- oder Schadensersatzanspruch zu begründen (RGZ. Bd. 69 S. 401, Bd. 79 S. 397, Bd. 107 S. 281).

Auch den Versuch, die Klage auf ein allgemeines, umfassendes Urheberrecht zu stützen, lehnt das Berufungsgericht mit Recht ab, weil nach geltendem Recht kein derartiger allgemeiner Schutz „geistigen Eigentums" bestehe. Der § 1 LitUrhG. verheiße den Urhebern von Schriftwerken Schutz ausdrücklich nur „nach Maßgabe dieses Gesetzes", also nur, soweit das Gesetz die Befugnisse des Urhebers einzeln aufführe. Und schon die Begründung zum Entwurf des Gesetzes spreche sich (S. 12) gegen einen allgemeinen Schutz des Urhebers aus mit dem Hinweis darauf, daß kein praktisches Bedürfnis nach einer allgemeinen, die ausschließliche Befugnis des Urhebers zur Wiedergabe des Werkes gewährenden Bestimmung vorliege.

II. Demnach kommt allein in Frage, ob die Beklagte gegen die nach § 11 LitUrhG. dem Urheber ausschließlich zustehenden Rechte zur Vervielfältigung und gewerbsmäßigen Verbreitung verstoßen hat.

1. Abgelehnt wird vom Berufungsgericht, daß eine Vervielfältigung des Werkes (§ 11 Abs. 1 LitUrhG.) oder daß eine Bearbeitung im Sinne des § 2 Abs. 2 Satz 1 verb. mit § 12 das. anzunehmen sei.

„Wird ein Werk der Literatur . . . durch einen persönlichen Vortrag auf Vorrichtungen für Instrumente übertragen, die der mechanischen Wiedergabe für das Gehör dienen, so steht die auf diese Weise hergestellte Vorrichtung einer Bearbeitung des Werkes gleich" (§ 2 Abs. 2 Satz 1 LitUrhG.). Hinweisend auf die Entwicklung der Technik, welche die Einfügung dieser gesetzlichen Vorschrift veranlaßt hat, bemerkt das angefochtene Urteil, daß jenen Vorrichtungen eigentümlich sei, die Wiederholung der Leistung beliebig oft und zu beliebiger Zeit zu gestatten, während — nach dem unstreitigen Vortrag der Parteien — bei der hier in Rede stehenden Rundfunksendung nur schlichte Übermittlung stattfand, aber keinerlei Vorrichtungen angebracht waren, die eine Festlegung, namentlich zu späterer Wiederholung, bezweckten und erreichten. Die im Schrifttum vertretene abweichende Meinung findet wenigstens im gegenwärtigen Tatbestand keinen zureichenden Anhalt. Ob ein anderes Sachverhältnis oder künftige Möglichkeiten der technischen Entwicklung ihr diesen gewähren können, braucht jetzt nicht erörtert zu werden.

Das Berufungsgericht führt ferner aus, daß die Übertragung von Schriftwerken durch Rundfunk nicht als Vervielfältigung angesehen werden könne. Dem — wie es meint, mit der Verkehrsanschauung übereinstimmenden — Sprachgebrauch der bisherigen Gesetzesauslegung folgend hält es daran fest, daß unter Vervielfältigung die Handlung zu verstehen sei, durch die eine Mehrzahl einander gleichender, gegenständlicher Erscheinungsformen einer Sache oder eines Geisteswerkes der Urform nachgebildet werden; also die Herstellung körperlicher Gegenstände, welche das Werk zum Zweck sinnlicher Wahrnehmung wiedergeben. Es kann dahingestellt bleiben, ob wirklich der allgemeine Sprachgebrauch des Volkes und des Schrifttums, der häufig und schon seit Jahrhunderten „vervielfältigen" auch in verschiedenster bildlicher, geistige Vorgänge mitumfassender Bedeutung, also keineswegs nur in körperlich-gegenständlichem Sinne verwendet, zu jener Einschränkung nötigt. Auch braucht nicht auf die Ausführungen des Klägers in seiner Revisionsbeantwortung eingegangen zu werden, daß die durch Sprache hervorgerufenen elektrischen Schwingungen, welche dem Hörer die Wahrnehmung vermitteln, schon um ihrer Wirkung willen (auf große Entfernung und an eine unbegrenzte Menschenzahl) den körperlichen Gegenständen gleichzustellen seien. Denn die Annahme, daß eine gewerbsmäßige „Verbreitung" vorliege, trägt allein schon die angefochtene Entscheidung.

2. In dieser Anwendung des Begriffs gewerbsmäßige Verbreitung (§ 11 Abs. 1 LitUrhG.) liegt nicht, wie die Revision meint, ein Verstoß gegen Rechtsregeln.

Die Ausdrucksweise eines Gesetzes wird unvermeidlich beeinflußt durch die Gedankenwelt der Verfasser. Auch wenn sie danach trachten, die Vorschriften als möglichst allgemeingültige Regeln zu formen, machen sich mehr oder minder die hauptsächlichen Fälle und Beispiele, die sie bei der Abfassung vor Augen und im Sinne hatten, in der Wortwahl bemerklich. Daraus erklärt sich z. B. die schwankende

Bedeutung und ungleichmäßige, bisweilen zweifelhafte Verwendung des Ausdrucks „Werk" in Urheberrechtsgesetz und Verlagsgesetz. Ausnahmsweise nur bezeichnet er das durch Sprachzeichen erkennbar gemachte Gedankengebilde, welches das Erzeugnis eigener geistiger Tätigkeit darstellt. Häufiger bedeutet „Werk" die einzelne Verwirklichungsform jenes Gebildes, das „Werkexemplar", das gattungsmäßige Vervielfältigungsstück des Buches oder sonstigen Schriftwerks. Hatte man also bei der Abfassung der Gesetzesworte gewöhnlich wenn über das „Werk" etwas bestimmt wurde, das Werkexemplar als dessen regelmäßige verkehrsgeläufige Erscheinungsform im Sinne, so erklärt es sich, daß die gleiche Vorstellung nicht nur dem Ausdruck „vervielfältigen" seine Farbe gab, sondern auch die Worte „verbreiten", „Verbreitung" meistens in einen Zusammenhang fügte der sein Gepräge von dem Gedanken an das Inverkehrbringen der einzelnen Vervielfältigungsstücke, in der Regel also der Druckexemplare des Schriftwerks, empfing (LitUrhG. § 22 Abs. 1 Satz 2, §§ 26, 36, 38 Abs. 1 Nr. 1, § 42 Abs. 1, 2, 3, §§ 46, 52, 62 a. E., §§ 63, 63a).

Wie der oder die Verfasser des Gesetzestextes, so sind Auslegung und Anwendung des Urheberrechtsgesetzes, der Nachrichtsmittel-Technik ihrer Zeit entsprechend, von dem Gedanken beeinflußt worden, daß die Verbreitung eines Schriftwerks durch das Inverkehrbringen von Werkexemplaren zu geschehen pflege. Als Verbreitung sah man darum in Lehre und Rechtsprechung jede Handlung an, durch die ein Werkexemplar anderen als den bei der Herstellung Beteiligten zugänglich gemacht werde (RGSt. Bd. 14 S. 46, Bd. 39 S. 108; RGZ. Bd. 63 S. 394, Bd. 69 S. 242, Bd. 107 S. 277; Allfeld, UrhG. Anm. 5a zu § 11; Riezler, Dtsch. Urh.- und ErfinderR. Bd. I S. 256; Dernburg, BürgR. Bd. VI S. 61, § 22 II 1; Crome, System d. BürgR. Bd. IV S. 63; Daude, Urheberrecht S. 33 Anm. zu § 11; Goldbaum, Urheberrecht S. 149 Bem. 7 zu § 11). Für diese Begriffsbestimmung konnte man sich auf einen Satz in der Begründung des Gesetzentwurfs berufen: „Als Verbreitung ist in Übereinstimmung mit dem Sprachgebrauch des bisherigen Gesetzes jede Überlassung eines Exemplars zu verstehen, nicht aber die bloße Mitteilung seines Inhalts (das Vorlesen des Schriftwerks, der Vortrag des Musikstücks)."

Aber je rascher und stärker sich das Verkehrsleben wandelt, desto weniger taugt eine Begründung, die vor der Zeit solcher Wandlungen liegt, zum Behelfe der Gesetzesauslegung. Nur über den Zweck, dem das Gesetz oder einzelne seiner Vorschriften nach den Umständen der Entstehungszeit dienen sollten, mag sie, soweit das später noch von Wert sein kann, Aufschluß erteilen. Der von der Begründung bestätigte, auch ohne sie klar ersichtliche Zweck und Grundgedanke des Gesetzes ist: dem Schöpfer eines Schriftwerkes dessen volle wirtschaftliche Ausbeute mit nur wenigen bestimmt geregelten Einschränkungen unverkürzt zukommen zu lassen. Als das Urheberrechtsgesetz entstand, gab es noch keinen Rundfunk. Die erwähnten Belege für eine enge Begrenzung des Verbreitungsbegriffs gehören einer Zeit an, in der die Übermittlung durch drahtlosen Fernspruch noch unbekannt oder wenigstens noch nicht bis zum gegenwärtigen Entwicklungsstand gediehen war. Hätte man sich dergleichen technische Neuerung samt ihren tiefgreifenden Wirkungen vorzustellen vermocht, wäre man unbedenklich zu einer weiteren Fassung des Begriffs „verbreiten" gekommen. Denn weder der Gesetzesausdruck noch der allgemeine Sprachgebrauch nötigte, wie das Berufungsurteil mit Recht hervorhebt, zu der engen Begrenzung, die man nach dem Stande der Technik auf dem Gebiet des Nachrichtenverkehrs als ausreichend glaubte ansehen zu müssen. „Verbreiten" beschränkt sich nach allgemeinem Sprachgebrauch nicht auf solche Fälle, in denen die körperliche Erscheinungsform eines Gedankens oder Geisteswerks zugänglich gemacht wird, sondern hat einen sehr viel weiteren Sinn, den der Übermittlung einer Kenntnis an andere. Schon ältere und jüngere Gesetze verwenden das Wort in gleichem oder ähnlichem, der engen Begrenzung entbehrenden Sinne. (So z. B. StrGB. §§ 131, 186, 187, 189, 192 „Behaupten oder Verbreiten" im Sinne jeder Mitteilung an andere; ähnlich BGB. § 824: „Wer der Wahrheit zuwider eine Tatsache behauptet oder verbreitet, . . ." ähnlich UnlWG. § 14). Damit völlig vereinbar ist es, daß dieselben Gesetze für andere Tatbestände den Sinn des Ausdrucks wiederum anders und enger umgrenzen. (So z. B. StrGB. §§ 110, 111, 130a Abs. 2, § 184 Abs. 1 Nr. 1 für die Verbreitung von Schriften u. dgl.; PreßGes. § 21 für die Verbreitung von Druckschriften.) Sogar für das Stoffgebiet des Urheberrechts selbst befürworteten einzelne Stimmen einen weiteren

Begriff des Verbreitens, indem neben dem Inverkehrbringen von Werkexemplaren der „Gebrauch bei der gewerblichen Wiedergabe des Werkes" erwähnt, „das Festlegungsexemplar als Mitteilungswirker", z. B. zu Vortrag oder Aufführung, gekennzeichnet wurde. (So Kohler, Urheberrecht S. 179/181.) Zutreffend führt das Berufungsgericht aus: „Nach dem bisherigen Stande der Technik, bei dem das Buch als die alleinige Darstellungsform des Schriftwerks vorherrschte, mag die Verbreitung sich, rein tatsächlich betrachtet, auf die Übertragung von Schriftwerken beschränkt und Verkehr und Rechtsprechuug sich daher gewöhnt haben, nur die Zugänglichmachung von Werkexemplaren als Verbreitung anzusehen. Wenn aber der Fortschritt der Technik es ermöglicht, ein Werk durch eine Rundfunksendung gleichzeitig vielen hunderttausend Menschen zugänglich zu machen und insoweit fast die Lesung von Büchern, Zeitschriften usw. durch das Gehör zu ersetzen, so darf die Rechtsprechung nicht zögern, die bisherige enge Auslegung des Verbreitungsbegriffs fallen zu lassen und wieder auf den ursprünglichen Sprachgebrauch zurückzugehen." Diesem volkstümlichen Sprachgebrauch standen bereits unter der Herrschaft des Urheberrechtsgesetzes vom 11. Juni 1870 (BGBl. S. 339), dessen §§ 18 und 35 sich gegen die Verbreitung von Nachdruck und Nachdruckexemplaren richteten, manche namhafte Schriftsteller nahe, indem sie zur Verbreitung jede Handlung rechneten, „durch die das Geisteswerk einer Mehrzahl von Personen zugänglich gemacht werde", sei es durch Mitteilung von Exemplaren, durch Vorlesung oder Aufführung, Ausstellung oder Auslegung. (Gierke, Deutsches Privatrecht Bd. I S. 803 § 87 IV.) Mit Recht hebt das Urteil des Berufungsgerichts hervor, daß die Auslegung des Gesetzes nicht starr und unbeweglich sein dürfe, sondern dem jeweiligen Stande der Erkenntnis und der Bedürfnisse des Lebens entsprechen und genügen müsse. Beizutreten ist ihm darin, daß es sich hier nicht um eine Gesetzeslücke handelt, sondern um eine Lücke der Auslegung, die sich herausgestellt hat durch neue, die Unzulänglichkeit des bisherigen Maßstabs beweisende Erfahrungen. Diese Lücke muß durch berichtigte Auslegung geschlossen werden.

Dem Berufungsgericht ist also darin beizustimmen, daß die Sendung von Schriftwerken im Rundfunk eine Verbreitung im Sinne des § 11 LitUrhG. ist. Und zwar eine gewerbsmäßige, da sie unstreitig gegen Entgelt erfolgt. Die Funkhoheit des Reichs schließt nicht aus, daß die Beklagte als Zusammenstellerin des Sendestoffs („Rundfunkprogramms"), die das Sprechen im Senderraume veranlaßt und regelt, als Verbreiterin anzusehen ist. Diese Auslegung arbeitet nicht, wie man eingewendet hat, mit Vertauschung des klaren gesetzlichen Begriffs „Verbreiten" gegen einen statt seiner eingeschobenen. (So namentlich Osterrieth im Gewerbl. Rechtsschutz Bd. 30 (1925) S. 263—268). Der Einwand setzt voraus, daß das Gesetz im § 11 unter „Werk" nur das Werkexemplar verstehe und nicht die als Gedankengebilde sich kennzeichnende menschliche Schöpfung, die in der Sprachform ihren Ausdruck und im einzelnen Werkexemplar nur eine in den Verkehr tretende Erscheinungsform findet. Das Gesetz aber nötigt nicht zu dieser Beschränkung, sondern läßt der weiteren Auslegung Raum, vermöge deren das Werk auch durch den Rundfunk, wenngleich unter Heranziehung des Werkexemplars als Mittel für den Sprecher, „verbreitet" wird.

Zwar haben sich außer dem jetzt erkennenden Senat auch Strafsenate zu der engeren Auslegung des Begriffs „Verbreitung" bekannt. (RGSt. Bd. 14 S. 46, Bd. 39 S. 108.) Ihnen aber lag nicht die aus neuer Entfaltung der Verkehrstechnik erwachsene Frage vor, ob die Übermittlung eines Schriftwerks durch Rundfunk eine Verbreitung im Sinne des § 11 LitUrhG. sei; über sie muß jetzt erst entschieden werden. Einer Maßnahme nach § 137 Abs. 2 GVG. bedarf es daher nicht.

3. Auch darin ist dem Berufungsgericht beizutreten, daß die ausschließliche Befugnis des Urhebers zur Verbreitung (LitUrhG. § 11 Abs. 1) im vorliegenden Fall nicht durch das freie Recht zum öffentlichen Vortrag erschienener Werke (§ 11 Abs. 3) begrenzt wird. Wie zutreffend ausgeführt ist, stellt sich die Rundfunksendung als etwas vom Vortrag völlig Verschiedenes dar. Allerdings ist bei Vortrag und Runkfunkübermittlung die Wirkung insofern gleich, als hier wie dort gesprochene Worte durchs Gehör aufgenommen werden. Davon abgesehen aber zeigen sich so beträchtliche Unterschiede, daß die Rundfunksendung nicht als Vortrag im Sinne des bezeichneten Gesetzes angesehen werden kann.

Ein erheblicher Unterschied, der für sich allein genügen würde, zwischen Vortrag und Rundfunk eine Trennungslinie zu ziehen, besteht, wie das angefochtene Urteil darlegt, im Umfang ihrer Wirkungsbereiche. Durch öffentlichen Vortrag wird das Werk einem zwar begrifflich nicht begrenzten, durch die tatsächlichen Verhältnisse jedoch ganz beschränkten Personenkreis zu Gehör gebracht: im geschlossenen Raum bemißt sich die mögliche Hörerzahl danach, wieviele er aufnehmen kann; im Freien sind Grenzen gesetzt durch die Vernehmbarkeit der menschlichen Stimme, selbst wenn sie durch technische Mittel, wie Megaphon oder Schallrohr, stärker ans Ohr dringen sollte. Beim Rundfunk dagegen sind die räumlichen Schranken der Wirkung nahezu völlig aufgehoben. Er gewährt die Möglichkeit, das Werk durch eine einzige Veranstaltung an eine wirklich unbegrenzte Vielheit von Menschen zu übermitteln, so daß der hunderte von Kilometern entfernt wohnende Rundfunkteilnehmer die Stimme des Sprechers in gleichem Umfang vernimmt, wie der etwa im Senderraum befindliche Hörer. Diese Wirkung des Rundfunks in weiteste Ferne und an Mengen von Menschen, denen, wenn sie versammelt wären, keine Stimme sich durchaus vernehmlich machen könnte, weicht so von aller früheren Erfahrung und Vorstellbarkeit ab, daß rechtliche Gleichbehandlung mit einem öffentlichen Vortrag abzulehnen ist.

Die augenfällige Verschiedenheit der räumlichen Umstände und Bedingnisse bringt weiter einen Unterschied mit sich in der Wechselbeziehung zwischen Sprecher und Hörern. Dem Vortrag im herkömmlichen Sinne ist, so führt das Berufungsgericht mit zutreffender Beobachtung aus, dergleichen Beziehung persönlichen Zusammenhangs notwendig eigen. Sie pflegt sich im Eindruck des Vortragenden auf die Hörerschaft und hinwiederum in der Einwirkung der Hörerschaft auf den Vortragenden geltend zu machen. „Zwar steht bei dem Vortrag die klangliche Wiedergabe des Werkes im Vordergrunde. Doch wird erfahrungsgemäß der Eindruck nicht allein durch das gesprochene Wort, sondern durch das gesamte Verhalten des Künstlers, durch Mienen- und begleitendes Gebärdenspiel bestimmt, wenn auch nicht in gleichem Maß wie bei bühnenmäßiger Aufführung." Dagegen muß sich bei der Rundfunkübertragung der Sprecher auf die klangliche Wirkung seiner Darstellung beschränken; der Einfluß der Persönlichkeit, den er beim Vortrag einsetzen und ausüben könnte, um der Gestaltung des Werkes Nachdruck und besonderes Gepräge zu geben, fällt großenteils weg, weil sich die Darbietung fast ausschließlich an das Ohr, nicht an das Auge wendet. Anderseits hängen, so führt das angefochtene Urteil in diesem Zusammenhang ferner aus, Art und Maß künstlerischer Leistung des Redners vielfach vom Verhalten der Hörerschaft ab. Die Aufnahme der Darstellung durch die Hörer spornt den Vortragenden zu vollkommenerer Leistung an und befähigt ihn, neben dem Werk selbst seine eigene Persönlichkeit in der Weise der Gestaltung wirken zu lassen; er kann seine Worte je nach dem Eindruck abstimmen, den er bei der Hörerschaft hervorbringt. Beim Rundfunk, wo der Redner sozusagen vor leeren Wänden in den Sender hineinspricht, kommt alles das nicht in Betracht. Hier kann der Sprecher gar nicht ermessen, wieviel Hörer seiner Darbietung folgen und ob dies mit der Empfindung des Beifalls geschieht oder nicht.

Mit diesen Unterschieden berührt sich ein weiterer, den das angefochtene Urteil noch erwähnt: Dem Vortrag eigne in hohem Maß selbständige künstlerische Leistung mit persönlicher Farbe und Belebung, sofern er entsprechenden Zielen zustrebe und Anforderungen genügen wolle. Beim Rundfunk trete dies eigenpersönlich Künstlerische zugunsten einer mehr mechanischen, allein für das Gehör bestimmten Wiedergabe zurück. Ob dieser Unterschied so, wie das Berufungsgericht andeutet, als Regel angesehen werden kann, mag dahinstehen. Auch ohne ihn wäre, schon wegen der an erster Stelle genannten Wirkungsverschiedenheit, die Rundfunksendung nicht als Vortrag zu betrachten.

Endlich betont aber das Berufungsgericht mit Recht den Zweck des Gesetzes und meint, daß er eine einschränkende Auslegung des Begriffs Vortrag erheische. Dafür zieht es die Begründung des Gesetzentwurfs heran. Aus ihr erhellt, daß man bei der Vorbereitung des Gesetzes erwogen hat: Den Vortrag bereits erschienener Werke von einer Genehmigung des Urhebers abhängig zu machen, stehe mit der Verkehrsanschauung in Widerspruch; durch Rücksichten auf die Belange des Urhebers sei es nicht geboten. Zutreffend bemerkt das angefochtene Urteil, daß hieraus zu ersehen sei, man habe bei Freigabe des Vortrags mit keiner nennenswerten Vermögenseinbuße für den Urheber gerechnet, eine beträchtliche ihm nicht zumuten wollen. Mit starker wirtschaftlicher Beeinträchtigung aber werde der Urheber bedroht, wenn der Rundfunk, als öffentlicher Vortrag behandelt, freistehe. Sowohl die Möglichkeit, räumlich unbegrenzt Werke zu übermitteln, als rundfunktechnische Übermittlung zu wiederholen, könne dazu führen, daß der Anreiz, Werkexemplare anzuschaffen, schwinde im Vergleich zu dem Gedanken, eine Anhörung im Rundfunk beinahe kostenlos haben zu können. Dem ist beizustimmen. Es mag darüber gestritten werden, ob im großen und ganzen betrachtet, die Rundfunksendung einem Werk Käufer zuführt oder abwendet. Die Zukunft erst kann erbringen, was von beiden eintrifft, ob der Rundfunk sich als Anreger zur Bildung und Vertiefung bewährt oder als ein Verführer zur Oberflächlichkeit und Verseichtung. Besteht aber auch nur die Möglichkeit schweren Schadens für die Urheber, so hat die Gesetzesauslegung das ihrige zu tun, daß er verhütet werde. Die Feststellung der Schadenswahrscheinlichkeit durch das Berufungsgericht gehört dem Gebiet der Tatsachenwürdigung an (§ 286 ZPO.); das Revisionsgericht hat auf sie nicht einzugehen. Darum braucht auch nicht eingegangen zu werden auf die Revisionsausführung der Beklagten, daß minderbekannten Schriftstellern die Rundfunksendung, obschon ungenehmigt, als Einführungsmittel immer willkommen sein werde, die Entstehung eines Schadens deshalb auch bei Dichtern von Weltruf, wie es der Kläger sei, bezweifelt werden müsse.

Die Vorinstanzen haben demnach mit Recht angenommen, daß die Beklagte durch Rundfunksendung des Werkes „Der Tor und der Tod" gegen das ausschließliche Recht des Klägers, dieses sein Werk gewerbsmäßig zu verbreiten, verstoßen hat. Die Rüge der Revision, daß der Begriff Verbreitung (§ 11 Abs. 1) rechtsirrig angewendet, der Begriff öffentlicher persönlicher Vortrag (§ 11 Abs. 3 verb. mit § 2 Abs. 2 Satz 1) rechtsirrig verneint sei, erweist sich daher als unbegründet.

4. Die Ausführung des angefochtenen Urteils über das Verschulden der Beklagten läßt gleichfalls keinen Rechtsirrtum erkennen. Das Berufungsgericht erwägt: Selbst wenn sich die Beklagte nach der streitigen Rechtsfrage bei Sachverständigen erkundigt habe, die eine ihr günstige Auffassung vertraten, so hätte sie sich doch über die ihr sicherlich bekannten abweichenden Meinungen nicht hinwegsetzen dürfen. Habe sie, ohne sich darum zu kümmern, ein Werk des Klägers ohne seine Genehmigung durch Rundfunk gesendet, so liege darin ein mindestens fahrlässiges Verhalten. Der vom Kammer-

gericht hiermit angewandte Maßstab der im Verkehr erforderlichen Sorgfalt (§ 276 BGB.) ist nicht zu beanstanden. Die Verpflichtung der Beklagten, dem Kläger den durch verringerten Absatz seines Werkes infolge der Rundfunksendung entstandenen Schaden zu ersetzen, ist also mit rechtlich zutreffender Begründung ausgesprochen (§ 36 UrhG.).

5. Rechtlichen Bedenken unterliegt nur die weitere Annahme: auch auf Grund der Vorschriften über ungerechtfertigte Bereicherung würde der Anspruch begründet sein, weil die Beklagte durch die Ersparnis eines dem Kläger zu gewährenden Entgeltes für die Gestattung der Rundfunkübermittlung seines Werkes ungerechtfertigt auf seine Kosten bereichert sei. Den für Patentverletzung ständig angewandten Grundsätzen entsprechend ist die Zuerkennung eines Bereicherungsanspruchs für Tatbestände wie den vorliegenden abzulehnen. Denn nach dem festgestellten Sachverhältnis anzunehmen, die Beklagte habe aus dem Vermögen des Klägers „auf dessen Kosten etwas ... erlangt" (§ 812 Abs. 1 Satz 1 BGB.), erscheint nicht angängig. Selbst wenn dies aber in der vom Berufungsgericht angedeuteten Weise zu begründen wäre, so müßte doch daran festgehalten werden, daß die Schadensersatzpflicht bei Verletzungen des Urheberrechts im Gesetz vom 19. Juni 1901/22. Mai 1910 ausschließlich geregelt ist. Zwar ist, um die Vorschriften dieses Gesetzes auszulegen, Heranziehung der Sätze des allgemeinen bürgerlichen Rechts zulässig und zum Teil notwendig. Nach dem Zweck, den die gesetzliche Regelung des Urheberrechts verfolgt, kann aber kein Bereicherungsanspruch zugebilligt werden, der nicht im Urheberrechtsgesetz selbst, sondern in Bestimmungen außer ihm seine Grundlage hat (RGZ. Bd. 15 S. 132, Bd. 35 S. 70, Bd. 43 S. 59; WarnRspr. 1908 Nr. 658; JW. 1914 S. 406 Nr. 8; schon für das Nachdrucksgesetz vom 11. Juni 1870 RGZ. Bd. 12 S. 105).

Der dem Grunde nach als gerechtfertigt zuerkannte Klaganspruch wird demnach nur als Schadensersatzanspruch im Sinne des Urheberrechtsgesetzes und nicht zugleich als Bereicherungsanspruch zu bemessen sein.

72. 1. Inwieweit hat jemand, der Kleidungsstücke in Verwahrung nimmt, Vorsorge gegen Fälschung der von ihm ausgegebenen Marken zu treffen?

2. Kann sich der Benutzer einer Kleiderablage darauf berufen, daß er einen auf Haftungsbeschränkung bezüglichen Aushang des Verwahrers nicht gesehen habe?

BGB. § 276.

VI. Zivilsenat. Urt. v. 14. Mai 1926 i. S. Singakademie E. V. (Bekl.) w. R. (Kl.). VI 587/25.

I. Landgericht I Berlin.
II. Kammergericht daselbst.

Der Kläger besuchte am 2. Januar 1925 ein Konzert, das in den Räumen der Beklagten veranstaltet wurde; er übergab der an der Kleiderablage tätigen Frau zwei Pelze, einen Hut und einen Schirm, wofür er die Marken 515 und 516 erhielt. Als er später die Stücke wieder abnehmen wollte, waren sie bereits auf gefälschte Marken abgenommen worden. Er hat die Beklagte auf Schadensersatz, zunächst zu einem Teilbetrag von 2000 RM, in Anspruch genommen. Sie ist vom Landgericht zur Zahlung von 300 RM unbedingt, wegen des Mehrbetrags für den Fall der Leistung eines dem Kläger anvertrauten Eides verurteilt worden. Das Kammergericht hat dieses Urteil im wesentlichen bestätigt. Die Revision der Beklagten hatte zum Teil Erfolg.

Gründe:

Das Berufungsgericht hat eine eigene Fahrlässigkeit der Beklagten darin erblickt, daß die Kleiderablagemarken keinen genügenden Schutz gegen Fälschungen böten. Die Revision rügt Verkennung des Begriffs der im Verkehr erforderlichen Sorgfalt.... Ob die Marken, welche die Beklagte hat verwenden lassen, der im Verkehr erforderlichen Sorgfalt entsprachen, ist im wesentlichen Sache des auf tatsächlichem Gebiet liegenden freien richterlichen Ermessens. Die Revision ist selbst der Meinung, daß die Anwendung eines absoluten Begriffs als Maßstab für diese Prüfung nicht angängig sei; die im Verkehr erforderliche Sorgfalt sei vielmehr in jedem Fall nur auf Grund der Erfahrungen im Verkehr unter Berücksichtigung aller Umstände zu bestimmen. In diesem Sinne hat sich auch bereits das Reichsgericht (Urt. vom 13. Juli 1923 VII 623/22 in LZ. 1923 Sp. 600) ausgesprochen, indem es ausführt, daß besonders die örtlichen Verhältnisse zu berücksichtigen seien; was in Berlin als schuldhaft unvorsichtig zu gelten habe, könne in einer kleinen Provinzstadt wohl noch der im Verkehr erforderlichen Sorgfalt entsprechen; in weitem Umfang liege daher die Frage auf tatsächlichem Gebiet. Hier handelt es sich, wie in jenem Fall, um die Stadt Berlin. An die Sorgfalt der Beklagten hat daher, und auch im Hinblick auf die hohe Kleiderablagegebühr von einer Reichsmark, das Berufungsgericht mit Recht strengere Anforderungen gestellt, als dies vielleicht unter anderen Verhältnissen geboten wäre. Die Beklagte mußte mit den besonderen Gefahren der Großstadt rechnen und Marken verwenden lassen, die einen diese Gefahren berücksichtigenden Schutz gegen Fälschungen boten. Es kann rechtlich nicht beanstandet werden, wenn das Kammergericht in der Verwendung der ausgegebenen Marken, die zwar wegen ihres dünnen Papiers gegen Rasuren einen gewissen Schutz boten, die aber andere bei schneller Abfertigung schwer erkennbare Fälschungen zuließen, besonders da nicht einmal der Blaustempel über die Nummern gedruckt war, einen Mangel der im Berliner Verkehr erforderlichen Sorgfalt erblickt hat. Die Verurteilung der Beklagten zum Schadensersatz in Höhe von 300 RM ist daher jedenfalls gerechtfertigt.

Die Entscheidung über den weiter geforderten Schadensersatz hat das Berufungsgericht von einem Eid des Klägers abhängig gemacht, der dahin gefaßt ist, daß er „weder am 2. Januar 1925 noch sonst je vor Kenntnisnahme des Verlusts seiner Garderobe bei der Beklagten ein die Haftung auf 150 RM (für jede Nummer) beschränkendes Schild gesehen habe". Das Abhängigmachen der weiteren Entscheidung von diesem Eid gibt zu rechtlichen Bedenken Anlaß.

Zwar hat das Berufungsgericht mit Recht die Auffassung abgelehnt, daß der Aufdruck der Haftungsbeschränkung auf den Marken selbst genüge, um die Beschränkung zum Vertragsinhalt zu machen, da der Halter der Kleiderablage nach den Erfahrungen des täglichen Lebens nicht damit rechnen kann, daß die Benutzer den Aufdruck zur Kenntnis nehmen. Es kann aber die Ansicht des Vorderrichters nicht gebilligt werden, daß auch Anschläge, welche die Haftungsbeschränkung kundgeben, unverbindlich seien, wenn der Benutzer der Kleiderablage sie nicht gelesen, also nicht beachtet habe. Gegen die rechtliche Zulässigkeit von Haftungsbeschränkungen bestehen keine Bedenken. Nun kann aber nach Lage der Umstände nicht verlangt werden, daß der Halter einer Kleiderablage eine solche Klausel jedem einzelnen Benutzer mündlich besonders zur Kenntnis bringt, um sie zum Vertragsinhalt zu machen. Der Verkehr erfordert eine schnelle Abfertigung des die Kleiderablage in Anspruch nehmenden Publikums. Es hat sich deshalb die allgemein bekannte Verkehrssitte herausgebildet, daß besondere Annahmebedingungen, insbesondere Haftungsbeschränkungen, dem Publikum allgemein durch öffentlichen Aushang bekannt gegeben werden. Mit dieser Verkehrssitte muß jedermann rechnen. Sind die Bedingungen durch genügend zahlreiche Aushänge an sofort in die Augen fallenden Stellen in deutlich lesbarer Schrift für jeden, der die Kleiderablage benutzen will, erkennbar gemacht, so kann sich niemand darauf berufen, er habe den Aushang nicht gesehen und sein Inhalt sei daher für ihn unverbindlich. Die Beklagte hat nun behauptet, daß die Haftungsbeschränkung durch Anschläge an den Wänden deutlich sichtbar gemacht worden sei. Nach dem dargelegten Rechtsstandpunkt kommt es somit in erster Reihe darauf an, ob diese Behauptung richtig ist, was der Vorderrichter bisher noch nicht geprüft hat. Wird sie als richtig festgestellt, so kann der dem Kläger auferlegte Eid nicht mehr in Betracht kommen.

---

73. Über Tragweite und Rechtswirksamkeit einer Bestimmung in den Allgemeinen Geschäftsbedingungen des Vereins Deutscher Spediteure, wonach der Spediteur wegen aller seiner Ansprüche an den Auftraggeber ein Pfand- und ein Zurückbehaltungsrecht an den in seiner Verfügungsgewalt befindlichen Gütern hat.

BGB. §§ 138, 932. HGB. § 410.

VI. Zivilsenat. Urt. v. 14. Mai 1926 i. S. B. Bankverein (Kl.) w. A. K. G. m. b. H. (Bekl.). VI 57/26.

I. Landgericht Hagen, Kammer für Handelssachen.
II. Oberlandesgericht Hamm.

Das Drahtwerk P. übergab der Filiale der Beklagten in P. am 30. August 1924 Drahtwaren zur Spedition nach Übersee. Noch vor Ausführung des Auftrags verfiel das Werk in Konkurs. Der Kläger bezahlte die auf der Ware ruhenden Frachtkosten im Betrag von 201 RM und verlangte Herausgabe, weil die Ware ihm durch einen am 6. August 1924 abgeschlossenen Kreditvertrag von dem Drahtwerk zur Sicherheit übereignet worden sei. Die Beklagte verweigerte die Herausgabe, solange sie nicht wegen ihrer sonstigen Ansprüche aus Speditionsaufträgen des Drahtwerks im Betrag von etwa 4000 RM, für die ihr auf Grund des § 52 der den Aufträgen zugrunde liegenden Allgemeinen Geschäftsbedingungen des Vereins deutscher Spediteure ein Pfand- und ein Zurückbehaltungsrecht an dem Gute zustehe, befriedigt oder ihr der fakturenmäßige Wert des Gutes mit 2493,62 holl. Gulden zu ihrer Befriedigung ausbezahlt sei; sie bestritt auch die Rechtswirksamkeit der Übereignung und focht diese hilfsweise wegen Benachteiligung der Gläubiger an. Der Kläger bestritt die Maßgeblichkeit der bezeichneten Bedingungen für den streitigen Vertrag und die ihrem § 52 beigelegte Tragweite und machte geltend, daß diese Bestimmung wegen Mißbrauchs der Monopolstellung der dem Spediteurverein angehörenden Spediteure nichtig sei. Das Landgericht gab der Klage statt, das Oberlandesgericht wies sie ab. Die Revision des Klägers blieb erfolglos.

Gründe:

Das Berufungsgericht läßt dahingestellt, ob der Kläger auf Grund des Kreditvertrags vom 6. August 1924 Eigentümer der streitigen Waren ist, und weist die Klage deshalb ab, weil durch den unter Bezugnahme auf die Allgemeinen Geschäftsbedingungen erteilten Speditionsauftrag die Waren gemäß dem § 52 daselbst, dessen Rechtswirksamkeit nicht zu beanstanden sei, der Beklagten für alle ihre Ansprüche aus Speditionsaufträgen verpfändet worden seien und diese hinsichtlich des Eigentums der Verpfänderin in gutem Glauben gewesen sei. Die gegen diese Ausführungen gerichteten Angriffe der Revision sind nicht gerechtfertigt.

Sie beanstandet zunächst auf Grund der Erwägungen, die einer in abweichendem Sinne ergangenen Entscheidung des 7. Zivilsenats des Oberlandesgerichts Hamm vom 21. Januar 1926 zugrunde liegen, die dem § 52 der Bedingungen im Berufungsurteil gegebene

Auslegung, daß das Pfandrecht an dem Speditionsgut ohne Rücksicht auf die Eigentumsverhältnisse für alle Forderungen des Spediteurs gegen den Versender zur Entstehung gelangen solle. Diese Auslegung entspricht aber dem Wortlaut der Bestimmung und ihrem Zusammenhang innerhalb der Bedingungen. Nach § 52 hat „der Spediteur wegen aller fälligen und nichtfälligen Ansprüche, die ihm aus laufender Rechnung oder aus sonstigen Gründen gegen den Auftraggeber zustehen, ein Pfandrecht und ein Zurückbehaltungsrecht an den in seiner Verfügungsgewalt befindlichen Gütern oder sonstigen Werten". Hiermit können allerdings, wie der 7. Zivilsenat des Oberlandesgerichts Hamm ausführt, nicht Güter gemeint sein, die in gar keiner Beziehung zum Auftraggeber stehen. Es fehlt aber an jedem Grunde, die erforderliche Beziehung zu ihm in etwas anderem als eben in dem Auftragsverhältnis zu suchen. Wie in den §§ 409, 410, 412 bis 414 HGB. und zahlreichen Bestimmungen der Allgemeinen Geschäftsbedingungen „das Gut" das den Gegenstand des Speditionsvertrags bildende Gut bedeutet, so sind auch im § 52 unter „den in der Verfügungsgewalt des Spediteurs befindlichen Gütern" die den Gegenstand des Speditionsvertrags bildenden, noch in der Verfügungsgewalt des Spediteurs befindlichen Güter zu verstehen, ohne daß eine Beschränkung hinsichtlich der Eigentumsverhältnisse anzunehmen ist. Angesichts des klaren Wortsinns kann die Erwägung, daß der Versender einer fremden Sache mit der Annahme einer solchen Bestimmung in die Rechte des Eigentümers eingreift, nicht zu einer anderen Auslegung führen, zumal da das Gesetz selbst (§ 410) eine gleichartige, wenn auch weniger weitgehende Wirkung jedem Versendungsauftrag beilegt, so daß es sich — mindestens wirtschaftlich — nicht um die Begründung eines besonderen vertragsmäßigen Rechts, sondern nur um die Erweiterung des ohnehin kraft Gesetzes entstehenden Rechts handelt. Der von der Revision geltend gemachte Gesichtspunkt, daß über die Rechte eines Dritten wohl durch Gesetz, nicht aber ohne Zustimmung des Berechtigten durch Vertrag verfügt werden könne, kann nicht durchdringen, weil er sich gegen den Grundsatz des § 932 BGB. richtet. Daß die Beklagte sich nicht in bösem Glauben befunden hat, wird vom Berufungsgericht in rechtlich einwandfreier Weise festgestellt.

Wenn die Revision weiter um Nachprüfung bittet, ob nicht ein sittenwidriger Vertrag im Sinne der Entscheidung RGZ. Bd. 106 S. 388 vorliege, so fehlt es zunächst hier an der in jenem Falle — ebenso wie in den Fällen RGZ. Bd. 99 S. 107, Bd. 103 S. 82, auch Bd. 102 S. 396 — in der Vorinstanz getroffenen Feststellung, daß dem Versender die Erstreckung des Pfandrechts durch eine monopolartige Stellung der dem Verein Deutscher Spediteure angehörenden Spediteure aufgenötigt worden sei. Auch einen Beweis dafür hat die Klägerin nicht angetreten, daß alle leistungsfähigen und zuverlässigen Spediteure des in Betracht kommenden Bezirks dem Verein Deutscher Spediteure angehören, wie dies zur Begründung einer Monopolstellung erforderlich wäre. Sodann kann aber auch nicht zugegeben werden, daß die hier in Frage stehende Ausdehnung des Spediteurpfandrechts ebenso wie die in jenen Fällen erörterte Freizeichnung von der Spediteurhaftung „eine völlige Umkehr der gesetzlichen Rechtslage" (RGZ. Bd. 103 S. 82) oder eine Aufnötigung unbilliger Opfer des Verkehrs (RGZ. Bd. 99 S. 107) enthalte. Die Erstreckung des Pfandrechts auf die Ansprüche aus früheren Versendungsaufträgen wird im Gegenteil vielfach dem an Geldknappheit leidenden Versender ein willkommenes Mittel sein, für die Begleichung dieser Ansprüche Aufschub bis zu einem gelegenen Zeitpunkt zu erlangen. Auch ist nicht abzusehen, inwiefern eine Ausdehnung des Pfandrechts, wie sie dem Kommissionär in sehr ähnlicher Weise gesetzlich gewährleistet ist (s. § 397 a. E. HGB.), beim Spediteur als besondere Unbilligkeit aufgefaßt werden müßte.

Register.

Die Zahlen bedeuten die Seiten.

A. Sachregister.

A

E

F

G

H

S

B. Gesetzesregister.

1. Reichsgesetze.

a. Bürgerliches Gesetzbuch.

b. Einführungsgesetz z. Bürgerlichen Gesetzbuch.

c. Handelsgesetzbuch von 1897.

2. Landesrecht.

Hamburg.

Preußen.

a. Allgemeines Landrecht.

b. Einzelne Gesetze und Verordnungen.

Sachsen.

3. Gemeines Recht.

Pandekten.

C. Zusammenstellung der Entscheidungen nach der Zeitfolge.

Anhang: Entscheidung des Staatsgerichtshofs.

Zusammenstellung

der

im 113. Bande

mitgeteilten Entscheidungen

nach

Oberlandesgerichtsbezirken.

(Die Zahlen bezeichnen die Nummern der Entscheidungen.)

Bamberg	7.
Berlin	4. 8. 9. 10. 11. 17. 22. 26. 27. 33. 35. 36. 37. 43. 45. 48. 54. 55. 62. 65. 69. 70. 71. 72.
Breslau	18. 24.
Celle	19. 21. 50.
Dresden	2. 29. 31. 44. 57.
Düsseldorf	1. 3. 12. 49. 56. 64. 66.
Frankfurt a.M.	13. 53.
Hamburg	15. 28. 41.
Hamm	16. 25. 51. 60. 73.
Jena	32. 59.
Karlsruhe	6.
Kiel	5. 47. 58.
Köln	30. 46.
München	34.
Naumburg a.S.	63.
Rostock	20. 39.
Stettin	38.
Stuttgart	52.

Reichsgericht unmittelbar	14. 68.
Staatsgerichtshof	Anhang
Reichspatentamt	23.
Landgericht I Berlin	61.
Landgericht Weimar	40.
Landgericht Rostock	42.
Aufwertungsstelle Amtsgericht Gleiwitz	67.

Berichtigungen.

Hundertundelfter Band.

S. 255 Z. 13 v. o. statt „Flamingokopfe" lies „Flammingokopfe".

Hundertunddreizehnter Band.

S. 48 Z. 6 v. u. statt „2316" lies „2306".
„ 70 „ 6 v. o. statt „den Verlagsvertrag" lies „das Verlagsrecht".
„ 234 „ 14 v. o. statt „2269" lies „2332".
„ 258 „ 3 v. o. statt „Ktägerin" lies „Klägerin".
„ 307 „ 17 v. u. statt „1923" lies „1924".
„ 313 „ 13 v. o. statt „Zulässigkeit" lies „Zuständigkeit".

Verzeichnis der beim Reichsgericht gebräuchlichsten Abkürzungen.

Reichsverfassung	RVerf.
Verfassung des Freistaates Preußen	PrVerf.
Vertrag von Versailles	VV.
Reichsbeamtengesetz	RBG.
Reichsbahngesetz	RBahnG.
Gewerbeordnung	GewO.
Reichsversicherungsordnung	RVO.
Eisenbahnverkehrsordnung	EVerkO.
Bürgerliches Gesetzbuch	BGB.
Handelsgesetzbuch	HGB.
Wechselordnung	WO.
Anfechtungsgesetz	AnfG.
Patentgesetz	PatG.
Gesetz betr. die Erwerbs- und Wirtschaftsgenossenschaften	GenG.
Gesetz über die Aufwertung von Hypotheken usw.	AufwG.
Grundbuchordnung	GBO.
Gesetz über den unlauteren Wettbewerb	UnlWG.
Zivilprozeßordnung	ZPO.
Gerichtsverfassungsgesetz	GVG.
Konkursordnung	KO.
Strafgesetzbuch	StGB.
Strafprozeßordnung	StPO.
Deutsches Gerichtskostengesetz	DGKG.
Preußisches Gerichtskostengesetz	PrGKG.
Gebührenordnung für Rechtsanwälte	RAGebO.
Rechtsanwaltsordnung	RAO.
Juristische Wochenschrift	JW.
Leipziger Zeitschrift	LZ.
Gruchots Beiträge	Gruch.
Deutsche Juristenzeitung	DJZ.
Das Recht	Recht
Deutsche Richterzeitung	DRZ.
Juristische Rundschau	JRsch.
Warneyer Rechtsprechung des Reichsgerichts in Zivilsachen	WarnRspr.
Zeitschrift für die gesamte Strafrechtswissenschaft	ZStW.
Goltdammers Archiv für Strafrecht	GA.
Entscheidungen des Reichsgerichts in Zivilsachen Band	RGZ. Bd.
Entscheidungen des Reichsgerichts in Strafsachen Band	RGSt. Bd.
Rechtsprechung des Reichsgerichts in Strafsachen	RGRspr.
Reichsgesetzblatt Seite	RGBl. S.
Preußische Gesetzessammlung Seite	PrG.S.
Reichsministerialblatt	RMBl.
Ausführungsgesetz	AG.
Einführungsgesetz	EG.
Verordnung	Vo.
Ausführungsverordnung	AusfVo.
Durchführungsverordnung	DurchfVo.
Ergänzungsverordnung	ErgänzVo.
Bekanntmachung	Bek.